DESCARTES
OBRAS ESCOLHIDAS

Coleção Textos

Dirigida por:

João Alexandre Barbosa (1939-2006)
Roberto Romano
Trajano Vieira
João Roberto Faria
J. Guinsburg (1921-2018)

Equipe de realização – Preparação de texto: Marcio Honorio de Godoy; Revisão: Iracema A. Oliveira; Ilustração: Sergio Kon; Projeto de capa: Adriana Garcia; Produção: Ricardo W. Neves e Sergio Kon. .

# DESCARTES
OBRAS ESCOLHIDAS

J. GUINSBURG, ROBERTO ROMANO
e NEWTON CUNHA
Organização

J. GUINSBURG, BENTO PRADO JR.,
NEWTON CUNHA e GITA K. GUINSBURG
Tradução

NEWTON CUNHA
Prefácio e Notas

CIP-BRASIL. CATALOGAÇÃO-NA-FONTE
SINDICATO NACIONAL DOS EDITORES DE LIVROS, RJ

D485d

Descartes, René, 1596-1650
  Descartes : obras escolhidas / J. Guinsburg, Roberto Romano e Newton Cunha, organização ; J. Guinsburg, Bento Prado Jr., Newton Cunha e Gita K. Guinsburg, tradução ; Newton Cunha, prefácio e notas. - São Paulo : Perspectiva, 2010. (Textos ; 24)

  Contém dados biográficos
  Inclui bibliografia
  ISBN 978-85-273-0899-1

  1. Descartes, René, 1596-1650. 2. Filosofia francesa - Século XVII. 3. Filosofia moderna - Século XVII. I. Guinsburg, J., 1921-. II. Romano, Roberto, 1946-. III. Cunha, Newton, 1949-. IV. Título. V. Série.

10-4982.                        CDD: 194
                                CDU: 1(44)

14.10.10    27.10.10                           022237

1ª edição
[PPD]

Direitos reservados em língua portuguesa

EDITORA PERSPECTIVA LTDA.

Av. Brigadeiro Luís Antônio, 3025
01401-000 São Paulo SP Brasil
Telefax: (11) 3885-8388
www.editoraperspectiva.com.br

2019

SUMÁRIO

Nota da Edição
*J. Guinsburg e Newton Cunha* ................................................... 11

Prefácio
*Newton Cunha* ........................................................................ 13

Cronologia e Obras ............................................................. 33

Traduções e Obras Brasileiras sobre o Autor .......................... 37

OBRAS ESCOLHIDAS

A Procura da Verdade pela Luz Natural ............................... 43

Discurso do Método ............................................................ 59

    Primeira Parte ........................................................63
    Segunda Parte ........................................................70
    Terceira Parte ........................................................79

Quarta Parte .................................................. 86
Quinta Parte .................................................. 93
Sexta Parte .................................................. 108

## Meditações .................................................. 123

Carta aos Senhores Deão e Doutores da Sagrada
Faculdade de Teologia de Paris ........................ 125
Resumo das Seis Meditações Seguintes ............ 130
Primeira Meditação ........................................ 135
Meditação Segunda ........................................ 141
Meditação Terceira ........................................ 151
Meditação Quarta .......................................... 169
Meditação Quinta .......................................... 179
Meditação Sexta ............................................ 187

## Objeções e Respostas .................................................. 205

Segundas Objeções ........................................ 207
Respostas do Autor às Segundas Objeções ....... 214
Razões que Provam a Existência de Deus ........ 238
Respostas do Autor às Quintas Objeções ........ 248
Carta do sr. Descartes ao sr. Clerselier ............ 284

## As Paixões da Alma .................................................. 295

Primeira Parte: Das Paixões em Geral ............ 297
Segunda Parte: Do Número e da Ordem
das Paixões ................................................... 326
Terceira Parte: Das Paixões Particulares ......... 372

## Regras para a Direção do Espírito .................................................. 403

Regra I ........................................................ 405
Regra II ....................................................... 407
Regra III ...................................................... 410
Regra IV ...................................................... 414
Regra V........................................................ 420

    Regra VI ...................................421
    Regra VII ..................................425
    Regra VIII .................................429
    Regra IX ...................................435
    Regra X ....................................437
    Regra XI ...................................440
    Regra XII ..................................443
    Regra XIII .................................457
    Regra XIV .................................463
    Regra XV ..................................474
    Regra XVI .................................475
    Regra XVII ................................479
    Regra XVIII ...............................480
    Regra XIX .................................486
    Regra XX ..................................486
    Regra XXI .................................487

A Geometria.................................................... 489

    Livro Primeiro ........................491
    Livro Segundo.........................505
    Livro Terceiro .........................542

Correspondência Selecionada................................. 575

    A Elisabeth...............................577
    A Cristina da Suécia.................619
    A Chanut..................................623
    A Mersenne .............................646
    Ao Marquês de Newcastle........662
    A Gibieuf .................................668
    A Huygens ...............................673
    A Fermat ..................................683

Primeira Biografia – Excertos ............................... 687

Bibliografia ...................................................... 743

NOTA DA EDIÇÃO

*J. Guinsburg e Newton Cunha*

A presente coletânea de *Obras Escolhidas* de René Descartes constitui, simultaneamente, uma nova impressão e um importante acréscimo aos livros e cartas publicados no Brasil, pela primeira vez, em 1962, e, posteriormente, em 1973.

De ambas as edições já constavam os seguintes textos: *Discurso do Método*, *Objeções e Respostas*, *As Paixões da Alma e Seis Cartas*, em tradução de J. Guinsburg, além das *Meditações*, vertidas por Bento Prado Júnior.

Nesta nova versão foram incluídas, com tradução de Newton Cunha, as *Regras para a Direção do Espírito*, *A Geometria* (com colaboração especial de Gita K. Guinsburg), *A Procura da Verdade pela Luz Natural*, trechos da primeira biografia (escrita pelo historiador Adrien Baillet ainda em finais do século XVII) e mais vinte cartas elucidativas sobre suas ideias e opiniões, documentos esses também com tradução de Newton Cunha, encarregado das notas aqui oferecidas.

Por tais motivos, esta nova edição da Perspectiva possibilita o acesso a referências mais abrangentes e profundas do autor, sem dúvida alguma um dos mais importantes pensadores da história da cultura ocidental e um marco inegável na construção da filosofia moderna. Ressalte-se que, pela primeira vez, tem-se aqui uma versão portuguesa da *Geometria*, obra fundadora da aplicação da álgebra ao mundo dos espaços e das relações geométricas, assim como a de um de seus (provavelmente) últimos livros, *A Procura da Verdade*, infelizmente inacabado por motivo de sua morte, além da inclusão das *Regras para a Direção do Espírito*.

Que se deixem aqui registrados os agradecimentos à senhora Raquel Almeida Prado, que nos autorizou reimprimir a tradução do saudoso professor Bento Prado Jr, bem como ao professor Roberto Romano, sem cujos empréstimos e orientações bibliográficas não conseguiríamos ampliar o número das obras selecionadas.

# PREFÁCIO*

*Newton Cunha*

No século XVII, vive-se uma época em que o conhecimento, com muito mais ímpeto do que anteriormente, amplia as suas próprias possibilidades de contemplar e agir no mundo, cindindo-se em três âmbitos ou constituindo três esferas agora distintas, embora, eventualmente, complementares: a teologia, a filosofia e a ciência. Nessa época, foi não só desejável como possível reconstruir as formas e os objetos da Razão. Iniciou-se uma nova era na história da filosofia, então caracterizada, segundo Adorno,

> por uma crítica do procedimento das definições, ou seja, quando se julgou que a pura definição dos conceitos e o desenvolvimento da consciência, a partir deles, a nada conduzem se antes não se tenha assegurado que uma coisa corresponde ao conceito e se o conceito representa verdadeiramente, com exatidão e fidelidade, a coisa a que se refere[1].

Tal constatação deriva, entre vários outros fatores de natureza socioeconômica e cultural, de pensadores como Bacon ou Galileu, cujas

---

\* Todas as citações da obra de Descartes que constam deste Prefácio foram traduzidas de C. Adam e P. Tannery, *Oeuvres de Descartes*.
1. Theodor W. Adorno, *Terminologia filosófica*, Torino: Einaudi, 2007, p. 17.

trajetórias seguem caminhos novos e independentes, assim como de instituições recentes, como a Sociedade Real de Londres, criada em 1645, onde então se busca uma *effective philosophy*. Também Descartes, no *Discurso do Método*, compara sua filosofia a um vasto edifício em construção, tanto mais belo e melhor acabado quanto mais é ele a obra de um só arquiteto: "vê-se que os edifícios empreendidos e concluídos por um só arquiteto costumam ser mais belos e melhor ordenados do que aqueles que muitos procuraram reformar, fazendo uso de velhas paredes construídas para outros fins"[2].

Tal edifício, à diferença da austera e muito antiga certeza escolástica, construiu suas bases sobre o terreno movediço da dúvida. E isso deveria ser feito porque as opiniões são frágeis e variáveis, porque os sentidos enganam e a vigília assemelha-se, não poucas vezes, aos sonhos. Desconfiança, aliás, que remonta a Platão (por exemplo, em seu *Teeteto*), para quem a certeza, quando provinda da sensibilidade imediata, já era vista como enganosa. São suspeitas que contaminam um pensamento dedicado à descoberta da verdade, localizada, portanto, além ou por detrás das aparências. Mas, diga-se de passagem, que as incertezas ou hesitações em Descartes se referem, sobretudo, aos "primeiros princípios do conhecimento" (à metafísica), pois

ainda que os sentidos nos enganem às vezes, no que se refere às coisas pouco sensíveis e muito distantes, encontramos talvez muitas outras das quais não se pode razoavelmente duvidar, embora as conhecêssemos por intermédio deles: por exemplo, que eu esteja aqui, sentado junto ao fogo, vestido com um chambre, tendo este papel entre as mãos e outras coisas dessa natureza. E como poderia eu negar que estas mãos e este corpo sejam meus? A não ser talvez que eu me compare a esses insensatos, cujo cérebro está de tal modo perturbado e ofuscado pelos negros vapores da bile que constantemente asseguram que são reis quando são muito pobres; que estão vestidos de ouro e de púrpura quando estão inteiramente nus; ou imaginam ser cântaros ou ter um corpo de vidro. Mas quê? São loucos e eu não seria menos extravagante se me guiasse por seus exemplos[3].

2. Cf. infra, p. 70.
3. Cf. infra, p. 136.

Ou ainda:

E, finalmente, apresento todas as razões das quais é possível concluir a existência das coisas materiais: não que as julgue muito úteis para provar o que elas provam, a saber, que há um mundo, que os homens têm corpos e outras coisas semelhantes, que nunca foram postas em dúvida por homem algum de bom senso; mas porque, considerando-as de perto, chega-se a conhecer que elas não são tão firmes nem tão evidentes quanto aquelas que nos conduzem ao conhecimento de Deus e da nossa alma; de sorte que estas últimas são as mais certas e as mais evidentes que possam cair no conhecimento do espírito humano[4].

No âmbito filosófico, portanto, a dúvida constitui o próprio remédio da reflexão. Pois ela nos remete, se tratada de modo sistemático, a um ponto absolutamente intransponível e seguro, qual seja, ao estágio em que não mais é possível nenhum juízo falso ou ilusório, ao *aliquid inconcussum*: se duvido, penso; se penso, sou. Logo, a verdade ideal prende-se, necessariamente, ao ato reflexivo da razão. E, nesse caso, por uma "direta inspeção do espírito", por uma intuição perspicaz, sem necessidade de um silogismo cuja premissa maior seria: "tudo o que pensa é ou existe"[5].

Daí por que a faculdade de conhecer, e por ela a de agir no mundo, coincide e melhor define a própria existência humana. Numa resposta a seus críticos, observa-se a insistência no valor da atividade espiritual:

Todas as coisas que podemos entender e conceber não são para eles (os críticos) senão imaginações e ficções de nosso espírito e que não podem

4. Cf. infra, p. 133.
5. Ivan Lins, em *Descartes: Época, Vida e Obra*, nos faz saber que Vico, em seu livro *De Antiquíssima italorum sapientia*, pensa ter encontrado a origem do *cogito* num verso de Plauto (da peça *Amphytrio* [Anfitrião]), dito pelo personagem Sósia: "mas, quando penso, não resta a menor dúvida de que sou o que sempre fui" (*sed quum cogito, equidem certo idem sum qui semper fui*). Ainda segundo Lins, na *Cidade de Deus*, Agostinho já tivera argumentado: "Realmente existimos e o conhecemos, e amamos essa existência e esse conhecimento. Contra essa verdade, não temo nenhum argumento dos acadêmicos, ao dizerem: – Mas, se te enganas? Se, de fato, me engano, existo".

ter qualquer subsistência: donde se segue que nada há, exceto o que não se pode de modo algum entender, conceber ou imaginar, que se deva admitir como verdadeiro: isto é, que é preciso fechar inteiramente a porta à razão e contentar-se com ser macaco ou papagaio e não mais homem, para merecer ser colocado ao nível desses excelsos espíritos[6].

Considerando-se como verdadeira uma primeira substância ("toda coisa em que reside imediatamente como em seu sujeito ou pela qual existe algo que concebemos"[7]), criadora, perfeita e, portanto absoluta, isto é, Deus, tal substância é também única ou incomparável. Ao mesmo tempo, existem coisas ou fenômenos materiais, isto é, corpos finitos que se caracterizam por uma forma, um limite e por sua divisibilidade, constituindo a *res extensa*. Por fim, há uma substância diferenciada das anteriores, o espírito, cujo atributo principal não se resume à materialidade e à extensão comum aos corpos. Trata-se de um universo à parte, no qual se manifestam o pensamento, a consciência de si, o entendimento e a vontade de agir. "Mas o que sou eu, portanto? Uma coisa que pensa. Que é uma coisa que pensa? É uma coisa que duvida, que concebe, que afirma, que nega, que quer, que não quer, que imagina também e que sente"[8]. Essa substância propriamente humana é a *res cogitans* (lembremos, rapidamente, que essas substâncias diferentes serão unificadas por Spinoza na substância divina, a qual, por sua vez, possuirá infinitos atributos e formas de manifestação). É no âmbito deste universo espiritual ou anímico que se dão e se formulam ideias, e no qual também a vontade e a imaginação se manifestam, o que ainda significa que a *res cogitans* assume o papel de lastro ou garantia da objetividade, do imediato ou do concreto. Sob certos aspectos, aliás, Tommaso Campanella já se antecipara a este juízo, que alguns chamam de performativo[9]:

6. Cf. infra, p. 291.
7. Cf. infra, p. 239.
8. Cf. infra, p. 145.
9. Juízo performativo é aquele que não apenas constata alguma coisa, mas a realiza no próprio ato da proferição. O fato de dizer que penso só pode ser expresso porque existo como alguém que pensa.

Três são as coisas mais certas para nós: o que somos, o que sabemos e o queremos. Nós, com efeito, sem dúvida e sem falsidade, sabemos que somos, que amamos nosso ser e nosso saber; e nessas três certezas não há qualquer falsidade que nos possa perturbar, enquanto nos equivocamos sobre aqueles objetos dos quais temos conhecimento mediante as imagens e os impulsos que delas nos proveem[10].

Correntemente, Descartes é conhecido por ter separado nitidamente o mundo espiritual-racional do mundo físico-material, ou o ser anímico do ser somático. Mas é possível que as coisas não sejam tão radicais como a tradição assevera, e tal separação, ainda que verdadeira, talvez tenha sido sublinhada com exagerada ênfase em função do método. Senão vejamos: no resumo inicial das *Meditações*, diz ele em relação à sexta reflexão: "Mostro que a alma do homem é realmente distinta do corpo e que, todavia, ela lhe é tão estreitamente conjugada e unida que compõe como que uma mesma coisa com ele. Todos os erros procedentes dos sentidos são aí expostos com os meios de evitá-los"[11]. Já no interior do texto, pode-se verificar que ao menos a imaginação (parte da *res cogitans*) tem muito a ver com a realidade corporal:

A faculdade de imaginar que existe em mim, e da qual vejo por experiência que me sirvo quando me aplico à consideração das coisas materiais, é capaz de me persuadir da existência delas: pois, quando considero atentamente o que é a imaginação, verifico que ela nada mais é que uma aplicação da faculdade que conhece ao corpo que lhe é intimamente presente e, portanto, que existe[12].

Mais adiante, reafirma:

Não era também sem alguma razão que eu acreditava que este corpo (que, por um certo direito particular, eu chamava de meu) me pertencia mais propriamente e mais estreitamente do que qualquer outro. Pois, com efeito, jamais eu podia ser separado dele como dos outros corpos; sentia

---

10. *Filosofia Universal*, livro 1.
11. Cf. infra, p. 133.
12. Cf. infra, p. 187.

nele e por ele todos os meus apetites e todas as minhas afecções; e, enfim, eu era tocado por sentimentos de prazer e de dor em suas partes e não nas dos outros corpos que são separados dele[13].

O problema das sensações físicas, corporais, reside no fato de também serem elas capciosas ou ilusórias. Daí que:

depois, muitas experiências arruinaram, pouco a pouco, todo o crédito que eu dera aos sentidos. Pois observei muitas vezes que torres, que de longe se me afiguravam redondas, de perto pareciam-me quadradas e que colossos, erigidos sobre os mais altos cimos dessas torres, pareciam-me pequenas estátuas quando as olhava de baixo; e, assim, em uma infinidade de outras ocasiões, achei erro nos juízos fundados nos sentidos exteriores. E não somente nos sentidos exteriores, mas mesmo nos interiores: pois haverá coisa mais íntima ou mais interior do que a dor? E, no entanto, aprendi outrora, de algumas pessoas que tinham os braços e as pernas cortados, que lhes parecia ainda, algumas vezes, sentir dores nas partes que lhes haviam sido amputadas; isto me dava motivo de pensar que eu não podia também estar seguro de ter dolorido algum de meus membros, embora sentisse dores nele; [assim sendo] agora que começo a melhor conhecer-me a mim mesmo e a descobrir mais claramente o autor de minha origem, não penso, na verdade, que deva temerariamente admitir todas as coisas que os sentidos parecem ensinar-nos, mas não penso tampouco que deva colocar em dúvida todas em geral. [Entre outros fatos porque] A natureza me ensina também por esses sentimentos de dor, fome, sede etc. que não somente estou alojado em meu corpo, como um piloto em seu navio, mas que, além disso, lhe estou conjugado muito estreitamente e de tal modo confundido e misturado, que componho com ele um único todo[14].

Portanto, é perfeitamente possível conceber-se que a argumentação provém de uma evidência: se bastasse à atividade anímica ou espiritual um corpo, todos os seres vivos poderiam desempenhá--la. O corpo é necessário e exerce grande influência sobre o pensar, mas não seria, ainda assim, sua causa inteira e suficiente.

Quanto às ideias capazes de serem formuladas pela *res cogitans*, podem ser elas de três tipos: as *factícias*, formadas pela vontade e

---

13. Cf. infra, p. 191.
14. Cf. infra, p. 195.

que combinam elementos díspares, quando, por exemplo, imaginamos um dragão ou um centauro; as *adventícias*, que parecem vir dos objetos exteriores à consciência, mas que não se confundem com os próprios objetos que provocam as sensações, pois, se fora de nós existem objetos e seus movimentos, a sensação de dor não se mistura com a causa, ou seja, todas as *qualidades* da sensação estão em nós, não nos objetos ou fenômenos exteriores. Como espiritualista convicto, Descartes não aceitou uma explicação que fosse inteiramente materialista ou empírica, pois não percebemos os processos cerebrais internos, e sim os atributos e resultados das percepções. Dito de outro modo, e numa linguagem atual, não percebemos os impulsos e os contatos nervosos das sinapses, mas sim, por exemplo, as cores, os acordes consonantes ou as ideias que decorrem do processo neurológico. Por fim, existem as ideias *naturais ou inatas* que o espírito produz independentemente das sensações e da vontade. E a esse respeito, assevera Descartes:

nunca julguei nem escrevi que o espírito tenha necessidade de ideias naturais que sejam algo de diferente da faculdade que ele tem de pensar. Mas, reconhecendo que há certos pensamentos que não procedem nem dos objetos exteriores nem da determinação da minha vontade, mas apenas da faculdade que tenho de pensar, para estabelecer alguma diferença entre as ideias ou as noções que são as formas desses pensamentos (ou dessas operações de consciência) e para distingui-las de outras que podemos chamar de estrangeiras (as adventícias) ou feitas por prazer (as factícias), eu as chamei *naturais*; mas o digo no mesmo sentido em que dizemos que a generosidade ou alguma enfermidade é natural a certas famílias... Quando digo que alguma ideia nasceu conosco, entendo apenas que temos em nós mesmos a *faculdade* de produzi-la[15].

Ora, se é próprio do homem pensar, isto é, se ele se constitui, acima de tudo, em máquina mais raciocinante do que apenas coisa extensa ou material, ainda que viva, tal evidência mostra-se, igualmente, pelo fato de possuir em si, ao pensar, as ideias de verdadeiro e de falso, de certo e de errado, de bem e de mal, de belo

15. *Resposta a Regius*.

e de feio. Consequentemente, essa faculdade espiritual adquire dignidade pelo fato de fornecer-lhe não apenas certezas cognitivas (o verdadeiro, o certo), mas as melhorias práticas de sua existência (o bem, o bom, o belo). Daí escrever ele em carta a Cristina da Suécia:

para os bens do corpo e da fortuna, eles não dependem absolutamente de nós; e os da alma relacionam-se ambos a dois condutores que são: um, o de conhecer, outro, de querer o que é bom; mas, frequentemente, o conhecimento encontra-se para além de nossas forças; eis por que não resta senão a nossa vontade, da qual podemos dispor integralmente. E não vejo como seja possível melhor utilizá-la quando sempre se tem uma firme e constante resolução de fazer exatamente todas as coisas que se julgariam ser as melhores e empregar todas as forças do espírito para bem conhecê-las[16].

O que se repete, em outros termos, n'*As Paixões da Alma*:

essas coisas são úteis de saber para encorajar cada um de nós a aprender a observar suas paixões; pois, dado que se pode, com um pouco de engenho, mudar os movimentos do cérebro nos animais desprovidos de razão, é evidente que se pode fazê-lo melhor ainda nos homens, e que mesmo aqueles que possuem as almas mais fracas poderiam adquirir um império absoluto sobre todas as suas paixões, se empregassem bastante engenho em domá-las e conduzi-las[17].

Para a descoberta da verdade e a prática do bem é indispensável, no entanto, que o homem, ele mesmo, imponha-se regras:

é preferível não procurar a verdade sobre algo do que fazê-lo sem método: pois é bastante certo que esses estudos desordenados e essas meditações obscuras perturbam a luz natural e cegam o espírito. E todos aqueles que têm assim o costume de andar nas trevas diminuem de tal modo a acuidade de sua visão que, em seguida, não podem mais suportar a plena luz[18].

E a primeira de suas regras é aquela que ele mesmo se dá: "nada incluir em meus juízos que não se apresentasse tão clara e tão distintamente a meu espírito que não tivesse nenhuma ocasião de pô-lo

16. Cf. infra, p. 599.
17. Cf. infra, p. 325.
18. Cf. infra, p. 414.

em dúvida"[19]. Portanto, é possível convencer-se de que existem causas para os fenômenos, já que nada provém do nada; que alguma coisa não pode ser e não-ser, simultaneamente; ou que a realidade da ideia já contém uma busca pela causa, que existe não só de modo objetivo, mas formal e ainda eminentemente. Em resumo, as regras cartesianas, calcadas quase inteiramente no bom senso, são: a evidência, a análise (ou divisão), a dedução e a enumeração (experimentação ou suposição de exemplos semelhantes, em conformidade com os passos anteriores). Tão simples que Leibniz julgou-as praticamente desnecessárias: "E quase digo serem as regras do método semelhantes ao néscio preceito daquele químico: toma o que deves, procede como deves e terá o que queres"[20].

Outro procedimento necessário à sabedoria consiste na separação entre a filosofia e a ciência, de um lado, e a teologia, ainda culturalmente predominante, de outro, dadas as diferenças em suas formas e objetivos. Em primeiro lugar, porque a filosofia e a ciência nascem da dúvida e se constroem no âmbito imperfeito dos seres humanos, enquanto a teologia provém de uma substância divina, soberanamente perfeita; em segundo, porque a fé não se fundamenta na inteligência e na vontade, mas apenas nesta última faculdade. Cautelosamente, para evitar atritos com o acórdão do Parlamento de Paris (1624), que condenava à morte quem ensinasse princípios contrários aos autores antigos já aprovados, ou consequências como as então recentemente sofridas por Galileu[21], diz Descartes nas *Regras para a Direção do Espírito*:

> Eis aqui as duas vias mais corretas para conduzir à ciência [refere-se ele à intuição e à dedução]. No que diz respeito à inteligência, não se deve admitir mais do que isso, e todas as demais devem ser rejeitadas como suspeitas e

---

19. Cf. infra, p. 76.
20. Citado por Ivan Lins, op. cit.
21. Sobre a condenação de Galilei, escreve Descartes ao padre Mersenne (carta de 22 de julho de 1633): "Isso me abalou tanto que me senti propenso a queimar todos os meus papéis ou, pelo menos, a não os deixar ver por ninguém... Confesso que, se for falso (o movimento de rotação terrestre), todos os fundamentos de minha filosofia também o são".

expostas ao erro. Entretanto, isso não impede que, relativamente àquilo revelado por Deus, creia-se como conhecimento ainda mais certo, pois que a fé, que trata sempre de coisas obscuras, não é um ato de inteligência, mas de vontade, e que, se ela tem bases no entendimento, aquelas ali podem e devem ser encontradas, antes de tudo, por uma ou por outra das vias já citadas, como um dia talvez o mostremos mais amplamente[22].

Não são poucas as vezes em que Descartes assume esse comportamento de *larvatus prodeo* (caminho mascarado ou disfarçado).

Ao mesmo tempo, a ciência concorre para suprir necessidades práticas e tornar a vida mais cômoda:

em vez dessa Filosofia especulativa que se ensina nas escolas, se pode encontrar uma outra prática, pela qual, conhecendo a força e as ações do fogo, da água, do ar, dos astros, dos céus e de todos os outros corpos que nos cercam, tão distintamente como conhecemos os diversos misteres de nossos artífices, poderíamos empregá-los da mesma maneira em todos os usos para os quais são próprios, e assim nos tornar como que senhores e possuidores da natureza. O que é de desejar, não só para a invenção de uma infinidade de artifícios, que permitiriam gozar, sem qualquer custo, os frutos da terra e todas as comodidades que nela se acham, mas principalmente também para a conservação da saúde, que é sem dúvida o primeiro bem e o fundamento de todos os outros bens desta vida[23].

A distinção entre a filosofia e a teologia dá-se ainda num terceiro âmbito, aquele que une uma determinada concepção do homem e a moral. A esse respeito, comenta Emmanuel Faye:

É lá que se vê a verdadeira separação entre filosofia e teologia, quer dizer, entre duas concepções, a natural e a sobrenatural, da felicidade e da perfeição do homem... Um filósofo como Descartes se apoia sobre tal distinção para delimitar precisamente o horizonte da filosofia natural, que somente considera a natureza, e não se autoriza a discorrer sobre a graça. A filosofia não concebe pois o homem senão no estado presente e não, como o teólogo, "antes da queda"[24].

---

22. Cf. infra, p. 413.
23. Cf. infra, p. 109.
24. E. Faye, *Philosophie et perfection de l'homme*, p. 336.

As declarações de Descartes a Burman são capitais a esse respeito. Burman lhe pergunta: — Por que eu não teria o mesmo poder de suspender meu julgamento e de fazer bom uso de meu livre-arbítrio nas coisas sobrenaturais, tanto quanto nas naturais? O filósofo responde: — Isso deve ser deixado à explicação dos teólogos. Ao filósofo basta considerar o homem tal como é em sua condição natural; e assim escrevi a minha filosofia, para que ela possa ser recebida em todos os lugares, mesmo entre os turcos, sem que eu seja uma pedra no caminho para ninguém[25]. Mais adiante, no mesmo texto, afirma Faye:

> Nada está mais distante da filosofia moral de Descartes do que este contempto do corpo e da carne, e pode-se dizer que Malebranche comprometeu radicalmente, por seu método, a distinção entre filosofia e teologia, tão dificilmente conquistada em França pelos filósofos da Renascença e por Descartes[26].

E aqui nos permitimos um parêntese para lembrar que o idealismo de Descartes, que é também um Iluminismo precoce, foi motivo para que Heidegger criticasse o modo pelo qual foi o *cogito* formulado e todo o conhecimento racional, científico. No livro em que analisa o filósofo alemão, George Steiner assim escreve a respeito:

> Para Descartes, a certeza determina e confirma a verdade. A certeza, por sua vez, está situada no *ego*. O eu torna-se o eixo da realidade e se relaciona com o mundo exterior de um modo exploratório, necessariamente explorador. O *ego*, como conhecedor e usuário, é um predador. Para Heidegger, ao contrário, o homem e a consciência de si não são o centro, os reguladores da existência. O homem é apenas um ouvinte ou interlocutor privilegiado da existência... O que fazemos é procurar "a voz do ser"[27].

A bem da verdade, no entanto, a crítica do filósofo alemão é bem mais abrangente sobre a linha do tempo histórico. Em *O Que é Isto,*

---

25. Idem.
26. Idem.
27. *Martin Heidegger*, p. 90.

*a Filosofia,* diz que o pensamento ocidental, posterior a físicos como Heráclito ou Parmênides, dá origem à filosofia, ou seja, a uma meditação que, antes de tudo, reflete ou expressa o comportamento próprio do subjetivismo e do tecnicismo, substituindo a pergunta original pelo Ser (*die Frage nach dem Sein*) por aquela que indaga o ser dos entes (*die Seinsfrage*). Descartes, nessa trajetória, nada mais faria senão reafirmar, ainda que de modo inédito, este velho propósito que não remontaria aos fundamentos e, por isso mesmo, manteria o Ser no esquecimento.

De volta ao pensador francês, e analisando-o agora de um ponto de vista teológico, se não se pode acusá-lo de materialista, como por vezes o fizeram autoridades laicas e religiosas[28], verifica-se que a ideia de Deus, embora seja aquela que garante a certeza do pensar, é encontrada de uma forma até então pouco convencional. Ela deriva da ideia de perfeição, pois "o que é mais perfeito, isto é, o que contém em si mais realidade, não pode ser uma decorrência e uma dependência do menos perfeito"[29]. Mas essa mesma ideia, presente no espírito, faz pensar e desejar um aperfeiçoamento indefinido, ou uma perfeição acabada. Daí o autor concluir: "porque penso, e penso em Deus, Deus existe". Se a ideia de perfeição e a ideia da existência de Deus são inseparáveis no pensamento, é porque também o são na realidade. Se,

não posso conceber Deus a não ser como existente, segue-se que a existência é inseparável dele; não que meu pensamento possa fazer que assim seja, ou que ele imponha às coisas alguma necessidade; ao contrário, a necessidade que está na própria coisa, quer dizer, a necessidade da existência de Deus, me determina a ter este pensamento. Pois não está em minha liberdade

---

28. Segundo I. Lins, op. cit., na Holanda, por influência e solicitação da Academia de Utrecht, o senado da cidade proibiu o ensino da filosofia cartesiana "porque desvia a juventude da velha e sã filosofia (aristotélica) e, finalmente, porque várias opiniões falsas e absurdas são por ela professadas". Também a Universidade de Leiden o acusou de blasfêmia e, ainda no século XVIII, em Portugal, os jesuítas o tinham, oficialmente, como herege.

29. Cf. infra, p. 157.

conceber um Deus sem existência, quer dizer, um ser soberanamente perfeito sem uma soberana perfeição[30].

Ocorre, no entanto, que a própria ideia de Deus, calcada na de perfeição, só nos é conhecida pelo pensamento. Em síntese, todo conhecimento é produzido, refletido ou está contido no sujeito que pensa, e o momento da reflexão não pode ser concebido de outra maneira, senão admitindo-se um momento de subjetividade que regressa à estrutura do objeto pensado. Em síntese, se a conformidade entre razão e objeto é garantida pela transcendência divina ou por um diálogo com outro ser, quer seja enganador ou não, ela retorna necessariamente ao sujeito observador na forma de uma "rescendência", ou seja, de uma nova escalada, desta vez intrínseca ao espírito. Ainda a esse respeito, é com bastante acuidade que Charles Adam nos explica por que Descartes recorre a Deus, mesmo reconhecendo que a razão natural é capaz de captar ou formular verdades matemáticas indiscutíveis:

> Descartes responde (aos matemáticos ateus) que, empurrados até os limites de suas últimas defesas, eles não podem escapar a uma dúvida sempre possível sobre a origem de seus princípios, a menos que tenham para estes aqui a garantia de Deus. Somente com Deus pode-se ter a garantia absoluta. Mas por que esta palavra "absoluta"? Sem dúvida, a teologia havia dado aos espíritos esta necessidade de certeza absoluta [...] e os filósofos a haviam transposto para a ciência, querendo que esta aqui lhes desse igual satisfação. E o único meio era apelar a Deus para garantir, com sua infalibilidade, os princípios que servirão à ciência. Daí, para esta aqui, a necessidade de uma metafísica prévia, na ausência da qual ela permanece exposta à dúvida, ou não conta senão com afirmações mais ou menos relativas, sempre sujeitas a uma caução [...] no século XVII, o espírito ainda possuía exigências que, sem dúvida, ele devia a um longo exercício da Escolástica[31].

Também Bréhier observa, a seu modo, essa teologia natural e esquiva:

---

30. Cf. infra, p. 182.
31. C. Adams, Descartes: Ses trois notions fundamentales, *Revue Philosophique de la France et de l'étranger*, n. 123, Paris, 1937, p. 14.

É difícil imaginar quanto essa tese devia parecer paradoxal aos contemporâneos de Descartes: na Escolástica, a afirmação da existência de Deus empresta sua certeza às coisas sensíveis, de onde se remonta até ele como de um efeito a uma causa. Por caminho inverso, o neoplatonismo parte da intuição de um princípio divino para ir de Deus, como causa, às coisas como efeitos dessa causa. Parece haver aí uma alternativa à qual, entretanto, escapa o pensamento de Descartes. E as duas primeiras fases de sua metafísica demonstram a impossibilidade de qualquer uma das vias: a dúvida metódica, ao mostrar que não há nenhuma certeza nas coisas sensíveis, nem mesmo nas coisas matemáticas, impede de ir das coisas a Deus. A teoria das verdades eternas interdita derivar de Deus, como modelo, a essência das coisas[32].

Mas se podemos conhecer, e com exatidão, já que a ciência se prova igualmente exata quando convertida em tecnologia, nem por isso a "luz natural", que é própria do espírito, está isenta de erros:

nada me parece mais absurdo do que discutir aventurescamente os mistérios da natureza, a influência dos céus sobre a Terra, a predição do futuro e coisas semelhantes, como fazem muitas pessoas, e jamais ter investigado se a razão humana é capaz de descobrir tais coisas. E não deve parecer incômodo ou difícil determinar os limites do espírito, do qual temos consciência, pois não hesitamos frequentemente em sustentar juízos até mesmo sobre o que nos é exterior e inteiramente estranho[33].

Os erros derivam ou da imperfeição humana, que o método (ou ainda um método científico) pode sanar, ou da vontade livre. Ou seja, o erro não pode estar nas coisas, que são o que são e, por isso, "meu pensamento não impõe necessidade alguma às coisas":

olhando-me mais de perto, e considerando quais são meus erros, que apenas testemunham haver imperfeição em mim, descubro que dependem do concurso de duas causas, a saber, do poder de conhecer que existe em mim e do poder de escolher, ou seja, de meu livre-arbítrio[34].

---

32. Émile Bréhier, *História da Filosofia*, São Paulo: Mestre Jou, 1977, 3 v., tomo 1, fasc. 3.
33. Cf. infra, p. 433.
34. Cf. infra, p. 172.

Em síntese, o conhecimento é desejável e possível, paradoxal e justamente a partir de uma atitude cética. Ou, em outras palavras, "é a obscuridade mesma que me serve de matéria para formar um juízo claro e distinto". Se tudo nos fosse imediatamente claro e seguro, nenhuma discussão ou questão haveria e, provavelmente, o pensamento, aquilo que agrupa o entendimento, a vontade e os sentidos, seria de outra natureza.

Mas o que torna possível o erro? Consiste ele na diferença ou na relação imperfeita entre as duas faculdades essenciais da alma: a inteligência e a vontade. A primeira é passiva e finita; a segunda, ativa e infinita. Em suas palavras,

sendo a vontade muito mais ampla e extensa que o entendimento, eu não a contenho nos mesmos limites, mas estendo-a também às coisas que não entendo; das quais, sendo a vontade por si indiferente, ela se perde muito facilmente e escolhe o mal pelo bem ou o falso pelo verdadeiro[35].

Tem-se assim que o juízo falso é um ato de vontade? Não necessariamente, pois talvez seja difícil encontrar-se alguém cuja vontade seja a de errar ou permanecer no erro.

Mas como a vontade é absolutamente necessária, a fim de que demos nosso *consentimento* ao que *percebemos*, e como não é necessário, para se fazer um julgamento tal como deve ser, que tenhamos um conhecimento inteiro e perfeito, daí acontece que, bem frequentemente, demos o nosso consentimento a coisas das quais nunca tivemos senão um conhecimento bastante confuso.

É claro que os erros provêm da dificuldade das percepções, de circunstâncias exteriores e das culturas, mas a vontade tem um lugar decisivo sobre o *querer aceitar* ou *querer recusar* o que pode vir a ser o verdadeiro conhecimento. Isso significa que devemos dizer claramente o que vemos e o que não vemos com clareza; que devemos traduzir fielmente o que sentimos; que devemos assumir a dúvida quando não estivermos certos de conhecer. Logo, a veracidade é uma constatação ou adequação que principia com a sinceridade

---

35. Cf. infra, p. 174.

íntima ou subjetiva. Ao mesmo tempo, percebe-se que a autoridade exterior, como a da teologia escolástica, foi abandonada em favor da consciência individual, "à moda luterana".

Já o nosso poder de agir bem ou mal tem sua origem não propriamente na liberdade, mas em sua imperfeição, quando mesclada à indiferença. E a indiferença, por sua vez, deriva da imperfeição do entendimento:

esta indiferença que sinto, quando não sou absolutamente impelido para um lado mais do que para outro pelo peso de alguma razão, é o mais baixo grau da liberdade, e faz parecer mais uma carência no conhecimento do que uma perfeição na vontade; pois, se eu conhecesse sempre claramente o que é verdadeiro e o que é bom, nunca estaria em dificuldade para deliberar que juízo ou que escolha deveria fazer; e assim seria inteiramente livre sem nunca ser indiferente.

Logo, a indiferença e a ignorância não são condições da liberdade, pois constituem faltas ou negações, enquanto a verdadeira liberdade significa um poder real e positivo de se determinar. Em síntese, a liberdade encontra aqui o seu perfeito sinônimo, a *autonomia do homem íntegro* que, ao mesmo tempo em que expressa, deriva do entendimento correto e da ação moral. A notar ainda que, se boa parte da filosofia antiga havia atribuído à necessidade uma característica de absoluto, e à adaptação do homem às suas exigências uma manifestação de sabedoria, para o nosso filósofo o fundo da existência humana repousaria antes sobre a vontade e a liberdade.

Quanto à física cartesiana, tem ela início com a afirmação de que "cada coisa permanece no estado em que está enquanto nada a venha modificar". Desta lei derivam duas outras, a saber: "a mesma quantidade de movimento sempre se conserva no mundo", já que, se um movimento surgisse e fosse inteiramente novo, tal fenômeno seria uma nova criação e, por conseguinte, estaríamos frente a um ato miraculoso; além disso, "todo corpo que se move tende a continuar seu movimento em linha reta". A matéria, uma vez posta em movimento, produziu o mundo como é, e não sucederia de outra forma. Essa mesma matéria, que é extensão, ocupa indefinidamente o espaço. E sendo a extensão divisível ao infinito, é também a matéria indefinidamente divisível. Portanto, o vazio seria inexistente. A importância dada ao movimento fez com que Descartes concebesse a gravidade, a luz e o calor como deslocamentos, ondulações ou turbilhões: "é apenas o movimento que, conforme os diferentes efeitos que produz, chama-se às vezes calor e às vezes luz".

A geometria foi por ele inovadoramente aperfeiçoada quando associou o domínio do espaço e de suas quantidades contínuas aos números e suas quantidades discretas. Com ela e suas aplicações na dióptrica, buscava o filósofo uma ciência operativa, prática, complementar de outra mais antiga e satisfeita apenas com a contemplação.

No que se refere à biologia, deve-se ter em mente que Descartes pressentiu, a seu modo, a teoria darwinista da seleção natural. Em passagem d'*O Mundo*, diz ele: "não é de se espantar que quase todos os animais engendrem, pois os que não podem engendrar não são mais, por sua vez, engendrados e, assim, não mais encontram lugar no mundo". Em resumo, só as espécies fecundas subsistem. Acrescentando-se as ideias de adaptação e de transmissão de características genéticas, chega-se à biologia moderna.

E se o universo pode ser conhecido por suas causas e efeitos, essa racionalidade não arrasta consigo uma outra consequência muito em voga em sua época, a chamada *causa final*:

não devemos presumir tanto e acreditar que Deus nos tenha querido fazer parte de seus conselhos;
[...]
não é verossímil que Deus não tenha tido outra finalidade senão a nossa ao criar o mundo. Com efeito, quantas coisas encontram-se agora no mundo, onde estiveram antes e deixaram de ser, sem que qualquer homem as tenha visto ou conhecido, e sem que nunca tenham tido qualquer uso para a humanidade;
[...]
é algo pueril e absurdo assegurar em metafísica que Deus, à maneira de um homem soberbo, só tenha tido a finalidade, ao construir o mundo, de ser louvado pelos homens; e que ele só tenha criado o Sol, muitas vezes maior do que a Terra, sem outro propósito do que iluminar o homem, que nela ocupa apenas uma pequena parte.

Para finalizar, quatro observações.

1. Não nos esqueçamos de que o sonho do filósofo de oferecer fundamentos seguros ou exatos à filosofia, tal como o princípio normativo da evidência, foi o que levou Husserl, da *Filosofia como Ciência de Rigor*, e passando pelas *Meditações Cartesianas*, à fenomenologia transcendental e aos desdobramentos que essa corrente suscitou;

2. Mesmo os contemporâneos e os pósteros que o criticaram souberam dar-lhe o valor que lhe cabe por sua inovação e prudente ousadia. Assim, por exemplo, se manifesta D'Alembert no *Discurso Preliminar* da *Enciclopédia*:

> Ousou Descartes pelo menos mostrar aos bons espíritos como sacudir o jugo da Escolástica, da opinião, da autoridade, numa palavra: dos preconceitos e da barbárie. E por essa revolta, cujos frutos hoje reconhecemos, prestou à filosofia um serviço mais essencial talvez do que todos os que ela deve a seus ilustres sucessores. Podemos considerá-lo como um chefe de conjurados que, em primeiro lugar, teve a coragem de insurgir-se contra um poder despótico e arbitrário, e que, preparando uma revolução estrondosa, lançou os fundamentos de um governo mais justo e mais feliz, que ele não pôde ver estabelecido. Se acabou crendo tudo explicar, pelo menos começou por duvidar de tudo; e as armas de que nos servimos para combatê-lo não lhe pertencem menos porque as voltamos contra ele[36].

Por sua vez, Karl Jaspers, embora considere que o *cogito* apreende-se apenas a si mesmo, pois toda determinação lhe escapa, impedindo-o de ter relações objetivas (opinião, diga-se de passagem, inconvicente), abre seu ensaio com as seguintes palavras:

> A glória de Descartes é tão extraordinária, sua influência histórica tão incontestável, o estudo de seus principais escritos é ainda em nossos dias tão indispensável para a educação filosófica do homem que se torna supérfluo insistir em seu *alcance histórico*. Foram notadamente os filósofos alemães, após Hegel e Schelling, que viram nele o início e a origem da filosofia moderna... O pensamento é conciso, cada frase tem seu lugar bem determinado; nunca se trata de coisas superficiais; ali nada se encontra de acessório; o desenvolvimento das ideias é claro, vai direto ao fim, e o leitor

---

36. *Dictionnaire raisonné des sciences, des arts et des métiers*, Marsanne: Redon.

sente que se lhe impõe uma disciplina... [sua] glória consiste em ter querido elevar a filosofia, pelo *método*, à condição de ciência, estendendo-se, sob outro ponto de vista, à totalidade do domínio científico. De seu *raciocínio fundamental*, não menos célebre, deve nascer a certeza[37].

3. Mais modernamente, Alexandre Koyré não se acanhou de dizer:

Há três séculos que somos todos, direta ou indiretamente, alimentados pelo pensamento cartesiano, pois que há três séculos, justamente, todo o pensamento europeu e todo o pensamento filosófico se orientam e se determinam com referência a Descartes... uma das mais profundas revoluções intelectuais e mesmo espirituais que a humanidade já conheceu, conquista decisiva do espírito por si próprio, vitória decisiva no árduo caminho que leva o homem à libertação espiritual, à liberdade da razão e da verdade[38].

4. E se foi ele um dos primeiros pensadores da época moderna, talvez tenha sido, concomitantemente, um dos últimos sábios no sentido que a Antiguidade lhe emprestava. O que significa possuir os seguintes atributos: manter a serenidade face às inevitáveis atribulações da vida; praticar o isolamento dos demais homens, a fim de refletir para além das coisas imediatas, *sub specie aeternis*; ter a autarquia material indispensável para administrar sua própria vida; e adquirir a mais ampla consciência de si mesmo, para poder extrair de seu interior um ensinamento o mais amadurecido possível.

---

37. La Pensée de Descartes et la philosophie, *Revue Philosophique de la France et de l'étranger*, n. 123, Paris, 1937, p. 40.
38. *Considerações sobre Descartes*, Lisboa: Presença, 1992, p. 10.

## CRONOLOGIA E OBRAS

1596  Nasce a 31 de março em La Haye, desde 1802 denominada Descartes, na Touraine, sob o reinado de Henrique IV, sendo o terceiro filho de uma família da pequena nobreza rural. Seu pai, Joachim, era católico e ocupava o cargo de conselheiro no Parlamento de Rennes, Bretanha; sua mãe, Jeanne Brochard, pertencia a uma família protestante;
1597  Fica órfão de mãe, cuja saúde se debilitara desde a época do parto, passando aos cuidados diretos da avó materna, Jeanne Sain;
1604  É enviado, com oito anos, ao colégio dos jesuítas da cidade próxima de La Flèche, fundado no mesmo ano com dotações do rei Henrique IV, e que se tornaria um dos mais conceituados da Europa, com tradicional ensino escolástico. Por seu empenho nas lições, mas precárias condições de saúde, Descartes teve o privilégio de estudar no próprio quarto durante os períodos matutinos;
1610  Morre Henrique IV e assume o trono Luis XIII;
1612  Sai do colégio de La Flèche e retorna à casa paterna;
1614-1615  Segue o curso de direito em Poitiers, a pedido do pai; talvez tenha feito estudos de medicina, na mesma universidade, seguindo as tradições do bisavô e do avô maternos;

**1615-1616** Já instalado em Paris, passa a viver solitariamente na capital;

**1617** Na qualidade de voluntário, engaja-se nas tropas do príncipe de Orange, Maurício de Nassau, na Holanda, e ali conhece o físico e matemático Isaac Beeckman, diretor do colégio de Dort (ou Dordrecht). Ambos discutem a possibilidade de unir a matemática à física e as propostas de Descartes são comentadas no jornal de pesquisas de Beeckman. Nessa época, escreve ainda o *Compêndio de Música* (Compendium musicae), publicado no ano seguinte, que dedica ao amigo;

**1619-1621** Deixa a Holanda e segue para a Alemanha, onde assiste à coroação do imperador Ferdinando II. Ali se decide por entrar a serviço do duque Maximiliano da Baviera. Em 10 de novembro de 1619, Descartes experimenta em sonhos o que chamou a sua "iluminação", ou seja, intui ser capaz de propor um método de unificação dos conhecimentos. É possível que, nessa época, tenha começado a escrever as *Regras para a Direção do Espírito* (Regulae ad directionem ingenii); alista-se depois nos exércitos do conde de Bucquoy, na Hungria;

**1621-1622** Renuncia à vida militar e viaja à Morávia, Polônia e Alemanha, antes de retornar à Holanda; pouco depois vai à França, passando pela Bélgica, rever seus parentes e entrar na posse da herança materna;

**1623-1625** Retorno a Paris e reencontro com o filósofo, teólogo e matemático Marin Mersenne, ou, mais simplesmente, padre Mersenne, também um ex-estudante de La Flèche, oito anos mais velho que Descartes e seu conselheiro, divulgador das teorias de Galileu em França; Mersenne serviu como elo de ligação entre Descartes e o mundo intelectual da Europa, sendo chamado por Hobbes de "o procurador-geral da República das Letras"; no mesmo ano, retorna à Bretanha para vender parte das propriedades herdadas; de lá, segue para a Itália;

**1626-1628** volta à França, para morar em Paris; começa a ser reconhecido por suas proposições matemáticas nos campos da álgebra e da geometria; faz ainda experiências de óptica com o matemático Mydorge;

1629 Instala-se na Holanda e inscreve-se na Universidade de Franeker, em 16 de abril (na ficha consta *Renatus Descartes, Gallus philosophus*). Muda-se com frequência até 1644 (Amsterdam, Deventer, Utrecht, Leiden, Egmond) e aproveita para viajar à Dinamarca. Em Amsterdam, faz dissecações em animais e mantém contatos com intelectuais do país, entre eles Constantin Huygens, poeta e diplomata, pai do futuro físico e astrônomo Christian Huygens;

1633 Tomando conhecimento da condenação de Galileu, deixa de publicar o seu *Tratado do Mundo e da Luz* (Traité du Monde et de la Lumière), em que expõe problemas de física, e que só aparecerá posteriormente, com modificações;

1634 Passa a ter relações amorosas com Helena, em Deventer, das quais nasce uma filha, Francine, em 19 de julho do ano seguinte. A filha morreria cinco anos depois, vítima de escarlatina; esse fato só foi confessado por Descartes dez anos depois, em carta a Cleserlier, na qual diz ter assumido uma "perigosa obrigação da qual Deus o retirou há quase dez anos e que, pela continuação da mesma graça, se tinha, até então, preservado da recidiva";

1637 Edita, em francês, o *Discurso do Método* (Discours de la méthode pour bien conduire sa raison et chercher la vérité dans les sciences), acompanhado dos *Ensaios*, ou seja, da *Dióptrica, Meteoros* e *Geometria* (em Leiden, sendo impressor Jan Maire); mais por precaução do que por modéstia, evita assumir publicamente a autoria, mas envia exemplares a quase todos os seus conhecidos e a príncipes da Europa;

1641 Saem as *Meditationes de prima philosophia*, gerando controvérsias com filósofos, teólogos e cientistas, entre eles Hobbes e Gassendi;

1642 As autoridades de Utrecht proíbem o ensino do cartesianismo, por julgá-lo contrário à autoridade eclesiástica; a proibição será retirada dois anos depois;

**1643** Conhece Elisabeth da Boêmia, filha do rei exilado na Holanda, com quem manterá abundante correspondência, fato que parece ter influenciado a decisão de escrever o seu *Tratado das Paixões*;

**1644** Publica os *Principia philosophia*, forma sintética do que já houvera defendido de maneira mais analítica no *Discurso* e nas *Meditações*, e viaja à França;

**1647** Termina de escrever (presumivelmente) a *Veritatis inquisitio lumine naturali* (A Procura da Verdade pela Luz Natural); novo retorno à França e encontro com Pascal;

**1648** (presumivelmente) É retratado por Franz Hals;

**1649** Edita *Les Passions de l'âme*, texto de concepções morais estoicas, e se transfere para a corte sueca, a convite da rainha Cristina;

**1650** Morre a 11 de fevereiro, devido a uma pneumonia, sendo enterrado, primeiramente, na própria Suécia; em França, reina Luis XIV;

**1667** Seus restos mortais são repatriados para a França e inumados na Igreja de Saint-Germain-des-Près.

*Obras:*

*Compendium Musicae* (1618)
*Studium bonae mentis* (1620-1625, perdida)
*Regulae ad directionem ingenii* (incompletas, publicadas postumamente em 1701)
*De la Divinité* (1628-29, perdida)
*Le Monde ou Traité de la Lumière* (1632, publicado em 1662 em latim, na Holanda, e em 1664 em francês, na França)
*Discours de la méthode, La Dioptrique, Météores* e *Géometrie* (1637)
*Meditationes de prima philosophia, ubi de Dei existentia et animae immortalitatis demonstrantur* (1641) ou, na versão francesa, *Les Méditations métaphysiques* (1647),
*Principia Philosophia* ou *Les Principes de la philosophie* (1644)
*Veritatis inquisitio lumine naturali* ou *La Recherche de la vérité par la lumiere naturelle* (1647?, 1649?, publicada postumamente, em 1701, em Amsterdam)
*Description du corps humain* (a partir de 1647?, publicado em 1664)
*Manuscrit de Göttingen* (1648, descoberto em 1895)
*Les Passions de l'âme* (1649, último livro publicado em vida)
*Primae cogitationes circa generationem animalium* e *Nonnulla de saporibus* (publicadas em 1701, na Holanda, em *Opuscula Posthuma*)

# TRADUÇÕES E OBRAS BRASILEIRAS SOBRE O AUTOR

*J. Guinsburg e Newton Cunha*

A divulgação do pensamento cartesiano no Brasil ocorreu, de maneira mais evidente, a partir do positivismo e do Estado republicano.

No entanto, alguns analistas, especialmente Ivan Lins, creem que o padre Vieira defendesse certas ideias do pensador francês: "Não é de espantar adotasse Vieira o automatismo de Descartes no Sermão 27º do Rosário, onde sustenta, de acordo com o sistema cartesiano, que os animais só possuem corpos"[1]. Quanto ao magistério precursor do português Silvestre Pinheiro Ferreira (iniciado em 1813 no Colégio de São Joaquim, no Rio de Janeiro), só por viés é possível sugerir que tivesse em mente, por vezes, as teses cartesianas, em virtude de sua declarada adesão ao empirismo inglês e ao sensualismo francês. Sabendo-se, no entanto, que os oratorianos haviam introduzido em Portugal os estudos cartesianos (contrariando os jesuítas), percebe-se em suas *Preleções Filosóficas* alguns temas caros ao filósofo:

> Não basta pois ter edificado, é preciso também saber como se edificou; depois de advertidos os acertos e os erros, é preciso conhecer como se podem emendar estes e aperfeiçoar aqueles. O complexo destas doutrinas

---

1. *Aspectos do Pe. Vieira*, Rio de Janeiro: Livraria São José, 1962.

compreendem o que eu designei com o nome de método. [Ou ainda: a filosofia é] a reunião das doutrinas que constituem o *Método* geral e comum a todas as Ciências.

Na segunda metade do século XIX, e em decorrência da formação de uma *intelligentsia* nacional, ainda que incipiente, é que a história e a diversidade das correntes filosóficas passam a ser mais amplamente conhecidas. Gonçalves de Magalhães, por exemplo, pôde escrever em seu *Fatos do Espírito Humano*:

depois que Descartes tirou a filosofia dos bancos da escola e a emancipou, restituindo-lhe seu verdadeiro método, o psicológico, e a sua única autoridade, a razão; serviço igual ao que antes prestara Bacon de Verulam às ciências físicas, aconselhando-lhes a experiência e a indução; depois dos trabalhos dos seus ilustres continuadores, Malebranche, Locke, Leibniz, Reid, Kant e tantos outros filósofos modernos, que com toda a independência de espírito seguiram as tradições de Platão e de Aristóteles, vaidade fora recomeçar sem considerar os trabalhos alheios, como se nada estivesse feito, como se nenhum acordo houvesse entre as diversas teorias em que se divide a filosofia.

Escrevendo sobre o período, assevera João Cruz Costa em seu *Panorama da História da Filosofia no Brasil*:

É dessa burguesia formada de militares, de médicos, de engenheiros – mais próximos das ciências positivas – que irá surgir o movimento positivista no Brasil. Miguel Lemos era filho de um oficial da Marinha, Teixeira Mendes, de um engenheiro que se formara na Escola Central de Paris. Quase todos também eram homens desiludidos do ecletismo espiritualista que se ensinava então no Brasil, eram homens que se voltavam para as ciências e soluções definitivas para todos os problemas... Em 1868, o Positivismo aparecera no Norte do país, em referência rápida que Tobias Barreto fizera às ideias de Comte em seus artigos. Mas quando Benjamin Constant Botelho de Magalhães entrara para a Escola Militar, ali já encontrara um meio influenciado pelas ideias positivistas.

Uma indicação muito clara deste vínculo, à parte a grande admiração de Comte pelo cartesianismo e, sobretudo, por suas proposições no âmbito da matemática e das experimentações físicas, pode ser observada com a primeira tradução nacional do *Discurso do Método*, realizada por Miguel Lemos e publicada no *Opúsculo* 163 *do Apostolado Positivista do Brasil* em 1896 (reeditada em 1937 e em 1952 pelas Organizações Simões do Rio de Janeiro).

No entanto, com a ausência de centros de estudos e de formação apropriados, "as portas da alfândega continuavam abertas a todas as doutrinas, a todos os autores, colocando-se uma e outros a todos os autodidatas, em um só plano"[2]. Divulgados e comentados eram, então, os pensadores mais recentes, isto é, os do final do século XVIII e os do século XIX: além de Comte, Kant, Spencer, Haeckel, Schopenhauer, Nietzsche e Bergson, e algumas das ideias socialistas e anarquistas que os imigrantes europeus traziam e que aqui começavam a reverberar.

A partir da década de 1940, no entanto, época em que já funcionavam os cursos de filosofia da USP, da Universidade do Brasil e da Universidade Católica do Rio de Janeiro, foi possível formar-se uma visão histórica mais abrangente e, com isso, perceber-se, entre nós, a contribuição cartesiana. Logo no início do período surge um trabalho de inegável importância e referência, igualmente escrito por um adepto do positivismo e que, além de crítico de cultura, há pouco assumira a cadeira de professor de história da filosofia: *Descartes: Época, Vida e Obra*, de Ivan Lins.

A partir de então, a bibliografia brasileira tem crescido em número e qualidade, demonstrando assim a importância do filósofo para o pensamento a ele posterior. Sem evidentemente exauri-la, podemos aqui indicar: de Lívio Teixeira, "A Religião de Descartes" (Separatas dos números 21 e 22 da *Revista de História*, São Paulo, 1955) e o seu *Ensaio sobre a Moral de Descartes* (São Paulo: Faculdade de Filosofia, Ciências e Letras da USP, 1955; reedição São Paulo: Brasiliense, 1990); *Descartes e Bergson*, de Euryalo Cannabrava (Livraria dos Amigos, [S.l.: s/d]); *Discurso do Método*, tradução e prefácio do também professor João Cruz Costa (Rio de Janeiro: Livraria José Olympio, 1960; reedição Rio de Janeiro: Ediouro, 1969); "Dialogando com Descartes", de Carlos Lopes de Matos,

---

2. J. Cruz Costa, *Panorama da História da Filosofia no Brasil*.

publicado na *Revista Brasileira de Filosofia* (São Paulo: Instituto Brasileiro de Filosofia, 1960); *Descartes, Obras Escolhidas*, com traduções de J.Guinsburg e Bento Prado Jr., introdução de Gilles Gaston-Granger, prefácio e notas de Gérard Lebrun (Clássicos Garnier, São Paulo: Difel, 1962; reedições na Coleção Os Pensadores, São Paulo: Abril, 1973, 1979, 1983 e 1988); *A Paixão pela Razão*, de Mário Sérgio Cortella, professor na PUC de São Paulo (São Paulo: FTD, 1988); *Descartes e sua Concepção de Homem*, de Jordino Marques (São Paulo: Loyola, 1993); *Individualismo e Verdade em Descartes: O Processo de Estruturação do Sujeito Moderno*, de Eduardo Ely Mendes (Porto Alegre: EDIPUCRS, 1995); *Descartes e as Peripécias da Razão*, de Denis Rosenfield (São Paulo: Iluminuras, 1996); *A Questão de Deus na Filosofia de Descartes*, de Luciano Marques de Jesus (Porto Alegre: EDIPUCRS, 1997); *O Método de Análise em Descartes*, de César Augusto Battisti (Edunioeste, 2002), *Espinosa e o Cartesianismo*, de Homero Santiago (São Paulo: Iluminuras/Fapesp, 2004); *O Papel da Dúvida Metafísica no Processo de Construção do Cogito*, de Enéias Forlin (São Paulo: Humanitas, 2004); *Descartes, a Metafísica da Modernidade*, de Franklin Leopoldo e Silva (São Paulo: Moderna, 2006); *Descartes: Discurso sobre o Método e Princípios da Filosofia*, com tradução de Norberto de Paula Lima e Torrieri Guimarães (São Paulo: Folha de S. Paulo, 2010 [Coleção Livros Que Mudaram o Mundo, v. 6].

# OBRAS
ESCOLHIDAS

# A PROCURA DA VERDADE
# PELA LUZ NATURAL[1]

1. No inventário dos pertences de Descartes, feito ainda em 1650, em Estocolmo, há uma menção à existência de "13 páginas onde está compreendido um Diálogo sob este título: A Procura da Verdade pela Luz Natural". Conforme diz seu primeiro biógrafo, Adrien Baillet, Descartes o teria escrito em francês. Uma cópia do original foi, aliás, encontrada entre os papéis deixados por Leibniz para a Biblioteca Real de Hanover. Já em 1701, no conjunto *R. Des-Cartes Opuscula Posthuma*, editado em Amsterdam, o livro inacabado encontra-se vertido para o latim.

*Que toda pura, e sem tomar por empréstimo o auxílio da religião e da filosofia, determina as opiniões que deve ter um homem íntegro[2], no que toca a todas as coisas que podem ocupar o pensamento e penetrar até os segredos das ciências mais instigantes.*

Um homem íntegro não é obrigado a ter visto todos os livros nem ter aprendido cuidadosamente tudo o que se ensina nas escolas; e seria mesmo uma espécie de defeito em sua educação se houvesse empregado tempo em demasia no exercício das letras. Há muitas outras coisas a fazer durante sua vida, cujo curso deve ser tão bem medido que lhe reste a melhor parte para praticar boas ações, as quais deveriam ser ensinadas por sua própria razão, se apenas dela

---

2. *Honeste homme,* no original (*honnête homme*, na grafia atual), expressão utilizada para referir-se a alguém que possua, ao mesmo tempo, um comportamento moral respeitável, uma atitude agradável em sociedade e um interesse real e desapaixonado pelos fatos do mundo, ou seja, dedicado ao conhecimento. Daí termos optado pela tradução de íntegro, tanto com o sentido de honesto quanto de completo.

aprendesse. Mas ele entrou ignorante no mundo e o conhecimento de sua primeira idade, só estando apoiado sobre a fraqueza dos sentidos e a autoridade dos preceptores, torna quase impossível que sua imaginação não se encontre cheia de uma infinidade de falsos pensamentos, antes que essa razão possa dispor-se a conduzi-lo. De sorte que ele tem necessidade, posteriormente, de uma grande disposição natural, ou então das instruções de algum sábio, tanto para se desfazer das más doutrinas com as quais se preocupou, como para lançar os primeiros fundamentos de uma ciência sólida e descobrir todas as vias por onde possa elevar seu conhecimento até o mais alto degrau que ela possa alcançar.

Coisas que me propus a ensinar nesta obra pôr em evidência as verdadeiras riquezas de nossas almas, abrindo a cada um os meios de encontrar em si mesmo, sem nada tomar emprestado de outrem, toda a ciência que lhe é necessária para a conduta de sua vida, e adquirir depois, pelo estudo, todos os mais curiosos conhecimentos que a razão dos homens é capaz de possuir.

Mas, temeroso de que a grandeza de meu propósito não preencha inicialmente vossos espíritos com tanta admiração, que a crença não possa ali encontrar um lugar, quero vos advertir que aquilo que empreendo não é tão árduo que não se pudesse imaginar. Pois os conhecimentos que não ultrapassam o alcance do espírito humano estão todos encadeados em uma união tão maravilhosa, e podem ser extraídos uns dos outros por consequências tão necessárias que não é preciso ter muita habilidade e capacidade para encontrá-las, desde que, tendo-se começado pelas mais simples, se saiba conduzir-se de degrau em degrau até as mais elevadas. Isso que tentarei aqui vos fazer ver, cada um julgará que se ele não observasse as mesmas coisas era por falta de lançar mais cedo os olhos para o bom lado e de deter o pensamento sobre as mesmas considerações que eu fiz; e que não mereço mais glória por tê-las encontrado do que um passante por ter encontrado um rico tesouro a seus pés, que a diligência de muitos teria inutilmente procurado por longo tempo antes. E certamente me espanto de entre tantos espíritos raros, que saberiam liberar-se desta obrigação muito melhor do que eu, não se ter encontrado ninguém que não tenha querido dar-se a paciência de os desenredar, e que tenham quase todos imitado aqueles viajantes que, havendo deixado o grande caminho para pegar um atalho, mantêm-se perdidos entre espinhos e precipícios.

Mas não quero examinar o que os demais souberam ou ignoraram; basta-me reparar que, mesmo quando toda a ciência que se possa desejar esteja incluída nos livros, se o que tenham de bom estiver misturado com tantas coisas inúteis, confusamente semeado em um monte de grossos volumes, seria preciso mais tempo para lê-los do que temos para permanecer em vida, e mais espírito para escolher as coisas úteis do que inventá-las por si mesmo.

O que me faz esperar que vós vos contentareis em encontrar aqui um caminho mais fácil e que as verdades que direi não deixarão de ser bem recebidas, ainda que não as empreste de Aristóteles nem de Platão; mas que terão curso no mundo, tal como a moeda que sai da bolsa de um camponês não possui menos valor do que quando provém do erário. Também me esforcei para fazê-las igualmente úteis a todos os homens; e, para tal efeito, não encontrei um estilo mais cômodo do que o das conversas honestas, em que cada um descobre familiarmente em seus amigos o que há de melhor no pensamento, e, sob os nomes de Eudóxio, Poliandro e Epistemon[3], supus que um homem de espírito medíocre, mas cujo julgamento não se encontra pervertido por uma falsa crença, possuindo toda a razão segundo a pureza natural, é visitado, na casa de campo onde mora, por dois dos mais raros e curiosos espíritos deste século, um dos quais jamais estudou e, outro, ao contrário, sabe exatamente tudo o que se pode aprender nas escolas. E que lá, entre outros discursos que vos deixo imaginar, assim como a constituição do lugar e todas as particularidades que ali se encontram,

---

3. O nome Eudóxio, como se percebe, provém de *doxa*, opinião, podendo ser entendida, neste caso, como bom senso ou, ainda, *luz natural*, já que o personagem é aquele que iria desenvolver toda a argumentação nela baseada; Poliandro significa muitos homens e o nome Epistemon deriva de *episteme*, conhecimento, também aplicado ao saber científico.

das quais vos farei tomar emprestado exemplos, a fim de tornar suas concepções mais fáceis, eles propõem assim o argumento do que devem dizer em seguida, até o fim destes dois livros.

POLIANDRO  Eu vos considero tão felizes, por ver todas essas coisas belas nos livros gregos e latinos, que me parece que, se houvesse estudado tanto quanto vós, seria tão diferente do que sou como os anjos o são daquilo que sois; e não saberia desculpar os erros de meus pais, os quais, persuadidos de que o exercício das letras tornava a coragem mais débil, enviaram-me bastante jovem à corte e à carreira das armas, e o desgosto de ser ignorante permanecerá por toda minha vida se não aprender alguma coisa com vossa conversação.

EPISTEMON  Tudo o que podemos vos ensinar de melhor a esse respeito é que o desejo de saber, comum a todos os homens, é uma doença que não se pode curar, pois a curiosidade aumenta com o ensino; e quanto aos defeitos que estão na alma, que só nos afligem quando deles temos conhecimento, vós tendes alguma vantagem sobre nós, naquilo que vós não vedes que vos falta tanta coisa, como nós o fazemos.

EUDÓXIO  É possível, Epistemon, que sendo sábio como sois, poderíeis vos persuadir de que haveria uma doença tão universal na natureza sem que houvesse também um remédio para curá-la? Quanto a mim, parece-me que, como há em cada terra frutos e riachos suficientes para aplacar a fome, a sede de todos, existem também muitas verdades que podem ser conhecidas em cada matéria para satisfazer plenamente a curiosidade das almas disciplinadas, e que o corpo dos hidrópicos não está tão afastado de sua perfeita constituição quanto o espírito daqueles que são perpetuamente movidos por uma curiosidade insaciável.

EPISTEMON  Aprendi outrora que nosso desejo não pode estender-se naturalmente até as coisas que nos pareçam impossíveis, e que não deve estender-se até as que sejam viciosas ou inúteis; mas há tantas coisas para saber, que nos parecem possível, e que são não apenas honestas e agradáveis, mas ainda muito necessárias à conduta de nossas ações, que jamais poderia acreditar que alguém, mesmo sabendo tanto, não encontre sempre ocasiões para desejar mais.

EUDÓXIO  Que direis de mim se vos asseguro que não mais tenho paixão para aprender alguma coisa, e que estou contente com o pouco conhecimento que tenho, como jamais o foi Diógenes em seu tonel, sem que, no entanto, me seja necessária a filosofia. Pois a ciência dos meus vizinhos não delimita a minha, assim como suas terras demarcam aqui em volta o pouco que possuo, e meu espírito, dispondo a seu grado de todas as verdades que encontra, não supõe haver outras para descobrir; mas goza do mesmo repouso que teria o rei de algum país de tal modo separado de todos os demais que poderia imaginar nada existir, além de suas terras, senão desertos inférteis e montanhas inabitáveis.

EPISTEMON  Eu julgaria que se alguém bem diferente de vós me dissesse a mesma coisa seria bem fútil ou bem pouco curioso; mas o recolhimento que vós escolhestes neste lugar tão solitário e o pouco interesse que vós haveis de ser conhecido vos põem ao abrigo da vaidade; e o tempo que vós outrora empregastes para viajar, frequentar os sábios e examinar tudo o que havia sido inventado de mais difícil em cada ciência nos assegura que a vós não falta a curiosidade. De maneira que não saberia dizer outra coisa a não ser que vos considero bem satisfeito, persuadindo-me de que vós tendes uma ciência mais perfeita do que aquela de outros.

EUDÓXIO  Eu vos agradeço a boa opinião que tendes de mim; mas só quero abusar de vossa cortesia para levá-la a acreditar no que eu disse, por minha própria palavra. Jamais se deve avançar proposições tão distanciadas da crença comum, caso não se possa, ao mesmo tempo, demonstrar alguns efeitos. Eis por que vos convido a vos hospedar aqui durante esta bela estação, a fim de que eu tenha a liberdade de vos dizer abertamente uma parte daquilo que sei. Pois ouso prometer-me que não apenas confessareis que tenho alguma razão em contentar-me, mas, além disso, que vós mesmos permanecereis plenamente satisfeitos das coisas que tereis aprendido.

EPISTEMON Não me preservo de não aceitar um favor do qual já tinha vontade de vos pedir.

POLIANDRO E eu estarei bem à vontade para assistir a esta conferência, embora não me sinta capaz de extrair-lhe qualquer proveito.

EUDÓXIO Pensai antes, Poliandro, que sereis vós quem aqui terá mais vantagem, pois que não estais preocupado, e que me será bastante cômodo dispor ao lado de uma pessoa neutra, que não Epistemon, que se encontrará comprometido, frequentemente, com o partido contrário. Mas a fim de que vós concebais mais distintamente de que qualidade será o ensinamento que vos prometo, desejo que observeis a diferença que há entre as ciências e os simples conhecimentos que se adquirem sem qualquer discurso de razão, como as línguas, a história, a geografia e, geralmente, tudo o que só depende da experiência. Pois estou de acordo com que a vida de um homem não seria suficiente para adquirir a experiência de todas as coisas que estão no mundo; mas também me persuado de que seria loucura desejá-la e que um homem íntegro não está obrigado a saber o grego ou o latim, o suíço[4] ou o baixo bretão, nem a história do Império[5] ou aquela do menor Estado que seja da Europa; e que ele deve apenas prestar atenção em empregar seu lazer em coisas honestas e úteis, e carregar sua memória com as mais necessárias. Para as ciências, que outra coisa não são senão julgamentos corretos que apoiamos sobre algum conhecimento precedente, alguns são retirados das coisas comuns e das quais todo o mundo ouviu falar, e outros das experiências raras e estudadas. E confesso também que seria impossível discorrer em particular sobre todas estas últimas,

---

4. O autor parece referir-se aqui a uma outra língua falada na Suíça, que não ao francês, ou seja, ao dialeto germânico, ao italiano ou ao romanche.

5. Sacro Império Romano-Germânico, constituído com Carlos Magno.

pois cumpriria, primeiramente, ter investigado todas as ervas e as pedras que veem das Índias; cumpriria ter visto a fênix e, em resumo, nada ignorar de tudo o que há de mais estranho na natureza. Mas acreditaria ter satisfeito minha promessa se, vos explicando as verdades que se podem deduzir das coisas ordinárias e conhecidas de todos, eu vos tornasse capazes de encontrar, por vós mesmos, todas as demais, quando vos aprouver e valer a pena procurá-las.

POLIANDRO  Creio que seja tudo o que é possível desejar, e ficaria contente se vós apenas me houvésseis provado um certo número de proposições tão célebres que ninguém as ignora, no tocante à divindade, à alma racional, às virtudes e suas recompensas, proposições que comparo a essas casas antigas que cada um reconhece ser muito ilustre, ainda que todos os títulos de sua nobreza estejam enterrados na ruína da Antiguidade. Pois não duvido que os primeiros que obrigaram o gênero humano a acreditar em todas essas coisas não tivessem razões bastante fortes para prová-las. Mas foram depois tão pouco repetidas que não existe mais ninguém que as saiba; e, no entanto, essas verdades são tão importantes que a prudência nos obriga a crer-lhes, antes cegamente e com o risco de engano, do que esperar esclarecer-nos quando estivermos no outro mundo.

EPISTEMON  Por mim, sou um pouco mais curioso e queria, além disso, que vós me explicásseis quais as dificuldades particulares que tenho em cada ciência, principalmente no tocante aos artifícios dos homens, aos espectros, às ilusões, em síntese, aos efeitos maravilhosos que se atribuem à magia. Pois considero útil conhecê-los, não para deles me servir, mas a fim de que nosso julgamento não possa estar prevenido pela admiração de qualquer coisa que ignore.

EUDÓXIO  Procurarei vos satisfazer a ambos; e com o intuito de estabelecer uma ordem que possamos conservar até o fim, desejo primeiramente, Poliandro, que eu e vós nos entretenhamos com todas as coisas que estão no mundo, considerando-as em si mesmas, sem que Epistemon nos interrompa, por menos que possa, pois que suas objeções nos constrangeriam frequentemente a sair de nosso assunto. Em seguida, consideraremos nós três, novamente, todas as coisas, mas com um outro sentido, a saber, enquanto se refiram a nós e possam ser denominadas falsas ou verdadeiras, boas ou más. E é aqui que Epistemon terá a oportunidade de sugerir todas as dificuldades que lhe ficarem dos discursos precedentes.

POLIANDRO Diga-nos, pois, também, a ordem que mantereis para explicar cada matéria.

EUDÓXIO Será preciso começar pela alma racional, pois é nela que reside todo o nosso conhecimento. E havendo considerado sua natureza e seus efeitos, viremos ao seu autor; e após ter reconhecido que Ele é, e como criou tudo o que está no mundo, observaremos o que há de mais certo no tocante às outras criaturas, e examinaremos de que modo nossos sentidos acolhem os objetos e como nossos pensamentos se tornam verdadeiros ou falsos. Em seguida, exporei aqui as obras dos homens que dizem respeito às coisas corporais. E vos tendo feito admirar as mais poderosas máquinas, os mais raros autômatos, as visões mais aparentes e as mais sutis imposturas que o artifício possa inventar, vos descobrirei os segredos, que serão tão simples e tão inocentes, que sereis obrigados a nada mais admirar das obras feitas com nossas mãos. Virei àquelas da natureza e tendo-vos feito ver a causa de todas as mudanças, a diversidade de suas qualidades e como a alma das plantas e dos animais difere da nossa, vos farei considerar toda a arquitetura das coisas sensíveis. E tendo acrescentado o que se observa nos céus e o que se pode julgar como certo, irei até as conjecturas mais saudáveis[6] sobre o que não pode ser determinado pelos homens, com o intuito de explicar a relação das coisas sensíveis com

---

6. *Plus saines conjectures*, no original, tendo-se para a palavra *sã* o sentido de normal, que não apresenta anomalia, afastando-se, portanto, de conjecturas fantasiosas ou meramente imaginárias.

as intelectuais, e de ambas com o Criador, a imortalidade das criaturas e qual será o estado de seus seres após a consumação dos séculos. Viremos depois à segunda parte desta conferência, na qual trataremos de todas as ciências em particular, escolheremos o que há de mais sólido em cada uma e procuraremos o método para impulsioná-las bem mais adiante e encontrar, por si mesmo, com um espírito medíocre, tudo o que os mais sutis podem inventar. Tendo assim preparado nosso entendimento para julgar com perfeição a verdade, será preciso também que aprendamos a regrar nossas vontades, distinguindo as coisas boas daquelas que são más, assimilando a verdadeira diferença que há entre as virtudes e os vícios. Tendo isso sido feito, espero que a paixão pelo saber, que vós tendes, não mais será tão violenta, e que tudo o que eu houver dito vos parecerá ter sido tão bem provado que julgareis que um bom espírito, ainda que tenha sido nutrido em um deserto, e não tenha tido outra luz que a da natureza, não poderia ter outros sentimentos diferentes dos nossos, se houvesse bem pesado todas as mesmas razões. Para dar início a este discurso, deve-se examinar qual é o primeiro conhecimento dos homens, em que parte da alma ele reside e de onde vem ser ele tão imperfeito no começo.

EPISTEMON Parece-me que tudo isso se explica bastante claramente se compararmos a fantasia das crianças à mesa em que se aguarda a refeição, na qual devem ser postas nossas ideias, que são como retratos tirados de cada coisa, seguindo-se o seu natural. Os sentidos, a inclinação, os preceptores e o entendimento são os diferentes pintores que podem trabalhar nessa obra; entre os quais, aqueles menos capazes, e os primeiros que ali se combinam, são os sentidos imperfeitos, o instinto cego e as amas-de-leite impertinentes. O melhor vem por último, que é o entendimento. E é preciso ainda que a criança tenha muitos anos de aprendizado, e que ela siga por muito tempo o exemplo de seus mestres, antes de ousar corrigir algum de seus erros. O que é, na minha opinião, uma das principais causas pelas quais temos tanta dificuldade em conhecer. Pois nossos sentidos nada veem além das coisas mais grosseiras e comuns e nossa inclinação natural é toda corrompida. Quanto aos preceptores, ainda que se possam encontrar, sem dúvida, os perfeitos, ocorre que eles não poderiam forçar nossa criança a incorporar suas razões até que o entendimento as tenha examinado, que é a quem cabe aperfeiçoar a obra. Ele é como um pintor excelente que se utilizaria para pôr as últimas cores em um mau quadro que jovens aprendizes esboçaram, e que se esforçaria em vão ao praticar todas as regras de sua arte para corrigir, pouco a pouco, ora um traço, ora outro, e nele acrescentar o que é de seu, o que, entretanto, nunca poderia fazer bem, a não ser deixando grandes defeitos, já que, desde o começo, o desenho foi mal entendido, as figuras mal aplicadas e as proporções mal observadas.

EUDÓXIO Vossa comparação revela bastante bem o primeiro impedimento que nos ocorre; mas vós não adicionais o meio de que devemos nos servir para evitá-lo. Que é, parece-me, que vosso pintor melhor faria se recomeçasse inteiramente o quadro, tendo de início passado uma esponja por cima para apagar todos os traços que lá encontra, em vez de perder tempo em corrigi-los. Seria também necessário que cada homem, tão logo alcançasse um certo termo que se chama a idade do conhecimento, resolvesse, de uma vez por todas, retirar da fantasia todas as ideias imperfeitas que ali foram traçadas até então, e recomeçasse verdadeiramente a formar novas, empregando tão bem toda a indústria de seu entendimento que, se ele não as conduzisse à perfeição, ao menos não pudesse reiterar o erro assentado sobre a tibieza dos sentidos ou sobre os desregramentos da natureza.

EPISTEMON Este remédio seria excelente, se fosse fácil utilizá-lo. Mas vós não ignorais que as primeiras crenças que foram acolhidas em nossa fantasia ali permanecem de tal forma impressas que apenas a nossa vontade não basta para apagá-las, se não recorrer à ajuda de algumas razões poderosas.

EUDÓXIO  Eu também quero experimentar ensinar-vos algumas. E se vós desejais tirar proveito desta conferência, aqui será preciso que me presteis vossa atenção e me deixais conversar um pouco com Poliandro, a fim de que eu possa, primeiramente, destruir todo o conhecimento adquirido até o presente. Pois dado que ele não é suficiente para satisfazê-lo, só poderia ser mau, e o tomo por alguma casa mal construída, cujos fundamentos não são seguros. Não sei de melhor remédio do que jogá-la por terra e erguer uma nova. Pois não quero ser como esses pequenos artesãos que apenas se dispõem a consertar as velhas obras, porque se sentem incapazes de empreender novas. Mas enquanto trabalharmos nessa demolição, Poliandro, poderemos, do mesmo modo, cavar os fundamentos que devem servir ao nosso propósito, e preparar as melhores e mais sólidas matérias necessárias para preenchê-los. Considerai comigo, por favor, quais são as mais certas e as mais fáceis de conhecer entre todas as verdades que os homens podem saber.

POLIANDRO  Existe alguém que possa duvidar de que as coisas sensíveis, e por elas entendo aquelas que se veem e que se tocam, não são mais seguras do que todas as demais? Por mim, ficaria espantado se vós me fizerdes ver tão claramente algo do que se diz de Deus ou de nossa alma.

EUDÓXIO  É, no entanto, o que espero. E acho estranho que os homens sejam tão crédulos por apoiar sua ciência sobre a certeza dos sentidos, pois ninguém ignora que eles enganam algumas vezes, e que temos justa razão de sempre desconfiar daqueles que uma vez nos enganaram.

POLIANDRO  Bem sei que os sentidos enganam algumas vezes, se estiverem mal dipostos, quando, por exemplo, os alimentos parecem amargos a um doente; ou então muito afastados, como quando olhamos as estrelas, que nunca nos parecem tão grandes quanto o são; ou ainda, geralmente, quando não atuam em liberdade, segundo a constituição de sua natureza. Mas todos os seus defeitos são muito fáceis de se conhecer e não impedem que eu não esteja agora seguro de que vos vejo, que passeamos neste jardim, que o sol nos ilumina e que, em resumo, tudo o que aparece comumente aos meus sentidos seja verdadeiro.

EUDÓXIO  Dado que não é suficiente vos dizer que os sentidos nos enganam em certas ocasiões, em que vós o percebeis, para vos fazer recear que eles também o façam em outras, sem que vós o reconheceis, quero falar mais além e saber se jamais haveis visto esses melancólicos que pensam como imbecis, ou então como se tivessem alguma parte do corpo de tamanho enorme. Eles juram vê-la e tocá-la, tal como a imaginam. É verdade que seria ofensivo a um homem íntegro dizer-lhe que não pode ter mais razão do que aqueles para assegurar sua crença, pois que ele confia, como aqueles outros, no que os sentidos e sua imaginação lhe representam. Mas não poderíeis achar mau que vos pergunte se não estais sujeito ao sono, assim como todos os homens, e se não podeis, dormindo, pensar que vós me vedes, que vós passeais neste jardim, que o sol vos ilumina e, em síntese, em todas as coisas das quais credes agora estar perfeitamente seguro. Não haveis nunca escutado esta expressão de espanto nas comédias: estou acordado ou durmo? Como podeis estar certo de que vossa vida não é um sonho contínuo, e que tudo o que pensais aprender por vossos sentidos não é tão falso agora quanto no momento em que vós dormis? Principalmente porque haveis aprendido ter sido criado por um ser superior, o qual, sendo todo poderoso como é, não teria tido mais dificuldade em criar-nos tal como digo do que como pensais que vós sois.

POLIANDRO  Eis aí, certamente, razões que serão suficientes para destruir toda a doutrina de Epistemon, se for bastante contemplativo para nesse ponto deter seu pensamento. Mas quanto a mim, recearia tornar-me um pouco demais sonhador, para um homem não estudado, e que não se acostumou a afastar assim seu espírito das coisas sensíveis, se quisesse entrar em considerações que, para mim, são um pouco demais elevadas.

EPISTEMON  Julgo também ser bastante perigoso comprometer-se muito antes. Essas dúvidas muito gerais nos levariam diretamente à ignorância de Sócrates ou à incerteza dos pirrônicos. É uma água profunda, que me parece não dar pé.

EUDÓXIO Para aqueles que não conhecem o vau, confesso que haveria perigo de se aventurar sem precaução, e que vários ali se perderam. Mas vós não deveis temer passar depois de mim. Pois uma timidez semelhante impediu a maior parte das gentes de letras de adquirir um conhecimento que fosse mais sólido e seguro para merecer o nome de ciência, quando, tendo imaginado que além das coisas sensíveis não havia nada sobre o que apoiar sua crença, edificaram sobre a areia, ao invés de cavar adiante para encontrar a rocha ou a argila. Não é pois aqui que se deve permanecer. Quando também não quiserdes mais considerar as razões ditas, elas já produziram o principal efeito que eu desejava, ao sensibilizar vossa imaginação e fazer com que vós as temeis. Pois é um indício de que vossa ciência não é tão infalível o fato de que tendes medo de que elas possam minar os fundamentos, fazendo-vos duvidar de todas as coisas. Por conseguinte, vós já estais em dúvida e meu desejo completou-se, que era o de destruir toda vossa doutrina, fazendo-vos ver que ela está mal assegurada. Mas para que não recuseis passar adiante com mais coragem, vos advirto que tais dúvidas, que vos fizeram medo de início, são como fantasmas e imagens vãs que aparecem à noite, com o favor de uma luz débil e incerta; se vós as seguis, vosso temor vos seguirá; mas se vos aproximardes como que para tocá-las, descobrireis que não são nada além de ar e sombra e que estareis, caso sobrevenham, mais seguros em um encontro parecido.

POLIANDRO Quero então, seguindo vossa argumentação, evocar as dificuldades as mais difíceis que me sejam possível, e empregar minha atenção em duvidar se não sonhei durante toda a minha vida e se todas as ideias, que pensava não poder entrar em meu espírito senão pela porta dos sentidos, não se formaram por si mesmas, tal como se formam todas as vezes que durmo e quando bem sei que meus olhos estão fechados, meus ouvidos tampados e, em resumo, nenhum dos sentidos para elas contribui. E que, por conseguinte, estarei não apenas inseguro se estais no mundo, se há uma Terra e um sol, mas ainda se tenho olhos, ouvidos, um corpo e mesmo se vos falo, se vós me falais ou, em síntese, de todas as coisas... (*o texto ficou aqui interrompido*).

DISCURSO DO MÉTODO:

PARA BEM CONDUZIR
A PRÓPRIA RAZÃO E
PROCURAR A VERDADE
NAS CIÊNCIAS

*Advertência*

Se este discurso parecer demasiado longo para ser lido de uma só vez, poder-se-á dividi-lo em seis partes. E, na primeira, encontrar-se-ão diversas considerações atinentes às ciências. Na segunda, as principais regras do método que o autor buscou. Na terceira, algumas das regras da Moral que tirou desse método. Na quarta, as razões pelas quais prova a existência de Deus e da alma humana, que são os fundamentos de sua metafísica. Na quinta, a ordem das questões de Física que investigou, e, particularmente, a explicação do movimento do coração e algumas outras dificuldades que concernem à Medicina, e depois também a diferença que há entre nossa alma e a dos animais. E, na última, que coisas crê necessárias para ir mais adiante do que foi na pesquisa da natureza e que razões o levaram a escrever.

## PRIMEIRA PARTE

O bom senso é a coisa do mundo melhor partilhada, pois cada qual pensa estar tão bem provido dele, que, mesmo os que são mais difíceis de contentar em qualquer outra coisa, não costumam desejar tê-lo mais do que o têm. E não é verossímil que todos se enganem a tal respeito; mas isso antes testemunha que o poder de bem julgar e distinguir o verdadeiro do falso, que é propriamente o que se denomina o bom senso ou a razão, é naturalmente igual em todos os homens; e, destarte, que a diversidade de nossas opiniões não provém do fato de serem uns mais racionais do que outros, mas somente de conduzirmos nossos pensamentos por vias diversas e não considerarmos as mesmas coisas. Pois não é suficiente ter o espírito bom, o principal é aplicá-lo bem. As maiores almas são capazes dos maiores vícios, tanto quanto das maiores virtudes, e os que só andam muito lentamente podem avançar muito mais, se seguirem sempre o caminho reto, do que aqueles que correm e dele se distanciam.

Quanto a mim, jamais presumi que meu espírito fosse em nada mais perfeito do que os do comum; amiúde desejei mesmo ter o pensamento tão rápido, ou a imaginação tão nítida e distinta, ou a memória tão ampla ou tão presente, quanto alguns outros. E não sei de quaisquer outras qualidades, exceto as que servem à perfeição do espírito; pois, quanto à razão ou ao senso, posto que é a única coisa que nos torna homens e nos distingue dos animais, quero crer que existe inteiramente em cada um, e seguir nisso a opinião comum dos filósofos, que dizem não haver mais nem menos senão entre *os acidentes,* e não entre as *formas* ou naturezas dos *indivíduos* de uma mesma *espécie.*

Mas não temerei dizer que penso ter tido muita felicidade de me haver encontrado, desde a juventude, em certos caminhos que me conduziram a considerações e máximas, de que formei um método, pelo qual me parece que eu tenha meio de aumentar gradualmente meu conhecimento, e de alçá-lo, pouco a pouco, ao mais alto ponto, a que a mediocridade de meu espírito e a curta duração de minha vida lhe permitam atingir. Pois já colhi dele tais frutos que, embora no juízo que faço de mim próprio eu procure pender mais para o lado da desconfiança do que para o da presunção, e, mirando com um olhar de filósofo as diversas ações e empreendimentos de todos os homens, não haja quase nenhum que não me pareça vão e inútil, não deixo de obter extrema satisfação do progresso que penso já ter feito na busca da verdade e de conceber tais esperanças para o futuro que, se entre as ocupações dos homens puramente homens[1] há alguma que seja solidamente boa e importante, ouso crer ser aquela que escolhi.

Todavia, pode acontecer que me engane, e talvez não passe de um pouco de cobre e vidro o que eu tomo por ouro e diamantes. Sei como estamos sujeitos a nos equivocar no que nos tange, e como também nos devem ser suspeitos os juízos de nossos amigos, quando são a nosso favor. Mas estimaria muito mostrar, neste discurso, quais os caminhos que segui, e representar nele a minha vida como num quadro, para que cada qual possa julgá-la e que, informado pelo comentário geral das opiniões emitidas a respeito

---

1. A expressão "homens puramente homens" refere-se à capacidade humana de conhecer por si, sem que nela intervenha uma revelação de ordem sobrenatural, divina. Corresponde à "luz natural" do livro precedente.

dela, seja este um novo meio de me instruir, que juntarei àqueles de que costumo me utilizar.

Assim, o meu desígnio não é ensinar aqui o método que cada qual deve seguir para bem conduzir sua razão, mas apenas mostrar de que maneira me esforcei por conduzir a minha. Os que se metem a dar preceitos devem considerar-se mais hábeis do que aqueles a quem os dão; e, se falham na menor coisa, são por isso censuráveis. Mas, não propondo este escrito senão como uma história, ou, se o preferirdes, como uma fábula, na qual, entre alguns exemplos que se podem imitar, se encontrarão talvez também muitos outros que se terá razão de não seguir, espero que ele será útil a alguns, sem ser nocivo a ninguém, e que todos me serão gratos por minha franqueza.

Fui nutrido nas letras[2] desde a infância, e por me haver persuadido de que, por meio delas, se podia adquirir um conhecimento claro e seguro de tudo o que é útil à vida, sentia extraordinário desejo de aprendê-las. Mas, logo que terminei todo esse curso de estudos, ao cabo do qual se costuma ser recebido na classe dos doutos, mudei inteiramente de opinião. Pois me achava enleado em tantas dúvidas e erros, que me parecia não haver obtido outro proveito, procurando instruir-me, senão o de ter descoberto cada vez mais a minha ignorância. E, no entanto, estivera numa das mais célebres escolas da Europa[3], onde pensava que deviam existir homens sapientes, se é que existiam em algum lugar da Terra. Aprendera aí tudo o que os outros aprendiam, e mesmo, não me tendo contentado com as ciências que nos ensinavam, percorrera todos os livros que tratam daquelas que são consideradas as mais curiosas e as mais raras, que vieram a cair em minhas mãos. Além disso, eu conhecia os juízos que os outros faziam de mim; e não via de modo algum que me julgassem inferior a meus condiscípulos, embora entre eles houvesse alguns já destinados a preencher os lugares de nossos mestres. E, enfim, o nosso século parecia-me tão florescente e tão fértil em bons espíritos como qualquer dos

2. Ou seja, em gramática, história, poesia e retórica.
3. O colégio jesuíta de La Flèche.

precedentes. O que me levava a tomar a liberdade de julgar por mim todos os outros e de pensar que não existia doutrina no mundo que fosse tal como dantes me haviam feito esperar.

Não deixava, todavia, de estimar os exercícios com os quais se ocupam nas escolas. Sabia que as línguas que nelas se aprendem são necessárias ao entendimento dos livros antigos; que a gentileza das fábulas desperta o espírito; que as ações memoráveis das histórias o alevantam, e que, sendo lidas com discrição, ajudam a formar o juízo; que a leitura de todos os bons livros é qual uma conversação com as pessoas mais qualificadas dos séculos passados, que foram seus autores, e até uma conversação premeditada, na qual eles nos revelam tão somente os melhores de seus pensamentos; que a eloquência tem forças e belezas incomparáveis; que a poesia tem delicadezas e doçuras muito encantadoras; que as Matemáticas têm invenções muito sutis, e que podem servir muito, tanto para contentar os curiosos, quanto para facilitar todas as artes e diminuir o trabalho dos homens; que os escritos que tratam dos costumes contêm muitos ensinamentos e muitas exortações à virtude que são muito úteis; que a Teologia ensina a ganhar o céu; que a Filosofia dá meio de falar com verossimilhança de todas as coisas e de se fazer admirar pelos menos eruditos; que a Jurisprudência, a Medicina e as outras ciências trazem honras e riquezas àqueles que as cultivam; e, enfim, que é bom tê-las examinado a todas, mesmo as mais supersticiosas e as mais falsas, a fim de conhecer-lhes o justo valor e evitar ser por elas enganado.

Mas eu acreditava já ter dedicado bastante tempo às línguas, e mesmo também à leitura dos livros antigos, às suas histórias e às suas fábulas. Pois quase o mesmo que o conversar com os de outros séculos, é o viajar. É bom saber algo dos costumes de diversos povos, a fim de que julguemos os nossos mais sanamente e não pensemos que tudo quanto é contra os nossos modos é ridículo e contrário à razão, como soem proceder os que nada viram. Mas, quando empregamos demasiado tempo em viajar, acabamos tornando-nos estrangeiros em nossa própria terra; e quando somos demasiado curiosos das coisas que se praticavam nos séculos passados, ficamos ordinariamente muito ignorantes das que se praticam no presente. Além do mais, as fábulas fazem imaginar como possíveis muitos eventos que não o são, e mesmo as histórias mais fiéis, se não mudam nem alteram o valor das coisas para torná-las mais dignas de serem lidas, ao menos omitem, quase sempre as circunstâncias mais baixas e menos ilustres, de onde resulta que o resto não parece tal qual é, e que aqueles que regulam os seus costumes pelos exemplos que deles tiram estão sujeitos a cair nas extravagâncias dos paladinos de nossos romances e a conceber desígnios que ultrapassam suas forças.

Eu apreciava muito a eloquência e estava enamorado da poesia; mas pensava que uma e outra eram dons do espírito, mais do que frutos do estudo. Aqueles cujo raciocínio é mais vigoroso e que melhor digerem[4] seus pensamentos, a fim de torná-los claros e inteligíveis, podem sempre persuadir melhor os outros daquilo que propõem, ainda que falem apenas baixo bretão e jamais tenham aprendido retórica. E aqueles cujas invenções são mais agradáveis e que as sabem exprimir com o máximo de ornamento e doçura, não deixariam de ser os melhores poetas, ainda que a arte poética lhes fosse desconhecida.

Comprazia-me sobretudo com as Matemáticas, por causa da certeza e da evidência de suas razões; mas não notava ainda seu verdadeiro emprego, e, pensando que serviam apenas às artes mecânicas, espantava-me de que, sendo seus fundamentos tão firmes e tão sólidos, não se tivesse edificado sobre eles nada de mais elevado. Tal como, ao contrário, eu comparava os escritos dos antigos pagãos que tratam dos costumes a palácios muito soberbos e magníficos, erigidos apenas sobre a areia e sobre a lama. Erguem muito alto as virtudes e apresentam-nas como as mais estimáveis de todas as coisas que existem no mundo[5]; mas não ensinam bastante a conhecê-las, e amiúde o que chamam com um nome tão

---

4. Digerem: ordenam, segundo o sentido primitivo do latim *digerere*, indicado por Littré.
5. Referência à rígida moral estoica.

belo não é senão uma insensibilidade, ou um orgulho, ou um desespero, ou um parricídio.

Eu reverenciava a nossa Teologia e pretendia, como qualquer outro, ganhar o céu; mas, tendo aprendido, como coisa muito segura, que o seu caminho não está menos aberto aos mais ignorantes do que aos mais doutos e que as verdades reveladas que para lá conduzem estão acima de nossa inteligência, não ousaria submetê-las à fraqueza de meus raciocínios, e pensava que, para empreender o seu exame e lograr êxito, era necessário ter alguma extraordinária assistência do céu e ser mais do que homem.

Da Filosofia nada direi, senão que, vendo que foi cultivada pelos mais excelsos espíritos que viveram desde muitos séculos e que, no entanto, nela não se encontra ainda uma só coisa sobre a qual não se dispute, e por conseguinte que não seja duvidosa, eu não alimentava qualquer presunção de acertar melhor do que os outros; e que, considerando quantas opiniões diversas, sustentadas por homens doutos, pode haver sobre uma e mesma matéria, sem que jamais possa existir mais de uma que seja verdadeira, reputava quase como falso tudo quanto era somente verossímil.

Depois, quanto às outras ciências, na medida em que tomam seus princípios da Filosofia, julgava que nada de sólido se podia construir sobre fundamentos tão pouco firmes. E nem a Honra, nem o ganho que elas prometem, eram suficientes para me incitar a aprendê-las; pois não me sentia, de modo algum, graças a Deus, numa condição que me obrigasse a converter a ciência num mister, para o alívio de minha fortuna; e conquanto não fizesse profissão de desprezar a glória como um cínico, fazia, entretanto, muito pouca questão daquela que eu só podia esperar adquirir com falsos títulos. E enfim, quanto às más doutrinas, pensava já conhecer bastante o que valiam, para não mais estar exposto a ser enganado, nem pelas promessas de um alquimista, nem pelas predições de um astrólogo, nem pelas imposturas de um mágico, nem pelos artifícios ou jactâncias de qualquer dos que fazem profissão de saber mais do que sabem.

Eis por que, tão logo a idade me permitiu sair da sujeição de meus preceptores, deixei inteiramente o estudo das letras. E, resolvendo-me a não mais procurar outra ciência, além daquela que se poderia achar em mim próprio, ou então no grande livro do mundo, empreguei o resto de minha mocidade em viajar, em ver cortes e exércitos, em frequentar gente de diversos humores e condições, em recolher diversas experiências, em provar-me a mim mesmo nos recontros que a fortuna me proponha e, por toda parte, em fazer tal reflexão sobre as coisas que se me apresentavam, que eu pudesse tirar delas algum proveito. Pois afigurava-se-me poder encontrar muito mais verdade nos raciocínios que cada qual efetua no respeitante aos negócios que lhe importam, e cujo desfecho, se julgou mal, deve puni-lo logo em seguida, do que naqueles que um homem de letras faz em seu gabinete, sobre especulações que não produzem efeito algum e que não lhe trazem outra consequência senão talvez a de lhe proporcionarem tanto mais vaidade quanto mais distanciadas do senso comum, por causa do outro tanto de espírito e artifício que precisou empregar no esforço de torná-las verossímeis. E eu sempre tive um imenso desejo de aprender a distinguir o verdadeiro do falso, para ver claro nas minhas ações e caminhar com segurança nesta vida.

É certo que, enquanto me limitava a considerar os costumes dos outros homens, pouco encontrava que me satisfizesse, pois advertia neles quase tanta diversidade como a que notara anteriormente entre as opiniões dos filósofos. De modo que o maior proveito que daí tirei foi que, vendo uma porção de coisas que, embora nos pareçam muito extravagantes e ridículas, não deixam de ser comumente acolhidas e aprovadas por outros grandes povos, aprendi a não crer demasiado firmemente em nada do que me fora inculcado só pelo exemplo e pelo costume; e assim, pouco a pouco, livrei-me de muitos erros que podem ofuscar a nossa luz natural e nos tornar menos capazes de ouvir a razão.

Mas, depois que empreguei alguns anos em estudar assim no livro do mundo, e em procurar adquirir alguma experiência, tomei um dia a resolução de estudar também a mim próprio e de empregar todas as forças de meu espírito na escolha dos caminhos que devia seguir. O que me deu muito mais resultado, parece-me, do que se jamais tivesse me afastado de meu país e de meus livros.

## SEGUNDA PARTE

Achava-me, então, na Alemanha, para onde fora atraído pela ocorrência das guerras, que ainda não findaram, e, quando retornava da coroação do imperador[6] para o exército, o início do inverno me deteve num quartel, onde, não encontrando nenhuma frequentação que me distraísse, e não tendo, além disso, por felicidade, quaisquer solicitudes ou paixões que me perturbassem, permanecia o dia inteiro fechado sozinho num quarto bem aquecido, onde dispunha de todo o vagar para me entreter com os meus pensamentos. Entre eles, um dos primeiros foi que me lembrei de considerar que, amiúde, não há tanta perfeição nas obras compostas de várias peças, e feitas pela mão de diversos mestres, como naquelas em que um só trabalhou. Assim, vê-se que os edifícios empreendidos e concluídos por um só arquiteto costumam ser mais belos e melhor ordenados do que aqueles que muitos procuraram reformar, fazendo uso de velhas paredes construídas para outros fins. Assim, essas antigas cidades que, tendo sido no começo pequenos burgos, tornaram-se, no correr do tempo, grandes centros,

6. Entre julho e setembro de 1619.

são ordinariamente tão mal compassadas, em comparação com essas praças regulares, traçadas por um engenheiro à sua fantasia numa planície, que, embora considerando os seus edifícios cada qual à parte, se encontre neles muitas vezes tanta ou mais arte que nos das outras, todavia, a ver como se acham arranjados, aqui um grande, ali um pequeno, e como tornam as ruas curvas e desiguais, dir-se-ia que foi mais o acaso do que a vontade de alguns homens usando da razão que assim os dispôs. E se se considerar que, apesar de tudo, sempre houve funcionários com o encargo de fiscalizar as construções dos particulares para torná-las úteis ao ornamento do público, reconhecer-se-á realmente que é penoso, trabalhando apenas nas obras de outrem, fazer coisas muito acabadas. Assim, imaginei que os povos, tendo sido outrora semisselvagens e só pouco a pouco tendo-se civilizado, não elaboraram suas leis senão à medida que a incomodidade dos crimes e das querelas a tanto os compeliu, não poderiam ser tão bem policiados[7] como aqueles que, a começar do momento em que se reuniram, observaram as constituições de algum prudente legislador. Tal como é bem certo que o estado da verdadeira religião, cujas ordenanças só Deus fez, deve ser incomparavelmente melhor regulamentado do que todos os outros. E, para falar das coisas humanas, creio que, se Esparta foi outrora muito florescente, não o deveu à bondade de cada uma de suas leis em particular, visto que muitas eram bastante alheias e mesmo contrárias aos bons costumes, mas ao fato de que, tendo sido inventadas apenas por um só, tendiam todas ao mesmo fim. E assim pensei que as ciências dos livros, ao menos aquelas cujas razões são apenas prováveis e que não apresentam quaisquer demonstrações, pois se compuseram e avolumaram pouco a pouco com opiniões de mui diversas pessoas, não se acham, de modo algum, tão próximas da verdade quanto os simples raciocínios que um homem de bom senso pode efetuar naturalmente com respeito às coisas que se lhe apresentam. E assim ainda, pensei que, como todos nós fomos crianças antes de sermos homens, e como

---

7. No sentido original de amenizar os costumes pela civilização

nos foi preciso por muito tempo sermos governados por nossos apetites e nossos preceptores, que eram amiúde contrários uns aos outros, e que, nem uns nem outros, nem sempre talvez nos aconselhassem o melhor, é quase impossível que nossos juízos sejam tão puros ou tão sólidos como seriam, se tivéssemos o uso inteiro de nossa razão desde o nascimento e se não tivéssemos sido guiados senão por ela.

É certo que não vemos em parte alguma lançarem-se por terra todas as casas de uma cidade, com o exclusivo propósito de refazê-las de outra maneira, e de tornar assim suas ruas mais belas; mas vê-se na realidade que muitos derrubam as suas para reconstruí-las, sendo mesmo algumas vezes obrigados a fazê-lo, quando elas correm o perigo de cair por si próprias, por seus alicerces não estarem muito firmes. A exemplo disso, persuadi-me de que verdadeiramente não seria razoável que um particular intentasse reformar um Estado, mudando-o em tudo desde os fundamentos e derrubando-o para reerguê-lo; nem tampouco reformar o corpo das ciências ou a ordem estabelecida nas escolas para ensiná-las; mas que, no tocante a todas as opiniões que até então acolhera em meu crédito, o melhor a fazer seria dispor-me, de uma vez para sempre, a retirar-lhes essa confiança, a fim de substituí-las em seguida ou por outras melhores, ou então pelas mesmas, depois de tê-las ajustado ao nível da razão. E acreditei firmemente que, por este meio, lograria conduzir minha vida muito melhor do que se a edificasse apenas sobre velhos fundamentos, e me apoiasse tão somente sobre princípios de que me deixara persuadir em minha juventude, sem ter jamais examinado se eram verdadeiros. Pois, embora notasse nesta tarefa diversas dificuldades, não eram todavia irremediáveis, nem comparáveis às que se encontram na reforma das menores coisas atinentes ao público. Esses grandes corpos são demasiado difíceis de reerguer quando abatidos, ou mesmo de suster quando abalados, e suas quedas não podem deixar de ser muito rudes. Pois, quanto às suas imperfeições, se as têm, como a mera diversidade existente entre eles basta para assegurar que as têm numerosas, o uso sem dúvida as suavizou, e mesmo evitou e corrigiu insensivelmente um grande número às quais não se poderia tão bem remediar por prudência. E, enfim, são quase sempre mais suportáveis do que o seria a sua mudança; da mesma forma que os grandes caminhos, que volteiam entre montanhas, se tornam pouco a pouco tão batidos e tão cômodos, à força de serem frequentados, que é bem melhor segui-los do que tentar ir mais reto, escalando por cima dos rochedos e descendo até o fundo dos precipícios.

Eis por que não poderia de forma alguma aprovar esses temperamentos perturbadores e inquietos que, não sendo chamados, nem pelo nascimento nem pela fortuna, ao manejo dos negócios públicos, não deixam de neles praticar sempre, em ideia, alguma nova reforma. E se eu pensasse haver neste escrito a menor coisa que pudesse tornar-me suspeito de tal loucura, ficaria muito pesaroso de ter aceito publicá-lo. Nunca o meu intento foi além de procurar reformar meus próprios pensamentos, e construir num terreno que é todo meu. De modo que, se tendo minha obra me agradado bastante, eu vos mostro aqui o seu modelo, nem por isso quero aconselhar alguém a imitá-lo. Aqueles a quem Deus melhor partilhou suas graças alimentarão talvez desígnios mais elevados; mas temo bastante que já este seja ousado demais para muitos. A simples resolução de se desfazer de todas as opiniões a que se deu antes crédito, não é um exemplo que cada qual deva seguir; e o mundo compõe-se quase tão somente de duas espécies de espíritos, aos quais ele não convém de modo algum. A saber, daqueles que, crendo-se mais hábeis do que são, não podem impedir-se de precipitar seus juízos, nem ter suficiente paciência para conduzir por ordem todos os seus pensamentos: daí resulta que, se houvessem tomado uma vez a liberdade de duvidar dos princípios que aceitaram e de se apartar do caminho comum, nunca poderiam ater-se à senda que é preciso tomar para ir mais direito, e permaneceriam extraviados durante toda a vida. Depois, daqueles que, tendo bastante razão, ou modéstia, para julgar que são menos capazes de distinguir o verdadeiro do falso do que alguns outros, pelos quais podem ser instruídos, devem antes contentar-se em seguir as opiniões desses outros, do que procurar por si próprios outras melhores.

E, quanto a mim, estaria sem dúvida no número desses últimos, se eu tivesse tido um único mestre, ou se nada soubesse das diferenças havidas em todos os tempos entre as opiniões dos mais doutos. Mas, tendo aprendido, desde o Colégio, que nada se poderia imaginar tão estranho e tão pouco crível que algum dos filósofos já não houvesse dito; e depois, ao viajar, tendo reconhecido que todos os que possuem sentimentos muito contrários aos nossos, nem por isso são bárbaros ou selvagens, mas que muitos usam, tanto ou mais do que nós, da razão; e, tendo considerado o quanto um mesmo homem, com o seu mesmo espírito, sendo criado desde a infância entre franceses ou alemães, torna-se diferente do que seria se vivesse sempre entre chineses ou canibais; e como, até nas modas de nossos trajes, a mesma coisa que nos agradou há dez anos, e que talvez nos agrade ainda antes de decorridos outros dez, nos parece agora extravagante e ridícula, de sorte que são bem mais o costume e o exemplo que nos persuadem, do que qualquer conhecimento certo, e que, não obstante, a pluralidade das vozes não é prova que valha algo para as verdades um pouco difíceis de descobrir, por ser bem mais verossímil que um só homem as tenha encontrado do que todo um povo: eu não podia escolher ninguém cujas opiniões me parecessem dever ser preferidas às de outrem, e achava-me como que compelido a tentar eu próprio conduzir-me.

Mas, como um homem que caminha só e nas trevas, resolvi ir tão lentamente, e usar de tanta circunspecção em todas as coisas, que, mesmo se avançasse muito pouco, evitaria pelo menos cair. Não quis de modo algum começar rejeitando inteiramente qualquer das opiniões que porventura se insinuaram outrora em minha confiança, sem que aí fossem introduzidas pela razão, antes de despender bastante tempo em elaborar o projeto da obra que ia empreender, e em procurar o verdadeiro método para chegar ao conhecimento de todas as coisas de que meu espírito fosse capaz.

Eu estudara um pouco, sendo mais jovem, entre as partes da Filosofia, a Lógica e, entre as Matemáticas, a Análise dos geômetras e a Álgebra, três artes ou ciências que pareciam dever contribuir com algo para o meu desígnio. Mas, examinando-as, notei que, quanto à Lógica, os seus silogismos e a maior parte de seus outros preceitos servem mais para explicar a outrem as coisas que já se sabem, ou mesmo, como a arte de Lúlio, para falar, sem julgamento, daquelas que se ignoram, do que para aprendê-las. E embora ela contenha, com efeito, uma porção de preceitos muito verdadeiros e muito bons, há todavia tantos outros misturados de permeio que são ou nocivos, ou supérfluos, que é quase tão difícil separá-los quanto tirar uma Diana ou uma Minerva de um bloco de mármore que nem sequer está esboçado. Depois, com respeito à Análise dos antigos e à Álgebra dos modernos, além de se estenderem apenas a matérias muito abstratas, e de não parecerem de nenhum uso, a primeira permanece sempre tão adstrita à consideração das figuras, que não pode exercitar o entendimento sem fatigar muito a imaginação; e esteve-se de tal forma sujeito, na segunda, a certas regras e certas cifras, que se fez dela uma arte confusa e obscura que embaraça o espírito, em lugar de uma ciência que o cultiva. Por esta causa, pensei ser mister procurar algum outro método que, compreendendo as vantagens desses três, fosse isento de seus defeitos. E, como a multidão de leis fornece amiúde escusas aos vícios, de modo que um Estado é bem melhor dirigido quando, embora tendo muito poucas, são estritamente cumpridas; assim, em vez desse grande número de preceitos de que se compõe a Lógica, julguei que me bastariam os quatro seguintes, desde que tomasse a firme e constante resolução de não deixar uma só vez de observá-los.

O primeiro era o de jamais acolher alguma coisa como verdadeira que eu não conhecesse evidentemente como tal; isto é, de evitar cuidadosamente a precipitação e a prevenção, e de nada incluir em meus juízos que não se apresentasse tão clara e tão distintamente[8]

---

8. Precipitar-se, isto é, julgar antes de uma evidência inconstestável. Estar prevenido, isto é, conservar preconceitos já formados anteriormente. Quanto à clareza e à distinção, dirá Descartes em *Princípios da Filosofia*, I, 45: "Denomino claro o que é presente e manifesto a um espírito atento; e distinto o que é de tal modo preciso e diferente de todos os outros que compreende em si apenas o que parece manifestamente a quem o considere como se deve".

a meu espírito, que eu não tivesse nenhuma ocasião de pô-lo em dúvida.

O segundo, o de dividir cada uma das dificuldades que eu examinasse em tantas parcelas quantas possíveis e quantas necessárias fossem para melhor resolvê-las.

O terceiro, o de conduzir por ordem meus pensamentos, começando pelos objetos mais simples e mais fáceis de conhecer, para subir, pouco a pouco, como por degraus, até o conhecimento dos mais compostos, e supondo mesmo uma ordem entre os que não se precedem naturalmente uns aos outros.

E o último, o de fazer em toda parte enumerações tão completas e revisões tão gerais, que eu tivesse a certeza de nada omitir.

Essas longas cadeias de razões, todas simples e fáceis, de que os geômetras costumam servir-se para chegar às suas mais difíceis demonstrações[9], haviam-me dado ocasião de imaginar que todas as coisas possíveis de cair sob o conhecimento dos homens seguem-se umas às outras da mesma maneira e que, contanto que nos abstenhamos somente de aceitar por verdadeira qualquer [coisa] que não o seja, e que guardemos sempre a ordem necessária para deduzi-las umas das outras, não pode haver quaisquer [coisas] tão afastadas a que não se chegue por fim, nem tão ocultas que não se descubram. E não me foi muito penoso procurar por quais devia começar, pois já sabia que havia de ser pelas mais simples e pelas mais fáceis de conhecer; e, considerando que, entre todos os que precedentemente buscaram a verdade nas ciências, só os matemáticos puderam encontrar algumas demonstrações, isto é, algumas razões certas e evidentes, não duvidei de modo algum que não fosse pelas mesmas que eles examinaram; embora não esperasse disso nenhuma outra utilidade, exceto a de que acostumariam o meu espírito a se alimentar de verdades e a não se contentar com falsas razões. Mas não foi meu intuito, para tanto, procurar aprender todas essas ciências particulares que se chamam comumente matemáticas; e, vendo que, embora seus objetos sejam diferentes,

9. Descartes pensa aqui, sobretudo, em raciocínios de ordem matemática, com os quais se estabelecem relações exatas de proporcionalidade.

não deixam de concordar todas, pelo fato de não conferirem nesses objetos senão as diversas relações ou proporções que neles se encontram, pensei que valia mais examinar somente estas proporções em geral, e supondo-as apenas nos suportes que servissem para me tornar o seu conhecimento mais fácil; mesmo assim, sem restringi-las de forma nenhuma a tais suportes, a fim de poder aplicá-las tão melhor, em seguida, a todos os outros objetos a que conviessem. Depois, tendo notado que, para conhecê-las, teria algumas vezes necessidade de considerá-las cada qual em particular, e outras vezes somente de reter, ou de compreender várias em conjunto, pensei que, para melhor considerá-las em particular, devia supô-las em linhas, porquanto não encontraria nada mais simples, nem que pudesse representar mais distintamente à minha imaginação e aos meus sentidos; mas que, para reter, ou compreender várias em conjunto, cumpria que eu as designasse por alguns signos, os mais breves possíveis, e que, por esse meio, tomaria de empréstimo o melhor da Análise geométrica e da Álgebra, e corrigiria todos os defeitos de uma pela outra.

E como, efetivamente, ouso dizer que a exata observação desses poucos preceitos que eu escolhera me deu tal facilidade de deslindar todas as questões às quais se estendem essas duas ciências, que, nos dois ou três meses que empreguei em examiná-las, tendo começado pelas mais simples e mais gerais, e constituindo cada verdade que eu achava uma regra que me servia em seguida para achar outras, não só consegui resolver muitas que julgava antes muito difíceis, como me pareceu também, perto do fim, que podia determinar, mesmo naquelas que ignorava, por quais meios e até onde seria possível resolvê-las. No que não vos parecerei talvez muito vaidoso, se considerardes que, havendo apenas uma verdade de cada coisa, todo aquele que a encontrar sabe a seu respeito tanto quanto se pode saber; e que, por exemplo, uma criança instruída na aritmética, que tenha efetuado uma adição segundo as regras, pode estar certa de ter achado, quanto à soma que examinava, tudo o que o espírito humano poderia achar. Pois, enfim, o método que ensina a seguir a verdadeira ordem e a enumerar exatamente todas as circunstâncias daquilo que se procura contém tudo quanto dá certeza às regras da aritmética.

Mas o que me contentava mais nesse método era o fato de que, por ele, estava seguro de usar em tudo de minha razão, senão perfeitamente, ao menos o melhor que eu pudesse; além disso, sentia, ao praticá-lo, que meu espírito se acostumava pouco a pouco a conceber mais nítida e distintamente seus objetos, e que, não o tendo submetido a qualquer matéria particular, prometia a mim mesmo aplicá-lo tão utilmente às dificuldades das outras ciências como o fizera com as da Álgebra. Não que, para tanto, ousasse empreender primeiramente o exame de todas as que se me apresentassem, pois isso mesmo seria contrário à ordem que ele prescreve. Mas, tendo notado que os seus princípios deviam ser todos tomados à Filosofia, na qual não encontrava ainda quaisquer que fossem certos, pensei que seria mister, antes de tudo, procurar ali estabelecê-los; e que, sendo isso a coisa mais importante do mundo, e onde a precipitação e a prevenção eram mais de recear, não devia empreender sua realização antes de atingir uma idade bem mais madura do que a dos vinte e três anos que eu então contava e antes de ter despendido muito tempo em preparar-me para isso, tanto desenraizando de meu espírito todas as más opiniões que nele acolhera até essa época, como acumulando muitas experiências, para servirem em seguida de matéria a meus raciocínios, e exercitando-me sempre no método que me prescrevera, a fim de me firmar nele cada vez mais.

## TERCEIRA PARTE

E enfim, como não basta, antes de começar a reconstruir a casa onde se mora, derrubá-la, ou prover-se de materiais e arquitetos, ou adestrar-se a si mesmo na arquitetura, nem, além disso, ter traçado cuidadosamente o seu projeto; mas cumpre também ter-se provido de outra qualquer onde a gente possa alojar-se comodamente durante o tempo em que nela se trabalha; assim, a fim de não permanecer irresoluto em minhas ações, enquanto a razão me obrigasse a sê-lo em meus juízos, e de não deixar de viver desde então o mais felizmente possível, formei para mim mesmo uma moral provisória, que consistia apenas em três ou quatro máximas que eu quero vos participar.

A primeira era obedecer às leis e aos costumes de meu país, retendo constantemente a religião em que Deus me concedeu a graça de ser instruído desde a infância, e governando-me, em tudo o mais, segundo as opiniões mais moderadas e as mais distanciadas do excesso, que fossem comumente acolhidas em prática pelos mais sensatos daqueles com os quais teria de viver. Pois, começando desde então a não contar para nada com as minhas próprias opiniões, porque eu as queria submeter todas a exame, estava certo de que o melhor a fazer era seguir as dos mais sensatos. E, embora entre os persas e chineses, haja, talvez, homens tão sensatos como entre nós, parecia-me que o mais útil seria pautar-me por aqueles entre os quais teria de viver; e que, para saber quais eram verdadeiramente as suas opiniões, deveria tomar nota mais daquilo que praticavam do que daquilo que diziam; não só porque, na corrupção de nossos costumes, há poucas pessoas que queiram dizer tudo o que acreditam, mas também porque muitos o ignoram, por sua vez; pois, sendo a ação do pensamento, pela qual se crê uma coisa diferente daquela pela qual se conhece que se crê nela, amiúde uma se apresenta sem a outra. E, entre várias opiniões igualmente aceites, escolhia apenas as mais moderadas: tanto porque são sempre as mais cômodas para a prática, e verossimilmente as melhores, pois todo excesso costuma ser mau, como também a fim de me desviar menos do verdadeiro caminho, caso eu falhasse, do que, tendo escolhido um dos extremos, fosse o outro o que deveria ter seguido. E, particularmente, colocava entre os excessos todas as promessas pelas quais se cerceia em algo a própria liberdade. Não que desaprovasse as leis que, para remediar a inconstância dos espíritos fracos, permitem, quando se alimenta algum bom propósito, ou mesmo para a segurança do comércio, algum desígnio que seja apenas indiferente, que se façam votos ou contratos que obriguem a perseverar nele; mas porque não via no mundo nada que permanecesse sempre no mesmo estado, e porque, no meu caso particular, como prometia a mim mesmo aperfeiçoar cada vez mais os meus juízos, e de modo algum torná-los piores, pensaria cometer grande falta contra o bom senso, se, pelo fato de ter aprovado então alguma coisa, me sentisse obrigado a torná-la como boa ainda depois, quando deixasse talvez de sê-lo, ou quando eu cessasse de considerá-la como tal.

Minha segunda máxima consistia em ser o mais firme e o mais resoluto possível em minhas ações, e em não seguir menos constantemente do que se fossem muito seguras as opiniões mais duvidosas, sempre que eu me tivesse decidido a tanto. Imitando nisso os viajantes que, vendo-se extraviados nalguma floresta, não devem errar volteando, ora para um lado, ora para outro, nem menos ainda deter-se num sítio, mas caminhar sempre o mais reto possível para um mesmo lado, e não mudá-lo por fracas razões, ainda que no começo só o acaso talvez haja determinado a sua escolha: pois, por este meio, se não vão exatamente aonde desejam, pelo menos chegarão no fim a alguma parte, onde verossimilmente estarão melhor que no meio de uma floresta. E, assim como as ações da vida não suportam às vezes qualquer delonga, é uma verdade muito certa que, quando não está em nosso poder o discernir as opiniões mais verdadeiras, devemos seguir as mais prováveis; e mesmo, ainda que não notemos em umas mais probabilidades do que em outras, devemos, não obstante, decidir-nos por algumas e considerá-las depois, não mais como duvidosas, na medida em que se relacionam com a prática, mas como muito verdadeiras e muito certas, porquanto a razão que a isso nos decidiu se apresenta como tal. E isto me permitiu, desde então, libertar-me de todos os arrependimentos e remorsos que costumam agitar as consciências desses espíritos fracos e vacilantes que se deixam levar inconstantemente a praticar, como boas, as coisas que depois julgam más.

Minha terceira máxima era a de procurar sempre antes vencer a mim próprio do que à fortuna, e a de antes modificar os meus desejos do que a ordem do mundo; e, em geral, a de acostumar-me a crer que nada há que esteja inteiramente em nosso poder, exceto os nossos pensamentos, de sorte que, depois de termos feito o melhor possível no tocante às coisas que nos são exteriores, tudo em que deixamos de nos sair bem é, em relação a nós, absolutamente impossível. E só isso me parecia suficiente para impedir-me, no futuro, de desejar algo que eu não pudesese adquirir, e, assim, para me tornar contente. Pois, inclinando-se a nossa vontade naturalmente a desejar só aquelas coisas que nosso entendimento lhe representa de alguma forma como possíveis, é certo que, se considerarmos todos os bens que se acham fora de nós como igualmente afastados de nosso poder, não lamentaremos mais a falta daqueles que parecem dever-se ao nosso nascimento, quando deles formos privados sem culpa nossa, do que lamentamos não possuir os reinos da China ou do México; e que fazendo, como se diz, da necessidade virtude, não desejaremos mais estar sãos, estando doentes, ou estar livres, estando na prisão, do que desejamos ter agora corpos de uma matéria tão pouco corruptível quanto os diamantes, ou asas para voar como as aves. Mas confesso que é preciso um longo exercício, e uma meditação amiúde reiterada, para nos acostumarmos a olhar por este ângulo todas as coisas; e creio que é principalmente nisso que consistia o segredo desses filósofos, que puderam outrora subtrair-se ao império da fortuna e, malgrado as dores e a pobreza, disputar felicidade aos seus deuses[10]. Pois, ocupando-se incessantemente em considerar os limites que lhes eram prescritos pela natureza, persuadiram-se tão perfeitamente de que nada estava em seu poder além dos seus pensamentos, que só isso bastava para impedi-los de sentir qualquer afecção por outras coisas; e dispunham deles tão absolutamente, que tinham nesse particular certa razão de se julgarem mais ricos, mais poderosos, mais livres e mais felizes que quaisquer outros homens, que, não tendo esta filosofia, por mais favorecidos que sejam pela natureza e pela fortuna, jamais dispõem assim de tudo quanto querem.

Enfim, para a conclusão dessa moral, deliberei passar em revista as diversas ocupações que os homens exercem nesta vida, para procurar escolher a melhor; e, sem que pretenda dizer nada sobre as dos outros, pensei que o melhor a fazer seria continuar naquela mesma em que me achava, isto é, empregar toda a minha vida em cultivar minha razão, e adiantar-me, o mais que pudesse, no conhecimento da verdade, segundo o método que me prescrevera. Eu sentira tão extremo contentamento, desde quando começara a servir-me deste método, que não acreditava que, nesta vida, se pudessem receber outros mais doces, nem mais inocentes; e, descobrindo todos os dias, por seu meio, algumas verdades que me pareciam assaz importantes e comumente ignoradas pelos outros homens, a satisfação que isso me dava enchia de tal modo meu espírito que tudo o mais não me tocava. Além do que, as três

---

10. Novamente, refere-se o autor aos estoicos.

máximas precedentes não se baseavam senão no meu intuito de continuar a me instruir: pois, tendo Deus concedido a cada um de nós alguma luz para discernir o verdadeiro do falso, não julgaria dever contentar-me, um só momento, com as opiniões de outrem, se não me propusesse empregar o meu próprio juízo em examiná--las, quando fosse tempo; e não saberia isentar-me de escrúpulos, ao segui-las, se não esperasse não perder com isso alguma ocasião de encontrar outras melhores, caso as houvesse. E, enfim, não saberia limitar os meus desejos, nem estar contente, se não tivesse trilhado um caminho pelo qual, pensando estar seguro da aquisição de todos os conhecimentos de que fosse capaz, julgava estar também, pelo mesmo meio, da de todos os verdadeiros bens que alguma vez viessem a estar em meu alcance; tanto mais que, não se inclinando a nossa vontade a seguir ou fugir a qualquer coisa, senão conforme o nosso entendimento lha represente como boa ou má, basta bem julgar, para bem proceder, e julgar o melhor possível, para proceder também da melhor maneira, isto é, para adquirir todas as virtudes e, conjuntamente, todos os outros bens que se possam adquirir; e, quando se está certo de que é assim, não se pode deixar de ficar contente.

Depois de ter-me assim assegurado destas máximas, e de as ter posto à parte, com as verdades da fé, que sempre foram as primeiras na minha crença, julguei que, quanto a todo o restante de minhas opiniões, podia livremente tentar desfazer-me delas. E, como esperava chegar melhor ao cabo dessa tarefa conversando com os homens, do que continuando por mais tempo encerrado no quarto aquecido onde me haviam ocorrido esses pensamentos, recomecei a viajar quando o inverno ainda não acabara. E, em todos os nove anos seguintes, não fiz outra coisa senão rolar pelo mundo, daqui para ali, procurando ser mais espectador do que ator em todas as comédias que nele se representam; e, efetuando particular reflexão, em cada matéria, sobre o que podia torná-la suspeita e dar ocasião de nos equivocarmos, desenraizava, entrementes, do meu espírito todos os erros que até então nele se houvessem insinuado. Não que imitasse, para tanto, os céticos, que duvidam apenas por duvidar e afetam ser sempre irresolutos: pois, ao contrário, todo o meu intuito tendia tão somente a me certificar, e remover a terra movediça e a areia, para encontrar a rocha ou a argila. O que consegui muito bem, parece-me, tanto mais que, procurando descobrir a falsidade ou a incerteza das proposições que examinava, não por fracas conjeturas, mas por raciocínios claros e seguros, não deparava [com] quaisquer tão duvidosas que delas não tirasse sempre alguma conclusão bastante certa, quando mais não fosse a de que não continha nada de certo. E, como ao demolir uma velha casa reservam-se comumente os escombros para servir à construção de outra nova, assim, ao destruir todas as minhas opiniões que julgava mal fundadas, fazia diversas observações e adquiria muitas experiências, que me serviram depois para estabelecer outras mais certas. E, ademais, continuava a exercitar-me no método que me prescrevera; pois, não só tomava o cuidado de conduzir geralmente todos os meus pensamentos segundo as suas regras como reservava, de tempos em tempos, algumas horas, que empregava particularmente em aplicá-lo nas dificuldades de Matemática, ou mesmo também em algumas outras que eu podia tornar quase semelhantes às das Matemáticas, separando-as de todos os princípios das outras ciências, que eu não achava bastante firmes, como vereis que procedi com várias que são explicadas neste volume. E assim, sem viver, aparentemente, de forma diferente daqueles que, não tendo outro emprego senão [o de] passar uma vida doce e inocente, procuram separar os prazeres dos vícios, e que, para gozar de seus lazeres sem se aborrecer, usam de todos os divertimentos que são honestos, não deixava de persistir em meu desígnio e de progredir no conhecimento da verdade, mais talvez do que se me limitasse a ler livros ou frequentar homens de letras.

Todavia, esses nove anos escoaram-se antes que eu tivesse tomado qualquer partido com respeito às dificuldades que costumam ser disputadas entre os doutos, ou começado a procurar os fundamentos de alguma Filosofia mais certa do que a vulgar[11].

---

11. A filosofia ainda mais difundida na época, ou seja, a Escolástica.

E o exemplo de muitos espíritos excelsos que, tendo alimentado precedentemente esse intento, não haviam logrado, parecia-me, realizá-lo, levava-me a imaginar tantas dificuldades que não teria talvez ousado empreendê-lo tão cedo se não soubesse que alguns já faziam correr o rumor de que eu já o levara a termo. Não poderia dizer em que baseavam esta opinião; e, se para isso contribuí com algo por meus discursos, deve ter sido por confessar neles mais ingenuamente o que eu ignorava do que costumam fazer aqueles que estudaram um pouco, e talvez também por mostrar as razões que tinha de duvidar de muitas coisas que os outros consideram certas do que por me jactar de qualquer doutrina. Mas, tendo o coração bastante altivo para não querer que me tomassem por alguém que eu não era, pensei que cumpria esforçar-me, por todos os meios, para tornar-me digno da reputação que me atribuíam; e faz justamente oito anos que esse desejo me decidiu a afastar-me de todos os lugares em que pudesse ter conhecimentos, e a retirar-me para aqui[12], para um país onde a longa duração da guerra levou a estabelecer tais ordens que os exércitos nele mantidos parecem servir apenas para que os frutos da paz sejam gozados com tanto mais segurança, e onde, dentre a multidão de um grande povo muito ativo e mais zeloso de seus próprios negócios do que curioso dos assuntos dos de outrem, sem carecer de nenhuma das comodidades que existem nas cidades mais frequentadas, pude viver tão solitário e retirado como nos desertos mais remotos.

---

12. À Holanda.

## QUARTA PARTE

Não sei se deva falar-vos das primeiras meditações que aí realizei; pois são tão metafísicas e tão pouco comuns que não serão, talvez, do gosto de todo mundo. E, todavia, a fim de que se possa julgar se os fundamentos que escolhi são bastante firmes, vejo-me, de alguma forma, compelido a falar-vos delas. De há muito observara que, quanto aos costumes, é necessário às vezes seguir opiniões que sabemos serem muito incertas, tal como se fossem indubitáveis, como já foi dito acima; mas, por desejar então ocupar-me somente com a pesquisa da verdade, pensei que era necessário agir exatamente ao contrário, e rejeitar como absolutamente falso tudo aquilo em que pudesse imaginar a menor dúvida, a fim de ver se, após isso, não restaria algo em meu crédito, que fosse inteiramente indubitável. Assim, porque os nossos sentidos às vezes nos enganam, quis supor que havia alguma coisa que fosse tal como eles nos fazem imaginar. E, porque há homens que se equivocam ao raciocinar, mesmo no tocante às mais simples matérias de Geometria, e cometem aí paralogismos, rejeitei como falsas, julgando que estava sujeito a falhar, como qualquer outro, todas as razões que eu tomara até então por demonstrações. E enfim, considerando que todos os mesmos pensamentos que temos quando despertos nos podem também ocorrer quando dormimos, sem que haja nenhum, nesse caso, que seja verdadeiro, resolvi fazer de conta que todas as coisas que até então haviam entrado no meu espírito não eram mais verdadeiras que as ilusões de meus sonhos. Mas, logo em seguida, adverti que, enquanto eu queria assim pensar que tudo era falso, cumpria necessariamente que eu, que pensava, fosse alguma coisa. E, notando que esta verdade, *eu penso, logo existo,* era tão firme e tão certa que todas as mais extravagantes suposições dos céticos não seriam capazes de a abalar, julguei que podia aceitá-la, sem escrúpulo, como o primeiro princípio da Filosofia que procurava.

Depois, examinando com atenção o que eu era, e vendo que podia supor que não tinha corpo algum e que não havia qualquer mundo, ou qualquer lugar onde eu existisse, mas que nem por isso podia supor que não existia; e que, ao contrário, pelo fato mesmo de eu pensar em duvidar da verdade das outras coisas, seguia-se mui evidente e mui certamente que eu existia; ao passo que, se apenas houvesse cessado de pensar, embora tudo o mais que alguma vez imaginara fosse verdadeiro, já não teria qualquer razão de crer que eu tivesse existido; compreendi por aí que era uma substância cuja essência ou natureza consiste apenas no pensar, e que, para ser, não necessita de nenhum lugar, nem depende de qualquer coisa material. De sorte que esse eu, isto é, a alma, pela qual sou o que sou, é inteiramente distinta do corpo e, mesmo, que é mais fácil de conhecer do que ele, e, ainda que este nada fosse, ela não deixaria de ser tudo o que é.

Depois disso, considerei em geral o que é necessário a uma proposição para ser verdadeira e certa; pois, como acabava de encontrar uma que eu sabia ser exatamente assim, pensei que devia saber também em que consiste essa certeza. E, tendo notado que nada há no *eu penso, logo existo,* que me assegure de que digo a verdade, exceto que vejo muito claramente que, para pensar, é preciso existir, julguei poder tomar por regra geral que as coisas que concebemos mui clara e mui distintamente são todas verdadeiras, havendo apenas alguma dificuldade em notar bem quais são as que concebemos distintamente.

Em seguida, tendo refletido sobre aquilo que eu duvidava, e que, por consequência, meu ser não era totalmente perfeito, pois via claramente que o conhecer é perfeição maior do que o duvidar, deliberei procurar de onde aprendera a pensar em algo mais perfeito do que eu era; e conheci com evidência que deveria ser de alguma natureza que fosse de fato mais perfeita. No concernente aos pensamentos que tinha de muitas outras coisas fora de mim, como do céu, da terra, da luz, do calor e de mil outras, não me era tão difícil saber de onde vinham, porque, não advertindo neles nada que me parecesse torná-los superiores a mim, podia crer que, se fossem verdadeiros, eram dependências de minha natureza, na medida em que esta possuía alguma perfeição; e se não o eram, que eu os tinha do nada, isto é, que estavam em mim pelo que eu possuía de falho. Mas não podia acontecer o mesmo com a ideia de um ser mais perfeito do que o meu; pois tirá-la do nada era manifestamente impossível; e, visto que não há menos repugnância em que o mais perfeito seja uma consequência e uma dependência do menos perfeito do que em admitir que do nada procede alguma coisa, eu não podia tirá-la tampouco de mim próprio. De forma que restava apenas que tivesse sido posta em mim por uma natureza que fosse verdadeiramente mais perfeita do que a minha, e que mesmo tivesse em si todas as perdições de que eu poderia ter alguma ideia, isto é, para explicar-me numa palavra, que fosse Deus. A isso acrescentei que, dado que conhecia algumas perfeições que não possuía, eu não era o único ser que existia (usarei aqui livremente, se vos aprouver, alguns termos da Escola); mas que devia necessariamente haver algum outro mais perfeito, do qual eu dependesse e de quem eu tivesse recebido tudo o que possuía. Pois, se eu fosse só e independente de qualquer outro, de modo que tivesse recebido, de mim próprio, todo esse pouco pelo qual participava do Ser perfeito, poderia receber de mim, pela mesma razão, todo o restante que sabia faltar-me, e ser assim eu próprio infinito, eterno, imutável, onisciente, todo-poderoso, e enfim ter todas as perfeições que podia notar existirem em Deus. Pois, segundo os raciocínios que acabo de fazer, para conhecer a natureza de Deus, tanto quanto a minha o era capaz, bastava considerar, acerca de todas as coisas de que achava em mim qualquer ideia, se era ou não perfeição possuí-las, e estava seguro de que nenhuma das que eram marcadas por alguma imperfeição existia Nele, mas que todas as outras existiam. Assim, eu via que a dúvida, a inconstância, a tristeza e coisas semelhantes não podiam existir Nele, dado que eu próprio estimaria muito estar isento delas. Além disso, eu tinha ideias de muitas coisas sensíveis e corporais; pois, embora supusesse que estava sonhando e que tudo quanto via e imaginava era falso, não podia negar, contudo, que as ideias a respeito não existissem verdadeiramente em meu pensamento; mas, por já ter reconhecido em mim mui claramente que a natureza inteligente é distinta da corporal, considerando que toda a composição testemunha dependência, e que a dependência é manifestamente um defeito, julguei por aí que não podia ser uma perfeição em Deus o ser composto dessas duas naturezas, e que, por conseguinte, Ele não o era, mas que, se havia alguns corpos no mundo, ou então algumas inteligências, ou outras naturezas, que não fossem inteiramente perfeitos, o seu ser deveria depender do poder de Deus, de tal sorte que não pudessem subsistir sem Ele um só momento.

Quis procurar, depois disso, outras verdades, e tendo-me proposto o objeto dos geômetras, que eu concebia como um corpo contínuo, ou um espaço infinitamente extenso em comprimento, largura e altura ou profundidade, divisível em diversas partes que podiam ter diversas figuras e grandezas, e ser movidas ou transpostas de todas as maneiras, pois os geômetras supõem tudo isto em seu objeto, percorria algumas de suas mais simples demonstrações. E, tendo notado que essa grande certeza, que todo o mundo lhes atribui, se funda apenas no fato de serem concebidas com evidência, segundo a regra que há pouco expressei, notei também que nada havia nelas que me assegurasse a existência de seu objeto. Pois, por exemplo, eu via muito bem que, supondo um triângulo, cumpria que seus três ângulos fossem iguais a dois retos; mas, apesar disso, nada via que garantisse haver no mundo qualquer triângulo. Ao passo que, voltando a examinar a ideia que tinha de um Ser perfeito, verificava que a existência estava aí inclusa, da mesma forma como na de um triângulo está incluso serem seus três ângulos iguais a dois retos, ou na de uma esfera serem todas as suas partes igualmente distantes do seu centro, ou mesmo ainda mais evidentemente; e que, por conseguinte, é pelo menos tão certo que Deus, que é esse Ser perfeito, é ou existe, quanto sê-lo-ia qualquer demonstração de *Geometria*.

Mas o que leva muitos a se persuadirem de que há dificuldade em conhecê-Lo, e mesmo também em conhecer o que é sua alma, é o fato de nunca elevarem o espírito além das coisas sensíveis e de estarem de tal modo acostumados a nada considerar senão imaginando, que é uma forma de pensar particular às coisas materiais, que tudo quanto não é imaginável lhes parece não ser inteligível. E isto é assaz manifesto pelo fato de os próprios filósofos terem por máxima, nas escolas, que nada há no entendimento que não haja estado primeiramente nos sentidos[13], onde todavia é certo que as ideias de Deus e da alma jamais estiveram. E me parece que todos os que querem usar da imaginação para compreendê-las procedem do mesmo modo que se, para ouvir os sons ou sentir os odores, quisessem servir-se dos olhos; exceto com esta diferença ainda: que o sentido da vista não nos garante menos a verdade de seus objetos do que os do olfato ou da audição; ao passo que a nossa imaginação ou os nossos sentidos nunca poderiam assegurar-nos de qualquer coisa, se o nosso entendimento não interviesse.

Enfim, se há ainda homens que não estejam bem persuadido da existência de Deus e da alma, com as razões que apresentei, quero que saibam que todas as outras coisas, das quais se julgam talvez certificados, como a de terem um corpo, haver astros e uma Terra, e coisas semelhantes, são ainda menos certas. Pois, embora se possua dessas coisas uma certeza moral[14], que é de tal ordem que,

13. Máxima escolástica e da qual parte a *Crítica da Razão Pura*, de Kant.
14. Aquela que serve para as coisas cotidianas ou práticas.

exceto sendo-se extravagante, parece impossível pô-la em dúvida, todavia também, quando se trata da certeza metafísica, não se pode negar, a menos que sejamos desarrazoados, que é motivo suficiente, para não estarmos inteiramente seguros a respeito, o fato de se advertir que podemos do mesmo modo imaginar, quando adormecidos, que temos outro corpo, que vemos outros astros e outra Terra, sem que na realidade assim o seja. Pois, de onde sabemos que os pensamentos, que ocorrem em sonhos, são mais falsos do que os outros se muitos não são amiúde menos vivos e nítidos? E, ainda que os melhores espíritos estudem o caso tanto quanto lhes aprouver, não creio que possam dar qualquer razão que seja suficiente para desfazer essa dúvida, se não pressupuserem a existência de Deus. Pois, em primeiro lugar, aquilo mesmo que há pouco tomei como regra, a saber, que as coisas que concebemos mui clara e mui distintamente são todas verdadeiras, não é certo senão porque Deus é ou existe, e é um ser perfeito, e porque tudo o que existe em nós nos vem Dele. Donde se segue que as nossas ideias ou noções, sendo coisas reais, e provenientes de Deus em tudo em que são claras e distintas, só podem por isso ser verdadeiras. De sorte que, se temos muitas vezes outras que contêm falsidade, só podem ser as que possuem algo de confuso e obscuro, porque nisso participam do nada, isto é, são assim confusas em nós, porque nós não somos de todo perfeitos. E é evidente que não repugna menos admitir que a falsidade ou a imperfeição procedam de Deus, como tal, do que admitir que a verdade ou a perfeição procedam do nada. Mas, se não soubéssemos de modo algum que tudo quanto existe em nós de real e verdadeiro provém de um ser perfeito e infinito, por claras e distintas que fossem nossas ideias, não teríamos qualquer razão que nos assegurasse que elas possuem a perfeição de ser verdadeiras.

Ora, depois que o conhecimento de Deus e da alma nos tenha assim dado certeza dessa regra, é muito fácil compreender que os sonhos que imaginamos quando adormecidos não devem, de modo algum, levar-nos a duvidar da verdade dos pensamentos que temos quando acordados. Pois, se acontecesse que, mesmo dormindo, tivéssemos alguma ideia muito distinta, como, por exemplo, que um geômetra inventasse qualquer nova demonstração, o sono deste não a impediria de ser verdadeira. E, quanto ao erro mais comum de nossos sonhos, que consiste em nos representarem diversos objetos tal como fazem nossos sentidos exteriores, não importa que ele nos dê ocasião de desconfiar da verdade de tais ideias, porque estas também nos podem enganar muitas vezes, sem que estejamos dormindo, como sucede quando os que têm icterícia veem tudo da cor amarela, ou quando os astros ou outros corpos fortemente afastados de nós se nos afiguram muito menores do que são. Pois enfim, quer estejamos em vigília, quer dormindo, nunca nos devemos deixar persuadir senão pela evidência de nossa razão. E, deve-se observar que digo, de nossa razão, e de modo algum de nossa imaginação, ou de nossos sentidos. Porque, embora vejamos o Sol mui claramente, não devemos julgar por isso que ele seja, apenas, da grandeza que o vemos; e bem podemos imaginar distintamente uma cabeça de leão enxertada no corpo de uma cabra, sem que devamos concluir, por isso, que no mundo há uma Quimera; pois a razão não nos dita que tudo quanto vemos ou imaginamos, assim, seja verdadeiro, mas nos dita realmente que todas as nossas ideias ou noções devem ter algum fundamento de verdade; pois não seria possível que Deus, que é todo perfeito e verídico, as houvesse posto em nós sem isso. E, pelo fato de nossos raciocínios jamais serem tão evidentes nem tão completos durante o sono como durante a vigília, ainda que às vezes nossas imaginações sejam tanto ou mais vivas e expressas, ela nos dita também que, não podendo nossos pensamentos ser inteiramente verdadeiros, porque não somos de todo perfeitos, tudo o que eles encerram de verdade deve encontrar-se infalivelmente naquele que temos quando acordados, mais do que em nossos sonhos.

## QUINTA PARTE

Gostaria muito de prosseguir e de mostrar aqui toda a cadeia de outras verdades que deduzi dessas primeiras. Mas, dado que, para tal efeito, seria agora necessário que falasse de muitas questões controvertidas entre os doutos, com os quais não desejo indispor-me, creio que será melhor que eu me abstenha e somente diga, em geral, quais elas são, a fim de deixar que os mais sábios julguem se seria útil que o público fosse a esse respeito mais particularmente informado. Permaneci sempre firme na resolução que tomara de não supor qualquer outro princípio, exceto aquele de que acabo de me servir para demonstrar a existência de Deus e da alma, e de não acolher coisa alguma por verdadeira que não me parecesse mais clara e mais certa do que me haviam parecido anteriormente as demonstrações dos geômetras. E, no entanto, ouso dizer que não só encontrei meio de me satisfazer em pouco tempo, no tocante a todas as principais dificuldades que costumam ser tratadas na Filosofia, mas também que notei certas leis que Deus estabeleceu de tal modo na natureza, e das quais imprimiu tais noções em nossas almas que, depois de refletir bastante sobre elas, não poderíamos duvidar que não fossem exatamente observadas em tudo o que existe ou se faz no mundo. Depois, considerando a consequência dessas leis, parece-me ter descoberto muitas verdades mais úteis e mais importantes do que tudo quanto aprendera até então, ou mesmo esperava aprender.

Mas, visto que procurei explicar as principais num tratado que certas considerações me impedem de publicar[15], não poderia dá-las melhor a conhecer do que dizendo aqui, sumariamente, o que ele contém. Eu pretendia, antes de escrevê-lo, incluir nele tudo o que julgava saber, quanto à natureza das coisas materiais. Mas, tal como os pintores que, não podendo representar igualmente bem num quadro plano todas as diversas faces de um corpo sólido, escolhem uma das principais, que colocam à luz, e, sombreando as outras, só as fazem aparecer tanto quanto se possa vê-las ao olhar aquela; assim, temendo não poder pôr em meu discurso tudo o que tinha no pensamento, tentei apenas expor bem amplamente o que concebia da luz; depois, no seu ensejo, acrescentar alguma coisa sobre o Sol e as estrelas fixas, porque a luz procede quase toda deles; sobre os céus, porque a transmitem; sobre os planetas, os cometas e a Terra, porque a refletem; e, em particular, sobre todos os corpos que há sobre a Terra, porque são ou coloridos, ou transparentes, ou luminosos; e enfim sobre o homem, porque é o seu espectador. Também, para sombrear um pouco todas essas coisas e poder dizer mais livremente o que julgava a seu respeito, sem ser obrigado a seguir nem a refutar as opiniões aceitas entre os doutos, resolvi-me a deixar todo esse mundo às suas disputas, e a falar somente do que aconteceria num novo, se Deus criasse agora em qualquer parte, nos espaços imaginários, bastante matéria para compô-lo, e se agitasse diversamente, e sem ordem, as diversas partes desta matéria, de modo que compusesse com ela um caos tão confuso quanto os poetas possam fazer crer, e que, em seguida, não fizesse outra coisa senão prestar o seu concurso comum à natureza, e deixá-la agir segundo as leis por ele estabelecidas. Assim, primeiramente, descrevi essa matéria e procurei

---

15. *Tratado do Mundo e da Luz*, terminado em 1632, mas só publicado em 1644, em virtude da condenação de Galileu.

representá-la de tal modo que nada há no mundo, parece-me, mais claro nem mais inteligível, exceto o que há pouco foi dito sobre Deus e a alma; pois supus mesmo, expressamente, que não existia nela nenhuma dessas formas ou qualidades acerca das quais se disputa nas escolas, nem, de modo geral, qualquer coisa cujo conhecimento não fosse tão natural às nossas almas, que não se pudesse mesmo fingir ignorá-la. Além disso, fiz ver quais eram as leis da natureza; e, sem apoiar minhas razões em nenhum outro princípio, a não ser no das perfeições infinitas de Deus, procurei demonstrar todas aquelas que pudessem suscitar qualquer dúvida e mostrar que elas são tais que, embora Deus tivesse criado muitos mundos, não poderia existir um só em que deixassem de ser observadas. Depois disso, indiquei como a maior parte da matéria desse caos devia, em sequência dessas leis, dispor-se e arranjar-se de uma certa forma que a torna semelhante aos nossos céus; como, entretanto, algumas de suas partes deviam compor uma Terra, alguns dos planetas e cometas, e outras, um Sol e estrelas fixas. E neste ponto, estendendo-me sobre o tema da luz, expliquei bem longamente qual era a que se devia encontrar no Sol e nas estrelas, e como, a partir daí, atravessava num instante os imensos espaços dos céus, e como se refletia dos planetas e dos cometas para a Terra. Juntei a isso também várias coisas atinentes à substância, situação, movimentos e todas as diversas qualidades desses céus e desses astros; de sorte que pensava ter dito a respeito o suficiente, para fazer compreender que nada se nota nos deste mundo que não devesse, ou ao menos não pudesse, parecer totalmente semelhante nos do mundo que estava descrevendo. Daí vim a falar particularmente da Terra: como, embora houvesse expressamente suposto que Deus não pusera peso algum na matéria de que ela era composta, todas as suas partes não deixavam de tender exatamente para o seu centro; como, havendo água e ar à sua superfície, a disposição dos céus e dos astros, principalmente da Lua, devia nela causar um fluxo e refluxo, que fosse semelhante, em todas as suas circunstâncias, ao que se observa em nossos mares; e além disso, certo curso, tanto da água como do ar, do levante para o poente, tal como se observa também entre os trópicos; como as montanhas, os mares, as fontes e os rios podiam naturalmente formar-se nela, e os metais aparecerem nas minas, e as plantas crescerem nos campos, e em geral todos os corpos chamados mistos ou compostos serem nela engendrados. E entre outras coisas, já que após os astros nada conheço no mundo, a não ser o fogo, que produza a luz, apliquei-me a explicar bem claramente tudo o que pertence à sua natureza, como ele se faz; como se nutre; como existe às vezes apenas calor sem luz, e outras vezes luz sem calor; como pode introduzir diversas cores em diversos corpos, e diversas outras qualidades; como funde uns e endurece outros; como os pode consumir a quase todos ou converter em cinzas e em fumo; e enfim, como dessas cinzas, pela só violência de sua ação, forma o vidro; pois, parecendo-me essa transmutação de cinzas em vidro tão admirável como nenhuma outra que se produza na natureza, deu-me particular prazer descrevê-la.

Todavia, não desejava inferir, de todas essas coisas, que este mundo tivesse sido criado da forma como propunha; pois é bem mais verossímil que, desde o começo, Deus o tenha tornado tal como devia ser. Mas é certo, e é uma opinião comumente adotada entre os teólogos, que a ação pela qual ele agora o conserva é exatamente igual àquela pela qual o criou; de modo que, embora não lhe houvesse dado, no começo, outra forma senão a do Caos, desde que, tendo estabelecido as leis da natureza, lhe tenha prestado seu concurso, para ela agir assim como costuma, pode-se crer, sem prejudicar o milagre da Criação, que só por isso todas as coisas que são puramente materiais poderiam, com o tempo, tornar-se tais como as vemos no presente. E sua natureza é bem mais fácil de conceber, quando as vemos nascer pouco a pouco desta maneira, do que quando já as consideramos totalmente feitas.

Da descrição dos corpos inanimados e das plantas, passei à dos animais e particularmente à dos homens. Mas, como não contava ainda suficiente conhecimento para falar deles no mesmo estilo que do resto, isto é, demonstrando os efeitos pelas causas, e mostrando de quais sementes e de que maneira a natureza deve produzi-los,

contentei-me em supor que Deus formasse o corpo de um homem
inteiramente semelhante a um dos nossos, tanto na figura exterior
de seus membros como na conformação interior de seus órgãos,
sem compô-lo de outra matéria além da que eu descrevera, e sem
pôr nele, no começo, qualquer alma racional, nem qualquer outra
coisa para servir-lhe de alma vegetativa ou sensitiva, senão que ex-
citasse em seu coração um desses fogos sem luz que eu já explicara,
e que não concebia nenhuma outra natureza, exceto a que aquece
o feno quando o guardam antes de estar seco, ou que faz ferver os
vinhos novos quando ficam a fermentar sobre o bagaço. Pois, examinando as funções que, em virtude disso, podiam estar neste corpo, encontrava exatamente todas as que podem estar em nós sem
que o pensemos, nem, por conseguinte, que a nossa alma, ou seja,
essa parte distinta do corpo cuja natureza, como já foi dito mais
acima, é apenas a de pensar, para tal contribua, e que são todas as
mesmas, o que permite dizer que os animais sem razão se nos assemelham, sem que eu possa achar para isso qualquer daquelas razões
que, sendo dependentes do pensamento, são as únicas que nos pertencem enquanto homens, ao passo que achava a todas em seguida,
ao supor que Deus criara uma alma racional e que a juntara a esse
corpo de uma certa maneira que descrevia.

Mas, a fim de que se possa ver de que modo eu tratava esta matéria, quero apresentar aqui a explicação do movimento do coração
e das artérias, o qual, sendo o primeiro e o mais geral que se observa nos animais, permitirá julgar facilmente, a partir dele, o que
se deve pensar de todos os outros. E, para que se tenha menos dificuldade de entender o que vou dizer a esse respeito, gostaria que
todos os que não são versados em anatomia se dessem ao trabalho,
antes de ler isto, de mandar cortar diante deles o coração de um
grande animal que possua pulmões, pois é em tudo semelhante ao
do homem, e que peçam para que se lhes mostrem as duas câma-
ras ou concavidades nele existentes. Primeiramente, a que está no
lado direito[16], a que correspondem dois tubos muito largos: a saber,

---

16. Ventrículo direito.

a veia cava, que é o principal receptáculo do sangue e como que o tronco da árvore da qual todas as outras veias do corpo são ramos; e a veia arteriosa[17], que foi assim impropriamente designada, por se tratar efetivamente de uma artéria, a qual, tomando sua origem no coração, se divide, depois de sair dele, em muitos ramos que vão espalhar-se por toda a parte nos pulmões. Depois, a que está no lado esquerdo[18], à qual correspondem da mesma forma dois tubos que são tanto ou mais largos que os precedentes: a saber, a artéria venosa, que também foi impropriamente designada, porque não é outra coisa senão uma veia, que vem dos pulmões, onde se divide em vários ramos entrelaçados com os da veia arteriosa e com os desse conduto que se chama gasnete[19], por onde entra o ar da respiração; e a grande artéria[20] que, saindo do coração, lança seus ramos por todo o corpo. Gostaria também que se lhes mostrassem cuidadosamente as onze pequenas peles, que, como outras tantas pequenas portas, abrem e fecham as quatro aberturas que há nessas duas concavidades: a saber, três à entrada da veia cava, onde se acham de tal modo dispostas que não podem, de maneira alguma, impedir que o sangue nela contido corra para a concavidade direita do coração, e todavia impedem exatamente que possa dali sair; três à entrada da veia arteriosa, que, estando dispostas bem ao contrário, permitem realmente ao sangue que está nessa concavidade passar para os pulmões, mas não ao que está nos pulmões voltar para lá; e assim duas outras à entrada da artéria venosa, que deixam fluir o sangue dos pulmões para a concavidade esquerda do coração, mas opõem-se ao seu retorno; e três à entrada da grande artéria, que lhe permitem sair do coração, mas impedem o seu retorno. E não há necessidade de procurar outra razão para o número dessas peles, senão a de que a abertura da artéria venosa, sendo oval devido ao lugar onde fica, pode ser comodamente fechada com duas, ao passo que, as outras sendo redondas, três podem melhor fechá-las.

17. Artéria pulmonar.
18. Ventrículo esquerdo.
19. Traqueia.
20. Aorta.

Demais, gostaria que lhes fosse dado considerar que a grande artéria e a veia arteriosa são de uma composição muito mais dura e mais firme do que a artéria venosa e a veia cava, e que as duas últimas se alargam antes de entrar no coração, formando aí como que duas bolsas, chamadas as orelhas do coração, que se compõem de uma carne semelhante à deste; e que há sempre mais calor no coração do que em qualquer outro lugar do corpo, e, enfim que este calor é capaz de fazer que, se uma gota de sangue entrar em suas concavidades, ela se infle prontamente e se dilate, como procedem em geral todos os líquidos quando os deixamos cair gota a gota nalgum vaso que esteja muito quente.

Isso porque, depois disso, nada mais preciso dizer para explicar o movimento do coração, salvo que, quando as suas concavidades não estão cheias de sangue, este corre necessariamente da veia cava para a concavidade direita, e da artéria venosa para a esquerda; já que esses dois vasos se acham sempre cheios, e que suas aberturas, voltadas para o coração, não podem então ser tapadas; mas, tão logo tenham entrado assim duas gotas de sangue, uma em cada concavidade, estas gotas, que só podem ser muito grossas, porque as aberturas por onde penetram são muito largas, e os vasos de onde provêm muito cheios de sangue, rarefazem-se e dilatam-se por causa do calor que aí encontram; por esse meio, fazendo inflar o coração todo, empurram e fecham as cinco pequenas portas que ficam à entrada dos dois vasos de onde vêm, impedindo assim que desça mais sangue ao coração; e, continuando a rarefazer-se cada vez mais, empurram e abrem as seis outras pequenas portas que ficam à entrada dos dois outros vasos por onde saem, fazendo inflar por esse meio todos os ramos da veia arteriosa e da grande artéria, quase no mesmo instante que o coração, o qual, em seguida, incontinenti, se desinfla, como sucede também com essas artérias, por se resfriar o sangue que nelas entrou; e suas seis pequenas portas se fecham, e as cinco da veia cava e da artéria venosa reabrem-se, dando passagem a duas outras gotas de sangue, que vão de novo inflar o coração e as artérias, tal como as precedentes. E porque o sangue, que entra assim no coração, passa por essas duas bolsas que se chamam suas orelhas, daí resulta que o movimento dessas é contrário ao seu, e que elas se desinflam quando ele se infla. De resto, a fim de que aqueles que não conhecem a força das demonstrações matemáticas, e não estão acostumados a distinguir as razões verdadeiras das verossímeis, não se aventurem a negar tal fato sem exame, quero adverti-los de que esse movimento que acabo de explicar segue-se tão necessariamente da simples disposição dos órgãos que se podem ver a olho nu no coração, e do calor que se pode sentir com os dedos, e da natureza do sangue que se pode conhecer por experiência, como o de um relógio segue-se da força, da situação e da figura de seus contrapesos e rodas.

Mas, se se pergunta como o sangue das veias não se esgota, fluindo assim continuamente para o coração, e como as artérias não se enchem demais, já que tudo quanto passa pelo coração para elas se dirige, não necessito responder algo mais do que já foi escrito por um médico da Inglaterra, a quem é preciso dar o louvor de ter rompido o gelo neste ponto, e de ser o primeiro a ter ensinado a existência de muitas pequenas passagens nas extremidades das artérias, por onde o sangue que elas recebem do coração entra nos pequenos ramos das veias, de onde ele torna a dirigir-se para o coração, de sorte que o seu curso não é mais do que uma circulação perpétua. E isso ele prova muito bem pela experiência comum dos cirurgiões, que, ligando o braço sem apertá-lo muito, acima do local onde abrem a veia, fazem que o sangue saia dela com mais abundância do que se não o houvessem ligado. E aconteceria exatamente o contrário se eles o ligassem abaixo, entre a mão e a abertura, ou então se o ligassem mui fortemente em cima. Pois é manifesto que o laço medianamente apertado, podendo impedir que o sangue, que já está no braço, retorne ao coração pelas veias, não impede no entanto que para aí sempre aflua novo sangue pelas artérias, porque estas se situam por baixo das veias, e porque suas peles, sendo mais duras, são menos fáceis de pressionar, e também porque o sangue procedente do coração tende com mais força a passar por elas para a mão do que a voltar daí para o coração pelas veias. E, como esse sangue sai do braço pela abertura que existe numa das veias, deve necessariamente haver algumas passagens abaixo do laço, isto é, na direção das extremidades do braço, por onde possa vir das artérias. Ele prova, outrossim, muito bem o que diz sobre o fluxo do sangue, por certas pequenas peles, as quais se acham de tal modo dispostas em diversos pontos ao longo das veias, que não lhe permitem passar do meio do corpo para as extremidades, mas somente retornar das extremidades para o coração, e, demais, pela experiência que mostra que todo o sangue existente no corpo pode dele sair em muito pouco tempo por uma única artéria, quando seccionada, ainda mesmo que ela fosse estreitamente ligada muito perto do coração, e seccionada entre ele e a ligadura, de sorte que não houvesse motivo de imaginar que o sangue que daí saísse proviesse de outro lugar.

Mas há muitas outras coisas que testemunham que a verdadeira causa desse movimento do sangue é a que eu disse[21]. Assim, primeiramente, a diferença que se nota entre o sangue que sai das veias e o que sai das artérias só pode proceder do fato de que, tendo-se rarefeito e como que destilado ao passar pelo coração, é mais sutil e mais vivo, e mais quente logo depois de sair dele, isto é, quando nas artérias, do que o é um pouco antes de nele entrar, isto é, quando nas veias. E, se se presta atenção, verifica-se que tal diferença só aparece realmente na direção do coração e de modo algum nos lugares que dele mais se distanciam. Depois, a dureza das peles, de que a veia arteriosa e a grande artéria se compõem, mostra suficientemente que o sangue bate contra elas com mais força do que contra as veias. E por que seriam a concavidade esquerda do coração e a grande artéria mais amplas e mais largas do que a concavidade direita e a veia arteriosa, se não fosse porque o sangue da artéria venosa, tendo estado apenas nos pulmões depois de passar pelo coração, é mais sutil e rarefaz-se mais forte e mais facilmente do que aquele que vem imediatamente da veia cava? E

---

21. Após ter-se baseado em escritos anteriores, como o *Theatrum anatomicum* de Caspar Bauhin (1621) e nas experiências sobre a circulação sanguínea de William Harvey (*Exercitatio de motu cordis et sanguinis in animalibus*) (1628), Descartes vai aqui propor a sua própria teoria, baseando-se no "calor do coração".

o que podem os médicos adivinhar, tateando o pulso, se não sabem que, conforme o sangue muda de natureza, pode ser rarefeito pelo calor do coração mais ou menos forte e mais ou menos rápido do que antes? E, se se examina como esse calor se comunica aos outros membros, não cumpre confessar que é por meio do sangue que, passando pelo coração, nele se aquece e daí se espalha por todo o corpo? Donde resulta que, se se tira o sangue de alguma parte, tira-se-lhe da mesma maneira o calor; e, ainda que o coração fosse tão ardente como um ferro abrasado, não bastaria, como não basta, para aquecer os pés e as mãos, se não lhes enviasse continuamente novo sangue. Depois, também se sabe daí que a verdadeira utilidade da respiração é trazer bastante ar fresco aos pulmões, para fazer com que o sangue, que para aí vem da concavidade direita do coração, onde foi rarefeito e como que transmudado em vapores, se espesse e se converta de novo em sangue, antes de recair na concavidade esquerda, sem o que não poderia ser próprio para servir de alimento ao fogo aí existente. O que se conforma, visto que os animais desprovidos de pulmões tampouco têm mais do que uma só concavidade no coração, e as crianças, que não podem usá-los, enquanto encerradas no ventre de suas mães, possuem uma abertura por onde corre o sangue da veia cava para a concavidade esquerda do coração e um conduto por onde ele vem da veia arteriosa para a grande artéria, sem passar pelo pulmão. Depois a cocção, como se faria ela no estômago, se o coração não lhe enviasse calor pelas artérias e com esse algumas das mais fluidas partes do sangue, que ajudam a dissolver os alimentos que foram aí postos? E a ação que converteu o suco desses alimentos em sangue, não será ela fácil de conhecer, se se considera que este se destila, passando e repassando pelo coração, talvez mais de cem ou duzentas vezes por dia? E de que mais se necessita para explicar a nutrição e a produção dos diversos humores que existem no corpo, exceto dizer que a força com que o sangue, ao rarefazer-se, passa do coração às extremidades das artérias, leva algumas de suas partes a se deterem entre as dos membros onde se acham e a tomarem aí o lugar de algumas outras que elas expulsam; e que, conforme a situação, ou a figura, ou a pequenez dos poros que encontram, umas vão ter a certos lugares mais do que outras, da mesma forma como cada qual pode ter visto diversos crivos que, sendo diversamente perfurados, servem para separar diversos grãos uns dos outros? E, enfim, o que há de mais notável em tudo isso é a geração dos espíritos animais, que são como um vento muito sutil, ou melhor, como uma chama muito pura e muito viva que, subindo continuamente em grande abundância do coração ao cérebro, dirige-se daí, pelos nervos, para os músculos, e imprime movimento a todos os membros; sem que seja preciso imaginar outra causa que leve as partes do sangue que, sendo as mais agitadas e as mais penetrantes, são as mais próprias para compor tais espíritos, a se dirigirem mais ao cérebro do que a outras partes; mas somente as artérias, que as levam para aí, são aquelas que vêm do coração em linha mais reta de todas, e que, segundo as regras da mecânica, que são as mesmas da natureza, quando várias coisas tendem a mover-se em conjunto para um mesmo lado, onde não há lugar suficiente para todas, tal como as partes do sangue que saem da concavidade esquerda do coração tendem para o cérebro, as mais fracas e menos agitadas devem ser desviadas pelas mais fortes, que por esse meio aí irão ter por si sós.

Explicara assaz particularmente todas essas coisas no tratado que pretendi outrora publicar[22]. E, em seguida, mostrara nele qual deve ser a estrutura dos nervos e dos músculos do corpo humano, para fazer que os espíritos animais, estando dentro, tenham a força de mover seus membros: assim como se vê que as cabeças, pouco depois de decepadas, se remexem ainda, e mordem a terra, não obstante não mais sejam animadas; quais mudanças se devem efetuar no cérebro, para causar a vigília, o sono e os sonhos; como a luz, os sons, os odores, os sabores, o calor e todas as outras qualidades dos objetos exteriores nele podem imprimir diversas ideias por intermédio dos sentidos; como a fome, a sede e as outras paixões interiores também lhe podem enviar as suas; o que deve ser nele

---

22. Refere-se a *O Mundo ou Tratado da Luz*.

tomado pelo senso comum, onde[23] essas ideias são acolhidas; pela memória, que as conserva, e pela fantasia, que as pode modificar diversamente e compor com elas outras novas, e pelo mesmo meio, distribuindo os espíritos animais nos músculos, movimentar os membros desse corpo de tão diversas maneiras, quer a propósito dos objetos que se apresentam a seus sentidos, quer das paixões interiores que estão nele, que os nossos se possam mover, sem que a vontade os conduza. O que não parecerá de modo algum estranho a quem, sabendo quão diversos autômatos, ou máquinas móveis, a indústria dos homens pode produzir, sem empregar nisso senão pouquíssimas peças, em comparação à grande multidão de ossos, músculos, nervos, artérias, veias, e todas as outras partes existentes no corpo de cada animal, considerará esse corpo como uma máquina que, tendo sido feita pelas mãos de Deus, é incomparavelmente melhor ordenada e contém movimentos mais admiráveis do que qualquer das que possam ser inventadas pelos homens.

E detivera-me particularmente neste ponto para mostrar que, se houvesse máquinas assim, que tivessem os órgãos e a figura de um macaco, ou de qualquer outro animal sem razão, não disporíamos de nenhum meio para reconhecer que elas não seriam em tudo da mesma natureza que esses animais; ao passo que, se houvesse outras que apresentassem semelhança com os nossos corpos e imitassem tanto nossas ações quanto moralmente fosse possível, teríamos sempre dois meios muito seguros para reconhecer que nem por isso seriam verdadeiros homens. Desses, o primeiro é que nunca poderiam usar palavras, nem outros sinais, compondo-os,

---

23. A localização do *senso comum* estaria na glândula pineal ou epífise, sede igualmente da alma, conforme o artigo 34 d'*As Paixões da Alma*. Embora a proposição seja há muito considerada esdrúxula, sabe-se hoje que a glândula é sensível à luz e influencia fortemente o chamado ritmo ou relógio circadiano (o ciclo do dormir e do acordar, a temperatura corporal e outras funções neurofisiológicas), como também o funcionamento de células nervosas que se agrupam no hipotálamo – os chamados núcleos supraquiasmáticos. A glândula secreta a melatonina e, por seu intermédio, fornece informações vitais sobre a sensação e a consciência do tempo – manutenção e saída do estado de letargia ou de sono para o de vigília.

como fazemos para declarar aos outros os nossos pensamentos. Pois, pode-se muito bem conceber que uma máquina seja feita de tal modo que profira palavras, e até que profira algumas a propósito das ações corporais que causem qualquer mudança em seus órgãos: por exemplo, se a tocam num ponto, que pergunte o que se lhe quer dizer; se em outro, que grite que lhe fazem mal, e coisas semelhantes; mas não que ela os arranje diversamente, para responder ao sentido de tudo quanto se disser na sua presença, assim como podem fazer os homens mais embrutecidos. E o segundo é que, embora fizessem muitas coisas tão bem, ou talvez melhor do que qualquer de nós, falhariam infalivelmente em algumas outras, pelas quais se descobriria que não agem pelo conhecimento, mas somente pela disposição de seus órgãos. Pois, ao passo que a razão é um instrumento universal, que pode servir em todas as espécies de circunstâncias, tais órgãos necessitam de alguma disposição particular para cada ação particular; daí resulta que é moralmente impossível que numa máquina existam bastante [disposições] diversas para fazê-la agir em todas as ocorrências da vida, tal como a nossa razão nos faz agir.

Ora, por esses dois meios, pode-se também conhecer a diferença existente entre os homens e os animais. Pois é uma coisa bem notável que não haja homens tão embrutecidos e tão estúpidos, sem excetuar mesmo os insanos, que não sejam capazes de arranjar em conjunto diversas palavras, e de compô-las num discurso pelo qual façam entender seus pensamentos; e que, ao contrário, não exista outro animal, por mais perfeito e felizmente engendrado que possa ser, que faça o mesmo. E isso não acontece porque lhes faltem órgãos, pois vemos que as pegas e os papagaios podem proferir palavras assim como nós, e todavia não podem falar como nós, isto é, testemunhando que pensam o que dizem; ao passo que os homens que, tendo nascido surdos e mudos, são desprovidos dos órgãos que servem aos outros para falar, tanto ou mais que os animais, costumam inventar eles próprios alguns sinais, pelos quais se fazem entender por quem, estando comumente com eles, disponha de lazer para aprender a sua língua. E isso não testemunha apenas que os animais possuem menos razão do que os homens, mas que não possuem nenhuma razão. Pois vemos que é preciso muito pouco para saber falar; e, posto que se nota desigualdade entre os animais de uma mesma espécie, assim como entre os homens, e que uns são mais fáceis de adestrar que os outros, não é crível que um macaco ou um papagaio, que fossem os mais perfeitos de sua espécie, não igualassem nisso uma criança das mais estúpidas ou pelo menos uma criança com o cérebro perturbado, se a sua alma não fosse de uma natureza inteiramente diferente da nossa. E não se deve confundir as palavras com os movimentos naturais, que testemunham as paixões e podem ser imitados pelas máquinas assim como pelos animais; nem pensar, como alguns antigos, que os animais falam, embora não entendamos sua linguagem: pois, se fosse verdade, porquanto têm muitos órgãos correlatos aos nossos, poderiam fazer-se compreender tanto por nós como por seus semelhantes. É também coisa mui digna de nota que, embora existam muitos animais que demonstram mais indústria do que nós em algumas de suas ações, vê-se todavia que não a demonstram nem um pouco em muitas outras: de modo que aquilo que fazem melhor do que nós não prova que tenham espírito; pois, por esse critério, tê-lo-iam mais do que qualquer de nós e procederiam melhor em tudo; mas antes que não o têm, e que é a natureza que atua neles segundo a disposição de seus órgãos: assim como um relógio, que é composto apenas de rodas e molas, pode contar as horas, e medir o tempo, mais justamente do que nós com toda a nossa prudência.

Eu descrevera, depois disso, a alma racional, e mostrara que ela não pode ser de modo algum tirada do poder da matéria, como as outras coisas de que falara, mas que deve expressamente ter sido criada; e como não basta que esteja alojada no corpo humano, assim como um piloto em seu navio, exceto talvez para mover seus membros, mas que é preciso que esteja junta e unida estreitamente com ele para ter, além disso, sentimentos e apetites semelhantes aos nossos, e assim compor um verdadeiro homem. De resto, eu me alonguei um pouco aqui sobre o tema da alma, porque é dos mais importantes; pois, após o erro dos que negam Deus, que penso haver refutado suficientemente mais acima, não há outro que afaste mais os espíritos fracos do caminho reto da virtude, do que imaginar que a alma dos animais seja da mesma natureza que a nossa, e que, por conseguinte, nada temos a temer, nem a esperar, depois dessa vida, não mais que as moscas e as formigas; ao passo que, sabendo-se o quanto diferem, compreende-se muito mais as razões que provam que a nossa é de uma natureza inteiramente independente do corpo e, por conseguinte, que não está de modo algum sujeita a morrer com ele; depois, como não se veem outras causas que a destruam, somos naturalmente levados a julgar por isso que ela é imortal.

## SEXTA PARTE

Ora, faz agora três anos que chegara ao fim do tratado que contém todas essas coisas, e que começara a revê-lo, a fim de pô-lo em mãos de um impressor, quando soube que pessoas, a quem respeito e cuja autoridade sobre minhas ações quase não é menor que minha própria razão sobre meus pensamentos, haviam desaprovado uma opinião de Física, publicada pouco antes por alguém, opinião que não quero dizer que a partilhasse, mas que nada reparara nela, antes de a censurarem, que pudesse imaginar ser prejudicial ou à Religião ou ao Estado, nem, por conseguinte, que me impedisse de escrevê-la, se a razão mo houvesse persuadido, e isso me fez recear que se encontrasse, do mesmo modo, alguma entre as minhas, na qual me tivesse enganado, não obstante o grande cuidado que sempre tomei em não acolher novas em minha confiança, das quais não tivesse demonstrações muito certas, e de não escrever nenhuma que pudesse resultar em desvantagem para qualquer pessoa. O que bastou para obrigar-me a mudar a resolução que eu tomara de publicá-las. Pois, embora as razões, pelas quais eu a adotara anteriormente, fossem muito fortes, minha inclinação, que sempre me movera a detestar o mister de fazer livros, me levou incontinenti a achar muitas outras para me escusar dela. E essas razões de uma parte e de outra são tais, que não só tenho aqui algum interesse em dizê-las, como talvez o público também o tenha em conhecê-las.

Nunca fiz muito caso das coisas que vinham de meu espírito, e, enquanto não recolhi outros frutos do método de que me sirvo a não ser que fiquei satisfeito no tocante a algumas dificuldades que concernem às ciências especulativas, ou então que procurei regrar meus costumes pelas razões que ele me ensinava, não me julguei obrigado a nada escrever a seu respeito. Pois, no que toca aos costumes, cada qual segue de tal forma o seu próprio parecer que se poderia encontrar tantos reformadores quantas cabeças, se fosse permitido a outros, além dos que Deus estabeleceu como soberanos dos povos, ou então aos que concedeu suficiente graça e zelo para serem profetas, tentar mudá-los em algo; e, embora minhas especulações me aprouvessem muito, pensei que os outros também tinham as suas que lhes agradariam talvez mais. Mas, tão logo adquiri algumas noções gerais relativas à Física, e, começando a comprová-las em diversas dificuldades particulares, notei até onde podiam conduzir, e o quanto diferem dos princípios que foram utilizados até o presente, julguei que não podia mantê-las ocultas, sem pecar grandemente contra a lei que nos obriga a procurar, no que depende de nós, o bem geral de todos os homens[24]. Pois elas me fizeram ver que é possível chegar a conhecimentos que sejam muito úteis à vida, e que, em vez dessa Filosofia especulativa que se ensina nas escolas, se pode encontrar uma outra prática, pela qual, conhecendo a força e as ações do fogo, da água, do ar, dos astros, dos céus e de todos os outros corpos que nos cercam, tão distintamente como conhecemos os diversos misteres de nossos artífices, poderíamos empregá-los da mesma maneira em todos os usos para os quais são próprios, e assim nos tornar como que senhores e possuidores da natureza. O que é de desejar, não

---

24. Oberva-se aqui a preocupação, já iluminista, de aplicar e transformar o conhecimento (e a filosofia) em processos e objetos proveitosos e mais cômodos à vida humana.

só para a invenção de uma infinidade de artifícios, que permitiriam gozar, sem qualquer custo, os frutos da terra e todas as comodidades que nela se acham, mas principalmente também para a conservação da saúde, que é sem dúvida o primeiro bem e o fundamento de todos os outros bens desta vida; pois mesmo o espírito depende tanto do temperamento e da disposição dos órgãos do corpo que, se é possível encontrar algum meio que torne comumente os homens mais avisados e mais hábeis do que foram até aqui, creio que é na Medicina que se deve procurá-lo. É verdade que aquela que está agora em uso contém poucas coisas cuja utilidade seja tão notável; mas, sem que alimente nenhum intuito de desprezá-la, estou certo de que não há ninguém, mesmo entre os que a professam, que não confesse que tudo quanto nela se sabe é quase nada, em comparação com o que resta a saber, e que poderíamos livrar-nos de uma infinidade de moléstias, quer do espírito, quer do corpo, e talvez mesmo do enfraquecimento da velhice, se tivéssemos bastante conhecimento de suas causas e de todos os remédios de que a Natureza nos dotou. Ora, tendo o desígnio de empregar toda a minha vida na pesquisa de uma ciência tão necessária, e tendo encontrado um caminho que me parece tal que se deve infalivelmente achá-la, se o seguirmos, a não ser que disso sejamos impedidos, ou pela curta duração da vida, ou pela falta de experiências, julguei que não havia melhor remédio contra esses dois impedimentos do que comunicar fielmente ao público todo o pouco que já tivesse descoberto, e convidar os bons espíritos a esforçar-se por passar além, contribuindo cada qual segundo sua inclinação e seu poder, para as experiências que seriam preciso ser feitas, e comunicando outrossim ao público todas as coisas que aprendesse, a fim de que os últimos começassem onde os precedentes houvessem acabado, e assim, juntando as vidas e os trabalhos de muitos, fossemos todos juntos muito mais longe do que poderia ir cada um em particular.

Notara mesmo, no tocante às experiências, que elas são tanto mais necessárias quanto mais avançada a gente está no conhecimento. Pois, no começo, mais vale servir-se apenas das que se apresentam por si mesmas aos nossos sentidos, e que não poderíamos ignorar, contanto que lhes dediquemos o pouco que seja de reflexão, em vez de procurar as mais raras e complicadas: a razão disso é que essas mais raras nos enganam muitas vezes, quando se conhecem ainda as causas das mais comuns, e que as circunstâncias das quais dependem são quase sempre tão particulares e tão pequenas, que é muito penoso adverti-las. Mas a ordem que guardei nisso foi a seguinte. Primeiramente, procurei encontrar em geral os princípios, ou primeiras causas, de tudo quanto existe ou pode existir no mundo, sem nada considerar, para tal efeito, senão Deus só, que o criou, nem tirá-las de outra parte, exceto de certas sementes de verdades que existem naturalmente em nossas almas. Depois disso, examinei quais os primeiros e os mais ordinários efeitos que se podem deduzir dessas causas: e parece-me que, por aí, encontrei céus, astros, uma Terra, e mesmo, sobre a terra, água, ar, fogo, minerais, e algumas outras dessas coisas que são as mais comuns de todas e as mais simples, e por conseguinte as mais fáceis de conhecer. Depois, quando quis descer às que eram mais particulares, apresentaram-se-me tão diversas, que não acreditei que fosse possível ao espírito humano distinguir as formas ou espécies de corpos que existem sobre a terra, de uma infinidade de outras que poderiam nela existir, se fosse a vontade de Deus aí colocá-las, nem, por consequência, torná-las de nosso uso, a não ser que se vá ao encontro das causas pelos efeitos, e que se recorra a muitas experiências particulares. Em decorrência disso, repassando meu espírito sobre todos os objetos que alguma vez se ofereceram aos meus sentidos, ouso dizer que não observei nenhum que não pudesse explicar assaz comodamente por meio dos princípios que achara. Mas cumpre que eu confesse também que o poder da natureza é tão amplo e tão vasto e que esses princípios são tão simples e tão gerais, que quase não notei um único efeito particular, que eu já não soubesse ser possível deduzi-lo daí de várias maneiras diferentes, e que a minha maior dificuldade é comumente descobrir de qual dessas maneiras o referido efeito depende. Pois, para tanto, não conheço outro expediente senão o de procurar novamente algumas experiências que sejam tais que seu resultado vão seja o mesmo, se explicado de uma dessas maneiras e não de outra. De resto, estou agora num ponto em que vejo, parece-me, muito bem qual o meio a que se deve recorrer para efetuar a maioria das que podem servir para esse efeito; mas vejo também que são tais e em tão grande número, que nem as minhas mãos, nem a minha renda, ainda que eu tivesse mil vezes mais do que tenho, bastariam para todas; de sorte que, conforme tiver doravante a comodidade de fazê-las em maior ou menor número, avançarei mais ou menos no conhecimento da natureza. Fato que prometia a mim próprio tornar conhecido, pelo tratado que escrevera, e mostrar tão claramente a utilidade que daí podia advir ao público, que obrigaria a todos os que desejam em geral o bem dos homens, isto é, todos os que são de fato virtuosos, e não apenas por fingimento, nem somente por opinião, tanto a comunicar-me as que já tivessem feito, como a me ajudar na pesquisa das que restam por fazer.

Mas sobrevieram, desde então, outras razões que me levaram a mudar de opinião, e pensar que devia na verdade continuar escrevendo todas as coisas que julgasse de alguma importância, à medida que fosse descobrindo sua verdade, e proporcionar-lhes o mesmo cuidado que se quisesse mandar imprimi-las: quer para ter mais ocasião de bem examiná-las, porque sem dúvida se olha sempre mais de perto o que se acha dever ser visto por muitos, do que aquilo que se faz apenas para si próprio, e amiúde as coisas que me pareceram verdadeiras quando comecei a concebê-las, pareceram-me falsas quando pretendi pô-las no papel; quer para não perder nenhuma ocasião de beneficiar o público, se é que disso sou capaz, e para que, se meus escritos valem alguma coisa, os que os possuírem após a minha morte possam usá-los como for mais conveniente; mas que não devia de modo algum consentir que fossem publicados durante a minha vida, a fim de que nem as oposições e as controvérsias a que estariam talvez sujeitos, nem mesmo a reputação, qualquer que ela fosse, que me pudessem granjear, me dessem o menor ensejo de perder o tempo que desejo empregar em instruir-me. Pois, embora seja verdade que cada homem deve procurar, no que depende dele, o bem dos outros, e que é propriamente nada valer o não ser útil a ninguém, todavia é verdade também que os nossos cuidados devem estender-se mais longe que o tempo presente, e que é bom omitir as coisas que trariam talvez algum proveito aos que vivem, quando é com o intuito de fazer outras que aproveitarão mais aos nossos vindouros. Porque, com efeito, quero que se saiba que o pouco que aprendi até agora não é quase nada em comparação com o que ignoro, e que não desespero de poder aprender; pois acontece quase o mesmo aos que descobrem pouco a pouco a verdade nas ciências, que àqueles que, começando a enriquecer, têm menos dificuldade em realizar grandes aquisições do que tiveram outrora, quando mais pobres, em realizar outras muito menores. Ou então pode-se compará-los aos chefes de exército, cujas forças costumam crescer à proporção de suas vitórias, e que necessitam de mais habilidade, para se manterem após a perda de uma batalha, do que possuem, depois de vencê-la, para tomar cidades e províncias. Pois é verdadeiramente dar batalhas procurar vencer todas as dificuldades e os erros que nos impedem de chegar ao conhecimento da verdade, e é perder uma acolher qualquer falsa opinião no tocante a uma matéria um pouco geral e importante; é preciso, em seguida, muito mais destreza para voltar ao mesmo estado em que se encontrava antes, do que para fazer grandes progressos, quando já se têm princípios que sejam seguros. Quanto a mim, se deparei precedentemente com algumas verdades nas ciências (e espero que as coisas contidas neste volume levem a julgar que descobri algumas[25]), posso dizer que não passam de consequências e dependências de cinco ou seis dificuldades principais que sobrepujei, e que considero outras tantas batalhas em que tive a sorte a meu lado. Não temerei mesmo dizer que penso preciso ganhar apenas mais duas ou três semelhantes para levar inteiramente a cabo os meus desígnios; e que minha idade não é tão avançada que, segundo o curso ordinário da natureza, não possa ainda dispor de lazer suficiente para tal efeito. Mas creio estar tanto mais obrigado

---

25. Novamente, refere-se o autor aos livros ou ensaios que se seguiam ao *Método*: *Dióptrica*, *Meteoros* e *Geometria*.

a poupar o tempo que me resta, quanto maior a esperança de poder empregá-lo bem; e teria sem dúvida muitas ocasiões de perdê-lo, se publicasse os fundamentos da minha Física. Pois, embora sejam quase todos tão evidentes que basta entendê-los para os aceitar, e não haja nenhum de que não pense poder dar demonstração, todavia, porque é impossível que estejam concordes com todas as diversas opiniões dos outros homens, prevejo que seria muitas vezes desviado pelas oposições que engendrariam.

Pode-se dizer que essas oposições seriam úteis, tanto para me fazerem conhecer as minhas faltas, como para, se eu tivesse algo de bom, os outros poderem, por esse meio, entendê-lo mais, e, como muitos podem ver melhor do que um homem só, para que, começando desde já a servir-se desse bem, eles me ajudassem também com suas invenções. Mas, embora reconheça que sou extremamente sujeito a falhar, e que não me fio, quase nunca, nos primeiros pensamentos que me ocorrem, todavia a experiência que tenho das objeções que me podem ser feitas, impede-me de esperar delas qualquer proveito: pois muitas vezes já comprovei os juízos, tanto daqueles que eu tinha por meus amigos, quanto de alguns outros a quem eu pensava ser indiferente, e mesmo também de alguns de quem eu sabia que a malignidade e a inveja se esforçariam bastante por revelar o que o afeto ocultaria a meus amigos; mas raramente aconteceu que alguém me objetasse algo que, de modo algum, eu não houvesse previsto, a não ser que fosse coisa muito distanciada de meu assunto; de sorte que quase nunca deparei com algum censor de minhas opiniões, que não me parecesse ou menos rigoroso, ou menos equitativo do que eu próprio. E jamais notei tampouco que, por meio das disputas que se praticam nas escolas, alguém descobrisse alguma verdade até então ignorada, pois, enquanto cada qual se empenha em vencer, exercita-se bem mais em fazer valer a verossimilhança, do que em pesar as razões de uma e de outra parte; e aqueles que foram por muito tempo bons advogados nem por isso são, em seguida, melhores juízes.

Quanto à utilidade que os outros colheriam da comunicação de meus pensamentos, não poderia também ser muito grande, tanto mais que ainda não os levei tão longe que não seja necessário juntar-lhes muitas coisas antes de aplicá-los ao uso. E penso poder afirmar, sem vaidade, que, se há alguém que seja capaz disso, hei de ser eu mais do que outro qualquer: não que não possam existir no mundo muitos espíritos incomparavelmente melhores que o meu; mas porque não se poderia conceber tão bem uma coisa, e torná-la sua, quando se aprende de outrem, como quando a gente mesmo a inventa. O que é tão verdadeiro, nesta matéria, que, embora tenha muitas vezes explicado algumas de minhas opiniões a pessoas de ótimo espírito, e, enquanto eu lhes falava, pareciam entendê-las mui distintamente, todavia, quando as repetiam, notei que quase sempre as mudavam de tal sorte que não mais podia confessá-las como minhas. A esse propósito, muito estimo pedir aqui, aos nossos vindouros, que jamais creiam nas coisas que lhes forem apresentadas como vindas de mim, se eu próprio não as tiver divulgado. E não me espantam de modo algum as extravagâncias que se atribuem a todos esses antigos filósofos, cujos escritos não possuímos, nem julgo, por isso, que os seus pensamentos tenham sido muito desarrazoados, visto serem os melhores espíritos de seu tempo, mas apenas julgo que nos foram mal relatados. Porque se vê também que quase nunca aconteceu que algum de seus sectários os haja superado: e estou seguro de que os mais apaixonados dos que seguem agora Aristóteles, crer-se-iam felizes se tivessem tanto conhecimento da natureza quanto ele o teve, embora sob a condição de nunca o terem maior. São como a hera, que não tende a subir mais alto que as árvores que a sustentam, e que muitas vezes mesmo torna a descer, depois de ter chegado ao seu topo; pois me parece que também voltam a descer, isto é, tornam-se de certa forma menos sapientes do que se se abstivessem de estudar, aqueles que, não contentes em saber tudo o que é inteligivelmente explicado no seu autor, querem, além disso, encontrar nele a solução de muitas dificuldades, a cujo respeito nada disse e nas quais nunca talvez pensou. Todavia, a maneira de filosofar é muito cômoda para aqueles que possuem tão somente espíritos muito medíocres; pois a obscuridade das distinções e dos princípios de que se servem é causa de que possam falar de todas as coisas tão atrevidamente como se as soubessem, e sustentar tudo o que dizem contra os mais sutis e os mais hábeis sem que haja meio de convencê-los. Nisso me parecem semelhantes a um cego que, para se bater sem desvantagem com alguém que vê, o fizesse vir ao fundo de alguma adega muito obscura; e posso dizer que esses têm interesse que eu me abstenha de publicar os princípios da Filosofia de que me sirvo: pois, sendo muito simples e muito evidentes, como o são, faria quase o mesmo, publicando-os, que se abrissem algumas janelas, e fizesse entrar a luz nessa adega, para onde desceram para se bater. Mas até mesmo os melhores espíritos não devem desejar conhecê-los: pois, se querem saber falar de todas as coisas e adquirir a reputação de doutos, hão de consegui-lo mais facilmente contentando-se com a verossimilhança, que pode ser encontrada sem grande custo em todas as espécies de matérias, do que procurando a verdade, que só se descobre pouco a pouco em algumas, e que, quando se trata de falar das outras, obriga a confessar francamente que a gente as ignora. Visto que preferem o conhecimento de um pouco de verdade à vaidade de parecerem nada ignorar, como sem dúvida é bem preferível, e se pretendem seguir um intento semelhante ao meu, não precisam, para isso, que lhes diga nada mais do que já disse nesse discurso. Pois, se são capazes de passar mais adiante do que fui, sê-lo-ão também, com maior razão, de achar por si próprios tudo o que penso ter achado. Tanto mais que, não tendo jamais examinado algo a não ser por ordem, é certo que o que me falta ainda para descobrir é em si mais difícil e mais oculto do que aquilo que pude precedentemente encontrar, e teriam muito menos prazer em aprendê-lo por mim do que por si próprios; além do que, o hábito que adquirirão, procurando primeiramente coisas fáceis, e passando pouco a pouco, gradualmente, a outras mais difíceis, lhes servirá mais do que poderiam servir-lhes todas as minhas instruções. Porque, quanto a mim, persuadi-me de que, se me tivessem ensinado, desde a juventude, todas as verdades cujas demonstrações procurei depois, e se eu não tivesse nenhuma dificuldade em aprendê-las, jamais saberia talvez algumas outras, e pelo menos jamais teria adquirido o hábito e a facilidade, que penso ter, para sempre descobrir outras novas, à medida que me aplico a procurá-las. E numa palavra, se há no mundo alguma obra que não possa ser tão bem acabada por nenhum outro exceto pelo mesmo que a começou, é aquela em que trabalho.

É verdade que, no concernente às experiências que podem servir para isso, um homem só não poderia bastar para as fazer todas; mas não poderia também empregar utilmente outras mãos que não as suas, exceto as dos artífices ou pessoas tais a quem pudesse pagar, e a quem a esperança do ganho, que é um meio muito eficaz, faria executar exatamente todas as coisas que ele lhes prescrevesse. Pois, quanto aos voluntários que, por curiosidade ou desejo de aprender, se oferecessem, talvez, para o ajudar, além de comumente apresentarem mais promessas do que resultado e de não fazerem senão belas proposições, de que nenhuma jamais logra êxito, desejariam infalivelmente ser pagos pela explicação de algumas dificuldades, ou ao menos por cumprimentos e conversas inúteis, que lhe custariam sempre algum tempo, por pouco que perdesse. E, quanto às experiências já feitas pelos outros, ainda que quisessem lhas comunicar, o que aqueles que as chamam de segredos nunca o fariam, são, na maioria, compostas de tantas circunstâncias, ou ingredientes supérfluos, que lhe seria muito penoso decifrar-lhes a verdade; além de que as encontraria quase todas tão mal explicadas, ou mesmo tão falsas, porquanto aqueles que as efetuaram esforçaram-se por torná-las conformes com seus princípios, que, se algumas houvessem que lhe servissem, não poderiam valer outra vez o tempo que teria de empregar a fim de escolhê-las. De modo que, se existisse no mundo alguém de quem se soubesse que seria seguramente capaz de encontrar as maiores coisas e as mais úteis possíveis ao público, e a quem, por essa causa, os demais homens se esforçassem, por todos os meios, em auxiliar na realização de seus desígnios, não vejo que pudessem fazer mais por ele além de custear os gastos nas experiências de que necessitasse e, de resto, impedir que seu lazer lhe fosse arrebatado pela importunidade de alguma pessoa. Mas, além de que não presumo tanto de mim mesmo, que deseje prometer algo de extraordinário, nem me alimente de pensamentos tão vãos, como os de imaginar que o público se deva interessar muito com meus projetos, não tenho também a alma tão baixa que queira aceitar, de quem quer que seja, qualquer favor que se possa crer que eu não tenha merecido.

Todas essas considerações juntas foram causa, há três anos, de que eu não quisesse divulgar o tratado que tinha em mãos, e mesmo que adotasse a resolução de não elaborar nenhum outro durante minha vida, que fosse tão geral, nem do qual se pudesse conhecer os fundamentos de minha Física. Mas em seguida houve de novo duas outras razões que me obrigaram a apresentar aqui alguns ensaios particulares, e a prestar ao público alguma conta de minhas ações e de meus desígnios. A primeira é que, se deixasse de fazê-lo, muitos, que souberam da intenção que eu alimentava anteriormente de mandar imprimir alguns escritos, poderiam imaginar que as causas pelas quais me abstivera disso fossem mais desvantajosas para mim do que na realidade o são. Pois, embora não ame a glória em excesso, ou mesmo, se ouso dizê-lo, a deteste, na medida em que a julgo contrária ao repouso, que estimo acima de todas as coisas, todavia nunca procurei esconder minhas ações como crimes, nem usei de muitas precauções para ficar desconhecido; tanto por crer que isso me faria mal, como por saber que me daria uma espécie de inquietação, que seria mais uma vez contrária ao perfeito repouso de espírito que procuro. E visto que, tendo-me sempre mantido assim indiferente entre o cuidado de ser conhecido e o de não sê-lo, não pude evitar conquistar certa reputação, pensei que devia fazer o máximo para livrar-me ao menos de a ter má. A outra razão que me obrigou a escrever este livro é que, vendo todos os dias mais e mais o retardamento que sofre o meu intento de me instruir, por causa de uma infinidade de experiências de que necessito, e que me é impossível realizá-lo sem a ajuda de outrem, embora não me lisonjeie tanto a ponto de esperar que o público tome grande parte em meus interesses, todavia não quero faltar tanto a mim próprio, que dê motivo aos que me sobreviverão para me censurar um dia, de que eu podia ter-lhes deixado muitas coisas bem melhores do que as que deixei se não tivesse negligenciado demais em fazê-los compreender em que poderiam contribuir para os meus projetos.

E pensei que me era fácil escolher algumas matérias que, sem estarem expostas a muitas controvérsias, nem me obrigarem a declarar mais do que desejo sobre os meus princípios, não deixariam de mostrar assaz claramente o que posso ou não posso nas ciências. E nisso eu não poderia dizer se fui bem sucedido, e não quero predispor os juízos de ninguém, falando eu próprio dos meus escritos; mas estimaria muito que fossem examinados e, para que haja tanto mais ocasião, suplico a todos os que tiverem quaisquer objeções a fazer-lhes que se deem ao trabalho de enviá-las ao meu livreiro, para que, sendo advertido, procure juntar-lhes ao mesmo tempo a minha resposta; e por esse meio, os leitores, vendo em conjunto uma e outra, julgarão tanto mais facilmente da verdade. Pois prometo nunca lhes dar respostas longas, mas somente confessar minhas faltas mui francamente, se as reconhecer, ou então, caso não consiga percebê-las, dizer simplesmente o que julgar necessário para a defesa das coisas que escrevi, sem acrescentar a explicação de qualquer nova matéria, a fim de não me enredar sem fim entre uma e outra.

Se algumas daquelas de que falei, no começo da *Dióptrica* e dos *Meteoros*, chocam de início, por eu as denominar suposições e por parecer que não anseio prová-las, que se tenha a paciência de ler o todo com atenção, e espero que todos hão de se ver satisfeitos. Pois se me afigura que nelas as razões se seguem de tal modo que, como as derradeiras são demonstradas pelas primeiras, que são as suas causas, essas primeiras o são reciprocamente pelas últimas, que são seus efeitos. E não se deve imaginar que cometo com isso a falta que os lógicos chamam um círculo; pois, como a experiência torna a maioria desses efeitos muito certos, as causas das quais os deduzo não servem tanto para prová-los como servem para explicá-los; mas bem ao contrário, são elas que são provadas por eles. E não as chamei suposições, só para que se saiba que penso poder deduzi-las dessas primeiras verdades que expliquei mais acima, mas que expressamente não o quis fazer, para impedir que certos espíritos, que imaginam saber num dia tudo o que um outro pensou em vinte anos, tão logo ele lhes diz apenas duas ou três palavras a respeito, e que são tanto mais sujeitos a falhar, e menos capazes da verdade, quanto mais penetrantes e vivos são, não pudessem aproveitar a ocasião para erigir alguma Filosofia extravagante sobre o que acreditariam ser os meus princípios, e que depois me atribuíssem a culpa disso. Pois, quanto às opiniões que são totalmente minhas, não as desculpo de serem novas, tanto mais que, se se considerarem bem as suas razões, estou certo de que serão julgadas tão simples e tão conformes ao senso comum, que parecerão menos extraordinárias e menos estranhas do que quaisquer outras que se possam ter sobre os mesmos assuntos. E não me vanglorio também de ser o primeiro inventor de qualquer delas, mas antes de não as ter jamais acolhido, nem pelo fato de terem sido proferidas por outrem, nem pelo que possam ter sido, mas unicamente porque a razão mas fez aceitar.

Se os artífices não puderem tão cedo executar a invenção que é explicada na *Dióptrica*, não creio que se possa dizer, por isso, que ela seja má: pois, desde que é preciso destreza e hábito para fazer e ajustar as máquinas que descrevi, sem que nelas falte qualquer circunstância, não me espantaria menos se eles as lograssem no primeiro lance, do que se alguém conseguisse aprender, num dia, a tocar o alaúde excelentemente, tão só porque lhe foi dada uma boa tavolatura. E se escrevo em francês, que é a língua de meu país, e não em latim, que é a de meus preceptores, é porque espero que aqueles que se servem apenas de sua razão natural inteiramente pura, julgarão melhor minhas opiniões do que aqueles que não acreditam senão nos livros antigos. E quanto aos que unem o bom senso ao estudo, os únicos que desejo para meus juízes, não serão de modo algum, tenho certeza, tão parciais em favor do latim, que recusem ouvir minhas razões, porque as explico em língua vulgar.

Além disso, não quero falar aqui, em particular, dos progressos que no futuro espero fazer nas ciências, nem me comprometer em relação ao público com qualquer promessa que não tenha a certeza de cumprir: mas direi unicamente que resolvi não empregar o tempo de vida que me resta em outra coisa exceto procurar adquirir algum conhecimento da natureza, que seja de tal ordem que dele se possam tirar regras para a Medicina, mais seguras do que as adotadas até agora; e que minha inclinação me afasta tanto de qualquer espécie de outros desígnios, principalmente dos que não poderiam ser úteis a uns sem prejudicar a outros, que, se algumas circunstâncias me compelissem a dedicar-me a eles, não creio que fosse capaz de lograr êxito. Pelo que, faço aqui uma declaração que, sei muito bem, não poderá servir para me tornar notável no mundo, mas tampouco tenho qualquer desejo de sê-lo; e ficarei sempre mais obrigado àqueles graças aos quais desfrutarei sem impedimento do meu lazer, do que o seria aos que me oferecessem os mais honrosos empregos da terra.

MEDITAÇÕES

# CARTA AOS SENHORES DEÃO E DOUTORES
# DA SAGRADA FACULDADE DE TEOLOGIA DE PARIS

Senhores,

A razão que me leva a apresentar-vos esta obra é tão justa – e, quando conhecerdes seu desígnio, estou certo de que tereis o também justo desígnio de tomá-la sob vossa proteção – que penso nada melhor poder fazer, para tomá-la de algum modo recomendável a vossos olhos, do que dizer-vos, em poucas palavras, o que me propus nela.

Sempre estimei que estas duas questões, de Deus e da alma, eram as principais entre as que devem ser demonstradas mais pelas razões da Filosofia que da Teologia: pois, embora nos seja suficiente, a nós outros que somos fiéis, acreditar pela fé que há um Deus e que a alma humana não morre com o corpo, certamente não parece possível poder jamais persuadir os infiéis de religião alguma, nem quase mesmo de qualquer virtude moral, se primeiramente não se lhes provarem essas duas coisas pela razão natural. E na medida em que, nesta vida, se propõem muitas vezes maiores recompensas aos vícios do que à virtude, poucas pessoas prefeririam o justo ao útil, se não fossem retidas pelo temor de Deus ou pela expectativa de outra vida. E, embora seja absolutamente verdadeiro que é preciso acreditar que há um Deus, porque isto é assim ensinado nas Santas Escrituras, e, de outro lado, que é preciso acreditar nas Santas Escrituras, porque elas vêm de Deus; e isto porque, sendo a fé um dom de Deus, aquele mesmo que dá a graça para fazer crer nas outras coisas pode também dá-la para fazer-nos crer que Ele existe: não poderíamos, todavia, propor isto aos infiéis, que poderiam imaginar que cometeríamos nisto o erro que os lógicos chamam de Círculo.

E, na verdade, cuidei que vós outros, Senhores, com todos os teólogos, não somente assegurais que a existência de Deus pode ser provada pela razão natural, mas também que se infere da Santa Escritura que o seu conhecimento é muito mais claro do que o que se tem de muitas coisas criadas e, com efeito, esse conhecimento é tão fácil que os que não o possuem são culpados. Como é patente nestas palavras da *Sabedoria*, capítulo 13, onde é dito que *a ignorância deles não é perdoável: pois se seu espírito penetrou tão a fundo no conhecimento das coisas do mundo, como é possível que não tenham encontrado mais facilmente o Soberano Senhor dessas coisas?* E aos *Romanos*, capítulo primeiro, é dito que são *indesculpáveis*. E, ainda no mesmo lugar, por estas palavras: *o que é conhecido de Deus é manifesto neles,* parece que somos advertidos de que tudo quanto se pode saber de Deus pode ser demonstrado por razões, as quais não é necessário buscar alhures que em nós mesmos, e as quais só nosso espírito é capaz de nos fornecer . Daí por que julguei que não seria absolutamente fora de propósito que mostrasse aqui por que meios isto pode ser feito e qual via é preciso tomar para chegar ao conhecimento de Deus com mais facilidade e certeza do que conhecemos as coisas deste mundo.

E, no que concerne à alma, embora muitos tenham acreditado que não é fácil conhecer-lhe a natureza, e alguns tenham mesmo ousado dizer que as razões humanas nos persuadem de que ela morre com o corpo e que somente a fé nos ensina o contrário, todavia, visto que o concílio de Latrão, realizado sob o pontificado de Leão X, na sessão 8, os condena e ordena expressamente aos filósofos cristãos que respondam a seus argumentos e empreguem todas as forças de seu espírito para dar a conhecer a verdade – ousei efetivamente empreendê-lo neste escrito. Ademais, sabendo que a principal razão, que leva muitos ímpios a não quererem acreditar de maneira alguma que há um Deus e que a alma humana é distinta do corpo, é que eles dizem que ninguém até aqui pôde demonstrar essas duas coisas; embora eu não seja absolutamente dessa opinião, mas, ao contrário, mantenha que quase todas as razões apresentadas por tantos grandes personagens, no tocante a essas duas questões, são outras tantas demonstrações e, quando são bem entendidas, afirme que seja quase impossível inventar novas: se é que eu creio que nada se poderia fazer mais útil na Filosofia do que procurar uma vez com curiosidade e cuidado as melhores e mais sólidas razões e dispô-las numa ordem tão clara e tão exata que doravante seja certo a todo mundo serem verdadeiras demonstrações. Enfim, posto que muitas pessoas desejaram isto de mim, as quais têm conhecimento de que cultivei um certo método para resolver toda sorte de dificuldades nas ciências; método que, na verdade, não é novo, nada havendo de mais antigo do que a verdade, mas do qual eles sabem que me servi assaz felizmente em outras ocasiões; pensei que era de meu dever tentar algo neste tema.

Ora, trabalhei o melhor que pude para encerrar neste tratado tudo o que disso se pode dizer. Não que eu tenha acumulado aqui todas as diversas razões que se poderiam alegar para servir de prova a nosso tema: pois jamais acreditei que isto fosse necessário, senão quando não haja nenhuma que seja certa; mas somente tratei as primeiras e principais de tal maneira que ouso efetivamente propô-las como demonstrações muito evidentes e muito certas. E direi, além disso, que elas são tais que eu não penso que haja alguma via por onde o espírito humano possa jamais descobrir outras melhores; pois a importância da questão e a glória de Deus, à qual tudo isto se refere, me constrangem a falar aqui um pouco mais livremente de mim do que de costume. Todavia, qualquer que sejam a evidência e a certeza que encontro em minhas razões, não me posso persuadir de que todo mundo seja capaz de entendê-las. Mas, assim como na Geometria, há muitas delas que nos foram deixadas por Arquimedes, por Apolônio, por Pappus e por muitos outros, que são acolhidas por todo mundo como muito certas e muito evidentes, porque elas nada contêm que, considerado separadamente, não seja muito fácil de conhecer, e porque não há momento algum em que as consequências não se adaptem e não convenham muito bem aos antecedentes; não obstante, por serem um pouco longas e exigirem um espírito inteiro, não são compreendidas e entendidas senão por pouquíssimas pessoas: da mesma maneira, ainda que considere que aquelas de que me sirvo aqui igualam, e até mesmo ultrapassam em certeza e evidência as demonstrações da Geometria, compreendo todavia que não possam ser suficientemente entendidas por muitos, tanto por serem também um pouco longas e dependentes umas das outras, quanto, principalmente, por exigirem um espírito inteiramente livre de todos os preconceitos e que possa facilmente se desligar do comércio dos sentidos. E, na verdade, não se encontram tantos no mundo que sejam próprios às especulações metafísicas quanto às da Geometria. E, além disso, há ainda essa diferença de que, estando todos prevenidos pela opinião de que na Geometria não se deve adiantar nada de que não se tenha uma demonstração certa, os que não são inteiramente versados nesta ciência pecam, o mais frequentemente, aprovando falsas demonstrações, para fazer crer que as entendem, do que refutando as verdadeiras. O mesmo não acontece na Filosofia, onde, acreditando cada um que todas as suas proposições são problemáticas, poucos se entregam à pesquisa da verdade; e muitos, mesmo querendo adquirir a reputação de espíritos fortes, só se empenham em combater arrogantemente as verdades mais patentes.

Eis por que, Senhores, qualquer que seja a força que possam ter minhas razões, posto que pertencem à Filosofia, não espero que exerçam grande efeito[1] sobre os espíritos se não as tomardes sob vossa proteção. Mas, sendo tão grande a consideração de todos por vossa companhia, e sendo o nome da Sorbonne de tal autoridade

---

1. No texto, *effort*. C. Adam supõe que deva ser *effet*.

que não somente no que concerne à Fé, depois dos Sagrados Concílios, jamais se deu tanto crédito ao juízo de qualquer outra companhia, mas também no que se refere à humana Filosofia, cada um crendo que não é possível encontrar alhures mais solidez e conhecimento, nem mais prudência e integridade para formular seu juízo; não duvido, se vos dignardes a tanto cuidar deste escrito, a ponto de querer primeiramente corrigi-lo (pois, tendo conhecimento não só de minha imperfeição como também de minha ignorância, não ousaria eu assegurar que não haja nele quaisquer erros) e, depois, após acrescentar as coisas que lhe faltam, arrematar as que não estão perfeitas e tornar, vós mesmos, o cuidado de fornecer uma explicação mais ampla às que dela necessitem, ou, ao menos, disso me advertir a fim de que nisso trabalhe, e, enfim, depois que as razões pelas quais eu provo que há um Deus e que a alma humana difere do corpo tiverem sido levadas ao ponto de clareza e evidência a que eu tenho certeza ser possível conduzi-las, que deverão ser tornadas como demonstrações muito exatas, e quiserdes declarar isto mesmo e testemunhá-lo publicamente: eu não duvido, digo, que, se isto for feito, todos os erros e falsas opiniões que jamais existiram no tocante a essas duas questões sejam em breve expungidas do espírito dos homens. Pois a verdade fará que todos os doutos e pessoas de espírito subscrevam vosso julgamento e vossa autoridade, de tal modo que os ateus, que são de ordinário mais arrogantes que doutos e judiciosos, se despojem de seu espírito de contradição ou talvez sustentem, eles próprios, as razões que verão serem recebidas por todas as pessoas de espírito como demonstrações, temendo parecerem não possuir inteligência; e, enfim, todos os outros facilmente se renderão ante tantos testemunhos que não haverá mais ninguém que ouse duvidar da existência de Deus e da distinção real e verdadeira da alma humana em relação ao corpo.

Compete a vós, agora, julgar do fruto que proviria dessa crença se ela fosse uma vez bem estabelecida, vós que vedes as desordens que sua dúvida produz; mas não seria gentil de minha parte recomendar ainda mais a causa de Deus e da Religião àqueles que sempre foram seus mais firmes esteios.

# RESUMO DAS SEIS MEDITAÇÕES SEGUINTES

Na primeira, adianto as razões pelas quais podemos duvidar geralmente de todas as coisas, e particularmente das coisas materiais, pelo menos enquanto não tivermos outros fundamentos nas ciências além dos que tivemos até o presente. Ora, se bem que a utilidade de uma dúvida tão geral não se revele desde início, ela é, todavia, nisso muito grande, porque nos liberta de toda sorte de prejuízos e nos prepara um caminho muito fácil para acostumar nosso espírito a desligar-se dos sentidos, e, enfim, naquilo que torna impossível que possamos ter qualquer dúvida quanto ao que descobriremos, depois, ser verdadeiro[2].

Na segunda, o espírito que, usando de sua própria liberdade, supõe que todas as coisas, de cuja existência haja a menor dúvida, não existem, reconhece que é absolutamente impossível, no entanto, que ele próprio não exista. O que é também de uma utilidade muito grande, já que por esse meio ele estabelece facilmente

---

2. A primeira meditação estabelece a dúvida como exercício hiperbólico, ou seja, sistemático, tendo-se por finalidade alcançar ou determinar uma primeira e inabalável certeza que sirva de fundamento à construção de conhecimentos verdadeiros.

distinção entre as coisas que lhe pertencem, isto é, à natureza intelectual, e as que pertencem ao corpo. Mas, como pode ocorrer que alguns esperem de mim, neste ponto, razões para provar a imortalidade da alma, considero dever agora adverti-los de que, tendo procurado nada escrever neste tratado de que não tivesse demonstrações muito exatas, vi-me obrigado a seguir uma ordem semelhante àquela de que se servem os geômetras, a saber, adiantar todas as coisas das quais depende a proposição que se busca antes de concluir algo dela.

Ora, a primeira e principal coisa requerida, antes de conhecer a imortalidade da alma, é formar dela uma concepção clara e nítida, e inteiramente distinta de todas as concepções que se possam ter do corpo: o que foi feito nesse lugar. Requer-se, além disso, saber que todas as coisas que concebemos clara e distintamente são verdadeiras, segundo as concebemos: o que não pôde ser provado antes da quarta Meditação. Ademais, cumpre ter uma concepção distinta da natureza corpórea, a qual se forma parte nesta segunda, parte na quinta e na sexta Meditações. E, enfim, deve-se concluir, de tudo isso, que as coisas que se concebe clara e distintamente serem substâncias diferentes, como se concebe o espírito e o corpo, são, com efeito, substâncias diversas e realmente distintas umas das outras; e é o que se conclui na sexta Meditação. E, na mesma, também isto se confirma, pelo fato de não concebermos qualquer corpo senão como divisível, ao passo que o espírito ou a alma do homem não se pode conceber senão como indivisível: pois, com efeito, não podemos conceber a metade de alma alguma, como podemos fazer com o menor de todos os corpos; de sorte que suas naturezas não são somente reconhecidas como diversas, porém mesmo, de alguma maneira, como contrárias. Ora, é preciso que saibam que eu não me empenhei, neste tratado, em dizer nada mais, tanto porque isto basta para mostrar mui claramente que da corrupção do corpo não decorre a morte da alma, e, assim, dar aos homens a esperança de uma segunda vida após a morte; como também porque as premissas das quais é possível concluir a imortalidade da alma dependem da explicação de toda a Física:

primeiramente, a fim de saber que, em geral, todas as substâncias, isto é, todas as coisas que não podem existir sem serem criadas por Deus, são por sua natureza incorruptíveis e jamais podem cessar de ser, caso não sejam reduzidas a nada por este mesmo Deus que lhes queira negar seu concurso ordinário. E, em seguida, a fim de que se note que o corpo, tomado em geral, é uma substância, razão pela qual também ele não perece de modo algum; mas que o corpo humano, na medida em que difere dos outros corpos, não é formado e composto senão de certa configuração de membros e outros acidentes semelhantes; e a alma humana, ao contrário, não é assim composta de quaisquer acidentes, mas é uma pura substância. Pois, ainda que todos os seus acidentes se modifiquem, por exemplo, que ela conceba certas coisas, que ela queira outras, que ela sinta outras etc. é, no entanto, sempre a mesma alma; ao passo que o corpo humano não mais é o mesmo pelo simples fato de se encontrar mudada a figura de alguma de suas partes. Donde se segue que o corpo humano pode facilmente perecer, mas que o espírito ou a alma do homem (o que eu absolutamente não distingo) é imortal por sua natureza.

Na terceira Meditação, parece-me que expliquei bastante longamente o principal argumento de que me sirvo para provar a existência de Deus. Todavia, a fim de que o espírito do leitor possa mais facilmente abstrair-se dos sentidos, não quis de modo algum servir-me nesse lugar de quaisquer comparações tiradas das coisas corpóreas, de tal modo que talvez tenham restado muitas obscuridades, as quais, espero, serão inteiramente esclarecidas nas minhas respostas às objeções que me foram propostas depois. Como, por exemplo: é bastante difícil entender como a ideia de um ser soberanamente perfeito, a qual se encontra em nós, contém tanta realidade objetiva, isto é, participa por representação em tantos graus de ser e de perfeição, que ela deve necessariamente provir de uma causa soberanamente perfeita. Mas eu o esclareci nestas respostas pela comparação com uma máquina muito artificial cuja ideia se encontra no espírito de qualquer operário; pois, assim como o artifício objetivo dessa ideia deve ter alguma causa, a saber, a ciência do obreiro, ou de alguma outra pessoa da qual ele tenha aprendido, da mesma maneira é impossível que a ideia de Deus que em nós existe não tenha o próprio Deus por sua causa.

Na quarta, prova-se que as coisas que concebemos mui clara e mui distintamente são todas verdadeiras; e, ao mesmo tempo, é explicado em que consiste a razão do erro ou falsidade: o que deve necessariamente ser sabido tanto para confirmar as verdades precedentes quanto para melhor entender as que se seguem. Mas, é de notar que não trato de modo algum, neste lugar, do pecado, isto é, do erro que se comete na busca do bem e do mal, mas somente daquele que sobrevém no julgamento e no discernimento do verdadeiro e do falso; e que não pretendo falar aí das coisas que competem à fé ou à conduta da vida, mas somente daquelas que dizem respeito às verdades especulativas e conhecidas por meio da tão-só luz natural.

Na quinta, além de a natureza corpórea tomada em geral ser aí explicada, a existência de Deus também é demonstrada por novas razões, nas quais todavia podem-se encontrar algumas dificuldades, mas que serão resolvidas nas respostas às objeções que me foram feitas; e também revela-se aí de que maneira é verdadeiro que a própria certeza das demonstrações geométricas depende do conhecimento de um Deus.

Enfim, na sexta, distingo a ação do entendimento da ação da imaginação; os sinais dessa distinção são aí descritos. Mostro que a alma do homem é realmente distinta do corpo e que, todavia, ela lhe é tão estreitamente conjugada e unida que compõe como que uma mesma coisa com ele. Todos os erros procedentes dos sentidos são aí expostos com os meios de evitá-los. E, finalmente, apresento todas as razões das quais é possível concluir a existência das coisas materiais: não que as julgue muito úteis para provar o que elas provam, a saber, que há um mundo, que os homens têm corpos e outras coisas semelhantes, que nunca foram postas em dúvida por homem algum de bom senso; mas porque, considerando-as de perto, chega-se a conhecer que elas não são tão firmes nem tão evidentes quanto aquelas que nos conduzem ao conhecimento de Deus e da nossa alma; de sorte que estas últimas são as mais certas e as mais evidentes que possam cair no conhecimento do espírito humano. E é tudo o que me propus provar nestas seis Meditações; o que me leva a omitir aqui muitas outras questões das quais também falei ocasionalmente neste tratado.

MEDITAÇÕES CONCERNENTES À PRIMEIRA
FILOSOFIA, NAS QUAIS A EXISTÊNCIA DE DEUS
E A DISTINÇÃO REAL ENTRE A ALMA E O CORPO
DO HOMEM SÃO DEMONSTRADAS.

PRIMEIRA MEDITAÇÃO
*Das Coisas que se Podem Colocar em Dúvida*

1. Há já algum tempo eu me apercebi de que, desde meus primeiros anos, recebera muitas falsas opiniões como verdadeiras, e de que aquilo que depois eu fundei em princípios tão mal assegurados, não podia ser senão mui duvidoso e incerto; de modo que me era necessário tentar seriamente, uma vez em minha vida, desfazer-me de todas as opiniões a que até então dera crédito, e começar tudo novamente desde os fundamentos, se quisesse estabelecer algo de firme e de constante nas ciências. Mas, parecendo-me ser muito grande essa empresa, aguardei atingir uma idade que fosse tão madura que não pudesse esperar outra após ela, na qual eu estivesse mais apto para executá-la; o que me fez diferi-la por tão longo tempo que doravante acreditaria cometer uma falta se empregasse ainda em deliberar o tempo que me resta para agir.

2. Agora, pois, que meu espírito está livre de todos os cuidados, e que consegui um repouso assegurado numa pacífica solidão, aplicar-me-ei seriamente e com liberdade em destruir em geral todas as minhas antigas opiniões. Ora, não será necessário, para alcançar esse desígnio, provar que todas elas são falsas, o que talvez nunca levasse a cabo; mas, uma vez que a razão já me persuade de

que não devo menos cuidadosamente impedir-me de dar crédito às coisas que não são inteiramente certas e indubitáveis, do que às que nos parecem manifestamente ser falsas, o menor motivo de dúvida que eu nelas encontrar bastará para me levar a rejeitar todas. E, para isso, não é necessário que examine cada uma em particular, o que seria um trabalho infinito; mas, visto que a ruína dos alicerces carrega necessariamente consigo todo o resto do edifício, dedicar-me-ei inicialmente aos princípios sobre os quais todas as minhas antigas opiniões estavam apoiadas.

3. Tudo o que recebi, até presentemente, como o mais verdadeiro e seguro, aprendi-o dos sentidos ou pelos sentidos: ora, experimentei algumas vezes que esses sentidos eram enganosos, e é de prudência nunca se fiar inteiramente em quem já nos enganou uma vez.

4. Mas, ainda que os sentidos nos enganem às vezes, no que se refere às coisas pouco sensíveis e muito distantes, encontramos talvez muitas outras das quais não se pode razoavelmente duvidar, embora as conhecêssemos por intermédio deles: por exemplo, que eu esteja aqui, sentado junto ao fogo, vestido com um chambre, tendo este papel entre as mãos e outras coisas desta natureza. E como poderia eu negar que estas mãos e este corpo sejam meus? A não ser talvez que eu me compare a esses insensatos, cujo cérebro está de tal modo perturbado e ofuscado pelos negros vapores da bile que constantemente asseguram que são reis quando são muito pobres; que estão vestidos de ouro e de púrpura quando estão inteiramente nus; ou imaginam ser cântaros ou ter um corpo de vidro. Mas quê? São loucos e eu não seria menos extravagante se me guiasse por seus exemplos.

5. Todavia, devo aqui considerar que sou homem e, por conseguinte, que tenho o costume de dormir e de representar, em meus sonhos, as mesmas coisas, ou algumas vezes menos verossímeis, que esses insensatos em vigília. Quantas vezes ocorreu-me sonhar, durante a noite, que estava neste lugar, que estava vestido, que estava junto ao fogo, embora estivesse inteiramente nu dentro de meu leito? Parece-me agora que não é com olhos adormecidos que contemplo este papel; que esta cabeça que eu mexo não está dormente; que é com desígnio e propósito deliberado que estendo esta mão e que a

sinto: o que ocorre no sono não parece ser tão claro nem tão distinto quanto tudo isso. Mas, pensando cuidadosamente nisso, lembro-me de ter sido muitas vezes enganado, quando dormia, por semelhantes ilusões. E, detendo-me neste pensamento, vejo tão manifestamente que não há quaisquer indícios concludentes, nem marcas assaz certas por onde se possa distinguir nitidamente a vigília do sono, que me sinto inteiramente pasmado: e meu pasmo é tal que é quase capaz de me persuadir de que estou dormindo.

6. Suponhamos, pois, agora, que estamos adormecidos e que todas essas particularidades, a saber, que abrimos os olhos, que mexemos a cabeça, que estendemos as mãos, e coisas semelhantes, não passam de falsas ilusões; e pensemos que talvez nossas mãos, assim como todo o nosso corpo, não são tais como os vemos. Todavia, é preciso ao menos confessar que as coisas que nos são representadas durante o sono são como quadros e pinturas, que não podem ser formados senão à semelhança de algo real e verdadeiro; e que assim, pelo menos, essas coisas gerais, a saber, olhos, cabeça, mãos e todo o resto do corpo, não são coisas imaginárias, mas verdadeiras e existentes. Pois, na verdade, os pintores, mesmo quando se empenham com o maior artifício em representar sereias e sátiros por formas estranhas e extraordinárias, não lhes podem, todavia, atribuir formas e naturezas inteiramente novas, mas apenas fazem certa mistura e composição dos membros de diversos animais; ou então, se porventura sua imaginação for assaz extravagante para inventar algo de tão novo, que jamais tenhamos visto coisa semelhante, e que assim sua obra nos represente uma coisa puramente fictícia e absolutamente falsa, certamente ao menos as cores com que eles a compõem devem ser verdadeiras.

7. E pela mesma razão, ainda que essas coisas gerais, a saber, olhos, cabeça, mãos, e outras semelhantes, possam ser imaginárias, é preciso, todavia, confessar que há coisas ainda mais simples e mais universais, que são verdadeiras e existentes; de cuja mistura, nem mais nem menos do que da mistura de algumas cores verdadeiras, são formadas todas essas imagens das coisas que residem em nosso pensamento, quer verdadeiras e reais, quer fictícias e fantásticas. Desse gênero de coisas é a natureza corpórea em geral, e sua extensão; juntamente com

a figura das coisas extensas, sua quantidade; ou grandeza, e seu número; como também o lugar em que estão, o tempo que mede sua duração e outras coisas semelhantes.

8. Eis por que, talvez, daí nós não concluamos mal se dissermos que a Física, a Astronomia, a Medicina e todas as outras ciências dependentes da consideração das coisas compostas são muito duvidosas e incertas; mas que a Aritmética, a Geometria e as outras ciências desta natureza, que não tratam senão de coisas muito simples e muito gerais, sem cuidarem muito em se elas existem ou não na natureza, contêm alguma coisa de certo e indubitável. Pois, quer eu esteja acordado, quer esteja dormindo, dois mais três formarão sempre o número cinco, e o quadrado nunca terá mais do que quatro lados; e não parece possível que verdades tão patentes possam ser suspeitas de alguma falsidade ou incerteza.

9. Todavia, há muito que tenho no meu espírito certa opinião de que há um Deus que tudo pode e por quem fui criado e produzido tal como sou. Ora, quem me poderá assegurar que esse Deus não tenha feito com que não haja nenhuma terra, nenhum céu, nenhum corpo extenso, nenhuma figura, nenhuma grandeza, nenhum lugar e que, não obstante, eu tenha os sentimentos de todas essas coisas e que tudo isso não me pareça existir de maneira diferente daquela que eu vejo? E, mesmo, como julgo que algumas vezes os outros se enganam até nas coisas que eles acreditam saber com maior certeza, pode ocorrer que Deus tenha desejado que eu me engane todas as vezes em que faço a adição de dois mais três, ou em que enumero os lados de um quadrado, ou em que julgo alguma coisa ainda mais fácil, se é que se pode imaginar algo mais fácil do que isso. Mas pode ser que Deus não tenha querido que eu seja decepcionado desta maneira, pois ele é considerado soberanamente bom. Todavia, se repugnasse à sua bondade fazer-me de tal modo que eu me enganasse sempre, pareceria também ser-lhe contrário permitir que eu me engane algumas vezes e, no entanto, não posso duvidar de que ele mo permita.

10. Haverá talvez aqui pessoas que preferirão negar a existência de um Deus tão poderoso a acreditar que todas as outras coisas são

incertas. Mas não lhes resistamos no momento e suponhamos, em favor delas, que tudo quanto aqui é dito de um Deus seja uma fábula. Todavia, de qualquer maneira que suponham ter eu chegado ao estado e ao ser que possuo, quer o atribuam a algum destino ou fatalidade, quer o refiram ao acaso; quer queiram que isto ocorra por uma contínua série e conexão das coisas, é certo que, já que falhar e enganar-se é uma espécie de imperfeição, quanto menos poderoso for o autor a que atribuírem minha origem, tanto mais será provável que eu seja de tal modo imperfeito que me engane sempre. Razões às quais nada tenho a responder, mas sou obrigado a confessar que, de todas as opiniões que recebi outrora em minha crença como verdadeiras, não há nenhuma da qual não possa duvidar atualmente, não por alguma inconsideração ou leviandade, mas por razões muito fortes e maduramente consideradas: de sorte que é necessário que interrompa e suspenda doravante meu juízo sobre tais pensamentos, e que não mais lhes dê crédito, como faria com as coisas que me parecem evidentemente falsas, se desejo encontrar algo de constante e de seguro nas ciências.

11. Mas não basta ter feito tais considerações, é preciso ainda que cuide de lembrar-me delas; pois essas antigas e ordinárias opiniões ainda me voltam amiúde ao pensamento, dando-lhes a longa e familiar convivência que tiveram comigo o direito de ocupar meu espírito, mau grado meu, e de tornarem-se quase que senhoras de minha crença. E jamais perderei o costume de aquiescer a isso e de confiar nelas, enquanto as considerar como são efetivamente, ou seja, como duvidosas de alguma maneira, como acabamos de mostrar, e, todavia muito prováveis, de sorte que se tem muito mais razão em acreditar nelas do que em negá-las. Eis por que penso que me utilizarei delas mais prudentemente se, tomando partido contrário, empregar todos os meus cuidados em enganar-me a mim mesmo, fingindo que todos esses pensamentos são falsos e imaginários; até que, tendo de tal modo sopesado meus prejuízos, eles não possam inclinar minha opinião mais para um lado do que para o outro, e meu juízo não mais seja doravante dominado por maus usos e desviado do reto caminho que

pode conduzi-lo ao conhecimento da verdade. Pois estou seguro de que, apesar disso, não pode haver perigo nem erro nesta via e de que não poderia hoje aceder demasiado à minha desconfiança, posto que não se trata no momento de agir, mas somente de meditar e de conhecer.

12. Suporei, pois, que há, não um verdadeiro Deus, que é a soberana fonte da verdade, mas certo gênio maligno, não menos ardiloso e enganador do que poderoso, que empregou toda a sua indústria em enganar-me. Pensarei que o céu, o ar, a terra, as cores, as figuras, os sons e todas as coisas exteriores que vemos são apenas ilusões e enganos de que Ele se serve para surpreender minha credulidade. Considerar-me-ei a mim mesmo absolutamente desprovido de mãos, de olhos, de carne, de sangue, desprovido de quaisquer sentidos, mas dotado da falsa crença de ter todas essas coisas. Permanecerei obstinadamente apegado a esse pensamento; e se, por esse meio, não está em meu poder chegar ao conhecimento de qualquer verdade, ao menos está ao meu alcance suspender meu juízo. Eis por que cuidarei zelosamente de não receber em minha crença nenhuma falsidade, e prepararei tão bem meu espírito a todos os ardis desse grande enganador que, por poderoso e ardiloso que seja, nunca poderá impor-me algo.

13. Mas esse desígnio é árduo e trabalhoso e certa preguiça arrasta-me insensivelmente para o ritmo de minha vida ordinária. E assim como um escravo que gozava de uma liberdade imaginária, quando começa a suspeitar que sua liberdade é apenas um sonho, teme ser despertado e conspira com essas ilusões agradáveis, para ser mais longamente enganado, assim eu reincido insensivelmente por mim mesmo em minhas antigas opiniões e evito despertar dessa sonolência, de medo de que as vigílias laboriosas que se sucederiam à tranquilidade de tal repouso, em vez de me propiciarem alguma luz ou alguma clareza no conhecimento da verdade, não fossem suficientes para esclarecer as trevas das dificuldades que acabam de ser agitadas.

## MEDITAÇÃO SEGUNDA
*Da Natureza do Espírito Humano e de como Ele É Mais Fácil de Conhecer do que o Corpo*

1. A Meditação que fiz ontem encheu-me o espírito de tantas dúvidas, que doravante não está mais em meu alcance esquecê-las. E, no entanto, não vejo de que maneira poderia resolvê-las; e, como se de súbito tivesse caído em águas muito profundas, estou de tal modo surpreso que não posso nem firmar meus pés no fundo, nem nadar para me manter à tona. Esforçar-me-ei, não obstante, e seguirei novamente a mesma via que trilhei ontem, afastando-me de tudo em que poderia imaginar a menor dúvida, da mesma maneira como se eu soubesse que isto fosse absolutamente falso; e continuarei sempre nesse caminho até que tenha encontrado algo de certo, ou, pelo menos, se outra coisa não me for possível, até que tenha aprendido certamente que não há nada no mundo de certo.

2. Arquimedes, para tirar o globo terrestre de seu lugar e transportá-lo para outra parte, não pedia nada mais exceto um ponto que fosse fixo e seguro. Assim, terei o direito de conceber altas esperanças, se for bastante feliz para encontrar somente uma coisa que seja certa e indubitável.

3. Suponho, portanto, que todas as coisas que vejo são falsas; persuado-me de que nada jamais existiu de tudo quanto minha

memória referta de mentiras me representa; penso não possuir nenhum sentido; creio que o corpo, a figura, a extensão, o movimento e o lugar são apenas ficções de meu espírito. O que poderá, pois, ser considerado verdadeiro? Talvez nenhuma outra coisa a não ser que nada há no mundo de certo.

4. Mas que sei eu, se não há nenhuma outra coisa diferente das que acabo de julgar incertas, da qual não se possa ter a menor dúvida? Não haverá algum Deus, ou alguma outra potência, que me ponha no espírito tais pensamentos? Isso não é necessário; pois talvez seja eu capaz de produzi-los por mim mesmo. Eu então, pelo menos, não serei alguma coisa? Mas já neguei que tivesse qualquer sentido ou qualquer corpo. Hesito no entanto, pois que se segue daí? Serei de tal modo dependente do corpo e dos sentidos que não possa existir sem eles? Mas eu me persuadi de que nada existia no mundo, que não havia nenhum céu, nenhuma terra, espíritos alguns, nem corpos alguns; não me persuadi também, portanto, de que eu não existia? Certamente não, eu existia sem dúvida, se é que eu me persuadi, ou, apenas, pensei alguma coisa. Mas há algum, não sei qual, enganador mui poderoso e mui ardiloso que emprega toda a sua indústria em enganar-me sempre. Não há pois dúvida alguma de que sou, se ele me engana; e, por mais que me engane, não poderá jamais fazer com que eu nada seja, enquanto eu pensar ser alguma coisa. De sorte que, após ter pensado bastante nisto e de ter examinado cuidadosamente todas as coisas, cumpre enfim concluir e ter por constante que esta proposição, *eu sou, eu existo*, é necessariamente verdadeira, todas as vezes que a enuncio ou que a concebo em meu espírito.

5. Mas não conheço ainda bastante claramente o que sou, eu que estou certo de que sou; de sorte que, doravante, é preciso que eu atente com todo cuidado para não tomar imprudentemente alguma outra coisa por mim e assim para não equivocar-me neste conhecimento que afirmo ser mais certo e mais evidente do que todos os que tive até agora.

6. Eis por que considerarei de novo o que acreditava ser, antes de me empenhar nestes últimos pensamentos; e de minhas antigas

opiniões suprimirei tudo o que pode ser combatido pelas razões que aleguei há pouco, de sorte que permaneça apenas precisamente o que é de todo indubitável. O que, pois, acreditava eu ser até aqui? Sem dificuldade, pensei que era um homem. Mas que é um homem? Direi que é um animal racional? Certamente não: pois seria necessário em seguida pesquisar o que é animal e o que é racional e assim, de uma só questão, cairíamos insensivelmente numa infinidade de outras mais difíceis e embaraçosas, e eu não quereria abusar do pouco tempo e lazer que me resta, empregando-o em deslindar semelhantes sutilezas. Mas, antes, deter-me-ei em considerar aqui os pensamentos que anteriormente nasciam por si mesmos em meu espírito e que eram inspirados apenas por minha natureza, quando me aplicava à consideração de meu ser. Considerava-me, inicialmente, como provido de rosto, mãos, braços e toda essa máquina composta de ossos e carne, tal como ela aparece em um cadáver, a qual eu designava pelo nome de corpo. Considerava, além disso, que me alimentava, que caminhava, que sentia e que pensava e relacionava todas essas ações à alma; mas não me detinha em pensar em que consistia essa alma, ou, se o fazia, imaginava que era algo extremamente raro e sutil, como um vento, uma flama ou um ar muito tênue, que estava insinuado e disseminado nas minhas partes mais grosseiras. No que se referia ao corpo, não duvidava de maneira alguma de sua natureza; pois pensava conhecê-la mui distintamente e, se quisessem explicá-la segundo as noções que dela tinha, tê-la-ia descrito desta maneira: por corpo entendo tudo o que pode ser limitado por alguma figura; que pode ser compreendido em qualquer lugar e preencher um espaço de tal sorte que todo outro corpo dele seja excluído; que pode ser sentido ou pelo tato, ou pela visão, ou pela audição, ou pelo olfato; que pode ser movido de muitas maneiras, não por si mesmo, mas por algo de alheio pelo qual seja tocado e do qual receba a impressão. Pois não acreditava de modo algum que se devesse atribuir à natureza corpórea vantagens como ter de si o poder de mover-se, de sentir e de pensar; ao contrário, espantava-me antes ao ver que semelhantes faculdades se encontravam em certos corpos.

7. Mas eu, o que sou eu, agora que suponho que há alguém que é extremamente poderoso e, se ouso dizê-lo, malicioso e ardiloso, que emprega todas as suas forças e toda a sua indústria em enganar-me? Posso estar certo de possuir a menor de todas as coisas que atribuí há pouco à natureza corpórea? Detenho-me em pensar nisto com atenção, passo e repasso todas essas coisas em meu espírito, e não encontro nenhuma que possa dizer que exista em mim. Não é necessário que me demore a enumerá-las. Passemos, pois, aos atributos da alma e vejamos se há alguns que existam em mim. Os primeiros são alimentar-me e caminhar; mas, se é verdade que não possuo corpo algum, é verdade também que não posso nem caminhar nem alimentar-me. Um outro é sentir; mas não se pode também sentir sem o corpo; além do que, pensei sentir outrora muitas coisas, durante o sono, as quais reconheci, ao despertar, não ter sentido efetivamente. Um outro é pensar; e verifico aqui que o pensamento é um atributo que me pertence; só ele não pode ser separado de mim. *Eu sou, eu existo:* isto é certo; mas por quanto tempo? A saber, por todo o tempo em que eu penso; pois poderia, talvez, ocorrer que, se eu deixasse de pensar, deixaria ao mesmo tempo de ser ou de existir. Nada admito agora que não seja necessariamente verdadeiro: nada sou, pois, falando precisamente, senão uma coisa que pensa, isto é, um espírito, um entendimento ou uma razão, que são termos cuja significação me era anteriormente desconhecida. Ora, eu sou uma coisa verdadeira e verdadeiramente existente; mas que coisa? Já o disse: uma coisa que pensa. E que mais? Excitarei ainda minha imaginação para procurar saber se não sou algo mais. Eu não sou essa reunião de membros que se chama o corpo humano; não sou um ar tênue penetrante, disseminado por todos esses membros; não sou um vento, um sopro, um vapor, nem algo que possa fingir e imaginar, posto que supus que tudo isso não era nada e que, sem mudar essa suposição, verifico que não deixo de estar seguro de que sou alguma coisa.

8. Mas também pode ocorrer que essas mesmas coisas, que suponho não existirem, já que me são desconhecidas, não sejam

efetivamente diferentes de mim, que eu conheço? Nada sei a respeito; não o discuto atualmente, não posso dar meu juízo senão a coisas que me são conhecidas: reconheci que eu era, e procuro o que sou, eu que reconheci ser. Ora, é muito certo que essa noção e conhecimento de mim mesmo, assim precisamente tomada, não depende em nada das coisas cuja existência não me é ainda conhecida; nem, por conseguinte, e com mais razão, de nenhuma daquelas que são fingidas e inventadas pela imaginação. E mesmo esses termos fingir e imaginar advertem-me de meu erro; pois eu fingiria efetivamente se imaginasse ser alguma coisa, posto que imaginar nada mais é do que contemplar a figura ou a imagem de uma coisa corporal. Ora, sei já certamente que eu sou, e que, ao mesmo tempo, pode ocorrer que todas essas imagens e, em geral, todas as coisas que se relacionam à natureza do corpo sejam apenas sonhos ou quimeras. Em seguimento disso, vejo claramente que teria tão pouca razão ao dizer: excitarei minha imaginação para conhecer mais distintamente o que sou, como se dissesse: estou atualmente acordado e percebo algo de real e de verdadeiro; mas, visto que ainda não o percebo assaz nitidamente, dormiria intencionalmente a fim de que meus sonhos mo representassem com maior verdade e evidência. E, assim, reconheço certamente que nada, de tudo o que posso compreender por meio da imaginação, pertence a este conhecimento que tenho de mim mesmo, e que é necessário lembrar e desviar o espírito dessa maneira de conceber a fim de que ele próprio possa reconhecer muito distintamente sua natureza.

9. Mas o que sou eu, portanto? Uma coisa que pensa. Que é uma coisa que pensa? É uma coisa que duvida, que concebe, que afirma, que nega, que quer, que não quer, que imagina também e que sente. Certamente não é pouco se todas essas coisas pertencem à minha natureza. Mas por que não lhe pertenceriam? Não sou eu próprio esse mesmo que duvida de quase tudo, que, no entanto, entende e concebe certas coisas, que assegura e afirma que somente tais coisas são verdadeiras, que nega todas as demais, que quer e deseja conhecê-las mais, que não quer ser enganado, que imagina

muitas coisas, mesmo mau grado seu, e que sente também muitas como que por intermédio dos órgãos do corpo? Haverá algo em tudo isso que não seja tão verdadeiro quanto é certo que sou e que existo, mesmo se dormisse sempre e ainda quando aquele que me deu a existência se servisse de todas as suas forças para enganar-me? Haverá, também, algum desses atributos que possa ser distinguido de meu pensamento, ou que se possa dizer que existe separado de mim mesmo? Pois é por si tão evidente que sou eu quem duvida, quem entende e quem deseja que não é necessário nada acrescentar aqui para explicá-lo. E tenho também certamente o poder de imaginar; pois, ainda que possa ocorrer (como supus anteriormente) que as coisas que imagino não sejam verdadeiras, este poder de imaginar não deixa, no entanto, de existir realmente em mim e faz parte do meu pensamento. Enfim, sou o mesmo que sente, isto é, que recebe e conhece as coisas como que pelos órgãos dos sentidos, posto que, com efeito, vejo a luz, ouço o ruído, sinto o calor. Mas dir-me-ão que essas aparências são falsas e que eu durmo. Que assim seja; todavia, ao menos, é muito certo que me parece que vejo, que ouço e que me aqueço; e é propriamente aquilo que em mim se chama sentir e isto, tomado assim precisamente, nada é senão pensar. Donde, começo a conhecer o que sou, com um pouco mais de luz e de distinção do que anteriormente.

10. Mas não me posso impedir de crer que as coisas corpóreas, cujas imagens se formam pelo meu pensamento, e que se apresentam aos sentidos, sejam mais distintamente conhecidas do que essa não sei que parte de mim mesmo que não se apresenta à imaginação: embora, com efeito, seja uma coisa bastante estranha que coisas que considero duvidosas e distantes sejam mais claras e mais facilmente conhecidas por mim do que aquelas verdadeiras e certas e que pertencem à minha própria natureza. Mas vejo bem o que seja: meu espírito apraz-se em extraviar-se e não pode ainda conter-se nos justos limites da verdade. Soltemos-lhe, pois, ainda uma vez, as rédeas a fim de que, vindo, em seguida, a libertar-se delas suave e oportunamente, possamos mais facilmente dominá-lo e conduzi-lo.

11. Comecemos pela consideração das coisas mais comuns e que acreditamos compreender mais distintamente, a saber, os corpos que tocamos e vemos. Não pretendo falar dos corpos em geral, pois essas noções gerais são ordinariamente mais confusas, porém de qualquer corpo em particular. Tomemos, por exemplo, este pedaço de cera que acaba de ser tirado da colmeia: ele não perdeu ainda a doçura do mel que continha, retém ainda algo do odor das flores de que foi recolhido; sua cor, sua figura, sua grandeza são patentes; é duro, é frio, tocâmo-lo e, se nele batermos, produzirá algum som. Enfim, todas as coisas que podem distintamente fazer conhecer um corpo encontram-se neste.

12. Mas eis que, enquanto falo, é aproximado do fogo: o que nele restava de sabor exala-se, o odor se evanesce, sua cor se modifica: sua figura se altera, sua grandeza aumenta, ele torna-se líquido, esquenta-se, mal o podemos tocar e, embora nele batamos, nenhum som produzirá. A mesma [cera] permanece após essa modificação? Cumpre confessar que permanece: e ninguém o pode negar. O que é, pois, que se conhecia deste pedaço de cera com tanta distinção? Certamente não pode ser nada de tudo o que notei nela por intermédio dos sentidos, posto que todas as coisas que se apresentavam ao paladar, ao olfato, ou à visão, ou ao tato, ou à audição encontram-se mudadas e, no entanto, a mesma cera permanece. Talvez fosse como penso atualmente, a saber, que a cera não era nem essa doçura do mel, nem esse agradável odor das flores, nem essa brancura, nem essa figura, nem esse som, mas somente um corpo que um pouco antes me aparecia sob certas formas e que agora se faz notar sob outras. Mas o que será, falando precisamente, que eu imagino quando a concebo dessa maneira? Consideremos atentamente e, afastando todas as coisas que não pertencem à cera, vejamos o que resta. Certamente nada permanece senão algo de extenso, flexível e mutável. Ora, o que é isto: flexível e mutável? Não estou imaginando que esta cera, sendo redonda, é capaz de se tornar quadrada e de passar do quadrado a uma figura triangular? Certamente não, não é isso, posto que a concebo capaz de receber uma infinidade de modificações similares e eu não poderia,

no entanto, percorrer essa infinidade com minha imaginação e, por conseguinte, essa concepção que tenho da cera não se realiza através da minha faculdade de imaginar.

13. E, agora, que é essa extensão? Não será ela igualmente desconhecida, já que na cera que se funde ela aumenta e fica ainda maior quando está inteiramente fundida e muito mais ainda quando o calor aumenta? E eu não conceberia claramente e segundo a verdade o que é a cera, se não pensasse que é capaz de receber mais variedades segundo a extensão do que jamais imaginei. É preciso, pois, que eu concorde que não poderia mesmo conceber pela imaginação o que é essa cera e que somente meu entendimento é quem o concebe; digo este pedaço de cera em particular, pois para a cera em geral é ainda mais evidente. Ora, qual é esta cera que não pode ser concebida senão pelo entendimento ou pelo espírito? Certamente é a mesma que vejo, que toco, que imagino e a mesma que conhecia desde o começo. Mas o que é de notar é que sua percepção, ou a ação pela qual é percebida, não é uma visão, nem um tatear, nem uma imaginação, e jamais o foi, embora assim o parecesse anteriormente, mas somente uma inspeção do espírito, que pode ser imperfeita e confusa, como era antes, ou clara e distinta, como é presentemente, conforme minha atenção se dirija mais ou menos às coisas que existem nela e das quais é composta.

14. Entretanto, eu não poderia espantar-me demasiado ao considerar o quanto meu espírito tem de fraqueza e de pendor que o leva insensivelmente ao erro. Pois, ainda que sem falar eu considere tudo isso em mim mesmo, as palavras detêm-me, todavia, e sou quase enganado pelos termos da linguagem comum; pois nós dizemos que vemos a mesma cera, se no-la apresentam, e não que julgamos que é a mesma, pelo fato de ter a mesma cor e a mesma figura: donde desejaria quase concluir que se conhece a cera pela visão dos olhos e não pela tão-só inspeção do espírito, se por acaso não olhasse pela janela homens que passam pela rua, à vista dos quais não deixo de dizer que vejo homens da mesma maneira que digo que vejo a cera; e, entretanto, que vejo desta janela, senão chapéus e casacos que podem cobrir espectros ou homens

fictícios que se movem apenas por molas? Mas julgo que são homens verdadeiros e assim compreendo, somente pelo poder de julgar que reside em meu espírito, aquilo que acreditava ver com meus olhos.

15. Um homem que procura elevar seu conhecimento para além do comum deve envergonhar-se de aproveitar ocasiões para duvidar das formas e dos termos do falar do vulgo; prefiro passar adiante e considerar se eu concebia com maior evidência e perfeição o que era a cera, quando a percebi inicialmente e acreditei conhecê-la por meio dos sentidos exteriores, ou ao menos por meio do senso comum, como o chamam, isto é, por meio do poder imaginativo, do que a concebo presentemente, após haver examinado mais exatamente o que ela é e de que maneira pode ser conhecida. Por certo, seria ridículo colocar isso em dúvida. Pois, que havia nessa primeira percepção que fosse distinto e evidente e que não pudesse cair da mesma maneira sob os sentidos do menor dos animais? Mas, quando distingo a cera de suas formas exteriores e, como se a tivesse despido de suas vestimentas, considero-a inteiramente nua, é certo que, embora se possa ainda encontrar algum erro em meu juízo, não a posso conceber dessa forma sem um espírito humano.

16. Mas, enfim, que direi desse espírito, isto é, de mim mesmo? Pois até aqui não admiti em mim nada além de um espírito. Que declararei, digo, de mim, que pareço conceber com tanta nitidez e distinção este pedaço de cera? Não me conheço a mim mesmo, não só com muito mais verdade e certeza, mas também com muito maior distinção e nitidez? Pois, se julgo que a cera é ou existe pelo fato de eu a ver, sem dúvida segue-se bem mais evidentemente que eu próprio sou, ou que existo pelo fato de eu a ver. Pois pode acontecer que aquilo que eu vejo não seja de fato cera; pode também dar-se que eu não tenha olhos para ver coisa alguma; mas não pode ocorrer, quando vejo ou (coisa que não mais distingo) quando penso ver, que eu, que penso, não seja alguma coisa. Do mesmo modo, se julgo que a cera existe, pelo fato de que a toco, seguir-se-á ainda a mesma coisa, ou seja, que eu sou; e se o

julgo porque minha imaginação disso me persuade, ou por qualquer outra causa que seja, concluirei sempre a mesma coisa. E o que notei aqui a respeito da cera pode aplicar-se a todas as outras coisas que me são exteriores e que se encontram fora de mim.

17. Ora, se a noção ou o conhecimento da cera parece ser mais nítido e mais distinto, após ter sido descoberto não somente pela visão ou pelo tato, mas ainda por muitas outras causas, com quão maior evidência, distinção e nitidez não deverei eu conhecer-me, posto que todas as razões que servem para conhecer e conceber a natureza da cera, ou qualquer outro corpo, provam muito mais fácil e evidentemente a natureza de meu espírito? E encontram-se ainda tantas outras coisas no próprio espírito que podem contribuir ao esclarecimento de sua natureza, que aquelas que dependem do corpo (como esta) não merecem quase ser enumeradas.

18. Mas, enfim, eis que insensivelmente cheguei aonde queria; pois, já que é coisa presentemente conhecida por mim que, propriamente falando, só concebemos os corpos pela faculdade de entender em nós existente e não pela imaginação nem pelos sentidos, e que não os conhecemos pelo fato de os ver ou de tocá-los, mas somente por os conceber pelo pensamento, reconheço com evidência que nada há que me seja mais fácil de conhecer do que meu espírito. Mas, posto que é quase impossível desfazer-se tão prontamente de uma antiga opinião, será bom que eu me detenha um pouco neste ponto, a fim de que, pela amplitude de minha meditação, eu imprima mais profundamente em minha memória este novo conhecimento.

# MEDITAÇÃO TERCEIRA
*De Deus; que Ele Existe*

1. Fecharei agora os olhos, tamparei meus ouvidos, desviar-me-ei de todos os meus sentidos, apagarei mesmo de meu pensamento todas as imagens de coisas corporais, ou, ao menos, uma vez que mal se pode fazê-lo, reputá-las-ei como vãs e como falsas; e assim, entretendo-me apenas comigo mesmo e considerando meu interior, empreenderei tornar-me pouco a pouco mais conhecido e mais familiar a mim mesmo. Sou uma coisa que pensa, isto é, que duvida, que afirma, que nega, que conhece poucas coisas, que ignora muitas, que ama, que odeia, que quer e não quer, que também imagina e que sente. Pois, assim como notei acima, conquanto as coisas que sinta e imagine não sejam talvez absolutamente nada fora de mim e nelas mesmas, estou, entretanto, certo de que essas maneiras de pensar, que chamo sentimentos e imaginações, somente na medida em que são maneiras de pensar, residem e se encontram certamente em mim. E neste pouco que acabo de dizer, creio ter relatado tudo o que sei verdadeiramente, ou, pelo menos, tudo o que até aqui notei que sabia.

2. Agora considerarei mais exatamente se talvez não se encontrem absolutamente em mim outros conhecimentos que não tenha

ainda percebido. Estou certo de que sou uma coisa pensante; mas não saberei também portanto o que é requerido para me tornar certo de alguma coisa? Nesse primeiro conhecimento, só se encontra uma clara e distinta percepção daquilo que conheço; a qual, na verdade, não seria suficiente para me assegurar de que é verdadeira, se em algum momento pudesse acontecer que uma coisa que eu concebesse tão clara e distintamente se verificasse falsa. E, portanto, parece-me que já posso estabelecer como regra geral que todas as coisas que concebemos mui claramente e mui distintamente são todas verdadeiras.

3. Todavia, recebi e admiti acima várias coisas como muito certas e muito manifestas, as quais, entretanto, reconheci depois serem duvidosas e incertas. Quais eram, pois, essas coisas? Eram a terra, o céu, os astros e todas as outras coisas que percebia por intermédio de meus sentidos. Ora, o que é que eu concebia clara e distintamente nelas? Certamente nada mais exceto que as ideias ou os pensamentos dessas coisas se apresentavam a meu espírito. E ainda agora não nego que essas ideias se encontrem em mim. Mas havia ainda outra coisa que eu afirmava, e que, devido ao hábito que tinha de acreditar nela, pensava perceber mui claramente, embora na verdade não a percebesse de modo algum, a saber, que havia coisas fora de mim donde procediam essas ideias e às quais elas eram inteiramente semelhantes. E era nisso que eu me enganava; ou, se eu julgava, talvez, segundo a verdade, não havia nenhum conhecimento que eu tivesse que fosse causa da verdade de meu julgamento.

4. Mas, quando considerava alguma coisa de muito simples e de muito fácil no tocante à Aritmética e à Geometria, por exemplo, que dois e três juntos produzem o número cinco, e outras coisas semelhantes, não as concebia eu pelo menos bastante claramente para assegurar que eram verdadeiras? Certamente se julguei depois que se podia duvidar destas coisas, não foi por outra razão senão porque me veio ao espírito que talvez algum Deus tivesse podido me dar uma tal natureza, que eu me enganasse mesmo no concernente às coisas que me parecem as mais manifestas. Porém

todas as vezes que esta opinião acima concebida do soberano poder de um Deus se apresenta a meu pensamento, sou constrangido a confessar que lhe é fácil, se ele o quiser, proceder de tal modo que eu me engane mesmo nas coisas que acredito conhecer com uma evidência muito grande. E, ao contrário, todas as vezes que me volto para as coisas que penso conceber mui claramente, sou de tal maneira persuadido delas que sou levado, por mim mesmo, a essas palavras: Engane-me quem puder, ainda assim jamais poderá fazer que eu nada seja enquanto eu pensar que sou algo; ou que algum dia seja verdade que eu não tenha jamais existido, sendo verdade agora que eu existo; ou então que dois e três juntos façam mais ou menos do que cinco, ou coisas semelhantes, que vejo claramente não poderem ser de outra maneira senão como as concebo.

5. E, por certo, posto que não tenho nenhuma razão de acreditar que haja algum Deus que seja enganador, e mesmo que não tenha ainda considerado aquelas que provam que há um Deus, a razão de duvidar que depende somente desta opinião é bem frágil e por assim dizer metafísica. Mas, a fim de poder afastá-la inteiramente, devo examinar se há um Deus, tão logo a ocasião se apresente; e achar que existe um, devo também examinar se ele pode ser enganador: pois, sem o conhecimento dessas duas verdades, não vejo como possa jamais estar certo de coisa alguma. E, a fim de que eu possa ter a ocasião de examinar isto, sem interromper a ordem de meditação que me propus, que é de passar gradativamente das noções que encontrar em primeiro lugar no meu espírito para aquelas que aí poderei achar depois, cumpre aqui que eu divida todos os meus pensamentos em certos gêneros e considere em quais destes gêneros há propriamente verdade ou erro.

6. Entre meus pensamentos, alguns são como as imagens das coisas, e só àqueles convém propriamente o nome de ideia: como no momento em que eu represento um homem ou uma quimera, ou o céu, ou um ano, ou mesmo Deus. Outros, além disso, têm algumas outras formas: como, no momento em que eu quero, que eu temo, que eu afirmo ou que eu nego então concebo efetivamente uma coisa como o sujeito da ação de meu espírito, porém acrescento

também alguma outra coisa por esta ação à ideia que tenho daquela coisa; e deste gênero de pensamentos, uns são chamados vontades ou afecções, e outros juízos.

7. Agora, no que concerne às ideias, se as consideramos somente nelas mesmas e não as relacionamos a alguma outra coisa, elas não podem, propriamente falando, ser falsas; pois, quer eu imagine uma cabra ou uma quimera, não é menos verdadeiro que eu imagino tanto uma quanto a outra.

8. Não é preciso temer também que se possa encontrar falsidade nas afecções ou vontades; pois, ainda que possa desejar coisas más, ou mesmo que jamais existiram, não é por isso, todavia, menos verdade que as desejo.

9. Assim, restam tão somente os juízos, em relação aos quais eu devo acautelar-me para não me enganar. Ora, o principal erro e o mais comum que se pode encontrar, consiste em que eu julgue que as ideias que estão em mim são semelhantes, ou conformes às coisas que estão fora de mim; pois, certamente, se eu considerasse as ideias apenas como certos modos ou formas de meu pensamento, sem querer relacioná-las a algo de exterior, mal poderiam elas dar-me ocasião de falhar.

10. Ora, destas ideias, umas me parecem ter nascido comigo, outras, ser estranhas e vir de fora, e as outras, ser feitas e inventadas por mim mesmo. Pois que eu tenha a faculdade de conceber o que é aquilo que geralmente se chama uma coisa ou uma verdade, ou um pensamento, parece-me que não o obtenho em outra parte senão em minha própria natureza; mas se ouço agora algum ruído, se vejo o sol, se sinto calor, até o presente julguei que estes sentimentos procediam de algumas coisas que existem fora de mim; e enfim parece-me que as sereias, os hipogrifos e todas as outras quimeras semelhantes são ficções e invenções de meu espírito. Mas também talvez eu possa persuadir-me de que todas essas ideias são do gênero das que eu chamo de estranhas e que vêm de fora ou que nasceram todas comigo ou, ainda, que foram todas feitas por mim; pois ainda não lhes descobri claramente a verdadeira origem. E o que devo fazer principalmente neste ponto é considerar,

no tocante àquelas que me parecem vir de alguns objetos localizados fora de mim, quais as razões que me obrigam a acreditá-las semelhantes a esses objetos.

11. A primeira dessas razões é que parece que isso me é ensinado pela natureza; e a segunda, que experimento em mim próprio que essas ideias não dependem, de modo algum, de minha vontade; pois amiúde se apresentam a mim mau grado meu, como agora, quer queira quer não, eu sinto calor, e por esta razão persuado-me de que este sentimento ou esta ideia de calor é produzida em mim por algo diferente de mim mesmo, ou seja, pelo calor do fogo ao pé do qual me encontro. E nada vejo que pareça mais razoável do que julgar que essa coisa estranha envia-me e imprime em mim sua semelhança, mais do que qualquer outra coisa.

12. Agora é preciso que eu veja se estas razões são suficientemente fortes e convincentes. Quando digo que me parece que isso me é ensinado pela natureza, entendo somente por essa palavra natureza uma certa inclinação que me leva a acreditar nessa coisa, e não uma luz natural que me faça conhecer que ela é verdadeira. Ora, essas duas coisas diferem muito entre si; pois eu nada poderia colocar em dúvida daquilo que a luz natural me revela ser verdadeiro, assim como ela me fez ver, há pouco, que, do fato de eu duvidar, podia concluir que existia. E não tenho em mim outra faculdade, ou poder, para distinguir o verdadeiro do falso, que me possa ensinar que aquilo que essa luz me mostra como verdadeiro não o é, e na qual eu me possa fiar tanto quanto nela. Porém, no que se refere a inclinações que também me parecem ser para mim naturais, notei frequentemente, quando se tratava de escolher entre as virtudes e os vícios, que elas não me levaram menos ao mal do que ao bem; eis por que não tenho motivo de segui-las tampouco no referente ao verdadeiro e ao falso.

13. E, quanto à outra razão, segundo a qual essas ideias devem provir de alhures, porquanto não dependem de minha vontade, tampouco a acho mais convincente. Pois, da mesma forma que as inclinações, de que falava há pouco, se encontram em mim, não obstante não se acordarem sempre com minha vontade, e assim

talvez haja em mim alguma faculdade ou poder próprio para produzir essas ideias sem auxílio de quaisquer coisas exteriores, embora ela não me seja ainda conhecida; como, com efeito, sempre me pareceu até aqui que, quando durmo, elas se formam em mim sem a ajuda dos objetos que representam. E, enfim, ainda que eu estivesse de acordo que elas são causadas por esses objetos, não é uma consequência necessária que lhes devam ser semelhantes. Pelo contrário, notei amiúde, em muitos exemplos, haver uma grande diferença entre o objeto e sua ideia. Como, por exemplo, encontro em meu espírito duas ideias do sol inteiramente diversas: uma toma sua origem nos sentidos, e deve ser colocada no gênero daquelas que disse acima provirem de fora, e pela qual o sol me parece extremamente pequeno; a outra é tomada nas razões da Astronomia, isto é, em certas noções nascidas comigo, ou enfim é formada por mim mesmo, de qualquer modo que seja, e pela qual o sol me parece muitas vezes maior do que a terra inteira. Por certo, essas duas ideias que concebo do sol não podem ser ambas semelhantes ao mesmo sol; e a razão me faz crer que aquela que vem imediatamente de sua aparência é a que lhe é mais dessemelhante.

14. Tudo isso me leva a conhecer suficientemente que até esse momento não foi por um julgamento certo e premeditado, mas apenas por um cego e temerário impulso que acreditei haver coisas fora de mim e diferentes de meu ser, as quais pelos órgãos de meus sentidos, ou por qualquer outro meio que seja, enviam-me suas ideias ou imagens, e imprimem em mim suas semelhanças.

15. Mas há ainda uma outra via para pesquisar se, entre as coisas das quais tenho em mim as ideias, há algumas que existem fora de mim. A saber, caso essas ideias sejam tomadas somente na medida em que são certas formas de pensar, não reconheço entre elas nenhuma diferença ou desigualdade, e todas parecem provir de mim de uma mesma maneira; mas, considerando-as como imagens, dentre as quais algumas representam uma coisa e as outras uma outra, é evidente que elas são bastante diferentes entre si. Pois, com efeito, aquelas que me representam substâncias são,

sem dúvida, algo mais e contêm em si (por assim falar) mais realidade objetiva, isto é, participam por representação num maior número de graus de ser ou de perfeição do que aquelas que representam apenas modos ou acidentes. Além do mais, aquela pela qual eu concebo um Deus soberano, eterno, infinito, imutável, onisciente, onipotente e Criador universal de todas as coisas que estão fora dele; aquela, digo, tem certamente em si mais realidade objetiva do que aquelas pelas quais as substâncias finitas me são representadas.

16. Agora, é coisa manifesta pela luz natural que deve haver ao menos tanta realidade na causa eficiente e total quanto no seu efeito: pois de onde é que o efeito pode tirar sua realidade senão de sua causa? E como poderia esta causa lha comunicar se não a tivesse em si mesma?

17. Daí decorre não somente que o nada não poderia produzir coisa alguma, mas também que o que é mais perfeito, isto é, o que contém em si mais realidade, não pode ser uma decorrência e uma dependência do menos perfeito. E esta verdade não é somente clara e evidente nos seus efeitos, que possuem essa realidade que os filósofos chamam de atual ou formal, mas também nas ideias onde se considera somente a realidade que eles chamam de objetiva: por exemplo, a pedra que ainda não foi, não somente não pode agora começar a ser, se não for produzida por uma coisa que possui em si formalmente, ou, eminentemente, tudo o que entra na composição da pedra, ou seja, que contém em si as mesmas coisas ou outras mais excelentes do que aquelas que se encontram na pedra; e o calor não pode ser produzido em um objeto que dele era privado anteriormente, se não for por uma coisa que seja de uma ordem, de um grau ou de um gênero ao menos tão perfeito quanto o calor e assim os outros. Mas ainda, além disso, a ideia do calor, ou da pedra, não pode estar em mim se não tiver sido aí colocada por alguma causa que contenha em si ao menos tanta realidade quanto aquela que concebo no calor ou na pedra. Pois, ainda que essa causa não transmita à minha ideia nada de sua realidade atual ou formal, nem por isso se deve imaginar que

essa causa deva ser menos real; mas deve-se saber que, sendo toda ideia uma obra do espírito, sua natureza é tal que não exige de si nenhuma outra realidade formal além da que recebe e toma de empréstimo do pensamento ou do espírito, do qual ela é apenas um modo, isto é, uma maneira ou forma de pensar. Ora, a fim de que uma ideia contenha uma tal realidade objetiva de preferência a outra, ela a deve, sem dúvida, a alguma causa, na qual se encontra ao menos tanta realidade formal quanto esta ideia contém de realidade objetiva. Pois, se supomos que existe algo na ideia que não se encontra em sua causa, cumpre, portanto, que ela obtenha esse algo do nada; mas, por imperfeita que seja essa maneira de ser, pela qual uma coisa é objetivamente ou por representação no entendimento de sua ideia, decerto não se pode dizer, no entanto, que essa maneira ou essa forma não seja nada, nem por conseguinte que essa ideia tire sua origem do nada. Não devo também duvidar que seja necessário que a realidade esteja formalmente nas causas de minhas ideias, embora a realidade que eu considero nessas ideias seja somente objetiva, nem pensar que basta que essa realidade se encontre objetivamente em suas causas; pois, assim como essa maneira de ser objetivamente pertence às ideias, pela própria natureza delas, do mesmo modo a maneira ou forma de ser formalmente pertence às causas dessas ideias (ao menos às primeiras e principais) pela própria natureza delas. E ainda que possa ocorrer que uma ideia dê origem a uma outra ideia, isso todavia não pode estender-se ao infinito, mas é preciso chegar ao fim a uma primeira ideia, cuja causa seja um como padrão ou original, na qual toda a realidade ou perfeição esteja contida formalmente e em efeito, a qual só se encontre objetivamente ou por representação nessas ideias. De sorte que a luz natural me faz conhecer evidentemente que as ideias são em mim como quadros, ou imagens, que podem na verdade facilmente não conservar a perfeição das coisas de onde foram tiradas, mas que jamais podem conter algo de maior ou de mais perfeito.

18. E quanto mais longa e cuidadosamente examino todas estas coisas, tanto mais clara e distintamente reconheço que elas são

verdadeiras. Mas, enfim, que concluirei de tudo isso? Concluirei que, se a realidade objetiva de alguma de minhas ideias é tal que eu reconheça claramente que ela não está em mim nem formal nem eminentemente e que, por conseguinte, não posso, eu mesmo, ser-lhe a causa, daí decorre necessariamente que não existo sozinho no mundo, mas que há ainda algo que existe e que é a causa desta ideia; ao passo que, se não se encontrar em mim uma tal ideia, não terei nenhum argumento que me possa convencer e me certificar da existência de qualquer outra coisa além de mim mesmo; pois procurei-os a todos cuidadosamente e não pude, até agora, encontrar nenhum.

19. Ora, entre essas ideias, além daquela que me representa a mim mesmo e sobre a qual não pode haver aqui nenhuma dificuldade, há uma outra que me representa um Deus, outras as coisas corporais e inanimadas, outras os anjos, outras os animais, outras, enfim, que me representam homens semelhantes a mim. Mas, no que se refere às ideias que me representam outros homens ou animais, ou anjos, concebo facilmente que podem ser formadas pela mistura e composição de outras ideias que tenho das coisas corporais e de Deus, ainda que não houvesse, fora de mim, no mundo, outros homens, nem quaisquer animais ou anjos. E, quanto às ideias das coisas corporais, nada reconheço de tão grande nem de tão excelente que não me pareça poder provir de mim mesmo; pois, se as considero de mais perto, e se as examino da mesma maneira como examinava, há pouco, a ideia da cera, verifico que pouquíssima coisa nela se encontra que eu conceba clara e distintamente: a saber, a grandeza ou a extensão em longura, largura e profundidade; a figura que é formada pelos termos e pelos limites dessa extensão; a situação que os corpos diferentemente figurados guardam entre si; e o movimento ou a modificação dessa situação, aos quais podemos acrescentar a substância, a duração e o número. Quanto às outras coisas, como a luz, as cores, os sons, os odores, os sabores, o calor, o frio e as outras qualidades que caem sob o tato, encontram-se em meu pensamento com tanta obscuridade e confusão, que ignoro mesmo se são verdadeiras ou falsas

e somente aparentes, isto é, se as ideias que concebo dessas qualidades são, com efeito, as ideias de algumas coisas reais, ou se não me representam apenas seres quiméricos que não podem existir. Pois, ainda que eu tenha notado acima que só nos juízos é que se pode encontrar a falsidade formal e verdadeira, pode, no entanto, ocorrer que se encontre nas ideias uma certa falsidade material, a saber, quando elas representam o que nada é como se fosse alguma coisa. Por exemplo, as ideias que tenho do calor e do frio são tão pouco claras e tão pouco distintas, que por seu intermédio não posso discernir se o frio é somente uma privação do calor ou o calor uma privação do frio, ou ainda se uma e outra são qualidades reais ou não o são; e visto que, sendo as ideias como que imagens, não pode haver nenhuma que não nos pareça representar alguma coisa, se é certo dizer que o frio nada é senão privação de calor, a ideia que mo representa como algo de real e de positivo será sem despropósito chamada falsa, e assim outras ideias semelhantes; às quais certamente não é necessário que eu atribua outro autor exceto eu mesmo. Pois, se elas são falsas, isto é, se representam coisas que não existem, a luz natural me faz conhecer que procedem do nada, ou seja, que estão em mim apenas porque falta algo à minha natureza e porque ela não é inteiramente perfeita. E se essas ideias são verdadeiras, todavia, já que me revelam tão pouca realidade que não posso discernir nitidamente a coisa representada do não-ser, não vejo razão pela qual não possam ser produzidas por mim mesmo e eu não possa ser o seu autor.

20. Quanto às ideias claras e distintas que tenho das coisas corporais, há algumas dentre elas que, parece, pude tirar da ideia que tenho de mim mesmo, como a que tenho da substância, da duração, do número e de outras coisas semelhantes. Pois, quando penso que a pedra é uma substância, ou uma coisa que é por si capaz de existir, e em seguida que sou uma substância, embora eu conceba de fato que sou uma coisa pensante e não extensa, e que a pedra, ao contrário, é uma coisa extensa e não pensante, e que assim entre essas duas concepções há uma notável diferença, elas parecem, todavia, concordar na medida em que representam

substâncias. Da mesma maneira, quando penso que sou agora e me lembro, além disso, de ter sido outrora e concebo mui diversos pensamentos, cujo número conheço, então adquiro em mim as ideias da duração e do número que, em seguida, posso transferir a todas as outras coisas que quiser.

21. Quanto às outras qualidades de cujas ideias são compostas as coisas corporais, a saber, a extensão, a figura, a situação e o movimento de lugar, é verdade que elas não estão formalmente em mim, posto que sou apenas uma coisa que pensa; mas, já que são somente certos modos da substância, e como que as vestes sob as quais a substância corporal nos aparece, e que sou, eu mesmo, uma substância, parece que elas podem estar contidas em mim eminentemente.

22. Portanto, resta tão somente a ideia de Deus, na qual é preciso considerar se há algo que não possa ter provido de mim mesmo. Pelo nome de Deus entendo uma substância infinita, eterna, imutável, independente, onisciente, onipotente e pela qual eu próprio e todas as coisas que são (se é verdade que há coisas que existam) foram criadas e produzidas. Ora, essas vantagens são tão grandes e tão eminentes que, quanto mais atentamente as considero menos me persuado de que essa ideia possa tirar sua origem de mim tão somente. E, por conseguinte, é preciso necessariamente concluir, de tudo o que foi dito antes, que Deus existe; pois, ainda que a ideia da substância esteja em mim, pelo próprio fato de ser eu uma substância, eu não teria, todavia, a ideia de uma substância infinita, eu que sou um ser finito, se ela não tivesse sido colocada em mim por alguma substância que fosse verdadeiramente infinita.

23. E não devo imaginar que não concebo o infinito por uma verdadeira ideia, mas somente pela negação do que é finito, do mesmo modo que compreendo o repouso e as trevas pela negação do movimento e da luz: pois, ao contrário, vejo manifestamente que há mais realidade na substância infinita do que na substância finita e, portanto, que, de alguma maneira, tenho em mim a noção do infinito anteriormente à do finito, isto é, de Deus antes que de

mim mesmo. Pois, como seria possível que eu pudesse conhecer que duvido e que desejo, isto é, que me falta algo e que não sou inteiramente perfeito, se não tivesse em mim nenhuma ideia de um ser mais perfeito que o meu, em comparação ao qual eu conheceria as carências de minha natureza?

24. E não se pode dizer que esta ideia de Deus talvez seja materialmente falsa, e que, por conseguinte, eu a possa ter do nada, isto é, que ela possa estar em mim pelo fato de eu ter carência, como disse acima, das ideias de calor e de frio e de outras coisas semelhantes: pois, ao contrário, sendo esta ideia mui clara e distinta, e contendo em si mais realidade objetiva do que qualquer outra, não há nenhuma que seja por si mais verdadeira, nem que possa ser menos suspeita de erro e de falsidade.

25. A ideia, digo, desse ser soberanamente perfeito e infinito é inteiramente verdadeira; pois, ainda que talvez se possa fingir que um tal ser não existe, não se pode fingir, todavia, que sua ideia não me representa nada de real, como disse há pouco da ideia do frio.

26. Esta mesma ideia é também mui clara e distinta porque tudo o que meu espírito concebe clara e distintamente de real e de verdadeiro, e que contém em si alguma perfeição, está contido e encerrado inteiramente nessa ideia.

27. E isto não deixa de ser verdadeiro, ainda que eu não compreenda o infinito, ou mesmo que se encontre em Deus uma infinidade de coisas que eu não possa compreender, nem talvez também atingir de modo algum pelo pensamento: pois é da natureza do infinito que minha natureza, que é finita e limitada, não possa compreendê-lo; e basta que eu conceba bem isto, e que julgue que todas as coisas que concebo claramente, e nas quais sei que há alguma perfeição, e talvez também uma infinidade de outras que ignoro, estão em Deus formal ou eminentemente, para que a ideia que dele tenho seja a mais verdadeira, a mais clara e a mais distinta dentre todas as que se acham em meu espírito.

28. Mas é possível também que eu seja algo mais do que imagino ser e que todas as perfeições que atribuo à natureza de um Deus estejam de algum modo em mim em potência, embora ainda não se

produzam e não façam surgir suas ações. Com efeito, já percebo que meu conhecimento aumenta e se aperfeiçoa pouco a pouco e nada vejo que o possa impedir de aumentar cada vez mais até o infinito; pois, sendo assim acrescido e aperfeiçoado, nada vejo que impeça que eu possa adquirir, por seu meio, todas as outras perfeições da natureza divina; e, enfim, parece que o poder que tenho para a aquisição dessas perfeições, se ele existe em mim, pode ser capaz de aí imprimir e introduzir suas ideias. Todavia, olhando um pouco mais de perto, reconheço que isto não pode ocorrer; pois, primeiramente, ainda que fosse verdade que meu conhecimento adquire todos os dias novos graus de perfeição e que houvesse em minha natureza muitas coisas em potência que não existem ainda atualmente, todavia todas essas vantagens não pertencem e não se aproximam de maneira alguma da ideia que tenho da Divindade, na qual nada se encontra em potência, mas onde tudo é atualmente e efetivamente. E não será mesmo um argumento infalível e muito seguro de imperfeição em meu conhecimento o fato de ele crescer ele pouco a pouco e aumentar gradativamente? Demais, ainda que meu conhecimento aumentasse progressivamente, nem por isso deixo de conceber que ele não poderia ser atualmente infinito, porquanto jamais chegará a tão alto grau de perfeição que não seja ainda capaz de adquirir algum maior acréscimo. Mas concebo Deus atualmente infinito em tão alto grau que nada se pode acrescentar à soberana perfeição que ele possui. E, enfim, compreendo muito bem que o ser objetivo de uma ideia não pode ser produzido por um ser que existe apenas em potência, o qual, propriamente falando, não é nada, mas somente por um ser formal ou atual.

29. E por certo nada vejo em tudo o que acabo de dizer que não seja muito fácil de conhecer pela luz natural a todos os que quiserem pensar nisto cuidadosamente: mas, quando abrando um pouco minha atenção, achando-se meu espírito obscurecido e como que cegado pelas imagens das coisas sensíveis, não se lembra facilmente da razão pela qual a ideia que tenho de um ser mais perfeito que o meu deva necessariamente ter sido colocada em mim por um ser que seja de fato mais perfeito.

30. Eis por que desejo passar adiante e considerar se eu mesmo, que tenho essa ideia de Deus, poderia existir, no caso de não haver Deus. E pergunto, de quem tirarei minha existência? Talvez de mim mesmo, ou de meus pais, ou ainda de quaisquer outras causas menos perfeitas do que Deus; pois nada se pode imaginar de mais perfeito, nem mesmo de igual a Ele.

31. Ora, se eu fosse independente de todo outro ser, e fosse eu próprio o autor de meu ser, certamente não duvidaria de coisa alguma, não mais conceberia desejos e, enfim, não me faltaria perfeição alguma; pois eu me teria dado todas aquelas de que tenho alguma ideia e assim seria Deus.

32. E não devo imaginar que as coisas que me faltam são talvez mais difíceis de adquirir do que aquelas das quais já estou de posse; pois, ao contrário, é bem certo que foi muito mais difícil que eu, isto é, uma coisa ou uma substância pensante haja saído do nada, do que me seria adquirir as luzes e os conhecimentos de muitas coisas que ignoro, e que são apenas acidentes dessa substância. E, assim, sem dificuldade, se eu mesmo me tivesse dado esse mais de que acabo de falar, isto é, se eu fosse o autor de meu nascimento e de minha existência, eu não me teria privado ao menos de coisas que são de mais fácil aquisição, a saber, de muitos conhecimentos de que minha natureza está despojada; não me teria tampouco privado de nenhuma das coisas que estão contidas na ideia que concebo de Deus, pois não há nenhuma que me pareça de mais difícil aquisição; e se houvesse alguma, certamente ela me pareceria tal (supondo que tivesse por mim todas as outras coisas que possuo), porque eu sentiria que minha força acabaria neste ponto e não seria capaz de alcançá-lo.

33. E ainda que possa supor que talvez tenha sido sempre como sou agora, nem por isso poderia evitar a força desse raciocínio, e não deixo de conhecer que é necessário que Deus seja o autor de minha existência. Pois todo o tempo de minha vida pode ser dividido em uma infinidade de partes, cada uma das quais não depende de maneira alguma das outras; e assim do fato de ter sido um pouco antes não se segue que eu deva ser atualmente, a não

ser que neste momento alguma causa me produza e me crie, por assim dizer, novamente, isto é, me conserve.

34. Com efeito, é uma coisa muito clara e muito evidente (para todos os que considerarem com atenção a natureza do tempo), que uma substância, para ser conservada em todos os momentos de sua duração, precisa do mesmo poder e da mesma ação, que seria necessário para produzi-la e criá-la de novo, caso não existisse ainda. De sorte que a luz natural nos mostra claramente que a conservação e a criação não diferem senão com respeito à nossa maneira de pensar, e não em efeito. Cumpre, pois, apenas que eu me interrogue a mim mesmo para saber se possuo algum poder e alguma virtude que seja capaz de fazer de tal modo que eu, que sou agora, seja ainda no futuro: pois, já que eu sou apenas uma coisa pensante (ou ao menos já que não se trata até aqui precisamente senão dessa parte de mim mesmo), se um tal poder residisse em mim, decerto eu deveria ao menos pensá-lo e ter conhecimento dele: mas não sinto nenhum poder em mim e por isso reconheço evidentemente que dependo de algum ser diferente de mim.

35. Poderá também ocorrer que este ser de que dependo não seja aquilo que chamo Deus e que eu seja produzido ou por meus pais ou por outras causas menos perfeitas do que ele? Muito ao contrário, isso não pode ser assim. Pois, como já disse anteriormente, é uma coisa evidente que deve haver ao menos tanta realidade na causa quanto em seu efeito. E portanto, já que sou uma coisa pensante, e tenho em mim alguma ideia de Deus, qualquer que seja, enfim, a causa que se atribua à minha natureza, cumpre necessariamente confessar que ela deve ser de igual modo uma coisa pensante e possuir em si a ideia de todas as perfeições que atribuo à natureza divina. Em seguida, pode-se de novo pesquisar se essa causa tem sua origem e sua existência de si mesma ou de alguma outra coisa. Pois se ela a tem de si própria, segue-se, pelas razões que anteriormente aleguei, que deve ser, ela mesma, Deus; porquanto, tendo a virtude de ser e de existir por si, ela deve também, sem dúvida, ter o poder de possuir atualmente todas as perfeições cujas ideias concebe, isto é, todas aquelas que

eu concebo como existentes em Deus. Se ela tira sua existência de alguma outra causa diferente de si, tornar-se-á a perguntar, pela mesma razão, a respeito desta segunda causa, se ela é por si, ou por outrem, até que gradativamente se chegue a uma última causa que se verificará ser Deus. E é muito manifesto que nisto não pode haver progresso até o infinito, posto que não se trata tanto aqui da causa que me produziu outrora como da que me conserva presentemente.

36. Não se pode fingir também que talvez muitas causas juntas tenham concorrido em parte para me produzir, e que de uma recebi a ideia de uma das perfeições que atribuo a Deus, e de outra a ideia de alguma outra, de sorte que todas essas perfeições se encontram na verdade em alguma parte do universo, mas não se acham todas juntas e reunidas em uma só que seja Deus. Pois, ao contrário, a unidade, a simplicidade, ou a inseparabilidade de todas as coisas que existem em Deus, é uma das principais perfeições que concebo existentes Nele; e por certo a ideia dessa unidade e reunião de todas as perfeições de Deus não foi colocada em mim por nenhuma causa da qual eu não haja recebido também as ideias de todas as outras perfeições. Pois ela não pode ter-me feito compreendê-las juntas e inseparáveis, sem fazer, ao mesmo tempo, com que eu soubesse o que elas eram e que as conhecesse a todas de alguma maneira.

37. No que se refere aos meus pais, aos quais parece que devo meu nascimento, ainda que seja verdadeiro tudo quanto jamais pude acreditar a seu respeito, daí não decorre todavia que sejam eles que me conservam, nem que me tenham feito e produzido enquanto coisa pensante, pois apenas puseram algumas disposições nessa matéria, na qual julgo que eu, isto é, meu espírito – a única coisa que considero atualmente como eu próprio – se acha encerrado; e, portanto, não pode haver aqui, quanto a eles, nenhuma dificuldade, mas é preciso concluir necessariamente que, pelo simples fato de que eu existo e de que a ideia de um ser soberanamente perfeito, isto é, Deus, é em mim, a existência de Deus está mui evidentemente demonstrada.

38. Resta-me apenas examinar de que maneira adquiri esta ideia. Pois não a recebi dos sentidos e nunca ela se ofereceu a mim contra minha expectativa, como o fazem as ideias das coisas sensíveis quando essas se apresentam ou parecem apresentar-se aos órgãos exteriores de meus sentidos. Não é também uma pura produção ou ficção de meu espírito; pois não está em meu poder diminuir-lhe ou acrescentar-lhe coisa alguma. E, por conseguinte, não resta outra coisa a dizer senão que, como a ideia de mim mesmo, ela nasceu e foi produzida comigo desde o momento em que fui criado.

39. E certamente não se deve achar estranho que Deus, ao me criar, haja posto em mim esta ideia para ser como que a marca do operário impressa em sua obra; e não é tampouco necessário que essa marca seja algo diferente da própria obra. Mas pelo simples fato de Deus me ter criado, é bastante crível que Ele, de algum modo, me tenha produzido à sua imagem e semelhança e que eu conceba essa semelhança (na qual a ideia de Deus se acha contida) por meio da mesma faculdade pela qual me concebo a mim próprio; isto quer dizer que, quando reflito sobre mim, não só conheço que sou uma coisa imperfeita, incompleta e dependente de outrem, que tende e aspira incessantemente a algo de melhor e de maior do que sou, mas também conheço, ao mesmo tempo, que aquele de quem dependo possui em si todas essas grandes coisas a que aspiro e cujas ideias encontro em mim, não indefinidamente e só em potência, mas que Ele as desfruta de fato, atual e infinitamente e, assim, que Ele é Deus. E toda a força do argumento de que aqui me servi para provar a existência de Deus consiste em que reconheço que seria impossível que minha natureza fosse tal como é, ou seja, que eu tivesse em mim a ideia de um Deus, se Deus não existisse verdadeiramente; esse mesmo Deus, digo eu, do qual existe uma ideia em mim, isto é, que possui todas essas altas perfeições das quais nosso espírito pode possuir alguma ideia, sem, no entanto, compreendê-las a todas que não é sujeito a carência alguma e que nada tem de todas as coisas que assinalam alguma imperfeição.

40. Daí é bastante evidente que Ele não pode ser embusteiro, posto que a luz natural nos ensina que o embuste depende necessariamente de alguma carência.

41. Mas, antes de examinar mais cuidadosamente isso e passar à consideração das outras verdades que daí se podem inferir, parece-me muito a propósito deter-me algum tempo na contemplação deste Deus todo perfeito, ponderar totalmente à vontade seus maravilhosos atributos, considerar, admirar e adorar a incomparável beleza dessa imensa luz, ao menos na medida em que a força de meu espírito, que queda de algum modo ofuscado por Ele, mo puder permitir.

42. Pois, como a fé nos ensina que a soberana felicidade da outra vida não consiste senão nessa contemplação da Majestade divina, assim perceberemos, desde agora, que semelhante meditação, embora incomparavelmente menos perfeita, nos faz gozar do maior contentamento de que sejamos capazes de sentir nesta vida.

# MEDITAÇÃO QUARTA
*Do Verdadeiro e do Falso*

1. Acostumei-me de tal maneira nesses dias passados a desligar meu espírito dos sentidos e notei tão exatamente que há muito poucas coisas que se conhece com certeza no tocante às coisas corporais, que há muito mais que nos são conhecidas quanto ao espírito humano, e muito mais ainda quanto ao próprio Deus, que agora desviarei sem nenhuma dificuldade meu pensamento da consideração das coisas sensíveis ou imagináveis, para dirigi-lo àquelas que, sendo desprendidas de toda matéria, são puramente inteligíveis.

2. E certamente a ideia que tenho do espírito humano, enquanto uma coisa pensante e não extensa, em longura, largura e profundidade, e que não participa de nada que pertença ao corpo, é incomparavelmente mais distinta do que a ideia de qualquer coisa corporal. E quando considero que duvido, isto é, que sou uma coisa incompleta e dependente, a ideia de um ser completo e independente, ou seja, de Deus, apresenta-se a meu espírito com igual distinção e clareza; e do simples fato de que essa ideia se encontra em mim, ou que sou ou existo, eu que possuo esta ideia, concluo tão evidentemente a existência de Deus e que a minha depende

inteiramente Dele em todos os momentos de minha vida, que não penso que o espírito humano possa conhecer algo com maior evidência e certeza. E já me parece que descubro um caminho que nos conduzirá desta contemplação do verdadeiro Deus (no qual todos os tesouros da ciência e da sabedoria estão encerrados) ao conhecimento das outras coisas do Universo.

3. Pois, primeiramente, reconheço que é impossível que Ele jamais me engane, posto que em toda fraude e embuste se encontra algum modo de imperfeição. E, conquanto pareça que poder enganar seja um sinal de sutileza ou de poder, todavia querer enganar testemunha indubitavelmente fraqueza ou malícia. E, portanto, isso não se pode encontrar em Deus.

4. Em seguida, experimento em mim mesmo certa capacidade de julgar, que sem dúvida recebi de Deus, do mesmo modo que todas as outras coisas que possuo; e como ele não quereria iludir-me, é certo que ma deu tal que não poderei jamais falhar, quando a usar como é necessário. E não restaria nenhuma dúvida quanto a esta verdade, se não fosse possível, ao que parece, inferir dela a consequência de que assim nunca me enganei; pois se devo a Deus tudo o que possuo e se Ele não me deu nenhum poder para falhar, parece que nunca devo enganar-me. E, na verdade, quando penso apenas em Deus, não descubro em mim nenhuma causa de erro ou de falsidade; mas em seguida, retornando a mim, a experiência me ensina que estou, não obstante, sujeito a uma infinidade de erros e, ao procurar de mais perto a causa deles, noto que ao meu pensamento não se apresenta somente uma ideia real e positiva de Deus, ou seja, de um ser soberanamente perfeito, mas também, por assim dizer, uma certa ideia negativa do nada, isto é, daquilo que está infinitamente distante de toda sorte de perfeição; e que sou como que um meio entre Deus e o nada, isto é, colocado de tal maneira entre o soberano ser e o não-ser, que nada se encontra em mim, na verdade, que me possa conduzir ao erro, na medida em que um soberano ser me produziu; mas que, se me considero participante de alguma maneira do nada ou do não-ser, isto é, na medida em que não sou eu próprio o soberano ser, acho-me

exposto a uma infinidade de faltas, de modo que não devo espantar-me se me engano.

5. Assim, conheço que o erro enquanto tal não é algo de real que dependa de Deus, mas que é apenas uma carência; e, portanto, que não tenho necessidade, para falhar, de algum poder que me tenha sido dado por Deus particularmente para esse efeito, mas que ocorre que eu me engane pelo fato de o poder que Deus me doou para discernir o verdadeiro do falso não ser infinito em mim.

6. Todavia, isto ainda não me satisfaz inteiramente; pois o erro não é uma pura negação, isto é, não é a simples carência ou falta de alguma perfeição que não me é devida, mas antes é uma privação de algum conhecimento que parece que eu deveria possuir. E considerando a natureza de Deus, não me parece possível que me tenha dado alguma faculdade que seja imperfeita em seu gênero, isto é, à qual falte alguma perfeição que lhe seja devida; pois, se é verdade que, quanto mais um artesão é perito mais as obras que saem de suas mãos são perfeitas e acabadas, que ser imaginaríamos nós que, produzido por esse soberano criador de todas as coisas, não fosse perfeito e inteiramente acabado em todas as suas partes? E por certo não há dúvida de que Deus só pode me ter criado de tal maneira que jamais eu pudesse enganar-me; é certo também que ele quer sempre aquilo que é o melhor: ser-me-á, pois, mais vantajoso falhar do que não falhar?

7. Considerando isso com mais atenção, ocorre-me inicialmente ao pensamento que não me devo espantar se minha inteligência não for capaz de compreender por que Deus faz o que faz e que assim não tenho razão alguma de duvidar de sua existência, pelo fato de que, talvez, eu veja por experiência muitas outras coisas sem poder compreender por que razão nem como Deus as produziu, pois, sabendo já que minha natureza é extremamente fraca e limitada, e, ao contrário, que a de Deus é imensa, incompreensível e infinita, não mais tenho dificuldade em reconhecer que há uma infinidade de coisas em sua potência cujas causas ultrapassam o alcance de meu espírito. E esta única razão é suficiente para persuadir-me de que todo esse gênero de causas que se costumam

tirar do fim não é de uso algum nas coisas físicas ou naturais; pois não me parece que eu possa sem temeridade procurar e tentar descobrir os fins impenetráveis de Deus.

8. Demais, vem-me ainda ao espírito que não devemos considerar uma única criatura separadamente, quando pesquisamos se as obras de Deus são perfeitas, mas de uma maneira geral todas as coisas em conjunto. Pois a mesma coisa que poderia talvez, com alguma forma de razão, parecer muito imperfeita, caso estivesse inteiramente só, apresenta-se muito perfeita em sua natureza, caso seja encarada como parte de todo este Universo. E, embora, desde que me propus a tarefa de duvidar de todas as coisas, eu tenha conhecido com certeza apenas minha existência e a de Deus, todavia também, já que reconheci o infinito poder de Deus, não poderia negar que Ele não tenha produzido muitas outras coisas, ou, pelo menos, que não as possa produzir, de sorte que eu exista e seja colocado no mundo como parte da universalidade de todos os seres.

9. E, em seguida, olhando-me mais de perto e considerando quais são meus erros (que apenas testemunham haver imperfeição em mim), descubro que dependem do concurso de duas causas, a saber, do poder de conhecer que existe em mim e do poder de escolher, ou seja, meu livre-arbítrio; isto é, de meu entendimento e conjuntamente de minha vontade. Isto porque, só pelo entendimento, não asseguro nem nego coisa alguma, mas apenas concebo as ideias das coisas que posso assegurar ou negar. Ora, considerando-o assim precisamente, pode-se dizer que jamais encontraremos nele erro algum, desde que se tome a palavra erro em sua significação própria. E, ainda que haja talvez uma infinidade de coisas neste mundo das quais não tenho ideia alguma em meu entendimento, não se pode por isso dizer que ele seja privado dessas ideias como de algo que seja devido à sua natureza, mas somente que não as tem; porque, com efeito, não há razão alguma capaz de provar que Deus devesse dar-me uma faculdade de conhecer maior e mais ampla do que aquela que me deu; e, por hábil e engenhoso operário que eu mo represente, nem por isso devo pensar que devesse pôr em cada uma de suas obras todas as

perfeições que pode pôr em algumas. Não posso tampouco me lastimar de que Deus não me tenha dado um livre-arbítrio ou uma vontade bastante ampla e perfeita, visto que, com efeito, eu a experimento tão vaga e tão extensa que ela não está encerrada em quaisquer limites. E o que me parece muito notável neste ponto é que, de todas as outras coisas existentes em mim, não há nenhuma tão perfeita e tão extensa que eu não reconheça efetivamente que ela poderia ser ainda maior e mais perfeita. Pois, por exemplo, se considero a faculdade de conceber que há em mim, acho que ela é de uma extensão muito pequena e grandemente limitada e, ao mesmo tempo, eu me represento a ideia de uma outra faculdade muito mais ampla e mesmo infinita; e, pelo simples fato de que me posso representar sua ideia, conheço sem dificuldade que ela pertence à natureza de Deus. Da mesma maneira, se examino a memória ou a imaginação, ou qualquer outro poder, não encontro nenhum que não seja em mim muito pequeno e limitado e que em Deus não seja imenso e infinito. Resta tão somente vontade, que eu sinto ser em mim tão grande, que não concebo absolutamente a ideia de nenhuma outra mais ampla e mais extensa: de sorte que é principalmente ela que me faz conhecer que eu trago a imagem e a semelhança de Deus. Pois, ainda que seja incomparavelmente maior em Deus do que em mim, quer por causa do conhecimento e do poder que, aí se encontrando juntos, a tornam mais firme e mais eficaz, quer por causa do objeto, na medida em que a vontade se dirige e se estende infinitamente a mais coisas; ela não me parece todavia maior se eu a considero formal e precisamente nela mesma. Pois consiste somente em que podemos fazer uma coisa ou deixar de fazer (isto é, afirmar ou negar, perseguir ou fugir) ou, antes, somente em que, para afirmar ou negar, perseguir ou fugir às coisas que o entendimento nos propõe, agimos de tal maneira que não sentimos absolutamente que alguma força exterior nos obrigue a tanto. Pois, para que eu seja livre, não é necessário que eu seja indiferente na escolha de um ou de outro dos dois contrários; mas antes, quanto mais eu pender para um, seja porque eu conheça evidentemente que o bom e o verdadeiro aí se encontrem, seja porque Deus disponha assim o interior do meu pensamento, tanto mais livremente o escolherei e o abraçarei. E certamente a graça divina e o conhecimento natural, longe de diminuírem minha liberdade, antes a aumentam e a fortalecem. De maneira que esta indiferença que sinto, quando não sou absolutamente impelido para um lado mais do que para outro pelo peso de alguma razão, é o mais baixo grau da liberdade e faz parecer mais uma carência no conhecimento do que uma perfeição na vontade; pois, se eu conhecesse sempre claramente o que é verdadeiro e o que é bom, nunca estaria em dificuldade para deliberar que juízo ou que escolha deveria fazer; e assim seria inteiramente livre sem nunca ser indiferente.

10. De tudo isso reconheço que nem o poder da vontade, o qual recebi de Deus, não é em si mesmo a causa de meus erros, pois é muito amplo e muito perfeito na sua espécie; nem tampouco o poder de entender ou de conceber: pois, nada concebendo senão por meio deste poder que Deus me conferiu para conceber, não há dúvida de que tudo o que concebo, concebo como é necessário e não é possível que nisso me engane. Donde nascem, pois, meus erros? A saber, somente de que, sendo a vontade muito mais ampla e extensa que o entendimento, eu não a contenho nos mesmos limites, mas estendo-a também às coisas que não entendo; das quais, sendo a vontade por si indiferente, ela se perde muito facilmente e escolhe o mal pelo bem ou o falso pelo verdadeiro. O que faz com que eu me engane e peque.

11. Por exemplo, examinando, esses dias passados, se alguma coisa existia no mundo e reconhecendo que, pelo simples fato de examinar esta questão decorria necessariamente que eu próprio existia, não podia impedir-me de julgar que era verdadeira uma coisa que concebia tão claramente, não que a isso me achasse forçado por alguma causa exterior, mas somente porque a uma grande clareza que havia no meu entendimento seguiu-se uma forte inclinação em minha vontade; e fui levado a acreditar com tanto mais liberdade quanto me encontrei com menos indiferença. Ao contrário, agora, não somente sei que existo na medida em que sou

alguma coisa que pensa, mas apresenta-se também ao meu espírito uma certa ideia da natureza corpórea; o que faz com que eu duvide se esta natureza pensante que existe em mim, ou antes, pela qual eu sou o que sou, é diferente dessa natureza corpórea, ou ainda, se ambas não são senão uma mesma coisa. E suponho, aqui, que não conheço ainda nenhuma razão que me persuada de uma coisa mais do que de outra: donde se segue que sou inteiramente indiferente quanto a negá-lo ou assegurá-lo, ou mesmo ainda a abster-me de dar algum juízo a este respeito.

12. E essa indiferença não se estende somente às coisas das quais o entendimento não tem nenhum conhecimento, mas geralmente também a todas aquelas que ele não descobre com uma clareza perfeita no momento em que a vontade delibera sobre elas; pois, por prováveis que sejam as conjeturas que me tornam inclinado a julgar alguma coisa, o tão-só conhecimento que tenho de que são apenas conjeturas e não razões certas e indubitáveis, basta para me dar ocasião de julgar o contrário. Isto é o que experimentei suficientemente nesses dias passados, ao estabelecer como falso tudo o que tivera antes como muito verdadeiro, pelo simples fato de ter notado que se podia duvidar disso de alguma maneira.

13. Ora, se me abstenho de formular meu juízo sobre uma coisa, quando não a concebo com suficiente clareza e distinção, é evidente que o utilizo muito bem e que não estou enganado; mas, se me determino a negá-la ou a assegurá-la, então não me sirvo como devo de meu livre-arbítrio; se garanto o que não é verdadeiro, é evidente que me engano, e até mesmo, ainda que julgue segundo a verdade, isto não ocorre senão por acaso e eu não deixo de falhar e de utilizar mal o meu livre-arbítrio; pois a luz natural nos ensina que o conhecimento do entendimento deve sempre preceder a determinação da vontade. E é neste mau uso do livre-arbítrio que se encontra a privação que constitui a forma do erro. A privação, digo, encontra-se na operação na medida em que procede de mim; mas ela não se acha no poder que recebi de Deus, nem mesmo na operação na medida em que ela depende dele. Pois não tenho certamente nenhum motivo de me lastimar pelo fato de que

Deus não me deu uma inteligência mais capaz, ou uma luz natural maior do que aquela que Dele recebi, posto que, com efeito, é próprio do entendimento finito não compreender uma infinidade de coisas e [é] próprio de um entendimento criado o ser finito: mas tenho todos os motivos de Lhe render graças pelo fato de que, embora jamais me devesse algo, me tenha dado, não obstante, todo o pouco de perfeição que existe em mim; estando bem longe de conceber sentimentos tão injustos como o de imaginar que Ele me tirou ou reteve injustamente as outras perfeições que não me deu. Não tenho também motivo de me lastimar do fato de me haver dado uma vontade mais ampla do que o entendimento, uma vez que, consistindo a vontade em apenas uma coisa, e sendo seu sujeito como que indivisível, parece que sua natureza é tal que dela nada se poderia tirar sem destruí-la; e, certamente, quanto maior for ela, mais tenho que agradecer a bondade Daquele que ma deu. E, enfim, não devo também lamentar-me de que Deus concorra comigo para formar os atos dessa vontade, isto é, os juízos nos quais eu me engano, porque esses atos são inteiramente verdadeiros e absolutamente bons na medida em que dependem de Deus; e há, de alguma forma, mais perfeição em minha natureza, pelo fato de que posso formá-los, do que se não o pudesse. Quanto à privação, que consiste na única razão formal do erro e do pecado, não tem necessidade de nenhum concurso de Deus, já que não é uma coisa ou um ser e que, se a relacionamos a Deus como à sua causa, ela não deverá ser chamada privação mas somente negação, segundo o significado que se atribui a essas palavras na Escola.

14. Pois, com efeito, não é uma imperfeição em Deus o fato de Ele me haver concedido a liberdade de dar meu juízo ou de não o dar sobre certas coisas, a cujo respeito Ele não pôs um claro e distinto saber em meu entendimento; mas, sem dúvida, é em mim uma imperfeição o fato de eu não a usar corretamente e de dar temerariamente meu juízo sobre coisas que eu concebo apenas com obscuridade e confusão.

15. Vejo, no entanto, que era fácil a Deus fazer de sorte que eu nunca me enganasse, embora permanecesse livre e com um conhe-

cimento limitado, a saber, dando a meu entendimento uma clara e distinta inteligência de todas as coisas a respeito das quais eu devia alguma vez deliberar, ou então, se apenas houvesse gravado tão profundamente em minha memória a resolução de nunca julgar a respeito de alguma coisa sem concebê-la clara e distintamente, de sorte que eu nunca a pudesse esquecer. E noto efetivamente que, enquanto me considero inteiramente só, como se apenas eu existisse no mundo, teria sido muito mais perfeito do que sou, caso Deus me houvesse criado de modo que eu nunca falhasse. Mas não posso por isso negar que não seja, de alguma maneira, a maior perfeição em todo o Universo, o fato de algumas de suas partes não serem isentas de defeitos, do que se fossem todas semelhantes. E não tenho nenhum direito de me lastimar se Deus, tendo-me colocado no mundo, não me tenha querido colocar na ordem das coisas mais nobres e mais perfeitas; tenho mesmo motivo de me rejubilar porque, se Ele não me concedeu a virtude de jamais falhar através do meio a que me referi acima, que depende de um claro e evidente conhecimento de todas as coisas a respeito das quais posso deliberar, Ele ao menos deixou em meu poder o outro meio, que é reter firmemente a resolução de jamais formular meu juízo a respeito de coisas cuja verdade não conheço claramente. Pois, embora eu note essa fraqueza em minha natureza, de não poder ligar continuamente meu espírito a um mesmo pensamento, posso, todavia, por uma meditação atenta e amiúde reiterada, imprimi-la tão fortemente na memória, que não deixe jamais de lembrar-me todas as vezes de que tiver necessidade, e adquirir, desta maneira, o hábito de nunca falhar. E, na medida em que é nisto que consiste a maior e [a] principal perfeição dos homens, considero não ter ganho pouco com esta Meditação, ao haver descoberto a causa das falsidades e dos erros.

16. E, certamente, não pode haver outra além daquela que expliquei; pois, todas as vezes que retenho minha vontade nos limites de meu conhecimento, de tal modo que ela não formule juízo algum senão a respeito das coisas que lhe são clara e distintamente representadas pelo entendimento, não pode ocorrer que eu me

engane; porque toda concepção clara e distinta é sem dúvida algo de real e de positivo, e portanto não pode ter sua origem no nada, mas deve ter necessariamente Deus como seu autor; Deus, digo, que, sendo soberanamente perfeito, não pode ser causa de erro algum; e, por conseguinte, é preciso concluir que uma tal concepção ou um tal juízo é verdadeiro.

17. De resto, não somente aprendi hoje o que devo evitar para não mais falhar, mas também o que devo fazer para chegar ao conhecimento da verdade. Pois, certamente, chegarei a tanto se demorar suficientemente minha atenção sobre todas as coisas que conceber perfeitamente e se as separar das outras que não compreendo senão com confusão e obscuridade. E disto, doravante, cuidarei zelosamente.

## MEDITAÇÃO QUINTA
*Da Essência das Coisas Materiais e, Novamente, de Deus, que Ele Existe*

1. Restam-me muitas outras coisas a examinar, concernentes aos atributos de Deus e à minha própria natureza, isto é, ao meu espírito: mas retomarei em outra ocasião, talvez, a sua pesquisa. Agora (após haver notado o que cumpre fazer ou evitar para chegar ao conhecimento da verdade), o que tenho principalmente a fazer é tentar sair e desembaraçar-me de todas as dúvidas em que mergulhei nesses dias passados e ver se não é possível conhecer nada de certo no tocante às coisas materiais.

2. Mas, antes de examinar se há tais coisas que existam fora de mim, devo considerar suas ideias, na medida em que se encontram em meu pensamento e ver quais são distintas e quais são confusas.

3. Em primeiro lugar, imagino distintamente esta quantidade que os filósofos chamam vulgarmente de quantidade contínua, ou a extensão em longura, largura e profundidade que há nessa quantidade ou, antes, na coisa à qual ela é atribuída. Demais, posso enumerar nela muitas partes diversas e atribuir a cada uma dessas partes toda sorte de grandezas, de figuras, de situações e de movimentos; e, enfim, posso consignar a cada um desses movimentos toda espécie de duração.

4. E não conheço estas coisas com distinção apenas quando as considero em geral; mas, também, por pouco que eu a isso aplique minha atenção, concebo uma infinidade de particularidades referentes aos números, às figuras, aos movimentos e a outras coisas semelhantes, cuja verdade se revela com tanta evidência e se acorda tão bem com minha natureza que, quando começo a descobri-las, não parece que aprendo algo de novo, mas, antes, que me recordo de algo que já sabia anteriormente, isto é, que percebo coisas que estavam já no meu espírito embora eu ainda não tivesse voltado meu pensamento para elas.

5. E o que, aqui, estimo mais considerável é que encontro em mim uma infinidade de ideias de certas coisas que não podem ser consideradas um puro nada, embora talvez elas não tenham nenhuma existência fora de meu pensamento, e que não são fingidas por mim, conquanto esteja em minha liberdade pensá-las ou não pensá-las; mas elas possuem suas naturezas verdadeiras e imutáveis. Como, por exemplo, quando imagino um triângulo, ainda que não haja talvez em nenhum lugar do mundo, fora de meu pensamento, uma tal figura, e que nunca tenha havido alguma, não deixa, entretanto, de haver uma certa natureza ou forma, ou essência determinada dessa figura, a qual é imutável e eterna, que eu não inventei absolutamente e que não depende de maneira alguma de meu espírito; como parece, pelo fato de que se pode demonstrar diversas propriedades desse triângulo, a saber, que os três ângulos são iguais a dois retos, que o maior ângulo é oposto ao maior lado e outras semelhantes, as quais agora, quer queira, quer não, reconheço mui claramente e mui evidentemente estarem nele, ainda que não tenha antes pensado nisto de maneira alguma, quando imaginei pela primeira vez um triângulo; e, portanto, não se pode dizer que eu as tenha fingido e inventado.

6. E aqui só posso me objetar que talvez essa ideia de triângulo tenha vindo ao meu espírito por intermédio de meus sentidos, porque vi algumas vezes corpos de figura triangular; pois posso formar em meu espírito uma infinidade de outras figuras, a cujo respeito não se pode alimentar a menor suspeita de que jamais tenham caído

sob os sentidos e não deixo, todavia, de poder demonstrar diversas propriedades relativas à sua natureza, bem como à do triângulo: as quais devem ser certamente todas verdadeiras, visto que as concebo claramente. E, portanto, elas são alguma coisa e não um puro nada; pois é muito evidente que tudo o que é verdadeiro é alguma coisa e já demonstrei amplamente acima que todas as coisas que conheço clara e distintamente são verdadeiras. E, conquanto não o tivesse demonstrado, todavia a natureza de meu espírito é tal que não me poderia impedir de julgá-las verdadeiras enquanto as concebo clara e distintamente. E me recordo que, mesmo quando estava ainda fortemente ligado aos objetos dos sentidos, tivera entre as mais constantes verdades aquelas que eu concebia clara e distintamente no que diz respeito às figuras, aos números e às outras coisas que pertencem à Aritmética e à Geometria.

7. Agora, se do simples fato de que posso tirar de meu pensamento a ideia de alguma coisa segue-se que tudo quanto reconheço pertencer clara e distintamente a esta coisa pertence-lhe de fato, não posso tirar disto um argumento e uma prova demonstrativa da existência de Deus? É certo que não encontro menos em mim sua ideia, isto é, a ideia de um ser soberanamente perfeito, do que a ideia de qualquer figura ou de qualquer número que seja. E não conheço menos clara e distintamente que uma existência atual e eterna pertence à sua natureza do que conheço que tudo quanto posso demonstrar de qualquer figura ou de qualquer número pertence verdadeiramente à natureza dessa figura ou desse número. E, portanto, ainda que tudo o que concluí nas Meditações anteriores não fosse de modo algum verdadeiro, a existência de Deus deve apresentar-se em meu espírito ao menos como tão certa quanto considerei até agora todas as verdades das Matemáticas, que se referem apenas aos números e às figuras: embora, na verdade, isto não pareça de início inteiramente manifesto e se afigure ter alguma aparência de sofisma. Pois, estando habituado em todas as outras coisas a fazer distinção entre a existência e a essência, persuado-me facilmente de que a existência pode ser separada da essência de Deus e de que, assim, é possível conceber Deus como não existindo atualmente. Mas, não obstante,

quando penso nisso com maior atenção, verifico claramente que a existência não pode ser separada da essência de Deus, tanto quanto da essência de um triângulo retilíneo não pode ser separada a grandeza de seus três ângulos iguais a dois retos ou, da ideia de uma montanha, a idéia de um vale; de sorte que não sinto menos repugnância em conceber um Deus (isto é, um ser soberanamente perfeito) ao qual falte existência (isto é, ao qual falte alguma perfeição), do que em conceber uma montanha que não tenha vale.

8. Mas, ainda que, com efeito, eu não possa conceber um Deus sem existência, tanto quanto uma montanha sem vale, todavia, como do simples fato de eu conceber uma montanha com vale não se segue que haja qualquer montanha no mundo; do mesmo modo, embora eu conceba Deus com existência, parece não decorrer daí que haja algum Deus existente: pois meu pensamento não impõe necessidade alguma às coisas; e como só depende de mim o imaginar um cavalo alado, ainda que não haja nenhum que disponha de asas, assim eu poderia, talvez, atribuir existência a Deus, ainda que não houvesse Deus algum existente. Mas não é assim, é que aqui há um sofisma escondido sob a aparência desta objeção: pois pelo fato de que não posso conceber uma montanha sem vale não se segue que haja montanha alguma nem vale algum, mas somente que a montanha e o vale, quer existam quer não, não podem, de maneira alguma, ser separados um do outro; ao passo que, do simples fato de eu não poder conceber Deus sem existência, segue-se que a existência Lhe é inseparável, e, portanto, que existe verdadeiramente: não que meu pensamento possa fazer que isso seja assim, e que imponha às coisas qualquer necessidade; mas, ao contrário, porque a necessidade da própria coisa, a saber, da existência de Deus, determina meu pensamento a concebê-Lo dessa maneira. Pois não está em minha liberdade conceber um Deus sem existência (isto é, um ser soberanamente perfeito sem uma soberana perfeição), como me é dada a liberdade de imaginar um cavalo sem asas ou com asas.

9. E não se deve dizer aqui que é, na verdade, necessário eu confessar que Deus existe após ter suposto que Ele possui todas as sortes de perfeições, posto que a existência é uma delas, mas que,

com efeito, minha primeira suposição não era necessária; da mesma maneira que não é necessário pensar que todas as figuras de quatro lados podem inscrever-se no círculo, mas que, supondo que tenho este pensamento, sou obrigado a confessar que o romboide pode inscrever-se no círculo, já que é uma figura de quatro lados; e, assim, serei obrigado a confessar uma coisa falsa. Não se deve, digo, alegar isto: pois, ainda que não seja necessário que eu incida jamais em algum pensamento de Deus, todas as vezes, no entanto, que me ocorrer pensar em um ser primeiro e soberano, e tirar, por assim dizer, sua idéia do tesouro de meu espírito, é necessário que eu lhe atribua todas as espécies de perfeição, embora eu não chegue a enumerá-las todas e a aplicar minha atenção a cada uma delas em particular. E esta necessidade é suficiente para me fazer concluir (depois que reconheci ser a existência uma perfeição), que este ser primeiro e soberano existe verdadeiramente: do mesmo modo que não é necessário que jamais eu imagine triângulo algum; mas todas as vezes que quero considerar uma figura retilínea composta somente de três ângulos, é absolutamente necessário que eu lhe atribua todas as coisas que servem para concluir que seus três ângulos não são maiores do que dois retos, ainda que talvez não considere, então, isto em particular. Mas quando examino que figuras são capazes de ser inscritas no círculo, não é de maneira alguma necessário que eu pense que todas as figuras de quatro lados se encontram neste rol; pelo contrário, nem mesmo posso fingir que isso ocorra, enquanto eu nada quiser receber em meu pensamento que não possa conceber clara e distintamente. E, por conseguinte, há uma grande diferença entre as falsas suposições, como essa, e as verdadeiras ideias que nasceram comigo e, dentre as quais, a primeira e principal é a de Deus.

10. Pois, com efeito, reconheço de muitas maneiras que esta ideia não é de modo algum algo fingido ou inventado, que dependa somente de meu pensamento, mas que é a imagem de uma natureza verdadeira e imutável. Primeiramente, porque eu nada poderia conceber, exceto Deus só, a cuja essência a existência pertence com necessidade. E, em seguida, também, porque não me é possível conceber

dois ou muitos Deuses da mesma maneira. E, posto que há um agora que existe, vejo claramente que é necessário que ele tenha existido anteriormente por toda a eternidade e que exista eternamente para o futuro. E, enfim, porque conheço uma infinidade de outras coisas em Deus, das quais nada posso diminuir nem mudar.

11. De resto, de qualquer prova e argumento que eu me sirva, cumpre sempre retornar a esse ponto, isto é, que são somente as coisas que concebo clara e distintamente que têm a força de me persuadir inteiramente. E, embora, entre as coisas que concebo dessa maneira, haja na verdade algumas manifestamente conhecidas de qualquer [um], e haja outras também que não se revelam senão àqueles que as consideram de mais perto e que as examinam mais exatamente; todavia, uma vez descobertas, não são consideradas menos certas uma dos que as outras. Como, por exemplo, em todo triângulo retângulo, ainda que não pareça tão facilmente, de início, que o quadrado da base é igual aos quadrados dos dois outros lados, como é evidente que essa base é oposta ao maior ângulo; não obstante, uma vez que isto foi reconhecido, ficamos persuadidos tanto da verdade de um como da de outro. E no que concerne a Deus, certamente, se meu espírito não estivesse prevenido por quaisquer prejuízos e se meu pensamento não se encontrasse distraído pela presença contínua das imagens das coisas sensíveis, não haveria coisa alguma que eu conhecesse melhor nem mais facilmente do que ele. Pois, haverá algo por si mais claro e mais manifesto do que pensar que há um Deus, isto é, um ser soberano e perfeito, em cuja ideia, e somente nela, a existência necessária ou eterna está incluída e, por conseguinte, que existe?

12. E, conquanto, para bem conceber essa verdade, eu tivesse necessitado de grande aplicação de espírito, presentemente, todavia, estou mais seguro dela do que de tudo quanto me parece mais certo: mas, além disso, noto que a certeza de todas as outras coisas dela depende tão absolutamente que, sem esse conhecimento, é impossível jamais conhecer algo perfeitamente.

13. Pois, ainda que eu seja de tal natureza que, tão logo compreenda algo bastante claro e distintamente, sou naturalmente

levado a acreditá-lo verdadeiro; no entanto, já que sou também de tal natureza que não posso manter sempre o espírito ligado a uma mesma coisa, e que amiúde me recordo de ter julgado uma coisa verdadeira, quando deixo de considerar as razões que me obrigaram a julgá-la dessa maneira, pode acontecer que nesse ínterim outras razões se me apresentem, as quais me fariam facilmente mudar de opinião se eu ignorasse que há um Deus. E, assim, eu jamais teria uma ciência verdadeira e certa de qualquer coisa que seja, mas somente opiniões vagas e inconstantes.

14. Como, por exemplo, quando considero a natureza do triângulo, conheço evidentemente, eu que sou um pouco versado em Geometria, que seus três ângulos são iguais a dois retos, e não me é possível não acreditar nisso enquanto aplico meu pensamento à sua demonstração; mas, tão logo eu o desvie dela, embora me recorde de tê-la claramente compreendido, pode ocorrer facilmente que eu duvide de sua verdade caso ignore que haja um Deus. Pois posso persuadir-me de ter sido feito de tal modo pela natureza que possa enganar-me facilmente, mesmo nas coisas que acredito compreender com mais evidência e certeza; principalmente, visto que me lembro de haver muitas vezes estimado muitas coisas como verdadeiras e certas, que, em seguida, outras razões me levaram a julgar absolutamente falsas.

15. Mas, após ter reconhecido haver um Deus, porque ao mesmo tempo reconheci também que todas as coisas dependem Dele e que Ele não é enganador, e que, em seguida a isso, julguei que tudo quanto concebo clara e distintamente não pode deixar de ser verdadeiro: ainda que não mais pense nas razões pelas quais julguei tal ser verdadeiro, desde que me lembre de tê-lo compreendido clara e distintamente, ninguém pode apresentar-me razão contrária alguma que me faça jamais colocá-lo em dúvida; e, assim, tenho dele uma ciência certa e verdadeira. E esta mesma ciência se estende também a todas as outras coisas que me lembro ter outrora demonstrado, como as verdades da Geometria e outras semelhantes: pois, [o] que me poderão objetar, para obrigar-me a colocá-las em dúvida? Dir-me-ão que minha natureza é tal

que sou muito sujeito a enganar-me? Mas, já sei que não posso me enganar nos juízos cujas razões conheço claramente. Dir-me--ão que outrora tive muitas coisas por verdadeiras e certas, as quais mais tarde reconheci serem falsas? Mas eu não havia conhecido claramente nem distintamente tais coisas e, não conhecendo ainda esta regra pela qual me certifico da verdade, era levado a acreditar nelas por razões que reconheci depois serem menos fortes do que então imaginara. O que mais poderão, pois, objetar-me? Que talvez eu durma (como eu mesmo me objetei acima) ou que todos os pensamentos que tenho atualmente não são mais verdadeiros do que os sonhos que imaginamos ao dormir? Mas, mesmo que estivesse dormindo, tudo o que se apresenta a meu espírito com evidência é absolutamente verdadeiro. E, assim, reconheço muito claramente que a certeza e a verdade de toda ciência depende do tão-só conhecimento do verdadeiro Deus: de sorte que, antes que eu o conhecesse, não podia saber perfeitamente nenhuma outra coisa. E, agora que o conheço, tenho o meio de adquirir uma ciência perfeita no tocante a uma infinidade de coisas, não somente das que existem nele, mas também das que pertencem à natureza corpórea, na medida em que ela pode servir de objeto às demonstrações dos geômetras, os quais não se preocupam de modo algum com sua existência.

## MEDITAÇÃO SEXTA
*Da Existência das Coisas Materiais e da Distinção Real
entre a Alma e o Corpo do Homem*

1. Só me resta agora examinar se existe coisas materiais: e certamente ao menos já sei que as pode haver, na medida em que são consideradas como objeto das demonstrações de Geometria, visto que, dessa maneira, eu as concebo mui clara e distintamente. Pois não há dúvida de que Deus tem o poder de produzir todas as coisas que sou capaz de conceber com distinção; e nunca julguei que lhe fosse impossível fazer algo, a não ser quando encontrasse contradição em poder concebê-la. Demais, a faculdade de imaginar que existe em mim e da qual vejo por experiência que me sirvo quando me aplico à consideração das coisas materiais, é capaz de me persuadir da existência delas: pois, quando considero atentamente o que é a imaginação, verifico que ela nada mais é que uma aplicação da faculdade que conhece ao corpo que lhe é intimamente presente e, portanto, que existe.

2. E, para tornar isso mais manifesto, noto primeiramente a diferença que há entre a imaginação e a pura intelecção, ou concepção. Por exemplo, quando imagino um triângulo, não o concebo apenas como uma figura composta e determinada por três linhas, mas, além disso, considero essas três linhas como presentes pela

força e pela aplicação interior de meu espírito; e é propriamente isso que chamo imaginar. Quando quero pensar em um quiliógono, concebo na verdade que é uma figura composta de mil lados, tão facilmente quanto concebo que um triângulo é uma figura composta de apenas três lados; mas não posso imaginar os mil lados de um quiliógono, como faço com os três lados de um triângulo, nem, por assim dizer, vê-los como presentes com os olhos de meu espírito. E conquanto, segundo o costume que tenho de me servir sempre de minha imaginação, quando penso nas coisas corpóreas, ocorra que, concebendo um quiliógono, eu me represente confusamente alguma figura, é, todavia, evidente que essa figura não é um quiliógono, posto que em nada difere daquela que me representaria se pensasse em um miriágono, ou em qualquer outra figura de muitos lados; e que ela não serve de maneira alguma para descobrir as propriedades que estabelecera a diferença entre o quiliógono e os demais polígonos.

3. Quando se trata de considerar um pentágono, é bem verdade que posso conceber sua figura, assim como a do quiliógono, sem o auxílio da imaginação; mas posso também imaginá-la aplicando a atenção de meu espírito a cada um de seus cinco lados e, ao mesmo tempo, à área ou ao espaço que eles encerram. Assim, conheço claramente que tenho necessidade de particular contenção de espírito para imaginar, da qual não me sirvo absolutamente para conceber; e esta particular contenção de espírito mostra evidentemente a diferença que há entre a imaginação e a intelecção, ou concepção pura.

4. Noto, além disso, que esta virtude de imaginar que existe em mim, na medida em que difere do poder de conceber, não é de modo algum necessária à minha natureza ou à minha essência, isto é, à essência de meu espírito; pois, ainda que não a possuísse de modo algum, está fora de dúvida que eu permaneceria sempre o mesmo que sou atualmente: donde me parece que se pode concluir que ela depende de algo que difere de meu espírito. E concebo facilmente que, se algum corpo existe ao qual meu espírito esteja conjugado e unido de tal maneira que ele possa aplicar-se

a considerá-lo quando lhe aprouver, pode acontecer que por este meio ele imagine as coisas corpóreas: de sorte que esta maneira de pensar difere somente da pura intelecção no fato de que o espírito, concebendo, volta-se de alguma forma para si mesmo e considera alguma das ideias que ele tem em si; mas, imaginando, ele se volta para o corpo e considera nele algo de conforme à ideia que formou de si mesmo ou que recebeu pelos sentidos. Concebo, digo, facilmente, que a imaginação pode realizar-se dessa maneira, se é verdade que há corpos; e, uma vez que não posso encontrar nenhuma outra via para mostrar como ela se realiza, conjeturo daí provavelmente que os há; mas não é senão provavelmente e, embora examine cuidadosamente todas as coisas, não verifico, no entanto, que, desta ideia distinta da natureza corporal que tenho em minha imaginação, possa tirar algum argumento que conclua necessariamente a existência de algum corpo.

5. Ora, acostumei-me a imaginar muitas outras coisas além desta natureza corpórea que é o objeto da Geometria, a saber, as cores, os sons, os sabores, a dor e outras coisas semelhantes, embora menos distintamente. E na medida em que percebo muito melhor tais coisas pelos sentidos, por intermédio dos quais, e da memória, elas parecem ter chegado até minha imaginação, creio que, para examiná-las mais comodamente, vem a propósito examinar ao mesmo tempo o que é sentir, e ver se, das ideias que recebo em meu espírito por este modo de pensar, que chamo sentir, posso tirar alguma prova certa da existência das coisas corpóreas.

6. E, primeiramente, recordarei em minha memória quais são as coisas que até aqui considerei como verdadeiras, tendo-as recebido pelos sentidos, e sobre que fundamentos estava apoiada minha crença. E, depois, examinarei as razões que me obrigaram em seguida a colocá-las em dúvida. E, enfim, considerarei o que devo a respeito delas agora acreditar.

7. Primeiramente, pois, senti que possuía cabeça, mãos, pés e todos os outros membros de que é composto este corpo que considerava como parte de mim mesmo ou, talvez, como o todo. Demais, senti que esse corpo estava colocado entre muitos outros, dos

quais era capaz de receber diversas comodidades e incomodidades e advertia essas comodidades por um certo sentimento de prazer ou de voluptuosidade e essas incomodidades por um sentimento de dor. E, além desse prazer e dessa dor, sentia também em mim a fome, a sede e outros semelhantes apetites, como também certas inclinações corporais para a alegria, a tristeza, a cólera e outras paixões semelhantes; e, no exterior, além da extensão, das figuras, dos movimentos dos corpos, notava neles a dureza, o calor e todas as outras qualidades que se revelam ao tato. Demais, aí notava a luz, as cores, os odores, sabores e sons, cuja variedade me fornecia meios de distinguir o céu, a terra, o mar e geralmente todos os outros corpos uns dos outros.

8. E, por certo, considerando as ideias de todas essas qualidades que se apresentavam ao meu pensamento, e as quais eram as únicas que eu sentia própria e imediatamente, não era sem razão que eu acreditava sentir coisas inteiramente diferentes de meu pensamento, a saber, corpos de onde procediam essas ideias. Pois eu experimentava que elas se apresentavam ao meu pensamento sem que meu consentimento fosse requerido para tanto, de sorte que não podia sentir objeto algum, por mais vontade que tivesse, se ele não se encontrasse presente ao órgão de um de meus sentidos; e não estava de maneira alguma em meu poder não o sentir quando ele aí estivesse presente.

9. E, dado que as ideias que recebia pelos sentidos eram muito mais vivas, mais expressas e mesmo, à sua maneira, mais distintas do que qualquer uma daquelas que eu mesmo podia simular, em meditando, ou do que as que encontrava impressas em minha memória, parecia que não podiam proceder de meu espírito; de sorte que era necessário que fossem causadas em mim por quaisquer outras coisas. Coisas das quais não tendo eu nenhum conhecimento senão o que me forneciam essas mesmas ideias, outra coisa me podia vir ao espírito só que essas coisas eram semelhantes às ideias que elas causavam.

10. E já que eu me lembrava também que me servira mais dos sentidos do que da razão e reconhecia que as ideias que eu formava

por mim mesmo não eram tão expressas quanto aquelas que eu recebia dos sentidos e, mesmo, que eram, as mais das vezes, compostas de partes destas, eu me persuadia facilmente de que não havia nenhuma ideia em meu espírito que não tivesse antes passado pelos meus sentidos.

11. Não era também sem alguma razão que eu acreditava que este corpo (que, por um certo direito particular, eu chamava de meu) me pertencia mais propriamente e mais estreitamente do que qualquer outro. Pois, com efeito, jamais eu podia ser separado dele como dos outros corpos; sentia nele e por ele todos os meus apetites e todas as minhas afecções; e, enfim, eu era tocado por sentimentos de prazer e de dor em suas partes e não nas dos outros corpos que são separados dele.

12. Mas, quando examinava por que deste não sei que sentimento de dor segue a tristeza no espírito, e do sentimento de prazer nasce a alegria, ou, ainda, por que esta não sei que emoção do estômago, que chamo fome, nos dá vontade de comer, e a secura da garganta nos dá desejo de beber, e assim por diante, não podia apresentar nenhuma razão, senão que a natureza mo ensinava dessa maneira; pois não há certamente qualquer afinidade nem qualquer relação (ao menos que eu possa compreender) entre essa emoção do estômago e o desejo de comer, assim como entre o sentimento da coisa que causa a dor e o pensamento de tristeza que esse sentimento engendra. E, da mesma maneira, parecia-me que eu aprendera da natureza todas as outras [coisas] que eu julgava no tocante aos objetos dos sentidos; porque eu notava que os juízos, que eu me acostumara a formular a respeito desses objetos, formavam-se em mim antes que eu tivesse o lazer de pesar e considerar quaisquer razões que me pudessem obrigar a formulá-los.

13. Mas, depois, muitas experiências arruinaram, pouco a pouco, todo o crédito que eu dera aos sentidos. Pois observei muitas vezes que as torres, que de longe se me afiguravam redondas, de perto pareciam-me quadradas e que colossos, erigidos sobre os mais altos cimos dessas torres, pareciam-me pequenas estátuas quando as olhava de baixo; e, assim, em uma infinidade

de outras ocasiões, achei erro nos juízos fundados nos sentidos exteriores. E não somente nos sentidos exteriores, mas mesmo nos interiores: pois haverá coisa mais íntima ou mais interior do que a dor? E, no entanto, aprendi outrora de algumas pessoas que tinham os braços e as pernas cortados, que lhes parecia ainda, algumas vezes, sentir dores nas partes que lhes haviam sido amputadas; isto me dava motivo de pensar que eu não podia também estar seguro de ter dolorido algum de meus membros, embora sentisse dores nele.

14. E a essas razões de dúvida, acrescentei ainda, pouco depois, duas outras bastante gerais. A primeira é que jamais acreditei sentir algo, estando acordado, que não pudesse, também algumas vezes, acreditar sentir ao estar dormindo; e como não creio que as coisas que me parece que sinto ao dormir procedam de quaisquer objetos existentes, não via por que devia ter antes essa crença no tocante àquelas que me parece que sinto ao estar acordado. E a segunda é que, não conhecendo ainda ou, antes, fingindo não conhecer o autor de meu ser, nada via que pudesse impedir que eu tivesse sido feito de tal maneira pela natureza que me enganasse mesmo nas coisas que me pareciam ser as mais verdadeiras.

15. E, quanto às razões que me haviam anteriormente persuadido da verdade das coisas sensíveis, não tinha muita dificuldade em rejeitá-las. Pois, parecendo que a natureza levava-me a muitas coisas de que a razão me desviava, não acreditava dever confiar muito nos ensinamentos dessa natureza. E, embora as ideias que recebo pelos sentidos não dependam de minha vontade, não pensava que se devesse, por isso, concluir que procediam de coisas diferentes de mim, posto que talvez possa haver em mim alguma faculdade (apesar de ter até agora permanecido desconhecida para mim), que seja a causa dessas ideias e que as produza.

16. Mas, agora que começo a melhor conhecer-me a mim mesmo e a descobrir mais claramente o autor de minha origem, não penso, na verdade, que deva temerariamente admitir todas as coisas que os sentidos parecem ensinar-nos, mas não penso, tampouco, que deva colocar em dúvida todas em geral.

17. Primeiramente, porque sei que todas as coisas que concebo clara e distintamente podem ser produzidas por Deus tais como as concebo, basta que possa conceber clara e distintamente uma coisa sem uma outra para estar certo de que uma é distinta ou diferente da outra, já que podem ser postas separadamente, ao menos pela onipotência de Deus; e não importa por que potência se faça essa separação, para que seja obrigado a julgá-las diferentes. E, portanto, pelo próprio fato de que conheço com certeza que existo, e que, no entanto, noto que não pertence necessariamente, nenhuma outra coisa à minha natureza ou à minha essência, a não ser que sou uma coisa que pensa, concluo efetivamente que minha essência consiste somente em que sou uma coisa que pensa ou uma substância da qual toda a essência ou natureza consiste apenas em pensar. E, embora talvez (ou, antes, certamente, como direi logo mais) eu tenha um corpo ao qual estou muito estreitamente conjugado, todavia, já que, de um lado, tenho uma ideia clara e distinta de mim mesmo, na medida em que sou apenas uma coisa pensante e inextensa, e que, de outro, tenho uma ideia distinta do corpo, na medida em que é apenas uma coisa extensa e que não pensa, é certo que este eu, isto é, minha alma, pela qual sou o que sou, é inteira e verdadeiramente distinta de meu corpo e que ela pode ser ou existir sem ele.

18. Ainda mais, encontro em mim faculdades de pensar totalmente particulares e distintas de mim, a saber, as faculdades de imaginar e de sentir, sem as quais posso de fato conceber-me clara e distintamente por inteiro, mas que não podem ser concebidas sem mim, isto é, sem uma substância inteligente à qual estejam ligadas. Pois, na noção que temos dessas faculdades, ou (para servir-me dos termos da Escola) no seu conceito formal, elas encerram alguma espécie de intelecção: donde concebo que são distintas de mim, como as figuras, os movimentos e os outros modos ou acidentes dos corpos o são dos próprios corpos que os sustentam.

19. Reconheço, também, em mim, algumas outras faculdades, como as de mudar de lugar, de colocar-me em múltiplas

posturas e outras semelhantes, que não podem ser concebidas, assim como as precedentes, sem alguma substância à qual estejam ligadas, e nem, por conseguinte, existir sem ela; mas é muito evidente que essas faculdades, se é verdade que existem, devem ser ligadas a alguma substância corpórea ou extensa, e não a uma substância inteligente, posto que, no conceito claro e distinto dessas faculdades, há de fato alguma sorte de extensão que se acha contida, porém de modo nenhum qualquer inteligência. Demais, encontra-se em mim certa faculdade passiva de sentir, isto é, de receber e conhecer as ideias das coisas sensíveis; mas ela me seria inútil, e dela não me poderia servir absolutamente, se não houvesse em mim, ou em outrem, uma faculdade ativa, capaz de formar e de produzir essas ideias. Ora, essa faculdade ativa não pode existir em mim enquanto sou apenas uma coisa que pensa, visto que ela não pressupõe meu pensamento, e, também, que essas ideias me são frequentemente representadas sem que eu em nada contribua para tanto e mesmo, amiúde, mau grado meu; é preciso, pois, necessariamente, que ela exista em alguma substância diferente de mim, na qual toda a realidade, que há objetivamente nas ideias por ela produzidas, esteja contida formalmente ou eminentemente (como notei antes). E esta substância é ou um corpo, isto é, uma natureza corpórea, na qual está contida, formal e efetivamente, tudo o que existe objetivamente e por representação nas ideias; ou então é o próprio Deus, ou alguma outra criatura mais nobre do que o corpo, na qual isto mesmo esteja contido eminentemente.

20. Ora, não sendo Deus de modo algum enganador, é muito patente que Ele não me envia essas ideias imediatamente por si mesmo, nem também por intermédio de alguma criatura, na qual a realidade das ideias não esteja contida formalmente, mas apenas eminentemente. Pois, não me tendo dado nenhuma faculdade para conhecer que isto seja assim, mas, ao contrário, uma fortíssima inclinação para crer que elas me são enviadas pelas coisas corporais ou partem destas, não vejo como se poderia desculpá-Lo de embaimento se, com efeito, essas ideias partissem de outras causas que

não coisas corpóreas, ou fossem por elas produzidas. E, portanto, é preciso confessar que há coisas corpóreas que existem.

21. Talvez elas não sejam, todavia, inteiramente como nós as percebemos pelos sentidos, pois essa percepção dos sentidos é muito obscura e confusa em muitas coisas; mas, ao menos, cumpre confessar que todas as coisas que, dentre elas, concebo clara e distintamente, isto é, todas as coisas, falando em geral, compreendidas no objeto da Geometria especulativa, aí se encontram verdadeiramente. Mas, no que se refere a outras coisas, as quais ou são apenas particulares, por exemplo, que o sol seja de uma tal grandeza e de uma tal figura etc., ou são concebidas menos claramente e menos distintamente, como a luz, o som, a dor e outras semelhantes, é certo que, embora sejam elas muito duvidosas e incertas, todavia, do simples fato de que Deus não é enganador e que, por conseguinte, não permitiu que pudesse haver alguma falsidade nas minhas opiniões, que não me tivesse dado também alguma faculdade capaz de corrigi-la, creio poder concluir seguramente que tenho em mim os meios de conhecê-las com certeza.

22. E, primeiramente, não há dúvida de que tudo o que a natureza me ensina contém alguma verdade. Pois, por natureza, considerada em geral, não entendo agora outra coisa senão o próprio Deus, ou a ordem e a disposição que Deus estabeleceu nas coisas criadas. E, por minha natureza, em particular, não entendo outra coisa senão a complexão ou o conjunto de todas as coisas que Deus me deu.

23. Ora, nada há que esta natureza me ensine mais expressamente nem mais sensivelmente do que o fato de que tenho um corpo que está mal disposto quando sinto dor, que tem necessidade de comer ou de beber, quando nutro os sentimentos de fome ou de sede etc. E, portanto, não devo, de modo algum, duvidar que haja nisso alguma verdade.

24. A natureza me ensina também, por esses sentimentos de dor, fome, sede etc., que não somente estou alojado em meu corpo, como um piloto em seu navio, mas que, além disso, lhe estou conjugado muito estreitamente e de tal modo confundido e misturado, que

componho com ele um único todo. Pois, se assim não fosse, quando meu corpo é ferido não sentiria por isso dor alguma, eu que não sou senão uma coisa pensante, e apenas perceberia esse ferimento pelo entendimento, como o piloto percebe pela vista se algo se rompe em seu navio; e quando meu corpo tem necessidade de beber ou de comer, simplesmente perceberia isto mesmo, sem disso ser advertido por sentimentos confusos de fome e de sede. Pois, com efeito, todos esses sentimentos de fome, de sede, de dor etc. nada são exceto maneiras confusas de pensar que provêm e dependem da união e como que da mistura entre o espírito e o corpo.

25. Além disso, a natureza me ensina que muitos outros corpos existem em torno do meu, entre os quais devo procurar uns e fugir de outros. E, certamente, do fato de que sinto diferentes sortes de cores, de odores, de sabores, de sons, de calor e de dureza etc., concluo com segurança que há nos corpos, de onde procedem todas essas diversas percepções dos sentidos, algumas variedades que lhes correspondem, embora essas variedades talvez não lhes sejam efetivamente semelhantes. E, também, do fato de que, entre essas diversas percepções dos sentidos, umas me são agradáveis e outras desagradáveis, posso tirar uma consequência completamente certa, isto é, que meu corpo (ou, antes, eu mesmo por inteiro, na medida em que sou composto do corpo e da alma) pode receber diversas comodidades ou incomodidades dos outros corpos que o circundam.

26. Mas há muitas outras coisas que me parece terem sido ensinadas pela natureza, as quais, todavia, não recebi verdadeiramente dela, mas que se introduziram em meu espírito por certo costume que tenho de julgar inconsideradamente as coisas; e, assim, pode ocorrer facilmente que contenham alguma falsidade. Como, por exemplo, a opinião que tenho segundo a qual todo espaço, no qual nada há que se mova e cause impressão em meus sentidos, é vazio; que em um corpo, que é quente, há alguma coisa de semelhante à ideia do calor que existe em mim; que, em um corpo branco ou negro, há a mesma brancura ou negrume que sinto; que, em um corpo amargo ou doce, há o mesmo gosto ou mesmo sabor e assim por diante; que os astros e as torres, e todos os outros

corpos distantes, têm a mesma figura e grandeza que parecem ter de longe aos nossos olhos etc.

27. Mas, a fim de que nada haja nisso que eu não conceba distintamente, devo definir com precisão o que propriamente entendo quando digo que a natureza me ensina algo. Pois tomo aqui a natureza numa significação muito mais limitada do que quando a denomino conjunto ou complexão de todas as coisas que Deus me deu; visto que esse conjunto ou complexão compreende muitas coisas que pertencem apenas ao espírito, das quais não pretendo falar aqui, ao falar da natureza: como, por exemplo, a noção que tenho desta verdade, de que aquilo que foi uma vez feito já não pode de modo algum deixar de ter sido feito, e uma infinidade de outras semelhantes, que conheço pela luz natural sem a ajuda do corpo, e que compreende também muitas outras que pertencem apenas ao corpo e que aqui não mais estão incluídas sob o nome de natureza: como a qualidade que ele tem de ser pesado, e várias outras semelhantes, das quais não falo tampouco, mas somente das coisas que Deus me deu, como sendo composto de espírito e de corpo. Ora, essa natureza me ensina realmente a fugir das coisas que causam em mim o sentimento da dor e a dirigir-me para aquelas que me comunicam algum sentimento de prazer; mas não vejo que, além disso, ela me ensine que dessas diversas percepções dos sentidos devêssemos jamais concluir algo a respeito das coisas que existem fora de nós, sem que o espírito as tenha examinado cuidadosa e maduramente. Pois é, ao que me parece, somente ao espírito, e não ao composto de espírito e corpo, que compete conhecer a verdade dessas coisas.

28. Assim, ainda que uma estrela não cause em meus olhos mais impressão do que o fogo de uma vela, não há todavia em mim nenhuma faculdade real ou natural que me leve a acreditar que ela não é maior do que esse fogo, mas que assim o julguei desde meus primeiros anos sem nenhum fundamento razoável. E, conquanto, ao me aproximar do fogo, sinta calor e, mesmo, sofra dor, aproximando-me perto demais, não há todavia nenhuma razão que me possa persuadir de que haja no fogo alguma coisa de semelhante a esse calor, assim como a essa dor; mas tenho somente

razão para acreditar que há alguma coisa nele, qualquer que seja, que provoca em mim estes sentimentos de calor ou de dor.

29. Do mesmo modo, também, embora haja espaços nos quais não encontro nada que provoque e que mova meus sentidos, não devo concluir daí que esses espaços não contêm em si nenhum corpo; mas vejo que, tanto nisso como em várias outras coisas semelhantes, acostumei-me a perverter e a confundir a ordem da natureza, porque, tendo estes sentimentos ou percepções dos sentidos sido postos em mim apenas para significar ao meu espírito que coisas são convenientes ou nocivas ao composto de que é parte, e sendo até aí bastante claras e bastante distintas, sirvo-me delas, no entanto, como se fossem regras muito certas, pelas quais possa conhecer imediatamente a essência e a natureza dos corpos que existem fora de mim, da qual todavia nada me podem ensinar senão algo muito confuso e obscuro.

30. Mas acima já examinei suficientemente como, não obstante a soberana bondade de Deus, ocorre que haja falsidade nos juízos que formulo dessa maneira. Somente ainda se apresenta aqui uma dificuldade relativa às coisas que a natureza me ensina que devem ser seguidas ou evitadas e, também, no que concerne aos sentimentos interiores que ela pôs em mim; pois me parece ter reparado nelas algumas vezes a existência do erro, e, assim, que sou diretamente enganado por minha natureza. Como, por exemplo, o gosto agradável de algum alimento ao qual se tenha misturado veneno, pode convidar-me a tomar este veneno e, assim, me enganar. É verdade, todavia, que nisto a natureza pode ser escusada, pois ela me leva somente a desejar o alimento no qual encontro um sabor agradável, e não a desejar o veneno, que lhe é desconhecido; de maneira que disso não posso concluir outra coisa senão que minha natureza não conhece inteira e universalmente todas as coisas: do que, certamente, não há que espantar, posto que o homem, sendo de uma natureza finita, não pode também ter senão um conhecimento de uma perfeição limitada.

31. Mas nós nos enganamos também bastante frequentemente mesmo nas coisas às quais somos diretamente impelidos pela

natureza, como acontece com os doentes, quando desejam beber ou comer coisas que os podem prejudicar. Dir-se-á talvez aqui que a causa de eles se enganarem é que sua natureza é corrompida; mas isso não afasta a dificuldade, porque um homem doente não é menos verdadeiramente criatura de Deus do que um homem que goza de plena saúde; e, portanto, repugna tanto à bondade de Deus que ele tenha uma natureza enganadora e falível quanto o outro. E como um relógio composto de rodas e contrapesos não observa menos exatamente todas as leis da natureza quando é mal feito e quando não mostra bem as horas, do que quando satisfaz inteiramente o desejo do artífice; da mesma maneira também, se considero o corpo do homem como uma máquina, de tal modo construída e composta de ossos, nervos, músculos, veias, sangue e pele que, mesmo que não houvesse nele nenhum espírito, não deixaria de se mover de todas as mesmas maneiras que faz presentemente, quando não se move pela direção de sua vontade, nem, por conseguinte, pela ajuda do espírito, mas somente pela disposição de seus órgãos, reconheço facilmente que seria tão natural a este corpo, sendo, por exemplo, hidrópico, sofrer a secura da garganta que costuma significar ao espírito o sentimento da sede, e dispor-se por esta secura a mover seus nervos e suas outras partes da forma requerida para beber e assim aumentar seu mal e prejudicar-se a si mesmo, quanto lhe é natural, quando não tem nenhuma indisposição, ser levado a beber para sua utilidade por semelhante secura da garganta. E, ainda que, no concernente ao uso ao qual o relógio foi destinado por seu artífice, eu possa dizer que ele se desvia de sua natureza quando não marca bem as horas; e que, do mesmo modo, considerando a máquina do corpo humano como formada por Deus para ter em si todos os movimentos que costumeiramente estão aí, eu tenha motivo de pensar que ela não segue a ordem de sua natureza quando a garganta está seca e que beber prejudica-lhe a conservação; reconheço, todavia, que este último modo de explicar a natureza é muito diferente do outro. Pois esta não é outra coisa senão uma simples denominação, a qual depende inteiramente do meu pensamento, que compara um homem doente e um relógio mal feito com a ideia que tenho de um homem são e de um relógio bem feito, e a qual não significa nada que se encontre na coisa da qual ela é dita; ao passo que, pela outra maneira de explicar a natureza, entendo algo que se encontra verdadeiramente nas coisas e, portanto, não deixa de ter alguma verdade.

32. Mas, certamente, embora em relação ao corpo hidrópico, trate-se apenas de uma denominação exterior, quando se diz que sua natureza está corrompida, pelo fato de que, sem ter necessidade de beber, não deixa de ter a garganta seca e árida; todavia, com respeito à totalidade do composto, isto é, do espírito ou da alma unida a este corpo, não se trata de pura denominação, mas, antes, de verdadeiro erro de natureza, pelo fato de ter sede, quando lhe é muito nocivo o beber; e, portanto, resta ainda examinar como a bondade de Deus não impede que a natureza do homem, tomada desse modo, seja falível e enganadora.

33. Para começar, pois, este exame, noto aqui, primeiramente, que há grande diferença entre espírito e corpo, pelo fato de ser o corpo por sua própria natureza sempre divisível e o espírito inteiramente indivisível. Pois, com efeito, quando considero meu espírito, isto é, eu mesmo, na medida em que sou apenas uma coisa que pensa, não posso aí distinguir partes algumas, mas me concebo como uma coisa única e inteira. E, conquanto o espírito todo pareça estar unido ao corpo todo, todavia um pé, um braço ou qualquer outra parte estando separada do meu corpo, é certo que nem por isso haverá aí algo de subtraído a meu espírito. E as faculdades de querer, sentir, conceber etc., não podem propriamente ser chamadas suas partes: pois o mesmo espírito emprega-se todo em querer e também todo em sentir, em conceber etc. Mas ocorre exatamente o contrário com as coisas corpóreas ou extensas: pois não há uma sequer que eu não faça facilmente em pedaços por meu pensamento, que meu espírito não divida mui facilmente em muitas partes e, por conseguinte, que eu não reconheça ser divisível. E isso bastaria para ensinar-me que o espírito ou a alma do homem é inteiramente diferente do corpo, se já não o tivesse suficientemente aprendido alhures.

34. Noto também que o espírito não recebe imediatamente a impressão de todas as partes do corpo, mas somente do cérebro,

ou talvez mesmo de uma de suas menores partes, a saber, aquela onde se exerce a faculdade que chamam o senso comum, a qual, todas as vezes que está disposta da mesma maneira, faz o espírito sentir a mesma coisa, embora as outras partes do corpo possam estar diversamente dispostas, como o testemunha uma infinidade de experiências, que aqui não é necessário relatar.

35. Noto, além disso, que a natureza do corpo é tal que nenhuma de suas partes pode ser movida por outra parte um pouco distanciada, que não possa sê-lo também da mesma forma por qualquer uma das partes que estão entre as duas, ainda que esta parte mais distante não aja de modo algum. Como, por exemplo, na corda ABCD que está inteiramente tensa, se chegarmos a puxar e mexer a última parte D, a primeira A não se mexerá de maneira diferente da que poderíamos fazê-la mexer-se, se puxássemos uma das partes médias B ou C, e a última D, no entanto, permanecesse imóvel. E, da mesma maneira, quando sinto uma dor no pé, a medicina me ensina que esse sentimento se comunica por meio de nervos dispersos no pé, que se acham estendidos como cordas desde esse lugar até o cérebro, quando eles são puxados no pé, puxam também, ao mesmo tempo, o lugar do cérebro de onde provêm e onde chegam, e aí excitam certo movimento, que a natureza instituiu para fazer sentir dor ao espírito, como se essa dor estivesse no pé. Mas, já que esses nervos devem passar pela perna, pela coxa, pelos rins, pelas costas e pelo pescoço, para estender-se desde os pés até o cérebro, pode ocorrer que, embora suas extremidades que se acham no pé não sejam movidas, mas somente algumas de suas partes que passam pelos rins ou pelo pescoço, isso excite, não obstante, os mesmos movimentos no cérebro que poderiam nele ser excitados por um ferimento recebido no pé, em decorrência do que será necessário que o espírito sinta no pé a mesma dor que sentiria se aí tivesse recebido um ferimento. E cumpre julgar algo semelhante a respeito de todas as outras percepções de nossos sentidos.

36. Enfim, noto que, como de todos os movimentos que se verificam na parte do cérebro do qual o espírito recebe imediatamente

a impressão, cada um causa apenas um certo sentimento, nada se pode desejar nem imaginar nisso de melhor, senão que esse movimento faça o espírito sentir, entre todos os sentimentos que é capaz de causar, aquele que é mais próprio e mais ordinariamente útil à conservação do corpo humano quando goza de plena saúde. Ora, a experiência nos leva a conhecer que todos os sentimentos que a natureza nos deu são tais como acabo de dizer; e, portanto, nada se encontra neles que não torne patentes o poder e a bondade de Deus que os produziu.

37. Assim, por exemplo, quando os nervos que estão no pé são movidos fortemente, e mais do que comumente, seu movimento, passando pela medula da espinha dorsal até o cérebro, provoca uma impressão no espírito que lhe faz sentir algo, isto é, dor, como estando no pé, pela qual o espírito é advertido e excitado a fazer o possível para afugentar sua causa, como muito perigosa e nociva para o pé.

38. É verdade que Deus podia estabelecer a natureza do homem de tal sorte que esse mesmo movimento no cérebro fizesse com que o espírito sentisse uma coisa inteiramente diferente: por exemplo, que o movimento se fizesse sentir a si mesmo, ou na medida em que está no cérebro, ou na medida em que está no pé, ou ainda na medida em que situado em qualquer outro lugar entre o pé e o cérebro, ou enfim, qualquer outra coisa, tal como ela possa ser; mas nada disso teria contribuído tão bem para a conservação do corpo quanto aquilo que lhe faz sentir.

39. Da mesma maneira, quando temos necessidade de beber, nasce daí certa secura na garganta que move seus nervos e, por intermédio deles, as partes interiores do cérebro; e esse movimento faz com que o espírito experimente o sentimento da sede porque, nessa ocasião, nada há que nos seja mais útil do que saber que temos necessidade de beber, para a conservação da saúde; e assim quanto aos outros.

40. Donde é inteiramente manifesto que, não obstante a soberana bondade de Deus, a natureza do homem, enquanto composto do espírito e do corpo, não pode deixar de ser, algumas vezes, falível e enganadora.

41. Pois, se há alguma causa que excite, não no pé, mas em qualquer uma das partes do nervo que está tendido desde o pé até o cérebro, ou mesmo no cérebro, o mesmo movimento que se faz ordinariamente quando o pé está mal disposto, sentir-se-á a dor como se ela estivesse no pé e o sentido será naturalmente enganado; porque o mesmo movimento no cérebro não podendo causar no espírito senão o mesmo sentimento e este sentimento sendo muito mais frequentemente excitado por uma causa que fere o pé, do que por alguma outra que esteja alhures, é bem mais razoável que ele leve ao espírito a dor do pé do que a dor de alguma outra parte. E, embora a secura da garganta nem sempre provenha, como de ordinário, do fato de que beber é necessário para a saúde do corpo, mas algumas vezes de uma causa inteiramente contrária, como experimentam os hidrópicos, todavia é muito melhor que ela engane neste caso do que se, ao contrário, ela enganasse sempre quando o corpo está bem disposto; e, assim, em relação às outras coisas.

42. E certamente essa consideração me serve muito, não somente para reconhecer todos os erros a que minha natureza está sujeita, mas também para evitá-los ou para corrigi-los mais facilmente: pois, sabendo que todos os meus sentidos me significam mais ordinariamente o verdadeiro do que o falso no tocante às coisas que se referem às comodidades ou incomodidades do corpo, e podendo quase sempre me servir de vários dentre eles para examinar uma mesma coisa e, além disso, podendo usar de minha memória para ligar e juntar os conhecimentos presentes aos passados e de meu entendimento que já descobriu todas as causas de meus erros, não devo temer doravante que se encontre falsidade nas coisas que me são mais ordinariamente representadas pelos meus sentidos. E devo rejeitar todas as dúvidas desses dias passados como hiperbólicas e ridículas, particularmente esta incerteza tão geral no que diz respeito ao sono que eu não podia distinguir da vigília: pois agora encontro uma diferença muito notável, no fato de que nossa memória não pode jamais ligar e juntar nossos sonhos uns com os outros e com toda a sequência de nossa vida, assim como costuma juntar as coisas que nos acontecem quando

despertos. E, com efeito, se alguém, quando eu estou acordado, me aparecesse de súbito e desaparecesse da mesma maneira, como fazem as imagens que vejo ao dormir, de modo que eu não pudesse notar nem de onde viesse, nem para onde fosse, não seria sem razão que eu o consideraria mais um espectro ou um fantasma formado no meu cérebro e semelhante àqueles que aí se formam quando durmo do que um verdadeiro homem. Mas quando percebo coisas das quais conheço distintamente o lugar de onde vêm e aquele onde estão, e o tempo no qual elas me aparecem e quando, sem nenhuma interrupção, posso ligar o sentimento que delas tenho com a sequência do resto de minha vida, estou inteiramente certo de que as percebo em vigília e de modo algum em sonho. E não devo de maneira alguma duvidar da verdade dessas coisas se, depois de haver convocado todos os meus sentidos, minha memória e meu entendimento para examiná-las, nada me for apresentado por algum deles que esteja em oposição com o que me for apresentado pelos outros. Pois, do fato de que Deus não é enganador, segue-se necessariamente que nisso não sou enganado.

43. Mas, como a necessidade dos afazeres nos obriga amiúde a nos determinar antes que tenhamos tido o lazer de examiná-las tão cuidadosamente, é preciso confessar que a vida do homem está sujeita a falhar muito frequentemente nas coisas particulares; e, enfim, é preciso reconhecer a imperfeição e a fraqueza de nossa natureza.

OBJEÇÕES E RESPOSTAS

SEGUNDAS OBJEÇÕES

RECOLHIDAS PELO R. P. MERSENNE DA BOCA
DE DIVERSOS TEÓLOGOS E FILÓSOFOS

Senhor,

Visto que, para confundir os novos gigantes do século, que ousam atacar o Autor de todas as coisas, empreendestes firmar-lhe o trono demonstrando sua existência, e que vosso intento parece tão bem conduzido que as pessoas de bem podem esperar que doravante não haverá quem, depois de ler atentamente vossas *Meditações*, não confesse haver uma divindade eterna de que dependem todas as coisas, julgamos oportuno vos advertir, e solicitar ao mesmo tempo, que difundais ainda sobre certas passagens, que assinalaremos mais abaixo, uma tal luz que nada reste em toda a vossa obra que não seja, se possível, mui clara e mui manifestamente demonstrado. Pois, já que desde muitos anos, por contínuas meditações, exercitastes de tal modo vosso espírito que as coisas que se afiguram a outrem obscuras e incertas podem parecer-vos mais claras, e que as concebeis, talvez, por uma simples inspeção do espírito, sem vos aperceberdes da obscuridade que os outros nelas encontram, convém que sejais advertido daquelas que precisam ser mais clara e mais amplamente explicadas e demonstradas; e, quando nos tiverdes satisfeito nisso, não cremos que alguém mais possa negar que as razões, cuja dedução começastes para a glória de Deus e a utilidade pública, não devem ser tomadas por demonstrações.

*Primeiramente*, haveis de recordar-vos que não foi atualmente e em verdade, mas apenas por uma ficção do espírito, que rejeitastes, tanto quanto vos foi possível, as ideias de todos os corpos, como coisas simuladas ou fantasmas enganadores, para concluir que sois somente uma coisa pensante; de medo que talvez, assim sendo, vós considereis que se possa concluir que *de fato* e *sem ficção* não sois nada mais senão um espírito, ou uma coisa que pensa; foi só o que achamos digno de observação no tocante às vossas duas primeiras Meditações, onde mostrais claramente ser certo ao menos que vós que pensais sois algo. Mas detenhamo-nos um pouco nesse ponto. Até aí sabeis que sois uma coisa pensante, mas não conheceis ainda o que é essa coisa pensante. E como sabeis que não é um corpo que, por seus diversos movimentos e choques, efetua essa ação que denominamos pensamento? Pois, embora acrediteis haverdes rejeitado todas as espécies de corpos, podia acontecer que vos enganásseis, não tendo rejeitado a vós próprio, que sois um corpo. Pois, como provais que um corpo não pode pensar? Ou que movimentos corporais não são o próprio pensamento? E por que o sistema todo de vosso corpo, que credes haver rejeitado, ou partes dele, as do cérebro, por exemplo, não podem concorrer para formar esses movimentos que chamamos pensamentos? Eu sou, dizeis, uma coisa pensante; mas como sabeis que não sois, outrossim, um movimento corpóreo, ou um corpo movido?

*Segundamente*, da ideia de um ser soberano, que, sustentais, vós mesmo não podeis produzir, ousais concluir a existência de um soberano ser, de quem somente pode proceder a ideia que se acha em vosso espírito. Mas encontramos em nós próprios um fundamento suficiente, em que basta estarmos apoiados para poder formar essa ideia, embora não haja nenhum soberano ser, ou não saibamos se existe algum e sua existência não nos venha mesmo ao pensamento; pois não vejo que, tendo a faculdade de pensar, tenho em mim algum grau de perfeição? E não vejo também que outros, além de mim, possuem grau semelhante? E isso me serve de base para pensar em qualquer número que seja e para juntar também um grau de perfeição ao outro, até o infinito; da mesma maneira que, mesmo se houvesse no mundo um único grau de calor ou de luz, poderia, não obstante, juntá-los e supor sempre outros novos até o infinito. Por que analogamente não poderia acrescentar a qualquer grau de ser que percebo existir em mim, outro grau qualquer, e, de todos os graus capazes de serem adicionados, constituir a ideia de um ser perfeito? Mas, dizeis, o efeito não pode apresentar nenhum grau de perfeição, ou de realidade, que não tenha estado anteriormente na sua causa. Mas (além de verificarmos todos os dias que as moscas e inúmeros outros animais, assim como as plantas, são produzidos pelo sol, pela chuva e pela terra, nos quais não há nenhuma vida[1], como há nesses animais, vida que é mais nobre do que qualquer outro grau puramente corpóreo, de onde resulta que o efeito cobra, de sua causa, alguma realidade, que no entanto não existia na causa); mas, digo eu, essa ideia nada mais é que um ente de razão, que não é mais nobre do que vosso espírito que a concebe. Além disso, como sabeis que esta ideia jamais se vos ofereceria ao espírito, se tivésseis passado toda a vida num deserto, e nunca em companhia de pessoas sapientes? E não se poderia alegar que a hauristes dos pensamentos que vos haviam ocorrido anteriormente, dos ensinamentos dos livros, dos discursos e conversações de vossos amigos etc., e não de vosso exclusivo espírito, ou de um soberano ser existente? Portanto, cumpre provar mais claramente que essa ideia não poderia estar em vós se não houvesse nenhum soberano ser; e então seremos os primeiros a nos render a vosso raciocínio, e dar-nos-emos todos as mãos. Ora, que tal ideia procede dessas noções antecipadas, patenteia-se, parece, assaz claramente do fato de os canadenses, os hurões e os outros homens selvagens não possuírem neles tal ideia, a qual podeis até formar do conhecimento que tendes das coisas corporais; de sorte que vossa ideia

---

1. Refere-se à "geração espontânea".

nada mais representa senão esse mundo corporal, que abrange todas as perfeições que poderíeis imaginar; de sorte que não podeis concluir outra coisa, exceto que há um ente corpóreo muito perfeito; a não ser que junteis algo mais, que eleve vosso espírito ao conhecimento das coisas espirituais ou incorpóreas. Ainda aqui é possível afirmar que a ideia de um anjo pode existir em vós, tanto quanto a de um ser mais perfeito, sem que haja necessidade, para tanto, de que seja formada em vós por um anjo realmente existente, embora o anjo seja mais perfeito do que vós. Mas não tendes a ideia de Deus, assim como a de um número ou a de uma linha infinita; e, ainda que pudésseis tê-la, este número é inteiramente impossível. Adicionai a isto que a ideia de unidade e simplicidade de uma única perfeição que envolva e contenha todas as outras constitui-se unicamente pela operação do entendimento que raciocina, assim como se constituem as unidades universais, que não estão nas coisas, mas somente no entendimento, como é visível pela unidade genérica, transcendental etc.

*Em terceiro lugar*, como ainda não estais certo da existência de Deus e dizeis, no entanto, que não podeis estar seguro de coisa alguma, ou conhecer coisa alguma clara e distintamente, se primeiro não conheceis certa e claramente que Deus existe, segue-se que não sabeis ainda que sois uma coisa pensante, porquanto, segundo vós, tal conhecimento depende do conhecimento claro de um Deus existente, que ainda não demonstrastes, nos lugares onde concluis que conheceis claramente o que sois. Adicionai a isso que um ateu conhece clara e distintamente que os três ângulos de um triângulo são iguais a dois retos, embora esteja muito longe de crer na existência de Deus, posto que a negou completamente: porque, diz ele, se Deus existisse, haveria um soberano ser e um soberano bem, isto é, um infinito; ora, o que é infinito em todo gênero de perfeição exclui toda outra coisa que seja, não somente toda espécie de ser e de bem, mas, outrossim, toda espécie de não-ser e de mal; no entanto, há muitos seres e muitos bens, assim como muitos não-seres e muitos males; objeção à qual julgamos ser oportuno que vós respondais, de modo que aos ímpios nada mais reste a objetar, e que possa servir de pretexto à sua impiedade.

*Em quarto lugar*, negais que Deus possa mentir ou enganar; conquanto se encontrem escolásticos que sustentem o contrário, como Gabriel, Ariminensis e alguns outros, os quais pensam que Deus mente, falando absolutamente, isto é, que Ele significa algo aos homens contra sua intenção, e contra o que decretou e resolveu, como quando, sem acrescentar condição, diz aos ninivitas por Seu profeta: *Ainda quarenta dias, e Nínive será subvertida*, e ao dizer muitas outras coisas que não aconteceram, porque não pretendeu que tais palavras correspondessem à sua intenção ou a seu decreto. Porque se empederniu e cegou o Faraó, e se pôs nos profetas um espírito de mentira, como podeis afirmar que não podemos ser enganados por Ele? Não pode Deus comportar-se com os homens como um médico com seus doentes, e um pai com seus filhos, que tanto um como outro enganam tão amiúde, mas sempre com prudência e utilidade? Pois se Deus nos mostrasse a verdade inteira e nua, que olho ou antes que espírito possuiria bastante força para suportá-la?

Ainda que, a bem dizer, não seja necessário supor um Deus enganador, para que sejais decepcionados nas coisas que pensais conhecer clara e distintamente, visto que a causa dessa decepção pode estar em vós, embora nem sequer o sonheis. Pois como sabeis que vossa natureza não é tal que ela se engana sempre, ou ao menos com muita frequência? E onde vos informaram que, no tocante às coisas que pensais conhecer clara e distintamente, é certo que nunca estivestes enganado, e que não o podeis estar? Pois quantas vezes verificamos que as pessoas se enganam em coisas que pensavam ver mais claramente do que o sol! Portanto, esse princípio do conhecimento claro e distinto deve ser explicado tão clara e distintamente que, doravante, ninguém dotado de espírito razoável possa ficar decepcionado nas coisas que julgar conhecer clara e distintamente; de outro modo, ainda não vemos nada que possamos responder com certeza sobre a verdade de qualquer coisa.

*Em quinto lugar*, se a vontade nunca pode falhar, ou não peca de maneira alguma, quando segue e se deixa conduzir pelas luzes claras e distintas do espírito que a governa e, se, ao contrário, expõe-se ao perigo, quando persegue e abrange os conhecimentos obscuros e confusos do entendimento, notai que daí parece possível inferir que os turcos e os outros infiéis não só não pecam quando não abraçam a religião cristã e católica, mas até mesmo pecam quando a abraçam, pois não conhecem sua verdade nem clara nem distintamente. Ainda mais, se for verdadeira essa regra que estabeleceis, não será dado à vontade abranger senão pouquíssimas coisas, visto que não conhecemos quase nada com a clareza e distinção que exigis, para constituir uma certeza que não esteja sujeita a nenhuma dúvida. Tomai, pois, cuidado, se vos apraz, para que, pretendendo firmar o partido da verdade, não proveis mais do que o necessário, e para que em vez de apoiá-lo não o derrubeis.

*Em sexto lugar*, nas vossas respostas às objeções precedentes, parece que deixastes de tirar a devida conclusão do seguinte argumento: *O que entendemos pertencer clara e distintamente à natureza, ou à essência, ou à forma imutável e verdadeira de qualquer coisa, pode ser dito ou afirmado com verdade desta coisa; mas (depois de observar assaz cuidadosamente o que é Deus) entendemos clara e distintamente que pertence à Sua verdadeira e imutável natureza, que Ele existe.* Cumpriria concluir: Logo (após observar assaz cuidadosamente o que é Deus), podemos dizer ou afirmar com verdade, que pertence à natureza de Deus que Ele exista. Daí não decorre que Deus existe de fato, mas somente que deve existir, caso Sua natureza seja possível, ou não repugne em nada; isto é, que a natureza ou a essência de Deus é inconcebível sem existência, de tal sorte que, se esta essência é, Ele existe realmente. Isso se relaciona com o argumento que outros propõem da seguinte forma: se não implica que Deus seja, é certo que Ele existe; ora, não implica que Ele exista; portanto etc. Mas o que está em discussão é a menor, a saber, *que não implica que Ele exista,* cuja verdade alguns de nossos adversários põem em dúvida e outros negam. Demais, esta cláusula de vosso raciocínio (*após termos assaz claramente reconhecido e observado o que é Deus*) é suposta como verdadeira, no que nem todo mundo está ainda de acordo, já que vós próprio confessais que não compreendeis o infinito senão imperfeitamente; o mesmo se deve dizer de todos os seus outros atributos: pois, sendo tudo o que é em Deus inteiramente infinito, qual o espírito capaz de compreender a menor coisa que seja em Deus, senão mui imperfeitamente? Como podeis, portanto, ter observado bastante clara e distintamente o que é Deus?

*Em sétimo lugar*, não encontramos uma só palavra em vossas *Meditações* sobre a imortalidade da alma humana, que, no entanto, devíeis principalmente provar, dando-lhe mui exata demonstração para confundir essas pessoas indignas da imortalidade, pois a negam, e talvez a detestem. Mas, além disso, tememos que não haveis ainda provado suficientemente a distinção que existe entre a alma e o corpo do homem, como já notamos na primeira de nossas observações, à qual acrescentamos que não parece seguir-se, dessa distinção da alma com o corpo, que ela seja incorruptível ou imortal; pois quem sabe se sua natureza não é limitada pela duração da vida corporal, e se Deus não mediu de tal maneira Suas forças e Sua existência, que ela finde com o corpo?

Eis, Senhor, as coisas a que desejamos que forneçais maior luz para que a leitura de vossas mui sutis, e, como estimamos, mui verdadeiras *Meditações*, seja proveitosa a todo mundo. Daí por que seria muito útil, se, ao fim de vossas soluções, após terdes primeiramente adiantado algumas definições, postulados e axiomas, concluirdes o todo, segundo o método dos geômetras, em que sois tão bem versado, para que de uma só vez, e como de um só relance, vossos leitores possam encontrar com o que se satisfazer, e para que preenchais seus espíritos com o conhecimento da divindade.

# RESPOSTAS DO AUTOR ÀS SEGUNDAS OBJEÇÕES RECOLHIDAS DE MUITOS TEÓLOGOS E FILÓSOFOS PELO R. P. MERSENNE

Senhores,

Foi com muita satisfação que li as vossas observações sobre o meu pequeno tratado da Filosofia primeira; pois deram-me a conhecer a benevolência que tivestes para comigo, a vossa piedade para com Deus e o cuidado que tomais para o avanço de sua glória; e só posso regozija-me, não apenas porque julgastes minhas razões dignas de vossa censura, mas também porque nada adiantais contra elas, que não me pareça poder responder bastante comodamente.

*Em primeiro lugar*, vós me advertis para que eu me recorde: *Que não foi atualmente e em verdade, mas apenas por uma ficção do espírito, que rejeitei as ideias ou os fantasmas dos corpos, para concluir que sou uma coisa pensante, de medo que talvez eu considere que daí se segue que eu não sou senão uma coisa que pensa*. Mas já mostrei, na minha Meditação Segunda, que me lembrava suficientemente disso, visto haver colocado aí essas palavras: *Mas também pode acontecer que essas mesmas coisas que suponho não existirem de modo algum, porque me são desconhecidas, não difiram efetivamente de mim que conheço: nada sei a respeito, não discuto agora sobre isso* etc., pelas quais pretendi expressamente advertir o leitor de que, naquele ponto, não procurava ainda saber se o espírito era diferente do corpo, mas examinava somente aquelas de suas propriedades de que posso ter claro e seguro conhecimento. E, posto que o observei aí muitas vezes, não posso admitir sem distinção o que acrescentais em seguida: *Que não sei no entanto o que é uma coisa que pensa.* Pois, embora confesse que não sabia ainda se essa coisa pensante não era diferente do corpo, ou se o era, não confesso com isso que não a conhecia de modo algum, pois quem jamais conheceu de tal maneira alguma coisa, que soubesse nada haver nela exceto aquilo mesmo que conhecia? Mas pensamos conhecer tanto melhor uma coisa quanto mais particularidades dela conhecemos; assim, temos mais conhecimento daqueles com quem conversamos todos os dias, do que daqueles de que só conhecemos o nome ou o rosto; e, todavia, não julgamos que esses nos sejam inteiramente desconhecidos; nesse sentido penso ter suficientemente demonstrado que o espírito, considerado sem as coisas que se costumam atribuir ao corpo, é mais conhecido que o corpo considerado sem o espírito. E é tudo o que pretendia provar nessa Meditação Segunda.

Mas bem vejo o que pretendeis dizer, a saber, que, havendo eu escrito apenas seis meditações sobre a Filosofia primeira, os leitores se espantarão de que, nas duas primeiras, não conclua nada mais senão o que acabo de declarar nesse instante, e por isso hão de achá-las demasiado estéreis e indignas de terem sido trazidas à luz. A isso respondo somente não temer que aqueles que houverem lido com discernimento o restante do que escrevi tenham ocasião de suspeitar que eu haja malogrado no trato da matéria; mas que me pareceu muito razoável que as coisas que exigem particular atenção, e devem ser consideradas separadamente das outras, fossem postas em meditações separadas.

Eis por que, não conhecendo nada mais útil para alcançar um firme e seguro conhecimento das coisas do que acostumar-se, antes de estabelecer algo, a duvidar de tudo e principalmente das coisas corporais, embora houvesse visto há longo tempo muitos livros escritos pelos céticos e acadêmicos sobre a matéria e não fosse sem certo fastio que ruminava um alimento tão comum, não pude todavia dispensar-me de lhe conceder uma Meditação inteira; e gostaria que os leitores empregassem não apenas o pouco tempo necessário para lê-la, mas alguns meses, ou ao menos algumas semanas, em considerar as coisas de que ela trata, antes de passar além; pois assim não duvido que aufiram lucro bem melhor da leitura do restante.

Ademais, por não termos tido até agora quaisquer ideias das coisas pertencentes ao espírito, que não fossem muito confusas e misturadas às ideias das coisas sensíveis, e por ter sido esta a primeira e principal razão pela qual não se pode entender assaz claramente nenhuma das coisas que se diziam de Deus e da alma, pensei que não faria pouco se mostrasse como é preciso distinguir as propriedades ou qualidades do espírito das propriedades ou qualidades do corpo, e como é preciso reconhecê-las; pois, embora muitos já tenham dito que, para bem entender as coisas imateriais ou metafísicas, é necessário distanciar o nosso espírito dos sentidos, não obstante ninguém, que eu saiba, mostrou ainda por qual meio é possível realizá-lo. Ora, o verdadeiro, e, a meu juízo, o único meio para isso está contido na minha Meditação Segunda; mas é de tal ordem que não basta tê-lo encarado uma vez, cumpre examiná-lo amiúde e considerá-lo durante muito tempo, a fim de que o hábito de confundir as coisas intelectuais com as corporais, que se enraizou em nós no curso de toda a nossa vida, possa ser expungido por um hábito contrário, o de distingui-las, adquirido pelo exercício de alguns dias. E isso me pareceu uma causa bastante justa para que não versasse outra matéria na Meditação Segunda.

Perguntais aqui como demonstro que o corpo não pode pensar; mas perdoai-me se respondo que ainda não dei lugar a tal questão, tendo apenas começado a tratá-la na Meditação Sexta, pelas seguintes palavras: *É suficiente que eu possa clara e distintamente conceber uma coisa sem outra, para ser certo que uma é distinta ou diferente da outra etc.* E pouco depois: *Ainda que eu tenha um corpo que me seja mui estreitamente ligado, no entanto, porque, de um lado, possuo uma ideia clara e distinta de mim próprio, na medida em que sou apenas uma coisa que pensa, e não extensa, e que, de outro, possuo uma ideia clara e distinta do corpo, na medida em que é apenas uma coisa extensa, e que não pensa, é certo que eu, isto é, meu espírito, ou minha alma, pela qual sou o que sou, é inteira e verdadeiramente distinta de meu corpo, e que pode ser ou existir sem ele.* Ao que é fácil adicionar: *Tudo o que pode pensar é espírito, ou se chama espírito. Mas como o corpo e o espírito são realmente distintos, nenhum corpo é espírito.* Logo, nenhum corpo pode pensar. E certamente nada vejo nisso que possais negar; pois negareis vós que basta concebermos claramente uma coisa sem outra, para sabermos que são realmente distintas? Daí-nos, portanto, algum signo mais certo da distinção real, se é que se pode dar algum. Pois, o que direis vós? Que essas coisas são realmente distintas, podendo cada qual existir sem a outra? Mas eu tornaria a perguntar-vos de onde sabeis que uma coisa pode existir sem a outra. Pois, para que isso constitua um signo de distinção, é necessário que seja conhecido.

Alegareis talvez que os sentidos vo-lo fazem conhecer, porque vedes uma coisa na ausência de outra, ou porque a tocais etc. Mas a fé dos sentidos é mais incerta que a do entendimento; e pode acontecer de muitas maneiras que uma só e mesma coisa se apresente a nossos sentidos sob diversas formas, ou em diversos lugares e maneiras, sendo assim tomada por duas. E enfim, se vos recordais do que foi dito da cera ao termo da Meditação Segunda, sabeis que os corpos mesmos não são propriamente conhecidos pelos sentidos, mas só pelo entendimento; de tal modo que sentir uma coisa sem uma outra nada é senão ter a ideia de uma coisa, e entender que essa ideia não é a mesma que a ideia de uma outra: ora, isso só é cognoscível pelo fato de que uma coisa é concebida sem a outra; o que não pode ser certamente conhecido, se não se tem a ideia clara e distinta dessas duas coisas: e assim esse signo de real distinção deve reduzir-se ao meu para tornar-se certo.

Porque se há os que negam haver ideias distintas do espírito e do corpo, nada posso fazer, exceto pedir-lhes que considerem assaz atentamente as coisas contidas nessa Meditação Segunda, e notem que a opinião, por eles adotada, de que as partes do cérebro concorrem com o espírito para formar nossos pensamentos, não se baseia em nenhuma razão positiva, mas apenas em que jamais experimentaram ter existido sem corpo, e que com muita frequência foram impedidos por ele em suas operações; e isso é o mesmo que se alguém, pelo fato de levar desde a infância ferros nos pés, julgasse que tais ferros constituíam parte de seu corpo, e lhe eram necessários para andar.

*Em segundo lugar*, quando dizeis: *Que temos em nós próprios um fundamento suficiente para formar a ideia de Deus,* nada dizeis em contrário à minha opinião. Pois eu mesmo afirmei em termos expressos, ao fim da Meditação Terceira: *Que esta ideia nasceu comigo, e ela não me vem de outra parte senão de mim mesmo.* Confesso também *que poderíamos formá-la, embora não soubéssemos que há um soberano ser,* mas não se efetivamente não existisse um ente assim; pois, ao invés, adverti *que toda força de meu argumento consiste em que não poderia ocorrer que a faculdade de formar essa ideia existisse em mim, se eu não tivesse sido criado por Deus.*

E o que dizeis das moscas, das plantas etc. não prova, de maneira alguma, que algum grau de perfeição possa estar num efeito, não tendo estado antes na causa. Pois, é certo não haver perfeição nos animais destituídos de razão, que não se encontre também nos corpos inanimados, ou, se há alguma perfeição, esta lhes provém de outra parte, não sendo o sol, a chuva e a terra as causas totais desses animais. E seria algo bem afastado da razão se alguém, pelo simples fato de não conhecer causa que concorra para a geração de uma mosca e que possua tantos graus de perfeição quantos há numa mosca, não estando todavia seguro de que não haja outras além das que conhece, aproveitasse a ocasião para duvidar de uma coisa, a qual, como logo direi mais amplamente, é manifesta pela luz natural.

A isso acrescento que tudo quanto objetais aqui acerca das moscas, sendo tirado da consideração das coisas materiais, não pode vir ao espírito daqueles que, seguindo a ordem de minhas *Meditações*, desviam seus pensamentos das coisas sensíveis, para começar a filosofar.

Não me parece tampouco que provais algo contra mim, afirmando *que a ideia de Deus que está em nós é apenas um ser de razão*. *Pois isso* não é verdade, *se por um ser de razão* se compreende uma coisa que não existe, mas somente se todas as operações do entendimento são tomadas por *seres de razão*, isto é, por seres que partem da razão; nesse sentido, todo esse mundo pode também chamar-se um ser de razão divina, isto é, um ser criado por um simples ato do entendimento divino. E já adverti suficientemente, em vários lugares, que falava apenas da perfeição ou realidade objetiva dessa ideia de Deus, a qual não requer menos uma causa, onde esteja contido de fato tudo o que não está contido nela senão objetivamente ou por representação, do que a requer o artifício objetivo ou representado, existente na ideia que qualquer artesão tem de uma máquina muito artificial.

E por certo não vejo como se possa acrescentar algo para explicar mais claramente que esta ideia não pode estar em nós se um soberano ser não existe, a menos que o leitor, notando mais de perto as coisas que já escrevi, se livre a si mesmo dos prejuízos que lhe ofuscam talvez a luz natural, e se acostume a dar crédito às primeiras noções, cujos conhecimentos são tão verdadeiros e tão evidentes, como nada mais pode sê-lo, de preferência às opiniões obscuras e falsas, mas que um longo uso gravou profundamente em nossos espíritos.

Pois, que nada exista em um efeito que não tenha existido de forma semelhante ou mais excelente na causa, é uma primeira noção, e tão evidente que não há nada mais claro; e esta outra noção comum, *que de nada nada se faz*, a compreende em si, porque, se se concorda que exista algo no efeito que não existiu na sua causa, cumpre concordar também que isso procede do nada; e se é evidente que o nada não pode ser a causa de algo, é somente porque, nesta causa, não haveria a mesma coisa do que no efeito.

Constitui também uma primeira noção que toda a realidade, ou toda a perfeição, que só está objetivamente nas ideias, deve estar formal ou eminentemente nas suas causas; e toda opinião que jamais nutrimos sobre a existência das coisas fora de nós apoia-se tão somente nela. Pois, de onde nos poderia advir a suspeita de que existissem, se não do simples fato de suas ideias virem pelos sentidos ferir nosso espírito?

Ora, que há em nós alguma ideia de um ente soberanamente poderoso e perfeito, e também que a realidade objetiva desta ideia não se encontra em nós, nem formal, nem eminentemente, isto tornar-se-á manifesto aos que pensarem seriamente no assunto, e quiserem dar-se ao trabalho de meditá-lo comigo; mas não poderia enfiá-lo à força no espírito dos que lerem as minhas *Meditações* apenas como um romance, para se desenfadar, e sem lhes prestar grande atenção. Ora, de tudo isso, conclui-se mui manifestamente que Deus existe. E todavia, em favor daqueles cuja luz natural é tão fraca que não veem que constitui uma primeira noção *que toda a perfeição que está objetivamente numa ideia deve estar realmente em alguma de suas causas*, ainda a demonstrei de maneira fácil de conceber, mostrando que o espírito que tem esta ideia não pode existir por si próprio; e portanto não vejo o que podeis desejar mais para me dardes as mãos, como haveis prometido.

Não vejo tampouco que tenhais provado algo contra mim, dizendo que talvez eu tenha recebido a ideia que me representa Deus *dos pensamentos que concebi anteriormente, dos ensinamentos dos livros, dos discursos e conversas de meus amigos etc. e não somente de meu espírito.* Pois meu argumento terá sempre a mesma força, se, dirigindo-me àqueles de quem se diz que eu a recebi, eu lhes perguntar se a têm por si mesmos, ou por outrem, em vez de perguntá-lo a mim próprio; e eu concluirei sempre que este outro é Deus, de quem ela é primeiramente derivada.

Quanto ao que acrescentais neste ponto, *de que ela pode ser formada da consideração das coisas corporais*, não me parece mais verossímil do que se disserdes que não dispomos de qualquer faculdade auditiva, mas que, pela simples visão das cores, chegamos ao conhecimento dos sons. Pois pode-se afirmar que há mais analogia ou relação entre as cores e os sons de que entre as coisas corporais e Deus. E quando pedis *que eu adicione alguma coisa que nos eleve até o conhecimento do ser imaterial ou espiritual*, o melhor que posso fazer é remeter-vos à minha Meditação Segunda, a fim de ao menos saberdes que ela não é totalmente inútil; pois o que poderia fazer eu aqui com um ou dois períodos, se nada consegui adiantar com um longo discurso preparado unicamente para tal assunto, e ao qual me parece não haver dispensado menos diligência do que a qualquer outro escrito por mim publicado?

E ainda que esta Meditação haja tratado somente do espírito humano, nem por isso é menos útil para explicar a diferença que há entre a natureza divina e a das coisas materiais. Pois, na realidade, quero confessar aqui francamente que a ideia que temos, por exemplo, do entendimento divino, não me parece diferir da que temos de nosso próprio entendimento, senão apenas como a ideia de um número infinito difere da do número binário ou do ternário; e acontece o mesmo com todos os atributos de Deus, de que reconhecemos em nós algum vestígio.

Mas, além disso, concebemos em Deus uma imensidade, simplicidade ou unidade absoluta, que abrange e contém todos Seus outros atributos, e da qual não encontramos em nós, ou alhures, nenhum exemplo; mas ela é (assim como já disse antes) *como que a marca do obreiro impressa em sua obra*. E, por seu intermédio, sabemos que nenhuma das coisas que concebemos estar em Deus e em nós, e que consideramos Nele por partes e como se fossem distintas, por causa da fraqueza de nosso entendimento, e que experimentamos como tais em nós, não convém a Deus e a nós na forma denominada unívoca nas Escolas. Assim também sabemos que, das muitas coisas particulares que não têm fim, cujas ideias possuímos, tais como as de um conhecimento sem fim, de uma potência, de um número, de um comprimento etc., que também são sem fim, há algumas que se acham contidas formalmente na ideia que temos de Deus, como o conhecimento e a potência, e outras que aí se encontram apenas eminentemente, como o número e o comprimento; o que por certo não seria assim, se tal ideia não fosse outra coisa em nós senão uma ficção.

E ela não seria tampouco concebida tão exatamente da mesma maneira por todo o mundo; pois é notável que todos os metafísicos concordem unanimemente na descrição dos atributos de Deus (ao menos dos que a simples razão humana pode conhecer), de tal sorte que não há coisa física nem sensível, nada de que tenhamos uma ideia tão expressa e tão palpável, a respeito de cuja natureza não haja entre os filósofos maior diversidade de opiniões do que se verifica no tocante à de Deus.

E, indubitavelmente, os homens jamais poderiam distanciar-se do verdadeiro conhecimento desta natureza divina, se quisessem somente voltar a atenção para a ideia que têm do ser soberanamente perfeito. Mas aqueles que misturam a esta algumas outras ideias, compõem por tal meio um Deus quimérico em cuja natureza existem coisas que se contrariam; e, após tê-lo assim composto, não é de espantar que neguem que tal Deus, que lhes é representado por uma falsa ideia, existe.

Assim, quando vós falais aqui de *um ser corporal mui perfeito*, se tomais a denominação mui perfeito de modo absoluto, de maneira que entendais que o corpo é um ser onde se encontram todas as perfeições, dizeis coisas que se contrariam, posto que a natureza do corpo encerra muitas imperfeições, por exemplo, a que o corpo seja divisível em partes, que cada uma de suas partes não seja a outra, e outras semelhantes; pois é algo evidente por si, que constitui maior perfeição não poder ser dividido, do que poder sê-lo. Pois se entendeis apenas o que é mui perfeito no gênero do corpo, isto não é de modo algum o verdadeiro Deus.

O que acrescentais *da ideia de um anjo, o qual é mais perfeito do que nós,* a saber, *que não é necessário que tenha sido posta em nós por um anjo,* estou facilmente de acordo; pois eu próprio declarei, na Meditação Terceira, *que ela pode compor-se das ideias que temos de Deus e do homem.* E isso não me é de forma alguma contrário.

Quanto aos que negam possuir em si a ideia de Deus, e em seu lugar forjam algum ídolo etc., esses, digo eu, negam o nome e concedem a coisa. Pois certamente não penso que tal ideia seja da mesma natureza que as imagens das coisas materiais pintadas na fantasia; mas, ao contrário, creio que ela só pode ser concebida pelo exclusivo entendimento e que, de fato, não é outra coisa senão aquilo que ele nos faz conhecer, seja pela primeira, seja pela segunda, seja pela terceira de suas operações. E pretendo manter que, do simples fato de alguma perfeição, que está acima de mim, tornar-se o objeto de meu entendimento, de qualquer forma que se lhe apresente – por exemplo, do simples fato de eu perceber que nunca posso, enumerando, chegar ao maior de todos os números, e daí eu conhecer que existe algo, em matéria de números, que ultrapassa minhas forças – posso concluir necessariamente, não que existe na verdade um número infinito, nem tampouco que sua existência implica contradição, como dizeis, mas que este poder que tenho de compreender que há sempre alguma coisa a mais a conceber no maior dos números, que eu jamais posso conceber, não provém de mim mesmo, e que eu o recebi de algum outro ser que é mais perfeito do que sou.

E importa muito pouco que se dê o nome de ideia a esse conceito de um número indefinido, ou que não lho deem. Mas, para entender qual é esse ente mais perfeito do que eu e saber se não é esse mesmo número, cujo fim não posso encontrar, que é realmente existente e infinito, ou se é outra coisa qualquer, cumpre considerar todas as outras perfeições, as quais, além do poder de me dar esta ideia, podem existir na mesma coisa em que existe este poder; e assim verificamos que esta coisa é Deus.

Enfim, quando Deus é dito *inconcebível*, por isso se entende uma plena e inteira concepção, que compreende e abrange perfeitamente tudo quanto há nele, e não essa concepção medíocre e imperfeita que há em nós, a qual no entanto basta para conhecer que ele existe. E nada provais contra mim, dizendo que *a ideia da unidade de todas as perfeições que há em Deus é formada da mesma maneira que a unidade genérica e a dos outros universais*. Mas não obstante ela é muito diferente; pois denota uma particular e positiva perfeição em Deus, ao passo que a unidade genérica nada acrescenta de real à natureza de cada indivíduo.

*Em terceiro lugar,* onde afirmei *que nada podemos saber de certo, se não conhecermos primeiramente que Deus existe,* afirmei, em termos expressos, que falava apenas da ciência dessas conclusões, *cuja lembrança nos pode retornar ao espírito, quando não mais pensamos nas razões de onde as tiramos*. Pois o conhecimento dos primeiros princípios ou axiomas não costuma ser chamado ciência pelos dialéticos. Mas, quando percebemos que somos coisas pensantes, trata-se de uma primeira noção que não é extraída de nenhum silogismo; e quando alguém diz: *Penso, logo sou, ou existo*, ele não conclui sua existência de seu pensamento como pela força de algum silogismo, mas como uma coisa conhecida por si; ele a vê por simples inspeção do espírito. Como se evidencia do fato de que, se a deduzisse por meio do silogismo, deveria antes conhecer esta premissa maior: *Tudo o que pensa é ou existe*. Mas, ao contrário, esta lhe é ensinada por ele sentir em si próprio que não pode se dar que ele pense, caso não exista. Pois é próprio de nosso espírito formar as proposições gerais pelo conhecimento das particulares.

Ora, *que um ateu possa conhecer claramente que os três ângulos de um triângulo são iguais a dois retos*, não o nego; mas sustento apenas que não conhece isso por uma ciência verdadeira e certa, porque todo conhecimento que se pode tornar duvidoso não deve ser denominado ciência, e uma vez que se supõe tratar-se de um ateu, não pode ele ter certeza de não ser enganado nas coisas que lhe parecem muito evidentes, como já foi mostrado mais acima; e, embora essa dúvida talvez não lhe ocorra ao pensamento, pode no entanto ocorrer-lhe, se a examinar, ou se lhe for proposta por outrem; e nunca estará fora do perigo de concebê-la, caso não reconheça primeiramente um Deus.

E não importa que talvez julgue haver demonstrações para provar que Deus não existe; pois, como essas pretensas demonstrações são falsas, é sempre possível dar-lhe a conhecer a sua falsidade, e levá-lo então a mudar de opinião. O que na verdade não será difícil, se por todas as razões ele apresentar somente a que acrescentais aqui, a saber, *que o infinito em todo gênero de perfeição exclui toda outra espécie de ser etc*.

Pois, primeiramente, se se lhe pergunta de onde ficou sabendo que esta exclusão de todos os outros seres pertence à natureza do infinito, nada terá para responder pertinentemente, posto que, pelo nome *infinito,* não se costuma entender aquilo que exclui a existência das coisas finitas, e que ele nada pode saber da natureza de uma coisa que ele pensa não ser absolutamente nada, e por conseguinte não ter nenhuma natureza, exceto a que está contida na simples e ordinária significação do nome dessa coisa.

Ademais, para que serviria o infinito poder desse infinito imaginário se não pudesse jamais criar algo? E enfim, por experimentarmos haver em nós mesmos certo poder de pensar, concebemos facilmente que tal poder possa existir em alguém mais, e até maior do que em nós; mas, ainda que pensemos que aquele cresce ao infinito, não temamos por isso que o nosso se torne menor. O mesmo sucede com todos os outros atributos de Deus, inclusive o do poder de produzir alguns efeitos fora de si, desde que suponhamos que nada há em nós sem que esteja submetido à vontade de Deus; portanto, é possível entendê-lo como totalmente infinito sem qualquer exclusão das coisas criadas.

Em quarto lugar, *quando digo que Deus não pode mentir, nem ser enganador*, penso convir com todos os teólogos que alguma vez existiram e hão de existir no futuro. E tudo quanto alegais em contrário não possui mais força do que se, tendo negado que Deus se encoleriza, ou que esteja sujeito às outras paixões da alma, me objetardes as passagens da Escritura onde parece que lhe são atribuídas algumas paixões humanas.

Pois todos conhecem suficientemente a distinção que há entre essas maneiras de falar de Deus, de que a Escritura se serve comumente, que se acomodam à capacidade do vulgo e contêm de fato alguma verdade, mas apenas na medida em que esta se relaciona aos homens, e as que expressam uma verdade mais simples e mais pura e que não muda de natureza, embora não se lhes relacione de modo algum; destas é que cada qual deve usar ao filosofar e foi delas que precisei utilizar-me principalmente nas minhas *Meditações*, visto que mesmo aí eu não supunha ainda que algum homem me fosse conhecido, e não me considerava tampouco composto de corpo e espírito, mas um espírito somente.

De onde se torna evidente que não falei nesse ponto da mentira que se exprime por palavras, mas apenas da malícia interna e formal contida no engano: se bem que, no entanto, essas palavras que citais do profeta: *Ainda quarenta dias, e Nínive será subvertida*, não constituam mesmo uma mentira verbal, porém uma simples ameaça, cuja ocorrência dependia de uma condição; e quando é dito *que Deus empederniu o coração do Faraó*, ou algo semelhante, não cumpre pensar que o tenha feito positivamente, mas apenas negativamente, a saber, não dando ao Faraó uma graça eficaz para que se convertesse.

Não desejaria, apesar de tudo, condenar aqueles que afirmam que Deus pode proferir por seus profetas alguma mentira verbal, tais como o são aquelas de que se servem os médicos quando iludem seus doentes para curá-los, isto é, que fosse isenta de toda malícia que se encontra comumente no engano. Mas, bem ao contrário, vemos às vezes que somos realmente enganados por este instinto natural que nos foi dado por Deus, como quando um hidrópico sente sede; pois então é realmente incitado a beber pela natureza que lhe foi concedida por Deus para a conservação do corpo, se bem que, não obstante, essa natureza o engane, pois que o beber lhe deve ser prejudicial; mas expliquei, na minha Meditação Sexta, como isso é compatível com a vontade e a verdade de Deus.

Mas nas coisas que não podem assim explicar-se, a saber, nos nossos juízos muito claros e muito exatos, os quais, se fossem falsos, não seriam corrigíveis por outros mais claros, nem mediante qualquer outra faculdade natural, sustento ousadamente que não podemos ser enganados. Pois, sendo Deus o soberano ser, cumpre que seja necessariamente também o soberano bem e a soberana verdade e, portanto, repugna que venha Dele qualquer coisa que tenda positivamente para a falsidade. Mas, como em nós nada pode haver de real, que Ele não nos tenha dado (como foi demonstrado na prova de sua existência), e como temos em nós uma faculdade real para conhecer o verdadeiro e distingui-lo do falso (como é possível provar pelo simples fato de possuirmos em nós as ideias do verdadeiro e do falso), se esta faculdade não tendesse ao verdadeiro, ao menos quando dela nos servimos como se deve (isto é, quando damos nosso consenso apenas às coisas que concebemos clara e distintamente, pois não se pode supor outro bom uso dessa faculdade), não seria sem razão que Deus, que no-la concedeu, seria tido por enganador.

E assim vedes que, depois de se conhecer que Deus existe, é mister supor que seja enganador, se quisermos pôr em dúvida as coisas que concebemos clara e distintamente; e, como isso não se pode sequer supor, deve-se necessariamente admitir tais coisas como mui verdadeiras e mui certas.

Mas, posto que observo a esta altura que ainda vos deteis nas dúvidas que propus na minha Primeira Meditação e que pensei haver solucionado assaz exatamente nas seguintes, explicarei aqui de novo o fundamento em que me parece possível apoiar toda a certeza humana.

Primeiramente, tão logo pensamos conceber claramente qualquer verdade, somos naturalmente levados a crer nela. E, se tal crença for tão forte que jamais possamos alimentar qualquer razão de duvidar daquilo que acreditamos desta forma, nada mais há que procurar: temos, no tocante a isso, toda a certeza que se possa razoavelmente desejar.

Pois, o que nos importa, se talvez alguém fingir que mesmo aquilo, de cuja verdade nos sentimos tão fortemente persuadidos, parece falso aos olhos de Deus ou dos anjos, e que, portanto, em termos absolutos, é falso? Por que devemos ficar inquietos com essa falsidade absoluta, se não cremos nela de modo algum e se dela não temos a menor suspeita? Pois pressupomos uma crença ou uma persuasão tão firme, que não possa ser suprimida; a qual, por conseguinte, é em tudo o mesmo que uma perfeitíssima certeza. Mas é realmente dubitável que tenhamos qualquer certeza dessa natureza, ou qualquer persuasão firme e imutável.

E, por certo, é patente que não se possa tê-la das coisas obscuras e confusas, por pouca obscuridade ou confusão que nelas observemos; pois tal obscuridade, qualquer que seja, é causa assaz suficiente para nos fazer duvidar dessas coisas.

Tampouco podemos tê-la das coisas percebidas apenas pelos sentidos, não importa a clareza que ocorra em sua percepção, porque muitas vezes já notamos que no sentido pode haver erro, como quando um hidrópico sente sede, ou a neve parece amarela a quem sofre de icterícia; pois este último não a vê menos clara e distintamente desta forma do que nós a quem ela parece branca. Resta, portanto, que, se podemos tê-la, é somente das coisas que o espírito concebe clara e distintamente.

Ora, entre tais coisas, algumas há tão claras e ao mesmo tempo tão simples que nos é impossível pensar nelas sem que as julguemos verdadeiras: por exemplo, que existo quando penso, que as coisas que foram alguma vez feitas não podem não ter sido feitas, e outras semelhantes, das quais é manifesto que possuímos perfeita certeza.

Pois não podemos duvidar dessas coisas sem pensar nelas; mas não podemos jamais pensá-las sem acreditar que sejam verdadeiras, como acabo de dizer; logo, não podemos duvidar delas sem as crermos verdadeiras, isto é, nunca podemos duvidar delas.

E de nada serve alegar *que verificamos muitas vezes que pessoas se enganavam em coisas que pensavam ver mais claramente que o Sol*. Pois nunca vimos, nós nem ninguém, que isso tenha acontecido aos que tiraram tão-só do entendimento toda a clareza de suas percepções, mas antes aos que a tomaram dos sentidos ou de algum falso preconceito. De nada vale, outrossim, que alguém suponha que tais coisas parecem falsas a Deus ou aos anjos, porque a evidência de nossa percepção não permitirá que ouçamos a quem o tenha suposto e nos queira persuadir.

Há outras coisas que nosso entendimento também concebe muito claramente, quando observamos de perto as razões de que depende seu conhecimento; e, por isso, não podemos então duvidar dele. Mas, dado que podemos esquecer as razões, e no entanto recordar as conclusões daí extraídas, pergunta-se se é possível ter uma firme e imutável persuasão sobre essas conclusões, ao passo que nos lembramos de que foram deduzidas de princípios mui evidentes; pois esta lembrança deve pressupor-se para que possam chamar-se conclusões. E eu respondo que só podem tê-la os que conhecem de tal modo Deus a ponto de saberem que não pode acontecer que a faculdade de entender, que lhes foi dada por Ele, tenha por objeto outra coisa senão a verdade; mas que os outros não a têm. E isso foi tão claramente explicado ao fim da Meditação Quinta, que não penso dever aqui acrescentar-lhe algo.

*Em quinto lugar*, surpreendo-me de que negueis *que a vontade corre o perigo de falhar, quando persegue e envolve os conhecimentos obscuros e confusos do entendimento*. Pois, o que é que pode torná-la certa, se o que ela segue não é claramente conhecido? E qual foi o filósofo, ou o teólogo, ou o simples homem no uso da razão que não haja alguma vez confessado que o perigo de falhar a que nos expomos é tanto menor quanto mais clara a coisa que concebemos antes de lhe dar nosso consenso? E que pecam os que, sem conhecimento de causa, pronunciam algum julgamento? Ora, nenhuma concepção é dita obscura ou confusa, exceto porque nela está contido algo que não é conhecido.

Portanto, aquilo que objetais no *tocante à fé que se deve abraçar*, não tem maior força contra mim do que contra todos os que alguma vez cultivaram a razão humana; e, a bem dizer, não tem força alguma contra ninguém. Pois, embora se diga que a fé tem por objeto coisas obscuras, não obstante aquilo pelo qual cremos nelas não é obscuro; é mais claro do que qualquer luz natural. Tanto mais quanto cumpre distinguir entre a matéria, ou a coisa à qual concedemos nossa crença, e a razão formal que move nossa vontade a concedê-la. Pois só nessa razão formal é que queremos que haja clareza e evidência.

Quanto à matéria, ninguém jamais negou que pode ser obscura, e até mesmo a própria obscuridade; pois, quando julgo que a obscuridade deve ser subtraída de nossos pensamentos para poder dar-lhes nosso consentimento sem nenhum perigo de falhar, é a obscuridade mesma que me serve de matéria para formar um juízo claro e distinto.

Além disso, cabe notar que à clareza ou a evidência pela qual nossa vontade pode ser incitada a crer é de duas espécies: uma que parte da luz natural, e outra que provém da graça divina.

Ora, conquanto se afirme comumente que a fé pertence às coisas obscuras, todavia isso se refere apenas à sua matéria, e não à razão formal pela qual cremos; pois, ao contrário, esta razão formal consiste em certa luz interior, pela qual, tendo Deus nos aclarado sobrenaturalmente, possuímos confiança certa de que as coisas propostas à nossa crença foram por Ele reveladas, e de que é inteiramente impossível que Ele seja mentiroso e nos engane: e isso é mais seguro do que qualquer outra luz natural, e amiúde até mais evidente, por causa da luz da graça.

E por certo os turcos e os outros infiéis, quando não abraçam a religião cristã, não pecam por não quererem dar fé às coisas obscuras, como sendo obscuras; mas pecam, ou porque resistem à graça divina que os adverte interiormente, ou porque, pecando em outras coisas, tornam-se indignos dessa graça. E direi atrevidamente que um infiel que, destituído de toda graça sobrenatural e totalmente ignorante de que as coisas que nós outros cristãos acreditamos foram reveladas por Deus, e não obstante, atraído por alguns falsos raciocínios, se entregasse à crença dessas mesmas coisas que lhe fossem obscuras, não seria por isso fiel, mas antes pecaria porque não se serviria como se deve de sua razão.

E penso que jamais qualquer teólogo ortodoxo alimentou outros sentimentos a esse respeito; e também aqueles que lerem minhas *Meditações* não terão motivo de crer que eu não haja conhecido esta luz sobrenatural, porquanto, na Quarta, em que busquei cuidadosamente a causa do erro ou falsidade, declarei, em palavras expressas, *que ela dispõe o interior de nosso pensamento a querer, e que, no entanto, não diminui de modo algum a liberdade.*

De resto, peço-vos aqui que lembreis de que, no tocante às coisas que a vontade pode abranger, sempre estabeleci grande distinção entre a prática da vida e a contemplação da verdade. Pois, no que concerne à prática da vida, tanto faz que eu pense ser preciso seguir apenas as coisas que conhecemos mui claramente, como, ao contrário, que eu sustente que nem sempre se deve contar com o mais verossímil, sendo preciso algumas vezes, entre muitas coisas completamente desconhecidas e incertas, escolher uma e se lhe apegar, e em seguida crer nela não menos firmemente, enquanto não vermos razões em contrário, do que se a tivéssemos escolhido por razões certas e mui evidentes, como já expliquei no *Discurso do Método*. Mas, onde se trata tão somente da contemplação da verdade, quem jamais negou que é preciso suspender o julgamento em relação às coisas obscuras e que não sejam assaz distintamente conhecidas? Ora, que em minhas *Meditações* só se verifica essa contemplação da verdade, além de se reconhecer este fato bastante claramente por elas próprias, eu o declarei em palavras expressas no fim da Primeira, ao dizer *que nunca seria demais duvidar, nem haveria demasiada desconfiança naquele ponto, tanto mais que não me aplicava então às coisas concernentes à prática da vida, mas apenas à busca da verdade.*

*Em sexto lugar*, onde censurais a conclusão de um silogismo por mim formulado, parece-me que vós próprios pecais na forma; pois, para concluir o que pretendeis, a premissa maior devia ser assim: *Aquilo que concebemos clara e distintamente pertencer à natureza de alguma coisa, pode ser dito ou afirmado com verdade pertencer à natureza dessa coisa*. E assim não conteria senão uma inútil e supérflua repetição. Mas a premissa maior do meu argumento foi a seguinte: *Aquilo que concebemos clara e distintamente pertencer à natureza de alguma coisa, pode ser dito ou afirmado com verdade dessa coisa*. Isto é, se ser animal pertence à essência ou à natureza do homem, pode-se assegurar que o homem é animal; se ter os três ângulos iguais a dois retos pertence à natureza do triângulo retilíneo, pode-se assegurar que o triângulo retilíneo tem seus três ângulos iguais a dois retos; se existir pertence à natureza de Deus, pode-se assegurar que Deus existe etc. E a premissa menor foi a seguinte: *Ora, é certo que pertence à natureza de Deus existir*. Daí é evidente que se deva concluir como eu o fiz, a saber: *Logo, pode-se com a verdade assegurar, quanto a Deus, que Ele existe;* e não como desejais: Logo, *podemos assegurar com verdade que pertence à natureza de Deus o existir*.

Portanto, para usar da exceção que apresentais em seguida, deveríeis negar a premissa maior e dizer que aquilo que concebemos clara e distintamente pertencer à natureza de alguma coisa não pode por isso ser dito ou afirmado dessa coisa, a não ser que sua natureza seja possível, ou não repugne de modo algum. Mas notai, peço-vos, a fraqueza dessa exceção. Pois, ou pelo termo *possível* entendeis, como se faz ordinariamente, tudo o que não repugna ao pensamento humano, acepção em que é manifesto que a natureza de Deus, da forma como a descrevi, é possível, porque nada supus nela, exceto o que concebemos clara e distintamente dever pertencer-lhe, e assim não supus nada que repugne ao pensamento ou ao conceito humano; ou então, supondes alguma outra possibilidade de parte do próprio objeto, a qual, se não concorda com a precedente, nunca pode ser conhecida pelo entendimento humano; e, portanto, não possui maior força para nos obrigar a negar a natureza de Deus ou sua existência, do que para derrubar todas as outras coisas que caem sob o conhecimento dos homens. Pois, pela mesma razão que se nega que a natureza de Deus é possível, ainda que não se encontre qualquer impossibilidade da parte do conceito ou do pensamento, mas que ao contrário todas as coisas contidas neste conceito da natureza divina sejam de tal modo conexas entre si que nos pareça haver contradição em afirmar a existência de alguma que não pertença à natureza de Deus, poder-se-á negar também que seja possível que os três ângulos de um triângulo sejam iguais a dois retos, ou que aquele que pensa atualmente existe; e com maior razão ainda se poderá denegar que haja algo de verdadeiro em todas as coisas que percebemos pelos sentidos; e assim todo o conhecimento humano será derrubado, mas não o será com qualquer razão ou fundamento.

E pelo que toca a esse argumento que comparais com o meu, a saber: *Se não implica que Deus seja, é certo que Ele existe; mas não implica de modo algum; logo etc.*, materialmente é verdadeiro, mas formalmente constitui um sofisma. Pois, na premissa maior, o termo *implica* concerne ao conceito da causa pela qual Deus pode ser, e, na menor, concerne apenas ao conceito da existência e da natureza de Deus, como se manifesta do fato de que, se negarmos a maior, dever-se-á prová-la assim: se Deus não existe ainda, implica que existe, porque não se poderia consignar causa suficiente para produzi-lo; mas não implica que existe, como foi acordado na menor; logo etc.

E se negarmos a menor, dever-se-á prová-la assim: não implica, de modo algum, esta coisa em cujo conceito formal nada há que encerre contradição; mas, no conceito formal da existência ou da natureza divina, nada há que encerre contradição; logo etc. E assim a palavra *implica* é tomada em dois sentidos diversos.

Pois pode acontecer que não se conceba na própria coisa nada que impeça que ela possa existir, e no entanto se conceba algo da parte de sua causa que impeça que seja produzida.

Ora, ainda que concebamos Deus só mui imperfeitamente, isso não impede a certeza de que sua natureza é possível, ou que ela não implica de modo algum; nem, outrossim, que não possamos assegurar com verdade que a examinamos assaz cuidadosamente e a conhecemos assaz claramente (a saber, tanto quanto basta para conhecer que ela é possível, e também que lhe pertence a existência necessária). Pois toda a impossibilidade, ou se me é permitido servir-me aqui do termo da Escola, toda a implicação consiste somente em nosso conceito ou pensamento, que não pode conjuntar as ideias que se contrariam umas às outras; e não pode consistir em qualquer coisa que esteja fora do entendimento, porque, pelo próprio fato de uma coisa estar fora do entendimento, se torna manifesto que ela não implica de modo algum, mas que é possível.

Ora, a impossibilidade com que nos deparamos em nossos pensamentos provém apenas de serem eles confusos e obscuros, e não pode haver nenhuma impossibilidade nos que são claros e distintos; por conseguinte, a fim de podermos estar seguros de que conhecemos bastante a natureza de Deus para sabermos que não há qualquer repugnância em que ela exista, é suficiente que entendamos clara e distintamente todas as coisas que percebemos haver nela, embora tais coisas sejam apenas em pequeno número, em relação às que não percebemos, posto que estas também estejam nela; e que com isso notemos que a existência necessária é uma das coisas que percebemos assim existir em Deus.

*Em sétimo lugar*, já dei a razão, o resumo de minhas *Meditações*, pela qual nada disse aqui sobre a imortalidade da alma; já mostrei também mais acima como provara suficientemente a distinção que há entre o espírito e toda a espécie de corpo.

Quanto ao que acrescentais, *que da distinção da alma com o corpo não se segue que ela seja imortal, porque, apesar disso, se pode dizer que Deus a fez de tal natureza que sua duração finda com a da vida do corpo*, confesso que nada tenho a responder; pois não alimento tanta presunção a ponto de tentar determinar, pela força do raciocínio humano, algo que depende apenas da pura vontade de Deus.

O conhecimento natural nos ensina que o espírito é diferente do corpo, e que é uma substância; e também que o corpo humano, na medida em que difere dos outros corpos, compõe-se somente de certa configuração de membros, e outros acidentes semelhantes; e, enfim, que a morte do corpo depende somente de alguma divisão ou mudança de figura. Ora, não temos nenhum argumento, ou qualquer exemplo, que nos persuada de que a morte, ou o aniquilamento de uma substância tal como é o espírito, deva decorrer de uma causa tão ligeira como o é uma mudança de figura, que não é senão um modo, e ainda um modo, não do espírito, mas do corpo, que é realmente distinto do espírito. E não dispomos mesmo de qualquer argumento nem exemplo, que nos possa convencer que há substâncias sujeitas ao aniquilamento. O que basta para concluir que o espírito, ou a alma do homem, na medida em que isso pode ser conhecido pela Filosofia natural, é imortal.

Mas caso se pergunte se Deus, por seu absoluto poder, não determinou talvez que as almas humanas cessem de existir, ao mesmo tempo em que são destruídos os corpos a que estão unidas, só a Deus compete respondê-lo. E como agora Ele nos revelou que isso nunca ocorrerá, não deve subsistir a respeito nenhuma dúvida.

De resto, devo agradecer-vos muito por vos terdes dignado tão obsequiosamente, e com tanta franqueza, advertir-me não só das coisas que vos pareceram dignas de explicação, mas também das dificuldades que me podiam ser opostas pelos ateus, ou por alguns aborrecedores e maldizentes.

Pois, ainda que não veja nada, entre as coisas que me propusestes, que não houvesse de antemão rejeitado ou explicado em minhas *Meditações* – como, por exemplo, o que alegais quanto às moscas produzidas pelo sol, quanto aos canadenses, aos ninivitas, aos turcos, e outras coisas parecidas, não pode vir ao espírito de quem, seguindo a ordem dessas *Meditações*, colocar à parte por algum tempo tudo o que haja recebido dos sentidos para cuidar do que lhe dita a mais pura e sã razão; daí por que pensava já ter rejeitado todas essas coisas – ainda, digo, que assim seja, julgo no entanto que tais objeções serão muito úteis a meu desígnio, posto que não espero contar com muitos leitores dispostos a dedicar tanta atenção às coisas que escrevi, a ponto de, chegando ao fim, se recordarem de tudo quanto leram anteriormente; e os que o não fizerem, cairão facilmente em dificuldades, às quais como verão, em seguida, eu teria satisfeito por essa resposta, ou ao menos aproveitarão o ensejo de examinar mais cuidadosamente a verdade.

No que concerne ao conselho que me dais, de dispor minhas razões segundo o método dos geômetras, a fim de que de uma só vez os leitores possam compreendê-las, dir-vos-ei aqui de que forma já tentei precedentemente segui-lo, e como procurarei fazê-lo ainda posteriormente.

No modo de escrever dos geômetras, distingo duas coisas, a saber, a ordem e a maneira de demonstrar.

A ordem consiste apenas em que as coisas propostas primeiro devem ser conhecidas sem a ajuda das seguintes, e que as seguintes devem ser dispostas de tal forma que sejam demonstradas só pelas coisas que as precedem. E certamente empenhei-me, tanto quanto pude, em seguir esta ordem em minhas *Meditações*. E foi o que me levou a não tratar na Segunda da distinção entre o espírito e o corpo, mas apenas na Sexta, e a omitir muitas coisas em todo esse tratado, porque pressupunham a explicação de muitas outras.

A maneira de demonstrar é dupla: uma se faz pela análise ou resolução, e a outra pela síntese ou composição.

A análise mostra o verdadeiro caminho pelo qual uma coisa foi metodicamente descoberta e revela como os efeitos dependem das causas; de sorte que, se o leitor quiser segui-la e lançar cuidadosamente os olhos sobre tudo o que contém, não entenderá menos perfeitamente a coisa assim demonstrada e não a tornará menos sua do que se ele próprio a houvesse descoberto.

Mas tal espécie de demonstração não é capaz de convencer os leitores teimosos ou pouco atentos: pois se se deixa escapar, sem reparar, a menor das coisas que ela propõe, a necessidade de suas conclusões não surgirá de modo algum; e não se costuma expressar nela mui amplamente as coisas que são bastante claras por si mesmas, embora sejam comumente as que cumpre tomar mais em conta.

A síntese, ao contrário, por um caminho todo diverso, e como que examinando as causas por seus efeitos (embora a prova que contém seja amiúde também dos efeitos pelas causas), demonstra na verdade claramente o que está contido em suas conclusões, e serve-se de uma longa série de definições, postulados, axiomas, teoremas e problemas, para que, caso lhe neguem algumas consequências, mostre como elas se contêm nos antecedentes, de modo a arrancar o consentimento do leitor, por mais obstinado e opiniático que seja; mas não dá, como a outra, inteira satisfação aos espíritos dos que desejam aprender, porque não ensina o método pelo qual a coisa foi descoberta.

Os antigos geômetras costumavam utilizar-se apenas dessa síntese em seus escritos, não porque ignorassem inteiramente a análise, mas, em meu parecer, porque lhe atribuíam tal posição que a reservavam para eles próprios, como um segredo de importância.

Quanto a mim, segui somente a via analítica em minhas *Meditações*, pois me parece ser a mais verdadeira e a mais própria ao ensino; mas, quanto à síntese, que é sem dúvida a que desejais aqui de mim, ainda que no tocante às coisas tratadas na Geometria ela possa ser utilmente colocada após a análise, não convém todavia tão bem às matérias que pertencem à Metafísica. Pois há essa diferença, que as primeiras noções supostas para demonstrar as proposições geométricas, estando de acordo com os sentidos, são facilmente aceitas por qualquer um; eis por que não apresenta qualquer dificuldade, exceto a de tirar bem as consequências, o que pode ser feito por pessoas de toda a espécie, mesmo pelas menos atentas, desde que se recordem apenas das coisas precedentes; e é fácil obrigá-las a se recordarem, distinguindo tantas proposições diversas quantas coisas haja a observar na dificuldade proposta, a fim de que se detenham separadamente em cada uma, e que se lhes possam citar em seguida, para adverti-las daquelas em que devem pensar. Mas, ao contrário, no atinente às questões que pertencem à Metafísica, a principal dificuldade é conceber clara e distintamente as noções primeiras. Pois, ainda que por sua natureza não sejam menos claras, sendo mesmo muitas vezes mais claras do que as consideradas pelos geômetras, não obstante, posto que parecem não acordar com muitos prejuízos que recebemos através dos sentidos, e aos quais nos habituamos desde a infância, são perfeitamente compreendidas apenas pelos que são muito atentos e se empenham em apartar, tanto quanto podem, o espírito do comércio dos sentidos; eis por que, se as propuséssemos totalmente sós, seriam facilmente negadas por aqueles cujo espírito é propenso à contradição.

Esta foi a causa pela qual preferi escrever meditações e não disputas ou questões, como fazem os filósofos, ou teoremas ou problemas, como os geômetras, a fim de testemunhar com isso que as escrevi tão somente para os que quiserem dar-se o trabalho de meditar seriamente comigo e considerar as coisas com atenção. Pois, pelo fato mesmo de que alguém se prepare a fim de impugnar a verdade, ele se torna menos capaz de compreendê-la, porquanto desvia o espírito da consideração das razões que o persuadem dela, para aplicá-lo à busca das que a destroem.

Mas, não obstante, para testemunhar o quanto condescendo com vosso conselho, procurarei aqui imitar a síntese dos geômetras, e efetuarei um resumo das principais razões que usei para demonstrar a existência de Deus, e a distinção que há entre o espírito e o corpo humano: o que não servirá pouco talvez para aliviar a atenção dos leitores.

# RAZÕES QUE PROVAM A EXISTÊNCIA DE DEUS E A DISTINÇÃO QUE HÁ ENTRE O ESPÍRITO E O CORPO HUMANO, DISPOSTAS DE UMA FORMA GEOMÉTRICA

*Definições*

I. Pelo nome de *pensamento*, compreendo tudo quanto está de tal modo em nós que somos imediatamente seus conhecedores. Assim, todas as operações da vontade, do entendimento, da imaginação e dos sentidos, são pensamentos. Mas acrescentei *imediatamente* para excluir as coisas que seguem e dependem de nossos pensamentos: por exemplo, o movimento voluntário tem, verdadeiramente, a vontade como princípio, mas ele próprio, no entanto, não é um pensamento.

II. Pelo nome de *ideia*, entendo esta forma de cada um de nossos pensamentos por cuja percepção imediata temos conhecimento desses mesmos pensamentos. De tal modo que nada posso exprimir por palavras, ao compreender o que digo, sem que daí mesmo seja certo que possuo em mim a ideia da coisa que é significada por minhas palavras. E assim não dou o nome de ideia às simples imagens que são pintadas na fantasia; ao contrário, não lhes dou aqui esse nome, na medida em que se encontram na fantasia corporal, isto é, na medida em que são pintadas em algumas partes do cérebro, mas somente na medida em que enformam o próprio espírito, que se aplica a esta parte do cérebro.

III. Pela *realidade objetiva de uma ideia*, entendo a entidade ou o ser da coisa representada pela ideia, na medida em que tal entidade está na ideia; e da mesma maneira, pode-se dizer uma perfeição objetiva, ou um artifício objetivo etc. Pois, tudo quanto concebemos como estando nos objetos das ideias, tudo isso está objetivamente, ou por representações, nas próprias ideias.

IV. As mesmas coisas são ditas estarem *formalmente* nos objetos das ideias, quando estão neles tais como as concebemos; e são ditas estarem neles *eminentemente*, quando, na verdade, não estão aí, como tais, mas são tão grandes, que podem suprir essa carência com a excelência delas.

V. Toda coisa em que reside imediatamente como em seu sujeito[2], ou pela qual existe algo que concebemos, isto é, qualquer propriedade, qualidade ou atributo de que temos em nós real ideia, chama-se *Substância*. Pois não possuímos outra ideia da substância precisamente tomada, salvo que é uma coisa na qual existe, formal ou eminentemente, aquilo que concebemos, ou aquilo que está objetivamente em alguma de nossas ideias, posto que a luz natural nos ensina que o nada não pode ter nenhum atributo real.

---

2. Conservaram-se nesta edição, para todos os livros, os originais latino (*subjectum*) e francês (*sujet*), usado tanto com o significado de *ser* quanto com o de *termo de uma proposição*. Em latim, o *subjectum* (particípio de *subjicio* e tradução do grego *hipokeimon*), pode ter os seguintes significados: a. de algo posto debaixo, sotoposto; b. o que, estando debaixo, está também escondido; c. tema de uma proposição; d. posto diante ou exposto a. Neste último sentido, escreveu Cícero: "res, quae subjectae sunt sensibus", ou seja, "coisa que se põe diante ou se expõe aos sentidos". Posteriormente, já na Idade Moderna, além de referir-se àquilo de que se fala e a que se atribuem qualidades ou determinações, passou a significar o eu, a consciência, o espírito, aquele que determina o conhecimento ou a ação. Assim, Kant, na *Crítica da Razão Pura*, II: "Em todos os juízos, sou sempre o sujeito determinante da ação que constitui o juízo". Por tais razões, existe a possibilidade da palavra sujeito ser também lida ou entendida, em determinados casos, como *objeto*.

VI. A substância, em que reside imediatamente o pensamento, é aqui chamada *Espírito*. Todavia, tal nome é equívoco, pelo fato de o atribuírem também às vezes ao vento e aos licores muito sutis; mas não sei de outro mais próprio.

VII. A substância, que é o sujeito imediato da extensão e dos acidentes que pressupõem a extensão, assim como da figura, da situação, do movimento local etc., chama-se *Corpo*. Mas saber se a substância chamada *Espírito* é a mesma que chamamos *Corpo*, ou se se trata de duas substâncias diversas e separadas, eis o que será examinado em seguida.

VIII. A substância que entendemos ser soberanamente perfeita, e na qual não concebermos nada que encerre qualquer falha, ou limitação de perfeição, chama-se *Deus*.

IX. Quando dizemos que algum atributo está contido na natureza ou no conceito de uma coisa, é o mesmo que se disséssemos que tal atributo é verdadeiramente dessa coisa e que se pode assegurar que se encontra nela.

X. Duas substâncias são ditas realmente distintas quando cada uma pode existir sem a outra.

*Postulados*

Postulo, *primeiramente*, que os leitores considerem quão fracas são as razões que até agora os levaram a dar fé a seus sentidos, e quão incertos são todos os juízos que depois apoiaram-se neles; e que revejam tão longamente e tão amiúde esta consideração em seus espíritos, até que por fim adquiram o hábito de não mais fiar-se tão fortemente nos sentidos; pois julgo isso necessário para tornar-se capaz de conhecer a verdade das coisas metafísicas, as quais não dependem em nada dos sentidos.

*Em segundo lugar*, postulo que considerem o próprio espírito, e todos aqueles de seus atributos de que reconhecerem não poder de alguma forma duvidar, ainda que supusessem inteiramente falso tudo quanto jamais receberam pelos sentidos; e que não cessem de considerá-lo, sem que primeiramente tenham adquirido a prática de concebê-lo distintamente, e de crer que é mais fácil conhecê-lo do que todas as coisas corporais.

*Em terceiro lugar*, que examinem diligentemente as proposições que não precisam de prova para serem conhecidas, e cujas noções cada qual encontra em si mesmo, como as de *que uma mesma coisa não pode ser e não ser ao mesmo tempo; que o nada não pode ser a causa eficiente de algo*, e outras semelhantes; e que assim exercitem essa clareza do entendimento que lhes foi dada pela natureza, mas que as percepções dos sentidos acostumaram a perturbar e obscurecer, que a exercitem, digo eu, totalmente pura e liberta de seus prejuízos; pois, por este meio, a verdade dos axiomas seguintes lhes será fortemente evidente.

*Em quarto lugar*, que examinem as ideias dessas naturezas que contêm em si um conjunto de muitos atributos, como a natureza do triângulo, a do quadrado ou de qualquer outra figura; bem como a natureza do espírito, a natureza do corpo e, acima de todas, a natureza de Deus ou de um ser soberanamente perfeito. E que tomem nota de que se pode assegurar, com verdade, que existem em si próprias todas essas coisas que concebemos claramente estarem aí contidas. Por exemplo, porque na natureza do triângulo retilíneo está contido que seus três ângulos são iguais a dois retos, e porque na natureza do corpo ou de uma coisa extensa a divisibilidade acha-se compreendida (pois não concebemos a coisa extensa tão pequena, que não possamos dividi-la, ao menos pelo pensamento), é certo dizer que os três ângulos de todo triângulo retilíneo são iguais a dois retos, e que todo corpo é divisível.

*Em quinto lugar*, postulo que se detenham longamente em contemplar a natureza do ser soberanamente perfeito; e, entre outras coisas, que considerem que, nas ideias de todas as outras naturezas, a existência possível encontra-se de fato contida, mas que, na ideia de Deus, não só a existência possível está contida, mas além disso a necessária. Pois, daí só, e sem qualquer raciocínio, conhecerão que Deus existe; e não lhes será menos claro e evidente, sem outra prova, que lhes é manifesto que dois é um número par, e três um número ímpar, e coisas semelhantes.

Pois há coisas que são assim conhecidas sem provas por alguns, enquanto outros só as entendem por um longo discurso e raciocínio.

*Em sexto lugar*, que, considerando com cuidado todos os exemplos de que falei nas minhas *Meditações*, de uma clara e distinta percepção, e todos cuja percepção é obscura e confusa, habituem-se a distinguir as coisas claramente conhecidas das obscuras; pois isso se aprende melhor por exemplos do que por regras, e penso que disso não se pode dar um exemplo, sem que eu já não o haja aflorado um pouco.

*Em sétimo lugar*, postulo que os leitores, levando em conta que nunca reconheceram qualquer falsidade nas coisas que conceberam claramente e que, ao contrário, nunca encontraram, senão por acaso, qualquer verdade nas coisas que conceberam apenas com obscuridade, considerem que seria algo inteiramente desarrazoado, se, por alguns prejuízos dos sentidos, ou por algumas suposições feitas à vontade, e fundadas em algo obscuro e desconhecido, pusessem em dúvida as coisas que o entendimento concebe clara e distintamente. Mediante isso, admitirão facilmente os seguintes axiomas como verdadeiros e indubitáveis, embora eu confesse que muitos deles pudessem ser melhor explicados, e devessem ser propostos mais como teoremas do que como axiomas, se eu quisesse ser mais exato.

*Axiomas ou Noções Comuns*

I. Não há coisa existente da qual não se possa perguntar qual a causa pela qual ela existe. Pois isso se pode perguntar até mesmo de Deus: não que tenha necessidade de alguma causa para existir, mas porque a própria imensidade de sua natureza é a causa ou a razão pela qual não precisa de qualquer causa para existir.

II. O tempo presente não depende daquele que imediatamente o precedeu; eis por que não é necessária uma menor causa para conservar uma coisa, do que para produzi-la pela primeira vez.

III. Nenhuma coisa, ou perfeição alguma dessa coisa atualmente existente, não pode ter o *Nada*, ou uma coisa não existente, como a causa de sua existência.

IV. Toda a realidade ou perfeição que existe numa coisa encontra-se formal, ou eminentemente, na sua causa primeira e total.

V. Daí se segue também que a realidade objetiva de nossas ideias requer uma causa, em que esta mesma realidade seja contida, não só objetiva, mas também formal, ou eminentemente. E cumpre notar que este axioma deve ser tão necessariamente admitido, que só dele depende o conhecimento de todas as coisas, tanto sensíveis como insensíveis. Pois, como sabemos, por exemplo, que o céu existe? Será por que o vemos? Mas essa visão não afeta de modo algum o espírito, a não ser na medida em que é uma ideia: uma ideia, digo, inerente ao próprio espírito, e não uma imagem pintada na fantasia; e, por ocasião dessa ideia, não podemos julgar que o céu existe, a não ser que suponhamos que toda ideia deve ter uma causa de sua realidade objetiva que seja realmente existente; causa que julgamos ser o céu mesmo; e assim por diante.

VI. Há diversos graus de realidade ou de entidade: pois a substância tem mais realidade do que o acidente ou o modo, e a substância infinita mais do que a finita. Eis por que também há mais realidade objetiva na ideia de substância do que na de acidente, e mais na ideia de substância infinita do que na de substância finita.

VII. A vontade se dirige voluntária e livremente (pois isto é de sua essência), mas, no entanto, de modo infalível, ao bem que lhe é claramente conhecido. Daí por que se ela chega a conhecer quaisquer perfeições que não possua, entregar-se-lhes-á imediatamente, caso estejam ao seu alcance; pois reconhecerá que lhe é um maior bem possuí-las, do que não as possuir.

VIII. O que pode fazer o mais, ou o mais difícil, também pode fazer o menos, ou o mais fácil.

IX. É algo maior e mais difícil criar ou conservar uma substância do que criar ou conservar seus atributos ou propriedades; mas não é algo maior ou mais difícil criar uma coisa do que conservá-la, como já foi dito.

X. Na ideia ou no conceito de cada coisa, a existência está contida, porque nada podemos conceber sem que seja sob a forma de uma coisa existente; mas com a diferença de que, no conceito de uma coisa limitada, a existência possível ou contingente acha-se apenas contida, e no conceito de um ser soberanamente perfeito, está compreendida a perfeita e necessária existência.

*Proposição Primeira:*
*A Existência de Deus é Conhecida Pela Simples*
*Consideração de sua Natureza*

Demonstração

Dizer que qualquer atributo está contido na natureza ou no conceito de uma coisa é o mesmo que dizer que tal atributo é verdadeiramente dessa coisa, e que se pode assegurar que ele está nela (pela nona definição).

Ora, é certo que a existência necessária está contida na natureza ou no conceito de Deus (pelo décimo axioma).

Logo, é verdadeiro dizer que a existência necessária está em Deus, ou então que Deus existe.

E esse silogismo é o mesmo de que me servi em resposta ao artigo sexto dessas objeções; e sua conclusão pode ser conhecida sem prova pelos que se acham isentos de todos os prejuízos, como foi afirmado no quinto postulado. Mas como não é fácil chegar a tão grande clareza de espírito, procuraremos provar a mesma coisa por outras vias.

*Proposição Segunda:*
*A Existência de Deus é Demonstrada por seus Efeitos,*
*pelo Simples Fato de sua Ideia Estar em Nós*

Demonstração

A realidade objetiva de cada uma de nossas ideias requer uma causa na qual esta mesma realidade esteja contida, não objetiva, mas formal ou eminentemente (pelo quinto axioma).

Ora, é certo que temos em nós a ideia de Deus (pela segunda e oitava definições), e que a realidade objetiva dessa ideia não está contida em nós, nem formal, nem eminentemente (pelo sexto axioma) e que ela não pode estar contida em ninguém mais exceto em Deus mesmo (pela oitava definição).

Logo, a ideia de Deus, que há em nós, exige Deus como causa: por conseguinte, Deus existe (pelo terceiro axioma).

*Proposição Terceira:*
*A Existência de Deus é ainda Demonstrada pelo Fato de Nós Próprios, que Temos em Nós a Ideia de Deus, Existirmos*

Demonstração

Se eu tivesse o poder de me conservar por mim mesmo, teria, com maior razão ainda, o poder de me atribuir todas as perfeições que me faltam (pelos axiomas 8 e 9); pois tais perfeições não são mais do que atributos da substância, e eu sou uma substância.

Mas não tenho o poder de me conceder todas essas perfeições, pois de outra maneira já as possuiria (pelo axioma 7).

Logo, não disponho do poder de me conservar por mim mesmo.

Além disso, não posso existir sem ser conservado enquanto existo, quer por mim mesmo, supondo-se que eu tenha o poder disso, quer por outrem que tenha este poder (pelos axiomas l e 2).

Ora, é certo que existo, e todavia não disponho do poder de me conservar por mim próprio, como acabo de provar.

Logo, sou conservado por outrem.

Além disso, aquele por quem sou conservado tem em si, formal ou eminentemente, tudo o que há em mim (pelo axioma 4).

Ora, é certo que possuo em mim a ideia ou a noção de muitas perfeições que me faltam e, ao mesmo tempo, a ideia de um Deus (pelas definições 2 e 8).

Logo, a noção dessas mesmas perfeições encontra-se também Naquele por quem sou conservado.

Enfim, aquele mesmo por quem sou conservado não pode ter a noção de quaisquer perfeições que lhe faltem, isto é, que ele não tenha em si, formal ou eminentemente (pelo axioma 7); pois, dispondo do poder de me conservar, como foi dito agora, disporia com maior razão do poder de se dar ele próprio tais perfeições, se não as tivesse (pelos axiomas 8 e 9).

Ora, é certo que tem a noção de todas as perfeições que reconheço me faltarem, e que concebo existirem apenas em Deus, como acabo de provar.

Logo, Ele já as tem em si todas formalmente, ou eminentemente; e assim Ele é Deus.

*Corolário:*
*Deus Criou o Céu e a Terra, e Tudo o que Neles Está Contido e, Além Disso, Pode Fazer Todas as Coisas que Concebemos Claramente, da Maneira Como Nós as Concebemos*

Demonstração

Todas essas coisas seguem-se claramente da proposição precedente. Pois provamos aí a existência de Deus, por ser necessário que haja um ser existente, no qual todas as perfeições, de que há em nós alguma ideia, estejam contidas formal, ou eminentemente.

Ora, é certo que temos em nós a ideia de um poder tão grande, que, só por Aquele em quem ela se encontra, não só o céu e a terra etc., devem ter sido criados, mas também todas as outras coisas que conhecemos como possíveis.

Logo, provando a existência de Deus, provamos também a seu respeito todas essas coisas.

*Proposição Quarta:*
*O Espírito e o Corpo são Realmente Distintos*

Demonstração

Tudo o que concebemos claramente pode ser feito por Deus da maneira como nós o concebemos (pelo corolário precedente).

Mas concebemos claramente o espírito, isto é, uma substância que pensa, sem o corpo, isto é, sem uma substância extensa (pelo postulado 2); e, de outra parte, concebemos também claramente o corpo sem o espírito (como cada um concorda facilmente).

Logo, ao menos pela onipotência de Deus, o espírito pode existir sem o corpo, e o corpo sem o espírito.

Pois bem, as substâncias que podem existir uma sem a outra são realmente distintas (pela definição 10).

Ora, é certo que o espírito e o corpo são substâncias (pelas definições 5, 6 e 7) que podem existir uma sem a outra (como acabo de provar) 12.

Logo, o espírito e o corpo são realmente distintos.

E é preciso observar que me servi aqui da onipotência de Deus para tirar dela a minha prova; não que seja necessário qualquer poder extraordinário para separar o espírito do corpo, mas porque, não tendo tratado senão de Deus nas proposições anteriores, não podia tirá-la de outro lugar exceto Dele. E não importa de modo algum por qual poder duas coisas sejam separadas, para sabermos que são realmente distintas.

# RESPOSTAS DO AUTOR ÀS QUINTAS OBJEÇÕES FORMULADAS PELO SENHOR GASSENDI

*Senhor Descartes ao Senhor Gassendi*

Senhor,

Impugnastes minhas *Meditações* com um discurso tão elegante e tão cuidadosamente elaborado, e que me pareceu tão útil para esclarecer mais a verdade dele, que julgo muito vos dever por vos terdes dado ao trabalho de nisto se empenhar e não ficar pouco obrigado ao reverendo padre Mersenne por vos ter induzido a empreender tal trabalho. Pois ele reconheceu muito bem, ele que sempre foi muito ávido na busca da verdade, principalmente quanto esta pode servir para aumentar a glória de Deus, que não havia maneira mais própria para julgar da verdade de minhas demonstrações do que submetê-las ao exame e à censura de algumas pessoas reconhecidas como doutas acima das outras, a fim de ver se eu poderia responder pertinentemente a todas as dificuldades que poderiam ser por elas propostas. Para este fim, provocou muitas destas, obteve-as de alguns, e eu me rejubilo por terdes também acedido a seu pedido. Pois, embora não tenhais empregado tanto nas razões de um filósofo para refutar minhas opiniões quanto os artifícios de um orador para eludi-las, isto não deixa de me ser muito agradável, e tanto mais que infiro daí ser difícil apresentar contra mim razões diferentes daquelas que estão contidas nas precedentes objeções que haveis lido. Pois certamente, se houvesse algumas, elas não vos teriam escapado; e imagino que todo vosso desígnio nisto não foi senão advertir-me dos meios de que essas pessoas, cujo espírito é de tal maneira mergulhado nos sentidos e a eles atado, que nada podem conceber senão imaginando e que, portanto, não são capazes de especulações metafísicas, poderiam servir-se para eludir minhas razões, e, ao mesmo tempo, daí-me oportunidade de preveni-las. Por isso, não penseis que, respondendo-vos aqui, eu considere responder a um perfeito e sutil filósofo, tal como sei que sois; mas, como se fosseis um destes homens de carne dos quais tomais de empréstimo o rosto, dirigir-vos-ei somente a resposta que eu gostaria de dar-lhes.

## *Das Coisas que Foram Objetadas Contra a Primeira Meditação*

Dizeis que aprovais o desígnio que tive de libertar o espírito de seus antigos prejuízos, espírito que é tal que ninguém poderia encontrar algo nele passível de reformulação; mas desejáveis que o realizasse "simplesmente e com poucas palavras", isto é, em suma, "negligentemente e sem tantas precauções"; como se fosse uma coisa tão fácil libertar-se de todos os erros dos quais estamos imbuídos desde nossa infância, e se pudesse fazer demasiado exatamente o que não se duvida de modo algum que é preciso fazer. Mas, certamente, vejo bem que quisestes indicar-me que há muitos que dizem somente da boca para fora que cumpre evitar cuidadosamente a prevenção, mas que, entretanto, nunca a evitam, porque não se esforçam de maneira nenhuma para se desfazer dela e se persuadem de que não se deve ter por prejuízo o que receberam uma vez como verdadeiro. Sem dúvida alguma, desempenhais aqui perfeitamente o papel deles e nada omitis do que eles me poderiam objetar, mas entretanto nada dizeis que revele, por pouco que seja, qual o seu filósofo. Pois, onde dizeis que não havia "necessidade de fingir um Deus enganador, nem que eu dormia", um filósofo julgar-se-ia obrigado a acrescentar a razão pela qual isso não pode ser posto em dúvida, ou, caso não dispusesse dela como de fato não dispõe, ter-se-ia abstido de dizê-lo. E não teria também acrescentado que seria suficiente neste ponto alegar, como causa de nossa desconfiança, o pouco de luz do espírito humano ou a fraqueza de nossa natureza; pois de nada serve para corrigir nossos erros dizer que nos enganamos porque nosso espírito não é bastante clarividente ou nossa natureza é falível; pois é o mesmo que dizer que erramos porque somos sujeitos ao erro. E, certamente, não se pode negar que não seja mais útil levar em conta, como fiz, todas as coisas em que pode ocorrer que erremos, temendo dar-lhes muito levianamente nosso crédito. Um filósofo não teria dito também que "tomando todas as coisas como falsas não me despojo tanto dos meus antigos prejuízos, quanto me revisto de um outro inteiramente novo"; ou, antes, empenhar-se-ia primeiramente em demonstrar que tal suposição nos poderia induzir em erro; mas, pelo contrário, afirmais um pouco depois que não é possível que eu possa obter isto de mim, ou seja, duvidar da verdade e da certeza destas coisas que supus serem falsas; isto é, que possa revestir-me deste novo prejuízo pelo qual temeis que eu me deixe envolver. E um filósofo não se espantaria mais com esta suposição do que ver alguma vez uma pessoa que, para endireitar um bastão que é curvo, curva-o do outro lado; pois não ignora que muitas vezes tomamos assim coisas falsas por verdadeiras, a fim de esclarecer ainda mais a verdade, como quando os astrônomos imaginam no céu um equador, um zodíaco e outros círculos ou quando os geômetras acrescentam novas linhas às figuras dadas e, assim também, os filósofos em muitas ocasiões; e aquele que chama isto "recorrer a uma máquina, forjar ilusões, procurar desvios e novidades" e que diz que isto é "indigno da candura de um filósofo e do zelo da verdade", bem mostra que ele próprio não quer servir-se desta candura filosófica, nem pôr em uso as razões, mas atribuir somente às coisas os ouropéis e as cores da retórica.

*Das Coisas que Foram Objetadas contra a Meditação Segunda*

1. Continuais aqui a divertir-nos com fingimentos e disfarces de retórica em lugar de nos contrapor boas e sólidas razões; pois fingis que brinco quando falo gravemente, e tomais por uma coisa dita seriamente e com alguma segurança de verdade o que propus apenas em forma de interrogação e segundo a opinião do vulgo, para fazer, a propósito disso, em seguida, uma investigação mais exata. Pois, quando disse que era preciso "tomar como incertos ou mesmo como falsos todos os testemunhos que recebemos dos sentidos", disse-o seriamente; e isto é tão necessário para entender minhas *Meditações* que aquele que não pode, ou não quer admitir isto, não é capaz de objetar coisa alguma que possa merecer resposta. Mas, entretanto, é preciso advertir a diferença que existe entre as ações da vida e a pesquisa da verdade, a qual inculquei tantas vezes; pois, quando se trata da conduta da vida, seria algo inteiramente ridículo não se referir aos sentidos; razão pela qual sempre foram ridicularizados aqueles céticos que negligenciavam a tal ponto todas as coisas do mundo que, para impedir que eles próprios se lançassem em precipícios, deviam ser guardados pelos seus amigos; e é por isso que disse em algum lugar: "que uma pessoa de bom senso não podia duvidar seriamente dessas coisas"; mas, quando se trata da pesquisa da verdade e de saber que coisas podem ser certamente conhecidas pelo espírito humano, é sem dúvida inteiramente contrário à razão não querer rejeitar seriamente estas coisas como incertas, ou mesmo também como falsas, a fim de observar que aquelas que não podem ser assim rejeitadas são, por isso mesmo, mais seguras e, quanto a nós, mais conhecidas e mais evidentes.

Quanto ao fato de eu ter dito que "não conhecia ainda suficientemente o que é uma coisa pensante", não é verdade, como afirmais, que o tenha dito deveras, pois eu o expliquei no devido lugar; nem mesmo que eu tenha dito que não duvidava de maneira alguma daquilo em que consistia a natureza do corpo, e que não lhe atribuía a faculdade de se mover a si mesmo; nem também que eu imaginava a alma como um vento ou um fogo e outras coisas semelhantes que somente referi nessa passagem, segundo a opinião do vulgo, para mostrar em seguida que elas eram falsas. Mas com que fidelidade afirmais que "eu atribuo à alma as faculdades de andar, de sentir, de ser alimentada" etc., para que acrescenteis imediatamente após estas palavras: "Eu vos concedo tudo isto, desde que nos abstenhamos de vossa distinção entre o espírito e o corpo"? pois, nesse mesmo momento, disse expressamente que a nutrição deveria ser referida apenas ao corpo; e, no que se refere ao sentimento e ao andar, refiro-os também, na maior parte, ao corpo, e nada atribuo à alma do que lhes diz respeito, exceto, apenas, que é um pensamento.

Ademais, que razão tendes de dizer que não havia "necessidade de tão grande aparelhamento para provar minha existência"? Certamente penso ter muita razão em inferir de vossas próprias palavras que o aparelhamento do qual me servi não foi ainda suficientemente grande, posto que não pude fazer ainda com que compreendesseis bem a questão; pois, quando dizeis que eu poderia concluir a mesma coisa de cada uma de minhas ações indiferentemente, vós vos enganais bastante, já que não há nenhuma entre elas de que eu esteja inteiramente certo – refiro-me àquela certeza metafísica, única certeza de que aqui se trata – exceto o pensamento. Pois, por exemplo, não seria boa a seguinte consequência: *eu passeio, logo existo*, senão na medida em que o conhecimento interior que tenho disto é um pensamento, do qual somente esta conclusão é certa, não do movimento do corpo, o qual às vezes pode ser falso, como nos nossos sonhos, embora nos pareça então que passeamos; de maneira que, do fato de que eu penso passear, posso muito bem inferir a existência de meu espírito, que tem este pensamento, mas não a do meu corpo que passeia. O mesmo acontece com todos os outros.

II. Começais, em seguida, por uma figura de retórica bastante agradável que se chama prosopopeia, a me interrogar, não mais como um homem inteiro, mas como uma alma separada do corpo; no que parece que tenhais querido advertir-me de que essas objeções não partem do espírito do sutil filósofo, mas do que um homem preso aos sentidos e à carne. Dizei-me, portanto, suplico-vos, ó carne, ou quem quer que sejais, e qualquer que seja o nome pelo qual desejais ser chamado, tendes tão pouco comércio com o espírito que não pudestes notar a passagem em que corrigi esta imaginação do vulgo pela qual fingimos que a coisa que pensa é semelhante ao vento ou a algum outro corpo dessa espécie? Pois corrigi-o sem dúvida, quando mostrei que se pode supor que não há vento, nem fogo, nem qualquer outro corpo no mundo, e que, entretanto, sem mudar essa suposição, todas as coisas pelas quais conheço que sou uma coisa que pensa não deixam de permanecer em sua totalidade. E, portanto, todas as perguntas que me fazeis em seguida, por exemplo: "Por que não poderia eu, pois, ser um vento? Por que não poderia preencher um espaço? Por que não poderia ser movido de várias maneiras?" e outras semelhantes, são tão vãs e tão inúteis que não necessitam de resposta.

III. O que em seguida acrescentais não é mais sólido, a saber: "se eu sou um corpo sutil e tênue, por que não poderia ser alimentado?" e o resto. Pois nego absolutamente que eu seja um corpo. E, para acabar de uma vez por todas com essas dificuldades, porque me objetais quase sempre a mesma coisa, e não combateis minhas razões, mas, dissimulando-as como se fossem de pouco valor ou apresentando-as defeituosas e imperfeitas, aproveitais a ocasião para me fazer várias objeções que as pessoas pouco versadas em Filosofia costumam opor às minhas conclusões ou a outras que se lhes assemelham ou mesmo que nada têm em comum com elas, as quais, ou são afastadas do tema ou já foram no devido lugar refutadas e resolvidas, não é necessário que eu responda a cada uma de vossas perguntas, pois de outra maneira seria preciso repetir cem vezes as mesmas coisas que escrevi acima. Mas, satisfarei apenas em poucas palavras àquelas que me parecerem poder deter pessoas um pouco entendidas. E quanto àqueles que não se prendem tanto à força das razões quanto à multidão das palavras, não faço tanto caso de sua aprovação que queira perder o tempo em discursos inúteis para conquistá-la.

Primeiramente, portanto, notaria aqui que não se acredita em vós quando adiantais, tão audazmente e sem qualquer prova, que o espírito cresce e se enfraquece com o corpo; pois do fato de não agir tão perfeitamente no corpo de uma criança quanto no de um homem perfeito e de muitas vezes suas ações poderem ser impedidas pelo vinho e por outras coisas corpóreas, segue-se somente que, enquanto está unido ao corpo, dele se serve como de um instrumento para fazer estas espécies de operações com as quais se ocupa ordinariamente, mas não que o corpo o torne mais ou menos perfeito do que ele é em si; e a consequência que tirais daí não é melhor do que se, do fato de um artesão não trabalhar bem todas as vezes que se serve de um mau utensílio, inferísseis que ele tira sua perícia e a ciência de sua arte da bondade de seu instrumento.

Cumpre também notar que não parece, ó carne, que saibais de alguma forma o que é usar de razão, posto que, para provar que a informação e a fé de meus sentidos não me devem ser suspeitas, dizeis que, "embora sem me servir do olho, tenha me parecido algumas vezes que sentia coisas que não se pode sentir sem ele, não experimentei, entretanto, sempre a mesma falsidade"; como se não houvesse fundamento suficiente para duvidar de alguma coisa, no fato de termos nela alguma vez reconhecido erro, e como se pudesse acontecer que, todas as vezes que nos enganamos, pudéssemos nos aperceber disso; visto que, ao contrário, o erro consiste apenas no fato de ele não se revelar como tal. Enfim, uma vez que me pedis frequentemente razões quando vós mesmos não tendes nenhuma e, entretanto, cabe a vós tê-las, sou obrigado a vos advertir de que, para bem filosofar, não há necessidade de provar que todas aquelas coisas que não recebemos como verdadeiras são falsas, porque sua verdade não nos é conhecida; mas é somente necessário cuidar muito seriamente de nada receber como verdadeiro que não possamos demonstrar ser tal. E assim, quando percebo que sou uma substância pensante e formo um conceito claro e distinto dessa substância, no qual nada está contido que pertença ao da substância corporal, isso me basta plenamente para assegurar que, enquanto eu me conheço, nada sou senão uma coisa que pensa; e isso é tudo o que assegurei na Meditação Segunda, da qual se trata nesse momento; e não deveria admitir que esta substância pensante fosse um corpo sutil, puro, tênue etc., na medida em que não tive nenhuma razão que disso me persuadisse; se tendes alguma, a vós cabe no-la ensinar e não exigir de mim que prove que algo é falso quando não tive outra razão para não admiti-lo, senão o fato de me ser desconhecida essa razão. Pois, fazeis o mesmo que se, dizendo que estou atualmente na Holanda, dissésseis que não devo ser acreditado se não provar ao mesmo tempo que não estou na China ou em qualquer outra parte do mundo; visto que talvez possa ocorrer que um mesmo corpo, pela onipotência de Deus, esteja em muitos lugares. E quando acrescentais que devo também provar que as almas dos animais não são corpóreas e que o corpo em nada contribui para o pensamento, fazeis ver não somente que ignorais a quem pertence a obrigação de provar uma coisa, mas também que não sabeis o que cada um deve provar; pois, quanto a mim, não creio nem que as almas dos animais não sejam corpóreas, nem que o corpo em nada contribua para o pensamento; mas somente digo que não é este o lugar de examinar essas coisas.

IV. Buscais aqui a obscuridade por causa do equívoco que reside na palavra *alma*, mas eu a esclareci nitidamente tantas vezes que me envergonho de repeti-lo aqui; e é por isso que direi apenas que os nomes foram ordinariamente impostos por pessoas ignorantes, o que faz com que não convenham sempre propriamente às coisas que significam; no entanto, desde que foram aceitos, não temos liberdade de mudá-los, mas podemos apenas corrigir suas significações quando vemos que não são bem compreendidas. Assim, visto que os primeiros autores dos nomes talvez não distinguiram em nós aquele princípio pelo qual somos alimentados, crescemos e realizamos, sem o pensamento, todas as outras funções que partilhamos com os animais, daquele outro pelo qual nós pensamos, eles denominaram ambos os princípios com o mesmo nome de *alma*; e, vendo pouco depois que o pensamento era diferente da nutrição, deram o nome de *espírito* a esta coisa que em nós tem a faculdade de pensar e acreditaram que era a parte principal da alma. Mas eu, tendo cuidado que o princípio pelo qual somos alimentados é inteiramente diferente daquele pelo qual pensamos, disse que o nome alma, quando se refere ao mesmo tempo a um e a outro, é equívoco, e que, para tomá-lo precisamente como esse primeiro ato ou essa *forma principal do homem*, ele deve ser somente entendido como aquele princípio pelo qual pensamos; dessa maneira, chamei-o o mais das vezes pelo nome de *espírito*, para evitar esse equívoco e essa ambiguidade. Pois não considero o *espírito* como uma parte da alma, mas como toda a alma pensante.

Mas, dizeis, sentis dificuldade em saber se "eu não considero portanto que a alma pensa sempre". Mas por que não pensaria ela sempre, uma vez que é uma substância pensante? E que maravilha há em não nos lembrarmos dos pensamentos que ela teve no ventre de nossas mães, ou durante a letargia, já que não nos lembramos, mesmo, de muitos pensamentos que sabemos muito bem que tivemos quando adultos, sãos e despertos, pela razão de, para nos lembrarmos de pensamentos que o espírito concebeu uma vez, enquanto conjugado ao corpo, ser necessário que restem deles alguns vestígios impressos no cérebro, para os quais o espírito se volta e aplica-lhes seu pensamento, a fim de lembrar-se; ora, que há de maravilhoso se o cérebro de uma criança ou de um letárgico não é próprio para receber tais impressões?

Enfim, onde eu disse "que talvez possa ocorrer que aquilo que eu não conheço ainda (a saber, meu corpo) não seja diferente de mim que conheço (a saber, de meu espírito), que nada sei disso, que não o discuto etc...", vós me objetais: "Se vós não o sabeis, se não o discutis, por que dizeis que não sois nada disso?" Ora, não é verdade que eu tenha adiantado algo que não soubesse; pois, exatamente ao contrário, posto que não sabia então se o corpo era uma e mesma coisa que o espírito ou se não o era, eu nada queria adiantar, mas somente considerei o espírito até que, enfim, na Meditação Sexta, não somente adiantei, mas demonstrei mui claramente que ele era realmente distinto do corpo. Mas vos enganais nisto a vós mesmo, e muito, pois, não tendo a menor razão para mostrar que o espírito não é distinto do corpo, não deixais de afirmá-lo sem prova alguma 13.

v. O que eu disse da imaginação é bastante claro, desde que se queira examiná-lo cuidadosamente, mas não é estranho se parecer obscuro àqueles que jamais meditam e que não fazem reflexão alguma sobre o que pensam. Mas devo adverti-los de que as coisas que asseverei não pertencerem ao conhecimento que tenho de mim mesmo não são de modo algum incompatíveis com aquelas que anteriormente disse não saber se pertenciam à minha essência, na medida em que pertencer à minha essência e pertencer ao conhecimento que tenho de mim mesmo são duas coisas inteiramente diferentes.

vi. Tudo o que aqui alegais, ó boníssima carne, não me parece tanto objeções quanto algumas murmurações que não têm necessidade de réplica.

vii. Continuais ainda aqui vossas murmurações, mas não é necessário que me detenha neste momento mais do que fiz em outros. Pois todas as questões que formulais a respeito dos animais são fora de propósito e não é aqui o lugar de examiná-las; posto que o espírito, meditando em si mesmo e refletindo sobre o que ele é, pode perfeitamente experimentar que pensa, mas não experimentar se os animais têm pensamentos ou se os não têm; e nada disto pode descobrir senão quando, examinando as operações dos animais, remonta dos efeitos às causas. Não me detenho tampouco em refutar as passagens em que me fazeis falar impertinentemente, posto que me basta ter uma vez advertido o leitor de que não guardais toda a fidelidade que é devida ao relato das palavras de outrem. Mas apresentei muitas vezes a verdadeira marca pela qual podemos conhecer que o espírito é diferente do corpo, a qual é que toda a essência ou toda a natureza do espírito consiste somente em pensar, quando toda a natureza do corpo consiste somente no seguinte ponto, que o corpo é uma coisa extensa, e também que nada há de comum entre o pensamento e a extensão. Mostrei também, inúmeras vezes, mui claramente, que o espírito pode agir independentemente do cérebro; pois é certo que o cérebro é de nenhum uso quando se trata de formar atos de intelecção pura, e só o é de algum, quando se trata de sentir ou de imaginar algo; e, embora, quando o sentimento ou a imaginação está fortemente agitado, como ocorre quando o cérebro está perturbado, o espírito não possa aplicar-se facilmente a conceber outras coisas, experimentamos todavia que, quando nossa imaginação não é tão forte, não deixamos amiúde de conceber algo de inteiramente diferente daquilo que imaginamos, como quando, em meio aos nossos sonhos, percebemos que sonhamos; pois então é bem um efeito de nossa imaginação o fato de sonharmos, mas o fato de nos apercebermos de nossos sonhos é obra que pertence tão somente ao entendimento.

VIII. Aqui, como muitas vezes alhures, mostrais apenas que não entendeis aquilo que vos empenhais em repreender; pois não fiz abstração do conceito de cera do conceito de seus acidentes, mas, antes, quis mostrar como sua substância é manifestada pelos acidentes e o quanto a sua percepção, quando é clara e distinta, e quando uma reflexão exata no-la tornou manifesta, difere da percepção vulgar e confusa. E não vejo, ó carne, sobre qual argumento vos fundais para assegurar com tanta certeza que um cão discerne e julga da mesma maneira que nós, a não ser que, vendo que é também composto de carne, vós vos persuadais de que as mesmas coisas que se acham em vós encontram-se também nele. Quanto a mim, que não reconheço no cão espírito nenhum, não penso que haja nele coisa alguma de semelhante às coisas que pertencem ao espírito.

IX. Espanto-me por confessardes que todas as coisas que considero na cera provam que conheço distintamente que eu sou, mas não de que modo sou ou qual é minha natureza, visto que um não se demonstra sem o outro. E não vejo o que podeis desejar de mais, no que se refere a isto, a não ser que se vos diga qual é o odor e qual é o sabor do espírito humano, ou de que sal, enxofre e mercúrio é ele composto; pois quereis que, como por uma espécie de operação química, a exemplo do vinho, nós o passemos pelo alambique, a fim de saber o que entra na composição de sua essência. O que certamente é digno de vós, ó carne, e de todos aqueles que, nada concebendo senão mui confusamente, não sabem o que se deve pesquisar de cada coisa. Mas, quanto a mim, jamais pensei que, para tornar uma substância manifesta, fosse necessária outra coisa além de descobrir-lhe os diversos atributos; de sorte que, quanto mais atributos conhecemos de alguma substância, mais perfeitamente também conhecemos-lhe a natureza; e do mesmo modo, podemos distinguir mui diversos atributos na cera: um que ela é branca, outro que é dura, outro que, de dura, torna-se líquida etc.; do mesmo modo, há tantos atributos no espírito: um que ele tem a virtude de conhecer a brancura da cera, outro que tem a virtude de conhecer-lhe a dureza, outro que pode conhecer a modificação dessa dureza ou a liquefação etc., pois alguém pode conhecer a dureza sem por isso conhecer a brancura, como é o caso de um cego de nascença e assim por diante. Donde se vê claramente que não há coisa alguma de que se conheçam tantos atributos quanto os de nosso espírito, pois na medida em que os conhecemos nas outras coisas, podemos contar tantos outros no espírito, pelo fato de que ele os conhece; e portanto sua natureza é mais conhecida do que a de qualquer outra coisa.

Enfim, vós me arguis aqui de passagem pelo fato de que, nada tendo admitido em mim a não ser o espírito, eu fale todavia da cera que vejo e que toco, o que no entanto não se pode fazer sem olhos ou sem mãos; mas deveis haver notado que adverti expressamente que não se tratava aqui da visão ou do tato, que se fazem por intermédio dos órgãos corpóreos, mas somente do pensamento de ver e de tocar, que não necessita desses órgãos, como experimentamos todas as noites em nossos sonhos; e certamente vós o notastes muito bem, mas quisestes apenas mostrar quantos absurdos e injustas cavilações são capazes de inventar aqueles que não se empenham tanto em bem conceber uma coisa quanto em impugná-la e contradizê-la.

## Das Coisas que Foram Objetadas Contra a Meditação Terceira

I. Coragem; enfim apresentais aqui contra mim alguma razão, o que não notei tivésseis feito até este momento; pois, para provar que não é uma regra certa que "as coisas que concebemos mui clara e distintamente são todas verdadeiras", dizeis que uma porção de grandes espíritos, que parecem dever ter conhecido várias coisas mui clara e distintamente, consideraram que a verdade estava oculta no seio do próprio Deus, ou no profundo dos abismos; no que confesso que é argumentar bastante bem com a autoridade de outrem; mas deveríeis lembrar-vos, ó carne, que aqui falais a um espírito de tal modo desligado das coisas corpóreas que não sabe mesmo se houve jamais homens antes dele e que, portanto, não se comove muito com a autoridade deles. O que alegais em seguida a respeito dos céticos é um lugar-comum que não é mau, mas que nada prova; não prova mais do que aquilo que dizeis ao afirmar que há pessoas que morreriam pela defesa de suas falsas opiniões, porque não se poderia provar que concebem clara e distintamente o que afirmam com tanta obstinação. Enfim, é muito verdadeiro o que acrescentais, afirmando que não é preciso tanto trabalhar em confirmar a verdade dessa regra quanto em fornecer um bom método para conhecer se nos enganamos ou não, quando pensamos conceber claramente alguma coisa; mas, igualmente, afirmo tê-lo feito exatamente no seu lugar, primeiramente afastando os preconceitos e, em seguida, explicando as principais ideias e, enfim, distinguindo as claras e distintas das que são obscuras e confusas.

II. Certamente admiro vosso raciocínio pelo qual desejais provar que todas nossas ideias são estranhas ou provêm de fora e que não há nenhuma que tenhamos formado, "pois, dizeis vós, o espírito não tem somente a faculdade de conceber as ideias estranhas; mas também a de ajuntá-las, dividi-las, estendê-las, abreviá-las, compô-las etc. de muitas maneiras"; donde concluís que a ideia de uma quimera que o espírito formula compondo, dividindo etc., não é feita por ele, mas provém de fora ou é estranha. Mas poderíeis também, da mesma maneira, provar que Praxíteles não fez nenhuma estátua, na medida em que não retirou dele o mármore sobre o qual pôde talhá-las; poder-se-ia também dizer que não fizestes estas objeções, pois as compusestes com palavras que não inventastes mas que tomastes de empréstimo de outrem. Mas, certamente, nem a forma de uma quimera não consiste nas partes de uma cabra ou de um leão, nem a de vossas objeções em cada uma das palavras de que vos servistes, mas somente na composição e no arranjo dessas coisas. Admiro-me também de afirmardes que a ideia daquilo que em geral se denomina uma coisa não pode existir no espírito, "se as ideias de um animal, de uma planta, de uma pedra e de todos os universais não estiverem aí ao mesmo tempo"; como se, para conhecer que sou uma coisa que pensa, eu devesse conhecer os animais e as plantas, porque devo conhecer aquilo que se chama uma coisa, ou melhor, o que é em geral uma coisa. Não sois, também, mais verdadeiro em tudo o que dizeis a respeito da verdade. E enfim, já que impugnais apenas as coisas de que nada afirmei, vós vos armais em vão contra fantasmas.

III. Para refutar as razões pelas quais estimei que se poderia duvidar da existência das coisas materiais, perguntais aqui "por que, então, eu caminho sobre a terra etc."; no que é evidente que reincidis na primeira dificuldade; pois tomais para fundamento o que está em controvérsia, e que precisa de prova, que é tão certo que caminhais sobre a terra que não se pode de maneira alguma duvidar disso.

E quanto às objeções que formulei a mim mesmo e às quais dei solução, quereis acrescentar esta outra, a saber, "por que, pois, em um cego de nascença não há ideia alguma da cor, ou no surdo dos sons e da voz?", mostrais que não tendes nenhuma objeção consequente; pois, como sabeis que em um cego de nascença não há nenhuma ideia das cores, visto que às vezes experimentamos que, embora tenhamos os olhos fechados, se excitam em nós sentimentos de cor e de luz? E, ainda que se vos concedesse o que dizeis, aquele que negasse a existência das coisas materiais não teria também boa razão para dizer que o cego de nascença não tem as ideias das cores porque seu espírito está privado da faculdade de formá-las, como tendes razão de dizer que ele não tem essas ideias porque está privado da visão?

O que acrescentais sobre as duas ideias do sol nada prova, mas quando tomais ambas as ideias por uma só, porque se relacionam ao mesmo sol, é o mesmo que se dissésseis que o verdadeiro e o falso não diferem quando se referem a uma mesma coisa; e, quando negais que se deva dar o nome de ideia àquela que inferimos das razões da astronomia, restringis o nome de ideia somente às imagens pintadas na fantasia, contra o que estabeleci expressamente.

IV. Fazeis o mesmo quando negais que se possa ter uma verdadeira ideia da substância, pelo fato de que, dizeis vós, a substância não é percebida pela imaginação, mas pelo tão-só entendimento. Mas eu já protestei múltiplas vezes, ó carne, que não queria ter comércio com aqueles que só se querem servir da imaginação e não do entendimento.

Mas, onde dizeis que "a ideia da substância não tem realidade alguma que não haja tomado das ideias dos acidentes segundo os quais ou à maneira dos quais ela é concebida", mostrais claramente que não tendes ideia alguma da substância que seja distinta, pois esta não pode jamais ser concebida à maneira dos acidentes, nem tomar-lhes de empréstimo sua realidade; mas, ao contrário, os acidentes são comumente concebidos pelos filósofos como substâncias, a saber, quando eles os concebem como reais; pois não se pode atribuir aos acidentes realidade alguma (isto é, entidade alguma mais do que modal), que não seja tomada à ideia da substância.

Enfim, onde dizeis que "não formamos a ideia de Deus senão sobre aquilo que aprendemos e ouvimos dos outros", atribuindo-lhe, a exemplo deles, as mesmas perfeições que vimos os outros atribuírem-lhe, eu desejaria que tivésseis também acrescentado de onde é, pois, que esses primeiros homens, de quem aprendemos e ouvimos essas coisas, obtiveram essa mesma ideia de Deus. Pois, se a obtiveram de si mesmos, porque não poderíamos nós obtê-la de nós mesmos? Porque se Deus lhas revelou, Deus existe consequentemente.

E, quando acrescentais que "aquele que chama uma coisa infinita dá a uma coisa que não compreende um nome que tampouco entende", não fazeis a distinção entre a intelecção conforme ao alcance de nosso espírito, tal como cada um reconhece suficientemente em si mesmo ter do infinito, e a concepção inteira e perfeita das coisas, isto é, que compreende tudo o que há de inteligível nelas, que é de tal ordem que ninguém a teve jamais não só do infinito, como também talvez de qualquer outra coisa que exista no mundo, por pequena que seja; e não é verdade que concebemos o infinito pela negação do finito, visto que, ao contrário, toda limitação contém em si a negação do infinito.

Não é verdade também que "a ideia que nos representa todas as perfeições que atribuímos a Deus não tem mais realidade objetiva do que têm as coisas finitas". Pois confessais, vós mesmo, que todas essas perfeições são ampliadas por nosso espírito, a fim de que possam ser atribuídas a Deus; pensais, portanto, que as coisas assim ampliadas não são maiores do que as que não o foram; e de onde nos pode vir essa faculdade de ampliar todas as perfeições criadas; isto é, de conceber algo de maior e de mais perfeito do que elas são, senão do simples fato de que temos em nós a ideia de uma coisa maior, a saber, do próprio Deus? E enfim não é verdade também que Deus seria pouca coisa se não fosse maior do que o concebemos; pois concebemos que ele é infinito, e nada pode haver de maior do que o infinito. Mas confundis intelecção com imaginação e supondes que imaginamos Deus como algum grande e poderoso gigante, como o faria aquele que, jamais tendo visto um elefante, o imaginasse semelhante a um oução de altura e de largura desmesuradas, o que concordo convosco ser muito impertinente.

v. Dizeis aqui muitas coisas para fazer de conta que me contradizeis e entretanto nada dizeis contra mim, posto que concluis a mesma coisa que eu. Mas, todavia, mesclais aqui e acolá várias coisas com as quais não estou de acordo; por exemplo, que este axioma, *nada há num efeito que não tenha estado primeiramente em sua causa,* se deve entender mais da causa material do que da eficiente; pois é impossível conceber que a perfeição da forma preexista na causa material, mas tão somente na causa eficiente, e também que *a realidade formal de uma ideia seja uma substância,* e muitas outras coisas semelhantes.

VI. Se tivésseis algumas razões para provar a existência das coisas materiais, sem dúvida tê-las-íeis aqui relatado. Mas, uma vez que perguntais somente "se é então verdadeiro que eu não esteja certo de que haja alguma coisa diferente de mim que exista no mundo", e que supondes que não há necessidade de procurar as razões de uma coisa tão evidente, e assim vos referis somente aos vossos antigos prejuízos, mostrais bem mais claramente que não tendes mais qualquer razão para provar o que afirmais do que se não houvésseis dito cousa alguma. No que dizeis a respeito das ideias, isto não tem necessidade de resposta, porque restringis o nome de ideia apenas às imagens pintadas na fantasia; e eu estendo-o a tudo o que concebemos com o pensamento.

Mas, pergunto-vos, de passagem, por que argumento provais que "nada age sobre si mesmo". Pois não é vosso costume usar argumentos e provar o que dizeis. Provais isto com o exemplo do dedo que não pode bater em si mesmo e do olho que não pode ver-se a si mesmo a não ser num espelho: ao que é fácil responder que não é o olho que se vê a si mesmo, nem o espelho, mas antes o espírito, o qual somente conhece não só o espelho como o olho e a si mesmo. Podemos mesmo, também, dar outros exemplos, entre as coisas corpóreas, da ação que uma coisa exerce sobre si, como quando um tamanco se vira sobre si mesmo; esta conversão não será uma ação que ele exerce sobre si?

Enfim, é mister observar que eu não afirmei que "as ideias das coisas materiais derivavam do espírito" como quereis aqui fazer crer; pois demonstrei expressamente depois que elas procediam muitas vezes dos corpos, e que é com isso que se prova a existência das coisas corpóreas; mas somente apontei nessa passagem que não há nelas tanta realidade que, por causa da seguinte máxima: "Nada há num efeito que não tenha estado em sua causa, formal ou eminentemente", se deva concluir que elas não puderam derivar do tão-só espírito; o que não impugnais de maneira nenhuma.

VII. Não dizeis nada aqui que não tenhais dito anteriormente e que eu não haja refutado inteiramente. Advertir-vos-ei aqui apenas, no tocante à ideia do infinito (a qual dizeis não poder ser verdadeira a não ser que compreenda o infinito, e que o que dele conheço é, quando muito, apenas uma parte do infinito e mesmo uma parte minúscula, que não representa melhor o infinito que o retrato de um simples cabelo representa um homem inteiro), advertir-vos-ei, digo, que repugna que eu compreenda alguma coisa e que o que eu compreendo seja infinito; pois, para ter uma ideia verdadeira do infinito, ele não deve ser de maneira alguma compreendido, tanto mais que a incompreensibilidade mesma está contida na razão formal do infinito; e entretanto é coisa manifesta que a ideia que temos do infinito não representa somente uma de suas partes, mas o infinito em sua totalidade, conforme deve ser representado por uma ideia humana; embora seja certo que Deus ou alguma outra natureza inteligente dele possa ter outra ideia muito mais perfeita, isto é, muito mais exata e mais distinta do que aquela que os homens têm, da mesma maneira que dizemos que aquele que não é versado na Geometria não deixa de possuir a ideia de todo o triângulo, quando o concebe como uma figura composta de três linhas, embora os geômetras possam conhecer várias outras propriedades do triângulo e notar muitas coisas em sua ideia que o não versado na Geometria não observa. Pois, como é suficiente conceber uma figura composta de três linhas para ter a ideia de todo o triângulo, assim é suficiente conceber uma coisa que não está encerrada em limites alguns, para ter uma verdadeira e inteira ideia de todo o infinito.

VIII. Incorreis aqui no mesmo erro quando negais que possamos ter uma verdadeira ideia de Deus: pois, ainda que não conheçamos todas as coisas que existem em Deus, todavia, tudo o que conhecemos existir nele é inteiramente verdadeiro. Quanto ao que dizeis, "que o pão não é mais perfeito do que aquele que o deseja, e que, do fato de eu conceber que algo está atualmente contido numa ideia não se segue que ela esteja atualmente na coisa da qual é ideia, e também que formulo juízo sobre aquilo que ignoro", e outras coisas semelhantes, tudo isso, digo, nos demonstra apenas que pretendeis temerariamente impugnar várias coisas das quais não compreendeis o sentido; pois, do fato de alguém desejar pão, não se infere que o pão seja mais perfeito do que ele, mas somente que aquele que necessita de pão é menos perfeito do que quando não necessita dele. E, do fato de alguma coisa estar contida numa ideia, não concluo que essa coisa exista atualmente, a não ser quando não se pode designar nenhuma outra causa para essa ideia exceto a própria coisa que ela representa como existente atualmente; o que demonstrei que não se pode dizer de muitos mundos, nem de qualquer outra coisa que seja, exceto de Deus apenas. E não julgo tampouco do que ignoro, pois apresentei as razões do juízo que formulava, razões que são tais que não pudestes até agora refutar nem a mais frágil.

IX. Quando negais que tenhamos necessidade do concurso e da influência contínua da causa primeira para sermos conservados, negais algo que todos os metafísicos afirmam como muito manifesto, mas em que as pessoas pouco letradas não pensam amiúde, porque dirigem seus pensamentos apenas às causas que se chama na Escola *secundam fieri,* isto é, das quais os efeitos dependem quanto à sua produção e não às que se chama *secundam esse,* isto é, das quais os efeitos dependem quanto à sua subsistência e sua continuação no ser. Assim, o arquiteto é a causa da casa, e o pai, a causa de seu filho, quanto à tão-só produção; eis por que, uma vez estando a obra acabada, ela pode subsistir e permanecer sem essa causa; mas o sol é a causa da luz que procede dele e Deus é a causa de todas as coisas criadas, não somente no que depende de sua produção, mas mesmo no que concerne à sua conservação ou à sua duração no ser. Eis por que ele deve sempre agir sobre seu efeito de uma mesma maneira para conservá-lo no primeiro ser que lhe deu. E isto se demonstra mui claramente pelo que expliquei a respeito da independência das partes do tempo, e que procurais em vão eludir, propondo a necessidade da sequência que existe entre as partes do tempo considerado em abstrato, a respeito da qual não se discute aqui, mas somente a respeito do tempo ou da duração da própria coisa, da qual não podeis negar que todos os momentos não possam ser separados daqueles que os seguem imediatamente, isto é, que ela não possa deixar de ser em cada momento de sua duração.

E quando dizeis que há "em nós bastante virtude para nos fazer perseverar no caso de que qualquer causa corruptiva sobrevenha", não cuidais que atribuis à criatura a perfeição do Criador, na medida em que ela persevera no ser independentemente de outrem; e, ao mesmo tempo em que atribuis ao Criador a imperfeição da criatura, na medida em que, se alguma vez Ele quisesse que deixássemos de ser, seria necessário que Ele tivesse o nada como o termo de uma ação positiva.

O que dizeis, após isso, no que concerne ao *progresso ao infinito*, a saber, que não há "discordância alguma em que haja um tal progresso", desdizeis imediatamente depois; pois confessais, vós mesmo, que é "impossível que possa haver tal nessas espécies de causas, que são de tal modo conexas e subordinadas entre si, que o inferior não possa agir se a tanto não o impulsione o superior". Ora, trata-se aqui apenas dessas formas de causas, a saber, daquelas que dão e conservam o ser de seus efeitos e não daquelas cujos efeitos dependem delas apenas no momento da produção, como são os pais; e, portanto, a autoridade de Aristóteles não me é de modo algum contrária neste momento, assim como não o é aquilo que dizeis sobre Pandora; pois vós mesmo confessais que posso de tal forma acrescer e aumentar todas as perfeições que reconheço existirem no homem que me será fácil reconhecer que são tais que não poderiam convir à natureza humana; o que me basta inteiramente para demonstrar a existência de Deus; pois sustento que tal virtude, de aumentar e de acrescer as perfeições humanas até o ponto de não mais serem humanas, mas infinitamente elevadas acima do estado e da condição humanas, não poderia existir em nós se não tivéssemos um Deus como o autor de nosso ser. Mas, para não mentir, espanto-me muito pouco de que não vos pareça que eu o tenha demonstrado bastante claramente; pois até aqui não percebi que tivésseis compreendido bem qualquer de minhas razões.

x. Quando retomais aquilo que eu disse, a saber, "que nada se pode acrescentar nem diminuir à ideia de Deus", parece que não cuidastes bem do que dizem comumente os filósofos, ou seja, que as essências das coisas são indivisíveis; pois a ideia representa a essência da coisa, a qual se torna imediatamente a ideia de outra coisa se se lhe acrescenta algo ou diminui que seja: assim se figurou outrora a ideia de uma Pandora; assim foram elaboradas as ideias dos falsos deuses por aqueles que não concebiam como é necessária a ideia do verdadeiro Deus. Mas, desde que se concebeu uma vez a ideia do verdadeiro Deus, ainda que Nele se possam descobrir novas perfeições que até então não se haviam percebido, sua ideia não foi, entretanto, acrescida ou aumentada, mas apenas tornada mais distinta e mais expressa, visto que essas novas perfeições deveriam estar todas contidas nesta mesma ideia que se tinha anteriormente, já que se supõe que era verdadeira; da mesma maneira que a ideia do triângulo não é aumentada quando se notam nele muitas propriedades que até então se ignoravam. Pois não penseis que "a ideia que temos de Deus forma-se sucessivamente do aumento das perfeições das criaturas"; ela se forma inteiramente e de uma vez pelo fato de concebermos por nosso espírito o ser infinito, incapaz de qualquer espécie de aumento.

E quando perguntais "como provo que a ideia de Deus existe em nós como a marca do operário impressa sobre sua obra, qual é a maneira dessa impressão e qual a forma dessa marca", é o mesmo que se, reconhecendo em qualquer quadro tanto artifício, que eu não julgasse possível que esta obra saísse de outras mãos senão as de Apeles, e que chegasse a dizer que tal artifício inimitável é como que determinada marca que Apeles imprimiu em todas as suas obras para distingui-las de todas as outras, me perguntásseis qual é a forma dessa marca e qual a maneira de sua impressão. Certamente, parece que seríeis então mais digno de riso do que de resposta. E quando prosseguis, "se esta marca não é diferente da obra, sois pois, vós mesmo, uma ideia, não sois nada além do que uma maneira de pensar, sois tanto a marca impressa quanto o sujeito da impressão", o que dizeis não será tão sutil quanto se, tendo eu dito que o artifício pelo qual os quadros de Apeles são distintos dos outros não é diferente dos próprios quadros, objetásseis que tais quadros não passam, portanto, de um artifício, que não são compostos de matéria alguma e que são apenas uma maneira de pintar etc.?

E quando, para negar que tenhamos sido feitos à imagem e semelhança de Deus, dizeis que "Deus tem, pois, a forma de um homem" e em seguida relacionais todas as coisas nas quais a natureza humana é diferente da divina, sois nisto mais sutil do que se, para negar que quaisquer quadros de Apeles tenham sido feitos à semelhança de Alexandre, dissésseis que Alexandre se assemelha, portanto, a um quadro e todavia que os quadros são compostos de madeira e de cores e não de carne como Alexandre? Pois não é da essência de uma imagem ser em tudo semelhante à coisa de que ela é imagem, mas basta que se lhe assemelhe em alguma coisa. E é mui evidente que essa virtude admirável e mui perfeita de pensar que concebemos existir em Deus é representada por aquela que existe em nós, ainda que muito menos perfeita. E, quando preferis comparar a criação de Deus com a operação de um arquiteto a fazê-lo com a geração de um pai, vós o fazeis sem nenhuma razão; pois, embora essas três maneiras de agir sejam totalmente diferentes, a distância não é tão grande entre a produção natural e a divina quanto entre a artificial e a mesma produção divina. Mas não penseis nem que digo que há a mesma relação entre Deus e nós que a que existe entre o pai e seus filhos; nem que é verdadeiro também que jamais haja qualquer relação entre o operário e sua obra, como parece quando um pintor faz um quadro que se lhe assemelha.

Mas, com quão pouca fidelidade apresentais minhas palavras quando fingis que eu disse que "não concebo essa semelhança que tenho com Deus na medida em que conheço ser uma coisa incompleta e dependente", visto que, ao contrário, só disse isso para mostrar a diferença existente entre Deus e nós, de medo que se acreditasse que eu queria igualar os homens a Deus e as criaturas ao Criador! Pois, nesse mesmo lugar, disse que não concebia somente que eu era nisso muito inferior a Deus, e que aspirava, no entanto, a essas maiores coisas que eu não possuía, mas também que essas coisas maiores a que eu aspirava encontravam-se em Deus atualmente e de maneira infinita, às quais no entanto encontrava em mim alguma coisa de semelhante, já que ousava de algum modo aspirar a elas.

Enfim, quando dizeis "que há motivo de espantar porque todo o resto dos homens não tem os mesmos pensamentos de Deus que eu tenho, já que Ele imprimiu neles sua ideia do mesmo modo que em mim", é como se vos espantásseis do fato de que, tendo todo mundo a noção do triângulo, cada um, entretanto, não notasse a mesma quantidade de propriedades, e que haja talvez mesmo alguns que lhe atribuem falsamente muitas coisas.

*Das Coisas que Foram Objetadas contra a Meditação Quarta*

1. Já expliquei suficientemente qual é a ideia que temos do *nada* e como participamos do *não-ser*, chamando esta ideia de negativa e dizendo que isso nada significa senão que não somos o soberano Ser e que nos faltam muitas coisas; mas vós sempre procurais dificuldades onde não as há de modo algum. E, quando dizeis "que entre as obras de Deus vejo algumas que não estão inteiramente acabadas", inventais uma coisa que não escrevi em parte alguma e em que jamais pensei; mas apenas disse que se certas coisas fossem consideradas, não como fazendo parte de todo este universo, mas como totalidades destacadas e coisas singulares, então elas poderiam parecer imperfeitas. Tudo o que dizeis em seguida a respeito da causa final pode ser relacionado à causa eficiente; assim, do uso admirável de cada parte nas plantas e nos animais etc., é justo admirar a mão de Deus que as fez e conhecer e glorificar o Artesão pela inspecção de Suas obras, mas não para adivinhar para que fim foram criadas todas as coisas. E, ainda que em matéria de Moral, onde é amiúde permitido utilizar conjeturas, seja algumas vezes piedoso e útil considerar o fim que Deus se propôs para a conduta do universo, certamente na Física, onde todas as coisas devem ser apoiadas em sólidas razões, é uma coisa inteiramente

ridícula. E não se pode supor que haja alguns fins mais fáceis de descobrir do que outros; pois estão todos igualmente escondidos no abismo imperscrutável de sua sabedoria. E não deveis também supor que não haja homem algum que possa compreender as outras causas; pois não há nenhuma que não seja muito mais fácil de conhecer do que aquela do fim que Deus se propôs na criação do universo; e mesmo aquelas que aduzis, para servir de exemplo da dificuldade que há em conhecê-las, são tão notórias que há poucas pessoas que não se persuadam de bem conhecê-las. Enfim, já que me perguntais tão engenhosamente "quais ideias considero que meu espírito teria recebido de Deus e de si mesmo se, desde o momento em que tivesse sido infundido dentro do corpo, permanecesse até agora de olhos fechados, orelhas tampadas e sem uso nenhum dos outros sentidos", respondo-vos também ingenua e sinceramente que (desde que suponhamos que não tenha sido impedido nem auxiliado pelo corpo a pensar e a meditar) não duvido de que teria tido as mesmas ideias que tenho presentemente, ou mesmo que as tivesse tido mais claras e mais puras; pois os sentidos impedem-no em muitas ocasiões e em nada o auxiliam a concebê-las. E, de fato, nada há que impeça todos os homens de reconhecer igualmente que têm neles essas mesmas e semelhantes ideias senão porque são ordinariamente ocupados demais pela consideração das coisas corpóreas.

II. Em toda esta parte, interpretais mal o *ser sujeito ao erro* como uma imperfeição positiva, embora isto seja apenas (principalmente no que se refere a Deus) a negação de uma maior perfeição nas criaturas. E a comparação dos cidadãos de uma república não se enquadra com as partes do universo; pois a malícia dos cidadãos, enquanto relacionada à república, é algo de positivo; porém, o mesmo não se dá pelo fato de ser o homem sujeito a erro, isto é, de não possuir ele todas as formas de perfeição, considerando-se o bem do universo. Mas a comparação pode ser melhor estabelecida entre aquele que desejaria que o corpo fosse coberto de olhos a fim de que parecesse mais belo, posto que não há nele parte mais bela do que o olho, e aquele que pensa que não deveria haver criaturas no mundo que não fossem isentas de erro, isto é, que não fossem inteiramente perfeitas.

Demais, o que supondes em seguida não é de modo algum verdadeiro, a saber, "que Deus nos destina a más obras e que nos dá imperfeições e outras coisas semelhantes". Como também não é verdadeiro que "Deus tenha dado ao homem uma faculdade de julgar incerta, confusa e insuficiente para essas poucas coisas que Ele quis submeter a seu juízo".

III. Quereis que vos diga, em poucas palavras, "ao que pode a vontade estender-se que ultrapasse os limites do entendimento"? É, numa palavra, a todas as coisas nas quais erramos. Assim, quando julgais que o espírito é um corpo sutil e tênue, podeis na verdade conceber que ele é um espírito, isto é, uma coisa que pensa, e também que um corpo tênue é uma coisa extensa; mas que a coisa pensante e a extensa sejam apenas uma mesma coisa, isto certamente vós não o concebeis, mas somente quereis acreditá-lo, porque já acreditastes nisto anteriormente e não vos apartais facilmente de vossas opiniões, nem abandonais de bom grado vossos juízos. Assim, quando julgais que uma maçã ocasionalmente envenenada será boa para vosso alimento, concebeis na verdade muito bem que seu odor, sua cor e mesmo seu gosto são agradáveis, mas não concebeis por isso que essa maçã vos deva ser útil se dela fizerdes vosso alimento; mas, porque assim o desejais, vós a julgais dessa maneira. E assim confesso realmente que não queremos coisa alguma da qual, de algum modo, não concebamos algo, mas nego que nosso *entender* e nosso *querer* sejam de igual extensão; pois é certo que podemos ter muitas vontades de uma mesma coisa, e no entanto podemos conhecer dela muito pouca coisa; e quando não julgamos bem, não desejamos mal por causa disso, mas talvez alguma coisa de mal; e pode-se mesmo dizer que nada concebemos de mal, mas somente que se diz que concebemos mal quando julgamos que concebemos algo além daquilo que efetivamente concebemos.

Ainda que negueis, em seguida, que a indiferença da vontade seja de si mui manifesta, não quero entretanto tentar prová-lo a vós, pois isto é tal que cada um deve senti-lo e experimentá-lo em si mesmo mais do que persuadir-se disto pela razão; e certamente não é uma maravilha se, no papel que interpretais, e dada a natural desproporção existente entre a carne e o espírito, pareça que não cuidais e não notais a maneira pela qual o espírito age no interior de si mesmo. Não sejais portanto livre, se a tanto vos apraz; quanto a mim, gozarei de minha liberdade, pois não só a sinto em mim mesmo, como também vejo que, tendo o desígnio de combatê-la, em lugar de opor-lhe boas e sólidas razões, vós vos contentais simplesmente em negá-la. E talvez eu encontrasse mais crédito no espírito dos outros afirmando o que experimentei, e que cada um pode também experimentar em si mesmo, do que vós que negais uma coisa pelo simples fato de que jamais talvez a haveis experimentado. E, no entanto, é fácil julgar por vossas próprias palavras que algumas vezes a experimentastes: pois, quando negais que "possamos impedir-nos de cair em erro", porque não quereis que a vontade se dirija a coisa alguma sem que a tanto seja determinada pelo entendimento, vós estais de acordo que "podemos proceder de maneira a não perseverarmos nisto", o que não se pode fazer de modo algum sem a liberdade que tem a vontade de se dirigir a isto ou aquilo sem esperar a determinação do entendimento; liberdade que, todavia, não quereis reconhecer. Pois, se o entendimento determinou uma vez a vontade a fazer um falso juízo, eu vos pergunto, quando ela começa pela primeira vez a querer cuidar de não perseverar no erro, o que é que a determina a tanto? Se for ela própria, poderá, portanto, voltar-se para coisas às quais o entendimento não a dirige, e no entanto era isto o que negáveis há pouco e no que consiste presentemente o tema de nossa discussão; se ela é determinada pelo entendimento, não é ela, portanto, que se mantém sob sua guarda; mas somente ocorre que, como ela se voltava anteriormente em direção do falso que lhe era por ele proposto, da mesma maneira por acaso ela se volta agora para o verdadeiro, porque o entendimento lho propõe. Mas, além disso, eu desejaria saber qual é a natureza do falso que concebeis e como pensais que pode ser objeto do entendimento. Pois, para mim, que não entendo pelo falso nada que não seja a privação do verdadeiro, julgo haver uma inteira repugnância que o entendimento apreenda o falso sob a forma ou a aparência do verdadeiro, o que seria todavia necessário se ele jamais determinasse a vontade a abraçar a falsidade.

IV. No que concerne ao fruto destas *Meditações* parece-me ter advertido suficientemente no prefácio, o que penso que lestes, que ele não será grande para aqueles que, não se dando o trabalho de compreender a ordem e o nexo de minhas razões, cuidarem apenas de procurar em todas as ocasiões motivos de disputas. E quanto ao método pelo qual poderíamos discernir as coisas que concebemos de fato claramente das coisas de que apenas nos persuadimos conceber clara e distintamente, embora eu pense tê-lo ensinado de maneira bastante exata, como já o disse, não ousaria prometer que seria facilmente compreensível aos que trabalham tão pouco em se despojar de seus prejuízos, a ponto de se queixar de que fui demasiado longo e exato no mostrar o meio de se desfazer de tais prejuízos.

## *Das Coisas que Foram Objetadas contra a Meditação Quinta*

I. Na medida em que, após haver aqui apresentado algumas de minhas palavras, acrescentais que é tudo quanto disse no que se refere à questão proposta, sou obrigado a advertir o leitor de que não cuidastes suficientemente da sequência e da conexão daquilo que escrevi; pois creio que ela é tal para a prova de cada questão que todas as coisas que a precedem e grande parte das que a seguem, para isso contribuem: de sorte que não poderíeis relatar fielmente tudo quanto disse de alguma questão se não apresentásseis ao mesmo tempo tudo o que escrevi a respeito das outras.

Quanto ao que dizeis, afirmando que "vos parece duro ver estabelecer algo de imutável e de eterno além de Deus", teríeis razão se se tratasse de uma coisa existente, ou apenas se eu estabelecesse algo de tal modo imutável que sua imutabilidade mesma não dependesse de Deus. Mas, assim como os poetas fingem que os destinos foram na verdade feitos e ordenados por Júpiter, mas que, uma vez por ele estabelecidos, ele próprio é obrigado a guardá--los, da mesma maneira não penso, na verdade, que as essências das coisas e essas verdades matemáticas que se podem conhecer sejam independentes de Deus, mas penso todavia que, como Deus assim o quis e dispôs, elas são imutáveis e externas. Ora, que isto vos pareça duro ou não, pouco me importa; para mim, basta que seja verdadeiro.

O que alegais em seguida contra os universais dos dialéticos em nada me atinge, pois os concebo de maneira bem diferente da deles. Mas, no que concerne às essências que conhecemos clara e distintamente, como a do triângulo ou de alguma outra figura de Geometria, far-vos-ei facilmente confessar que as ideias das essências que existem em nós foram tiradas das ideias das coisas singulares; pois o que vos leva a dizer que elas são falsas é apenas que elas não se acordam com a opinião que concebestes a respeito da natureza das coisas. E mesmo um pouco depois dizeis que "o objeto das Matemáticas puras, como o ponto, a linha, a superfície e os indivisíveis que deles são compostos, não podem ter nenhuma existência fora do entendimento"; donde se segue necessariamente que jamais houve um triângulo no mundo, nem coisa alguma de tudo quanto concebemos pertencer à natureza do triângulo, ou à de alguma outra figura de Geometria, e portanto que as essências dessas coisas não foram tiradas de quaisquer coisas existentes. Mas, dizeis vós, elas são falsas. Sim, segundo vossa opinião, uma vez que supondes que a natureza das coisas é tal que elas não lhe podem ser conformes. Mas, se não sustentais também que toda a Geometria é falsa, não poderíeis negar que nela se demonstram muitas verdades, que, não mudando e sendo sempre as mesmas, não é sem razão que são chamadas imutáveis e eternas.

Mas o fato de elas não serem talvez conformes à opinião que tendes da natureza das coisas, nem mesmo àquela que Demócrito e Epicuro construíram e compuseram de átomos, não é em relação a elas senão uma denominação exterior, que não lhes causa nenhuma transformação; e todavia não se pode duvidar que elas sejam conformes a esta verdadeira natureza das coisas que foi feita e construída pelo verdadeiro Deus: não que haja no mundo substâncias que tenham comprimento sem largura, ou largura sem profundidade; mas porque as figuras geométricas não são consideradas como substâncias, mas somente como os limites nos quais a substância está contida. No entanto, não concordo com que as ideias dessas figuras nos tenham jamais caído sob os sentidos, como cada um se persuade ordinariamente; pois, ainda que não haja dúvida que possam existir no mundo, tal como os geômetras as consideram, nego no entanto que existam quaisquer em torno de nós, a não ser que sejam tão pequenas que não nos impressionem os sentidos: pois são ordinariamente compostas de linhas retas, e não penso que jamais tenha tocado nossos sentidos parte alguma de uma linha que fosse verdadeiramente reta. Por isso, quando chegamos a olhar através de uma luneta aquelas que nos haviam parecido as mais retas, vêmo-las inteiramente irregulares e curvadas em todas as partes, como ondas. E, portanto, quando percebemos pela primeira vez em nossa infância uma figura triangular traçada sobre o papel, tal figura não nos pôde ensinar como era necessário conceber o triângulo geométrico, posto que não representava melhor do que um mau desenho representa uma imagem perfeita. Mas, na medida em que a ideia verdadeira do triângulo já estava em nós, e que nosso espírito podia concebê--la mais facilmente do que a figura menos simples ou mais composta de um triângulo pintado, daí decorre que, tendo visto essa figura composta, não a tenhamos concebido ela própria, mas antes o verdadeiro triângulo. Da mesma maneira que, quando lançamos o olhar sobre um papel onde há alguns traços dispostos e arranjados de tal modo que representam o rosto de um homem, a visão não excita tanto em nós a ideia dos próprios traços quanto a ideia de um homem: o que não ocorreria, se o rosto de um homem não nos fosse conhecido de outro lugar, e se não estivéssemos mais acostumados a pensar nele do que em seus traços, os quais mui amiúde não poderíamos distinguir uns dos outros se estivéssemos um pouco distanciados. Assim, certamente, não poderíamos jamais conhecer o triângulo geométrico através daquele que vemos traçado sobre o papel, se nosso espírito não recebesse a sua ideia de outra parte.

II. Não vejo aqui a que gênero de coisas quereis que a existência pertença, nem por que ela não pode ser denominada uma propriedade, como a onipotência, tomando o nome de propriedade para toda espécie de atributo ou para tudo o que pode ser atribuído a uma coisa, como efetivamente deve ser aqui entendido. Mas, antes, a existência necessária é verdadeiramente em Deus uma propriedade tomada no sentido menos amplo, porque apenas a ele convém, e porque só nele faz parte de sua essência. Eis por que também a existência do triângulo não deve ser comparada com a existência de Deus, porque ela tem em Deus uma relação manifestamente diferente com a essência, que não tem no triângulo; e não cometo mais aqui o erro que os lógicos chamam de petição de princípio, quando coloco a existência entre as coisas que pertencem à existência de Deus, do que quando, entre as propriedades do triângulo, coloco a igualdade da grandeza de seus três ângulos com dois retos. Não é verdade também que a essência e a existência em Deus, tanto quanto no triângulo, podem ser concebidas uma sem a outra, porque Deus é seu próprio ser e o triângulo não. E todavia não nego que a existência possível seja uma perfeição na ideia do triângulo, como a existência necessária é uma perfeição na ideia de Deus, pois isso a torna mais perfeita do que o são as ideias de todas essas quimeras que supomos não poderem ser produzidas. E portanto não diminuístes em nada a força de meu argumento, e permaneceis sempre enganado por este sofisma que dizeis ter sido tão fácil de resolver. No que concerne ao que acrescentais em seguida, já respondi suficientemente; e enganai-vos grandemente quando dizeis que não se demonstra a existência de Deus como se demonstra que todo triângulo retilíneo tem seus três ângulos iguais a dois retos; pois a razão é semelhante nos dois casos, exceto que a demonstração que prova a existência em Deus é muito mais simples e evidente do que a outra. E enfim, silencio sobre o restante do que prosseguis, porque, quando dizeis que não explico bastante as coisas e que minhas provas não são convincentes, penso que a melhor título poder-se-ia dizer o mesmo de vós e das vossas.

III. Contra tudo o que apresentais aqui de Diágoras, de Teodoro, de Pitágoras e de vários outros, oponho-vos os céticos, que colocavam em dúvida as próprias demonstrações de Geometria, e sustento que eles não o teriam feito se tivessem tido o conhecimento certo da verdade de um Deus; e mesmo se uma coisa parecer verdadeira a mais pessoas, isto não provará que essa coisa seja mais notória e mais manifesta do que outra; prová-lo-á antes o fato de que aqueles que têm um conhecimento suficiente de uma e da outra reconhecem que uma é primeiramente conhecida, mais evidente e mais segura do que a outra.

*Das Coisas que Foram Objetadas contra a Meditação Sexta*

I. Já refutei acima o que negais aqui, a saber, que "as coisas materiais, enquanto objeto das Matemáticas puras, possam ter qualquer existência". No que se refere à intelecção de um quiliógono, não é de maneira alguma verdadeiro que seja confusa, pois dele pode-se mui claramente e mui distintamente demonstrar várias coisas, o que não se poderia de maneira nenhuma fazer se o conhecêssemos apenas confusamente, ou, como dizeis, se lhe conhecêssemos apenas o nome; mas é mui certo que o concebemos mui claramente na sua totalidade e num só momento, embora não o possamos assim claramente imaginar; donde é evidente que as faculdades de entender e de imaginar não diferem apenas segundo o mais e o menos, mas também como maneiras de agir totalmente diferentes. Pois na intelecção o espírito não se serve senão de si mesmo, ao passo que na imaginação ele contempla alguma forma corpórea; e, ainda que as figuras geométricas sejam inteiramente corpóreas, todavia não é preciso que nos persuadamos de que essas ideias que servem para no-las fazer conceber sejam também corpóreas quando não se apresentem à imaginação; e enfim isto não pode ser senão digno de vós, ó carne, pensar que "as ideias de Deus, do anjo e da alma do homem sejam corpóreas ou quase corpóreas, por terem sido tiradas da forma do corpo humano e de algumas outras coisas muito simples, muito leves e imperceptíveis". Pois quem quer que se represente Deus desta maneira, ou mesmo o espírito humano, tenta imaginar uma coisa que não é absolutamente imaginável, e apenas figura uma ideia corpórea a que atribui falsamente o nome de Deus ou de espírito; pois na verdadeira ideia de espírito nada há contido senão o tão-só pensamento com todos os seus atributos, entre os quais não há nenhum que seja corpóreo.

II. Mostrais aqui claramente que vos apoiais somente em vossos prejuízos, sem nunca vos desfazer deles, posto que não quereis que tenhamos a menor suspeita de falsidade em relação às coisas em que jamais notamos alguma; é por isso que dizeis "que, quando olhamos de perto e tocamos quase com a mão uma torre, estamos certos de que ela é quadrada, se assim ela nos parece; e que, quando estamos de fato acordados, não podemos estar em dúvida se estamos despertos ou se sonhamos", e outras coisas semelhantes; pois não tendes nenhuma razão de acreditar que tenhais alguma vez examinado e observado bastante cuidadosamente todas as coisas em que pode acontecer que erreis; e talvez não fosse penoso demonstrar que vos enganais algumas vezes em coisas que admitis como verdadeiras e como seguras. Mas, quando voltais a falar "que pelo menos não se pode duvidar de que as coisas nos pareçam como elas são", voltais ao que eu disse; pois isto mesmo está em termos expressos na minha Meditação Segunda; mas aqui se tratava da verdade das coisas que existem fora de nós, no que não vejo que tenhais dito coisa alguma de verdadeiro.

III. Não me detenho aqui em coisas que tantas vezes repisastes e que ainda nesta passagem repetis tão vanamente; por exemplo, que há muitas coisas que adiantei sem prova, as quais afirmo, não obstante, ter demonstrado mui evidentemente; como também que somente quis falar do corpo grosseiro e palpável quando excluí o corpo de minha essência; ainda que, todavia, meu desígnio tenha sido excluir de minha essência toda espécie de corpo, por pequeno e sutil que possa ser, e outras coisas semelhantes; pois, que se poderá aqui responder a tantas palavras ditas e adiantadas sem qualquer fundamento razoável, senão negá-las mui simplesmente? Contudo, direi de passagem que gostaria de saber sobre o que vos fundamentais para dizer que falei mais do corpo maciço e grosseiro do que do corpo sutil e tênue. É, declarais, porque eu disse que "tenho um corpo ao qual estou conjugado" e também que é "certo que eu, isto é, minha alma é distinta de meu corpo", onde confesso que não vejo por que tais palavras não poderiam também ser relacionadas ao corpo sutil e imperceptível, assim como àquele que é mais grosseiro e palpável; e não creio que tal pensamento possa ocorrer ao espírito de outrem além de vós. De resto, mostrei claramente, na Meditação Segunda, que o espírito poderia ser concebido como uma substância existente, antes mesmo que soubéssemos se há no mundo algum vento, algum fogo, algum vapor, algum ar, ou qualquer corpo que seja, por sutil e tênue que possa ser; mas, quanto a saber se efetivamente era diferente do corpo, disse nessa ocasião que não era o momento de discuti-lo. Tendo-o reservado para esta Meditação Sexta, foi nela que tratei amplamente de tal tema e onde decidi desta questão por uma demonstração mui forte e verdadeira. Mas vós, ao contrário, confundindo a questão que concerne a como pode o espírito ser concebido com aquela que se refere ao que ele é efetivamente, não dais a entender outra coisa senão que nada compreendestes distintamente de todas estas coisas.

IV. Perguntais aqui "como considero que a espécie ou a ideia do corpo, que é extenso, pode ser recebida em mim que sou uma coisa inextensa". Respondo que nenhuma espécie corporal é recebida no espírito, mas que a concepção ou intelecção pura das coisas, corpóreas ou espirituais, é feita sem qualquer imagem ou espécie corpórea; e quanto à imaginação, que não pode ser senão das coisas corpóreas, é verdade que para elaborar uma é necessário uma espécie que seja um verdadeiro corpo e à qual o espírito se aplique, mas não que seja recebida no espírito. O que dizeis da ideia do sol, que um cego de nascença forma pelo simples conhecimento que tem de seu calor, é facilmente refutável; pois esse cego pode perfeitamente ter uma ideia clara e distinta do sol como de uma coisa que aquece, embora não a tenha como a ideia de uma coisa que aclara e ilumina. E é sem razão que me comparais a esse cego; primeiramente porque o conhecimento de uma coisa que pensa se estende muito mais longe do que aquele de uma coisa que aquece, e mesmo é muito mais amplo do que qualquer conhecimento que tenhamos de qualquer outra coisa que seja, como mostrei no devido lugar, e também porque não há ninguém que possa mostrar que essa ideia do sol que o cego elabora não contenha tudo o que se possa conhecer dele, exceto aquele que, sendo dotado do sentido da vista, conhece além disso sua figura e sua luz; mas quanto a vós, não só não conheceis mais do que eu no tocante ao espírito, como também não percebeis aí tudo o que vejo, de sorte que nisto seja antes vós que pareceis um cego, e posso no máximo, do vosso ponto de vista, ser chamado de vesgo ou pouco clarividente, com todos os demais homens.

De resto, não acrescentei que o espírito não era extenso para explicar como ele é e dar a conhecer sua natureza, mas somente para advertir que se enganam aqueles que pensam que ele é extenso. Da mesma maneira que, se houvesse alguém que quisesse dizer que Bucéfalo é uma música, não seria em vão e sem razão que tal coisa seria negada por outrem. E certamente em todo o resto que acrescentais aqui para provar que o espírito tem extensão, na medida, dizeis vós, em que ele se serve do corpo que é extenso, não me parece que raciocinais melhor do que se, pelo fato de Bucéfalo relinchar e assim emitir sons que podem ser relacionados com a música, tirásseis a consequência de que Bucéfalo é, portanto, uma música. Pois, ainda que o espírito seja unido a todo o corpo, não se segue daí que ele seja extenso por todo o corpo, pois não é próprio do espírito ser extenso, mas somente pensar. E ele não concebe a extensão por uma espécie extensa que exista nele, embora imagine voltando-se e aplicando-se a uma espécie corpórea que é extensa, como o disse anteriormente. E enfim não é necessário que o espírito seja da ordem e da natureza do corpo, conquanto tenha a força ou a virtude de movê-lo.

v. O que dizeis nessa passagem, no que se refere à união entre o espírito e o corpo, é semelhante às dificuldades precedentes. Nada objetais contra minhas razões, mas colocais somente dúvidas que vos parecem derivar de minhas conclusões, embora efetivamente não vos ocorram ao espírito senão porque desejais submeter ao exame da imaginação coisas que de sua própria natureza não estão sujeitas a tal jurisdição. Assim, quando quereis comparar aqui a mistura que se faz entre o corpo e o espírito com a de dois corpos misturados, basta-me responder que não se deve fazer entre essas coisas comparação alguma, pois que são de dois gêneros totalmente diferentes, e não se deve imaginar que o espírito tenha partes, ainda que conceba partes no corpo. Pois, quem vos ensinou que tudo aquilo que o espírito concebe deve existir realmente nele? Certamente, se isto acontecesse, quando ele concebe a grandeza do universo, teria também em si essa grandeza e assim não somente seria extenso, mas seria também maior do que o mundo inteiro.

vi. Não dizeis nada aqui que me seja contrário, e no entanto falais muito; donde o leitor pode descobrir que não se deve julgar da força de vossas razões pela prolixidade de vossas palavras.

Até aqui o espírito discorreu com a carne e, como era razoável, em muitas coisas não seguiu seus sentimentos. Mas agora eu levanto a máscara e reconheço que verdadeiramente falo ao sr. Gassendi, personagem tanto recomendável pela integridade de seus costumes e pela candura de seu espírito quanto pela profundeza e pela sutileza de sua doutrina, e cuja amizade me será sempre muito cara; por isso protesto, e ele próprio o pode saber, que procurarei sempre, tanto quanto me for possível, as ocasiões de adquiri-la. É por isso que lhe suplico não ver mal se, refutando suas objeções, usei da liberdade comum aos filósofos; como também de minha parte asseguro-lhe que nelas nada encontrei que me não fosse mui agradável; mas sobretudo fiquei maravilhado com o fato de um homem de seu mérito, num discurso tão longo e tão cuidadosamente elaborado, não ter apresentado nenhuma razão que destruísse e derrubasse as minhas, e igualmente nada ter oposto contra minhas conclusões a que não me tenha sido muito fácil responder.

CARTA DO SR. DESCARTES AO SR. CLERSELIER, SERVINDO DE RESPOSTA A UMA COLETÂNEA DAS PRINCIPAIS INSTÂNCIAS FEITAS PELO SENHOR GASSENDI CONTRA AS PRECEDENTES RESPOSTAS

Senhor,

Devo-vos muita obrigação pelo fato de que, vendo que negligenciei responder ao grosso livro de instâncias que o autor das Quintas Objeções elaborou contra minhas respostas, tenhais pedido a alguns de vossos amigos que recolhessem as mais fortes razões desse livro e que me tenhais enviado o extrato que dele fizeram. Tivestes nisso mais cuidado pela minha reputação do que eu mesmo; pois eu vos asseguro que me é indiferente ser estimado ou desprezado por aqueles que semelhantes razões poderiam persuadir. Os melhores espíritos de meu conhecimento que leram o livro dele me testemunharam que nada nele encontraram que os detivesse; é a eles somente que desejo satisfazer. Sei que a maioria dos homens repara melhor nas aparências do que na verdade e julga antes mal do que bem; eis por que não creio que a sua aprovação valha a pena para que eu faça tudo o que seria útil para adquiri-la. Mas não deixo de me sentir à vontade em face da coletânea que me enviastes, e sinto-me obrigado a respondê-la mais por reconhecimento do trabalho de vossos amigos do que por necessidade de minha defesa;

pois creio que aqueles que se deram o trabalho de fazê-lo devem agora julgar, como eu, que todas as objeções que esse livro contém são apenas fundamentadas em algumas palavras mal compreendidas ou algumas suposições falsas; visto que todas aquelas que eles notaram são de tal sorte e todavia foram tão diligentes, que até acrescentaram algumas que não me lembro de ter lido.

Eles notam três objeções contra a Primeira Meditação, a saber: "1. que eu peço uma coisa impossível ao pretender que sejam abandonadas todas as formas de prejuízo; 2. que, pensando abandoná-los, revestimo-nos de outros que são mais danosos; 3. e que o método de duvidar de tudo, que propus, não pode servir para encontrar qualquer verdade".

A primeira das objeções funda-se no fato de que o autor desse livro não considerou que a palavra prejuízo não se estende a todas as noções que existem em nosso espírito, das quais confesso ser impossível nos desfazermos, mas somente a todas as opiniões que os juízos que fizemos anteriormente deixaram em nossa crença; e, já que julgar ou não julgar é uma ação da vontade, como expliquei no devido lugar, é evidente que ela está a nosso alcance; pois, enfim, para se desfazer de toda espécie de prejuízo, nada mais é preciso do que se resolver a nada afirmar ou negar de tudo o que anteriormente se afirmou ou negou, senão após havê-lo novamente examinado, ainda que não se deixe de reter todas as mesmas noções na memória. Disse, todavia, que seria difícil expulsar assim de nossa crença tudo o que aí anteriormente se havia colocado, em parte porque é necessário ter alguma razão de duvidar antes de se determinar a tanto (e foi por isso que propus as principais dessas razões em minha primeira meditação), e em parte também porque qualquer que seja a resolução que tomemos de nada afirmar ou negar, esquecemo-nos facilmente dela em seguida se não a imprimirmos fortemente na memória; eis por que desejei que se pensasse nisso cuidadosamente.

A segunda objeção é apenas uma suposição manifestamente falsa; pois, embora eu houvesse dito ser mesmo necessário esforçar-se por negar as coisas que anteriormente eram tidas por demasiado asseguradas, limitei expressamente que isto só se deveria fazer durante o tempo em que se dirigisse toda a atenção à procura de algo mais certo do que tudo quanto assim se poderia negar, tempo em cujo transcurso é evidente que não se poderia deixar de se revestir de algum prejuízo que fosse danoso.

A terceira também nada contém senão uma cavilação; pois, embora seja verdadeiro que a dúvida apenas não basta para estabelecer qualquer verdade, ela não deixa de ser útil para preparar o espírito a estabelecê-la após, e é somente nisto que eu a empreguei.

Contra a Meditação Segunda, vossos amigos notam seis coisas. A primeira é que dizendo: *penso, logo existo*, o autor das Instâncias quer que eu suponha esta premissa maior: *Aquele que pensa é*; e assim que tenha já esposado um prejuízo. No que ele se engana novamente quanto ao uso da palavra *prejuízo*: pois, embora se possa dar esse nome a tal proposição quando a proferimos sem atenção, e quando somente acreditamos que ela é verdadeira porque recordamos já tê-la assim julgado anteriormente, não se pode dizer, todavia, que ela seja um prejuízo quando a examinamos, porque parece tão evidente ao entendimento que este não poderia impedir-se de crer nela, ainda que seja a primeira vez em sua vida que nela pense e que por conseguinte não tenha quanto a isso qualquer prejuízo. Mas o erro que é aqui mais considerável é que esse autor supõe que o conhecimento das proposições particulares deve sempre ser deduzido das universais, segundo a ordem dos silogismos da dialética, no que mostra saber bem pouco de que maneira se deve procurar a verdade; pois é certo que para encontrá-la cumpre sempre começar pelas noções particulares, para em seguida chegar às gerais, embora seja possível também, reciprocamente, tendo-se encontrado as gerais, deduzir delas outras particulares. Assim, quando se ensina a uma criança os elementos da Geometria, não a faremos entender em geral que, *quando, de duas quantidades iguais, tiramos partes iguais, os restos permanecem iguais, ou que o todo é maior do que suas partes*, se não lhes mostrarmos exemplos em casos particulares. E foi por não ter cuidado disso que nosso autor enganou-se em tantos falsos raciocínios, com os quais engrossou seu livro;

pois nada fez senão compor falsas premissas maiores à sua fantasia, como se eu tivesse delas deduzido as verdades que expliquei.

A segunda objeção que anotam aqui vossos amigos é que, "para saber que se pensa, é preciso saber o que é o pensamento; o que não sei de modo algum, dizem eles, porque tudo neguei". Mas eu apenas neguei os prejuízos e nunca as noções, como estas, que se conhecem sem qualquer afirmação ou negação.

A terceira é que "o pensamento não pode existir sem objeto; por exemplo, sem o corpo". Onde é preciso evitar o equívoco da palavra pensamento, que se pode tomar como a coisa pensante e também como a ação dessa coisa; ora, nego que a coisa pensante tenha necessidade de outro objeto além de si mesma para exercer sua ação, embora ela possa também estendê-la às coisas materiais quando as examina.

A quarta é que, "embora eu tenha um pensamento de mim mesmo, não sei se este pensamento é mais uma ação corporal ou um átomo que se move do que uma substância imaterial"; no que o equívoco do nome pensamento é repetido, e não vejo aqui nada afora uma questão sem fundamento e que é semelhante à seguinte: Julgais que sois um homem porque percebeis em vós todas as coisas na ocorrência das quais chamais de homens aqueles em que elas se encontram; mas, como sabeis se não sois um elefante e não um homem, por algumas outras razões que não podeis perceber? Pois, após a substância pensante haver julgado que é intelectual, porque notou em si todas as propriedades das substâncias intelectuais, e não pôde advertir aí nenhuma das pertencentes ao corpo, pergunta-se-lhe ainda como sabe se não é um corpo mais do que uma substância imaterial.

A quinta objeção é semelhante: "embora eu não encontre extensão em meu pensamento, não se segue que ele não seja extenso, já que meu pensamento não é a regra da verdade das coisas". E também a sexta: "pode acontecer que a distinção que descubro por meu pensamento entre o pensamento e o corpo seja falsa". Mas cumpre notar aqui particularmente o equívoco que existe nestas palavras: *Meu pensamento não é a regra da verdade das coisas*; pois se se quer dizer que meu pensamento não deve ser a regra dos outros para obrigá-los a crer em uma coisa que penso verdadeira, estou de pleno acordo; mas isto não vem aqui a propósito, pois não quis obrigar ninguém a seguir minha autoridade; ao contrário, adverti em diversos lugares que não nos devemos deixar persuadir apenas pela evidência das razões. Ademais, se tomamos indiferentemente a palavra pensamento por todas as espécies de operações da alma, é certo que podemos ter muitos pensamentos dos quais nada se pode inferir no referente às coisas existentes fora de nós; mas isso também não vem a propósito nesse lugar, quando se trata apenas de pensamentos que são percepções claras e distintas e de juízos que cada um deve fazer consigo em seguida a essas percepções. Eis por que, no sentido em que essas palavras devem ser entendidas aqui, digo que o pensamento de cada um, isto é, a percepção ou conhecimento que tem de uma coisa, deve ser para ele a regra da verdade dessa coisa, isto é, que todos os juízos que sobre ela tiver feito devem ser conformes a essa percepção para ser bons; mesmo no tocante às verdades da fé, devemos perceber alguma razão que nos persuada de que elas foram reveladas por Deus, antes de nos determinarmos a crer nelas e, ainda que os ignorantes façam bem em seguir o juízo dos mais capazes quanto às coisas de difícil conhecimento, é preciso todavia que seja a sua percepção que lhes ensine que são ignorantes e que aqueles cujos juízos querem seguir não o são tanto, talvez; de outra maneira, fariam mal em segui-los e agiriam mais como autômatos ou como animais do que como homens. Assim, é o erro mais absurdo e mais exorbitante que um filósofo possa admitir o querer fazer juízos que não se relacionem às percepções que ele tem das coisas; e todavia não vejo como nosso autor poderia escusar-se de ter caído nesse erro na maioria de suas objeções; pois ele não quer que cada um se detenha em sua própria percepção, mas pretende que se deva crer nas opiniões ou nas fantasias que lhe apraz propor-nos, embora não as perceba de modo algum.

Contra a Meditação Terceira, vossos amigos notaram: "1. que todo mundo não experimenta em si a ideia de Deus; 2. que, se eu tivesse essa ideia, eu a compreenderia; 3. que muitos leram minhas razões e não se persuadiram delas; 4. e que, do fato de que me reconheço imperfeito, não se segue que Deus exista". Mas, se se toma a palavra ideia da maneira pela qual eu disse expressamente que a tomava, sem se escusar pelo equívoco daqueles que a restringem às imagens das coisas materiais que se formam na imaginação, não se poderia negar que temos alguma ideia de Deus, a não ser que não se entenda o que significam estas palavras: *a coisa mais perfeita que possamos conceber*; pois é isto que todos os homens chamam de *Deus*. E é chegar a estranhos extremos, para querer levantar objeções, dizer que não se entende o que significam as palavras que são mais comuns na boca dos homens; além do que, a confissão mais ímpia que alguém possa fazer é dizer de si mesmo, no sentido em que tomei a palavra ideia, que não tem nenhuma ideia de Deus: pois não consiste somente em dizer que não o conhece pela razão natural, mas também que, nem pela fé ou qualquer outro meio, poderia saber coisa alguma dele, porque se não se possui qualquer ideia dele, isto é, qualquer percepção que corresponda à significação dessa palavra *Deus,* em vão se dirá crer que *Deus* é, pois equivale a afirmar que se crê que *nada* é e assim se permanece no abismo da impiedade e no extremo da ignorância.

O que acrescentam, dizendo que, "se eu tivesse essa ideia, eu a compreenderia", é afirmado sem qualquer fundamento: pois, já que a palavra *compreender* significa alguma limitação, um espírito finito não poderia compreender Deus que é infinito; mas isto não impede que ele o perceba, assim como se pode tocar uma montanha, ainda que não se possa abraçá-la. Aquilo que dizem também de minhas razões, afirmando que "muitos as leram sem por elas serem persuadidos", pode facilmente ser refutado, pois há alguns outros que as compreenderam e ficaram com elas satisfeitos; pois deve-se crer mais em um só que diz, sem intenção de mentir, que viu ou que compreendeu alguma coisa, do que em mil outros que a negam pelo simples fato de que não puderam vê-la ou compreendê-la: assim como na descoberta dos antípodas acreditou-se muito mais no relato feito por alguns marinheiros que fizeram a volta da terra do que em milhares de filósofos que não acreditaram que ela fosse redonda. E já que alegam aqui os *Elementos* de Euclides, como se fossem fáceis para todo mundo, peço a eles que considerem que entre aqueles que se estima serem os mais sábios na Filosofia da Escola não há um entre cem que os compreenda, e que não há um em dez mil que entenda todas as demonstrações de Apolônio ou de Arquimedes, embora elas sejam tão evidentes e tão certas quanto às de Euclides.

Enfim, quando afirmam que "do fato de que reconheço em mim alguma imperfeição não se segue que Deus exista", com isso nada provam; pois eu não a deduzi imediatamente disso sem acrescentar-lhe algo mais; e apenas me fazem recordar do artifício desse autor que costuma truncar minhas razões e não apresentar delas senão algumas partes para fazê-las parecer imperfeitas.

Nada vejo em tudo o que notaram a respeito das três outras Meditações a que não tenha já amplamente respondido alhures, como àquilo que objetam: "1. que cometi um círculo provando a existência de Deus por certas noções que existem em nós, dizendo em seguida que não se pode estar certo de coisa alguma sem saber antes que Deus existe; 2. e que o conhecimento de Deus de nada serve para adquirir o das verdades matemáticas; 3. e que ele pode ser enganador". Vede a respeito minha resposta às Segundas Objeções e o fim da segunda parte da resposta às Quartas.

Mas eles acrescentam no fim um pensamento que não sei se nosso autor escreveu em seu livro de Instâncias, embora seja um pensamento bastante semelhante aos seus: "Muitos excelsos espíritos, dizem eles, acreditam ver claramente que a extensão matemática, a qual estabeleço como princípio de minha Física, não é outra coisa senão meu pensamento, e que ela não tem nem pode ter nenhuma subsistência fora de meu espírito, sendo apenas uma abstração que faço do corpo físico; e portanto que toda a minha Física só pode ser imaginária e fictícia, como o são todas as Matemáticas puras; e que, na Física real das coisas que Deus criou, é preciso uma matéria real sólida e não imaginária". Eis a objeção das objeções, e a suma de toda a doutrina dos excelsos espíritos, que aqui são alegados. Todas as coisas que podemos entender e conceber não são para eles senão imaginações e ficções de nosso espírito e que não podem ter qualquer subsistência: donde se segue que nada há, exceto o que não se pode de modo algum entender, conceber ou imaginar, que se deva admitir como verdadeiro: isto é, que é preciso fechar inteiramente a porta à razão e contentar-se com ser macaco ou papagaio e não mais homem, para merecer ser colocado ao nível desses excelsos espíritos. Pois, se as coisas que podemos conceber devem ser consideradas falsas pelo simples fato de podermos concebê-las, que restará senão que devemos apenas receber como verdadeiras aquelas que não concebemos, e compor com elas nossa doutrina imitando os outros sem saber por que os imitamos, como procedem os macacos, e proferindo apenas palavras cujo sentido não entendemos, como fazem os papagaios? Mas tenho muito com o que me consolar, porque eles associam aqui minha Física às Matemáticas puras, às quais desejo antes de mais nada que ela se assemelhe.

Quanto às duas questões que eles acrescentam também ao fim, a saber, "como a alma move o corpo se não é material, e como pode dele receber as espécies dos objetos corporais", somente me proporcionam aqui ocasião de advertir que nosso autor não teve razão quando, a pretexto de me opor objeções, propôs-me muitas questões semelhantes cuja solução não era necessária para a prova das coisas que escrevi e que os mais ignorantes podem formular mais objeções em um quarto de hora do que as que todos os mais sábios poderiam resolver durante toda a sua vida; razão pela qual não me dei ao trabalho de responder a nenhuma delas. E estas, entre outras, pressupõem a explicação da união existente entre o corpo e a alma, da qual ainda não tratei. Mas dir-vos-ei que toda a dificuldade nelas contidas procede apenas de uma suposição que é falsa e que de modo algum pode ser provada, a saber, que se a alma e o corpo são duas substâncias de natureza diversa, isto as impede de poder agir uma sobre a outra; pois, ao contrário, aqueles que admitem acidentes reais, como o calor, a gravidade e semelhantes, não duvidam que esses acidentes possam agir sobre o corpo; e todavia há mais diferença entre eles e o corpo, isto é, entre os acidentes e uma substância do que entre duas substâncias.

De resto, já que estou com a pena na mão, notarei ainda aqui dois dos equívocos que encontrei neste livro de Instâncias, porque são aqueles que me parecem poder mais facilmente surpreender os leitores menos atentos; e desejo assim testemunhar-vos que se aí tivesse encontrado algo mais que acreditasse merecer resposta, não o teria negligenciado.

O primeiro encontra-se à página 63, onde, no concernente ao que eu disse em certo lugar que, enquanto a alma duvida da existência de todas as coisas materiais, ela só se conhece precisamente, *praecise tantum,* como uma substância imaterial; e, sete ou oito linhas abaixo, para mostrar que por estas palavras, *praecise tantum,* não entendo de modo algum uma total exclusão ou negação, mas apenas uma abstração das coisas materiais, eu disse que, não obstante isso, não se estava seguro de que nada houvesse na alma que fosse corpóreo; embora nada se conheça a respeito disso, tratam-me tão injustamente a ponto de querer persuadir o leitor de que, dizendo *praecise tantum,* eu quis excluir o corpo e, assim, de que me contradisse, em seguida, afirmando que não o pretendia excluir. Nada respondo à acusação que me é feita a seguir, segundo a qual eu teria suposto algo na Meditação Sexta sem tê-lo provado anteriormente, cometendo assim um paralogismo; pois é fácil reconhecer a falsidade dessa acusação, que não é senão muito comum em todo este livro, e que poderia fazer-me suspeitar que seu autor não teria agido de boa-fé, se não conhecesse seu espírito e não acreditasse que foi ele o primeiro a ser surpreendido por uma crença tão falsa.

O outro equívoco está na página 84, onde ele pretende que *distinguere* e *abstrahere* sejam a mesma coisa; e todavia há uma grande diferença, pois distinguindo uma substância de seus acidentes deve-se considerar a ambos, o que é de muita utilidade para conhecê-la; ao passo que, se apenas separarmos por abstração essa substância de seus acidentes, isto é, se a consideramos sozinha sem pensar em seus acidentes, isto impede que a possamos conhecer tão bem, devido ao fato de ser pelos acidentes que se manifesta a natureza da substância.

Eis, Senhor, tudo o que creio dever responder ao alentado livro das Instâncias; pois, embora satisfizesse talvez mais aos amigos do autor se refutasse todas as suas instâncias, uma após outra, creio que não satisfaria tanto aos meus, que teriam ocasião de me repreender por ter despendido tempo em uma coisa tão pouco necessária e por assim tornar senhores de meu lazer todos os que quisessem perder o seu em propor-me questões inúteis. Mas agradeço-vos pelos vossos cuidados. Adeus.

AS PAIXÕES DA ALMA

PRIMEIRA PARTE:

DAS PAIXÕES EM GERAL E, OCASIONALMENTE, DE TODA A NATUREZA DO HOMEM

Art. 1. *O que é paixão em relação a um paciente é sempre ação sob qualquer outro ponto de vista.*

Nada há em que melhor apareça quão defeituosas são as ciências que recebemos dos antigos do que naquilo que escreveram sobre as paixões; pois, embora seja esta uma matéria cujo conhecimento foi sempre muito procurado, e ainda que não pareça ser das mais difíceis, porquanto cada qual, sentindo-as em si próprio, não necessita tomar alhures qualquer observação para lhes descobrir a natureza, todavia o que os antigos delas ensinaram é tão pouco, e na maior parte tão pouco crível, que não posso alimentar qualquer esperança de me aproximar da verdade, senão distanciando-me dos caminhos que eles trilharam. Eis por que serei obrigado a escrever aqui do mesmo modo como se tratasse de uma matéria que ninguém antes de mim houvesse tocado; e, para começar, considero que tudo quanto se faz ou acontece de novo é geralmente chamado pelos filósofos uma paixão em relação ao sujeito a quem acontece, e uma ação com respeito àquele que faz com que aconteça; de sorte que, embora o agente e o paciente sejam amiúde muito diferentes, a ação e a paixão não deixam de ser sempre uma mesma coisa com dois nomes, devido aos dois sujeitos diversos aos quais podemos relacioná-la.

Art. 2. *Que para conhecer as paixões da alma cumpre distinguir entre as suas funções e as do corpo.*

Depois, também considero que não notamos que haja algum sujeito que atue mais imediatamente contra nossa alma do que o corpo ao qual está unida, e que, por conseguinte, devemos pensar que aquilo que nela é uma paixão é comumente nele uma ação; de modo que não existe melhor caminho para chegar ao conhecimento de nossas paixões do que examinar a diferença que há entre a alma e o corpo, a fim de saber a qual dos dois se deve atribuir cada uma das funções existentes em nós.

Art. 3. *Que regra se deve seguir para esse efeito.*

E nisso não se encontrará grande dificuldade, se se tomar em conta que tudo o que sentimos existir em nós, e que vemos existir também nos corpos inteiramente inanimados, só deve ser atribuído ao nosso corpo; e, ao contrário, que tudo o que existe em nós, e que não concebemos de modo algum como passível de pertencer a um corpo, deve ser atribuído à nossa alma.

Art. 4. *Que o calor e o movimento dos membros procedem do corpo, e os pensamentos, da alma.*

Assim, por não concebermos que o corpo pense de alguma forma, temos razão de crer que toda espécie de pensamento em nós existente pertence à alma; e, por não duvidarmos de que haja corpos inanimados que podem mover-se de tantas diversas maneiras que as nossas, ou mais do que elas, e que possuem tanto ou mais calor (o que a experiência mostra na chama, que possui, ela só, muito mais calor e movimento do que qualquer de nossos membros), devemos crer que todo o calor e todos os movimentos em nós existentes, na medida em que não dependem do pensamento, pertencem apenas ao corpo.

Art. 5. *Que é erro acreditar que a alma dá o movimento e o calor ao corpo.*

Por esse meio, evitaremos um erro considerável em que muitos caíram, de sorte que o reputo a principal causa que até agora impediu que se pudesse explicar bem as paixões e as outras coisas pertencentes à alma. Consiste em ter-se imaginado, vendo-se que todos os corpos mortos são privados de calor e depois de movimento, que era a ausência da alma que fazia cessar esses movimentos e esse calor; e assim se julgou, sem razão, que o nosso calor natural e todos os movimentos de nossos corpos dependem da alma, ao passo que se devia pensar, ao contrário, que a alma só se ausenta quando se morre, porque esse calor cessa, porque os órgãos que servem para mover o corpo se corrompem.

Art. 6. *Que diferença há entre um corpo vivo e um corpo morto.*

A fim de evitarmos, portanto, esse erro, consideremos que a morte nunca sobrevém por culpa da alma, mas somente porque alguma das principais partes do corpo se corrompe; e julguemos que o corpo de um homem vivo difere do de um morto como um relógio, ou outro autômato (isto é, outra máquina que se mova por si mesma), quando está montado e tem em si o princípio corporal dos movimentos para os quais foi instituído, com tudo o que se requer para a sua ação, difere do mesmo relógio, ou de outra máquina, quando está quebrado e o princípio de seu movimento para de agir.

Art. 7. *Breve explicação das partes do corpo e de algumas de suas funções.*

Para tornar isso mais inteligível, explicarei, em poucas palavras, a forma toda de que se compõe a máquina de nosso corpo. Não há quem já não saiba que existem em nós um coração, um cérebro, um estômago, músculos, nervos, artérias, veias e coisas semelhantes; sabe-se também que os alimentos ingeridos descem ao estômago e às tripas, de onde o seu suco, correndo para o fígado e para todas as veias, se mistura com o sangue que elas contêm, aumentando, por esse meio, a sua quantidade. Aqueles que ouviram falar, por pouco que seja, da medicina, sabem, além disso, como se compõe o coração e como todo o sangue das veias pode facilmente correr da veia cava para seu lado direito, e daí passar ao pulmão pelo vaso que denominamos veia arteriosa[1], depois retornar do pulmão ao lado esquerdo do coração pelo vaso denominado artéria venosa, e, enfim, passar daí para a grande artéria, cujos ramos se espalham pelo corpo inteiro. E mesmo todos os que não foram cegados inteiramente pela autoridade dos antigos e que quiseram abrir os olhos para examinar a opinião de Harvey[2] no tocante à circulação do sangue, não duvidam de que todas as veias e artérias do corpo sejam como regatos por onde o sangue não para de correr muito rapidamente, começando seu curso na cavidade direita do coração pela veia arteriosa, cujos ramos se espalham por todo o pulmão e se juntam aos da artéria venosa, pelo qual ele passa do pulmão ao lado esquerdo do coração; depois, segue daí para a grande artéria, cujos ramos esparsos pelo resto do corpo se unem aos ramos da veia que levam de novo o mesmo sangue à cavidade direita do coração, de sorte que essas duas cavidades são como eclusas, através de cada uma das quais passa todo o sangue em cada volta que faz pelo corpo. Demais, sabe-se que todos os movimentos dos membros dependem dos músculos e que estes músculos se opõem uns aos outros, de tal modo que, quando um deles se encolhe, atrai para si a parte do corpo a que está ligado, o que provoca ao mesmo tempo o alongamento do músculo que lhe é oposto; depois, se acontece numa outra vez que este último se encolha, leva o primeiro a alongar-se e puxa para si a parte a que eles estão ligados. Enfim, sabe-se que todos esses movimentos dos músculos, assim

---

1. Veia arteriosa: artéria pulmonar; artéria venosa: veia pulmonar (ver notas no *Discurso do Método*, Quinta Parte).
2. No original, em latim: *Hervaeus*.

como todos os sentidos, dependem dos nervos, que são como pequenos fios ou como pequenos tubos que procedem, todos, do cérebro, e contêm, como ele, certo ar ou vento muito sutil que chamamos espíritos animais.

Art. 8. *Qual é o princípio de todas essas funções.*

Mas não se sabe comumente de que forma esses espíritos animais e nervos contribuem para os movimentos e os sentidos, nem qual é o princípio corporal que os faz agir; eis por que, embora já tenha tratado algo do assunto em outros escritos[3], não deixarei de dizer aqui sucintamente que, enquanto vivemos, há um contínuo calor em nosso coração, que é uma espécie de fogo aí mantido pelo sangue das veias, e que esse fogo é o princípio corporal de todos os movimentos de nossos membros.

Art. 9. *Como se faz o movimento do coração.*

O seu primeiro efeito é dilatar o sangue que enche as cavidades do coração; e isso é a causa de que esse sangue, tendo necessidade de ocupar maior espaço, passe com impetuosidade da cavidade direita para a veia arterial, e da esquerda para a grande artéria; depois, cessando essa dilatação, torne incontinenti a entrar da veia cava para a cavidade direita do coração, e da artéria venosa para a esquerda; pois há pequenas peles nas entradas desses quatro vasos, dispostas de tal modo que fazem com que o sangue não possa penetrar no coração senão pelas duas últimas, nem sair dele exceto pelas duas outras. O novo sangue que entra no coração é aí imediatamente rarefeito, do mesmo modo que o precedente; é só nisso que consiste a pulsação ou o batimento do coração e das artérias; de sorte que esse batimento se reitera tantas vezes quantas entra sangue novo no coração. É também só isso que dá ao sangue o seu movimento e o faz correr, muito rápida e incessantemente, em todas

---

3. *Tratado do Homem* e *Discurso do Método*.

as artérias e veias, mediante o que leva o calor que adquire no coração a todas as outras partes do corpo, e lhes serve de alimento.

Art. 10. *Como se produzem no cérebro os espíritos animais.*

Mas o que há nisso de mais notável é que todas as partes mais vivas e mais sutis do sangue que o calor rarefez no coração entram incessantemente em grande quantidade nas cavidades do cérebro. E a causa que as conduz para aí de preferência a qualquer outro lugar, é que todo sangue saído do coração pela grande artéria toma seu curso em linha reta para esse sítio, e que, não podendo entrar todo, porque o lugar possui apenas passagens muito estreitas, só passam as suas partes mais agitadas e mais sutis, enquanto o resto se espalha por todos os outros locais do corpo. Ora, tais partes do sangue, muito sutis, compõem os espíritos animais; e não precisam, para tal efeito, receber qualquer modificação no cérebro, exceto a de serem separadas das outras partes do sangue menos sutis; pois o que denomino aqui espíritos não são mais do que corpos e não têm qualquer outra propriedade, exceto a de serem corpos muito pequenos e se moverem muito depressa, assim como as partes da chama que sai de uma tocha; de sorte que não se detêm em nenhum lugar e, à medida que entram alguns nas cavidades do cérebro, também saem outros pelos poros existentes na sua substância, poros que os conduzem aos nervos e daí aos músculos, por meio dos quais movem o corpo em todas as diversas maneiras pelas quais esse pode ser movido.

Art. 11. *Como se fazem os movimentos dos músculos.*

Pois a única causa de todos os movimentos dos membros é que os músculos se encolhem e seus opostos se alongam, como já foi dito; e a única causa que faz um músculo encolher-se mais do que seu oposto é que recebe, por pouco que seja, mais espírito do cérebro do que o outro. Não que os espíritos que vêm imediatamente do cérebro bastem por si sós para mover tais músculos, mas determinam os outros espíritos que já existem nesses dois músculos a sair todos mui prontamente de um deles e a passar ao outro; dessa maneira, aquele de onde saem torna-se mais longo e mais lasso e aquele no qual entram, sendo rapidamente inflado por eles, se encolhe e atrai o membro a ele ligado. E isso é fácil de conceber, desde que se saiba que pouquíssimos espíritos animais vêm continuamente do cérebro para cada músculo, mas que em cada um há sempre grande quantidade de outros encerrados no mesmo músculo que nele se movem muito depressa, às vezes girando apenas no lugar onde se acham, a saber, quando não encontram passagens abertas para sair, e às vezes correndo para o músculo oposto. Tanto mais que há pequenas aberturas em cada um desses músculos por onde tais espíritos podem correr de um para o outro e que estão de tal modo dispostas que – quando os espíritos vindos do cérebro para um deles possuem, por pouco que seja, mais força do que os que vão para o outro – abrem todas as entradas por onde os espíritos do outro músculo podem passar para ele e fecham, ao mesmo tempo, todas por onde os espíritos desse podem passar ao outro; dessa maneira, todos os espíritos antes contidos nesses dois músculos se reúnem num deles mui prontamente e assim o inflam e o encolhem, enquanto o outro se alonga e se distende.

Art. 12. *Como os objetos de fora atuam sobre os órgãos dos sentidos.*

Resta ainda saber as causas que levam os espíritos a não correr sempre da mesma forma do cérebro para os músculos e a se dirigir às vezes mais a uns do que a outros. Pois, afora a ação da alma, que é verdadeiramente em nós uma dessas causas, como direi mais abaixo, há ainda duas outras que não dependem senão do corpo e que é preciso observar. A primeira consiste na diversidade dos movimentos excitados nos órgãos dos sentidos por seus objetos, a qual já foi por mim assaz amplamente explicada na *Dióptrica*; mas, para que os que virem o presente escrito não tenham necessidade de ler outros, repetirei aqui que há três coisas a considerar nos nervos, a saber: a sua medula, ou substância interior, que se estende na forma de pequenos filetes a partir do cérebro, onde toma origem, até as extremidades dos outros membros aos quais esses filetes estão ligados; depois as peles que os envolvem e que, sendo contíguas com as que envolvem o cérebro, compõem pequenos condutos onde ficam encerrados esses pequenos filetes; depois, enfim, os espíritos animais que, levados por esses mesmos condutos do cérebro até os músculos, são a causa de tais filetes permanecerem aí inteiramente livres e estendidos, de tal modo que a menor coisa que mova a parte do corpo à qual se liga a extremidade de algum deles leva a mover, pelo mesmo meio, a parte do cérebro de onde vem, tal como ao se puxar uma das pontas de uma corda move-se a outra.

Art. 13. *Que esta ação dos objetos de fora pode conduzir diversamente os espíritos aos músculos.*

Expliquei também na *Dióptrica* como todos os objetos da visão comunicam-se conosco apenas porque movem localmente, por intermédio dos corpos transparentes que existem entre eles e nós, os pequenos filetes dos nervos ópticos que se acham no fundo de nossos olhos, e em seguida os lugares do cérebro de onde provêm esses nervos; que os movem, digo eu, de tantas maneiras diversas que nos fazem ver diversidades nas coisas, e que não são imediatamente os movimentos que se efetuam no olho, mas sim os que se efetuam no cérebro, que representam para a alma esses objetos. A exemplo disso, é fácil conceber que os sons, os odores, os sabores, o calor, a dor, a fome, a sede e, em geral, todos os objetos, tanto dos nossos demais sentidos externos como dos nossos apetites internos, excitam também alguns movimentos em nossos nervos, que se transmitem por meio deles até o cérebro; e além desses diversos movimentos do cérebro fazerem com que a alma tenha diversos sentimentos, podem também fazer, sem ela, que os espíritos sigam mais para certos músculos do que para outros, e, assim, que movam nossos membros, o que provarei aqui somente através de um exemplo. Se alguém avança rapidamente a mão contra os nossos olhos, como para nos bater, embora saibamos tratar-se de nosso amigo, que faz isso só por brincadeira e tomará muito cuidado para não nos causar nenhum mal, temos todavia muita dificuldade em impedir que se fechem; isso mostra que não é por intermédio de nossa alma que eles se fecham, pois é contra a nossa vontade, a qual é, senão a única, ao menos a sua principal ação; mas sim, porque a máquina de nosso corpo é de tal modo composta que o movimento dessa mão contra os nossos olhos excita outro movimento em nosso cérebro, o qual conduz aos músculos os espíritos animais que fazem baixar as pálpebras.

Art. 14. *Que a diversidade existente entre os espíritos também pode diversificar-lhes o curso.*

A outra causa que serve para conduzir diversamente os espíritos animais aos músculos é a agitação desigual desses espíritos e a diversidade de suas partes. Pois, quando algumas de suas partes são mais grossas e mais agitadas do que as outras, passam mais à frente em linha reta nas cavidades e nos poros do cérebro, e por esse meio são levadas a músculos diferentes daqueles para onde iriam se tivessem menos força.

Art. 15. *Quais são as causas de sua diversidade.*

E essa desigualdade pode proceder das diversas matérias de que se compõem, como se vê nos que beberam muito vinho cujos vapores, entrando prontamente no sangue, sobem do coração ao cérebro, onde se convertem em espíritos que, sendo mais fortes e mais abundantes do que aqueles que aí se encontram comumente, são capazes de mover o corpo de muitas maneiras estranhas. Esta desigualdade dos espíritos pode também proceder das diversas disposições do coração, do fígado, do estômago, do baço e de todas as outras partes que contribuem para a sua produção; pois cumpre principalmente observar aqui certos pequenos nervos insertos na base do coração, que servem para alargar e estreitar as entradas dessas concavidades, por meio do que o sangue, dilatando-se nelas mais ou menos fortemente, produz espíritos diversamente dispostos. É preciso notar também que, embora o sangue que penetra no coração provenha de todos os outros lugares do corpo, todavia acontece muitas vezes ser ele impelido mais de certas partes do que de outras, porque os nervos e os músculos que respondem a essas partes o pressionam ou agitam mais, e porque, conforme a diversidade das partes de onde vem mais, dilata-se diversamente no coração, e em seguida produz espíritos dotados de qualidades diferentes. Assim, por exemplo, o que provém da parte inferior do fígado, onde está o fel, dilata-se no coração de maneira diferente da do sangue oriundo do baço, e este de modo diferente do proveniente das veias dos braços ou das pernas, e enfim este diferentemente do suco dos alimentos, quando, tendo de novo saído do estômago e dos intestinos, passa rapidamente pelo fígado até o coração.

Art. 16. *Como todos os membros podem ser movidos pelos objetos dos sentidos e pelos espíritos sem a ajuda da alma.*

Enfim, é preciso notar que a máquina de nosso corpo é de tal modo composta que todas as mudanças que ocorrem no movimento dos espíritos podem levá-los a abrir alguns poros do cérebro mais do que outros, e reciprocamente que, quando algum desses poros está pouco mais ou menos aberto que de costume pela ação dos nervos que servem aos sentidos, isso altera algo no movimento dos espíritos e determina que sejam conduzidos aos músculos destinados a mover o corpo da forma como ele é comumente movido por ocasião de tal ação; de sorte que todos os movimentos que fazemos sem que para isso a nossa vontade contribua (como acontece muitas vezes quando respiramos, andamos, comemos e enfim quando praticamos todas as ações que são comuns a nós e aos animais) não dependem senão da conformação de nossos membros e do curso que os espíritos, excitados pelo calor do coração, seguem naturalmente no cérebro, nos nervos e nos músculos, tal como o movimento de um relógio é produzido pela exclusiva força de sua mola e pela forma de suas rodas.

Art. 17. *Quais são as funções da alma*.

Depois de ter assim considerado todas as funções que pertencem somente ao corpo, é fácil reconhecer que nada resta em nós que devamos atribuir à nossa alma, exceto nossos pensamentos, que são principalmente de dois gêneros, a saber: uns são as ações da alma, outros as suas paixões. Aquelas que chamo suas ações são todas as nossas vontades, porque sentimos que vêm diretamente da alma e parecem depender apenas dela; do mesmo modo, ao contrário, pode-se em geral chamar suas paixões toda espécie de percepções ou conhecimentos existentes em nós, porque muitas vezes não é nossa alma que os faz tais como são, e porque sempre os recebe das coisas por elas representadas.

Art. 18. *Da vontade*.

Nossas vontades são, novamente, de duas espécies; pois umas são ações da alma que terminam na própria alma, como quando queremos amar a Deus ou, em geral, aplicar nosso pensamento a qualquer objeto que não é material; as outras são ações que terminam em nosso corpo, como quando, pelo simples fato de termos vontade de passear, resulta que nossas pernas se mexam e nós caminhemos.

Art. 19. *Da percepção*.

Nossas percepções também são de duas espécies: umas têm a alma como causa, outras o corpo. As que têm a alma como causa são as percepções de nossas vontades e de todas as imaginações ou outros pensamentos que dela dependem; pois é certo que não poderíamos querer qualquer coisa que não percebêssemos pelo mesmo meio que a queremos; e, embora com respeito à nossa alma seja uma ação o querer alguma coisa, pode-se dizer que é também nela uma paixão o perceber que ela quer; todavia, dado que essa percepção e essa vontade são efetivamente uma mesma coisa, a sua denominação faz-se sempre pelo que é mais nobre, e por isso não se costuma chamá-la paixão, mas apenas ação.

**Art. 20.** *Das imaginações e outros pensamentos que são formados pela alma.*

Quando nossa alma se aplica a imaginar alguma coisa que não existe, como a representar um palácio encantado ou uma quimera, e também quando se aplica a considerar algo que é somente inteligível e não imaginável, por exemplo, a sua própria natureza, as percepções que tem dessas coisas dependem principalmente da vontade que a leva a percebê-las; eis por que se costuma considerá-las como ações mais do que como paixões.

**Art. 21.** *Das imaginações que só têm por causa o corpo.*

Entre as percepções que são causadas pelo corpo, a maior parte depende dos nervos; mas há também algumas que deles não dependem e que se chamam imaginações, como essas de que acabo de falar, das quais, não obstante, diferem pelo fato de nossa vontade não se empenhar em formá-las, o que faz com que não possam ser incluídas no número das ações da alma, e procedam apenas de que, sendo os espíritos diversamente agitados, e encontrando os traços de diversas impressões que precederam no cérebro, tomem aí seu curso fortuitamente por certos poros mais do que por outros. Tais são as ilusões de nossos sonhos e também os devaneios a que nos entregamos muitas vezes estando despertos, quando nosso pensamento erra negligentemente sem se aplicar por si mesmo a nada. Ora, ainda que algumas dessas imaginações sejam paixões da alma, tomando a palavra na sua mais própria e mais perfeita significação, e ainda que possam ser todas assim denominadas, se se tomar o termo em uma acepção mais geral, todavia, posto que não têm uma causa tão notável e tão determinada como as percepções que a alma recebe por intermédio dos nervos e parecem ser apenas a sombra e a pintura destas, antes que as possamos distinguir bem, cumpre considerar a diferença que há entre estas outras.

Art. 22. *Da diferença que existe entre as outras percepções.*

Todas as percepções que ainda não expliquei vêm à alma por intermédio dos nervos, e existe entre elas essa diferença pelo fato de relacionarmos umas aos objetos de fora, que ferem nossos sentidos, e as outras ao nosso corpo ou a algumas de suas partes, e outras enfim à nossa alma.

Art. 23. *Das percepções que relacionamos com os objetos que existem fora de nós.*

As que referimos a coisas situadas fora de nós, a saber, aos objetos de nossos sentidos, são causadas, ao menos quando nossa opinião não é falsa, por esses objetos que, provocando alguns movimentos nos órgãos dos sentidos externos, os provocam também no cérebro por intermédio dos nervos, os quais levam a alma a senti-los. Assim, quando vemos a luz de um facho e ouvimos o som de um sino, esse som e essa luz são duas ações diversas que, somente por excitarem dois movimentos diversos em alguns de nossos nervos, e por meio deles no cérebro, dão à alma dois sentimentos diferentes, os quais relacionamos de tal modo aos objetos que supomos serem sua causa, que pensamos ver o próprio facho e ouvir o sino, e não sentir unicamente movimentos que procedem deles.

Art. 24. *Das percepções que relacionamos com o nosso corpo.*

As percepções que relacionamos com o nosso corpo ou com qualquer de suas partes são as que temos da fome, da sede e de nossos demais apetites naturais, aos quais podemos juntar a dor, o calor e as outras afecções que sentimos como nos nossos membros, e não como nos objetos que existem fora de nós: assim, podemos sentir ao mesmo tempo, e por intermédio dos mesmos nervos, a frieza da nossa mão e o calor da chama da qual ela se aproxima, ou então, ao contrário, o calor da mão e o frio do ar a que está exposta, sem que haja qualquer diferença entre as ações que nos fazem sentir o quente ou o frio que existe em nossa mão e as que nos fazem sentir aquele que está fora de nós, a não ser que, sucedendo uma dessas ações à outra, julgamos que a primeira já existe em nós e que a outra, a seguinte, não está ainda em nós, mas no objeto que a causa.

Art. 25. *Das percepções que relacionamos com a nossa alma.*

As percepções que se referem somente à alma são aquelas cujos efeitos se sentem como na alma mesma e de que não se conhece comumente nenhuma causa próxima à qual possamos relacioná-las: tais são os sentimentos de alegria, de cólera e outros semelhantes, que são, às vezes, excitados em nós pelos objetos que movem nossos nervos, e outras vezes também por outras causas. Ora, ainda que todas as nossas percepções, tanto as que se referem aos objetos que estão fora de nós como as que se referem às diversas afecções de nosso corpo, sejam verdadeiramente paixões com respeito à nossa alma, quando tomamos esse termo em sua significação mais geral, todavia costuma-se restringi-lo a fim de significar somente as que se relacionam com a própria alma, e apenas essas últimas é que me propus explicar aqui sob o nome de paixões da alma.

Art. 26. *Que as imaginações que dependem apenas do movimento fortuito dos espíritos podem ser também paixões tão verdadeiras quanto as percepções que dependem dos nervos.*

Resta notar aqui que exatamente as mesmas coisas que a alma percebe por intermédio dos nervos lhe podem ser também representadas pelo curso fortuito dos espíritos, sem que haja outra diferença exceto que as impressões vindas ao cérebro por meio dos nervos costumam ser mais vivas e mais expressas do que as excitadas nele pelos espíritos; o que me levou a dizer no art. 21 que as últimas são como a sombra e a pintura das outras. É preciso também notar que ocorre algumas vezes ser essa pintura tão semelhante à coisa representada, que podemos enganar-nos no tocante às percepções que se relacionam aos objetos fora de nós, ou então quanto às que se relacionam a algumas partes de nosso corpo, mas não podemos equivocar-nos do mesmo modo no tocante às paixões, porquanto são tão próximas e tão interiores à nossa alma que lhe é impossível senti-las sem que sejam verdadeiramente tais como ela as sente. Assim, muitas vezes quando dormimos, e mesmo algumas vezes estando acordados, imaginamos tão fortemente certas coisas que pensamos vê-las diante de nós, ou senti-las no corpo, embora aí não estejam de modo algum; mas, ainda que estejamos adormecidos e sonhemos, não podemos sentir-nos tristes ou comovidos por qualquer outra paixão, sem que na verdade a alma tenha em si esta paixão.

Art. 27. *A definição das paixões da alma*.

Depois de haver considerado no que as paixões da alma diferem de todos os seus outros pensamentos, parece-me que podemos em geral defini-las por percepções, ou sentimentos, ou emoções da alma, que referimos particularmente a ela, e que são causadas, mantidas e fortalecidas por algum movimento dos espíritos.

Art. 28. *Explicação da primeira parte dessa definição*.

Podemos chamá-las percepções quando nos servimos em geral desse termo para significar todos os pensamentos que não constituem ações da alma ou vontades, mas não quando o empregamos apenas para significar conhecimentos evidentes; pois a experiência mostra que os mais agitados por suas paixões não são aqueles que melhor as conhecem, e que elas pertencem ao rol das percepções que a estreita aliança entre a alma e o corpo torna confusas e obscuras. Podemos também chamá-las sentimentos, porque são recebidas na alma do mesmo modo que os objetos dos sentidos exteriores, e não são de outra maneira conhecidos por ela; mas podemos chamá-las melhor ainda [de] emoções da alma, não só porque esse nome pode ser atribuído a todas as mudanças que nela sobrevêm, isto é, a todos os diversos pensamentos que lhe ocorrem, mas particularmente porque, de todas as espécies de pensamentos que ela pode ter, não há outros que a agitem e a abalem tão fortemente como essas paixões.

Art. 29. *Explicações de sua outra parte.*

Acrescento que elas se relacionam particularmente com a alma, para distingui-las dos outros sentimentos que referimos, uns aos objetos exteriores, como os odores, os sons, as cores, e os outros ao nosso corpo, como a fome, a sede, a dor. Acrescento, outrossim, que são causadas, sustentadas e fortalecidas por algum movimento dos espíritos, a fim de distingui-las de nossas vontades, que podemos denominar emoções da alma que se relacionam com ela, mas que são causadas por ela própria; e também a fim de explicar sua derradeira e mais próxima causa, que as distingue novamente dos outros sentimentos.

Art. 30. *Que a alma está unida a todas as partes do corpo conjuntamente.*

Mas, para compreender mais perfeitamente todas essas coisas, é necessário saber que a alma está verdadeiramente unida ao corpo todo, e que não se pode propriamente dizer que ela esteja em qualquer de suas partes com exclusão de outras, porque o corpo é uno e de alguma forma indivisível, em virtude da disposição de seus órgãos que se relacionam de tal modo uns com os outros que, quando algum deles é retirado, isso torna o corpo todo defeituoso; e porque ela é de uma natureza que não tem qualquer relação com a extensão nem com as dimensões ou outras propriedades da matéria de que o corpo se compõe, mas apenas com o conjunto dos seus órgãos, como transparece pelo fato de não podermos de maneira alguma conceber a metade ou um terço de uma alma, nem qual extensão ocupa, e por não se tornar ela menor ao se cortar qualquer parte do corpo, mas separar-se inteiramente dele quando se dissolve o conjunto de seus órgãos.

Art. 31. *Que há uma pequena glândula no cérebro, na qual a alma exerce suas funções mais particularmente do que nas outras partes.*

É necessário também saber que, embora a alma esteja unida a todo o corpo, não obstante há nele alguma parte em que ela exerce suas funções mais particularmente do que em todas as outras; e crê-se comumente que esta parte é o cérebro, ou talvez o coração: o cérebro, porque é com ele que se relacionam os órgãos dos sentidos; e o coração, porque é nele que parece sentirem-se as paixões. Mas, examinando o caso com cuidado, parece-me ter reconhecido com evidência que a parte do corpo em que a alma exerce imediatamente suas funções não é de modo algum o coração, nem o cérebro todo, mas somente a mais interior de suas partes, que é certa glândula muito pequena, situada no meio de sua substância, e de tal modo suspensa por cima do conduto por onde os espíritos de suas cavidades anteriores mantêm comunicação com os da posterior, que os menores movimentos que nela existem podem contribuir muito para modificar o curso desses espíritos, e, reciprocamente, as menores modificações que sobrevêm ao curso dos espíritos podem contribuir muito para alterar os movimentos dessa glândula.

Art. 32. *Como se conhece que essa glândula é a principal sede da alma.*

A razão que me persuade de que a alma não pode ter, em todo o corpo, nenhum outro lugar, exceto essa glândula, onde exerce imediatamente suas funções, é que considero que as outras partes de nosso cérebro são todas duplas, assim como temos dois olhos, duas mãos, duas orelhas, e enfim [que] todos os órgãos de nossos sentidos externos são duplos; e que, dado que não temos senão um único e simples pensamento de uma mesma coisa ao mesmo tempo, cumpre necessariamente que haja algum lugar onde as duas imagens que nos vêm pelos dois olhos, onde as duas outras impressões que recebemos de um só objeto pelos duplos órgãos dos outros sentidos, se possam reunir em uma antes que cheguem à alma, a fim de que não lhe representem dois objetos em vez de um só. E pode-se conceber facilmente que essas imagens ou outras impressões se reúnem nessa glândula por intermédio dos espíritos que preenchem as cavidades do cérebro, mas não há qualquer outro local no corpo onde possam assim unir-se, senão depois de reunidas nessa glândula.

Art. 33. *Que a sede das paixões não fica no coração.*

Quanto à opinião dos que pensam que a alma recebe as suas paixões no coração, não pode ser de modo algum considerável, pois se funda apenas no fato de que as paixões nos fazem sentir aí alguma alteração; e é fácil notar que essa alteração só é sentida, como que no coração, por intermédio de um pequeno nervo que desce do cérebro para ele, assim como a dor é sentida como que no pé, por intermédio dos nervos do pé, e os astros são percebidos como que no céu por intermédio de sua luz e dos nervos ópticos; de sorte que não é mais necessário que nossa alma exerça imediatamente as suas funções no coração para nele sentir as suas paixões do que é necessário que ela esteja no céu para nele ver os astros.

Art. 34. *Como agem a alma e o corpo um contra o outro.*

Concebamos, pois, que a alma tem a sua sede principal na pequena glândula que existe no meio do cérebro, de onde irradia para todo o resto do corpo por intermédio dos espíritos, dos nervos e mesmo do sangue que, participando das impressões dos espíritos, pode levá-los pelas artérias a todos os membros; e, lembrando-nos do que já foi dito acima com respeito à máquina de nosso corpo, a saber, que os pequenos filetes de nossos nervos acham-se de tal modo distribuídos em todas as suas partes que, por ocasião dos diversos movimentos aí provocados pelos objetos sensíveis, abrem diversamente os poros do cérebro, o que faz com que os espíritos animais contidos nessas cavidades entrem diversamente nos músculos, por meio dos quais podem mover os membros de todas as diversas maneiras que esses são capazes de ser movidos, e também que todas as outras causas que podem mover diversamente os espíritos, bastam para conduzi-los a diversos músculos; juntemos aqui que a pequena glândula, que é a principal sede da alma, está de tal forma suspensa entre as cavidades que contêm esses espíritos, que pode ser movida por eles de tantos modos diversos quantas as diversidades sensíveis nos objetos; mas que pode também ser diversamente movida pela alma, a qual é de tal natureza que recebe em si tantas impressões diversas, isto é, que ela tem tantas percepções diversas quantos diferentes movimentos sobrevêm nessa glândula; como também, reciprocamente, a máquina do corpo é de tal forma composta que, pelo simples fato de ser essa glândula diversamente movida pela alma ou por qualquer outra causa que possa existir, impele os espíritos animais que a circundam para os poros do cérebro, que os conduzem pelos nervos aos músculos, mediante o quê ela os leva a mover os membros.

Art. 35. *Exemplo da maneira como as impressões dos objetos se unem na glândula que fica no meio do cérebro.*

Assim, por exemplo, se vemos algum animal vir em nossa direção, a luz refletida de seu corpo pinta duas imagens dele, uma em cada um de nossos olhos, e essas duas imagens formam duas outras, por intermédio dos nervos ópticos, na superfície interior do cérebro defronte às suas concavidades; daí, em seguida, por intermédio dos espíritos que enchem suas cavidades, essas imagens irradiam de tal sorte para a pequena glândula envolvida por esses espíritos, que o movimento componente de cada ponto de uma das imagens tende para o mesmo ponto da glândula para o qual tende o movimento que forma o ponto da outra imagem, a qual representa a mesma parte desse animal, por meio do que as duas imagens existentes no cérebro compõem apenas uma única na glândula, que, agindo imediatamente contra a alma, lhe faz ver a figura desse animal.

Art. 36. *Exemplo da maneira como as paixões são excitadas na alma.*

E, além disso, se essa figura é muito estranha e muito apavorante, isto é, se ela tem muita relação com as coisas que foram anteriormente nocivas ao corpo, isto excita na alma a paixão do medo e, em seguida, a da ousadia, ou então a do temor e a do terror, conforme o diverso temperamento do corpo ou a força da alma, e conforme nos tenhamos precedentemente garantido pela defesa ou pela fuga contra as coisas prejudiciais com as quais se relaciona a presente impressão; pois isso dispõe o cérebro de tal modo, em certos homens, que os espíritos refletidos da imagem assim formada na glândula seguem, daí, parte para os nervos que servem para voltar as costas e mexer as pernas para a fuga, e parte para os que alargam ou encolhem de tal modo os orifícios do coração, ou então que agitam de tal maneira as outras partes de onde o sangue lhe é enviado, que este sangue, rarefazendo-se aí de forma diferente da comum, envia espíritos ao cérebro que são próprios para manter e fortificar a paixão do medo, isto é, que são próprios para manter abertos ou então abrir de novo os poros do cérebro que os conduzem aos mesmos nervos; pois, pelo simples fato de esses espíritos entrarem nesses poros, excitam um movimento particular nessa glândula, o qual é instituído pela natureza para fazer sentir à alma essa paixão, e como esses poros se relacionam principalmente com os pequenos nervos que servem para apertar ou alargar os orifícios do coração, isso faz com que a alma a sinta principalmente como que no coração.

Art. 37. *Como todas parecem causadas por qualquer movimento dos espíritos.*

E como acontece coisa semelhante com todas as outras paixões, a saber, que são principalmente causadas pelos espíritos que estão contidos nas cavidades do cérebro, enquanto tomam seu curso para os nervos que servem para alargar ou estreitar os orifícios do coração, ou para impelir diversamente em sua direção o sangue que se encontra nas outras partes, ou, de qualquer outra maneira que seja, para sustentar a mesma paixão, pode-se claramente compreender, de tudo isso, por que afirmei acima, ao defini-las, que são causadas por algum movimento particular dos espíritos.

Art. 38. *Exemplo dos movimentos do corpo que acompanham as paixões e não dependem da alma.*

De resto, assim como o curso seguido por esses espíritos para os nervos do coração basta para imprimir movimento à glândula pela qual o medo é posto na alma, do mesmo modo, pelo simples fato de alguns espíritos irem ao mesmo tempo para os nervos que servem para mexer as pernas na fuga, causam eles um outro movimento na mesma glândula por meio do qual a alma sente e percebe tal fuga, que dessa forma pode ser excitada no corpo pela simples disposição dos órgãos e sem que a alma para tanto contribua.

Art. 39. *Como a mesma causa pode excitar diversas paixões em diversos homens.*

A mesma impressão que exerce sobre a glândula a presença de um objeto pavoroso, e que causa o medo em alguns homens, pode excitar, em outros, a coragem e a audácia, isto porque nem todos os cérebros estão dispostos da mesma maneira, e o mesmo movimento da glândula que em alguns excita o medo faz com que, em outros, os espíritos entrem nos poros do cérebro que os conduzem, parte nos nervos que servem para mexer as mãos na defesa e parte nos que agitam e impelem o sangue ao coração, da maneira requerida a produzir espíritos próprios para continuar esta defesa e manter a vontade de prossegui-la.

Art. 40. *Qual é o principal efeito das paixões.*

Pois cumpre notar que o principal efeito de todas as paixões nos homens é que incitam e dispõem a sua alma a querer as coisas para as quais elas lhes preparam os corpos; de sorte que o sentimento de medo incita a fugir, o da audácia a querer combater e assim por diante.

Art. 41. *Qual é o poder da alma com respeito ao corpo.*

Mas a vontade é, por natureza, de tal modo livre que nunca pode ser compelida; e, das duas espécies de pensamentos que distingui na alma, das quais uns são suas ações, isto é, suas vontades, e os outros as suas paixões, tomando-se esta palavra em sua significação mais geral, que compreende todas as espécies de percepções, os primeiros estão absolutamente em seu poder e só indiretamente o corpo pode modificá-los, assim como, ao contrário, os últimos dependem absolutamente das ações que os produzem, e a alma só pode modificá-los indiretamente, exceto quando ela própria é sua causa. E toda a ação da alma consiste em que, simplesmente por querer alguma coisa, leva a pequena glândula, à qual está estreitamente unida, a mover-se da maneira necessária a fim de produzir o efeito que se relaciona com esta vontade.

Art. 42. *Como encontramos em nossa memória as coisas de que nos queremos lembrar.*

Assim, quando a alma quer lembrar-se de algo, essa vontade faz com que a glândula, inclinando-se sucessivamente para diversos lados, impila os espíritos para diversos lugares do cérebro, até que encontrem aquele onde estão os traços deixados pelo objeto de que queremos nos lembrar; pois esses traços não são outra coisa senão os poros do cérebro, por onde os espíritos tomaram anteriormente seu curso devido à presença desse objeto, e adquiriram, assim, maior facilidade que os outros, para serem de novo abertos da mesma maneira pelos espíritos que para eles se dirigem; de sorte que tais espíritos, encontrando esses poros, entram neles mais facilmente do que nos outros, excitando, por esse meio, um movimento particular na glândula, que representa à alma o mesmo objeto e lhe faz saber que se trata daquele do qual queria lembrar-se.

Art 43. *Como a alma pode imaginar, estar atenta e mover o corpo.*

Assim, quando se quer imaginar algo que nunca se viu, essa vontade tem o poder de levar a glândula a mover-se da maneira necessária para impelir os espíritos aos poros do cérebro por cuja abertura essa coisa pode ser representada; assim, quando se pretende fixar a atenção para considerar por algum tempo um mesmo objeto, tal vontade retém a glândula, durante esse tempo, inclinada para um mesmo lado; assim, enfim, quando se quer andar ou mover o próprio corpo de alguma maneira, essa vontade faz com que a glândula impila os espíritos para os músculos que servem para tal efeito.

Art. 44. *Que cada vontade é naturalmente unida a algum movimento da glândula; mas que, por engenho ou por hábito, se pode uni-la a outros.*

Todavia, nem sempre é a vontade de provocar em nós algum movimento ou algum outro efeito que pode levar-nos a excitá-lo; mas isso muda conforme a natureza ou o hábito tenham diversamente unido cada movimento da glândula a cada pensamento. Assim, por exemplo, se se quer dispor os olhos para olhar um objeto muito distanciado, essa vontade faz com que a pupila se dilate; e se se quer dispô-los a olhar um objeto muito próximo, essa vontade faz com que a pupila se contraia; mas se se pensa apenas em alargar a pupila, em vão teremos tal vontade, pois nem por isso conseguiremos alargá-la, já que a natureza não uniu o movimento da glândula que serve para impelir os espíritos ao nervo óptico da maneira necessária a dilatar ou a contrair a pupila com a vontade de dilatar ou contrair, mas antes com a de olhar objetos afastados ou próximos. E quando, ao falar, pensamos apenas no sentido do que queremos dizer, isto faz com que mexamos a língua e os lábios muito mais rapidamente e muito melhor do que se pensássemos em mexê-los de todas as formas necessárias para proferir as mesmas palavras, dado que o hábito que adquirimos de aprender a falar fez com que juntássemos a ação da alma, que, por intermédio da glândula, pode mover a língua e os lábios, mais com a significação das palavras que resultam desses movimentos, do que com os próprios movimentos.

Art. 45. *Qual é o poder da alma com respeito às suas paixões.*

Nossas paixões também não podem ser diretamente excitadas nem suprimidas pela ação de nossa vontade, mas podem sê-lo, indiretamente, pela representação das coisas que costumam estar unidas às paixões que queremos ter, e que são contrárias às que queremos rejeitar. Assim, para excitarmos em nós a audácia e suprimirmos o medo, não basta ter a vontade de fazê-lo, mas é preciso aplicar-nos a considerar as razões, os objetos ou os exemplos que persuadem de que o perigo não é grande; de que há sempre mais segurança na defesa do que na fuga; de que teremos a glória e a alegria de havermos vencido, ao passo que não podemos esperar da fuga senão o pesar e a vergonha de termos fugido, e coisas semelhantes.

Art. 46. *Qual é a razão que impede a alma de dispor inteiramente de suas paixões.*

Há uma razão particular que impede a alma de poder alterar ou estancar rapidamente suas paixões, a qual me deu motivo de pôr mais acima em sua definição que elas não são apenas causadas, mas também mantidas e fortalecidas por algum movimento particular dos espíritos. Esta razão é que elas são quase todas acompanhadas de alguma emoção que se produz no coração, e, por conseguinte, também em todo o sangue e nos espíritos, de modo que, enquanto essa emoção não cessar, elas continuam presentes em nosso pensamento da mesma maneira que os objetos sensíveis aí permanecem presentes, enquanto agem contra os órgãos de nossos sentidos. E como a alma, tornando-se muito atenta a qualquer outra coisa, pode impedir-se de ouvir um pequeno ruído ou de sentir

uma pequena dor, mas não pode impedir-se, do mesmo modo, de
ouvir o trovão ou de sentir o fogo que queima a mão, assim pode
sobrepujar facilmente as paixões menores, mas não as mais violentas e as mais fortes, a não ser depois que se apaziguou a emoção do
sangue e dos espíritos. O máximo que pode fazer a vontade, enquanto essa emoção está em vigor, é não consentir em seus efeitos
e reter muitos dos movimentos aos quais ela dispõe o corpo. Por
exemplo, se a cólera faz levantar a mão para bater, a vontade pode
comumente retê-la; se o medo incita as pessoas a fugir, a vontade
pode detê-las, e assim por diante.

Art. 47. *Em que consistem os combates que se costuma imaginar entre a
parte inferior e a superior da alma.*

E, tão somente na repugnância que existe entre os movimentos que
o corpo, por seus espíritos, e a alma, por sua vontade, tendem a excitar ao mesmo tempo na glândula, é que consistem todos os combates
que se costuma imaginar entre a parte inferior da alma, denominada
sensitiva, e a superior, que é racional, ou então entre os apetites naturais e a vontade; pois não há em nós senão uma alma, e esta alma
não tem em si nenhuma diversidade de partes: a mesma que é sensitiva é racional e todos os seus apetites são suas vontades. O erro que
se cometeu em fazê-la desempenhar diversos personagens, que são
comumente contrários uns aos outros, provém apenas de não se haver distinguido bem suas funções das do corpo, ao qual unicamente
se deve atribuir tudo quanto pode ser advertido em nós que repugne
a nossa razão; de modo que não há nisso outro combate exceto que,
como a pequena glândula que fica no meio do cérebro pode ser impelida, de um lado, pela alma e, de outro, pelos espíritos animais,
que são apenas corpos, como já disse acima, acontece, às vezes, que
esses dois impulsos sejam contrários e que o mais forte impeça o
efeito do outro. Ora, podemos distinguir duas espécies de movimentos excitados pelos espíritos na glândula: uns representam à alma os
objetos que movem os sentidos, ou as impressões que se encontram
no cérebro e não efetuam qualquer esforço sobre a vontade; outros

efetuam algum esforço sobre ela, a saber, os que causam as paixões ou os movimentos dos corpos que as acompanham; e, quanto aos primeiros, embora impeçam amiúde as ações da alma, ou sejam impedidos por ela, todavia, por não serem diretamente contrários, não se verifica neles nenhum combate. Só os observamos entre os últimos e as vontades que lhes repugnam: por exemplo, entre o esforço com que os espíritos impelem a glândula a causar na alma o desejo de alguma coisa e aquele com que a alma a repele, pela vontade que tem de fugir da mesma coisa; e o que faz principalmente surgir esse combate é que, não tendo a vontade o poder de excitar diretamente as paixões, como já foi dito, é obrigada a usar de engenho e aplicar-se a considerar sucessivamente diversas coisas, das quais, se acontece que uma tenha a força de modificar por um momento o curso dos espíritos, pode acontecer que a seguinte não a tenha e que os espíritos retomem o curso logo depois, porque a disposição precedente nos nervos, no coração e no sangue não mudou, o que leva a alma a sentir-se impelida quase ao mesmo tempo a desejar e a não desejar uma mesma coisa; e daí é que se teve ocasião de se imaginar nela duas potências que se combatem. Todavia, ainda se pode conceber algum combate, pelo fato de muitas vezes a mesma causa que excita na alma alguma paixão excitar também certos movimentos no corpo para os quais a alma em nada contribui, e os quais detém ou procura deter tão logo os apercebe, como sentimos quando aquilo que excita o medo faz também com que os espíritos entrem nos músculos que servem para mexer as pernas na fuga, e com que sejam sustados pela vontade que temos de ser audazes.

Art. 48. *Em que se conhece a força ou a fraqueza das almas, e qual é o mal das mais fracas.*

Ora, é pela sorte desses combates que cada qual pode conhecer a força ou a fraqueza de sua alma; pois aqueles em quem a vontade pode, naturalmente, com maior facilidade, vencer as paixões e sustar os movimentos do corpo que os acompanham têm, sem dúvida, as almas mais fortes; mas há os que não podem comprovar a própria força porque nunca levam a combate a sua vontade juntamente com suas armas próprias, mas apenas com as que lhes fornecem algumas paixões para resistir a algumas outras. O que denomino as armas próprias são juízos firmes e determinados sobre o conhecimento do bem e do mal, consoante os quais ela resolveu conduzir as ações de sua vida; e as almas mais fracas de todas são aquelas cuja vontade não se decide, assim, a seguir certos juízos, mas se deixa arrastar continuamente pelas paixões presentes, as quais, sendo muitas vezes contrárias umas às outras, a puxam, ora umas ora outras, para seu partido e, empregando-a para combater contra si mesma, põe a alma no estado mais deplorável possível. Assim, quando o medo representa a morte como um extremo mal, que só pode ser evitado pela fuga, se a ambição, de outro lado, representa a infâmia dessa fuga como um mal pior que a morte, essas duas paixões agitam diversamente a vontade, que, obedecendo ora a uma, ora a outra, se opõe continuamente a si própria, e assim torna a alma escrava e infeliz.

Art. 49. *Que a força da alma não basta sem o conhecimento da verdade.*

Na verdade, há pouquíssimos homens tão fracos e irresolutos que nada queiram senão o que suas paixões lhes ditam. A maioria tem jugos determinados, segundo os quais regula parte de suas ações; e, embora muitas vezes tais juízos sejam falsos e fundados mesmo em algumas paixões pelas quais a vontade se deixou anteriormente vencer ou seduzir, todavia, como ela continua seguindo-os quando a paixão que os causou está ausente, podemos considerá-los como suas armas próprias, e pensar que as almas são mais fortes ou mais fracas em virtude de poderem seguir mais ou menos esses juízos e resistir às paixões presentes que lhes são contrárias. Mas há, entretanto, grande diferença entre as resoluções que procedem de alguma falsa opinião e as que se apoiam tão somente no conhecimento da verdade; visto que, se seguirmos as últimas, estamos certos de não ter jamais do que nos lamentar nem arrepender, ao passo que o teremos sempre, se seguirmos as primeiras, quando lhes descobrimos o erro.

Art. 50. *Que não existe alma tão fraca que não possa, sendo bem conduzida, adquirir poder absoluto sobre as suas paixões.*

E é útil aqui lembrar que, como já foi dito mais acima, embora cada movimento da glândula pareça ter sido unido pela natureza a cada um de nossos pensamentos desde o começo de nossa vida, é possível todavia juntá-los a outros por hábito, assim como a experiência mostra nas palavras que excitam movimentos na glândula, os quais, segundo a instituição da natureza, representam à alma apenas os seus sons, quando proferidas pela voz, ou a figura de suas letras, quando escritas, e que, não obstante, pelo hábito adquirido em pensar no que significam quando ouvimos o som delas, ou então, quando vimos suas letras, costumam fazer conceber mais essa significação do que a figura de suas letras, ou então o som de suas sílabas. É útil também saber que, embora os movimentos, tanto da glândula como dos espíritos e do cérebro, que representam à alma certos objetos, sejam naturalmente unidos aos que provocam nela certas paixões, todavia podem por hábito ser separados destes e unidos a outros muito diferentes e, mesmo, que esse hábito pode ser adquirido por uma única ação e não requer longa prática. Assim, quando encontramos inopinadamente uma coisa muito suja num alimento que comemos com apetite, a surpresa do achado pode mudar de tal forma a disposição do cérebro que, em seguida, não possamos mais ver esse alimento, exceto com horror, ao passo que até então o comíamos com prazer. E pode-se notar a mesma coisa nos animais; pois, embora não possuam a menor razão, nem talvez nenhum pensamento, todos os movimentos dos espíritos e da glândula que provocam em nós as paixões não deixam de existir neles também e servem-lhes para manter e fortalecer, não como em nós, as paixões, mas os movimentos dos nervos e dos músculos que costumam acompanhá-las. Assim, quando um cão vê uma perdiz, é naturalmente levado a correr em sua direção e quando ouve o tiro de um fuzil, tal ruído o incita naturalmente a fugir; mas, não obstante, adestram-se comumente de tal maneira os cães perdigueiros, que a vista de uma perdiz os leva a deter-se e o ruído que ouvem depois, quando alguém atira à perdiz, os leva a correr para ela. Ora, essas coisas são úteis de saber para encorajar cada um de nós a aprender a observar suas paixões; pois, dado que se pode, com um pouco de engenho, mudar os movimentos do cérebro nos animais desprovidos de razão, é evidente que se pode fazê-lo melhor ainda nos homens, e que mesmo aqueles que possuem as almas mais fracas poderiam adquirir um império absoluto sobre todas as suas paixões, se empregassem bastante engenho em domá-las e conduzi-las.

## SEGUNDA PARTE:

## DO NÚMERO E DA ORDEM DAS PAIXÕES E A EXPLICAÇÃO DAS SEIS PRIMITIVAS

Art. 51. *Quais as primeiras causas das paixões.*

Já se sabe, pelo que se disse mais acima, que a última e mais próxima causa das paixões da alma não é outra senão a agitação com que os espíritos movem a pequena glândula situada no meio do cérebro. Mas isso não basta para podermos distingui-las umas das outras; é mister procurar suas fontes e examinar suas primeiras causas; ora, ainda que possam algumas vezes ser causadas pela ação da alma, que se determina a conceber estes ou aqueles objetos, e também pelo exclusivo temperamento do corpo ou pelas impressões que se encontram fortuitamente no cérebro, como acontece quando nos sentimos tristes ou alegres sem que possamos dizer o motivo, parece, no entanto, pelo que foi dito, que todas elas podem também ser excitadas pelos objetos que afetam os sentidos e que tais objetos são suas causas mais comuns e principais; daí se segue que, para encontrar todas, basta considerar todos os efeitos desses objetos.

Art. 52. *Qual o seu emprego e como podemos enumerá-las.*

Observo, além disso, que os objetos que movem os nossos sentidos não provocam em nós diversas paixões devido a todas as diversidades que existem neles, mas somente devido às diversas formas pelas quais nos podem prejudicar ou beneficiar, ou então, em geral, ser importantes; e que o emprego de todas as paixões consiste apenas no fato de disporem a alma a querer coisas que a natureza dita serem úteis a nós, e a persistir nessa vontade, assim como a mesma agitação dos espíritos que costuma causá-las dispõe o corpo aos movimentos que servem à execução dessas coisas; eis por que, a fim de enumerá-las, cumpre apenas examinar, por ordem, de quantas maneiras diferentes que nos importam podem os nossos sentidos ser movidos por seus objetos; e farei aqui a enumeração de todas as principais paixões, segundo a ordem pela qual podem ser encontradas.

\* \* \*

Art. 53. A *admiração*.

Quando o primeiro contacto com algum objeto nos surpreende, e quando nós o julgamos novo, ou muito diferente do que até então conhecíamos ou do que supúnhamos que deveria ser, isso nos leva a admirá-lo e a nos espantarmos com ele; e, como isso pode acontecer antes de sabermos de algum modo se esse objeto nos é conveniente ou não, parece-me que a admiração é a primeira de todas as paixões; e ela não tem contrário, porquanto, se o objeto que se apresenta nada tem em si que nos surpreenda, não somos de maneira nenhuma afetados por ele e nós o consideramos sem paixão.

Art. 54. *A estima ou o desprezo, a generosidade ou o orgulho, e a humildade ou a baixeza.*

À admiração está unida a estima ou o desprezo, conforme seja a grandeza de um objeto ou sua pequenez que admiremos. E podemos assim nos estimar ou nos desprezar a nós próprios; daí provêm as paixões e, em seguida, os hábitos de magnanimidade ou de orgulho e de humildade ou de baixeza.

Art. 55. *A veneração e o desdém.*

Mas, quando estimamos ou desprezamos outros objetos que consideramos como causas livres, capazes de fazer o bem ou o mal, da estima procede a veneração, e do simples desprezo, o desdém.

Art. 56. O *amor e o ódio.*

Ora, todas as paixões precedentes podem ser excitadas em nós sem que percebamos de modo algum se o objeto que as provoca é bom ou mau. Mas, quando uma coisa se nos apresenta como boa em relação a nós, isto é, como nos sendo conveniente, isso nos leva a ter amor por ela; e, quando se nos apresenta como má ou nociva, isso nos incita ao ódio.

Art. 57. O *desejo.*

Da mesma consideração do bem e do mal nascem todas as outras paixões; mas, a fim de colocá-las por ordem, distingo os tempos e, considerando que elas nos levam a olhar o futuro muito mais do que o presente, ou o passado, começo pelo desejo. Pois, não somente quando se deseja adquirir um bem que ainda não se possui, ou evitar um mal que se julga passível de sobrevir, mas também quando se deseja apenas a conservação de um bem ou a ausência de um mal, que é tudo aquilo a que essa paixão pode estender-se, é evidente que ela encara sempre o futuro.

Art. 58. *A esperança, o temor, o ciúme, a segurança e o desespero.*

Basta pensar que a aquisição de um bem ou a fuga de um mal é possível para sermos incitados a desejá-la. Mas, quando consideramos, além disso, se há muita ou pouca probabilidade de se obter o que se deseja, aquilo que nos representa haver muita excita em nós a esperança, e aquilo que nos representa haver pouca excita o temor, de que o ciúme constitui uma espécie. Quando a esperança é extrema, muda de natureza e chama-se segurança ou confiança, assim como, ao contrário, o extremo temor torna-se desespero.

Art. 59. *A irresolução, a coragem, a ousadia, a emulação, a covardia e o pavor.*

E podemos assim esperar e temer, ainda que a realização do que aguardamos não dependa de modo algum de nós; mas, quando nos é representado como dependente, pode haver dificuldade na escolha dos meios ou na execução. Da primeira deriva a irresolução, que nos dispõe a deliberar e tomar conselho. À última opõe-se a coragem ou a ousadia, de que a emulação constitui uma espécie. E a covardia é contrária à coragem, tal como o medo ou o pavor à ousadia.

Art. 60. *O remorso.*

E, se estamos determinados a alguma ação, antes que seja suprimida a irresolução, isso engendra o remorso de consciência, o qual não considera o tempo vindouro, como as paixões precedentes, mas o presente ou o passado.

Art. 61. *A alegria e a tristeza.*

E a consideração do bem presente excita em nós a alegria, a do mal, a tristeza, quando é um bem ou um mal que nos é representado como nosso.

Art. 62. A *zombaria, a inveja, a piedade*.

Mas quando nos é representado como pertencente a outros homens, podemos considerá-los dignos ou indignos disso; e, quando os consideramos dignos, isso não provoca em nós outra paixão além da alegria, posto que para nós é algum bem ver que as coisas acontecem como devem. Há apenas a diferença de que a alegria procedente do bem é séria, ao passo que a procedente do mal é acompanhada de riso e zombaria. Mas, se nós os considerarmos indignos deles, o bem excita a inveja, e o mal, a piedade, que são espécies de tristeza. E deve-se notar que as mesmas paixões relacionadas aos bens ou aos males presentes podem amiúde referir-se aos que estão por vir, enquanto a opinião que se tem de que hão de advir os representa como presentes.

Art. 63. *A satisfação de si mesmo e o arrependimento*.

Podemos também considerar a causa do bem ou do mal, tanto presente como passado. E o bem que foi feito por nós mesmos nos dá uma satisfação interior, que é a mais doce de todas as paixões, ao passo que o mal provoca o arrependimento, que é a mais amarga.

Art. 64. *O favor e o reconhecimento*.

Mas o bem praticado por outros é causa de que os tenhamos em favor, ainda que não seja feito a nós; e, quando o é, ao favor juntamos o reconhecimento.

Art. 65. *A indignação e a cólera*.

Do mesmo modo, o mal praticado por outros, não se relacionando a nós, faz somente com que desperte a nossa indignação para com eles; e, quando se relaciona conosco, suscita também a cólera.

Art. 66. *A glória e a vergonha.*

Além disso, o bem que existe ou existiu em nós, quando relacionado com a opinião que os outros podem ter a seu respeito, excita em nós a glória, e o mal, a vergonha.

Art. 67. *O fastio, o pesar e a alegria.*

E às vezes a duração do bem provoca o tédio ou o fastio, ao passo que a do mal diminui a tristeza. Enfim, do bem passado resulta o pesar, que é uma espécie de tristeza, e do mal passado resulta o júbilo, que é uma espécie de alegria.

Art. 68. *Por que essa enumeração das paixões é diferente da comumente aceita.*

Eis a ordem que me parece melhor para enumerar as paixões. Sei muito bem que nisso me afasto da opinião de todos os que até agora escreveram sobre elas, mas não o faço sem grande razão. Pois os outros tiram suas enumerações do fato de distinguirem na parte sensitiva da alma dois apetites, que chamam um *concupiscível* e o outro *irascível*. E, como não conheço na alma nenhuma distinção de partes, o que já disse acima, isto não me parece significar outra coisa senão que ela tem duas faculdades, uma de desejar e a outra de se irritar; e, posto que ela tem da mesma forma as faculdades de admirar, amar, esperar, temer e, assim, de receber em si cada uma das outras paixões, ou de praticar as ações a que essas paixões a impelem, não vejo por que quiseram relacionar todas com a concupiscência ou a cólera. Além do que, tal enumeração não compreende todas as principais paixões, como creio que esta o faz. Falo apenas das principais, porque se poderia ainda distinguir muitas outras mais particulares, pois seu número é indefinido.

Art. 69. *Que há somente seis paixões primitivas.*

Mas o número das que são simples e primitivas não é muito grande. Pois, passando em revista todas as que enumerei, pode-se facilmente notar que há apenas seis que são tais, a saber: a admiração, o amor, o ódio, o desejo, a alegria e a tristeza; e todas as outras compõem-se de algumas dessas seis, ou então são suas espécies. Por isso, para que sua multidão não embarace nossos leitores, tratarei aqui separadamente das seis primitivas; e, em seguida, mostrarei de que forma todas as outras tiram daí sua origem.

Art. 70. *Da admiração; sua definição e causa.*

A admiração é uma súbita surpresa da alma, que a leva a considerar com atenção os objetos que lhe parecem raros e extraordinários. Assim, é causada primeiramente pela impressão que se tem no cérebro, que representa o objeto como raro e por conseguinte digno de ser muito considerado; em seguida, pelo movimento dos espíritos, que são dispostos por essa impressão a tender com grande força ao lugar do cérebro onde ela se encontra, a fim de fortalecê-la e conservá-la aí; como também são dispostas por ela a passar daí aos músculos destinados a reter os órgãos dos sentidos na mesma situação em que se encontram, a fim de que seja ainda mantida por eles, se por eles foi formada.

Art. 71. *Que nesta paixão não ocorre qualquer mudança no coração nem no sangue.*

E esta paixão tem a particularidade de não notarmos de modo algum que seja acompanhada de qualquer mudança no coração e no sangue, como acontece com outras paixões. A razão é que, não tendo nem o bem nem o mal por objeto, mas só o conhecimento da coisa que se admira, ela não se relaciona ao coração e ao sangue, dos quais depende todo o bem do corpo, mas apenas ao cérebro, onde ficam os órgãos dos sentidos que servem a esse conhecimento.

Art. 72. *No que consiste a força da admiração*.

O que não a impede de ter muita força por causa da surpresa, isto é, da súbita e inopinada ocorrência da impressão que modifica o movimento dos espíritos, surpresa que é própria e particular a esta paixão; de sorte que, quando se encontra em outras, como costuma encontrar-se em quase todas e aumentá-las, é porque a admiração está unida a elas. E a sua força depende de duas coisas, a saber, da novidade e do fato de o movimento que a causa possuir, desde o começo, toda a sua força. Pois é certo que tal movimento produz mais efeito do que aqueles que, sendo de início fracos e só crescendo pouco a pouco, podem ser facilmente desviados. É certo também que os objetos dos sentidos que são novos afetam o cérebro em certas partes que não costumam ser afetadas; e, sendo estas partes mais tenras ou menos firmes que as endurecidas por uma agitação frequente, isso aumenta o efeito dos movimentos que esses objetos aí provocam. O que não se julgará incrível, se se considerar que uma razão análoga faz com que, estando a planta de nossos pés habituada a uma contato bastante rude, devido ao peso do corpo que sustenta, sentimos muito pouco esse contacto quando andamos; ao passo que outro muito menor e mais suave, como o das cócegas, nos é quase insuportável, por não nos ser comum.

Art. 73. *O que é o espanto*.

E essa surpresa tem tanto poder para levar os espíritos localizados nas cavidades do cérebro ao lugar onde está a impressão do objeto admirado, que, por vezes, impele todos para lá e os deixa de tal modo ocupados em conservar essa impressão, que nenhum deles passa ao cérebro, nem mesmo se desvia de alguma forma das primeiras pegadas que seguiu no cérebro: o que faz que o corpo inteiro permaneça imóvel como uma estátua e que só percebamos do objeto a primeira face que se apresentou, e por conseguinte não possamos adquirir dele um conhecimento mais particular. É isso o que se chama comumente estar espantado; e o espanto é um excesso de admiração que só pode ser mau.

Art. 74. *Para que servem todas as paixões e no que elas prejudicam.*

Ora, é fácil saber, pelo que foi dito acima, que a utilidade de todas as paixões consiste apenas em fortalecer e fazer durar na alma pensamentos, os quais é bom que ela conserve, e que poderiam facilmente, sem isso, ser obliterados. Assim como todo o mal que podem causar consiste em fortalecer e conservar esses pensamentos mais do que o necessário, ou então em fortalecer e conservar outros nos quais não vale a pena deter-se.

Art. 75. *Para que serve particularmente a admiração.*

E pode-se dizer particularmente da admiração que ela é útil porque nos leva a aprender e a reter em nossa memória coisas que dantes ignorávamos; pois só admiramos o que nos parece raro e extraordinário; e coisa algum pode parecer-nos assim senão porque nós a ignorávamos, ou também porque é diferente das coisas que conhecíamos; pois é essa diferença que nos leva a chamá-la extraordinária. Ora, ainda que uma coisa que nos era desconhecida se apresente de novo ao nosso entendimento ou aos nossos sentidos, não a retemos por isso em nossa memória, se a ideia que dela temos não for fortalecida em nosso cérebro por alguma paixão, ou pela aplicação de nosso entendimento, que a nossa vontade determina a uma atenção e reflexão particulares. E as outras paixões podem servir-nos para notar as coisas que parecem boas ou más, mas só dispomos da admiração para as que parecem tão somente raras. Por isso, vemos que os que não possuem qualquer inclinação natural para essa paixão são ordinariamente muito ignorantes.

Art. 76. *No que ela pode prejudicar e como se pode suprir sua falta e corrigir seu excesso.*

Mas acontece muito mais admirarmos em demasia e nos espantarmos ao perceber coisas que merecem pouca ou nenhuma consideração, do que admirarmos demasiado pouco. E isso pode subtrair inteiramente ou perverter o uso da razão. Daí por que, embora seja bom ter nascido com alguma inclinação para esta paixão, porque isso nos dispõe para a aquisição das ciências, devemos todavia esforçar-nos em seguida para nos libertar dela o mais possível. Pois é fácil suprir a sua falta por uma reflexão e atenção particulares, a que a nossa vontade sempre pode obrigar nosso entendimento quando julgamos que a coisa que se apresenta vale a pena; mas não há outro remédio para impedir o admirar excessivo senão adquirir o conhecimento de muitas coisas, e exercitar-nos na consideração de todas as que possam parecer mais raras e mais estranhas.

Art. 77. *Que não são nem os mais estúpidos nem os mais hábeis os mais propensos à admiração.*

De resto, embora só os embrutecidos e estúpidos não sejam levados naturalmente à admiração, isto não significa dizer que os mais dotados de espírito sejam os mais inclinados a ela; mas são principalmente os que, embora possuam um senso comum assaz bom, não têm todavia em grande conta sua própria suficiência.

Art. 78. *Que o seu excesso pode converter-se em hábito quando se deixa de corrigi-lo.*

E, conquanto essa paixão pareça diminuir com o uso, pois, quanto mais encontramos coisas raras que admiramos, mais nos acostumamos a cessar de admirá-las e a pensar que todas as que podem apresentar-se depois são vulgares, todavia, quando é excessiva e nos leva somente a deter a atenção na primeira imagem dos objetos que se apresentarem, sem adquirir deles outro conhecimento, deixa atrás de si um hábito que dispõe a alma a deter-se do mesmo modo em todos os outros objetos que se apresentem, desde que lhe pareçam, por pouco que seja, novos. E é isso que faz durar a moléstia dos que são cegamente curiosos, isto é, que procuram as raridades somente para admirá-las e não para conhecê-las: pois tornam-se pouco a pouco tão admirativos, que coisas de importância nula não são menos capazes de retê-los do que aquelas cuja pesquisa é mais útil.

Art. 79. *As definições do amor e do ódio.*

O amor é uma emoção da alma causada pelo movimento dos espíritos que a incita a unir-se voluntariamente aos objetos que lhe parecem convenientes. E o ódio é uma emoção causada pelos espíritos que incita a alma a querer estar separada dos objetos que se lhe apresentam como nocivos. Eu digo que tais emoções são causadas pelos espíritos, a fim de distinguir o amor e o ódio, que são paixões e dependem do corpo, tanto dos juízos que levam também a alma a se unir voluntariamente às coisas que ela considera boas e a se separar daquelas que considera más, como das emoções que só esses juízos excitam na alma.

Art. 80. O *que significa unir-se ou separar-se voluntariamente.*

De resto, pela palavra voluntariamente, não pretendo falar aqui do desejo, que é uma paixão à parte e se relaciona com o porvir; mas do consentimento pelo qual nos consideramos presentemente unidos com o que amamos, de sorte que imaginamos um todo do qual pensamos constituir apenas uma parte, e do qual a coisa amada é a outra. Como, ao contrário, no ódio, nos consideramos como um todo só inteiramente separado da coisa pela qual se tem aversão.

Art. 81. *Da distinção que se costuma fazer entre o amor de concupiscência e o de benevolência.*

Ora, distinguem-se comumente duas espécies de amor, uma das quais é chamada amor de benevolência, isto é, que incita a querer o bem para o que se ama; a outra é chamada amor de concupiscência, isto é, que leva a desejar a coisa que se ama. Mas me parece que essa distinção considera apenas os efeitos do amor, e não a sua essência; pois, tão logo nos unimos voluntariamente a algum objeto, de qualquer natureza que seja, temos por ele benevolência, isto é, unimos-lhe também voluntariamente as coisas que cremos lhe serem convenientes: o que é um dos principais efeitos do amor. E se julgarmos que é um bem possuí-lo ou lhe estar associado de outra forma que não a voluntária, desejamo-lo: o que é também um dos mais comuns efeitos do amor.

Art. 82. *Como paixões muito diferentes combinam na medida em que participam do amor.*

Não é necessário também distinguir tantas espécies de amor quantos os diversos objetos que se pode amar; pois, por exemplo, embora a paixão que um ambicioso nutre pela glória, um avarento pelo dinheiro, um bêbado pelo vinho, um bruto pela mulher que deseja violar, um homem de honra por seu amigo ou por sua amante, e um bom pai por seus filhos, sejam muito diferentes entre si, todavia, por participarem do amor, são semelhantes. Mas os quatro primeiros têm amor apenas pela posse dos objetos aos quais se refere sua paixão, e não o têm pelos objetos mesmos, pelos quais nutrem somente desejo misturado com outras paixões particulares, ao passo que o amor de um bom pai por seus filhos é tão puro que nada deseja deles e não quer possuí-los de outra maneira senão como o faz, nem estar unido a eles mais estreitamente do que já o está; mas, considerando-os como outros tantos ele próprio, procura o bem deles como o seu próprio, ou mesmo com mais cuidado, porque, representando-se formar com eles um todo, do qual não é a melhor parte, prefere muitas vezes os interesses deles aos próprios e não teme perder-se para salvá-los. A afeição que as pessoas de honra sentem por seus amigos é dessa natureza, embora raramente seja tão perfeita; e a que sentem pela amada participa muito dela, mas também participa um pouco da outra.

Art. 83. *Da diferença entre a simples afeição, a amizade e a devoção.*

Pode-se, parece-me, com melhor razão ainda, distinguir o amor pela estima que se dedica ao que amamos, em comparação com nós próprios; pois, quando estimamos o objeto de nosso amor menos que a nós mesmos, sentimos por ele simples afeição; quando o estimamos tal como a nós próprios isso se chama amizade; e, quando o estimamos mais, a paixão que alimentamos pode ser chamada devoção. Assim, pode-se ter afeição por uma flor, por um pássaro, por um cavalo; porém, a não ser que se tenha o espírito muito desregrado, não se pode nutrir amizade senão pelos homens. E eles são de tal modo objeto dessa paixão, que não há homem tão imperfeito que não se lhe possa dedicar amizade muito perfeita, quando se pensa ser amado por ele e se tem a alma verdadeiramente nobre e generosa, conforme o que será explicado mais adiante nos artigos 154 e 156. No que concerne à devoção, seu principal objeto é, sem dúvida, a soberana Divindade, em relação à qual não podemos deixar de ser devotos quando a conhecemos como se deve; mas podemos também sentir devoção por nosso príncipe, pelo nosso país ou nossa cidade, e mesmo por um homem particular, quando o estimamos mais do que a nós próprios. Ora, a diferença que existe entre essas três espécies de amor aparece principalmente através de seus efeitos; pois, posto que em todas nos consideramos unidos e juntos à coisa amada, estamos sempre prontos a abandonar a parte menor do todo que se compõe com ela, para conservar a outra; o que faz com que, na simples afeição, se prefira sempre a si próprio ao que se ama e que, ao contrário, na devoção se prefira de tal modo a coisa amada ao eu próprio que não se receia morrer para conservá-la. Viram-se muitas vezes exemplos disso nos que se expuseram à morte certa em defesa de seu príncipe ou de sua cidade, e até, algumas vezes, de pessoas particulares às quais se haviam devotado.

Art. 84. *Que não há tantas espécies de ódio como de amor.*

De resto, ainda que o ódio seja diretamente oposto ao amor, não se distinguem nele todavia tantas espécies, porque não se nota tanto a diferença que existe entre os males de que se está separado voluntariamente, como a que existe entre os bens a que se está unido.

Art. 85. *Do agrado e do horror*.

E não encontro senão uma única distinção considerável que seja análoga num e noutro. Consiste em que os objetos, tanto do amor como do ódio, podem ser representados à alma pelos sentidos exteriores, ou então pelos interiores e por sua própria razão; pois denominamos comumente bem ou mal aquilo que nossos sentidos interiores ou nossa razão nos leva a julgar conveniente ou contrário à nossa natureza; mas denominamos belo ou feio aquilo que nos é assim representado por nossos sentidos exteriores, principalmente pelo da visão, o qual por si só é mais considerado que todos os outros; daí nascem duas espécies de amor, a saber, o que se tem pelas coisas boas e o que se tem pelas belas, ao qual se pode dar o nome de agrado a fim de não o confundir com o outro, nem tampouco com o desejo, a que muitas vezes se atribui o nome de amor; e daí nascem, da mesma forma, duas espécies de ódio, uma das quais se relaciona com as coisas más e a outra com as feias; e esta última pode ser chamada horror ou aversão, para distingui-la da outra. Mas o que há nisto de mais notável é que essas paixões de agrado e horror costumam ser mais violentas que as outras espécies de amor ou de ódio, visto que o que chega à alma pelos sentidos toca mais fortemente do que aquilo que lhe é representado pela razão, e que, no entanto, elas contêm comumente menos verdade; de sorte que, de todas as paixões, são as que mais enganam e das quais é preciso mais cuidadosamente se guardar.

Art. 86. *A definição do desejo*.

A paixão do desejo é uma agitação da alma causada pelos espíritos que a dispõem a querer para o futuro as coisas que se lhe representam como convenientes. Assim, não se deseja apenas a presença do bem ausente, mas também a conservação do presente e, ademais, a ausência do mal, tanto daquele que já se tem, como daquele que se julga poder ainda colher no futuro.

Art. 87. *Que é uma paixão que não tem contrário.*

Sei muito bem que comumente na Escola se opõe a paixão que tende à procura do bem, a única que se denomina desejo, àquela que tende à fuga do mal, a qual se denomina aversão. Mas, desde que não há qualquer bem cuja privação não seja um mal, nem qualquer mal considerado como coisa positiva cuja privação não seja um bem, e que, buscando, por exemplo, as riquezas, foge-se necessariamente da pobreza e, ao fugir das doenças, procura-se a saúde e assim por diante, parece-me que é sempre um mesmo movimento que leva à busca do bem e conjuntamente à fuga do mal que lhe é contrário. Observo nisto apenas a diferença de que o desejo alimentado quando se tende a algum bem é acompanhado de amor e em seguida de esperança e alegria; ao passo que o mesmo desejo, quando se tende a distanciar-se do mal contrário a esse bem, é acompanhado de ódio, de temor e tristeza; o que é causa de o julgarem contrário a si mesmo. Mas, se se quer considerá-lo quando ele se refere igual e simultaneamente a algum bem para procurá-lo e ao mal oposto para evitá-lo, pode-se ver mui evidentemente que um e outro constituem apenas uma única paixão.

Art. 88. *Quais são as suas diversas espécies.*

Haveria mais razão de distinguir o desejo em tantas espécies diversas quão diversos os objetos que se procuram; pois, por exemplo, a curiosidade, que não é senão um desejo de conhecer, difere muito do desejo de glória, e este do desejo de vingança, e assim por diante. Mas aqui basta saber que há tantos desejos quantas espécies de amor ou de ódio e que os mais consideráveis e os mais fortes são os que nascem do agrado e do horror.

Art. 89. *Qual é o desejo que nasce do horror.*

Ora, conquanto seja apenas um mesmo desejo que tende à busca de um bem e à fuga do mal que lhe é contrário, assim como já foi dito, o desejo que nasce do agrado não deixa de ser muito diferente daquele que nasce do horror; pois este agrado e este horror, que verdadeiramente são contrários, não são o bem e o mal que servem de objetos a tais desejos, mas somente duas emoções da alma que a predispõem a buscar duas coisas muito diferentes, a saber: o horror é instituído pela natureza para representar à alma uma morte súbita e inopinada, de sorte que, embora seja às vezes apenas o contacto de um vermezinho, ou o rumor de uma folha tremulante, ou a sua sombra que provoque o horror, sente-se primeiramente tanta emoção como se um perigo de morte mui evidente se oferecesse aos sentidos, o que engendra repentinamente a agitação que leva a alma a empregar todas as suas forças para evitar um mal tão presente; e é essa mesma espécie de desejo que se chama comumente de fuga ou aversão.

Art. 90. *Qual é o que nasce do agrado.*

Ao contrário, o agrado foi particularmente instituído pela natureza para representar o gozo do que agrada como o maior de todos os bens pertencentes ao homem, o que o faz desejar ardentemente esse gozo. É verdade que há diversas espécies de agrados e que os desejos daí oriundos não são todos igualmente poderosos; pois, por exemplo, a beleza das flores nos incita somente a mirá-las, e a dos frutos, a comê-los. Mas o principal é o proveniente das perfeições que imaginamos numa pessoa que pensamos capaz de tornar-se outro nós mesmos; pois, com a diferença do sexo que a natureza estabeleceu nos homens, bem como nos animais destituídos de razão, ela estabeleceu também certas impressões no cérebro que fazem com que, em certa idade e em certo tempo, nos consideremos como defeituosos e como se não fôssemos senão a metade de um todo, do qual uma pessoa do outro sexo deve constituir a outra metade, de sorte que a aquisição dessa metade é confusamente representada pela natureza como o maior de todos os bens imagináveis. E, ainda que se veja a muitas pessoas desse outro sexo, nem por isso se deseja a muitas ao mesmo tempo, posto que a natureza não leva a imaginar que se necessite de mais de uma metade. Mas, quando numa se observa algo que agrada mais do que aquilo que se observa ao mesmo tempo nas outras, isso determina a alma a sentir somente por ela todo o pendor que a natureza lhe dá para procurar o bem que ela lhe representa como o maior que se possa possuir; e esta inclinação ou este desejo que nasce assim do agrado leva mais comumente o nome de amor do que a paixão de amor acima descrita. Por isso, produz os mais estranhos efeitos, e é ele que serve de principal matéria aos fazedores de romances e aos poetas.

Art. 91. *A definição da alegria.*

A alegria é uma agradável emoção da alma, na qual consiste o gozo que ela frui do bem que as impressões do cérebro lhe representam como seu. Digo que é nessa emoção que consiste o gozo do bem; pois, com efeito, a alma não recebe nenhum outro fruto de todos os bens que possui; e, enquanto não extrai deles nenhuma alegria, pode-se dizer que não os desfruta mais do que se não os possuísse de modo algum. Acrescento também que se trata do bem que as impressões do cérebro lhe representam como seu, a fim de não confundir esta alegria, que é uma paixão, com a alegria puramente intelectual, que chega à alma pela exclusiva ação da alma, e que se pode considerar uma agradável emoção excitada em si própria, na qual consiste o gozo que ela frui do bem que seu entendimento lhe representa como seu. É verdade que, enquanto a alma está unida ao corpo, essa alegria intelectual não pode deixar de ser acompanhada da outra que é uma paixão; pois, tão logo o nosso entendimento percebe que possuímos algum bem, embora este bem possa ser tão diferente de tudo quanto pertence ao corpo que não seja de modo algum imaginável, a imaginação não deixa de provocar incontinenti alguma impressão no cérebro, da qual se segue o movimento dos espíritos que excita a paixão da alegria.

Art. 92. *A definição da tristeza.*

A tristeza é um langor desagradável no qual consiste a incomodidade que a alma recebe do mal, ou do defeito que as impressões do cérebro lhe representam como lhe pertencendo. E há também uma tristeza intelectual que não é a paixão, mas que quase nunca deixa de acompanhá-la.

Art. 93. *Quais são as causas dessas duas paixões.*

Ora, quando a alegria ou a tristeza intelectual excitam assim aquela que é uma paixão, sua causa é assaz evidente; e vê-se por suas definições que a alegria provém da opinião que se tem de possuir algum bem, e a tristeza da opinião que se tem de encerrar algum mal ou algum defeito. Mas acontece amiúde que nos sentimos tristes ou alegres sem que possamos tão distintamente advertir o bem ou o mal que são suas causas, a saber, quando este bem ou este mal provocam suas impressões no cérebro sem o intermédio da alma, às vezes porque pertencem apenas ao corpo, e outras vezes também, ainda que pertençam à alma, porque ela não os considera como bem ou mal, mas sob outra forma qualquer, cuja impressão está unida à do bem e do mal no cérebro.

Art. 94. *Como essas paixões são excitadas por bens e males que se referem apenas ao corpo, e no que consistem o prazer físico*[4] *e a dor.*

Assim, quando gozamos de plena saúde e o tempo é mais sereno do que de costume, sentimos em nós um contentamento que não provém de nenhuma função do entendimento, mas somente das impressões que o movimento dos espíritos provoca no cérebro; e, sentimo-nos igualmente tristes como quando o corpo está indisposto, embora não saibamos que ele o esteja. Assim, o prazer dos

4. Em francês, *chatouillement*: neste caso, não se trata de cócegas, mas de um prazer ou emoção proveniente de carícias suaves. Optou-se por "prazer físico" na falta de correspondente exato para o termo.

sentidos é seguido de tão perto pela alegria, e a dor pela tristeza, que a maioria dos homens não os distinguem de modo algum. Todavia, diferem tanto que podemos algumas vezes sofrer dores com alegria, e receber prazeres que desagradam. Mas a causa de ser a alegria de ordinário seguida pelo prazer é que tudo o que se chama prazer ou sentimento agradável consiste em que os objetos dos sentidos excitam nos nervos algum movimento que seria capaz de prejudicá-los se não tivessem bastante força para lhe resistir, ou se o corpo não estivesse bem disposto; o que provoca uma impressão no cérebro a qual, sendo instituída pela natureza a fim de testemunhar esta boa disposição e esta força, a representa à alma como um bem que lhe pertence, na medida em que está unida ao corpo, e assim excita nela a alegria. É quase a mesma razão que nos leva a obter naturalmente prazer em nos sentirmos comovidos por todas as espécies de paixões, mesmo com a tristeza e o ódio, quando essas paixões são causadas apenas pelas estranhas aventuras a cuja representação assistimos num teatro, ou por outros meios semelhantes, que, não podendo nos prejudicar de maneira alguma, parecem aprazer nossa alma, tocando-a. E a causa de que a dor produz de ordinário a tristeza é que o sentimento chamado dor provém sempre de alguma ação tão violenta que ofende os nervos; de sorte que, sendo instituído pela natureza para significar à alma o dano que o corpo recebe por essa ação, e a sua fraqueza no fato de não lhe ter podido resistir, representa-lhe um e outro como males que lhe são sempre desagradáveis, exceto quando causam alguns bens que ela aprecia mais do que a eles.

Art. 95. *Como podem também ser excitados por bens e males que a alma não nota, ainda que lhe pertençam; como são os prazeres que tiramos do aventurar-se ou do lembrar-se do mal passado.*

Assim, o prazer que sentem muitas vezes as pessoas jovens em empreender coisas difíceis e em expor-se a grandes perigos, embora não esperem daí qualquer proveito ou qualquer glória, surge neles porque o pensamento de que é difícil aquilo que empreendem provoca em seus cérebros uma impressão que, unida àquela que poderiam formar se pensassem que é um bem sentir-se bastante corajoso, bastante feliz, bastante destro ou bastante forte, para se arriscar a tal ponto, é causa de que obtenham prazer disso. E o contentamento que sentem os velhos quando se lembram dos males que sofreram, provém de que eles se representam ser um bem o fato de terem podido apesar de tudo subsistir.

Art. 96. *Quais são os movimentos do sangue e dos espíritos que causam as cinco paixões precedentes.*

As cinco paixões que comecei a explicar aqui se acham de tal modo unidas ou opostas umas às outras, que é mais fácil considerá-las todas em conjunto do que tratar de cada uma separadamente, assim como se tratou da admiração; e diferentemente dessa, a causa dessas paixões não reside unicamente no cérebro, mas também no coração, no baço, no fígado e em todas as outras partes do corpo, na medida em que servem à produção do sangue e depois dos espíritos; pois, embora todas as veias conduzam o sangue que elas contêm para o coração, acontece no entanto às vezes que o de algumas é impelido para ele com mais força do que o de outras; e acontece também que as aberturas por onde entra no coração, ou então, aquelas por onde sai, são às vezes mais largas ou mais apertadas umas que as outras.

Art. 97. *As principais experiências que servem para conhecer esses movimentos no amor.*

Ora, considerando as diversas alterações que a experiência mostra em nosso corpo enquanto nossa alma é agitada por diversas paixões, observo no amor, quando está só, isto é, quando não se acha acompanhado de qualquer intensa alegria, ou desejo, ou tristeza, que o batimento do pulso é igual e muito maior e mais forte que de costume; que se sente um doce calor no peito, e que a digestão dos alimentos se faz mui prontamente no estômago, de modo que essa paixão é útil para a saúde.

Art. 98. *No ódio*.

Observo, ao contrário, no ódio, que o pulso é desigual e mais fraco, e amiúde mais rápido; que se sentem frialdades entremescladas de certo calor áspero e picante no peito; que o estômago deixa de cumprir sua função e tende a vomitar e rejeitar os alimentos ingeridos, ou ao menos a corrompê-los e a convertê-los em maus humores.

Art. 99. *Na alegria*.

Na alegria, [observo] que o pulso é igual e mais rápido que de ordinário, mas que não é tão forte ou tão grande como no amor; e que se sente um calor agradável que não fica apenas no peito, mas se espalha também por todas as partes externas do corpo, com o sangue que para lá aflui em abundância; e que no entanto se perde às vezes o apetite, porque a digestão se faz pior do que de costume.

Art. 100. *Na tristeza*.

Na tristeza, que o pulso é fraco e lento, e que sentimos em torno do coração como laços que o apertam, e pedaços de gelo que o gelam e comunicam sua frialdade ao resto do corpo; e que apesar disso não se deixa de ter por vezes bom apetite e sentir que o estômago não deixa de cumprir o seu dever, contanto que não haja ódio misturado à tristeza.

Art. 101. *No desejo*.

Enfim, noto de particular no desejo que este agita o coração mais violentamente do que quaisquer das outras paixões, e fornece ao cérebro mais espíritos, os quais, passando daí aos músculos, tornam todos os sentidos mais agudos e todas as partes do corpo mais móveis.

Art. 102. *O movimento do sangue e dos espíritos no amor*.

Essas observações, e muitas outras que seria demasiado longo relacionar, deram-me motivo para julgar que, quando o entendimento se representa qualquer objeto de amor, a impressão que tal pensamento efetua no cérebro conduz os espíritos animais, pelos nervos do sexto par, aos músculos situados em torno dos intestinos e do estômago, da forma requerida a levar o suco dos alimentos, que se converteu em sangue novo, a passar prontamente ao coração sem se deter no fígado, e, sendo aí impelido com mais força do que o é em outras partes do corpo, a entrar no coração com maior abundância e excitar nele um calor maior, por ser mais grosso do que aquele que já foi rarefeito muitas vezes, ao passar e repassar pelo coração; o que o faz enviar também espíritos ao cérebro, cujas partes são mais grossas e mais agitadas que de ordinário; e esses espíritos, fortalecendo a impressão que o primeiro pensamento do objeto amável nele ocasionou, obrigam a alma a deter-se nesse pensamento; e é nisso que consiste a paixão do amor.

Art. 103. *No ódio*.

Ao contrário, no ódio, o primeiro pensamento do objeto que produz aversão, conduz de tal modo os espíritos existentes no cérebro para os músculos do estômago e dos intestinos, que impedem o suco dos alimentos de se misturar com o sangue, apertando todas as aberturas por onde costuma correr; e condu-los também de tal modo aos pequenos nervos do baço e da parte inferior do fígado, onde fica o receptáculo da bile, que as partes do sangue que costumam ser rejeitadas para esses lugares deles saem e correm, com o sangue que está nos ramos da veia cava, para o coração; o que causa muitas desigualdades em seu calor, tanto mais que o sangue proveniente do baço não se aquece e não se rarefaz senão a custo, e que, ao contrário, o procedente da parte inferior do fígado, onde há sempre fel, se abrasa e dilata mui rapidamente; daí se segue que os espíritos que vão para o cérebro também têm partes muito desiguais e movimentos muito extraordinários; donde resulta que fortalecem nele as ideias de ódio que já encontram aí impressas, e dispõem a alma a pensamentos cheios de acritude e amargura.

Art. 104. *Na alegria.*

Na alegria não são tanto os nervos do baço, do fígado, do estômago ou dos intestinos que atuam, mas os que existem em todo o resto do corpo, e particularmente aquele que fica em torno dos orifícios do coração, o qual, abrindo e alargando tais orifícios, permite ao sangue, que os outros nervos expulsam das veias para o coração, entrar e sair em maior quantidade que de costume; e, como o sangue que então penetra no coração já passou e repassou aí muitas vezes, vindo das artérias para as veias, ele se dilata mui facilmente e produz espíritos cujas partes, sendo muito iguais e sutis, são próprias para formar e fortalecer as impressões do cérebro que dão à alma pensamentos alegres e tranquilos.

Art. 105. *Na tristeza.*

Ao contrário, na tristeza, as aberturas do coração são fortemente contraídas pelo pequeno nervo que as envolve, e o sangue das veias não é de modo algum agitado, o que determina que vá muito pouco para o coração; e, no entanto, as passagens por onde o suco dos alimentos corre do estômago e dos intestinos ao fígado permanecem abertas, o que faz com que o apetite não diminua, exceto quando o ódio, o qual muitas vezes está junto à tristeza, os fecha.

Art. 106. *No desejo.*

Enfim, a paixão do desejo tem isto de próprio, que a vontade de obter algum bem ou de fugir de algum mal envia prontamente os espíritos do cérebro a todas as partes do corpo capazes de servir às ações requeridas para tal efeito, e particularmente ao coração e às partes que lhe fornecem mais sangue, a fim de que, recebendo-o em maior abundância do que de costume, envie maior quantidade de espíritos ao cérebro, tanto para entreter e fortalecer nele a ideia dessa vontade, como para passar daí a todos os órgãos dos sentidos e todos os músculos que podem ser empregados para obter o que se almeja.

Art. 107. *Qual é a causa desses movimentos no amor.*

E do que foi dito acima deduzo as razões de tudo isso, que há tal ligação entre nossa alma e nosso corpo, que, uma vez unida uma ação corporal a um pensamento, nenhum dos dois pode apresentar-se-nos em seguida sem que o outro também não se apresente: como se vê nos que, tomando com grande aversão qualquer beberagem quando doentes, não podem comer ou beber depois nada que se aproxime do mesmo gosto, sem sentir de novo a mesma aversão; e, analogamente, não podem pensar na aversão que nutrem pelos remédios, sem que o mesmo gosto lhes volte ao pensamento. Pois me parece que as primeiras paixões que a nossa alma teve, quando começou a estar unida a nosso corpo, se devem a que algumas vezes o sangue, ou outro suco que entrava no coração, era um alimento mais conveniente que o comum para nele manter o calor, que é o princípio da vida; o que levava a alma a juntar voluntariamente a si esse alimento, isto é, a amá-lo, e ao mesmo tempo os espíritos corriam do cérebro para os músculos, que podiam pressionar ou agitar as partes de onde viera ao coração, para fazer que estas lhe enviassem mais; e tais partes eram o estômago e os intestinos, cuja agitação aumenta o apetite, ou também o fígado e o pulmão, que os músculos do diafragma podem pressionar: eis por que desde então esse mesmo movimento dos espíritos sempre acompanhou a paixão do amor.

Art. 108. *No ódio.*

Algumas vezes, ao contrário, chegava ao coração algum suco estranho, que não era próprio para manter o calor, ou que podia mesmo extingui-lo; o que levava os espíritos que subiam do coração para o cérebro a provocar na alma a paixão do ódio; e ao mesmo tempo também esses espíritos iam do cérebro aos nervos que podiam impelir o sangue do baço e das pequenas veias do fígado para o coração, a fim de obstar que aí entrasse esse suco nocivo; e, demais, àqueles que podiam repelir esse mesmo suco para os intestinos e para o estômago, ou também às vezes obrigar o estômago a vomitá-lo: daí resulta que esses mesmos movimentos costumam acompanhar a paixão do ódio. E se pode ver a olho nu que há no fígado inúmeras veias ou condutos bastante largos, por onde o suco dos alimentos pode passar da veia porta para a veia cava, e daí para o coração, sem se deter de modo algum no fígado; mas há também uma infinidade de outras menores, onde ele pode deter-se, e que contêm sempre sangue de reserva, como faz também o baço; sangue esse que, sendo mais grosseiro do que aquele que se acha em outras partes do corpo, pode melhor servir de alimento ao fogo que há no coração, quando o estômago e os intestinos deixam de lho fornecer.

Art. 109. *Na alegria*.

Aconteceu também algumas vezes, no começo de nossa vida, que o sangue contido nas veias era um alimento bastante conveniente para manter o calor do corpo, e que elas o continham em tal quantidade que não havia a necessidade de buscar qualquer alimento alhures; o que excitou na alma a paixão da alegria e fez, ao mesmo tempo, com que os orifícios do coração se abrissem mais do que de costume e que os espíritos corressem abundantemente do cérebro, não só para os nervosos que servem para abrir esses orifícios, mas também, em geral, para todos os outros que impelem o sangue das veias para o coração, e impedem que a ele venha de novo o do fígado, do baço, dos intestinos e do estômago; eis por que esses mesmos movimentos acompanham a alegria.

Art. 110. *Na tristeza*.

Às vezes, ao contrário, acontece que o corpo teve falta de alimento, e é o que deve ter feito sentir à alma a sua primeira tristeza, ao menos a que não foi unida ao ódio. Isso mesmo fez também com que os orifícios do coração se estreitassem, porque só recebem pouco sangue, e porque uma parte bem grande desse sangue veio do baço, pois este é como que o último reservatório que serve para fornecê-lo ao coração quando a ele não vem o suficiente de outras partes; eis por que os movimentos dos espíritos e dos nervos que servem para estreitar assim os orifícios do coração e para levar-lhe sangue do baço acompanham sempre a tristeza.

Art. 111. *No desejo.*

Enfim, todos os primeiros desejos que a alma pode ter nutrido, quando recém-juntada ao corpo, consistiram em receber as coisas que lhe eram convenientes e repelir as que lhe eram nocivas; e foi para estes mesmos efeitos que os espíritos começaram desde então a mover todos os músculos e todos os órgãos dos sentidos em todas as formas que eles podem movê-los; esta é a causa de que agora, quando a alma deseja alguma coisa, todo o corpo se torna mais ágil e mais disposto a mover-se do que costuma ser sem isso. E quando acontece, além do mais, estar o corpo assim disposto, isso torna os desejos da alma mais fortes e mais ardentes.

Art. 112. *Quais são os sinais exteriores dessas paixões.*

O que estabeleci aqui faz entender suficientemente a causa das diferenças do pulso e de todas as outras propriedades que atribuí mais acima a essas paixões, sem que seja necessário que eu me detenha para explicá-las mais. Porém, como só notei em cada uma o que se pode observar quando ela está só, e que serve para conhecer os movimentos do sangue e dos espíritos que as produzem, resta-me ainda tratar de muitos sinais exteriores que costumam acompanhá-las, e que se percebem bem melhor quando muitas se acham misturadas em conjunto, como costumam estar, do que quando se acham separadas. Os principais destes signos são as ações dos olhos e do rosto, as mudanças de cor, os tremores, a languidez, o desmaio, os risos, as lágrimas, os gemidos e os suspiros.

Art. 113. *Das ações dos olhos e do rosto.*

Não há nenhuma paixão que alguma ação particular dos olhos não declare: e isso é tão manifesto em alguns que, mesmo os criados mais estúpidos, podem notar nos olhos do amo se este está zangado com eles ou não. Mas ainda que percebamos facilmente tais ações dos olhos e saibamos o que significam, nem por isso é fácil descrevê-las, porque cada uma se compõe de muitas mudanças que ocorrem no movimento e na figura do olho, as quais são tão particulares e tão pequenas, que cada uma delas é imperceptível separadamente, embora o que resulta de sua conjunção seja bastante fácil de reparar. Pode-se dizer quase o mesmo das ações do rosto que também acompanham as paixões; pois, embora sejam maiores que as dos olhos, é todavia incômodo distingui-las, e são tão pouco diferentes que há homens que fazem quase a mesma expressão quando choram que outros quando riem. É verdade que existem algumas que são assaz notáveis, como as rugas da fronte, na cólera, e certos movimentos do nariz e dos lábios na indignação e na zombaria, mas não parecem ser tão naturais quanto voluntárias. E em geral todas as ações, tanto do rosto como dos olhos, podem ser modificadas pela alma, quando, querendo esconder sua paixão, ela imagina fortemente outra contrária; de sorte que podemos utilizá-las tanto para dissimular nossas paixões como para declará-las.

Art. 114. *Das mudanças de cor.*

Não podemos tão facilmente impedir-nos de ruborizar ou empalidecer quando alguma paixão nos dispõe a tanto, porque tais mudanças não dependem dos nervos e dos músculos, como as precedentes, e provêm mais imediatamente do coração, o qual se pode chamar a fonte das paixões, na medida em que prepara o sangue e os espíritos para produzi-las. Ora, é certo que a cor do rosto não vem senão do sangue, o qual, correndo continuamente do coração, através das artérias, para todas as veias, e de todas as veias para o coração, colore mais ou menos o rosto, conforme preencha mais ou menos as pequenas veias que se dirigem à sua superfície.

Art. 115. *Como a alegria faz ruborizar.*

Assim, a alegria torna a cor mais viva e mais vermelha porque, abrindo as comportas do coração, faz com que o sangue corra mais depressa em todas as veias, e com que, tornando-se mais quente e mais sutil, infle moderadamente todas as partes do rosto, o que lhe dá um ar mais ridente e mais alegre.

Art. 116. *Como a tristeza faz empalidecer.*

A tristeza, ao contrário, estreitando os orifícios do coração, faz com que o sangue corra mais lentamente nas veias, e com que, tornando-se mais frio e mais espesso, tenha necessidade de ocupar nelas menos lugar; de sorte que, retirando-se das mais largas, que são as mais próximas do coração, abandona as mais afastadas, e, sendo as do rosto as mais visíveis, isto o faz parecer pálido e descarnado, principalmente quando a tristeza é grande ou sobrevém prontamente, como vemos no pavor, no qual a surpresa aumenta a ação que aperta o coração.

Art. 117. *Como se ruboriza muitas vezes estando-se triste.*

Mas acontece muitas vezes que não empalidecemos estando tristes, e que ao contrário ruborizamos; o que se deve atribuir às paixões que se juntam à tristeza, a saber, o amor ou o desejo, e às vezes também o ódio. Pois tais paixões aquecem ou agitam o sangue que vem do fígado, dos intestinos e de outras partes interiores, impelem-no para o coração, e daí, pela grande artéria, para as veias do rosto, sem que a tristeza que aperta de um e de outro lado os orifícios do coração possa impedir isso, exceto quando é excessiva. Mas, ainda que seja apenas moderada, impede facilmente que o sangue assim vindo às veias do rosto desça para o coração, enquanto o amor, o desejo ou o ódio para ele impelem outro sangue das partes interiores; eis por que este sangue, estando detido em torno da face, a torna rubra, e mesmo mais rubra do que durante a alegria, porque a cor do sangue parece tanto mais viva quanto corre menos rapidamente, e também porque assim se pode reunir mais nas veias da face do que quando os orifícios do coração estão mais abertos. Isto transparece principalmente na vergonha, que é composta do amor a si próprio e de um desejo premente de evitar a infâmia presente, o que faz vir o sangue das partes interiores para o coração, depois daí, através das artérias, para a face, e com isso uma moderada tristeza que impede esse sangue de voltar ao coração. O mesmo transparece tão comumente quando se chora; pois, como direi logo mais, é o amor unido à tristeza que causa a maioria das lágrimas; e o mesmo surge na cólera, onde amiúde um rápido desejo de vingança se mistura ao amor, ao ódio e à tristeza.

Art. 118. *Dos tremores*.

Os tremores têm duas causas diversas: uma consiste no fato de chegarem às vezes muito poucos espíritos do cérebro para os nervos, e a outra de às vezes chegarem aí em demasia para poderem fechar bem as pequenas passagens dos músculos que, segundo foi dito no artigo 11, devem ser fechados para determinar os movimentos dos membros. A primeira causa aparece na tristeza e no medo, assim como quando trememos de frio, pois estas paixões podem, da mesma maneira que a frialdade do ar, espessar o sangue de tal forma que não forneça ao cérebro bastantes espíritos para enviá-los aos nervos. A outra causa aparece amiúde nos que desejam ardentemente algo, e nos que estão fortemente comovidos pela cólera, como também nos que estão ébrios: pois estas duas paixões, assim como o vinho, fazem ir às vezes tantos espíritos ao cérebro que não podem ser daí regularmente conduzidos para os músculos.

Art. 119. *Da languidez.*

A languidez é uma disposição para relaxar e ficar sem movimento, que é sentida em todos os membros; provém, tal como o tremor, do fato de não irem suficientes espíritos para os nervos, mas de uma forma diferente; pois a causa do tremor é que não os há bastantes no cérebro para obedecerem às determinações da glândula quando ela os impele para algum músculo, ao passo que o langor procede do fato de a glândula não os determinar a ir para alguns músculos, de preferência a outros.

Art. 120. *Como ela é causada pelo amor e pelo desejo.*

E a paixão que causa mais comumente este efeito é o amor, unido ao desejo de uma coisa cuja aquisição não se imagina possível no momento presente; pois o amor ocupa de tal forma a alma em considerar o objeto amado, que emprega todos os espíritos que se encontram no cérebro em representar-lhe a imagem, e detém todos os movimentos da glândula que não sirvam para tal efeito. E cumpre notar, no tocante ao desejo, que a propriedade que lhe atribuí de tornar o corpo mais móvel, só lhe convém quando se imagina que o objeto desejado é tal que se pode desde esse momento fazer algo que sirva para adquiri-lo; pois se, ao contrário, se imagina que é impossível naquele momento fazer algo de útil para isso, toda a agitação do desejo permanece no cérebro, sem passar de modo algum aos nervos, e sendo aí inteiramente empregada em fortalecer a ideia do objeto desejado, deixa o resto do corpo languescente.

Art. 121. *Que também pode ser causada por outras paixões.*

É verdade que o ódio, a tristeza e mesmo a alegria também podem causar certo langor quando são muito violentos, porque ocupam inteiramente a alma em considerar seu objeto, principalmente quando se lhe junta o desejo de uma coisa, para cuja aquisição em nada podemos contribuir no momento presente. Mas, como nos detemos muito mais a considerar os objetos que unimos a nós voluntariamente do que aqueles de que nos separamos ou quaisquer outros, e como a languidez não depende de uma surpresa, mas necessita de algum tempo para se formar, ela se encontra muito mais no amor do que em todas as outras paixões.

Art. 122. *Do desmaio*.

O desmaio não está muito afastado da morte, pois se morre quando o fogo que há no coração se extingue por completo, e só se cai em desmaio quando ele é de tal modo abafado que ainda permanecem alguns restos de calor que podem em seguida reacendê-lo. Ora, há muitas indisposições do corpo que nos podem levar assim a tombar em desfalecimento; mas entre as paixões apenas a extrema alegria, nota-se, dispõe desse poder; e creio que a forma para causar tal efeito é que, abrindo extraordinariamente os orifícios do coração, o sangue das veias entra nele tão de repente e em tão grande quantidade, que o calor não pode rarefazê-lo assaz prontamente para levantar as pequenas peles que fecham as entradas dessas veias: é por esse meio que ele abafa o fogo, o qual costuma manter quando entra no coração apenas com medida.

Art. 123. *Por que não se desmaia de tristeza*.

Parece que uma grande tristeza sobrevinda inopinadamente deve apertar de tal modo os orifícios do coração que pode também extinguir-lhe o fogo; mas, não obstante, não se observa que isso aconteça, ou se acontece, é muito raramente; a razão disso, creio, é que não pode haver no coração tão pouco sangue que não baste para manter o calor, quando esses orifícios estão quase fechados.

Art. 124. *Do riso*.

O riso consiste em que o sangue que procede da cavidade direita do coração pela veia arteriosa, inflando de súbito e repetidas vezes os pulmões, faz com que o ar neles contido seja obrigado a sair daí com impetuosidade pelo gasnete, onde forma uma voz inarticulada e estrepitosa; e tanto os pulmões, ao se inflarem, quanto este ar, ao sair, impelem todos os músculos do diafragma, do peito e da garganta, mediante o quê movem os do rosto que têm com eles qualquer conexão; e não é mais que essa ação do rosto, com essa voz inarticulada e estrepitosa, que chamamos riso.

Art. 125. *Por que ele não acompanha as maiores alegrias.*

Ora, ainda que pareça ser o riso um dos principais sinais da alegria, essa não pode todavia provocá-lo, exceto quando é apenas moderada e há alguma admiração ou algum ódio misturado com ela: pois verificamos por experiência que, quando estamos extraordinariamente alegres, nunca o motivo dessa alegria nos leva a estourar de riso, e não podemos mesmo ser a ele levados por qualquer outra causa, exceto quando estamos tristes; e a razão disso é que, nas grandes alegrias, o pulmão está sempre tão cheio de sangue que não pode encher-se mais repetidamente.

Art. 126. *Quais são as suas principais causas.*

E só posso notar duas causas que façam assim subitamente inflar o pulmão. A primeira é a surpresa da admiração, a qual, estando unida à alegria, pode abrir tão prontamente os orifícios do coração, que grande abundância de sangue, entrando de repente em seu lado direito pela veia cava, aí se rarefaz, e passando daí à veia arteriosa, infla os pulmões. A outra é a mistura de algum líquido que aumenta a rarefação do sangue; e não encontro nada mais próprio para isso do que a parte mais fluida daquele que procede do baço, parte que sendo impelida para o coração por alguma ligeira emoção de ódio, ajudada pela surpresa da admiração e misturando-se com o sangue que vem dos outros lugares do corpo, o qual a alegria faz entrar nele com abundância, pode levar este sangue a dilatar-se aí muito mais que de ordinário; da mesma maneira que vemos uma porção de outros líquidos se inflarem de repente, estando sobre o fogo, quando se lança um pouco de vinagre no vasilhame em que se acham; pois a mais fluida parte do sangue proveniente do baço é de natureza semelhante à do vinagre. A experiência também nos mostra que, em todas as circunstâncias que podem produzir este riso estrepitoso que vem do pulmão, há sempre algum pequeno motivo de ódio, ou ao menos de admiração. E aqueles cujo baço não é muito sadio estão sujeitos a ser não só mais tristes, mas também, por intervalos, mais alegres e mais dispostos a rir que os outros: posto que o baço envia duas espécies de sangue para o coração, uma muita espêssa e grosseira, que causa a tristeza; a outra muita fluida e sutil, que causa a alegria. E amiúde, depois de rir muito, sentimo-nos naturalmente inclinados à tristeza, porque, estando esgotada a parte mais fluida do sangue do baço, a outra, mais grosseira, segue-a para o coração.

Art. 127. *Qual é sua causa na indignação.*

Quanto ao riso que acompanha algumas vezes a indignação, é comumente artificial e fingido; mas, quando natural, parece vir da alegria que sentimos ao verificar que o mal que nos indignou não pode ofender-nos e, com isso, que estamos surpresos com a novidade ou com o encontro inopinado deste mal; de modo que a alegria, o ódio e a admiração contribuem para isso. Todavia, quero crer que é possível também produzi-lo sem qualquer alegria, pelo simples movimento da aversão, que envia sangue do baço ao coração, onde é rarefeito e impelido para o pulmão ao qual infla facilmente se o encontra quase vazio; e em geral tudo o que pode inflar subitamente o pulmão desta maneira causa a ação exterior do riso, exceto quando a tristeza a transmuda na dos gemidos e dos gritos que acompanham as lágrimas. A esse propósito, Vives escreveu de si próprio que, estando uma vez muito tempo sem comer, os primeiros bocados que metia na boca o obrigavam a rir; o que podia provir do fato de seu pulmão, vazio de sangue devido à falta de alimento, se encher prontamente com o primeiro suco que passava do estômago para o coração, e que só a imaginação de comer podia levá-lo, antes mesmo que o dos alimentos ingeridos aí chegasse.

Art. 128. *Da origem das lágrimas.*

Assim como o riso jamais é causado pelas maiores alegrias, também as lágrimas nunca provêm de extrema tristeza, mas somente da que é moderada e acompanhada, ou seguida, de algum sentimento de amor, ou também de alegria. E, para compreender bem a sua origem, cumpre observar que, embora saia continuamente uma porção de vapores de todas as partes de nosso corpo, não há todavia nenhuma de onde saiam tantos como dos olhos, por causa da grandeza dos nervos óticos e da multidão de pequenas artérias por onde eles lhes vêm; e que, assim como o suor se compõe apenas de vapores que, saindo das outras partes, se convertem em água em suas superfícies, do mesmo modo as lágrimas se tornam vapores que saem dos olhos.

Art. 129. *Da maneira como os vapores se transmudam em água.*

Ora, como já escrevi nos *Meteoros,* ao explicar de que forma os vapores do ar se convertem em chuva, que isso provém do fato de serem mais abundantes ou menos agitados que de ordinário, assim creio que, quando os que saem do corpo são muito menos agitados que de costume, ainda que não sejam tão abundantes, não deixam de se converter em água, o que provoca os suores frios que procedem algumas vezes da fraqueza, quando se está doente; e creio que, quando são muito mais abundantes, desde que não sejam com isso mais agitados, se convertem também em água, o que é causa do suor que surge quando se faz algum exercício. Mas então os olhos não suam, porque, durante os exercícios do corpo, como a maioria dos espíritos vai para os músculos que servem para movê-lo, vão menos para os olhos, através do nervo ótico. E é apenas uma e mesma matéria que compõe o sangue, enquanto está nas veias ou nas artérias, e os espíritos quando ele está no cérebro, nos nervos ou nos músculos, e os vapores quando sai em forma de ar, e enfim o suor ou as lágrimas quando se espessa em água sobre a superfície do corpo ou dos olhos.

Art. 130. *Como o que causa dor ao olho excita-o a chorar.*

E não consigo notar senão duas causas que façam os vapores que saem dos olhos se transmudarem em lágrimas. A primeira é quando a figura dos poros por onde passam é mudada por qualquer acidente que seja: pois isso, retardando o movimento desses vapores e modificando sua ordem, pode levá-los a se converterem em água. Assim, basta que um argueiro caia no olho para arrancar-lhe algumas lágrimas porque, excitando neles a dor, altera a disposição de seus poros; de sorte que, tornando-se alguns mais estreitos, as pequenas partes dos vapores passam neles menos depressa, e que, em vez de saírem como antes igualmente distantes umas das outras, e permanecerem assim separadas, acabam por encontrar-se, porque a ordem destes poros está perturbada, mediante o que elas se juntam e assim se convertem em lágrimas.

Art. 131. *Como se chora de tristeza.*

A outra causa é a tristeza seguida de amor ou de alegria, ou em geral de qualquer causa que leva o coração a impelir mais sangue pelas artérias. A tristeza é aí requerida, porque, resfriando todo o sangue, estreita os poros dos olhos; mas, como à medida que os estreita diminui também a quantidade de vapores a que devem dar passagem, isto basta para produzir lágrimas se a quantidade desses vapores não for ao mesmo tempo aumentada por alguma outra causa; e nada a aumenta mais do que o sangue enviado ao coração, na paixão do amor. Por isso vemos que os que estão tristes não derramam continuamente lágrimas, mas apenas por intervalos, quando fazem alguma nova reflexão sobre os objetos pelos quais têm afeição.

Art. 132. *Dos gemidos que acompanham as lágrimas.*

E então os pulmões também se enchem às vezes de repente pela abundância do sangue que entra aí dentro e que expulsa o ar que costumam conter, o qual, saindo pelo gasnete, engendra os gemidos e os gritos que costumam acompanhar as lágrimas; e esses gritos são comumente mais agudos do que os que acompanham o riso, embora sejam produzidos quase da mesma maneira; a razão disso é que os nervos que servem para alargar ou estreitar os órgãos da voz, para torná-la mais grossa, ou mais aguda, estando unidos aos que abrem os orifícios do coração durante a alegria e os contraem durante a tristeza, fazem com que esses órgãos se alarguem ou se estreitem ao mesmo tempo.

Art. 133. *Por que choram facilmente os velhos e as crianças.*

As crianças e os velhos são mais inclinados a chorar do que os de meia--idade, mas é por razões diversas. Os velhos choram amiúde de afeição e de alegria; pois essas duas paixões unidas em conjunto enviam muito sangue ao coração e daí muitos vapores aos olhos; e a agitação desses vapores é de tal forma retardada pela frialdade de suas índoles, que se convertem facilmente em lágrimas, conquanto nenhuma tristeza as precedesse. Porque se alguns velhos choram também mui facilmente por irritação, não é tanto o temperamento de seus corpos mas o de seus espíritos que os dispõe a tanto; e isso só acontece aos que são tão fracos que se deixam sobrepujar inteiramente por pequenos motivos de dor, medo ou piedade. O mesmo ocorre com as crianças, que não choram quase de alegria, mas muito mais de tristeza, mesmo quando ela não é acompanhada de amor; pois têm sempre bastante sangue para produzir muitos vapores, os quais, tendo seu movimento retardado pela tristeza, se convertem em lágrimas.

Art. 134. *Por que algumas crianças empalidecem em vez de chorar.*

Todavia, há algumas que empalidecem em vez de chorar quando estão zangadas; o que pode testemunhar haver nelas um juízo e uma coragem extraordinários, a saber, quando isso provém do fato de considerarem a grandeza do mal e se prepararem para forte resistência, tal como fazem os que são mais idosos; mas trata-se mais comumente de marca de má índole, a saber, quando isto provém do fato de serem propensas ao ódio ou ao medo; pois estas são paixões que diminuem a matéria das lágrimas, e vê-se, ao contrário, que as que choram mui facilmente são propensas ao amor e à piedade.

Art. 135. *Dos suspiros*.

A causa dos suspiros é muito diferente da causa das lágrimas, embora pressuponham como essas a tristeza; pois, ao passo que somos incitados a chorar quando os pulmões estão cheios de sangue, somos incitados a suspirar quando se acham quase vazios, e quando alguma imaginação de esperança ou de alegria abre o orifício da artéria venosa, que a tristeza estreitara, porque então, caindo o pouco sangue que resta nos pulmões de repente no lado esquerdo do coração por essa artéria venosa, e sendo para aí impelido pelo desejo de alcançar esta alegria, o qual agita ao mesmo tempo todos os músculos do diafragma e do peito, o ar é impelido prontamente pela boca para os pulmões, a fim de preencher neles o lugar deixado por esse sangue; e é isso que se chama suspiro.

Art. 136. *De onde provêm os eleitos das paixões que são particulares a certos homens*.

De resto, para suprir aqui em poucas palavras tudo quanto se poderia acrescentar no tocante aos diversos efeitos ou às diversas causas das paixões, contentar-me-ei em repetir o princípio em que se apoia tudo o que escrevi, a saber, que há tal ligação entre a nossa alma e o nosso corpo, que, quando se uniu uma vez qualquer ação corporal com algum pensamento, nenhum dos dois torna a apresentar-se a nós sem que o outro também esteja presente, e que não são sempre as mesmas ações que unimos aos mesmos pensamentos; pois isso basta para dar a razão de tudo quanto cada um de nós pode advertir de particular em si ou em outrem, no tocante a esta matéria, e que não foi ainda explicado. E, por exemplo, é fácil pensar que as estranhas aversões de alguns, que os impedem de suportar o odor das rosas ou a presença de um gato, ou coisas semelhantes, provêm apenas do fato de terem sido no começo de suas vidas fortemente ofendidos por quaisquer objetos parecidos, ou então de terem compartilhado do sentimento de suas mães, que se viram por eles ofendidas quando grávidas; pois é certo que há relação entre todos os movimentos da mãe e os da criança que está em seu ventre, de modo que o que é contrário a uma prejudica a outra. E o odor das rosas pode ter causado grande dor de cabeça a uma criança quando ainda se achava no berço, ou então um gato pode tê-la amedrontado fortemente, sem que ninguém tivesse reparado nisso ou que em seguida restasse qualquer lembrança, embora a ideia da aversão que tivera então por estas rosas ou por este gato permaneça impressa em seu cérebro até o fim da vida.

Art. 137. *Do uso das cinco paixões aqui explicadas, na medida em que se relacionam ao corpo.*

Depois de ter dado as definições do amor, do ódio, do desejo, da alegria, da tristeza, e tratado de todos os movimentos corporais que as causam ou as acompanham, só nos resta considerar aqui o seu uso. No tocante a isso, cumpre observar que, segundo o que a natureza instituiu, elas se relacionam todas ao corpo e são dadas à alma apenas na medida em que a ele está unida; de sorte que o seu uso natural é incitar a alma a consentir e a contribuir nas ações que podem servir para conservar o corpo ou para torná-lo de alguma forma mais perfeito; e nesse sentido a tristeza e a alegria são as duas primeiras a serem empregadas. Pois a alma não é imediatamente advertida das coisas que prejudicam o corpo senão pelo sentimento que tem da dor, o qual produz nela primeiramente a paixão da tristeza, em seguida o ódio pelo que provoca esta dor, e em terceiro lugar o desejo de se livrar dela; do mesmo modo, a alma não é imediatamente advertida das coisas úteis ao corpo senão por uma espécie de prazer físico que, excitando nela a alegria, engendra em seguida o amor por aquilo que se crê ser a sua causa, e enfim o desejo de adquirir aquilo que pode fazer com que se continue nesta alegria ou então que se goze ainda, depois, de outra semelhante. O que mostra que todas as cinco são muito úteis com respeito ao corpo, e mesmo que a tristeza antecede de alguma forma e é mais necessária que a alegria, e o ódio mais que o amor, porque importa mais repelir as coisas que prejudicam e podem destruir do que adquirir as que acrescentam alguma perfeição sem a qual se pode subsistir.

Art. 138. *De seus defeitos e dos meios de corrigi-los*.

Mas, embora este uso das paixões seja o mais natural que elas possam ter e embora todos os animais sem razão conduzam a sua vida apenas por movimentos corporais semelhantes aos que costumam em nós acompanhá-las, e nas quais elas incitam nossa alma a consentir, no entanto nem sempre tal uso é bom, posto que há muitas coisas nocivas ao corpo que não causam, no começo, nenhuma tristeza ou que proporcionam mesmo alegria, e outras que lhe são úteis, ainda que de início sejam incômodas. E além disso, fazem parecer, quase sempre, tanto os bens como os males que representam, bem maiores e mais importantes do que são, de modo que nos incitam a procurar uns e a fugir de outros com mais ardor e mais cuidado do que é conveniente, como vemos também que os animais são muitas vezes enganados por meio de engodos, e que para evitar pequenos males precipitam-se em outros maiores; eis por que devemos servir-nos da experiência e da razão para distinguir o bem do mal e conhecer seu justo valor, a fim de não tomarmos um pelo outro e não nos entregarmos a nada com excesso.

Art. 139. *Do uso das mesmas paixões, na medida em que pertencem à alma, e primeiramente do amor*.

O que bastaria se tivéssemos em nós apenas o corpo, ou se este fosse a nossa melhor parte; mas, desde que é somente a menor, devemos principalmente considerar as paixões na medida em que pertencem à alma, em relação à qual o amor e o ódio provêm do conhecimento e precedem a alegria e a tristeza, exceto quando essas duas últimas tomam o lugar do conhecimento, de que são espécies. E, quando este conhecimento é verdadeiro, isto é, quando as coisas que ela nos leva a amar são verdadeiramente boas, e as que nos leva a odiar são verdadeiramente más, o amor é incomparavelmente melhor do que o ódio; ele não poderia ser demasiado grande e nunca deixa de produzir a alegria. Digo que este amor é extremamente bom, porque, unindo a nós verdadeiros bens, nos aperfeiçoa outro tanto. Digo também que não poderia ser demasiado grande, pois tudo o que o mais excessivo pode fazer é nos unir tão perfeitamente a esses bens, que o amor que temos particularmente por nós mesmos não introduza aí qualquer distinção, o que creio nunca poderá ser mau; e é necessariamente seguido de alegria, porque nos representa o que amamos como um bem que nos pertence.

Art. 140. *Do ódio*.

O ódio, ao contrário, não pode ser tão pequeno que não prejudique; e nunca existe sem tristeza. Digo que não pode ser demasiado pequeno, porque não somos incitados a qualquer ação pelo ódio ao mal, que não pudéssemos sê-lo ainda mais pelo amor ao bem, ao qual é contrário, ao menos quando este bem e este mal são bastante conhecidos; pois confesso que o ódio ao mal, que só se manifesta pela dor, é necessário com respeito ao corpo; mas não falo aqui senão daquele que resulta de um conhecimento mais claro, e relaciono-o apenas com a alma. Digo também que nunca existe sem tristeza, porque, sendo o mal apenas uma privação, não pode ser concebido sem algum sujeito real em que exista; e nada há de real que não tenha em si alguma bondade, de modo que o ódio que nos afasta de algum mal afasta-nos, pelo mesmo meio, do bem a que está unido, e a privação desse bem, sendo representada à nossa alma como um defeito que é seu, excita nela a tristeza: por exemplo, o ódio que nos distancia dos maus costumes de alguém, distancia-nos pelo mesmo meio de sua convivência, na qual poderíamos sem isso auferir algum bem cuja privação nos irrita. E assim em todos os outros ódios pode-se notar algum motivo de tristeza.

Art. 141. *Do desejo, da alegria e da tristeza.*

Quanto ao desejo, é evidente que, quando procede de um verdadeiro conhecimento, não pode ser mau, desde que não seja excessivo e [que] esse conhecimento o regule. É evidente também que a alegria não pode deixar de ser boa, nem a tristeza de ser má, em relação à alma, porque é na tristeza que consiste toda incomodidade que a alma recebe do mal, e é na alegria que consiste todo gozo do bem que lhe pertence; de maneira que, se não tivéssemos corpo, eu ousaria dizer que não poderíamos nos abandonar demais ao amor e à alegria, nem evitar demais o ódio e a tristeza; mas os movimentos corporais que os acompanham podem ser todos nocivos à saúde, quando são muito violentos, e ao contrário, ser-lhe úteis quando são apenas moderados.

Art. 142. *Da alegria e do amor, comparados com a tristeza e o ódio.*

De resto, posto que o ódio e a tristeza devem ser rejeitados pela alma, mesmo quando procedem de verdadeiro conhecimento, com maior razão devem sê-lo quando provêm de alguma falsa opinião. Mas é de duvidar que o amor e a alegria sejam bons ou não quando se acham tão mal fundados; e parece-me que, se os considerarmos precisamente naquilo que são em si próprios com respeito à alma, poderemos dizer que, embora a alegria seja menos sólida e o amor menos vantajoso do que quando possuem um melhor fundamento, não deixam de ser preferíveis à tristeza e ao ódio tão mal fundados: de modo que, nos recontros da vida em que não podemos evitar o azar de sermos enganados, agimos sempre melhor pendendo para as paixões que tendem para o bem do que para aquelas que dizem respeito ao mal, ainda que seja apenas para evitá-lo; e, muitas vezes, mesmo uma falsa alegria vale mais que uma tristeza cuja causa é verdadeira. Mas não ouso dizer o mesmo do amor em relação ao ódio; pois, quando o ódio é justo, afasta-nos apenas do objeto que contém o mal de que é bom estar separado, ao passo que o amor que é injusto nos une a coisas que podem prejudicar, ou, ao menos, que não merecem ser tão consideradas por nós como o são, o que nos avilta e nos rebaixa.

Art. 143. *Das mesmas paixões, na medida em que se referem ao desejo.*

E é mister notar exatamente que o que acabo de dizer dessas quatro paixões só se verifica quando são consideradas precisamente em si próprias, e não nos levam a nenhuma ação; pois, na medida em que excitam em nós o desejo, por cujo intermédio regulam os nossos costumes, é certo que todas aquelas cuja causa é falsa podem prejudicar, e que, ao contrário, todas aquelas cuja causa é justa podem servir, e mesmo que, quando são igualmente mal fundadas, a alegria é comumente mais nociva que a tristeza, porque esta, infundindo retenção e receio, predispõe de alguma maneira à prudência, ao passo que a outra torna inconsiderados e temerários os que se lhe abandonam.

Art. 144. *Dos desejos cuja realização só depende de nós.*

Mas, dado que essas paixões não podem levar a nenhuma ação, exceto por intermédio do desejo que excitam, é particularmente esse desejo que devemos ter o cuidado de regular; e é nisso que consiste a principal utilidade da Moral: ora, como disse há pouco, esse desejo é sempre bom, quando segue um verdadeiro conhecimento; assim não pode deixar de ser mau, quando se funda em algum erro. E me parece que o erro mais comumente cometido no tocante aos desejos, é o de não distinguirmos suficientemente as coisas que dependem inteiramente de nós das que não dependem de modo algum: pois, quanto às que dependem tão somente de nós, isto é, de nosso livre-arbítrio, basta saber que são boas, para não poder desejá-las com demasiado ardor, porque é seguir a virtude fazer as coisas boas que dependem de nós, e é certo que nunca se poderia ter um desejo ardente demais pela virtude, além de que, não podendo deixar de lograr o que desejamos dessa forma, porquanto só de nós é que depende, recebemos sempre a satisfação que daí esperávamos. Mas a falta que se costuma cometer nesse particular nunca é desejar demasiado, mas somente desejar demasiado pouco; e o soberano remédio contra isso é libertar o espírito, tanto quanto possível, de toda espécie de outros desejos menos úteis, e depois procurar conhecer muito claramente e considerar com atenção a bondade do que é de desejar.

Art. 145. *Dos que não dependem senão de outras causas, e o que é a fortuna.*

Quanto às coisas que não dependem de modo algum de nós, por boas que possam ser, jamais devemos desejá-las com paixão, não só porque podem não acontecer, e por isso nos afligir tanto mais quanto mais tivermos desejado, mas principalmente porque, ocupando nosso pensamento, elas nos desviam de dedicar nossa afeição a outras coisas cuja aquisição depende de nós. E há dois remédios gerais contra esses desejos vãos: o primeiro é a generosidade, de que falarei abaixo; o segundo é que devemos amiúde refletir sobre a Providência divina, e nos representar que é impossível que alguma coisa aconteça de maneira diferente da determinada, desde toda a eternidade por esta Providência; de sorte que ela é como uma fatalidade ou uma necessidade imutável que cumpre opor à fortuna, para destruí-la como uma quimera que provém apenas do erro de nosso entendimento. Pois não podemos desejar senão o que consideramos de alguma maneira como possível, e não podemos considerar possíveis as coisas que só dependem de nós na medida em que pensamos que dependem da fortuna, isto é, que julgamos que possam acontecer, e que outrora aconteceram outras semelhantes. Ora, essa opinião baseia-se apenas no fato de não conhecermos todas as causas que contribuem para cada efeito;

pois, quando uma coisa que estimamos depender da fortuna não ocorre, isto testemunha que alguma das causas necessárias para produzi-la falhou, e, por conseguinte, que era absolutamente impossível, e que jamais aconteceu outra semelhante, isto é, produção da qual houvesse faltado também uma causa semelhante: de modo que, se não tivéssemos ignorado isso de antemão, nunca a teríamos considerado como possível, nem, por conseguinte, a teríamos desejado.

Art. 146. *Dos que dependem de nós e de outrem.*

É mister, portanto, rejeitar inteiramente a opinião vulgar de que há fora de nós uma fortuna que faz com que as coisas sobrevenham ou não sobrevenham, a seu bel-prazer, e saber que tudo é conduzido pela Providência divina, cujo decreto eterno é de tal modo infalível e imutável que, excetuando as coisas que este mesmo decreto quis pôr na dependência de nosso livre-arbítrio, devemos pensar que, com respeito a nós, nada acontece que não seja necessário e como que fatal, de sorte que não podemos sem erro desejar que aconteça de outra forma. Mas, como a maioria de nossos desejos se estendem a coisas que não dependem todas de nós nem todas de outrem, devemos exatamente distinguir nelas o que depende apenas de nós, a fim de estender nosso desejo tão somente a isso; e quanto ao mais, embora devamos considerar sua ocorrência inteiramente fatal e imutável, para que nosso desejo não se ocupe de modo algum com isso, não devemos deixar de considerar as razões que levam mais ou menos a esperá-la, a fim de que essas razões sirvam para regular nossas ações: pois, por exemplo, se tivéssemos de tratar de algo em um lugar onde pudéssemos ir por dois caminhos diversos, um dos quais costuma ser muito mais seguro do que outro, embora talvez o decreto da Providência seja tal que, se formos pelo caminho considerado mais seguro, seremos certamente roubados, e que, ao contrário, poderemos passar pelo outro sem qualquer perigo, não devemos por isso ser indiferentes à escolha de um ou de outro, nem repousarmos sobre a fatalidade imutável desse decreto; mas a razão quer que escolhamos o caminho que costuma ser o mais seguro; e nosso desejo deve ser realizado nesse particular quando nós o seguimos, qualquer que seja o mal que daí nos sobrevenha, porque, sendo este mal em relação a nós inevitável, não temos nenhum motivo de aspirar a sermos dele isentos, mas somente executar da melhor forma o que nosso entendimento pôde conhecer, assim como suponho que o executamos. E é certo que, quando nos exercitamos em distinguir assim a fatalidade da fortuna, habituamo-nos facilmente a regrar de tal modo nossos desejos, na medida em que sua realização não depende senão de nós, que eles podem sempre nos proporcionar inteira satisfação.

Art. 147. *Das emoções interiores da alma.*

Acrescentarei somente mais uma consideração que me parece servir muito para nos impedir de receber qualquer incomodidade das paixões; nosso bem e nosso mal dependem principalmente das emoções interiores que são excitadas na alma apenas pela própria alma, no que diferem dessas paixões, que dependem sempre de algum movimento dos espíritos; e, ainda que essas emoções da alma estejam muitas vezes unidas às paixões que se lhes assemelham, podem amiúde também encontrar-se com outras, e mesmo nascer das que lhe são contrárias. Por exemplo, quando um marido chora sua mulher morta, que (como acontece às vezes) ele ficaria irritado de vê-la ressuscitada, pode suceder que seu coração seja oprimido pela tristeza que nele provocam o aparato dos funerais e a ausência de uma pessoa a cujo convívio estava acostumado; e pode suceder que alguns restos de amor ou de piedade que se apresentam à sua imaginação arranquem verdadeiras lágrimas de seus olhos, não obstante sentir secreta alegria no mais íntimo da alma, emoção que possui tanto poder que a tristeza e as lágrimas que a acompanham em nada podem diminuir sua força. E quando lemos aventuras estranhas num livro, ou quando as vemos representadas num teatro, isso às vezes excita em nós a tristeza, outras vezes a alegria, ou o amor, ou o ódio, e geralmente todas as paixões, segundo a diversidade dos objetos que se oferecem à nossa imaginação; mas com isso temos prazer de senti-las erguerem-se em nós, e esse prazer é uma alegria intelectual que pode tanto nascer da tristeza como de todas as outras paixões.

Art. 148. *Que o exercício da virtude é um soberano remédio contra as paixões.*

Ora, posto que essas emoções interiores nos tocam mais de perto e têm, por conseguinte, muito mais poder sobre nós do que as paixões que se encontram com elas, e das quais diferem, é certo que, contanto que a alma tenha sempre do que se contentar em seu íntimo, todas as perturbações que vêm de outras partes não dispõem de poder algum para prejudicá-la; mas antes servem para aumentar a sua alegria, pelo fato de, vendo que não pode ser por eles ofendida, conhecer com isso sua própria perfeição. E, para que a nossa alma tenha assim do que estar contente, precisa apenas seguir estritamente a virtude. Pois, quem quer que haja vivido de tal maneira que sua consciência não possa censurá-lo de nunca ter deixado de fazer todas as coisas que julgou serem as melhores (que é o que chamo aqui seguir a virtude), recebe daí uma satisfação, tão poderosa para torná-lo feliz, que os mais violentos esforços da paixão nunca têm poder suficiente para perturbar a tranquilidade de sua alma.

# TERCEIRA PARTE:

## DAS PAIXÕES PARTICULARES

Art. 149. *Da estima e do desprezo.*

Após haver explicado as seis paixões primitivas, que são como os gêneros de que todas as outras constituem espécies, observarei aqui sucintamente o que há de particular em cada uma dessas outras, e manterei a mesma ordem segundo a qual as enumerei mais acima. As duas primeiras são a estima e o desprezo; pois, embora esses nomes signifiquem ordinariamente apenas as opiniões desapaixonadas que se têm do valor de cada coisa, todavia, dado que, dessas opiniões, nascem às vezes paixões às quais não foram atribuídos nomes particulares, parece-me que esses possam ser-lhes atribuídos. E a estima, na medida em que é uma paixão, é uma inclinação da alma para representar a si o valor da coisa estimada, inclinação causada por movimento particular dos espíritos, de tal modo conduzidos ao cérebro, que fortalecem as impressões que servem para este efeito; como, ao contrário, a paixão do desprezo é uma inclinação da alma para considerar a baixeza ou a pequenez daquilo que despreza, causada pelo movimento dos espíritos que fortalecem a ideia desta pequenez.

Art. 150. *Que essas duas paixões são apenas espécies de admiração.*

Assim, essas duas paixões são apenas espécies de admiração, pois, quando não admiramos a grandeza nem a pequenez de um objeto, não lhe damos nem mais nem menos importância do que a razão nos dita que devemos dar, de forma que o estimamos ou o desprezamos então sem paixão; e, conquanto muitas vezes a estima seja excitada em nós pelo amor, e o desprezo pelo ódio, isso não é universal e provém apenas do fato de estarmos mais ou menos inclinados a considerar a grandeza ou a pequenez de um objeto, em virtude de termos mais ou menos afeição por ele.

Art. 151. *Que podemos estimar-nos ou desprezar-nos a nós próprios.*

Ora, essas duas paixões podem em geral referir-se a todas as espécies de objetos; mas são principalmente notáveis quando as referimos a nós mesmos, isto é, quando é nosso próprio mérito que estimamos ou desprezamos; e o movimento dos espíritos que as causa é então de tal modo manifesto, que muda mesmo a expressão, os gestos, o andar e em geral todas as ações dos que concebem uma melhor ou pior opinião de si próprios que de ordinário.

Art. 152. *Por que motivo podemos estimar-nos.*

E, como uma das principais partes da sabedoria é saber de que forma e por que motivo cada qual deve estimar-se ou desprezar-se, procurarei aqui dizer minha opinião. Noto em nós apenas uma coisa que nos possa dar a justa razão de nos estimarmos, a saber, o uso de nosso livre-arbítrio e o império que temos sobre as nossas vontades; pois só pelas ações que dependem desse livre-arbítrio é que podemos com razão ser louvados ou censurados e ele nos faz de alguma maneira semelhantes a Deus, tornando-nos senhores de nós próprios, contanto que não percamos por covardia os direitos que ele nos concede.

Art. 153. *No que consiste a generosidade.*

Assim creio que a verdadeira generosidade, que leva um homem a estimar-se ao mais alto ponto em que podem legitimamente estimar-se, consiste apenas, em parte, no fato de conhecer que nada há que verdadeiramente lhe pertença, exceto essa livre disposição de suas vontades, nem por que deva ser louvado ou censurado senão pelo seu bom ou mau uso, e, em parte, no fato de ele sentir em si próprio uma firme e constante resolução de bem usá-la, isto é, de nunca carecer de vontade para empreender e executar todas as coisas que julgue serem as melhores; o que é seguir perfeitamente a virtude.

Art. 154. *Que ela impede que se despreze aos outros.*

Os que têm esse conhecimento e sentimento de si próprios persuadem-se facilmente de que cada um dos outros homens também os pode ter de si, porque nisso nada há que dependa de outrem. Daí por que nunca desprezam ninguém; e, embora vejam muitas vezes que os outros cometem faltas que fazem aparecer suas fraquezas, sentem-se todavia mais inclinados a desculpá-los do que a censurá-los e a crer que é mais por falta de conhecimento do que por falta de boa vontade que as cometem; e, como não pensam ser muito inferiores aos que possuem mais bens ou honras, ou mesmo mais espírito, mais saber, mais beleza, ou em geral que os superam em algumas outras perfeições, também não se julgam muito acima dos que superam, porque todas essas coisas lhes parecem muito pouco consideráveis, em comparação com a boa vontade, pela qual tão somente eles se apreciam, e que supõem também existir ou ao menos poder existir em cada um dos outros homens.

Art. 155. *Em que consiste a humildade virtuosa.*

Assim, os mais generosos costumam ser os mais humildes; e a humildade virtuosa consiste apenas em que a reflexão que fazemos sobre a debilidade de nossa natureza e sobre as faltas que podemos ter cometido outrora, ou somos capazes de cometer agora, que não são menores do que as que podem ser cometidas por outros, é causa de não nos preferirmos a ninguém e de pensarmos que os outros, tendo seu livre-arbítrio tanto quanto nós, também podem usá-lo bem.

Art. 156. *Quais são as propriedades da generosidade, e como ela serve de remédio contra todos os desregramentos das paixões.*

Os que são generosos dessa forma são naturalmente levados a fazer grandes coisas, e todavia a nada empreender de que não se sintam capazes; e, como nada estimam mais do que fazer bem aos outros homens e desprezar o seu próprio interesse, por esse motivo são sempre perfeitamente corteses, afáveis e prestativos para com todos. E com isso são inteiramente senhores de suas paixões, particularmente dos desejos, do ciúme e da inveja, porque não há coisa cuja aquisição dependa deles que julguem valer bastante para ser muito desejada; e do ódio para com os homens, porque os estimam a todos; e do medo, porque a confiança que depositam na sua própria virtude os tranquiliza; e enfim da cólera, porque, apreciando muito pouco todas as coisas dependentes de outrem, nunca concedem tanta vantagem a seus inimigos, a ponto de reconhecer que são por eles ofendidos.

Art. 157. *Do orgulho.*

Todos os que concebem boa opinião de si próprios por alguma outra causa, qualquer que seja, não têm verdadeira generosidade, mas somente orgulho que é sempre muito vicioso, embora o seja tanto mais quanto a causa pela qual nós nos estimamos for mais injusta; e a mais injusta de todas é quando se é orgulhoso sem nenhum motivo; isto é, sem que se pense por isso haver em si qualquer mérito pelo qual se deva ser estimado, mas só porque não se faz caso do mérito, e porque, imaginando-se que a glória não passa de uma usurpação, crê-se que os que se atribuem mais glória são os que a têm mais. Esse vício é tão desarrazoado e absurdo que eu teria dificuldade em acreditar que existem homens que se deixam levar por ele, se jamais alguém tivesse sido louvado injustamente; mas a lisonja é tão comum em toda a parte que não há homem, por defeituoso que seja, que não se veja muitas vezes estimado por coisas que não merecem nenhum louvor, ou mesmo que merecem censura; o que dá ocasião aos mais ignorantes e aos mais estúpidos de incidirem nesta espécie de orgulho.

Art. 158. *Que os seus efeitos são contrárias aos da generosidade.*

Mas, qualquer que seja a causa pela qual alguém se estima, se for diferente da vontade que se sente em si mesmo de usar sempre bem do próprio livre-arbítrio, da qual eu disse que vem a generosidade, ela produz sempre um orgulho mui censurável, e que é tão diversa dessa verdadeira generosidade que produz efeitos inteiramente contrários; pois todos os outros bens, como o espírito, a beleza, as riquezas, as honras etc., costumando ser tanto mais apreciados quanto em menos pessoas se encontrem, e sendo mesmo para a maioria de tal natureza que não podem ser comunicados a muitos; isso leva os orgulhosos a esforçarem-se por rebaixar todos os outros homens, e, sendo escravos de seus desejos, têm a alma incessantemente agitada pelo ódio, inveja, ciúme ou cólera.

Art. 159. *Da humildade viciosa.*

Quanto à baixeza ou humildade viciosa, consiste principalmente no fato de nos sentirmos fracos ou pouco resolutos, e, como se não dispuséssemos do uso inteiro de nosso livre-arbítrio, de não podermos impedir-nos de fazer coisas das quais sabemos que nos arrependeremos depois; e também no fato de crermos que não podemos subsistir por nós próprios, nem passar sem muitas coisas cuja aquisição depende de outrem. Assim é diretamente oposta à generosidade; e acontece muitas vezes que os que possuem o espírito mais baixo são os mais arrogantes e soberbos, da mesma maneira como os mais generosos são os mais modestos e os mais humildes. Mas, enquanto os que têm o espírito forte e generoso não mudam de humor nas prosperidades ou adversidades que lhes ocorrem, os que o têm débil e abjeto são conduzidos apenas pela fortuna, e a prosperidade não os infla menos que a adversidade os torna humildes. Mesmo se vê amiúde que se rebaixam vergonhosamente perante aqueles de quem esperam algum proveito ou temem algum mal, e que ao mesmo tempo se elevam insolentemente acima daqueles de quem não esperam nem temem coisa alguma.

Art. 160. *Qual é o movimento dos espíritos nessas paixões.*

De resto, é fácil reconhecer que o orgulho e a baixeza não são somente vícios, mas também paixões, porque a sua emoção aparece fortemente no exterior dos que são subitamente inflados ou abatidos por alguma nova circunstância; mas é de duvidar que a generosidade e a humildade, que são virtudes, possam também ser paixões, porque seus movimentos aparecem menos, e porque se afigura que a virtude não concorda tanto com a paixão como o faz o vício. Todavia, não vejo razão que impeça que o mesmo movimento dos espíritos que serve para fortalecer um pensamento, quando tem um fundamento que é mau, não o possa fortalecer também, quando o seu fundamento é justo; e como o orgulho e a generosidade consistem apenas na boa opinião que temos de nós próprios, e só diferem em que esta opinião é injusta num e justa na outra, parece-me que podemos relacioná-los a uma mesma paixão, que é excitada por um movimento composto pelos da admiração, da alegria e do amor, tanto do que temos por nós próprios como do que temos pela coisa que leva alguém a se estimar: como, ao contrário, o movimento que excita a humildade, quer virtuosa, quer viciosa, é composto dos da admiração, da tristeza e do amor que se sente por si próprio, misturado com o ódio que se nutre pelos próprios defeitos, que fazem com que a gente se despreze; e toda a diferença que observo nesses movimentos é que o da admiração goza de duas propriedades: a primeira, que a surpresa a torna forte desde o começo, e a outra, que é igual em sua continuação, isto é, que os espíritos continuam movendo-se na mesma proporção no cérebro. Dessas propriedades a primeira encontra-se bem mais no orgulho e na baixeza do que na generosidade e na humildade virtuosa; e, ao contrário, a última se nota mais naquelas do que nessas duas outras; a razão disso é que o vício provém ordinariamente da ignorância, e que os que menos se conhecem são os mais sujeitos a se ensoberbecerem e a se humilharem mais do que devem, porque tudo quanto lhes acontece de novo os surpreende e faz com que, atribuindo-o a si próprios, se admirem e que se estimem ou se desprezem, conforme julguem que o que lhes sucede é ou não em seu proveito. Mas, como muitas vezes após uma coisa que os ensoberbeceu sobrevém outra que os humilha, o movimento de suas paixões é variável; ao contrário, nada há na generosidade que não seja compatível com a humildade virtuosa, nem aliás que as possa mudar, o que torna seus movimentos firmes, constantes e sempre muito semelhantes a si próprios. Mas não surgem tão de surpresa, porquanto os que se estimam dessa maneira conhecem suficientemente quais são as causas que os fazem estimarem-se; todavia, pode-se dizer que essas causas são tão maravilhosas (a saber, o poder de usar de nosso livre-arbítrio, que nos leva a nos apreciarmos a nós mesmos, e as imperfeições do sujeito em quem está esse poder, que nos levam a não nos estimarmos demais) que todas as vezes que no-las representamos de novo, proporcionam sempre nova admiração.

Art. 161. *Como pode ser adquirida a generosidade.*

É mister notar que o que chamamos comumente virtudes são hábitos da alma que a dispõem a certos pensamentos, de modo que são diferentes destes pensamentos, mas podem produzi-los e reciprocamente serem por eles produzidas. É preciso notar também que tais pensamentos podem ser gerados somente pela alma, mas ocorre muitas vezes que algum movimento dos espíritos os fortaleça e, nesse caso, são ações de virtude e ao mesmo tempo paixões da alma; assim, embora não haja virtude à qual o bom nascimento pareça contribuir tanto como a que nos leva a nos apreciarmos apenas segundo o nosso justo valor, e ainda que seja fácil crer que todas as almas postas por Deus em nossos corpos não são igualmente nobres e fortes (o que me levou a chamar esta virtude de generosidade, segundo o uso de nossa língua, de preferência a magnanimidade, segundo o uso da Escola, onde não é muito conhecida), é certo no entanto que a boa formação muito serve para corrigir os defeitos do nascimento, e que se nos ocuparmos muitas vezes em considerar o que é o livre-arbítrio, e quão grandes são as vantagens advindas do fato de se ter uma firme resolução de usá--lo bem, assim como, de outro lado, quão inúteis e vãos são todos os cuidados que afligem os ambiciosos, podemos excitar em nós a paixão e em seguida adquirir a virtude da generosidade, sendo esta como que a chave de todas as outras virtudes e um remédio geral contra todos os desregramentos das paixões; parece-me que tal consideração bem merece ser observada.

Art. 162. *Da veneração*.

A veneração ou o respeito é uma inclinação da alma não só para estimar o objeto que reverencia, mas também para se lhe submeter com algum temor, a fim de procurar torná-lo favorável; de maneira que só alimentamos veneração pelas causas livres que julgamos capazes de nos fazerem bem ou mal, sem que saibamos qual dos dois hão de fazer; pois temos amor e devoção, mais do que simples veneração, por aquelas de quem não esperamos senão o bem, e temos ódio por aquelas de quem não esperamos senão o mal; e se não julgarmos que a causa deste bem ou deste mal seja livre, não nos submeteremos a ela para procurar torná-la favorável. Assim, quando os pagãos mostravam veneração pelos bosques, fontes ou montanhas, não eram propriamente essas coisas mortas que reverenciavam, mas as divindades que julgavam presidi-las. E o movimento dos espíritos que provoca esta paixão compõe-se daquele que excita a admiração e daquele que excita o medo, de que falarei adiante.

Art. 163. *Do desdém*.

Do mesmo modo, o que chamo desdém é a inclinação da alma para desprezar uma causa livre, julgando a seu respeito que, embora por sua natureza seja capaz de fazer bem ou mal, está no entanto tão abaixo de nós que não nos pode causar nem um nem outro. E o movimento dos espíritos que o excita é composto dos que provocam a admiração, a segurança ou a ousadia.

Art. 164. *Do uso dessas duas paixões*.

É a generosidade, a fraqueza do espírito ou a baixeza que determinam o bom e o mau uso dessas duas paixões: pois, quanto mais a alma é nobre e generosa, tanto maior é a inclinação para tributar a cada qual o que lhe pertence; e assim não se tem somente uma mui profunda humildade perante Deus, mas também se rende sem repugnância toda a honra e o respeito que é devido aos homens, a cada um segundo o grau e a autoridade que tem no mundo, e desprezam-se apenas os vícios. Ao contrário, os que possuem o espírito baixo e fraco estão sujeitos a pecar por excesso, às vezes por reverenciarem e temerem coisas que são dignas unicamente de desprezo, e outras vezes por desdenharem insolentemente as que mais merecem respeito; e passam amiúde mui prontamente da extrema impiedade à superstição, depois da superstição à impiedade, de sorte que não há vício nem desregramento de espírito de que não sejam capazes.

Art. 165. *Da esperança e do temor*.

A esperança é uma disposição da alma para se persuadir que advirá o que deseja, a qual é causada por um movimento particular dos espíritos, a saber, pelo da alegria e do desejo misturados em conjunto; e o temor é outra disposição da alma que a persuade que a coisa desejada não advirá; e é de notar que, embora essas duas paixões sejam contrárias, é possível tê-las as duas juntas, a saber, quando se representam ao mesmo tempo diversas razões, das quais umas fazem julgar que a realização do desejo é fácil, e outras a fazem parecer difícil.

Art. 166. *Da segurança e do desespero.*

E nunca uma dessas paixões acompanha o desejo, sem que não deixe algum lugar a outra: pois, quando a esperança é tão forte que expulsa inteiramente o temor, ela muda de natureza e se chama segurança ou confiança; e, quando estamos certos de que aquilo que desejamos advirá, embora continuemos a querer que advenha, deixamos no entanto de ser agitados pela paixão do desejo, que levava a buscar com inquietação sua ocorrência; do mesmo modo, quando o receio é tão extremo que tira todo lugar à esperança, converte-se em desespero; e esse desespero, representando a coisa como impossível, extingue inteiramente o desejo, o qual só se dirige às coisas possíveis.

Art. 167. *Do ciúme.*

O ciúme é uma espécie de temor que se relaciona ao desejo de conservar a posse de algum bem; e não provém tanto da força das razões que fazem julgar que se pode perdê-lo, como da grande estima que se lhe concede, a qual leva a examinar até os menores motivos de suspeita e a tomá-los por razões fortemente consideráveis.

Art. 168. *Em que essa paixão pode ser honesta.*

E, porque se deve ter mais cuidado em conservar os bens que são muito grandes do que os que são menores, essa paixão pode ser justa e honesta em certas ocasiões. Assim, por exemplo, um capitão que guarda uma praça de grande importância tem o direito de ser cioso, isto é, de desconfiar de todos os meios pelos quais seria possível surpreendê-la; e uma mulher honesta não é censurada de ser ciosa de sua honra, isto é, de preservar-se não só de proceder mal, mas também de evitar até os menores motivos de maledicência.

Art. 169. *Em que é censurável.*

Mas rimos de um avarento quando é ciumento de seu tesouro, isto é, quando o come com os olhos e não se afasta dele com medo de que lho roubem; pois não vale a pena guardar o dinheiro com tanto zelo. E despreza-se um homem que sente ciúme de sua mulher, porque isso testemunha que não a ama seriamente e que alimenta má opinião de si ou dela: digo que não a ama seriamente pois, se nutrisse um verdadeiro amor por ela, não teria a menor inclinação para dela desconfiar; mas não é a ela que propriamente ama, mas somente o bem que imagina consistir em sua posse exclusiva; e não temeria perder este bem, caso não julgasse que é indigno dele ou então que sua mulher é infiel. Além disso, esta paixão relaciona-se apenas a suspeitas e desconfianças, pois não é propriamente ser ciumento esforçar-se por evitar qualquer mal, quando se tem justo motivo de receá-lo.

Art. 170. *Da irresolução.*

A irresolução também é uma espécie de receio que, retendo a alma como suspensa entre várias ações possíveis, é causa de que não execute nenhuma, e assim que disponha de tempo para escolher antes de se decidir, no que verdadeiramente apresenta certa utilidade que é boa; mas, quando dura mais do que o necessário, e quando leva a empregar no deliberar o tempo requerido para o agir, é muita má. Ora, afirmo que é uma espécie de receio, conquanto possa acontecer, quando se deve escolher entre muitas coisas cuja bondade parece muito igual, que se permaneça incerto e irresoluto sem que se sinta por isso nenhum receio; pois esta espécie de irresolução provém somente daquilo que se apresenta, e não de qualquer emoção dos espíritos; eis por que não é uma paixão, a não ser que o temor de se falhar na escolha aumente a incerteza. Mas este receio é tão comum e tão forte em alguns, que muitas vezes, embora nada tenham a escolher e vejam apenas uma só coisa a tomar ou a deixar, eles os retêm e faz com que se detenham inutilmente a procurar outras; e então é um excesso de irresolução que vem de um desejo demasiado grande de bem proceder e de uma fraqueza do entendimento, o qual, não tendo noções claras e distintas, as tem somente muito confusas: eis por que o remédio contra este excesso é o de acostumar-se a formar juízos certos e determinados no tocante a todas as coisas que se apresentem, e a crer que se desempenha sempre o dever quando se faz o que se julga ser o melhor, ainda que talvez se julgue muito mal.

Art. 171. *Da coragem e da ousadia*.

A coragem, quando é uma paixão e não um hábito ou inclinação natural, é certo calor ou agitação que dispõe a alma a se entregar poderosamente à execução das coisas que ela quer fazer, de qualquer natureza que sejam; e a ousadia é uma espécie de coragem que dispõe a alma à execução das coisas que são as mais perigosas.

Art. 172. *Da emulação*.

E a emulação também é uma de suas espécies, mas em outro sentido; pois, pode-se considerar a coragem como um gênero que se divide em tantas espécies quantos os objetos diferentes, e tantas outras quantas as suas causas: na primeira forma a ousadia é uma de suas espécies, na outra, a emulação; e esta última não é mais do que um calor que dispõe a alma a empreender coisas que espera lograr com êxito, porque as vê já logradas por outros; e assim trata-se de uma espécie de coragem, cuja causa externa é o exemplo. Digo causa externa, porque deve haver, além desta, outra interna, que consiste em se ter o corpo de tal modo disposto que o desejo e a esperança possuam mais força para enviar grande quantidade de sangue ao coração do que o receio ou o desespero para impedi-lo.

Art. 173. *Como a ousadia depende da esperança.*

Porque é de notar que, embora o objeto da ousadia seja a dificuldade, da qual resulta comumente o temor ou mesmo o desespero, de modo que é nos assuntos mais perigosos e mais desesperados que mais se emprega ousadia e coragem, é preciso não obstante que se espere ou até que se tenha certeza que o fim proposto será logrado, para opor-se com vigor às dificuldades com que nos deparamos. Mas este fim é diferente desse objeto; pois não se poderia estar certo e desesperado de uma mesma coisa ao mesmo tempo. Assim, quando os Décios se atiravam ao meio dos inimigos e corriam de encontro a uma morte certa, o objeto de sua ousadia era a dificuldade de conservar-lhes a vida durante essa ação, dificuldade para a qual dispunham apenas do desespero, pois estavam certos de morrer; mas seu fim era animar os soldados com seu exemplo e fazê-los conquistar a vitória, em que depositavam esperança; ou então esse fim era também conquistar a glória após a morte, de que estavam seguros.

Art. 174. *Da covardia e do medo.*

A covardia é diretamente oposta à coragem, e é um langor ou uma frieza que impede que a alma se entregue à execução das coisas que efetuaria se fosse isenta dessa paixão; e o medo ou o pavor, que é contrário à ousadia, não é apenas uma frieza, mas também uma perturbação e um espanto da alma que lhe subtrai o poder de resistir aos males que ela pensa estarem próximos.

Art. 175. *Do uso da covardia.*

Ora, ainda que não possa persuadir-me de que a natureza haja dado aos homens qualquer paixão que seja sempre viciosa e não tenha nenhum uso bom e louvável, todavia é difícil para mim adivinhar em que essas duas podem servir. Parece-me apenas que a covardia tem certo emprego, quando nos isenta de labores que poderíamos ser incitados a tomar por razões verossímeis, se outras razões mais certas, que os fizeram julgar inúteis, não houvessem provocado esta paixão; pois, além de isentar a alma desses labores, também serve então para o corpo, pelo fato de que, retardando o movimento dos espíritos, impede a dissipação de suas forças. Mas vulgarmente é muito nociva, porque desvia a vontade das ações úteis; e, como provém apenas do fato de não se ter suficiente esperança ou desejo, basta aumentar em si próprio essas duas paixões para corrigi-la.

Art. 176. *Do uso do medo.*

Pelo que concerne ao medo ou ao pavor, não vejo como possa jamais ser louvável e útil; por isso não constitui uma paixão particular, mas somente um excesso de covardia, de espanto e de receio, que é sempre vicioso, assim como a ousadia é um excesso de coragem que é sempre bom, contanto que seja bom o fim a que se propõe; e, porque a principal causa do medo é a surpresa, nada há de melhor para se livrar dele do que usar de premeditação e se preparar para todos os acontecimentos cujo temor possa causá-lo.

Art. 177. *Do remorso.*

O remorso de consciência é uma espécie de tristeza que vem da dúvida sobre se uma coisa que se faz ou se fez é boa, e pressupõe necessariamente a dúvida: pois, se estivéssemos inteiramente seguros de que o que se faz é mau, abster-nos-íamos de fazê-lo, tanto mais que a vontade só se dirige às coisas que possuem alguma aparência de bondade; e se tivéssemos certeza de que aquilo que já se fez é mau, deveríamos sentir arrependimento e não apenas remorso. Ora, o uso dessa paixão está em se examinar se a coisa de que se duvida é boa ou não, ou de se impedir que a façamos outra vez, enquanto não estivermos certos de que seja boa. Mas, porque pressupõe o mal, o melhor seria que jamais houvesse motivo de senti-la; e pode-se preveni-la através dos mesmos meios pelos quais é possível livrar-se da irresolução.

Art. 178. *Da zombaria.*

A derrisão ou zombaria é uma espécie de alegria mesclada de ódio que resulta do fato de se perceber algum pequeno mal numa pessoa que julgamos digna dele: temos ódio por esse mal e alegria por vê-lo em quem é digno dele; e, quando isto sobrevém inopinadamente, a surpresa da admiração é causa de cairmos na gargalhada, conforme o que já foi dito mais acima sobre a natureza do riso. Mas esse mal deve ser pequeno; pois, se for grande, não se pode crer que quem o tem o mereça, a não ser que sejamos de índole muito má ou lhe dediquemos muito ódio.

Art. 179. *Por que os mais imperfeitos costumam ser os mais zombeteiros.*

E vemos que os que possuem defeitos muito patentes, por exemplo, os que são coxos, caolhos, corcundas, ou que receberam alguma afronta em público, são particularmente inclinados à zombaria; pois, desejando ver todos os outros tão desgraçados como eles, estimam muito os males que lhes acontecem e consideram-nos dignos deles.

Art. 180. *Do uso da troça.*

Pelo que respeita à troça modesta, que repreende utilmente os vícios, fazendo-os parecer ridículos, sem que entretanto a gente mesma se ria disso nem testemunhe nenhum ódio contra as pessoas, não é uma paixão, mas uma qualidade de homem de bem, que patenteia a alegria de seu humor e a tranquilidade de sua alma, as quais constituem marcas de virtude, e muitas vezes também a finura de seu espírito, por saber dar uma aparência agradável às coisas de que zomba.

Art. 181. *Da utilidade do riso na troça.*

E não é desonesto rir quando se ouvem as troças de um outro; elas podem mesmo ser tais que significaria estar pesaroso não se rir delas; mas, quando troçamos nós próprios, é mais conveniente abstermo-nos disso, a fim de não parecermos surpresos com as coisas que dizemos, nem admirados com a finura que temos em inventá-los; e isto faz com que surpreendam tanto mais aos que as ouvem.

Art. 182. *Da inveja.*

O que se chama comumente inveja é um vício que consiste numa perversidade de natureza, que leva certa gente a se desgostar com o bem que vê acontecer aos outros homens; mas sirvo-me aqui dessa palavra para significar uma paixão que nem sempre é viciosa. A inveja, portanto, enquanto é uma paixão, é uma espécie de tristeza mesclada de ódio, que nasce do fato de se ver acontecer o bem àqueles que julgamos indignos dele: o que só podemos pensar com razão apenas dos bens de fortuna; pois, quanto aos da alma ou mesmo do corpo, na medida em que os temos de nascença, é suficiente para sermos dignos deles tê-los recebido de Deus, antes de estarmos capacitados a cometer qualquer mal.

Art. 183. *Como pode ser justa ou injusta.*

Mas quando a fortuna envia bens a alguém que verdadeiramente não os merece, e quando a inveja não é provocada em nós senão porque, amando naturalmente a justiça, ficamos desgostosos pelo fato de ela não ser observada na distribuição desses bens, é um zelo que pode ser desculpável, mormente quando o bem que invejamos a outros é de tal natureza que pode converter-se em mal nas mãos deles; como é o caso de algum cargo ou serviço, em cujo exercício eles possam comportar-se mal, e desejamos para nós o mesmo bem e somos impedidos de tê-lo, porque outros menos dignos o possuem, isso torna essa paixão mais violenta, e ela não deixa de ser desculpável, desde que o ódio nela contido se relacione apenas com a má distribuição do bem que se inveja, e não com as pessoas que o possuem ou o distribuem. Mas há poucas que sejam tão justas e tão generosas a ponto de não alimentar ódio por aqueles que os impedem de adquirir um bem que não é comunicável a muitos, e que haviam desejado para eles próprios, embora os que o adquiriram sejam tanto ou mais dignos. E o que é ordinariamente mais invejado é a glória; pois, embora a dos outros não impeça que a ela possamos aspirar, ela torna todavia o seu acesso mais difícil e encarece o seu preço.

Art. 184. *De onde vem que os invejosos estejam sujeitos a ter a tez plúmbea.*

De resto, não há nenhum vício que prejudique tanto a felicidade dos homens como o da inveja: pois, os que trazem esta mácula, além de se afligirem a si próprios, perturbam também, ao máximo de seu poder, o prazer dos outros, e têm ordinariamente a tez plúmbea, isto é, mesclada de amarelo e preto e como que de sangue pisado: daí vem que a inveja seja chamada *livor* em latim; o que concorda muito bem com o que foi dito mais acima dos movimentos do sangue na tristeza e no ódio; pois este faz com que a bile amarela, proveniente da parte inferior do fígado, e a negra, proveniente do baço, espalhem-se do coração pelas artérias em todas as veias; e aquela faz com que o sangue das veias tenha menos calor e corra mais lentamente do que de ordinário, o que basta para tornar lívida a cor. Mas como a bile, tanto a amarela quanto a negra, pode também ser enviada às veias por muitas outras causas, e como a inveja não as impele para aí em quantidade bastante grande para mudar a cor da tez, a não ser que seja muito grande e de longa duração, não se deve pensar que todos os que apresentam essa cor sejam propensos a ela.

Art. 185. *Da compaixão.*

A compaixão é uma espécie de tristeza misturada de amor ou de boa vontade para com aqueles a quem vemos sofrer algum mal de que os julgamos indignos. Assim, é contrária à inveja em virtude de seu objeto, e à zombaria por considerá-los de outra maneira.

Art. 186. *Quais são os mais compassivos.*

Os que se sentem muito fracos e muito expostos às adversidades da fortuna parecem ser mais inclinados do que os outros a esta paixão, porque se representam o mal de outrem como podendo acontecer-lhes; e assim são comovidos à piedade mais pelo amor que dedicam a si próprios do que pelo que dedicam aos outros.

Art. 187. *Como os mais generosos são tocados por essa paixão.*

Entretanto, os que são mais generosos e têm o espírito mais forte, de modo que não temem nenhum mal em relação a si próprios e se mantêm para além do poder da fortuna, não estão isentos de compaixão quando veem a imperfeição dos outros homens e ouvem suas queixas; pois é uma parte da generosidade ter boa vontade para com todos. Mas a tristeza desta comiseração não é mais amarga; e, como a que é causada pelas ações funestas que se vê representarem num teatro, ela está mais no exterior e no sentido do que no interior da alma, a qual tem, entretanto, a satisfação de pensar que cumpre o seu dever, pelo fato de compadecer-se dos aflitos. E há nisto a diferença de que, ao passo que o vulgo tem compaixão dos que se lastimam, porque pensa que os males que sofrem são muito deploráveis, o principal objeto da compaixão dos maiores homens é a fraqueza dos que veem lastimar-se, porque não julgam que nenhum acidente que possa acontecer seja um mal tão grande quanto a covardia dos que não podem sofrer com constância; e, embora odeiem os vícios, nem por isso odeiam os que a eles estão sujeitos, e sentem por eles apenas compaixão.

Art. 188. *Quais são os que não são por ela tocados.*

Mas só os espíritos malinos e invejosos odeiam naturalmente todos os homens, ou então os que são tão brutais, e de tal forma estão cegados pela boa fortuna, ou desesperados pela má que pensam que nenhum mal possa acontecer-lhes, são insensíveis à compaixão.

Art. 189. *Por que esta paixão excita a chorar.*

Além disso, chora-se mui facilmente nessa paixão, porque o amor, enviando muito sangue ao coração, faz com que saiam muitos vapores pelos olhos, e porque a frialdade da tristeza, retardando a agitação desses vapores, os faz transformarem-se em lágrimas, segundo o que foi dito acima.

Art. 190. *Da satisfação de si próprio.*

A satisfação que sempre têm os que seguem constantemente a virtude é um hábito de sua alma que se chama tranquilidade e descanso de consciência; mas a que se adquire de novo quando se praticou recentemente alguma ação que se julga boa é uma paixão, a saber, uma espécie de alegria, a qual creio ser a mais doce de todas, porquanto sua causa depende apenas de nós próprios. Todavia, quando essa causa não é justa, isto é, quando as ações de que se tira muita satisfação não são de grande importância, ou são mesmo viciosas, ela é ridícula e não serve senão para produzir um orgulho e uma arrogância impertinente: é o que se pode observar particularmente nos que, crendo-se devotos, são apenas carolas e supersticiosos; isto é, que, à sombra de irem amiudadamente à igreja, de recitarem muitas preces, de usarem cabelos curtos, de jejuarem, de darem esmola, pensam ser inteiramente perfeitos, e imaginam-se tão grandes amigos de Deus, que nada poderiam fazer que lhe desagradasse, e que tudo quanto lhes dita sua paixão é bom zelo, embora ela lhes dite às vezes os maiores crimes que os homens possam cometer, como trair cidades, matar príncipes, exterminar povos inteiros, só porque não seguem as suas opiniões.

Art. 191. *Do arrependimento.*

O arrependimento é diretamente contrário à satisfação de si próprio, e é uma espécie de tristeza proveniente de se julgar que se praticou qualquer má ação; e é muito amarga, porque sua causa procede apenas de nós; o que não impede, no entanto, que seja muito útil quando é verdade que a ação de que nos arrependemos é má e quando temos disso um conhecimento certo, visto que ela nos incita a proceder melhor outra vez. Mas acontece muitas vezes que os espíritos fracos se arrependem de coisas que praticaram sem saber seguramente que eram más; persuadem-se disso unicamente porque o temem; e se houvessem feito o contrário, arrepender-se-iam da mesma maneira: o que constitui neles uma imperfeição digna de compaixão; e os remédios contra esse defeito são os mesmos que servem para sanar a irresolução.

Art. 192. *Do favor.*

O favor é propriamente um desejo de que aconteça o bem a alguém para com o qual temos boa vontade; mas sirvo-me aqui dessa palavra para significar tal vontade, na medida em que é provocada em nós por alguma boa ação daquele para com o qual temos boa vontade; pois somos naturalmente levados a amar os que fazem coisas que estimamos boas, ainda que daí não nos advenha nenhum bem. O favor, nesse sentido, é uma espécie de amor, e não de desejo, embora o desejo de que suceda o bem a quem favorecemos o acompanhe sempre; e está comumente unido à piedade, porque as desgraças que vemos ocorrer aos infelizes são causa de que efetuemos maior reflexão sobre seus méritos.

Art. 193. *Do reconhecimento.*

O reconhecimento também é uma espécie de amor excitado em nós por alguma ação daquele por quem o sentimos, e pela qual cremos que ele nos fez algum bem, ou ao menos que teve a intenção de fazê-lo. Assim, o reconhecimento contém tudo o que há no favor, e mais o fato de se fundar numa ação que nos toca e que sentimos desejo de retribuir: eis por que possui muito mais força, principalmente nas almas, por pouco nobres e generosas que sejam.

Art. 194. *Da ingratidão*.

Quanto à ingratidão, não é uma paixão, pois a natureza não pôs em nós nenhum movimento dos espíritos que a excite; mas é apenas um vício diretamente oposto ao reconhecimento, na medida em que este é sempre virtuoso e um dos principais laços da sociedade humana; eis por que tal vício só pertence aos homens brutais e tolamente arrogantes que pensam que todas as coisas lhes são devidas, ou aos estúpidos que não fazem nenhuma reflexão sobre os benefícios que recebem, ou aos fracos e abjetos que, sentindo a sua imperfeição e as suas necessidades, procuram baixamente o socorro dos outros, e, depois de havê-lo recebido, odeiam-nos, porque, não tendo vontade de lhes prestar outro semelhante, ou não tendo esperança de podê-lo, e imaginando que todo mundo é tão mercenário como eles e que não se pratica nenhum bem exceto com esperança de ser por ele recompensado, pensam que os enganaram.

Art. 195. *Da indignação*.

A indignação é uma espécie de ódio ou de aversão que se nutre naturalmente contra os que praticam algum mal, de qualquer natureza que seja; e muitas vezes está misturado com a inveja ou com a compaixão; mas seu objeto é totalmente diferente, pois só ficamos indignados contra os que fazem o bem ou o mal às pessoas que não o merecem, mas temos inveja dos que recebem esse bem, e sentimos compaixão pelos que recebem esse mal. É verdade que de alguma maneira representa praticar o mal possuir um bem de que não se é digno; o que foi talvez a causa pela qual Aristóteles e seus seguidores, supondo que a inveja é sempre um vício, deram o nome de indignação à que não é viciosa.

Art. 196. *Por que ela está às vezes unida à compaixão, e outras vezes à zombaria.*

É também de certo modo receber o mal o fazê-lo: daí resulta que alguns juntam à sua indignação a compaixão, e outros a zombaria, conforme estejam dotados de boa ou má vontade com relação aos que veem cometer faltas, e é assim que o riso de Demócrito e os prantos de Heráclito podem ter procedido da mesma causa.

Art. 197. *Que ela é muitas vezes acompanhada da admiração, e não é incompatível com a alegria.*

A indignação é também amiúde acompanhada de admiração: pois costumamos supor que todas as coisas serão feitas da maneira que julgamos boa. Eis por que, quando acontecem de outro modo, isso nos surpreende e nos admira. Ela tampouco é incompatível com a alegria, embora esteja mais ordinariamente unida à tristeza: pois, quando o mal que nos indigna não pode prejudicar-nos, e consideramos que não queríamos fazer algo semelhante, isto nos proporciona certo prazer; e é talvez uma das causas do riso que acompanha às vezes tal paixão.

Art 198. *De seu uso.*

De resto, a indignação se nota muito mais nos que querem parecer virtuosos do que nos que o são verdadeiramente; pois, embora os que amam a virtude não possam ver sem alguma aversão os vícios dos outros, não se apaixonam senão contra os maiores e extraordinários. É ser difícil e tristonho o sentir muita indignação por coisas de pouca importância; é ser injusto senti-las pelas que não são em nada censuráveis; e é ser impertinente e absurdo não restringir essa paixão às ações dos homens, e estendê-la às obras de Deus ou da natureza, como o fazem os que, não estando jamais contentes com a sua condição nem com a sua fortuna, ousam achar o que dizer da conduta do mundo e dos segredos da Providência.

Art. 199. *Da cólera*.

A cólera também é uma espécie de ódio ou de aversão que alimentamos contra os que praticaram algum mal, ou procuraram prejudicar, não indiferentemente a quem quer que seja, mas particularmente a nós. Assim, contém tudo o que a indignação contém, e ainda mais o fato de fundar-se numa ação que nos toca e de que desejamos nos vingar; pois esse desejo a acompanha quase sempre; e ela é diretamente oposta ao reconhecimento, como a indignação ao favor; mas é incomparavelmente mais violenta que essas três outras paixões, porque o desejo de repelir coisas nocivas e de se vingar é o mais imperativo de todos. O desejo, unido ao amor que se tem por si próprio, é que fornece à cólera toda a agitação do sangue que a coragem e a ousadia podem causar; e o ódio faz que seja principalmente o sangue bilioso, vindo do baço e das pequenas veias do fígado, que receba esta agitação e entre no coração, onde, devido à sua abundância e à natureza da bile a que está misturado, excita um calor mais áspero e mais ardente do que o que podem aí excitar o amor ou a alegria.

Art. 200. *Por que os que ela faz enrubescer são menos de recear do que os que ela faz empalidecer*.

E os sinais exteriores dessa paixão são diferentes, conforme os diversos temperamentos das pessoas e a diversidade das outras paixões que a compõem ou se lhe juntam. Assim, há os que empalidecem ou tremem quando se encolerizam, e há os que enrubescem ou mesmo choram; e julga-se comumente que a cólera dos que empalidecem é mais de temer do que a cólera dos que enrubescem: a razão disso é que, quando não se quer, ou não se pode tirar vingança de outra forma, exceto pela expressão ou por palavras, emprega-se todo o calor e toda a força desde o início da comoção, o que é causa de enrubescer; além do que, às vezes, o pesar e a piedade que se tem por si próprio, porque a gente não pode vingar-se de outra maneira, é causa de chorar. E, ao contrário, os que se reservam e se decidem a uma maior vingança tornam-se tristes porque se julgam a isso obrigados pela ação que os põem em cólera; e sentem algumas vezes receio dos males que podem seguir-se da resolução por eles tomada, o que os torna primeiro pálidos, frios e trêmulos; mas, quando chegam em seguida a executar a sua vingança, esquentam-se tanto mais quanto mais frio sentiram no começo, tal como vemos que as febres que se iniciam pelo frio costumam ser as mais fortes.

Art. 201. *Que há duas espécies de cólera, e os que têm mais bondade são os mais sujeitos à primeira.*

Isso nos adverte de que se pode distinguir duas espécies de cólera: uma que é muito rápida e se manifesta muito por fora, mas que no entanto tem pouco efeito e pode facilmente aplacar-se; outra que não aparece tanto no início, mas que rói mais o coração e tem efeitos mais perigosos. Os que possuem muita bondade e muito amor são os mais sujeitos à primeira; pois ela não nasce de um profundo ódio, mas de uma pronta aversão que os surpreende, porque, sendo propensos a imaginar que todas as coisas devem seguir segundo a maneira que julgam ser a melhor, tão logo acontecem de outra forma, admiram-se e ofendem-se amiúde, mesmo sem que a coisa os haja tocado em particular, visto que, tendo muita afeição, interessam-se por aqueles a quem amam tal como por si próprios. Assim, o que seria para outro motivo apenas de indignação, é para eles motivo de cólera; e porque a inclinação que têm para amar os leva a ter muito calor e muito sangue no coração, a aversão que os surpreende não pode enviar para ele tão pouca bile que não cause de início grande emoção neste sangue; mas esta emoção quase não dura, porque a força da surpresa não continua e, porque, tão logo se apercebem de que o motivo que os irritou não devia emocioná-los tanto, arrependem-se.

Art. 202. *Que são as almas fracas e baixas que se deixam dominar pela outra.*

A outra espécie de cólera, em que predomina o ódio e a tristeza, não é de começo tão aparente, a não ser talvez porque faz empalidecer o rosto; mas sua força é aumentada pouco a pouco pela agitação de ardente desejo de se vingar excitado no sangue, o qual, estando misturado com a bile que é impelida para o coração da parte inferior do fígado e do baço, provoca nele um calor fortemente áspero e picante. E como são as almas mais generosas que sentem mais reconhecimento, assim são as mais orgulhosas, mais baixas e mais débeis que se deixam mais dominar por essa espécie de cólera; pois as injúrias parecem tanto maiores quanto mais o orgulho nos leva a nos estimarmos a nós próprios, e também tanto maiores quanto mais apreciamos os bens que elas tiram, os quais se estimam tanto mais quanto mais fraca e mais baixa é a alma, porque são bens que dependem de outrem.

Art. 203. *Que a generosidade serve de remédio contra seus excessos*.

Demais, ainda que essa paixão seja útil para nos dar vigor a fim de repelir as injúrias, não há todavia nenhuma de que se devam evitar os excessos com mais cuidado, porque, perturbando o juízo, levam muitas vezes a cometer faltas de que depois se tem arrependimento, e mesmo porque algumas vezes impedem que essas injúrias sejam tão bem repelidas como poderíamos fazer se sentíssemos menos emoção. Mas, como nada há que a torne mais excessiva do que o orgulho, creio que a generosidade é o melhor remédio que se possa encontrar contra seus excessos, porque, levando-nos a apreciar muito pouco todos os bens que podem ser arrebatados, e, ao contrário, a estimar muito a liberdade e o império absoluto de nós próprios, e ainda a deixar de tê-lo quando qualquer pessoa nos pode ofender, ela faz com que tenhamos apenas desprezo ou quando muito indignação em face das injúrias com que os outros costumam ofender-se.

Art. 204. *Da glória*.

O que recebe aqui o nome de glória é uma espécie de alegria fundada no amor que se tem por si próprio, e que provém da opinião ou da esperança de sermos louvados por alguns outros. Assim, é diferente da satisfação interior que nasce da opinião de se ter feito alguma boa ação; pois às vezes somos louvados por coisas que não cremos ser boas, e censurados por outras que cremos ser melhores: mas uma e outra são espécies da estima que temos por nós próprios, bem como espécies de alegria; pois é motivo de nos apreciarmos o ver que somos apreciados pelos outros.

Art. 205. *Da vergonha*.

A vergonha, ao contrário, é uma espécie de tristeza também fundada no amor a si próprio e que provém da opinião ou do temor de sermos censurados; é, além do mais, uma espécie de modéstia ou de humildade e desconfiança de si próprio: pois, quando a gente se estima tanto que não pode imaginar-se desprezada por ninguém, não se pode facilmente ter vergonha.

Art. 206. *Do uso dessas duas paixões*.

Ora, a glória e a vergonha têm o mesmo uso pelo fato de nos incitarem à virtude, uma pela esperança e a outra pelo temor; é somente necessário instruir o juízo no tocante ao que é verdadeiramente digno de censura ou louvor, a fim de não ficarmos envergonhados de proceder bem, e não auferirmos vaidade de nossos vícios, como acontece a muitos. Mas não é bom despojar-se inteiramente dessas paixões, tal como faziam outrora os cínicos; pois, ainda que o povo julgue muito mal, dado que não podemos viver sem ele, e que nos importa sermos estimados por ele, devemos muitas vezes seguir suas opiniões mais do que as nossas, no tocante ao exterior de nossas ações.

Art. 207. *Da impudência*.

A impudência ou o descaramento, que é um desprezo pela vergonha, e amiúde também pela glória, não é uma paixão, porque não há em nós nenhum movimento particular dos espíritos que a excite; mas é um vício oposto à vergonha, e também à glória, na medida em que uma e outra são boas, assim como a ingratidão se opõe ao reconhecimento, e a crueldade à compaixão. E a principal causa do descaramento decorre de termos recebido muitas vezes grandes afrontas; pois não há pessoa que, quando jovem, não imagine que o louvor é um bem e a infâmia um mal muito mais importantes à vida do que se verifica por experiência mais tarde, quando, tendo-se recebido algumas afrontas assinaladas, a gente se vê inteiramente privada de honra e desprezada por todos. Eis por que se tornam descarados os que, não medindo o bem e o mal senão pelas comodidades do corpo, veem que continuam gozando destas, após tais afrontas, tanto quanto antes, ou mesmo às vezes bem mais, porque ficam desobrigados de muitas coerções que a honra lhes impunha, e porque, se a perda de bens estiver unida à sua desgraça, encontram-se pessoas caridosas que lhos dão.

Art. 208. *Do fastio*.

O fastio é uma espécie de tristeza proveniente da mesma causa de que proveio antes a alegria; pois somos de tal forma compostos, que a maioria das coisas de que desfrutamos são boas em relação a nós apenas por certo tempo, e tornam-se em seguida incômodas: o que transparece principalmente no beber e no comer, que são úteis apenas enquanto temos apetite, e são nocivos quando não mais o temos; e, porque cessam de ser então agradáveis ao gosto, chamou-se essa paixão fastio.

Art. 209. *Do pesar*.

O pesar é também uma espécie de tristeza, que é uma particular amargura, pelo fato de estar sempre unida a alguns desespero e à memória do prazer que o gozo nos deu; pois nunca lamentamos senão os bens de que gozamos, e que se acham de tal modo perdidos que não alimentamos nenhuma esperança de recuperá-los ao tempo e à maneira em que os lamentamos.

Art. 210. *Do júbilo*.

Enfim, o que chamo júbilo é uma espécie de alegria que apresenta de particular o fato de sua doçura ser aumentada com a lembrança dos males que sofremos e dos quais nos sentimos aliviados, da mesma maneira como nos sentimos livres de algum pesado fardo que tivéssemos carregado por longo tempo sobre nossos ombros. E nada vejo de muito notável nessas três paixões; por isso as coloquei aqui apenas para seguir a ordem da enumeração que fiz mais acima; mas parece-me que essa enumeração foi útil para mostrar que não omitimos nenhuma que fosse digna de alguma consideração particular.

Art. 211. *Um remédio geral contra as paixões*.

E agora que as conhecemos todas, temos muito menos motivo de as temer do que tínhamos antes; pois verificamos que são todas boas por natureza e que só devemos evitar o seu mau uso ou os seus excessos, contra os quais os remédios que expliquei poderiam bastar, se cada um tivesse cuidado bastante para praticá-los. Mas, como incluí entre esses remédios a premeditação e a indústria pela qual se podem corrigir os defeitos naturais, exercitando-nos em separar em nós os movimentos do sangue e dos espíritos dos pensamentos aos quais costumam estar unidos, confesso que há poucas pessoas que se tenham suficientemente preparado dessa maneira contra todas as espécies de recontros, e que esses movimentos excitados no sangue pelos objetos das paixões seguem primeiro tão prontamente das simples impressões que se fazem no cérebro e da disposição dos órgãos, ainda que a alma não contribua para tanto, de qualquer maneira, que não há nenhuma sabedoria humana capaz de resistir-lhes quando não estamos para isso bem preparados. Assim, muitos não poderiam abster-se de rir, quando lhes fazem cócegas, embora não colham daí nenhum prazer; pois a impressão da alegria e da surpresa que outrora os fez rir pelo mesmo motivo, estando desperta em sua fantasia, faz com que seus pulmões sejam subitamente inflados, contra a vontade, pelo sangue que o coração lhes envia. Assim, os que têm, por natureza, forte pendor para as emoções da alegria e da compaixão, ou do medo, ou da cólera, não podem impedir-se de desmaiar, ou de chorar, ou de tremer, ou de ter o sangue todo agitado como se tivessem febre, quando a sua fantasia é fortemente tocada pelo objeto de alguma dessas paixões. Mas o que se pode sempre fazer em tal ocasião, e que eu julgo poder apresentar aqui como o remédio mais geral e o mais fácil de praticar contra todos os excessos das paixões, é, sempre que se sinta o sangue assim agitado, ficar advertido e lembrar-se de que tudo quanto se apresenta à imaginação tende a enganar a alma e a fazer com que as razões empregadas em persuadir o objeto de sua paixão lhe pareçam muito mais fortes do que são, e as que servem para dissuadir muito mais fracas. E quando a paixão persuade apenas de coisas cuja execução sofre alguma delonga, cumpre abster-se de pronunciar na hora qualquer julgamento, e distrair-se com outros pensamentos até que o tempo e o repouso tenham apaziguado inteiramente a emoção que se acha no sangue. E enfim, quando ela incita a ações no tocante às quais é necessário tomar uma resolução imediata, é mister que a vontade se aplique principalmente a considerar e a seguir as razões contrárias àquelas que a paixão representa, ainda que pareçam menos fortes: como quando se é inopinadamente atacado por algum inimigo, e a ocasião não permite que se empregue algum tempo em deliberar. Mas o que me parece que os que estão acostumados a refletir sobre as suas ações podem sempre fazer é, quando se sentirem tomados de medo, esforçarem-se por desviar o pensamento da consideração do perigo, representando-se as razões pelas quais há muito mais segurança e mais honra na resistência do que na fuga; e, ao contrário, quando sentirem que o desejo de vingança e a cólera os incita a correr inconsideradamente para aqueles que os atacam, lembrar-se-ão de pensar que é uma imprudência o perder-se, quando é possível sem desonra salvar-se, e que, se a partida é muito desigual, vale mais efetuar uma honesta retirada ou tomar quartel do que expor-se brutalmente a uma morte certa.

Art. 212. *Que é somente delas que depende todo o bem e todo o mal desta vida.*

De resto, a alma pode ter os seus prazeres à parte; mas, quanto aos que lhe são comuns com o corpo, dependem inteiramente das paixões: de modo que os homens que elas podem mais emocionar são capazes de apreciar mais doçura nesta vida. É verdade que também pode encontrar nela mais amargura, quando não sabem bem empregá-las e quando a fortuna lhes é contrária; mas a sabedoria é principalmente útil neste ponto, porque ensina a gente a tornar-se de tal forma seu senhor e a manejá-las com tal destreza, que os males que causam são muito suportáveis, tirando-se mesmo certa alegria de todos.

REGRAS PARA A DIREÇÃO
DO ESPÍRITO

REGRA I
*A finalidade dos estudos deve ser a de dirigir o espírito para que ele produza julgamentos sólidos e verdadeiros sobre tudo o que a ele se apresente.*

Os homens têm o hábito, cada vez que descobrem uma semelhança entre duas coisas, de lhes atribuir, a uma e a outra, mesmo àquilo que as distingue, o que reconheceram verdadeiro em uma delas. Assim, fazendo uma comparação falsa entre as ciências, que residem inteiramente no conhecimento que o espírito possui, e as artes, que requerem um certo exercício e uma certa disposição do corpo, e vendo, por outro lado, que todas as artes não poderiam ser aprendidas ao mesmo tempo pelo mesmo homem, mas que aquele que só cultiva uma torna-se mais facilmente um excelente artista, pois as mesmas mãos não podem se dedicar à cultura dos campos e à execução da cítara com a mesma comodidade, ou a vários trabalhos deste gênero, todos diferentes, acreditaram que o mesmo também se dá com as ciências, e, distinguindo-as umas das outras, segundo a diversidade de seus objetos, pensaram que fosse preciso cultivá-las cada uma delas à parte, sem se ocupar de todas as demais. No que, certamente, enganaram-se. Pois, dado que todas as ciências não são outra coisa que a sabedoria humana, que permanece sempre uma e sempre a mesma, por mais diferentes que sejam os objetos às quais se apliquem, e que não sofrem mais mudanças destes objetos do que a luz do sol da variedade das coisas que ela ilumina, não há necessidade de impor-se limites ao espírito: o conhecimento de uma verdade não nos impede, com efeito, de descobrir uma outra, como o exercício de uma arte nos impede de aprender outra, mas, ao contrário, ela a isso nos ajuda. Na verdade, parece-me espantoso que quase todo o mundo estude com o maior cuidado os costumes dos homens, as propriedades das plantas, o movimento dos astros, as transformações dos metais e outros objetos de estudos similares, ao mesmo tempo em que quase ninguém pensa no bom senso ou nesta sabedoria universal, quando, entretanto, todas as outras coisas devem ser apreciadas menos por si mesmas do que pelas relações que elas têm. Não é pois sem motivo que pomos esta regra como a primeira de todas, pois nada nos afasta mais do reto caminho na procura da verdade do que orientar nossos estudos não em direção a uma finalidade geral, mas a objetivos particulares. Não falo de objetivos maus e condenáveis, como a vanglória ou o amor vergonhoso do ganho: é evidente que a impostura e a artimanha próprias dos espíritos vulgares a eles conduzem por um caminho muito mais curto do que o poderia fazer o conhecimento sólido da verdade. Mas quero falar de fins honestos e louváveis, pois eles nos desviam com frequência de modo mais dissimulado: assim, quando queremos cultivar as ciências úteis, seja pelas vantagens que com elas se retira da vida, seja pelo prazer que se encontra na contemplação da verdade, e que nesta vida é quase a única felicidade pura e que nenhum sofrimento perturba. São, com efeito, os frutos legítimos que podemos esperar da prática das ciências; mas se neles pensamos em meio aos nossos estudos, eles nos fazem omitir muitas coisas necessárias à aquisição de outros conhecimentos, seja porque, à primeira vista, tais coisas pareçam de pouca utilidade, seja porque pareçam de pouco interesse. É bem preciso, pois, convencer-se de que todas as ciências estão de tal modo inteira e conjuntamente ligadas que é mais fácil aprendê-las todas do que isolá-las. Se alguém quiser procurar seriamente a verdade, não deve escolher o estudo de uma ciência em particular, pois elas se encontram todas unidas entre si e dependem umas das outras. Mas deve pensar em ampliar a luz natural de sua razão não para resolver esta ou aquela dificuldade da escola, mas para que, em cada circunstância da vida, seu entendimento mostre à sua vontade o partido a tomar; e logo admirar-se-á de ter feito maiores progressos do que aqueles que se aplicam a estudos particulares, e de ter chegado não só ao que os demais desejam, mas ainda aos mais belos resultados que eles não podem esperar.

## REGRA II
*É preciso ocupar-se apenas com objetos de que nosso espírito parece capaz de adquirir um conhecimento certo e indubitável.*

Toda ciência é um conhecimento certo e evidente; e aquele que duvida de muitas coisas não é mais sábio do que aquele que jamais pensou a tal respeito. Parece-me mesmo mais ignorante do que este, por pouco que ele se tenha feito uma falsa ideia de algumas coisas dentre aquelas. Portanto, mais vale jamais estudar do que ocupar-se de objetos difíceis com os quais, não podendo distinguir o verdadeiro do falso, se veja obrigado a admitir como certo o que é duvidoso, porque, neste caso, há menos esperança de aumentar sua ciência do que o risco de diminuí-la. Assim, por esta regra, rejeitamos todos os conhecimentos apenas prováveis e decidimos ser preciso dar nosso assentimento apenas àqueles perfeitamente conhecidos e dos quais não podemos duvidar. Embora os doutos talvez imaginem que tais conhecimentos sejam bem raros, já que, seguindo um defeito comum a todos os homens, negligenciaram refletir sobre eles, tomando-os como muito fáceis e ao alcance de todo o mundo, eu, no entanto, os adverti de que são muito mais numerosos do que acreditam e suficientes para demonstrar, de modo certo, uma grande quantidade de proposições sobre as quais, até o momento, só puderam formular verosssimilhanças. Mas, tendo acreditado ser indigno de um homem douto confessar que ignora alguma coisa, eles se habituaram a embelezar suas falsas razões, embora acabassem por se convencer a si mesmos e, assim, as deram por verdadeiras. Em verdade, se bem observarmos esta regra, haverá bem poucas coisas das quais poderemos empreender o estudo. Nas ciências, com efeito, talvez não haja uma só questão sobre a qual os sábios não tenham, frequentemente, estado em desacordo. Ora, cada vez que sobre o mesmo assunto dois dentre eles tenham uma opinião diferente, é certo que ao menos um dos dois se engane; e parece mesmo que nenhum deles possua a ciência, pois se as razões de um fossem certas e evidentes, poderia expô-las ao outro de tal maneira que, em sua vez, terminaria por convencê-lo. Vemos, portanto, que, sobre tudo o que dá lugar a opiniões prováveis, é impossível adquirir um conhecimento perfeito, pois não podemos, sem presunção, esperar de nós mesmos o que os outros não fizeram, de modo que, se nosso raciocínio é certo, não sobram de todas as ciências senão a aritmética e a geometria, para as quais a observação desta regra nos reconduz.

Entretanto, isso não é uma razão para condenarmos a maneira pela qual tivemos a ideia de filosofar até o presente e as máquinas de guerra dos silogismos prováveis dos escolásticos; isso exercita e excita os jovens espíritos, por uma certa emulação, sendo preferível formarem-se com opiniões deste gênero, por incertas que pareçam nas discussões dos sábios, do que abandoná-las completamente a eles memos. Talvez eles se precipitassem, efetivamente, em abismos, se permanecessem sem guia; enquanto, se se apegarem aos traços de seus preceptores, poderão, sem dúvida, afastar-se da verdade, mas ao menos estarão seguros de tomar um caminho, no sentido de que ele já foi experimentado por outros mais prudentes. Nós mesmos também nos alegramos de ter sido formados da mesma maneira nas escolas. Mas agora, desligados desta obrigação que nos prendia às palavras dos mestres e tendo enfim uma idade bastante madura para subtrairmos a mão à palmatória, se quisermos seriamente dar-nos regras, graças às quais nos elevamos ao cimo dos conhecimentos humanos; é preciso seguramente colocar entre as primeiras a que nos adverte de não abusar de nosso lazer[1], como fazem muitos homens que negligenciam todas coisas fáceis para ocupar-se apenas das que são árduas: eles fazem com engenhosidade conjecturas seguramente muito sutis e raciocínios inteiramente prováveis, mas após muitos esforços percebem, já tarde enfim, que não fizeram senão aumentar a quantidade de suas dúvidas, não adquirindo qualquer ciência.

Por enquanto, tendo dito um pouco mais acima que entre as ciências já conhecidas somente a aritmética e a geometria estão isentas de falsidade e de incerteza, deve-se examinar com mais cuidado por que é assim e, a esse respeito, é preciso notar que chegamos ao conhecimento das coisas por dois caminhos, a saber, pela experiência ou pela dedução. É preciso notar, além disso, que as experiências são com frequência enganosas, mas que a dedução, ou a simples inferência de uma coisa a partir de outra, podem sem dúvida ser omitidas se não as percebemos, mas não poderiam ser mal feitas, mesmo pelo entendimento menos capaz de raciocinar. Mas para obter o resultado, acho de uma utilidade medíocre esses encadeamentos pelos quais os dialéticos pensam governar a razão humana, embora não negue que sejam excelentes para outros usos. Com efeito, todos os erros em que os homens podem cair (e não os animais, bem entendido) não provêm jamais de uma má inferência, mas apenas do fato de que se admitem certas experiências pouco compreendidas, ou que se façam juízos ligeiros e sem fundamento.

Por aí se vê claramente por que a aritmética e a geometria são muito mais certas que as demais ciências: é que somente elas tratam de um objeto bastante puro e simples para não admitir absolu-

---

1. A expressão aqui utilizada – *abuser de notre loisir* – significa, mais exatamente, "usar mal do tempo livre". Em vários de seus textos e cartas, Descartes demonstra a necessidade do lazer, ou seja, o tempo disponível e a liberdade que possuía para se dedicar à reflexão filosófica ou à vida contemplativa. Para ele, valia sim o *recte ponere otia* – "use corretamente o ócio".

tamente nada do que a experiência tenha tornado incerto, consistindo inteiramente em uma série de consequências deduzidas por raciocínio. São, portanto, as mais fáceis e as mais claras de todas, e seu objeto é tal que o desejamos, já que, salvo por inatenção, parece impossível ao homem ali cometer erros. E no entanto, não é preciso admirar-se se, de maneira espontânea, muitos espíritos se apliquem, preferencialmente, a outros estudos ou à filosofia. Isso vem, com efeito, do fato de que cada um se dá mais ousadamente a liberdade de afirmar coisas por adivinhação, em uma questão obscura, do que numa questão evidente; e que é mais fácil fazer conjecturas sobre uma questão qualquer do que chegar à própria verdade, por fácil que ela seja.

De tudo isso pode-se concluir, em verdade, não que só se deva aprender aritmética e geometria, mas apenas que aqueles que procuram o reto caminho da verdade não se devem ocupar de qualquer objeto do qual não possam ter uma certeza igual àquela das demonstrações da aritmética e da geometria.

REGRA III
*Sobre os objetos propostos ao nosso estudo, é necessário procurar não o que os outros pensaram ou o que nós mesmos conjecturamos, mas aquilo de que podemos ter uma intuição clara e evidente, ou o que podemos deduzir com certeza. Pois não é de outro modo que a ciência se adquire.*

É preciso ler as obras dos antigos, pois há para nós uma imensa vantagem em poder utilizar os trabalhos de tantos homens, seja para conhecer o que de bom foi descoberto no passado, seja para saber o que ainda resta descobrir em todas as ciências. Todavia, é de se recear que certos erros provindos de uma leitura muito assídua de suas obras, não se introduzam em nós completamente, apesar de todos os nossos esforços e de todas as nossas precauções. Com efeito, os autores se inclinam naturalmente, cada vez que se deixam prender por cega credulidade a alguma opinião controvertida, a nos querer levar à sua conclusão por argumentos os mais sutis; enquanto, ao contrário, cada vez que tiveram a felicidade de encontrar algo de certo e de evidente, nunca o desenvolvem senão com todos os tipos de desvios, com medo, sem dúvida, de que a simplicidade da prova diminua a importância da invenção, ou ainda por que nos recusam ciosamente a verdade em toda a clareza.

Mas ainda que fossem todos sinceros e francos, e jamais nos impusessem coisas duvidosas como verdades, e tudo nos expusessem de boa fé, não saberíamos, apesar de tudo, em quem acreditar, pois não existe quase nada que não tenha sido dito por um e cujo contrário não tenha sido afirmado pelo outro. E não serviria de nada contar as vozes para seguir a opinião dos que mais têm partidários, pois caso se trate de uma questão difícil, é mais sábio acreditar que, a esse respeito, a verdade só pôde ser encontrada por poucas pessoas, e não por muitas. Por outro lado, ainda que todos estivessem de acordo entre si, suas doutrinas não seriam suficientes, pois nunca, por exemplo, nos tornaríamos matemáticos, mesmo sabendo de cor todas as demonstrações dos outros, se nosso espírito não for capaz, por sua vez, de resolver toda espécie de problema. E jamais seremos filósofos se houvermos lido todos os raciocínios de Platão e de Aristóteles, e nos for impossível ter um juízo firme sobre uma questão dada; com efeito, pareceríamos ter aprendido não ciências, mas história.

Além disso, somos advertidos de que não se deve absolutamente misturar qualquer conjectura com juízos que trazemos sobre a verdade das coisas. Essa advertência não tem pouca importância, pois a verdadeira razão pela qual nunca encontramos nada de muito evidente e de muito certo na filosofia habitual, para poder substrair-se à controvérsia, é que, primeiramente, os homens de estudo, não contentes em conhecer as coisas claras e certas, ousaram também afirmar coisas obscuras e desconhecidas, às quais só chegaram por conjecturas prováveis; em seguida, acrescentando-lhes, eles mesmos, pouco a pouco, toda uma fé e misturando-as indistintamente às coisas verdadeiras e evidentes, terminaram por não poder nada concluir que não pareça depender de alguma proposição dessa natureza e que, na sequência, não seja incerta.

Para não cair em seguida no mesmo erro, vamos enumerar aqui todos os atos de nosso entendimento pelos quais podemos chegar ao conhecimento das coisas sem qualquer medo de erro. Há apenas dois: a intuição e a dedução.

Por intuição, entendo não o testemunho mutável dos sentidos ou o juízo enganador de uma imaginação que compõe mal seu objeto, mas a concepção de um espírito puro e atento, concepção tão fácil e distinta que nenhuma dúvida permanece sobre o que compreendemos; ou, o que é a mesma coisa, a concepção firme de um espírito puro e atento que nasce apenas da luz da razão e que, sendo mais simples, é, por conseguinte, mais segura do que a própria dedução, a qual, no entanto, não pode ser mal concebida pelo homem, como observamos precedentemente. Assim, por intuição, cada um pode ver: que existe, que pensa, que o triângulo é definido por apenas três linhas, a esfera por uma só superfície, e coisas deste gênero, que são bem mais numerosas do que a maioria dos homens poderia crer, pois desdenham voltar seu espírito para coisas tão fáceis.

Mas por medo de que alguns talvez estejam chocados pelo uso novo da palavra *intuição*, e outros ainda pelo fato de que na sequência eu seria forçado a me desviar igualmente de suas significações habituais, declaro aqui que não me ocupo, de modo algum, da maneira pela qual essas expressões foram empregadas nos últimos tempos nas escolas, pois seria muito difícil servir-se dos mesmos nomes tendo ideias inteiramente diferentes; mas considero com atenção o que significa cada palavra em latim, a fim de que se as palavras apropriadas faltem, eu tome, para dar-lhe meu sentido, aquelas que me parecem as melhores para esse uso.

Ora, esta evidência e esta certeza da intuição não são requeridas somente para afirmações simples, mas também para toda espécie de raciocínio. Assim, por exemplo: 2 e 2 fazem a mesma coisa que 3 e 1; não apenas é preciso ver, por intuição, que 2 e 2 e que 3 e 1 fazem igualmente 4, mas ainda que a terceira proposição se conclui necessariamente daquelas duas.

Em seguida, já pudemos nos perguntar por que, além da intuição, acrescentamos aqui um outro modo de conhecimento que se faz por *dedução*, operação pela qual entendemos tudo o que se conclui necessariamente de outras coisas conhecidas com certeza. Mas foi preciso assim proceder porque muitas coisas são conhecidas com certeza, embora elas mesmas não sejam evidentes, desde que sejam deduzidas, a partir de princípios verdadeiros e conhecidos, por um movimento contínuo ou ininterrupto do pensamento que tenha uma intuição clara de cada coisa. É assim que sabemos que o último elo de uma longa cadeia está ligado ao primeiro, mesmo se não abraçamos de um só e mesmo golpe de vista todos os intermediários dos quais depende este vínculo, e que nos lembremos que, do primeiro ao último, cada um se prende aos que lhe são próximos. Distinguimos então aqui a intuição da dedução certa por aquilo que se concebe nesta aqui como um movimento ou uma certa sucessão, enquanto, naquela lá, não se dá o mesmo; e que para a dedução, além disso, uma evidência atual não é necessária como o é para a intuição, mas sim que receba, por um sentido, sua certeza da memória. Donde resulta que, quando se trata das proposições, que são a consequência imediata dos primeiros princípios, pode-se dizer, conforme o modo diferente de considerá-las, que as conhecemos tanto por intuição quanto por dedução. Mas os primeiros princípios não podem ser conhecidos senão por intuição; e, ao contrário, as consequências afastadas somente o podem ser por dedução.

Eis aqui as duas vias mais corretas para conduzir à ciência. No que diz respeito à inteligência, não se deve admitir mais do que isso, e todas as demais devem ser rejeitadas como suspeitas e expostas ao erro. Entretanto, isso não impede que, relativamente àquilo revelado por Deus, creia-se como conhecimento ainda mais certo, pois que a fé, que trata sempre de coisas obscuras, não é um ato de inteligência, mas de vontade, e que, se ela tem bases no entendimento, aquelas ali podem e devem ser encontradas, antes de tudo, por uma ou por outra das vias já citadas, como um dia talvez o mostremos mais amplamente.

## REGRA IV
*O método é necessário para a procura da verdade*

Os mortais possuem uma curiosidade tão cega que frequentemente conduzem seus espíritos por vias desconhecidas, sem nenhum motivo de esperança, mas apenas para ver se o que procuram não estaria ali, como alguém que se abrasasse com uma cobiça tão louca de descobrir um tesouro que, sem parar, percorresse os caminhos, procurando ao acaso algo que teria sido perdido por um viajante. Assim trabalham quase todos os químicos, a maior parte dos geômetras e muitos filósofos. Na verdade, não nego que, de vez em quando, assim se vão à aventura com bastante alegria para encontrar alguma verdade. Mas não é uma razão para que eu reconheça serem mais hábeis, mas apenas mais felizes. No entanto, é preferível não procurar a verdade sobre algo do que fazê-lo sem método: pois é bastante certo que esses estudos desordenados e essas meditações obscuras perturbam a luz natural e cegam o espírito. E todos aqueles que têm assim o costume de andar nas trevas diminuem de tal modo a acuidade de sua visão que, em seguida, não podem mais suportar a plena luz. Algo que a experiência ainda confirma, pois frequentemente se vê que aqueles que jamais cuidaram do estudo das letras julgam muito mais sólida e claramente o que a eles se apresenta do que aqueles que sempre frequentaram as escolas. Ora, por método entendo as regras fáceis e corretas graças às quais todos os que as observam com exatidão nunca suporiam verdade o que é falso, e chegariam, sem se cansar com esforços inúteis, mas aumentando progressivamente sua ciência, ao conhecimento verdadeiro de tudo o que podem alcançar.

Mas é necessário notar aqui dois pontos: jamais supor verdadeiro o que é falso e chegar ao conhecimento de todas as coisas. É que com efeito se nós ignoramos alguma das coisas que podemos saber, isso vem apenas ou do fato de não termos descoberto alguma rota que nos pudesse conduzir a um tal conhecimento, ou do fato de que caímos no erro contrário. Mas se o método explica bem como é preciso servir-se da intuição, para não cair no erro contrário à verdade, e como é necessário fazer deduções para chegar ao conhecimento de todas as coisas, nada mais é requerido, parece-me, para que ele seja completo, pois nenhuma ciência pode existir, como já foi dito, se não for por intuição e por dedução. Efetivamente, o método não pode ir até {o ponto de} ensinar também como essas mesmas operações devem ser feitas, pois elas são as mais simples e as primeiras de todas, de modo que, se nosso entendimento já não podia fazê-las anteriormente, ele não compreendia nenhum dos preceitos do próprio método, por fáceis que fossem. Quanto às outras operações do espírito, que a dialética se esforça por dirigir com a ajuda daquelas duas primeiras, elas são aqui inúteis, ou, antes, elas devem ser tidas aqui como obstáculos, pois nada se pode acrescentar à luz pura da razão que de alguma maneira não a obscureça.

Como a utilidade deste método é grande o bastante para que sem ele pareça mais prejudicial do que útil entregar-se ao estudo das ciências, estou convencido de que, após muito tempo, sem outro guia, evidentemente, além da natureza, os maiores espíritos dela tiveram alguma ideia. O espírito humano possui, com efeito, algo de divino, no qual as primeiras sementes de pensamentos úteis foram jogadas, de sorte que, com frequência, por negligenciadas e afixiadas que estejam por estudos contrários, elas produzem frutos espontaneamente. Temos a prova disso nas mais fáceis das ciências, a aritmética e a geometria, pois reparamos que os antigos geômetras serviram-se de uma análise que estendiam à resolução de todos os problemas, mas da qual, com ciúmes, privaram a posteridade. E agora existe uma espécie de aritmética, que se chama álgebra, feita para operar sobre quantidades o que os antigos faziam sobre figuras. Essas duas ciências não são outra coisa que os frutos naturais produzidos pelos princípios inatos deste método. Além disso, no que concerne aos objetos inteiramente simples dessas duas disciplinas, não me espanto de, até o momento, aqueles frutos se terem neles desenvolvido com mais chances do que nas outras ciências, cujos obstáculos ordinariamente as sufocam, mas que, todavia, desde que sejam cultivados com mais cuidado, podem, sem dúvida, alcançar uma perfeita maturidade.

Eis, pois, o que comecei principalmente a fazer neste tratado: com efeito, não faria grande caso dessas regras se elas estivessem destinadas a resolver problemas vãos, com os quais os calculadores e os geômetras têm o costume de se distrair em seus lazeres, pois acreditaria assim não ter conseguido ocupar-me senão com bagatelas, talvez com mais sutileza do que outros. Ainda que deva aqui falar de figuras e de quantidades, pois não se pode pedir a nenhuma ciência exemplos assim tão evidentes e certos, quem quer que considere com atenção meu pensamento, perceberá facilmente que não cogito aqui, de modo algum, nas matemáticas ordinárias, mas que exponho uma outra ciência, da qual elas são mais o envoltório do que as partes. Esta ciência deve, com efeito, conter os primeiros rudimentos da razão humana e ter apenas que se desenvolver para extrair verdades de qualquer assunto que seja; e, para falar livremente, estou convencido de que ela é preferível a todo outro conhecimento que os homens nos tenham ensinado, pois que ela é a sua fonte. Mas falei de envoltório não para querer cobrir esta doutrina e escondê-la para dela afastar a multidão, mas, antes, a fim de vesti-la e adorná-la de modo que possa estar mais ainda ao alcance do espírito humano.

Quando comecei a me dedicar ao estudo das matemáticas, li primeiramente tudo o que é habitualmente ensinado pelos autores que dela tratam; e são sobretudo a aritmética e a geometria que cultivei, pois que se dizia serem as mais simples e consideradas como um caminho que conduz às outras ciências. Mas para uma ou para a outra, somente punha as mãos em autores que me satisfaziam plenamente: neles lia muitas coisas relativa aos números, após ter feito cálculos que reconhecia como verdadeiros; e mesmo no tocante às figuras, eles me punham sob os olhos várias verdades que tiravam de certos princípios; mas não me pareciam fazer ver bastante claramente ao espírito por que assim era, e como se havia feito a solução. Também não me admirava de que, logo após ter experimentado essas ciências, a maior parte dos homens de talento e de saber as negligenciasse como pueris e vãs, ou, ao contrário, se assustassem desde o começo com a ideia de aprendê-las, tanto são difíceis e complicadas. Pois, em verdade, nada é mais inútil do que se ocupar de números vazios e figuras imaginárias, a ponto de parecer deleitar-se com semelhantes bagatelas; e nada é tão inútil também do que se apegar a essas demonstrações superficiais, que se encontram com mais frequência por acaso do que por método, e que se dirigem aos olhos e à imaginação mais do que ao entendimento, a ponto de se perder o hábito do próprio uso da razão. E, ao mesmo tempo, nada é mais complicado do que desembaraçar por tal método as dificuldades novas que estão escondidas pela confusão dos números. Mas quando em seguida eu refletia de onde vinha que antigamente os primeiros filósofos não queriam admitir para o estudo da sabedoria alguém que ignorasse as matemáticas, como se esta disciplina lhes parecesse a mais fácil e necessária de todas para formar e preparar os espíritos a compreender outras ciências mais elevadas, tive com clareza a ideia de que conheciam uma certa matemática bem diferente da matemática vulgar de nosso tempo. Não que eu creia que a tenham conhecido perfeitamente, já que suas alegrias loucas e os sacrifícios que faziam para resoluções fáceis mostram o quanto estavam pouco avançados. E não são algumas máquinas por eles inventadas, que os historiadores nos louvam, que me fazem mudar de opinião. Pois embora elas tenham sido, sem dúvida, bastante simples, puderam ser elevadas à condição de milagres pela multidão ignorante e maravilhada. Mas estou convencido de que as primeiras sementes de verdade depositadas no espírito humano pela natureza, mas que nós sufocamos ao ler e ouvir a cada dia erros de toda a sorte, possuíam tanta força naquela rude e simples Antiguidade que, por esta mesma luz do espírito que os fazia ver que é necessário preferir a virtude ao prazer e o honesto ao útil, embora ignorassem por que assim é, os homens conceberam ideias verdadeiras da filosofia e das matemáticas, mesmo que nunca tenham podido adquirir perfeitamente essas mesmas ciências. Na verdade, parece-me que traços desta matemática verdadeira são vistas ainda em Pappus[2] e

---

2. Pappus de Alexandria (290?-350?), conceituado matemático cuja obra *Synagoge* (Coleção) comenta as proposições dos autores passados.

Diofante[3], os quais, não pertecendo à primeira idade, viveram, entretanto, vários séculos antes de nós. Mas acreditaria de boa vontade que, por uma perversa malícia, tais autores a esconderam em seguida; pois assim como muitos artesãos fizeram com suas invenções, tiveram medo de que, sendo muito fáceis e simples, seus métodos perdessem valor uma vez divulgados e, para que nós os admirássemos, preferiram nos dar, em seu lugar, como frutos de seus métodos, algumas verdades estéreis deduzidas com sutileza, ao invés de nos ensinar o próprio método, o que teria feito desaparecer a admiração. Houve, enfim, homens de um grande espírito que se esforçaram neste século por ressuscitá-lo, pois o método, que se chama pelo nome estrangeiro de álgebra, não parece outra coisa, desde que, entretanto, se chegue a desembaraçá-lo das somas numerosas e das figuras confusas que o sobrecarregam, a fim de que ele possua, doravante, essa clareza e facilidade suprema que se deve encontrar, como dissemos, na verdadeira matemática. Esses pensamentos conduziram-me do estudo particular da aritmética e da geometria a um estudo geral das matemáticas. Primeiramente, busquei o que todo o mundo entende exatamente por esta palavra e por que se vê como uma parte das matemáticas não apenas as duas ciências das quais falamos, mas ainda a música, a óptica, a mecânica e outras mais. Com efeito, não é suficiente aqui considerar a etimologia da palavra, pois, como o termo matemática significa simplesmente ciência, as outras não teriam menos direito do que a própria geometria de serem chamadas matemáticas. Por outro lado, não vemos ninguém que, tão logo tenha entrado nas escolas, não distinga facilmente, dentre aquilo que a ele se apresenta, o que se relaciona às matemáticas e o que se relaciona às outras ciências. E se refletimos mais atentamente a esse respeito, reparamos enfim que somente as coisas nas quais estudamos a ordem e a medida se referem à matemática, não

---

3. Diofante ou Diofanto, também de Alexandria, ativo no século III da era atual. Escreveu treze livros sobre aritmética, dos quais nos chegaram apenas seis, e, entre suas contribuições, destaca-se a explanação das regras de multiplicação com sinais relativos.

importando se esta medida seja procurada nos números, nas figuras, nos astros, nos sons ou em qualquer outro objeto. Observa-se assim que deve haver alguma ciência geral que explique tudo o que se pode procurar no tocante à ordem e à medida, sem aplicação a uma matéria em particular, e que esta ciência é chamada não por um nome estrangeiro, mas por um já antigo e recebido pelo uso, a matemática universal, porque ela engloba tudo aquilo pelo qual as demais ciências são ditas partes da matemática. O que faz ver o quanto ela ganha em utilidade e facilidade sobre as outras ciências que dela dependem, é que ela se aplica a todas as mesmas coisas que aquelas e, além disso, a outras mais; e que todas as dificuldades que ela comporta também se encontram nas outras ciências, estas aqui acompanhadas de muitas outras dificuldades que provêm de seus objetos particulares, e que, de sua parte, não possui. Mas agora, se todo o mundo conhece seu nome e compreende do que ela trata, mesmo sem a ela se dedicar, por que acontece da maioria dos homens procurar conhecer as outras ciências que dela dependem, ao passo que ninguém se dá ao trabalho de estudá-la em si? Eu ficaria seguramente espantado se não soubesse que ela é considerada por todo o mundo como muito fácil e se após muito tempo não tivesse percebido que o espírito humano, deixando de lado tudo o que ele pensa poder alcançar facilmente, se apressa em correr para coisas novas e mais elevadas.

Mas eu, consciente de minha fraqueza, decidi observar constantemente, na procura da verdade, uma ordem tal que, tendo sempre começado pelas coisas mais simples e mais fáceis, nunca passo a outras antes de que me pareça nada mais restar nas primeiras. Eis por que cultivei até agora esta matemática universal, embora creia poder ocupar-me doravante, sem que seja por um zelo prematuro, de ciências um pouco mais elevadas. Mas antes, esforçar-me-ei por reunir e pôr em ordem tudo o que julguei digno de observação em meus estudos anteriores, tanto para reencontrá-lo sem dificuldade neste livro, se for necessário na época ou na idade em que venha se enfraquecer a memória, quanto para aliviar desde já minha memória e poder conduzir a outras coisas um espírito mais livre.

## REGRA V

*Todo o método consiste na ordem e na disposição das coisas para as quais é preciso voltar o olhar do espírito para descobrir alguma verdade. Ora, nós o seguiremos com exatidão se reconduzirmos gradualmente as proposições complicadas e obscuras às mais simples e se, em seguida, partindo da intuição das mais simples, experimentarmos nos elevar, pelos mesmos degraus[4], ao conhecimento de todas as outras.*

É apenas nisso que se encontra o essencial de toda a habilidade humana; e esta regra deve ser não menos seguida por quem quiser entrar no conhecimento das coisas do que o fio de Teseu, para quem quiser penetrar no labirinto. Mas muitos homens ou não refletem sobre o que ela prescreve, ou a ignoram totalmente, ou imaginam dela não ter necessidade. E, com frequência, examinam as questões mais difíceis com tão pouca ordem que me parecem se conduzir como se, encontrando-se na base de um edifício, tentassem chegar, com um salto apenas, à cumeeira. Assim fazem os astrólogos que, sem conhecer a natureza dos céus e sem mesmo terem observado com exatidão os movimentos, esperam poder indicar-lhes os efeitos. Assim faz a maioria daqueles que estudam a mecânica, sem a física, e fabricam ao acaso novas ferramentas para produzir movimentos. Assim fazem também esses filósofos que, sem considerar as experiências, pensam que a verdade nascerá de seus próprios cérebros, como Minerva do de Júpiter.

Na verdade, evidentemente, todos pecam contra essa regra. Mas como reiteradamente a ordem que aqui se exige é tão obscura e complicada que ninguém pode reconhecer qual seja, lhes será bem difícil percebê-la para não se enganar, caso não observem cuidadosamente o que será exposto na regra seguinte.

---

4. Observamos a tradução literal de *degré*, tanto para indicar *escala* quanto *potência ou grau*. A opção foi mantida para este livro das Regras e para o da Geometria.

## REGRA VI
*Para distinguir as coisas mais simples daquelas mais complicadas, e para procurá-las com ordem, é preciso, em cada série de coisas das quais deduzimos diretamente algumas verdades de outras verdades, ver qual é a coisa mais simples e de que modo estão todas as outras mais, menos ou igualmente dela afastadas.*

Embora esta regra pareça não ensinar nada de novo, ela contém, no entanto, o segredo principal do método, e não existe nada de mais útil em todo esse tratado. Com efeito, ela ensina que as coisas podem ser dispostas em séries diferentes, não, sem dúvida, da maneira como são atribuídas a algum gênero de ser, assim como os filósofos as dividiram segundo as categorias, mas conforme o conhecimento de umas pode decorrer do conhecimento de outras, de sorte que, a cada vez que uma dificuldade se apresente, nós logo possamos ver se não será útil examinar certas coisas anteriores, quais e em que ordem.

Mas para que aí se possa ter sucesso, é necessário notar, primeiramente, que todas as coisas podem ser úteis ao nosso projeto, não quando consideramos suas naturezas isoladamente, mas comparadas entre si, a fim de que o conhecimento de uma decorra daquele de outras e possam ser ditas absolutas ou relativas.

Chamo de absoluto tudo o que contém em si a natureza pura e simples daquilo de que se trata. Assim, tudo o que é considerado como independente, causa, simples, universal, uno, igual, semelhante, reto ou outras coisas desse gênero; e o chamo o mais simples e mais fácil, a fim de que dele nos sirvamos para resolver as questões.

O relativo, ao contrário, é aquilo que participa desta mesma natureza, ou ao menos de alguma coisa dela, pelo que pode ser reatado ao absoluto e dele ser deduzido, seguindo-se uma certa ordem, mas que, além disso, contenha em seu conceito outras coisas a que chamo relações: assim é tudo o que denomino dependente, efeito, composto, particular, múltiplo, desigual, oblíquo etc. Tais coisas relativas afastam-se tanto mais dos absolutos quanto contenham mais relações deste gênero, subordinadas umas às outras; e é a necessidade de distingui-las que a regra nos ensina, assim como a obrigação de observar suas conexões recíprocas e sua ordem natural, de tal maneira que, partindo da última, e passando por todas as demais, possamos chegar ao que é o mais absoluto.

O segredo de todo o método consiste em olhar com cuidado, em todas as coisas, o que há de mais absoluto. Algumas coisas, com efeito, sob determinado ponto de vista, são mais absolutas do que outras; mas, consideradas de outro modo, são mais relativas. Assim, o universal é, certamente, mais absoluto do que o particular, pois tem uma natureza mais simples; mas dele se pode também dizer mais relativo, já que, para existir, depende dos indivíduos. De modo igual, certas coisas são realmente, às vezes, mais absolutas do que outras, mas nunca, entretanto, as mais absolutas de todas. Assim, se nós considerarmos os indivíduos, a espécie é algo de absoluto; e se considerarmos o gênero, ela é algo de relativo. Entre as coisas mensuráveis, a extensão é algo de absoluto, mas, entre as extensões, é o comprimento. Igualmente enfim, para melhor fazer entender que aqui nós consideramos as séries das coisas, e não a natureza de cada uma delas, é de maneira intencional que incluímos a causa e a igualdade entre as coisas absolutas, embora suas naturezas sejam em realidade relativas, porque efetivamente, entre os filósofos, a causa e o efeito são coisas correlatas; mas se nós buscamos aqui o efeito, é preciso primeiramente conhecer a causa, e não fazer o inverso. As coisas iguais também se correspondem, mas nós não conhecemos as coisas desiguais senão as comparando às iguais, e não inversamente.

Em segundo lugar, é necessário notar que existem poucas naturezas puras e simples, das quais, à primeira vista e por si mesmas, possamos ter a intuição, independentemente de todas as outras, seja por experiências, seja por esta luz que está em nós; também dizemos ser preciso observá-las com cuidado, pois são elas que nós chamamos as mais simples em cada série. Todas as demais, ao contrário, não podem ser percebidas a não ser que sejam deduzidas dessas aqui, seja imediata e proximamente, seja por intermédio de duas, três ou várias conclusões diferentes, conclusões das quais é preciso também perceber a quantidade para saber se mais ou menos degraus as separam da primeira e mais simples proposição. Assim ocorre, em todos os lugares, o encadeamento das consequências, de onde nascem as séries de coisas a investigar, às quais é preciso reconduzir toda questão para poder examiná-la com um método seguro. Mas como não é fácil recenseá-las todas e, além disso, menos necessário retê-las de memória do que distingui-las por percuciência de espírito, convém procurar alguma coisa para formar os espíritos de tal maneira que, sempre que for necessário, eles logo as vejam. Para o que, certamente, nada é mais apropriado do que acostumar-se, e eu próprio o experimentei, a refletir com sagacidade sobre as menores coisas anteriormente percebidas.

É preciso notar, em terceiro lugar, que não se deve começar um estudo pela procura das coisas difíceis; mas, antes de nos prepararmos para abordar algumas questões determinadas, é forçoso primeiro recolher, sem distinções, as verdades que se apresentam por si mesmas; depois, pouco a pouco, ver se algumas outras podem ser delas deduzidas, e destas aqui mais outras ainda, e assim por diante. Isto feito, convém refletir com atenção nas verdades descobertas e examinar cuidadosamente por que pudemos encontrar algumas mais cedo e facilmente do que outras, e quais são elas, a fim de que por esse meio julguemos também, quando abordarmos uma determinada questão, a quais outras pesquisas é útil primeiramente aplicar-se. Por exemplo, se me ocorresse ao espírito que o número 6 é o dobro de 3, procuraria em seguida o dobro de 6, quer dizer, 12; depois procuraria, se bem me parece, o dobro deste aqui, quer dizer, 24, e o dobro deste último, ou seja, 48 etc. Daí concluiria, como é fácil de fazê-lo, que a mesma proporção existe entre 3 e 6, 6 e 12 e, da mesma forma, entre 12 e 24, e que, por conseguinte, os números 3, 6, 12, 24, 48 etc. estão em proporção contínua. Desse modo, embora todas essas coisas sejam tão claras que pareçam pueris, compreendo, refletindo atentamente, de que maneira estão envolvidas todas as questões que possam ser feitas no tocante às proporções ou às relações das coisas, e em que ordem elas devam ser buscadas – o que constitui, por si só, o essencial de toda a ciência da matemática pura.

Pois reparo, inicialmente, que não é mais difícil ter encontrado o dobro de 6 do que o dobro de 3, e, de modo semelhante em todas as coisas, uma vez encontrada a proporção que existe entre duas grandezas quaisquer, pode-se calcular um número infinito de outras grandezas que tenham entre elas a mesma proporção. E a natureza da dificuldade não muda, [mesmo] que se procure 3, 4 ou uma quantidade maior deste gênero, pois cada uma deve ser encontrada à parte e sem relação com as demais. Observo em seguida que, sendo dadas as grandezas 3 e 6, encontro facilmente uma terceira em proporção contínua, a saber, 12, mas que, ao contrário, sendo dados os dois extremos, ou seja, 3 e 12, não é igualmente fácil encontrar a média proporcional, quer dizer, 6. Para quem examine o motivo, é evidente haver aqui uma outra espécie de dificuldade inteiramente diversa da precedente. Pois, para se encontrar uma média proporcional, é preciso prestar atenção ao mesmo tempo nos dois extremos e na proporção que há entre eles dois, a fim de que a dividindo se tenha uma nova; coisa bem diferente do que é requerido quando, dadas duas grandezas, quer-se descobrir uma terceira em proporção contínua. Vou mais longe ainda e examino se, sendo dadas as grandezas 3 e 24, pode-se também facilmente encontrar uma ou outra das duas médias proporcionais, quer dizer, 6 e 12; mas aqui também se apresenta uma outra sorte de dificuldades, mais complicada do que as primeiras. Pois é necessário prestar atenção, ao mesmo tempo, não apenas em uma ou duas coisas, mas a três diferentes, para encontrar uma quarta. Pode-se ir ainda mais longe e ver se, sendo dados apenas 3 e 48, seria mais difícil ainda encontrar uma ou outra das três médias proporcionais, quer dizer, 6, 12 e 24. E é, em verdade, o que parece à primeira vista. Mas logo se vê que essa dificuldade pode ser dividida e reduzida. Por exemplo: procura-se de início uma só média proporcional entre 3 e 48, a saber, 12; em seguida, procura-se uma outra média proporcional entre 3 e 12, a saber, 6, e outra entre 12 e 48, a saber, 24, e tudo é assim conduzido à segunda sorte de dificuldade precedentemente exposta.

Depois de tudo isso, vejo ainda como se pode procurar o conhecimento de uma mesma coisa por vias diferentes, sendo uma bem mais difícil e obscura do que outra. Assim, para encontrar aqueles 4 números em proporção contínua – 3, 6, 12 e 24 – se dermos dois que se sigam, quer dizer, 3 e 6, ou 6 e 12, ou 12 e 24, a fim de que por eles se encontrem os outros, a coisa será muito fácil de se fazer; e diremos então que a proporção a ser encontrada está diretamente sob exame. Mas se caso dermos dois que se alternem, quer dizer 3 e 12, ou 6 e 24, a fim de que por esse meio encontremos os outros, diremos então que a dificuldade está indiretamente sob exame quanto à primeira maneira. O mesmo ocorre se dermos os dois extremos, quer dizer 3 e 24, a fim de que por eles se procure os intermediários 6 e 12 – a dificuldade será examinada então indiretamente da segunda maneira. E poderia assim ir mais longe e deduzir muitas outras coisas deste único exemplo; mas estas aqui serão suficientes para que o leitor veja o que quero dizer, quando declaro que uma proposição é deduzida direta ou indiretamente e que ele saiba que, graças ao conhecimento das coisas mais fáceis e mais elementares, muitas outras podem ser encontradas, mesmo nas demais ciências, para quem reflita atentamente e faça investigações com sagacidade.

## REGRA VII
*Para concluir a ciência, é preciso percorrer, por um movimento contínuo ou ininterrupto do pensamento, todas as coisas que se relacionam com o nosso objetivo e cada uma delas em particular, assim como abrangê-las em uma enumeração suficiente e ordenada.*

A observação do que aqui se enuncia é necessária para admitir, no número das verdades certas daquelas que dissemos acima, que elas não são imediatamente deduzidas dos primeiros princípios, conhecidos por si mesmos. Algumas vezes, efetivamente, esta dedução se faz por uma longa série de inferências que, quando chegamos ao termo, não nos lembramos facilmente de todo o caminho que nos levou até lá. Eis por que dizemos que é preciso socorrer a fraqueza da memória por um movimento contínuo do pensar. Por exemplo, se eu inicialmente reconheci, por diferentes operações, a relação que existe entre as grandezas A e B, em seguida entre B e C, depois entre C e D e, enfim, entre D e E, nem por isso vejo que relação existe entre A e E, e não posso percebê-la em conformidade com as que já são conhecidas, a menos que as relembre todas. Também as percorrerei várias vezes com um movimento contínuo da imaginação que, ao mesmo tempo, deve ter a intuição de cada coisa e passar a outras, até que tenha aprendido a passar bastante rapidamente da primeira à última, para não deixar quase nenhum papel à memória e ter, parece, a intuição de tudo de uma só vez; por este meio, com efeito, ao ajudar a memória, corrige-se também a lentidão do espírito e, de uma certa maneira, se estende sua capacidade.

Mas acrescentamos que este movimento deve ser ininterrupto, pois, com frequência, aqueles que querem deduzir alguma coisa muito rapidamente de princípios bastante distanciados não percorrem toda a cadeia das proposições intermediárias com o cuidado preciso para não saltar, inconsideradamente, muitas coisas. Certamente, ali onde se omite um ponto, por pequeno que seja, cedo a cadeia é rompida e toda a certeza da conclusão se dissipa.

Dizemos além disso que a enumeração é requerida para concluir a ciência, pois os demais preceitos ajudam, em verdade, a resolver um grande número de questões, mas é somente graças à enumeração que se pode dar que a qualquer questão a que apliquemos nosso espírito, sustentemos sempre a seu respeito um juízo verdadeiro, seguro, e que, por conseguinte, nada nos escape verdadeiramente, e que, sobretudo, pareçamos saber alguma coisa.

Esta enumeração ou indução é, portanto, a procura de tudo o que se relaciona a uma questão dada, procura tão diligente e tão cuidadosa que não concluímos com certeza e evidência a não ser que nada tenhamos omitido por inadvertência, de sorte que, a cada vez que dela nos servirmos, estaremos seguros, caso a coisa investigada nos escape, de ao menos estarmos mais cientes de que ela não pode ser encontrada por nenhuma via por nós conhecida. E se por acaso, como acontece com frequência, tivermos percorrido todas as vias que se abrem aos homens para lá chegar, poderemos afirmar com convicção que seu conhecimento ultrapassa os limites da inteligência humana.

É preciso notar, além do mais, que por enumeração suficiente ou indução entendemos somente aquela da qual se conclui uma verdade com mais certeza do que por todo outro gênero de prova, salvo por intuição simples. Sempre que um conhecimento não possa ser reduzido à intuição, não nos resta, após se terem rejeitado todos os encadeamentos dos silogismos, senão esta via da enumeração, na qual devemos depositar toda a nossa confiança. Com efeito, todas as proposições que nós deduzimos imediatamente uma das outras são todas reduzidas a uma verdadeira intuição, se foi evidente a inferência. Ao contrário, se for a partir de um grande número de proposições destacadas que nós inferimos algo, frequentemente a capacidade de nosso entendimento não é bastante grande para poder tudo abranger em uma só intuição. Nesse caso, a certeza da enumeração deve ser suficiente. Assim também, não podemos distinguir de uma só vez todos os anéis de uma cadeia muito longa; entretanto, se nós vimos o elo que une cada um deles a seus próximos, isto será bastante para que digamos também que vimos como o último se encontra ligado ao primeiro.

Disse que esta operação deve ser suficiente porque muitas vezes ela pode ser defeituosa e, por consequência, sujeita ao erro. Com efeito, embora algumas vezes percorramos por enumeração uma grande quantidade de coisas que são inteiramente evidentes, caso omitamos uma só, seja pequena, a cadeia é quebrada. Por vezes, também, abrangemos com certeza tudo na enumeração, mas não distinguimos cada coisa à parte, ainda que só conheçamos tudo confusamente.

Além disso, esta enumeração deve ser por vezes completa, por vezes distinta e, em outras, não ter necessidade de nada disso. Eis por que se disse apenas que ela deve ser suficiente. Com efeito, se quero provar por enumeração quantos gêneros de entes são corporais, ou de que modo são percebidos pelos sentidos, não afirmaria que há um número tal e não mais, a menos que, antes disso, tenha sabido com certeza que tudo compreendi na enumeração e que distingui cada coisa à parte. Mas se quero mostrar, pelo mesmo caminho, que a alma racional não é corporal, não será necessário que a enumeração seja completa, bastará reunir todos os corpos juntos em algumas categorias, de maneira a demonstrar que a alma racional não pode ser reduzida a nenhuma delas. E se, enfim, quero mostrar por enumeração que a área do círculo é maior que todas as áreas das outras figuras de igual perímetro, não é preciso passar em revista todas as figuras, sendo suficiente demonstrá-lo com algumas figuras em particular, para concluir a mesma coisa, por indução, a respeito a todas as outras.

Acrescentei também que a enumeração deve ser ordenada, não apenas porque não há melhor remédio contra os defeitos já enumerados do que examinar tudo com ordem, mas ainda porque acontece com frequência que, se fosse preciso examinar separadamente cada uma das coisas que faça referência à questão dada, a vida de homem algum bastaria, seja porque tais coisas são muito numerosas, seja porque retornariam muito frequentemente ao exame. Mas se dispusermos todas essas coisas em boa ordem para reconduzi-las no máximo possível a classes fixas, bastará examinar exatamente seja uma só coisa entre elas, seja umas e não outras; ao menos não se percorrerá duas vezes a mesma coisa inutilmente. Este método é de tal ajuda que, frequentemente, graças à ordem estabelecida, percorre-se em pouco tempo e sem esforço uma profusão de coisas que, à primeira vista, pareceriam imensas.

Contudo esta ordem de coisas a enumerar pode variar muito reiteradamente e depende da vontade de cada um; em consequência, para imaginá-la de maneira mais judiciosa, é preciso lembrar-se do que foi dito na regra v. Existem mesmo muitos jogos fúteis com os quais se divertem os homens cuja solução depende inteiramente da ordem estabelecida pelo método. Assim, se se quer fazer o melhor anagrama, deslocando as letras de um nome qualquer, não é preciso passar das coisas mais fáceis às mais difíceis, nem distinguir as coisas absolutas das relativas, pois não é aqui o lugar; mas será suficiente, para examinar as combinações das letras, de se dar uma ordem tal que não se retorne jamais duas vezes às mesmas combinações e que sua quantidade, por exemplo, seja distribuída em classes fixas, de maneira a logo se ver em quais há mais esperança de encontrar o que se procura; assim, o trabalho não será mais longo, mas apenas pueril.

Aliás, não é preciso separar essas três últimas regras, pois no mais das vezes é preciso refletir com elas ao mesmo tempo e todas concorrem igualmente à perfeição do método. Pouco importaria aquela que ensinássemos primeiro; e nós as explicamos aqui em poucas palavras porque não temos quase nada mais a fazer no resto deste tratado, no qual mostraremos em particular o que consideramos aqui em geral.

## REGRA VIII
*Se na série das coisas procuradas se apresentar uma que nosso entendimento dela não possa ter uma intuição suficiente, é preciso deter-se ali. Não é preciso examinar o que se segue, mas abster-se de um trabalho supérfluo.*

As três regras precedentes prescrevem a ordem e a explicam; esta aqui mostra em que caso ela é absolutamente necessária e em que caso é apenas útil. Com efeito, tudo o que constitui um grau inteiro na série, na qual é preciso passar das coisas relativas às absolutas, ou inversamente, deve ser necessariamente examinado antes daquilo que se segue. Mas se muitas coisas, como ocorre com frequência, se relacionam ao mesmo grau, é sempre útil e seguro percorrer todas por ordem. No entanto, não somos forçados a observar a ordem tão estrita e tão rigorosamente; e na maioria das vezes, embora não conheçamos claramente todas as coisas, mas apenas um pequeno número delas, ou mesmo uma só, é possível, apesar de tudo, ir adiante.

Esta regra origina-se necessariamente das razões trazidas pela segunda. Não é preciso crer, no entanto, que ela nada contenha de novo para fazer avançar a ciência, mesmo que ela pareça nos afastar da investigação de certas coisas e não trazer nenhuma verdade. Com efeito, ela apenas ensina aos debutantes a não perder seus esforços, mais ou menos da mesma maneira que a segunda. Mas aqueles que tiverem um conhecimento perfeito das sete regras anteriores, ela mostra de que maneira eles podem, em qualquer ciência que seja, satisfazerem-se a si mesmos, a ponto de nada mais desejar. Pois quem quer que tenha observado exatamente as primeiras regras na solução de alguma dificuldade e, no entanto, receba desta aqui a ordem de reter-se, saberá então com certeza que ele não pode encontrar, por nenhum meio, o conhecimento procurado, e isso não por falha de seu espírito, mas porque a própria natureza da dificuldade ou ainda da condição humana a isso se opõe. Este conhecimento não é, aliás, uma ciência menor do que aquela que mostra a natureza da própria coisa; e não pareceríamos ter um espírito saudável se incitássemos mais longe a curiosidade.

É preciso ilustrar tudo isso com um ou dois exemplos. Se alguém que não estude a não ser as matemáticas procure a linha que em dióptrica se chama anaclástica[5], na qual os raios paralelos se refratam de maneira que todos, após a refração, se encontram em um só ponto, perceberá facilmente, conforme as regras cinco e seis, que a determinação desta linha depende da relação dos ângulos de refração com os ângulos de incidência. Mas como ele não será capaz de fazer essa averiguação, dado que ela diz respeito não às matemáticas, mas à física, deverá parar imediatamente, e de nada lhe servirá querer aprender dos filósofos ou tirar da experiência o conhecimento dessa verdade, pois pecará contra a terceira regra. Além do mais, essa proposição é ainda composta e relativa; ora, é apenas sobre coisas perfeitamente simples e absolutas que a experiência pode ser considerada como segura, assim como o diremos a seu tempo. É ainda em vão que presumirá entre os ângulos deste gênero uma relação, acreditando ser a mais verdadeira de todas,

---

5. Linha formada por raio luminoso sobre superfície refratora.

pois então não mais buscaria a anaclástica, mas somente a linha que daria conta do que supôs.

Ao contrário, se alguém que não estuda apenas as matemáticas, mas que se esforça, segundo a primeira regra, em procurar a verdade em tudo o que a ele se apresente, vier a encontrar a mesma dificuldade, irá mais longe e descobirá que a relação entre os ângulos de incidência e de refração dependem da variação dos mesmos ângulos em razão da diferença dos meios; que esta variação, por sua vez, depende do modo como o raio penetra no corpo transparente; que o conhecimento da propriedade de penetrar em um corpo supõe igualmente conhecida a natureza da ação da luz; e que, enfim, para compreender a ação da luz é preciso saber o que é um poder natural em sua generalidade, algo que é, em toda esta série, o último termo e o mais absoluto. Portanto, quando tiver visto isso claramente pela intuição, tornará a passar pelos mesmos degraus, conforme a regra V. E se, chegando ao segundo degrau, não puder conhecer a natureza da ação da luz, enumerará, segundo a regra VII, todas as outras potências naturais, a fim de que, graças ao conhecimento de alguma delas, ele também a compreenda, ao menos por analogia, da qual falarei adiante. Isto feito, procurará de que maneira o raio penetra em todo o corpo transparente. E assim ele percorrerá o restante ordenadamente, até que tenha chegado à própria anaclástica. Embora ela tenha sido até hoje procurada em vão por muita gente, nada vejo que possa impedir alguém de conhecer esta linha com evidência, servindo-se com perfeição de nosso método.

Mas demos o exemplo mais nobre de todos. Se alguém se propõe como problema examinar todas as verdades para o conhecimento das quais basta a razão humana (exame que, parece-me, devem fazer ao menos uma vez na vida todos aqueles que se esforçam seriamente em chegar à sabedoria), encontrará certamente pelas regras dadas que nada pode ser conhecido antes do entendimento, pois o conhecimento de todas as outras coisas dele dependem, e não o inverso. Depois, tendo examinado tudo o que vem imediatamente após o conhecimento do entendimento puro, enumerará, entre outras coisas, todos os outros meios de conhecimento que possuímos, além do entendimento, e que são apenas dois, a saber: a imaginação e os sentidos. Então, aplicará todos os seus cuidados em distinguir e examinar esses três modos de conhecimento; e vendo que, falando apropriadamente, a verdade ou o erro só podem estar no entendimento, mas que, com frequência, sua fonte se encontra nos dois outros modos de conhecer, ele dará uma meticulosa atenção a tudo o que lhe pode enganar, a fim de se guardar. E fará uma enumeração de todos os caminhos que se abrem ao homem para alcançar a verdade, a fim de seguir o bom; eles não são, com efeito, tão numerosos que não os descubramos facilmente por uma enumeração suficiente. E, coisa que parecerá espantosa e incrível àqueles que não tenham experiência, cada vez que houver distinguido, a propósito de cada objeto, os conhecimentos que só fazem preencher ou ornamentar a memória e que nos fazem dizer de alguém que é verdadeiramente mais sábio, distinção que também é fácil de ser feita, ele perceberá certamente que nada mais ignora por falta de inteligência ou de método, e que ninguém pode saber algo que ele também não seja capaz de conhecer, desde que aplique seu espírito como convém. E ainda que frequentemente muitas coisas lhe possam ser propostas, cuja procura será interdita por esta regra, ele não se crerá, todavia, ignorante por ter compreendido com clareza que elas ultrapassam os limites da inteligência humana; e esta própria certeza, a de que ninguém pode saber a respeito da questão investigada, satisfará largamente sua curiosidade, se for judicioso.

Mas para não estar sempre incerto sobre a capacidade de nosso espírito, e evitar que trabalhe sem considerações e reflexão, é preciso, antes de abordar o conhecimento das coisas particulares, ter examinado cuidadosamente, uma vez na vida, quais conhecimentos a razão humana é capaz de adquirir. Para se obter êxito, deve-se sempre, entre as coisas igualmente fáceis, procurar primeiro aquelas que nos são mais úteis.

Este método assemelha-se àquele das artes mecânicas, que não têm necessidade de qualquer recurso exterior, e que ensinam, eles próprios, como fabricar os instrumentos que exigem. Com efeito, se alguém quisesse exercer um deles, a arte do ferreiro por exemplo, e estivesse privado de todo instrumento, seria obrigado, primeiramente, a servir-se, como bigorna, de uma pedra dura ou de certa massa informe de ferro, de pegar como martelo um pedregulho, de dispor de pedaços de madeira como tenazes e reunir outros materiais deste tipo, segundo a necessidade. Em seguida, tendo isso preparado, não se meteria a forjar imediatamente, para o uso de outra pessoa, espadas ou capacetes, nem outro objeto de ferro, mas, antes de tudo, fabricaria martelos, bigorna, tenazes e todas as demais ferramentas que lhe fossem úteis. Este exemplo nos ensina que, se de início não pudemos encontrar senão princípios confusos, que mais parecem inatos em nosso espírito do que elaborados com método, não é preciso servir-se deles para terminar logo com as disputas dos filósofos ou resolver os problemas das matemáticas; mas é preciso antes utilizá-los para procurar, com o maior cuidado, tudo o que é mais necessário ao exame da verdade, posto não haver razão para que isso seja mais difícil de encontrar do que a solução de certas dificuldades habitualmente postas pela geometria, pela física ou por outras ciências.

Ora, não há nada mais útil aqui do que procurar o que é o conhecimento humano e até onde se estende. Eis por que reunimos agora tais problemas em uma só questão, e estimamos que ela deve examinar a primeira de todas, em conformidade com as regras enunciadas precedentemente. É o que deve fazer uma vez na vida quem quer que ame a verdade, por pouco que seja, pois esta busca abrange os meios reais de saber e o método, integralmente. Ao contrário, nada me parece mais absurdo do que discutir aventurescamente os mistérios da natureza, a influência dos céus sobre a Terra, a predição do futuro e coisas semelhantes, como fazem muitas pessoas, e jamais ter investigado se a razão humana é capaz de descobrir tais coisas. E não deve parecer incômodo ou difícil determinar os limites do espírito, do qual temos consciência, pois não hesitamos frequentemente em sustentar juízos até mesmo sobre o que nos é exterior e inteiramente estranho. Também não é um trabalho imenso querer abranger pelo pensamento todo o conteúdo do universo para reconhecer como cada coisa está submetida ao exame de nosso espírito, já que ali nada pode haver de tão múltiplo ou disperso que não se possa circunscrever em limites determinados, por meio da enumeração de que falamos, e trazer a um certo número de classificações principais. Para fazer uma experiência na questão proposta, dividimos primeiramente tudo o que se encontra na dependência de duas partes: com efeito, deve-se relacioná-lo ou a nós, que somos capazes de conhecer, ou às próprias coisas que podem ser conhecidas. E podemos discutir estes dois pontos separadamente.

De início, reparamos em nós que somente o entendimento pode alcançar a ciência, mas que ele pode ser auxiliado ou estorvado por três outras faculdades: a imaginação, os sentidos e a memória. É preciso ver, pois, ordenadamente, em que cada uma dessas faculdades pode nos prejudicar, para pôr-se de aviso, ou ser-nos útil, para empregar-lhe todos os recursos. Assim, esta parte será tratada por uma enumeração suficiente, como mostrará a regra seguinte.

É preciso em seguida voltar às próprias coisas, as quais somente devem ser examinadas enquanto estiverem ao alcance do entendimento; e nesta análise nós as dividimos em naturezas inteiramente simples e em naturezas complexas ou compostas. As naturezas simples só podem ser corporais ou espirituais, ou apresentar, de cada vez, um ou outro aspecto; quanto às naturezas compostas, algumas o entendimento apreende o que são por experiência, antes de saber precisar-lhes alguma coisa, e outras ele mesmo compõe. Tudo isso será mais amplamente exposto na regra XII, onde se demonstrará que não pode haver erro a não ser nessas últimas naturezas que o entendimento compõe. E é por isso que nós as distinguimos ainda em duas espécies: aquelas deduzidas das naturezas mais simples e conhecidas por si, sobre as quais falaremos no livro seguinte, e aquelas que supõem ainda outras, que a experiência nos ensina serem compostas, as quais, para serem expostas, destinaremos todo o terceiro livro.

Em todo esse tratado nos esforçaremos por investigar com grande cuidado e tornar tão fáceis todas as vias que se oferecem aos homens para conhecer a verdade que, quem quer que tenha aprendido este método, qualquer que seja aliás a mediocridade de seu espírito, verá, entretanto, que nenhuma lhe está mais interdita do que outras e que nada mais ignora por falta de inteligência e de método. Mas todas as vezes em que aplicar seu espírito ao conhecimento de algo, ou a ele chegará por completo, ou compreenderá claramente que ele depende de alguma experiência que não está sob seu poder, e então não fará seu espírito responsável, ainda que tenha de ali se deter. Ou, enfim, demosntrará que o que procura ultrapassa os limites da inteligência humana, e, por conseguinte, não mais se crerá ignorante, porque este resultado não é uma ciência menor do que o conhecimento de qualquer outra coisa.

## REGRA IX
*É preciso voltar todas as forças de seu espírito para as coisas de menor importância e as mais fáceis e nelas deter-se longamente, até que se esteja acostumado a ter a intuição clara e distinta da verdade.*

Após ter exposto as duas operações de nosso entendimento, a intuição e a dedução, das quais dissemos ser as únicas que precisamos utilizar para aprender as ciências, continuamos a explicar, nesta regra e na seguinte, de que modo podemos nos tornar mais aptos a concluí-las e, ao mesmo tempo, desenvolver as duas principais faculdades de nosso espírito: a perspicácia, que possui a intuição distinta de cada coisa, e a sagacidade, que deduz habilmente as coisas, umas das outras.

Na verdade, a maneira pela qual é preciso usar da intuição nos é conhecida por comparação com a vista. Pois aquele que deseja olhar de uma só vez muitos objetos ao mesmo tempo não vê nenhum deles com distinção. Paralelamente, aquele que tem o costume de aplicar-se por um só ato de pensamento a muitas coisas ao mesmo tempo tem o espírito confuso. Ao contrário, estes artesãos que se dedicam a trabalhos delicados e que estão habituados a dirigir seu olhar atentamente sobre cada ponto, adquirem, pelo uso, a faculdade de distinguir com perfeição as menores coisas e as mais finas. Da mesma maneira, aqueles que nunca repartem seu pensamento entre objetos diferentes ao mesmo tempo, mas o ocupam sempre e por inteiro em considerar as coisas mais simples e mais fáceis, tornam-se perspicazes.

Mas é um defeito comum aos mortais o olhar as coisas difíceis como as mais belas; e a maioria dos homens crê nada saber quando encontra em algo uma causa inteiramente clara e simples, ao passo que admiram as teorias sublimes e profundas dos filósofos, embora repousem sobre fundamentos que ninguém jamais examinou suficientemente. Que insensatos, na verdade, por preferirem as trevas à luz! Ora, é preciso notar que aqueles que sabem verdadeiramente reconhecem a verdade com igual facilidade, tenham-na tirado de um assunto simples ou de uma matéria obscura. É por um ato semelhante, com efeito, uno e distinto, que compreendem cada verdade, uma vez que a tenham alcançado; toda a diferença está no caminho, que certamente deve ser mais longo se conduz a uma verdade mais distanciada dos primeiros e absolutos princípios.

É necessário, pois, nos acostumarmos a abranger pelo pensamento poucas coisas e as mais simples de cada vez, quer se creia nunca saber se dela se tem uma intuição distinta, ou se a conhecemos com a máxima distinção. Alguns, sem dúvida, nascem bem mais aptos para isso do que outros, mas o método e o exercício podem tornar o espírito muito mais capaz. E há um ponto aqui sobre o qual me parece dever insistir mais do que sobre outros – é que devemos nos persuadir profundamente de que não é das coisas grandes e obscuras, mas apenas das fáceis e das mais abordáveis que é preciso deduzir as ciências, mesmo as mais abscônditas.

Assim, por exemplo, se quero examinar se existe algum poder natural que possa, no mesmo instante, passar de um lugar distante atravessando todo o espaço intermediário, não voltaria, de imediato, meu espírito em direção à força magnética, ou para a influência dos astros, ou mesmo para a rapidez da luz, com o intuito de pesquisar se, por acaso, tais ações se exercem em um só instante, pois teria mais dificuldade para provar o que procuro. Antes, refletiria sobre o movimento local dos corpos, porque nada em todo esse gênero de coisa pode ser mais sensível. E observaria que uma pedra não pode, em um só instante, passar de um lugar a outro, porque é um corpo. Mas que uma potência, semelhante àquela que move uma pedra, comunica-se em um instante, por pouco que passe de uma matéria a outra. Por exemplo, se eu agito uma das extemidades de um bastão, tão longo quanto se queira, concebo facilmente que a potência que move esta parte do bastão move necessariamente todas as demais, em um só e mesmo instante, pois que ela se comunica sozinha e existe num corpo que a conduz consigo, como uma pedra.

Da mesma maneira, se quero conhecer como uma só e mesma causa simples pode produzir efeitos contrários ao mesmo tempo, não a emprestaria aos médicos e a seus remédios, que afugentam certos humores e retêm outros; não divagaria sobre o tema da Lua, pretendendo que ela esquente pela luz e refrigere por alguma qualidade oculta. Mas consideraria antes uma balança na qual, em um só e mesmo instante, o mesmo peso eleva um prato e abaixa o outro, e coisas semelhantes.

## REGRA X
*Para que o espírito adquira sagacidade, é preciso exercitá-lo na procura do que já foi encontrado por outros, e a percorrer com método todos os ofícios dos homens, mesmo os de menor importância, mas sobretudo os que explicam a ordem ou a supõem.*

Nasci, confesso, com uma forma de espírito tal que o maior prazer do estudo sempre foi para mim não o de escutar as razões dos outros, mas o de encontrá-las por meus próprios meios. Só isso me tendo atraído ainda jovem ao estudo das ciências, cada vez que um livro prometia, por seu título, uma nova descoberta, antes de ir mais longe experimentava ver se, por acaso, não chegaria a encontrar, por uma sagacidade natural, alguma coisa de análogo, e cuidava de não arrebatar este inocente prazer com uma leitura precipitada. Com tal frequência isto me acontecia que, enfim, percebi que chegava à verdade não mais por investigações desordenadas e vãs, e graças antes ao acaso do que ao método, como o fazem ordinariamente os outros homens, mas que havia encontrado regras corretas por meio de uma longa experiência, que são muito úteis para esse estudo e das quais me servi em seguida para descobrir muitas outras. E assim exercitei cuidadosamente todo este método e me convenci de ter adotado, desde o início, a maneira mais útil de estudar.

Mas como todos os espíritos não são igualmente levados a descobrir espontaneamente as coisas por suas próprias forças, esta regra ensina que não é necessário ocupar-se, de imediato, das coisas mais árduas e difíceis, mas que é preciso aprofundar, antes de tudo, as artes menos importantes e mais simples, sobretudo aquelas em que mais reina a ordem, como são as dos artesãos que fazem tecido e tapetes, ou das mulheres que bordam ou fazem renda, assim como todas as combinações de números e todas as operações que se relacionam com a aritmética, e coisas semelhantes: todas essas artes exercitam admiravelmente o espírito, desde que não as aprendamos por meio de outros, mas que as descubramos por nós mesmos. Pois, como não há nada de escondido nelas e se encontram inteiramente ao alcance da inteligência humana, elas nos mostram, muito distintamente, inumeráveis arranjos, todos diferentes entre si, e, não obstante, regulares, cuja escrupulosa observação realça toda a sagacidade humana.

Eis por que advertimos ser preciso procurar as coisas com método; e o método, nas coisas de menor importância, é, geralmente, a observação constante da ordem que existe na própria coisa, ou daquilo que imaginamos engenhosamente: assim, se quisermos ler um texto envolvido em caracteres desconhecidos, sem dúvida não vemos ali ordem alguma; apesar disso, imaginamos uma, não só para examinar todas as conjecturas que se possam fazer sobre cada signo, cada palavra ou ideia, mas também para dispô-las de modo a conhecer, por enumeração, tudo o que se possa deduzir. Antes de tudo, é preciso não perder seu tempo em querer adivinhar coisas semelhantes por acaso e sem método, pois, embora sem ele se possa encontrá-las, e algumas vezes até mesmo mais rapidamente, por sorte, enfraqueceríamos no entanto a luz do espírito e a acostumaríamos tão inteiramente a puerilidades vãs que ela não se prenderia senão ao exterior das coisas, sem poder penetrá-las com maior profundidade. Todavia, não vamos cair no erro dos que apenas ocupam seus pensamentos em coisas sérias e completamente elevadas, e com as quais, após muitos esforços, só adquirem uma ciência confusa, quando desejavam um conhecimento profundo. É preciso, pois, exercitar-se primeiramente com coisas mais fáceis, mas fazê-lo com método, a fim de se habituar sempre em chegar, por caminhos fáceis e conhecidos, como que brincando, até a verdade íntima das coisas. Desta maneira, logo sentiremos, em menos tempo do que se espera, que também nós, e com facilidade igual, podemos deduzir várias proposições de princípios evidentes, que pareceriam mais difíceis e complicadas.

Mas, ao procurar aqui os meios de nos tornarmos mais aptos para deduzir verdades umas das outras, talvez alguns se espantem de omitirmos todos os preceitos pelos quais os dialéticos pensam governar a razão humana, prescrevendo-lhe certas formas de raciocínio que chegam a uma conclusão tão necessária que a razão, que nela confia, embora não se dê ao trabalho de considerar a própria inferência de modo evidente e atento, pode, no entanto, e algumas vezes, pela virtude da forma, chegar a uma conclusão certa. É que observamos, com efeito, que a verdade escapa a esses encadeamentos de maneira reiterada, enquanto os que deles se servem se conservam neles aprisionados. Isto não ocorre com frequência com os outros homens, e a experiência demonstra ordinariamente que todos os sofistas, os mais sutis, quase nunca enganam aquele que se serve da razão pura, mas aos próprios sofistas.

Eis por que aqui, temendo sobretudo que nossa razão permaneça ociosa, enquanto examinamos a verdade de algo, rejeitamos essas formas de raciocínio como contrárias ao nosso objetivo e procuramos, antes tudo, aquilo que possa ajudar a reter a atenção de nosso pensamento, tal como demonstraremos a seguir. Mas para que apareça com mais evidência ainda que este método de raciocínio não tem nenhuma utilidade para o conhecimento da verdade, é preciso observar que os dialéticos não podem formar qualquer silogismo, e convertê-lo em regra que chegue a uma conclusão verdadeira, se não dispuseram antes da matéria, quer dizer, se não conheceram anteriormente a própria verdade que deduzem em seu silogismo. Disso ressalta que eles mesmos não aprendem nada de novo dessa maneira; e que, por conseguinte, a dialética ordinária é totalmente inútil para os que querem buscar a verdade, servindo apenas para poder expor mais facilmente a outros razões já conhecidas. Consequentemente, é preciso fazê-la passar da filosofia para a retórica.

REGRA XI
*Após termos a intuição de algumas proposições simples e delas deduzirmos alguma outra, é útil percorrê-las todas com um pensamento contínuo e ininterrupto, refletir sobre suas relações mútuas e, tanto quanto possível, conceber distintamente várias coisas ao mesmo tempo, pois é assim que nosso conhecimento adquire muito mais certeza e o poder de nosso espírito, uma maior extensão.*

É aqui a ocasião de expor mais claramente o que já se disse da intuição nas regras III e VII, pois, num lugar, nós a opusemos à dedução e, em outro, à simples enumeração, tendo-a definida como uma inferência feita a partir de várias coisas separadas. Mas dissemos no mesmo lugar que a simples dedução de uma coisa a partir de outra se faz por intuição.

É preciso assim proceder porque exigimos duas condições da intuição, a saber: que a proposição seja compreendida clara e distintamente e, de mais, inteiramente no mesmo tempo, e não sucessivamente. A dedução, ao contrário, se nós lhe examinarmos a formação como na regra III, não parece fazer-se inteiramente no mesmo tempo, mas implicar um certo movimento de nosso espírito, que infere uma coisa de uma outra: por isso tivemos razão de distingui-la da intuição. Mas se nós a considerarmos uma vez completa, tal como dissemos na regra VII, ela não mais designa qualquer movimento, mas o termo de um movimento. Por isso acrescentamos que ela é vista pela intuição quando é simples e clara, mas não quando múltipla e obscura. Demos-lhe então o nome de enumeração ou de indução, pois não pode ser compreendida inteiramente no mesmo instante pelo entendimento, dependendo sua certeza, em certa medida, da memória, que deve reter os juízos feitos sobre cada um dos pontos enumerados, para obter deles todos um único juízo.

Todas essas distinções eram necessárias para interpretar esta regra, após a IX ter tratado apenas da intuição e a X somente da enumeração, porque esta aqui explica de que maneira essas duas operações se auxiliam e se complementam mutuamente, a ponto de parecer se confundir em uma só por uma certa atividade do pensamento que vê cada coisa, ao mesmo tempo, por uma intuição atenta e que passa aos outros.

Com isso vemos uma dupla utilidade: conhecer com mais certeza a conclusão de que se trata e tornar o espírito mais apto a descobrir outras coisas. É que, efetivamente, a memória, da qual dissemos depender a certeza das conclusões que compreendem mais coisas do que podemos apreender em uma só intuição, sendo fugidia e débil, precisa ser reavivada e consolidada por este contínuo e repetido movimento do pensar. Assim, se por várias operações eu inicialmente descubro a relação existente entre uma primeira e uma segunda grandezas, e depois entre a segunda e uma terceira, entre esta e uma quarta e, enfim, entre a quarta e uma quinta grandeza, nem por isso vejo que relação existe entre a primeira e a quinta, e não posso deduzi-la de relações já conhecidas se não as relembrá-las todas. Eis por que me é necessário percorrê-las novamente pelo pensamento, até que tenha passado bastante rapidamente da primeira à última, para dar a impressão de vê-las todas ao mesmo tempo pela intuição, sem deixar nenhum papel à memória.

Todo mundo vê seguramente que por este método se corrige a lentidão do espírito e se lhe aumenta o poder. Mas é necessário perceber, além disso, que a maior utilidade desta regra consiste em que, refletindo sobre a dependência mútua das proposições simples, adquirimos o hábito de distinguir imediatamente o que é mais ou menos relativo e por que degraus o conduzimos ao absoluto. Por exemplo, se percorresse algumas grandezas em proporção contínua, refletiria sobre o que se segue: que é por um esforço de pensamento análogo, nem menos nem mais fácil, que conheço a relação que existe entre a primeira e a segunda, a segunda e a terceira, a terceira e a quarta, e assim por diante; mas que não posso conceber tão facilmente qual é a dependência simultânea da segunda em relação à primeira e à terceira e que é ainda muito mais difícil conceber a dependência desta segunda com relação à primeira e a quarta, e assim por diante. Enfim, vejo por que, dadas apenas a primeira e a segunda, posso facilmente encontrar a terceira e a quarta, e assim sucessivamente: é que isso se faz por esforços particulares e distintos de pensamento. Mas dadas a primeira e a terceira, não conheceria assim tão facilmente a grandeza intermediária, já que isso só se faz por um esforço de pensamento que abranja, ao mesmo tempo, as duas grandezas dadas. Se se dão a primeira e a quarta, teria ainda mais dificuldade de ver, por intuição, as duas intermediárias, pois aqui é preciso pensar em três coisas ao mesmo tempo. Assim, por consequência, pareceria mais difícil ainda encontrar, a partir da primeira e da quinta, as três outras intermediárias. Mas há um outro meio para que a elas se chegue: embora aqui, com efeito, haja quatro ideias conjuntas, podemos, apesar disso, separá-las, pois o número quatro se divide por um outro número, embora possa procurar somente a terceira a partir da primeira e da quinta e, em seguida, a segunda, a partir da primeira e da terceira. Quem quer que se tenha acostumado a refletir sobre essas coisas e outras semelhantes, sempre que examina uma nova questão logo reconhece o que nela engendra uma dificuldade e qual a maneira mais simples de resolvê-la. E isso é uma ajuda muito grande para o conhecimento da verdade.

## REGRA XII
*Enfim, é preciso servir-se de todos os auxílios que se possam extrair do entendimento, da imaginação, dos sentidos e da memória, seja para ter a intuição distinta das proposições simples, seja para bem comparar as coisas que se buscam com as que conhecemos, a fim de descobri-las, seja ainda para encontrar as coisas que devem ser comparadas entre si, de tal sorte que não se esqueça qualquer dos meios que estão em poder do homem.*

Esta regra resume tudo o que foi dito precedentemente e ensina, de uma maneira geral, o que devia ser explicado em detalhe.

No que concerne ao conhecimento, só é preciso levar-se em consideração duas coisas: nós, que conhecemos, e os objetos que devem ser conhecidos. Em nós, há somente quatro faculdades das quais nos servimos para este uso: o entendimento, a imaginação, os sentidos e a memória. Certamente, o entendimento, por si só, é capaz de perceber a verdade; entretanto, deve ser ajudado pela imaginação, pelos sentidos e pela memória, a fim de não deixarmos de lado nenhuma de nossas faculdades. Quanto aos objetos, basta examinar três coisas: em primeiro lugar, o que se mostra espontaneamente; depois, como se conhece uma coisa por outra e, enfim, quais deduções podem ser feitas de cada coisa. Esta enumeração parece-me completa, e não esquecer aquilo que as faculdades humanas podem alcançar.

Considerando pois o primeiro ponto, gostaria de expor aqui o que é o espírito do homem, o que é o corpo, como este aqui é formado por aquele, quais são, em todo este complexo, as faculdades que servem para conhecer as coisas e o que fazem cada uma delas, se o lugar não me parecesse demasiado restrito para conter todas as preliminares necessárias antes que a verdade de tudo isso possa tornar-se evidente a todos. É que, efetivamente, desejo sempre escrever de modo a nada afirmar sobre questões ordinariamente controversas, a menos que tenha exposto previamente as razões que me levaram à minha opinião e que, penso, possam convencer também aos outros.

Mas, posto não me ser possível, bastará expor, tão brevemente quanto possa, qual é a maneira mais útil para meu objetivo em conceber todas as nossas faculdades como feitas para adquirir conhecimentos. Se não quiserdes, não acrediteis que as coisas sejam assim! Mas quem impedirá que não adoteis as mesmas hipóteses, se é evidente que elas não alteram em nada a verdade e que apenas tornam tudo mais claro? É assim que vós fazeis em geometria, considerando uma quantidade de hipóteses que não diminuem de modo algum a força das demonstrações, embora em física, com frequência, vós tenhais uma outra ideia sobre a natureza dessa quantidade.

É preciso, pois, primeiramente, conceber que todos os sentidos externos, como partes que são do corpo, podem ser aplicados aos objetos por uma ação, quer dizer, por um movimento localizado; mas, apesar disso, só se sentem como paixão, como a cera que recebe a figura de um sinete. E não se creia que isso seja dito por analogia, mas é preciso conceber, inteiramente e da mesma maneira, que a figura[6] exterior do corpo que sente é realmente modificada pelo objeto, tal como a superfície da cera é modificada pelo sinete. É preciso admiti-lo não apenas quando tocamos algum corpo que tenha forma, ou que é duro ou rugoso etc., mas também quando percebemos pelo toque o calor ou o frio, e coisas semelhantes. O mesmo ocorre para os demais sentidos: desse modo a primeira parte opaca do olho recebe a figura que a luz lhe imprime, diversamente matizada; e a primeira membrana dos ouvidos, do nariz e da língua, impenetrável no objeto, recebe igualmente uma nova figura do som, do odor e do sabor.

Representar-se assim todas essas coisas ajuda muito, pois nada vem mais facilmente aos sentidos do que a figura, já que a tocamos e a vemos. E desta hipótese não resulta qualquer erro, não mais do que de qualquer outra: disso tem-se a prova no fato de que a ideia de figura é tão comum e tão simples que está implicada em todo objeto sensível. Supondo, por exemplo, que a cor seja tudo o que vos agrade, não negareis, entretanto, que ela seja extensa e,

---

6. No original, *figure*. Descartes utiliza a palavra com o sentido latino e original de forma. Em frases seguintes deste texto, mantivemos a tradução literal de figura, quando ela aparece.

por consequência, figurada. Ora, que incoveniente haveria em não admitir inutilmente um novo ser e imaginá-lo sem reflexão, em nada negar o que a outros agradou sem dúvida pensar sobre a cor, mas em somente considerar aqui, independentemente de qualquer outra coisa, o que nela está figurado, e a conceber a diferença existente entre o branco, o azul, o vermelho etc. como aquela que existe entre as figuras seguintes e outras semelhantes?

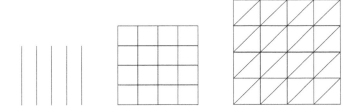

Pode-se dizer o mesmo de tudo, pois é certo que a quantidade infinita de figuras basta para exprimir todas as diferenças das coisas sensíveis.

Em segundo lugar, é preciso conceber que, quando o sentido externo é posto em movimento por um objeto, a figura que ele recebe é transportada para uma outra parte do corpo, chamada senso comum, instantaneamente e sem que qualquer ser passe, em realidade, de um lugar a outro. Exatamente da mesma maneira que agora, quando escrevo, compreendo que, no instante exato em que cada caractere é traçado no papel, não apenas a parte inferior da pena é posta em movimento, mas qualquer movimento, por pequeno que seja, não pode ser nela produzido sem ser transmitido ao mesmo tempo para toda a pena, e que todos esses variados movimentos são igualmente descritos no ar pela parte superior da pena, embora compreenda que nada de real passe de uma extremidade a outra. Quem pode acreditar, com efeito, haver menos conexões entre as partes do corpo humano do que entre aquelas de uma pena de escrever, e o que se pode imaginar de mais simples para exprimir isso?

Em terceiro lugar, é necessário ver que o senso comum exerce o papel de um sinete para imprimir na fantasia ou na imaginação, assim como na cera, essas mesmas figuras ou ideias que vêm sem corpo e desvinculadas dos sentidos externos; e que esta imaginação é uma verdadeira parte do corpo e de tal grandeza que suas diversas partes podem cobrir-se de várias figuras distintas uma das outras, e que elas, habitualmente, guardam durante muito tempo tais figuras: é o que então se chama memória.

Em quarto lugar, é preciso conceber que a força motriz ou os próprios nervos nascem no cérebro, onde se encontra a imaginação que os move das maneiras as mais diversas, assim como o sentido externo move o senso comum, ou a parte inferior da pena, a pena inteira. Este exemplo mostra como a imaginação pode ser a causa de uma grande quantidade de movimentos nos nervos, ainda que ela não tenha impressas em si mesma as imagens desses movimentos, mas determinadas outras, das quais os movimentos podem ser a consequência: e, com efeito, a pena inteira não é posta em movimento como sua parte inferior, mas em sua maior parte ela parece antes seguir um movimento completamente diferente e contrário. Com isso se pode compreender de que modo são executados todos os movimentos que os animais fazem, embora não se possa neles admitir qualquer conhecimento das coisas, mas apenas uma imaginação puramente corporal; e também como se fazem em nós todas essas operações que executamos sem o concurso da razão.

Em quinto lugar, deve-se conceber que esta força pela qual nós conhecemos propriamente as coisas é puramente espiritual, e não menos distinta de todo o corpo como o sangue dos ossos, ou a mão do olho; e que ela é una, seja quando recebe as figuras do senso comum, ao mesmo tempo que a imaginação, seja quando se aplica àquelas que a memória guarda, seja quando forma novas figuras que ocupam tão inteiramente a imaginação que, com frequência, esta aqui já não é suficiente para receber simultaneamente as ideias provindas do senso comum ou para transmiti-las à força motriz, considerando-se a simples organização do corpo. Em todos os casos, essa força que conhece é, às vezes, passiva e, às vezes, ativa; em dado momento ela imita o sinete e, noutro, a cera. Isso, entretanto, é uma comparação que só se deve tomar como analogia, pois nas coisas corporais nada se encontra de semelhante àquela força. É uma só e mesma força que, quando aplicada com a imaginação sobre o senso comum, chama-se ver, tocar etc.; se se aplica somente à imaginação, quando esta aqui encontra-se coberta por figuras variadas, chama-se lembrança; quando se aplica à imaginação para criar novas figuras, é dita imaginar ou representar; enfim, se age sozinha, é dita compreender. Mas para esta última operação exporei mais amplamente a seu tempo como ela se dá. É por tais razões que, conforme suas diversas funções, esta mesma força chama-se: entendimento puro, imaginação, memória ou senso; mas a chamamos propriamente inteligência, seja quando forma novas ideias na imaginação, seja quando se aplica àquelas já formadas. Considerâmo-la, pois, como apta para essas diferentes operações, e a distinção dos nomes deverá ser observada na sequência. Tendo compreendido assim todas essas coisas, o leitor atento julgará facilmente quais são os auxílios que se deve pedir a cada faculdade, e até onde podem estender-se os esforços dos homens para compensar as fraquezas da inteligência.

Pois, dado que o entendimento pode ser movido pela imaginação, ou, ao contrário, agir sobre ela, e que, da mesma maneira, a imaginação pode agir sobre os sentidos pela força motriz, aplicando-os sobre objetos, e os sentidos podem agir sobre ela, ali destrinçando as imagens dos corpos, mas que a memória, ao menos aquela corporal e similar à dos animais, em nada difere da imaginação, conclui-se com certeza que, se o entendimento ocupa-se de coisas que nada têm de corporal ou de semelhante ao corpo, ele não pode ser auxiliado por tais faculdades e que, ao contrário, para não ser por elas entravado, deve afastar os sentidos e, tanto quanto possível, despojar a imaginação de toda impressão distinta. Mas se o entendimento se propõe a examinar qualquer coisa que possa estar relacionada ao corpo, é na imaginação que é preciso formar-se a ideia a mais distinta possível; e para fazê-lo mais facilmente, é necessário mostrar aos sentidos externos a própria coisa que a ideia representará. Uma pluralidade de objetos não pode auxiliar o entendimento a ter a intuição distinta de cada coisa. Mas para extrair algo de uma pluralidade de objetos, o que frequentemente se deve fazer, será preciso suprimir das ideias que se têm das coisas tudo o que não for exigir a atenção do momento, a fim de que o restante possa ser mais facilmente guardado na memória; da mesma maneira, não será então necessário apresentar as próprias coisas aos sentidos externos, mas, preferivelmente, apresentá-las na qualidade de figuras reduzidas, as quais, contanto que sejam suficientes para nos prevenir das debilidades da memória, serão tanto mais úteis quanto menores forem. Quem quer que observe tudo isso, assim me parece, não esquecerá nada do que se relacione a esta primeira parte.

Mas para se chegar à segunda parte, e distinguir criteriosamente as noções das coisas simples daquelas que são compostas, e ver, a propósito de umas e de outras, onde pode estar o erro, a fim de evitá-lo, e quais são as noções que podem ser conhecidas com certeza, com o intuito de somente a elas nos dedicarmos, é preciso admitir aqui certas coisas que, talvez, não sejam aceitas por todo o mundo. Mas pouco importa que não as creiamos mais verdadeiras do que estes círculos imaginários com os quais os astrônomos descrevem seus fenômenos, desde que se distinga em toda questão, com sua ajuda, que conhecimento deve ser verdadeiro ou falso.

Dizemos, pois, em primeiro lugar, que cada coisa deve ser considerada de modo diferente quando dela falamos relativamente ao nosso conhecimento e quando dela falamos relativamente à sua própria existência. Com efeito, se nós considerarmos, por exemplo, qualquer corpo extenso e figurado, reconhecemos bem que ele é, quanto a ele, algo de uno e simples, pois, com este sentido, não se poderia dizê-lo composto de corporeidade, de extensão e de figura, já que essas partes jamais existiram distintas umas das outras; mas, em relação ao nosso entendimento, dizemos ser um composto dessas três naturezas, porquanto nós as representamos separadamente antes de ter podido julgar que se encontram todas as três reunidas em um só e mesmo sujeito. Eis por que, tratando aqui das coisas apenas enquanto são percebidas pelo entendimento, não chamamos de simples a não ser aquelas cujo conhecimento seja tão claro e distinto que o espírito só lhes possa dividir em maior número quando, com ele, o conhecimento seja mais distinto: assim são a figura, a extensão, o movimento etc. Quanto a todas as demais, nós as representamos como sendo compostas, de algum modo, daquelas ali: o que deve ser entendido de uma maneira tão generalizada que delas não excluímos nem mesmo aquelas que abstraímos das coisas simples, como acontece quando dizemos que a figura é o limite de uma coisa extensa, concebendo-se por limite alguma coisa de mais geral do que o que entendemos por figura, pois também se pode falar de limite da duração, de limite do movimento etc. Pois embora a ideia de limite seja abstraída da de figura, ela não deve, entretanto, parecer por esse motivo mais simples do que a de figura; ao contrário, como a aplicamos também a outras coisas essencialmente diferentes da figura, tais como o termo da duração ou do movimento, tivemos que abstraí-la também destas aqui e, por conseguinte, ela é um composto de muitas naturezas inteiramente diferentes, às quais somente aplicâmo-la por homonímia.

Em segundo lugar, dizemos que as coisas que são ditas simples em relação ao nosso entendimento ou são puramente espirituais, ou mistas. São puramente espirituais aquelas que o entendimento conhece por uma luz inata e sem o socorro de qualquer imagem corporal, pois é certo existir coisas deste gênero; não se pode imaginar qualquer ideia corporal que nos represente o que é o conhecimento, a dúvida, a ignorância, a ação da vontade, a que podemos chamar volição, e outras coisas análogas; e, no entanto, conhecemos todas essas coisas tão real e facilmente que basta para isso sermos dotados de razão. São puramente materiais aquelas que só se conhece nos corpos, como a figura, a extensão, o movimento etc. Enfim, deve-se chamar de mistas aquelas que se aplicam indistintamente às coisas corporais e às coisas espirituais, como a existência, a unidade, a duração e coisas similares. A este grupo devem ser acrescentadas também as noções mistas, que são como elos destinados a unir entre si outras naturezas simples, e sobre a evidência das quais repousa a conclusão de todo raciocínio. Estas aqui, por exemplo: duas coisas iguais a uma terceira são iguais entre si; também duas coisas que não podem ser atribuídas do mesmo modo a uma terceira têm igualmente entre elas alguma diferença etc. E, na verdade, essas noções mistas podem ser contínuas, seja pelo entendimento puro, seja pelo entendimento que vê com intuição as imagens das coisas materiais.

Mas entre essas naturezas simples convém também incluir suas privações e negações, já que as compreendemos; pois o conhecimento pelo qual tenho a intuição do que é o nada, o instante ou o repouso não é menos verdadeiro do que aquele que me faz compreender o que é a existência, a duração ou o movimento. Esta maneira de ver permitirá dizer em seguida que todas as demais coisas que conhecemos são compostas dessas naturezas simples. Assim, se julgo que uma figura não está em movimento, direi que meu pensamento é, de alguma maneira, composto de figura e de repouso, e assim para o restante.

Dizemos, em terceiro lugar, que essas naturezas simples são todas conhecidas por si e nunca contêm nada de falso. Vê-lo-emos facilmente se distinguirmos esta faculdade pela qual o entendimento tem a intuição e o conhecimento das coisas daquela pela qual ele julga por afirmação ou negação. Pode ocorrer, com efeito, que pensamos ignorar as coisas que, em realidade, conhecemos; assim acontece, por exemplo, quando imaginamos algo de escondido para nós, sem contar o que temos por intuição ou o que alcançamos pelo pensamento, e a ideia se descobre falsa. Com isso, é evidente que nos enganamos quando julgamos que qualquer uma das naturezas simples não nos é inteiramente conhecida; pois se nosso espírito dela adquire uma ideia mínima – o que seguramente é necessário, já que se supõe fazermos sobre dela um juízo qualquer – é preciso concluir, por esse mesmo fato, que a conhecemos inteiramente. De outro modo, não se poderia dizê-la simples, mas composta do que nela percebemos e do que nela julgamos ignorar.

Em quarto lugar, dizemos que a ligação dessas coisas simples entre si ou é necessária ou contingente. É necessária quando uma coisa está confusamente implicada no conceito de outra, de tal sorte que não podemos conceber uma das duas distintamente, se julgamos que elas são separadas uma da outra. É assim que a figura está unida à extensão, o movimento à duração ou ao tempo etc., pois é impossível conceber a figura privada de toda extensão, e o movimento privado de toda duração. Assim, ainda, se digo que 4 e 3 fazem 7, esta ligação é necessária, já que não concebemos distintamente o número 7 sem nele englobarmos confusamente os números 4 e 3. Do mesmo modo, tudo o que se demonstra no tocante às figuras ou aos números está ligado à coisa sobre a qual se sustenta a afirmação. E não é somente nas coisas sensíveis que se encontra esta necessidade. Mas, por exemplo, se Sócrates diz que ele duvida de tudo, segue-se necessariamente que ele ao menos compreende então que ele duvida, e que sabe, por conseguinte, que existe alguma coisa de verdadeiro ou de falso, pois essas coisas estão geralmente unidas à natureza da dúvida.

É contingente, ao contrário, quando se trata da ligação de coisas que não estão unidas por uma relação indissolúvel, como quando dizemos que o corpo é animado, que o homem está vestido etc. Há também, frequentemente, coisas que estão unidas entre si de uma maneira necessária, e que a maior parte dos homens inclui entre as coisas contingentes porque não percebem o vínculo, como nesta proposição: eu sou, logo Deus existe; e, da mesma forma: eu compreendo, logo tenho um espírito distinto do corpo. Enfim, é preciso notar que muitas proposições necessárias, uma vez invertidas, são contingentes: assim, embora de que eu exista conclua com certeza que Deus é, de que Deus é não posso afirmar, entretanto, que eu também exista.

Dizemos, em quinto lugar, que nada e jamais podemos compreender fora dessas naturezas simples e de uma certa mistura ou composição que com elas se forma; e, frequentemente, é mesmo mais fácil considerar que muitas estão juntas entre si do que separá-las uma das outras. Assim, por exemplo, posso conhecer o triângulo, embora nunca tenha pensado que no interior desse conhecimento esteja igualmente contido o conhecimento do ângulo, da linha, do número 3, da figura, da extensão etc. O que, entretanto, não impede de dizermos que a natureza do triângulo seja composta por todas essas naturezas e que elas sejam melhor conhecidas do que o triângulo, pois são elas próprias que nele compreendemos. Neste triângulo, aliás, muitos outros conhecimentos que sem dúvida estão ali contidos nos escapam, como a grandeza dos ângulos, que são iguais a dois retos, e as inúmeras relações existentes entre os lados e os ângulos, ou a grandeza da área etc.

Dizemos, em sexto lugar, que essas naturezas às quais chamamos compostas nos são conhecidas seja porque temos a experiência do que elas são, seja pelo fato de nós mesmo as compormos. Temos experiência de tudo o que percebemos pelos sentidos, de tudo o que aprendemos de outro e, de um modo geral, de tudo o que chega ao nosso entendimento, seja de fora, seja pela reflexão do entendimento sobre si mesmo. A este propósito, é necessário perceber que o entendimento jamais pode ser enganado por uma experiência se ele se limita a ter a intuição clara do que a ele se apresenta, seja em si mesmo, seja na imaginação, e se, além disso, não julgue que a imaginação represente fielmente os objetos dos sentidos, nem que os sentidos se apropriem das verdadeiras figuras das coisas, nem, enfim, que a realidade exterior seja sempre tal como aparece. Em tudo isso, com efeito, estamos sujeitos ao erro. É assim quando nos contam uma fábula e acreditamos que a coisa aconteceu; que aquele que está doente de icterícia pensa que tudo seja amarelo porque tem os olhos coloridos de amarelo; e, enfim, quando a imaginação é atingida, como ocorre com os melancólicos, cremos que os sonhos desordenados que ela faz representem a verdadeira realidade. Mas isso não enganará o entendimento do sábio, pois, ainda que julgue que a imagem recebida da imaginação foi ali realmente gravada, jamais afirmará, todavia, que esta imagem veio, integralmente e sem alteração, da realidade exterior aos sentidos e dos sentidos para a imaginação, a menos que o tenha primeiramente sabido por outro meio. Ao contrário, nós mesmos compomos as coisas que compreendemos todas as vezes em que cremos haver nelas algo que nosso espírito perceba imediatamente, sem qualquer experiência: assim, quando aquele que tem icterícia se persuade de que o que vê é amarelo, seu pensamento será composto com aquilo que sua imaginação lhe representa e com aquilo que ele retira de si mesmo, a saber, que tudo parece amarelo não por causa de um defeito do olho, mas porque tudo o que ele vê está realmente amarelado. De onde se conclui que não podemos ser enganados a não ser compondo nós mesmos, de uma certa maneira, as coisas em que cremos.

Em sétimo lugar, dizemos que esta composição se pode fazer de três modos: por impulsão, por conjectura ou por dedução. Os que compõem seus juízos sobre as coisas por impulsão são aqueles levados por si mesmos a acreditar em algo, sem estar convencidos por alguma razão, mas apenas determinados por um poder superior, por sua própria liberdade, ou por uma disposição imaginativa: a primeira causa jamais engana; a segunda, raramente, e a terceira, quase sempre. Mas a primeira não tem lugar aqui, porque não entra no método. A composição se faz por conjectura quando, por exemplo, pelo fato da água, mais afastada do centro da Terra, ser também uma substância mais sutil, e do fato de o ar, mais elevado do que a água, ser também menos denso do que esta última, conjecturamos que acima do ar só existe um éter mais puro e bem mais sutil ainda do que o próprio ar. Todas as noções que compomos desta maneira não nos enganam, em verdade, desde que as julguemos apenas prováveis e que nunca as afirmemos como verdadeiras; mas também elas não nos tornam mais sábios.

Resta somente a dedução, pela qual podemos compor coisas de tal sorte que estejamos seguros de sua verdade. Todavia, mesmo nela pode haver muitos defeitos: é assim que, por exemplo, do fato de nada percebermos no espaço preenchido de ar, nem pela vista nem pelo tato, ou por qualquer outro sentido, concluímos que esse espaço é vazio, conjugando mal, a esse respeito, as naturezas do vácuo e a do espaço. E isso se produz cada vez que de uma coisa particular ou contingente nós julgamos poder deduzir algo de geral e necessário. Mas está em nosso poder evitar este erro: jamais unir muitas coisas, a menos que se tenha visto pela intuição ser necessário o seu vínculo. Assim é, por exemplo, que deduzimos que nada pode haver de figurado que não seja extenso, dado que a figura está, necessariamente, ligada à extensão.

De tudo isso resulta, em primeiro lugar, que expusemos distintamente e, creio, por uma enumeração suficiente, o que no início só tínhamos podido mostrar de uma maneira confusa e sem arte, a saber, que não há outras vias que se ofereçam aos homens para chegar a um conhecimento certo da verdade a não ser a intuição evidente e a dedução necessária, e também o que são essas naturezas simples, das quais falamos na regra VIII. É evidente que a intuição aplica-se em conhecer todas essas naturezas simples e as relações necessárias que as unem e, enfim, tudo de que o entendimento tenha uma experiência clara, seja em si mesmo, seja na imaginação. Quanto à dedução, dela falaremos mais na sequência.

Em segundo lugar, resulta que não há nenhum esforço em se conhecer essas naturezas simples, pois elas são suficientemente conhecidas por si mesmas, mas apenas em separá-las umas das outras e, fixando sua atenção, ter a intuição de cada uma isoladamente. Com efeito, não há ninguém tão obtuso que não compreenda que, quando sentado, está, de certo modo, diferente dele mesmo quando em pé; mas ninguém faz uma distinção tão clara entre a natureza da posição e o que está contido, de outro lado, neste pensamento, e não pode afirmar que apenas a posição tenha mudado. Não é sem motivo que aqui fazemos essa observação, pois os doutos são, habitualmente, bastante engenhosos para encontrar um meio de nada ver naquilo que é evidente por si e para os ignorantes. Isso lhes acontece cada vez que tentam explicar as coisas conhecidas por si mesmas com algo de mais evidente; porque, ou eles explicam esta outra coisa, ou não explicam absolutamente nada. Quem, portanto, não compreende a mudança que em nós se efetua, qualquer que seja ela, quando mudamos de lugar, e quem então conceberia a mesma coisa, se se lhe diz: *o lugar é a superfície do corpo ambiente*, já que esta superfície pode mudar, enquanto eu permaneço imóvel e não mudo de lugar e que, ao contrário, ela pode ser movida comigo de tal maneira que, embora seja a mesma que me envolve, eu não esteja mais, entretanto, no mesmo lugar? Na verdade, eles não parecem proferir palavras mágicas, tendo um poder oculto que ultrapassa os limites da inteligência humana, ao dizer que o *movimento*, que é algo bem conhecido de todo o mundo, *é o ato de um ser em potência, enquanto se encontra em potência?* Pois quem compreende essas palavras? Quem, no entanto, ignora o que é o movimento e não confesse que essas pessoas procuraram um nó numa varinha de junco? Devemos pois dizer que jamais se deve explicar as coisas com definições deste gênero, com receio de, em lugar de coisas simples, entendermos as compostas. É preciso apenas, após ter separado as coisas simples de todas as demais, que cada um se aplique cuidadosamente, segundo as luzes de sua inteligência, a obter a intuição de cada uma delas.

Redunda, em terceiro lugar, que toda ciência humana consiste apenas em ver distintamente como essas naturezas simples concorrem para a composição das outras coisas. Reparo muito útil de ser feito, pois sempre que se propõe a examinar alguma dificuldade, a maior parte das pessoas já se detêm no começo, não sabendo com que pensamentos deixar ir o espírito, estando convencida de que necessita procurar algum novo gênero de ser ainda desconhecido: assim, por exemplo, caso se pergunte qual é a natureza do ímã, logo, pressentindo ser alguma coisa de árdua e difícil, desviam seus espíritos do que é evidente para aplicá-lo ao que é mais difícil e aguardar na incerteza algo de novo, errando no espaço vazio das coisas infinitas. Mas aquele que pensa que nada se pode conhecer no ímã que não seja composto de certas naturezas simples, conhecidas por si mesmas, sabendo o que deve fazer, recolhe primeira e cuidadosamente todas as experiências que pode conhecer a respeito do corpo; depois, procura deduzir qual é a mistura necessária dessas naturezas simples para produzir os efeitos que constatou no ímã; uma vez encontrada essa mistura, pode afirmar, corajosamente, que entendeu sua causa verdadeira, na medida em que o homem possa encontrá-la, consoante as experiências dadas.

Em quarto lugar, enfim, resulta do que foi dito não haver conhecimento que deva ser considerado como mais obscuro que outros, pois são todos da mesma natureza e consistem apenas na composição das coisas conhecidas por si mesmas. É isso que quase ninguém percebe. Prevenidos pela opinião contrária, os mais corajosos se permitem oferecer suas conjecturas como demonstrações verdadeiras e, nas coisas que ignoram completamente, imaginam ver, como que por meio de névoa, verdades frequentemente obscuras. Não temem avançá-las, embrulhando suas concepções com palavras que lhes permitem, ordinariamente, discorrer com muita lógica, mas que, em realidade, nem eles nem seus ouvintes entendem. Os mais modestos, ao contrário, abstêm-se reiteradamente de examinar uma quantidade de coisas, fáceis no entanto e bem necessárias à vida, pela única razão de acreditarem estar acima de suas forças. E como pensam que podem ser compreendidas por outros de mais inteligência, adotam as opiniões daqueles em cuja autoridade depositam confiança.

Dizemos ainda que as coisas não podem ser deduzidas a não ser por palavras, a causa pelo efeito, o efeito pela causa, o mesmo do mesmo, as partes, ou mesmo o todo, das partes...

De resto, para que a ninguém escape o encadeamento de nossos preceitos, dividimos tudo o que pode ser conhecido em proposições simples e em questões. Para as proposições simples, não damos outras regras além daquelas que preparam a faculdade de conhecer para obter a intuição mais distinta de qualquer objeto a ser examinado com sagacidade, pois elas devem apresentar-se por si e não serem procuradas, algo que expusemos nas doze primeiras regras, com as quais pensamos ter mostrado tudo o que, em nossa opinião, pode facilitar de algum modo o uso da razão. Entre as questões, algumas são perfeitamente compreendidas, mesmo quando se ignora a solução, e só destas trataremos nas doze regras que se seguem de imediato. Outras, enfim, são imperfeitamente entendidas e para elas reservaremos as doze últimas regras. Essa divisão foi imaginada de propósito, tanto para se estar obrigado a nada dizer que pressuponha o conhecimento do que se segue, como para ensinar previamente aquilo a que nós julgamos ser preciso aplicar-se de início para a cultura do espírito. É preciso notar que, quanto ao número das questões perfeitamente entendidas, só alinhamos aquelas nas quais percebemos distintamente três coisas, a saber: com que sinais o objeto que se procura pode ser reconhecido quando se apresenta? do que exatamente devemos deduzi-lo? como se deve provar que tais coisas dependem inteiramente uma da outra e que uma não mudaria de modo algum, não mudando a outra? Assim teremos todas as premissas e só restará ensinar a maneira de encontrar-se a conclusão, não, certamente, deduzindo qualquer coisa de outra simples (pois isso se pode fazer sem regra, como já dito), mas extraindo com tal habilidade uma coisa que dependa de muitas outras entelaçadas que, em nenhum caso, seja preciso um poder de espírito maior do que o usado para uma simples inferência. Tais questões, sendo em sua maior parte abstratas e encontradas somente na aritmética ou na geometria, parecerão ter uma utilidade medíocre para aqueles que desconhecem aquelas ciências. Eu os adverti, entretanto, de que devem aplicar-se e se exercitar durante muito tempo no aprendizado deste método se quiserem dominar perfeitamente a parte seguinte deste tratado, onde abordamos todas as outras questões.

## REGRA XIII
*Se nós compreendemos perfeitamente uma questão, é preciso abstraí-la de todo conceito supérfluo, simplificá-la ao máximo e dividi-la por meio da enumeração em partes tão pequenas quanto possível.*

Nós imitamos os dialéticos somente naquilo em que, da mesma forma que para ensinar as formas dos silogismos eles supõem conhecidos os termos ou a matéria, nós também exigimos aqui que a questão esteja perfeitamente entendida. Mas não distinguimos, como eles, dois termos extremos e um termo médio. Consideramos a coisa inteiramente, da seguinte maneira: em primeiro lugar, em toda questão existe, necessariamente, algo de desconhecido, pois, de outra forma, a procura seria inútil; em segundo lugar, este desconhecido deve ter, de alguma maneira, uma designação, pois, de outro modo, nada nos determinaria a procurá-lo, de preferência a outra coisa; em terceiro lugar, ele só pode ser assim designado por algo de conhecido. Tudo isso também se encontra nas questões imperfeitas: assim, por exemplo, quando se procura pela natureza do ímã, o que entendemos por essas duas palavras, ímã e natureza, é conhecido, o que nos determina a procurar isto a qualquer outra coisa. Além do mais, para que a questão seja perfeita, queremos que ela seja inteiramente determinada, de maneira que não se procure mais do que aquilo que se pode deduzir do que é dado: por exemplo, se alguém me pergunta o que se deve exatamente inferir, no tocante à natureza do ímã, das experiências que Gilbert[7] afirma ter feito, se falsas ou verdadeiras. Do mesmo modo, se me perguntam o que penso exatamente da natureza do som, conforme um único dado, o de que as três cordas A, B, C produzem o mesmo som, sendo a corda B, por hipótese, duas vezes mais grossa do que a corda A, mas de mesmo cumprimento e tensionada por um peso duplo, e a corda C, ao contrário, tendo a mesma grossura da corda A, mas duas vezes mais longa e tensionada por um peso quatro vezes mais pesado etc. Por esse meio se compreende facilmente como todas as perguntas imperfeitas podem ser reduzidas a questões perfeitas, tal como o exporemos mais longamente no lugar adequado. E vê-se também de que maneira esta regra pode ser observada para abstrair de todo conceito supérfluo uma dificuldade bem entendida e reduzi-la até o ponto em que não pensemos mais tratar-se deste ou daquele objeto, mas somente de grandezas a serem comparadas entre si. Pois, exemplificando, após estarmos determinados a não considerar senão esta ou aquela experiência sobre o ímã, não há mais qualquer dificuldade em afastarmos nosso pensamento de todas as demais.

Acrescentemos, além disso, que a dificuldade deve ser no mais possível simplicada, conforme as regras V e VI, e dividida, segundo

---

7. Trata-se de William Gilbert (1540-1603), médico da corte e da marinha inglesas, cujas importantes experiências com eletromagnetismo, realizadas durante dezoito anos, resultaram no histórico livro *Tractatus sive phisiologia nova de magnete*, de 1600.

a regra VII. Assim, por exemplo, se estudo o ímã em conformidade com várias experiências, as percorrerei separadamente uma após outra; assim também, se estudo o som, compararei separadamente entre elas as cordas A e B, depois A e C etc., a fim de englobar em seguida o todo em uma enumeração suficiente. Eis aí as três únicas coisas que o entendimento puro deve observar no que se refere aos termos de toda proposição, antes de chegar-se à última solução, se tiver necessidade de servir-se das onze regras seguintes; quanto à maneira de fazê-lo, a terceira parte deste tratado o mostrará mais claramente. Entendemos por questões, aliás, tudo aquilo em que se encontra o verdadeiro ou o falso: é preciso enumerar os diferentes tipos para determinar o que podemos fazer com relação a cada uma.

Já dissemos que apenas na intuição das coisas simples ou compostas não pode haver erro; neste sentido, as coisas não se chamam questões, mas tomam este nome tão logo pensamos atribuir-lhes um juízo determinado. Com efeito, não contamos entre as questões apenas aquelas solicitações feitas por outros; a ignorância de Sócrates, ou antes a sua dúvida, também foi uma questão quando, examinando-a pela primeira vez, ele se pôs a procurar se era verdade que duvidasse de tudo, e assim o pretendeu.

Mas procuramos as coisas seja pelas palavras, as causas pelos efeitos, os efeitos pelas causas, seja o todo ou as partes pelas partes, seja, enfim, muitas coisas ao mesmo tempo por meio de todas aquelas.

Dizemos procurar as coisas pelas palavras todas as vezes em que a dificuldade consista em uma falta de clareza da linguagem; a isso se prendem não apenas todos os enigmas como os da esfinge, com relação ao animal que de início tem quatro patas, depois dois e por fim três, mas também os dos pescadores que, em pé sobre a margem, com linhas e anzóis para pegar os peixes, diziam que não tinham mais os que haviam pego, mas que, inversamente, tinham os que ainda não puderam pegar. Mas na maior parte daquilo sobre o qual os doutos discutem, é quase sempre também uma questão de palavras. Não é preciso, de resto, ter tão má opinião dos maiores espíritos por acreditar que concebem mal as próprias coisas todas as vezes que não as explicam em termos suficientemente adequados: quando chamam de *lugar*, por exemplo, *a superfície do corpo ambiente*, não concebem, em realidade, nada de falso, mas apenas abusam da palavra *lugar*, que na linguagem ordinária designa esta natureza simples e conhecida por si, em razão da qual se diz que uma coisa está aqui ou lá; esta natureza consiste inteiramente de uma certa relação do objeto, que se diz estar em um lugar, com as partes do espaço exterior, mas alguns, vendo o nome lugar dado à superfície ambiente, definiram erroneamente esta natureza como *o lugar interior*, e assim de resto. Essa questão sobre as palavras encontra-se tão frequentemente que, se os filósofos sempre concordassem a respeito do significado dos nomes, quase todas as controvérsias cessariam.

Procuram-se as causas pelos efeitos sempre que sobre algo se procura (saber) se existe ou o que é...

Mas constantemente, quando nos propomos alguma questão a resolver, não reparamos logo a que gênero pertence, nem se é necessário procurar as coisas pelos nomes, ou a causa pelos efeitos etc. Parece-me supérfluo dar mais detalhes sobre o assunto. Será mais breve e útil, com efeito, buscar ao mesmo tempo e com ordem tudo o que preciso fazer para solucionar uma dificuldade qualquer. Por conseguinte, sendo dada uma questão, é preciso esforçar-se, antes de tudo, em compreender distintamente o que se busca.

Acontece com frequência que alguns se lançam tão rapidamente à investigação dos problemas que dão às suas soluções um espírito superficial, sem se perguntarem com que signos distinguirão a coisa procurada, se por acaso ela se lhes apresentar. São tão ridículos quanto um serviçal enviado a algum lugar por seu senhor e que, apressando-se tão energicamente em obedecer, se pusesse a correr antes mesmo de receber as ordens e saber para onde lhe ordenaram ir.

Ao contrário, é preciso que em toda questão o desconhecido, que apesar de tudo deve existir, pois de outro modo a investigação seria vã, seja designado por condições precisas e que estejamos inteiramente determinados a procurar uma coisa e não outra. São com essas condições que dissemos ser preciso começar o exame, o que se fará ao voltarmos todas as forças de nosso espírito de modo a obter a intuição distinta de cada coisa, e ao procurarmos atentamente até que ponto o desconhecido que buscamos está circunscrito por cada uma delas. Pois nesta matéria o espírito humano engana-se ordinariamente de duas maneiras: seja tomando mais do que é necessário para determinar uma questão, seja, ao contrário, esquecendo alguma coisa.

É preciso evitar supor mais coisas do que são necessárias, principalmente nos enigmas e em outros problemas artificialmente inventados para perturbar o espírito, mas algumas vezes também em outras questões, quando, para resolvê-las, supõe-se como certa alguma coisa para a qual nenhuma razão segura, mas apenas uma opinião inveterada, nos convenceu. Por exemplo, no enigma da esfinge, não é preciso crer que a palavra pata[8] designe unicamente as patas verdadeiras dos animais, mas sim ver se não pode ser aplicada a outras coisas, tal como se passa, em realidade, para as mãos das crianças e para a bengala dos velhos, pois uns e outros delas se servem como pés para andar. Do mesmo modo, na charada dos pescadores é preciso prestar atenção para que a ideia dos peixes[9] não nos tenha ocupado o espírito a ponto de nos impedir de pensar naqueles animais que os pobres carregam frequentemente sobre eles, sem o querer, e que jogam quando os pegam. Se se procura também saber como foi construído o vaso que vimos em tempos passados – em cujo meio havia uma coluna encimada por uma estátua de Tântalo, em atitude de quem quer beber, e cuja água ali vertida permanecia enquanto não se o erguesse muito

---

8. No original, *pied*, que tanto se aplica ao pé do ser humano quanto à pata dos animais. Daí a dupla possibilidade de interpretação..

9. Trata-se também de um jogo de palavras entre, no original francês, *poisson* (peixe) e um inseto popularmente conhecido (mas não mencionado no texto) como *poisson d'argent* (peixe de prata), e cujo nome científico é lepisma. Em resumo, *não ter mais os peixes que pegaram* significa ter, na verdade, se desembaraçado dos insetos.

alto para alcançar a boca de Tântalo, mas dele escapava inteiramente quando chegava aos lábios do infeliz – parece, à primeira vista, que todo o artifício estava na construção da figura de Tântalo, enquanto, em realidade, esta aqui não determina de modo nenhum a questão, sendo-lhe apenas acessória. Toda a dificuldade consiste, efetivamente, em procurar como o vaso foi construído para que a água dele escape inteiramente tão logo alcance uma certa altura, e não previamente. Por fim, e da mesma maneira, se após todas as observações que temos no tocante aos astros se investiga o que podemos afirmar de seus movimentos, não se deve admitir gratuitamente, como o fizeram os antigos, que a Terra é imóvel e se posta no centro do universo, sob pretexto de que em nossa infância as coisas assim nos pareceram. Mas até isso deve ser contestado, de maneira que examinemos em seguida o que se pode julgar de seguro sobre o assunto. E assim por diante.

Pecamos por omissão, ao contrário, sempre que não refletimos sobre a condição exigida de uma questão, seja porque esta condição se encontre expressa na própria questão, seja por ser necessário discerni-la de alguma maneira. É assim, por exemplo, que se investiga o movimento contínuo, não aquele que existe na natureza, tal como o movimento dos astros ou das fontes, mas o que é conduzido pelo trabalho do homem, e é assim que, como alguns acreditaram que isso se possa fazer, pensando que a terra move-se perpetuamente em movimento circular ao redor de seu eixo e que o ímã retém tudo o que é próprio da Terra, imagina-se encontrar o movimento perpétuo dispondo o ímã de maneira que se mova em círculo, ou que comunique ao ferro seu movimento e suas outras propriedades. Mesmo se isso se conseguisse, não se produziria artificialmente o movimento perpétuo, mas apenas se serviria do que existe na natureza, exatamente como se se colocasse uma roda na corrente de um rio, de modo que ela estivesse sempre em movimento: omitir-se-ia, pois, a condição requerida para a determinação da questão.

Uma vez a questão suficientemente entendida, é preciso ver com clareza em que consiste a dificuldade que ela envolve, a fim de que, após tê-la isolado de todo o resto, se a resolva mais facilmente.

Nem sempre basta compreender uma questão para saber onde reside a dificuldade que ela contém. É preciso, além disso, refletir sobre cada uma das dificuldades que ela carrega, a fim de que, se para nós houver algumas fáceis de encontrar, as deixemos de lado e que, após se ter desembaraçado da questão, só reste o que ignoramos. Por exemplo, na questão do vaso descrito acima, reparamos facilmente como o vaso deve ser feito, com a coluna elevada em seu meio, o pássaro pintado etc. Mas tendo-se tudo isso afastado, como se não se relacionasse com a questão, resta a dificuldade toda nua, que consiste em que a água, antes contida no vaso, se derrame completamente tão logo chegue a uma certa altura: como isso se produz, eis o que se deve procurar.

Dizemos, pois, que a única coisa importante é percorrer com ordem tudo o que está dado em uma questão: afastando-se tudo o que claramente vir-se que a ela não se relaciona, retendo-se o necessário e remetendo-se o duvidoso a um exame mais atento.

## REGRA XIV
*A mesma questão deve estar relacionada à extensão real dos corpos e inteiramente representada, na imaginação, por figuras claras, pois assim será mais distintamente compreendida pelo entendimento.*

Se quisermos também nos servir do auxílio da imaginação, é preciso notar que todas as vezes que deduzimos de algo conhecido uma coisa qualquer desconhecida, nem por isso encontramos uma nova espécie de ser; acontece apenas que o conhecimento que tínhamos estende-se ao ponto de nos fazer ver que a coisa procurada participa, de um modo ou de outro, da natureza daquelas que são dadas na questão. Por exemplo, se alguém é cego de nascença, não se deve esperar que possamos fazê-lo ter, por qualquer argumento, ideias verdadeiras das cores como aquelas que nós recebemos dos sentidos. Ao contrário, se alguém já viu as cores fundamentais, mas não conhece as cores intermediárias e mistas, é possível que se represente aquelas imagens por uma espécie de dedução, mesmo que não as tenha visto. Da mesma forma, se existe no ímã algum gênero de ser com o qual, até aqui, nosso espírito nada tenha visto de semelhante, não se deve jamais esperar conhecê-lo pelo raciocínio. Seria preciso para isso um novo sentido ou um espírito divino. Tudo o que pode fazer o espírito humano a esse respeito nós acreditaremos ter feito se virmos mui distintamente a mescla de seres ou de naturezas já conhecidas que produz os mesmos efeitos percebidos no ímã.

Em verdade, qualquer que seja a diferença dos assuntos, é pela mesma ideia que nós conhecemos todos os seres já conhecidos, tal como a extensão, a figura, o movimento e outros similares, o que é inútil aqui enumerar-se. E não imaginamos diferentemente a figura de uma coroa, seja ela de prata ou de ouro. Esta ideia comum só passa de um objeto a outro por meio de uma simples comparação, pela qual afirmamos que a coisa buscada é, sob um ou outro aspecto, semelhante, idêntica ou igual à coisa dada, de sorte que em todo raciocínio apenas por comparação é que nós conhecemos exatamente a verdade. Por exemplo, nisso aqui: todo A é B, todo B é C, logo, todo A é C. Comparam-se entre elas a coisa procurada e a coisa dada, quer dizer, A e C, com a relação que uma e outra possuem com B etc... Mas, como as formas do silogismo em nada ajudam a perceber a verdade, não será inútil ao leitor, após tê-las completamente rejeitado, perceber que todo conhecimento não adquirido pela intuição simples e pura de um objeto isolado adquire-se pela comparação de dois ou mais objetos entre si. Quase todo o trabalho da razão humana consiste em preparar essa operação, pois, quando ela é clara e simples, não há necessidade de qualquer auxílio do método, mas apenas das luzes da natureza para obter-se a intuição da verdade que ele descobre.

Deve-se notar que as comparações são ditas simples e claras sempre que a coisa procurada e a coisa dada participam igualmente de uma determinada natureza; que todas as demais comparações, ao contrário, têm necessidade de uma preparação porque essa natureza comum não se encontra igualmente em uma e outra coisa, mas conforme outras relações ou proporções nas quais ela se encontra envolvida. E que a parte principal do trabalho humano não consiste senão em reduzir aquelas proporções de modo a ver claramente uma igualdade entre o que se busca e algo de conhecido.

É preciso notar, em seguida, que nada pode ser reduzido àquela igualdade que não comporte o mais e o menos, e que tudo isso está compreendido sob o nome de grandeza, se bem que, quando os termos da dificuldade foram abstraídos de todo o objeto, conforme a regra precedente, compreendemos que nada temos com que nos ocupar a não ser com grandezas em geral.

Mas se quisermos ainda aqui imaginar alguma coisa e servir-nos não do entendimento puro, mas do entendimento assistido por imagens, pintadas na imaginação, deve-se enfim perceber que nada se diz das grandezas em geral que também não possa ser relacionado a uma grandeza qualquer em particular.

De onde é fácil concluir-se que haverá grande proveito em se relacionar o que dizemos das grandezas em geral com a espécie de grandeza que, entre todas, mais fácil e distintamente será representada em nossa imaginação; ora, que esta grandeza seja a extensão real de um corpo, abstraída de qualquer outra coisa figurada, resulta do que foi dito na regra XII, onde vimos que a própria imaginação, com as ideias que nela existem, é um corpo verdadeiro, extenso e figurado. O que é evidente por si mesmo, já que em nenhuma outra ocasião todas as diferenças de proporção se revelam com mais nitidez; pois, embora de uma coisa possa ser dita ser mais ou menos branca do que outra, um som ser mais ou menos agudo, e assim por diante, não podemos determinar exatamente, todavia, se o mais ou o menos está numa proporção dupla ou tripla, salvo por uma certa analogia com a extensão de um corpo figurado. Portanto, que seja certo e seguro que as questões perfeitamente determinadas não contêm outra dificuldade a não ser aquela que consiste em reduzir as proporções a igualdades, e que tudo em que se encontra precisamente essa dificuldade pode e deve ser facilmente separado de qualquer outro objeto e, em seguida, ser atribuído à extensão e às figuras, as quais, por esta razão, trataremos com exclusividade, em seguida, até a regra XXV.

Seria de meu agrado que o leitor tivesse aqui o gosto pela aritmética e pela geometria, embora prefira que com elas jamais se tenha ocupado antes do que tê-las aprendido segundo o método ordinário: com efeito, a prática das regras que vou dar é muito mais fácil para se aprender essas ciências, em que ela basta plenamente, do que para qualquer outra espécie de questão; e sua utilidade é tão grande para se adquirir uma elevada sabedoria que não receio dizer que esta parte de nosso método não foi inventada para resolver problemas matemáticos, mas, antes, que não é preciso quase aprender as matemáticas senão para cultivar este método. Nada suporei dessas ciências que não seja conhecido por si mesmo e não esteja ao alcance de todo o mundo. Mas o conhecimento que delas temos comumente, não tendo sido alterado por um erro manifesto, é obscurecido por uma multidão de princípios equívocos e mal conhecidos, os quais nos esforçaremos na sequência em reformar em toda ocasião oferecida.

Entendemos por extensão tudo o que contém comprimento, largura e profundidade, sem procurar saber se é um corpo verdadeiro ou apenas um espaço. Não é preciso, parece, uma explicação mais ampla sobre o que é a extensão, já que não há nada que nossa imaginação não perceba mais facilmente. Entretanto, como os doutos se servem reiteradamente de distinções tão sutis que apagam a luz natural e encontram as trevas, mesmo naquilo que é bem conhecido por pessoas sem cultura, deve-se adverti-los que por extensão não designamos aqui algo de distinto ou separado de todo sujeito, e que, de um modo geral, não conhecemos seres filosóficos desta classe que, em realidade, não se apresentem à imaginação. Pois, embora nos possamos convencer de que, apesar de reduzirmos a nada tudo aquilo que é extensão na natureza, a extensão possa existir por si só, deve-se considerar como certo que, para se conceber esta extensão, não nos serviremos de uma ideia corporal, mas apenas de um entendimento que sustenta um juízo falso. Nós nos poremos prazerosamente de acordo, por pouco que reflitamos atentamente sobre esta própria imagem da extensão, ao nos esforçarmos por representá-la na imaginação, pois observaremos que não a vemos isolada de todo e qualquer sujeito, mas que a imaginamos de forma totalmente diferente do que se crê, de modo que esses seres abstratos (o que pensa o entendimento sobre a verdade da coisa) jamais se formam na imaginação independentemente de algum sujeito.

Mas como, a partir de agora, nada faremos sem o concurso da imaginação, é importante distinguir com cuidado as ideias pelas quais o sentido de cada palavra deve ser definido por nosso entendimento. Eis por que nos propomos a examinar estas três maneiras de falar: *a extensão ocupa o lugar*, *o corpo tem extensão* e *a extensão não é corpo*.

A primeira mostra como a extensão está presa ao que é extenso, pois concebo completamente a mesma coisa quando digo: *a extensão ocupa o lugar*, como quando digo, *o extenso ocupa lugar*. Entretanto, não é uma razão para que se prefira servir-se das palavras *o que é extenso*, a fim de evitar o equívoco: estas palavras não designariam bastante distintamente o que concebemos, a saber, que um sujeito ocupa o lugar porque é extenso. E apenas se poderia compreender que *o que é extenso é o sujeito que ocupa o lugar* exatamente como se dissesse: o que é animado ocupa o lugar. É a razão pela qual dissemos que trataremos aqui da extensão, de preferência ao que é extenso, embora pensemos que a extensão não deva ser concebida diferentemente do que é extenso.

Passemos agora a estas palavras: *o corpo tem extensão*. Compreendemos bem que o termo *extensão* designa aqui outra coisa além do corpo. No entanto, não formamos duas ideias distintas em nossa imaginação, uma do corpo e outra da extensão, mas uma ideia somente, a de um corpo que é extenso: é, de fato, como se dissesse: *o corpo é aquilo que é extenso*, ou antes, *o que é extenso é o que é extenso*. Isso é peculiar aos seres que só existem em um outro e não podem nunca ser concebidos sem um sujeito; mas é diferente para aqueles que se distinguem realmente dos sujeitos. Pois se eu dissesse, por exemplo, *Pedro tem riquezas*, a ideia de Pedro seria inteiramente diferente daquela de riquezas; da mesma forma, se eu dissesse *Paulo é rico*, imaginaria outra coisa do que se dissesse *o rico é rico*. Não vendo esta diferença, a maioria das pessoas pensa erradamente que a extensão é distinta do que é extenso, assim como as riquezas de Paulo são outra coisa que Paulo.

Enfim, se se diz *a extensão não é o corpo*, a palavra extensão é então tomada em um outro sentido do que o precedente; neste útimo sentido, nenhuma ideia particular lhe corresponde na imaginação, e a enunciação é feita pelo entendimento puro, que apenas tem o poder de separar os seres abstratos desta espécie. Essa é, para a maioria dos homens, uma ocasião de erro, pois, não observando que a extensão assim definida não pode ser concebida pela imaginação, representam-na por uma verdadeira ideia; e como essa ideia implica necessariamente a concepção do corpo, eles se atrapalham, sem pô-la em dúvida, com esta contradição, a de que *a mesma coisa é, ao mesmo tempo, o corpo e não é o corpo*. É de grande importância distinguir as afirmações em que palavras tais como *extensão, figura, número, superfície, linha, ponto, unidade* etc. têm um sentido preciso, que elas excluem algo que as afirmações em realidade implicam, como quando se diz: *a extensão ou a figura não é o corpo*; *o número não é a coisa contada*; *a superfície é o limite do corpo*; *a linha, o limite da superfície*; *o ponto, o limite da linha*; *a unidade não é a quantidade* etc. Todas essas proposições e outras similares devem ser inteiramente afastadas da imaginação, mesmo quando forem verdadeiras. Eis por que não mais trataremos delas na sequência.

É preciso notar cuidadosamente que, em todas as outras proposições em que essas palavras, apesar de terem o mesmo sentido e ser empregadas da mesma maneira, abstração feita de todo sujeito, não excluam ou não neguem nada daquilo de que não sejam realmente distintas, podemos e devemos nos servir do auxílio da imaginação. Pois nesse momento, embora o entendimento não faça claramente atenção ao que é designado pela palavra, a imaginação deve, todavia, fazer uma ideia verdadeira da coisa, a fim de que o entendimento possa, em caso de necessidade, voltar-se para as outras condições daquilo não expresso pelas palavras, e jamais acreditar, inconsideradamente, que elas tenham sido excluídas. Assim, se se trata de número, imaginemos um sujeito qualquer que possa medir uma grande quantidade de unidades; embora o entendimento não reflita inicialmente senão sobre a multiplicidade deste sujeito, tomamos cuidado para que ele não termine por tirar alguma conclusão ali onde a coisa contada tenha sido supostamente excluída de nossa concepção, como fazem aqueles que atribuem aos números propriedades maravilhosas e qualidades ilusórias, às quais, certamente, não adicionariam tanta fé se não concebessem o número como algo distinto da coisa enumerada. De modo idêntico, se tratamos da figura, pensemos que tratamos de um sujeito que é extenso e que só é conhecido na medida em que é figurado; se é de um corpo, pensemos que o tratamos na medida em que é longo, largo e profundo; se é de uma superfície, concebamos o corpo enquanto comprido e largo, sem considerar a profundidade, mas sem negá-la; se é de uma linha, concebamos o corpo somente em seu comprimento; se é de um ponto, concebamos o corpo sem considerar nada de que ele seja um ser.

Certamente, aqui desenvolvo essas coisas muito longamente; mas os homens estão de tal modo predispostos que receio só existir ainda entre eles um pequeno número que está seguro deste ponto, ao abrigo de todo risco de erro, e de encontrar a explicação de meu pensamento neste longo discurso. Com efeito, a aritmética e a geometria, mesmo sendo as mais certas de todas as ciências, nos enganam a esse respeito: pois qual é o calculador que não pensa não apenas que esses números foram abstraídos pelo entendimento de todo sujeito, mas que é preciso ainda distingui-los verdadeiramente pela imaginação? Qual é o geômetra que não mistura princípios contraditórios à evidência de seu objeto, ao julgar que as linhas não possuem largura, nem as superfícies, profundidade, e que em seguida, no entanto, as compõe umas com as outras, sem reparar que a linha, com cujo movimento pensa produzir uma superfície, é um corpo verdadeiro e que, ao contrário, aquela que não tem largura não é senão um modo do corpo etc.? Mas para não nos demorarmos muito tempo com essas observações, será mais breve expor de que maneira pensamos que nosso objeto deva ser concebido, com o intuito de demonstrar, o mais facilmente possível, tudo o que há de verdadeiro na aritmética e na geometria.

Ocupamo-nos pois aqui de um objeto que é extenso, nada considerando nele a não ser a própria extensão, e abstendo-nos de propósito da palavra quantidade, já que existem filósofos bastante sutis para distingui-la também da extensão. E supomos que todas as questões foram levadas até o ponto em que não procuramos senão conhecer uma certa extensão, comparando-a com outra já conhecida. Com efeito, não esperando aqui conhecer um novo ser, e querendo apenas fazer de modo que em toda proposição, por obscura que seja, se encontre uma igualdade entre o desconhecido e o algo de conhecido, é certo que todas as diferenças de proporções que existem em outros sujeitos também se possam encontrar entre duas ou várias extensões e, por conseguinte, basta, para nosso objetivo, considerar na própria extensão tudo o que possa ajudar a fazer entender as diferenças das proporções e que consiste apenas em três coisas: a dimensão, a unidade e a figura.

Por dimensão não entendemos outra coisa senão o modo e a relação sob a qual um sujeito qualquer é julgado mensurável, de sorte que não somente o comprimento, a largura e a profundidade são dimensões do corpo, mas o peso é a dimensão pela qual os sujeitos são pesados, a velocidade é a dimensão do movimento, e assim para uma infinidade de outras coisas deste gênero. Pois a divisão em várias partes iguais, seja ela real ou apenas relativa ao entendimento, é propriamente a dimensão segundo a qual contamos as coisas; e a medida que constitui o número é chamada propriamente uma espécie de dimensão, embora haja alguma diferença no sentido da palavra. Com efeito, quando nós consideramos as partes que formam o todo, diz-se então que contamos; e quando consideramos o todo dividido em partes, nós o mensuramos. Por exemplo, nós mensuramos os séculos pelos anos, os dias, as horas e os minutos; mas se contarmos os minutos, os dias e os anos, acabaremos por preencher os séculos.

Por isso, é claro que pode haver em um mesmo sujeito uma infinidade de dimensões diferentes que não acrescentam absolutamente nada às coisas medidas, e que nele estão compreendidas da mesma maneira, tenham elas um fundamento real nos próprios sujeitos ou tenham sido inventadas por nosso espírito. O peso do corpo é, com efeito, algo de real, assim como a velocidade do movimento ou a divisão do século em anos e dias. Mas não é algo real a divisão do dia em horas e em minutos etc.[10]. E, no entanto, todas essas coisas são equivalentes se as considerarmos apenas sob o aspecto da dimensão, como se deve aqui fazer e nas ciências matemáticas, pois cabem antes aos físicos examinar se o fundamento delas é real.

Esta consideração lança uma grande luz sobre a geometria, já que a maioria dos homens comete o erro de conceber, nesta ciência, três espécies de quantidades: a linha, a superfície e o corpo. Já foi dito, com efeito, que a linha e a superfície não são concebidas como verdadeiramente distintas do corpo, ou como distintas uma da outra. Mas, se as considerarmos simplesmente enquanto abstraídas pelo entendimento, elas não são mais agora espécies diferentes de quantidades, assim como o animal e o ser vivo não são, no homem, espécies diferentes de substâncias. Deve-se notar, de passagem, que as três dimensões dos corpos, o comprimento, a largura e a profundidade não diferem entre elas pelo nome, pois nada impede que em um sólido dado não se escolha a extensão que se queira, uma como comprimento, outra como largura etc. E embora essas três dimensões sejam as únicas a ter um fundamento real em toda coisa extensa, enquanto simplesmente extensão, aqui não as tomamos com mais consideração do que uma infinidade de outras que são imaginadas pelo entendimento, ou que têm nas coisas outros fundamentos. Assim, para o triângulo, se nós o quisermos medir com exatidão é preciso conhecer três coisas, a saber: os três lados, ou dois lados e um ângulo, ou dois ângulos e a área etc. Do mesmo modo, para o trapézio, é preciso conhecer cinco coisas; e seis para o tetraedro, coisas que se podem chamar dimensões. Para escolher aquelas nas quais nossa imaginação

---

10. Nessa passagem (*mais ce n'est pas quelque chose de réel que la division du jour en heures et en minutes*), Descartes não explica os critérios pelos quais afirma que a divisão dos séculos em anos é algo de real, enquanto a divisão dos dias em horas não o é. Mesmo porque, não se medem os anos sem os dias, e estes sem as horas. Ambas as divisões se fundamentam em algo real, já conhecido por Descates, ou seja, no movimento da Terra.

encontra maior auxílio, não demos nunca nossa atenção a mais de uma ou duas que estão representadas em nossa imaginação, ao mesmo tempo, mesmo se virmos que na proprosição com a qual nos ocupamos existem muitas outras. Com efeito, é próprio do método dividi-las o máximo possível, a fim de considerarmos apenas uma pequena quantidade dentre elas, de cada vez, e, todavia, todas sucessivamente.

A unidade é esta natureza comum à qual, como dissemos mais acima, devem participar igualmente todas as coisas que se comparam entre si. Se em uma questão não existe unidade que já esteja determinada, podemos tomar, para representá-la, seja uma das grandezas já dadas, seja qualquer outra, e esta aqui será a medida comum de todas as demais. Compreendemos que nela existem tantas dimensões quanto nos próprios extremos e a concebemos simplesmente como algo de extenso, abstração feita de toda outra característica – e isso será então a mesma coisa que o ponto dos geômetras quando compõem a linha pelo movimento do ponto –, ou como uma linha, ou como um quadrado.

No que diz respeito às figuras, já foi acima demonstrado como é unicamente por elas que se podem formar ideias de todas as coisas. Resta-nos agora declarar que, entre as inúmeras espécies diferentes que elas comportam, só empregaremos aqui aquelas que exprimem mais facilmente todas as diferenças das relações ou das proporções. Ora, só existem duas espécies de coisas que se comparam entre si: as quantidades e as grandezas; e temos também duas espécies de figuras para no-las representar. Assim, por exemplo, os pontos

•

•  •

•  •  •

que sinalizam o número do triâgulos ou a árvore que mostra a genealogia de alguém

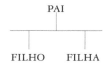

são figuras destinadas a representar a quantidade; ao contrário, aquelas que são contínuas e não divididas, como o triângulo, o quadrado etc.,

representam as grandezas.

Mas para que possamos explicar quais são, entre todas essas figuras, aquelas que aqui nos servirão, deve-se saber que todas as relações que possam existir entre seres do mesmo gênero devem reduzir-se a dois tipos: à ordem ou à medida.

Além disso, deve-se saber que, para descobrir a ordem, é preciso trabalhar com muita aplicação, assim como se vê em todo este método, que quase nada ensina além disso. Uma vez encontrada, não há mais, ao contrário, qualquer dificuldade e podemos facilmente percorrer pelo pensamento, de acordo com a regra VII, cada uma das partes postas em ordem, pois em semelhante caso estas aqui se ligam umas às outras por si mesmas, e não por intermédio de um terceiro termo, como acontece com as medidas que para isso tratamos aqui com exclusividade. Com efeito, sei qual é a ordem que existe entre A e B, sem nada considerar além dos dois extremos; mas não saberei qual é a relação de grandeza entre 2 e 3 caso não considere um terceiro termo, a saber, a unidade, que é a medida comum das duas outras.

Deve-se também saber que, por meio de uma unidade emprestada, as grandezas contínuas podem ser conduzidas à quantidade, por vezes inteiras, e, pelo menos, sempre em partes. Em seguida, a quantidade das unidades pode ser disposta em tal ordem que a dificuldade, que era relativa ao conhecimento da medida, só dependa, enfim, da consideração da ordem, progresso para o qual o método é de grande auxílio.

Enfim, deve-se saber que entre as dimensões de uma grandeza contínua não se trata de conceber mais distintamente o comprimento e a largura, nem de prestar atenção a muitas outras dentre elas na mesma figura, mas comparar apenas duas diferentes; pois se temos mais de duas diferentes para comparar, o método exige que sejam percorridas sucessivamente e que só se dê atenção a duas por vez.

Destas observações é fácil concluir que é preciso abstrair as proposições não só das figuras das quais tratam os geômetras, caso disso se trate, como de toda outra matéria; e que para isso só é preciso reter as superfícies retilíneas e retangulares, ou as linhas retas, que também chamamos figuras, pois elas não nos servem menos do que as superfícies para nos representar um sujeito verdadeiramente extenso, como acima dissemos. Que, enfim, é necessário representar, por essas mesmas figuras, seja as grandezas contínuas, seja também a quantidade ou o número, e que, para fazer compreender todas as diferenças de relações, o espírito humano nada pode encontrar de mais simples.

## REGRA XV
*É também útil, na maior parte do tempo, traçar essas figuras e mostrá-las aos sentidos externos, a fim de que, por este meio, nosso pensamento se mantenha mais facilmente atento.*

A maneira pela qual se deve traçá-las, para que no momento em que elas sejam postas sob os olhos suas imagens se formem mais distintamente na imaginação, é evidente por ela própria. Assim, em primeiro lugar, representaremos a unidade de três maneiras, a saber, por um quadrado ☐ , se a consideramos longa e larga, por uma linha _____ , se a consideramos longa, e, enfim, por um ponto • , se a consideramos apenas enquanto compõe uma quantidade. Mas de qualquer maneira que se a represente e conceba, compreendemos sempre que ela é um sujeito extenso em todos os sentidos e suscetível de uma infinidade de dimensões. De modo idêntico, para os termos de uma proposição, se for preciso observar suas duas diferentes grandezas ao mesmo tempo, as faremos ver representando-as por um retângulo, cujos dois lados serão as duas grandezas propostas: desta maneira ▭, se elas forem incomensuráveis com a unidade; desta ▦ ou desta aqui ⋮ ⋮ , se forem comensuráveis. E nada além, a menos que não se trate de uma quantidade de unidades. Enfim, se nós só prestamos atenção a uma de suas grandezas, a representaremos: seja por um retângulo, dessa maneira ▭, no qual um dos lados será a grandeza proposta e o outro a unidade, o que ocorre todas as vezes que ela deva ser comparada com uma superfície qualquer; seja apenas por um comprimento, dessa maneira _____ , se só a consideramos como comprimento incomensurável; seja ainda desta maneira • • • • •, se for uma quantidade.

## REGRA XVI
*Quanto às coisas que não exigem a atenção imediata do espírito, embora sejam necessárias para a conclusão, vale mais a pena designá-las por signos curtos, de preferência a figuras completas; assim, a memória não poderá falhar e o pensamento não será forçado, entretanto, a se desmembrar para retê-las, ao mesmo tempo em que se aplica a investigar outras.*

De resto, como dissemos que entre as inumeráveis dimensões que é possível representarmos na imaginação não se deve contemplar mais de duas com um só e mesmo olhar, ou por uma só e mesma intuição, é importante reter todas as demais de modo que elas se nos apresentem a cada vez que seja necessário. E é para essa finalidade que a memória parece ter sido criada pela natureza. Mas como esta faculdade é comumente instável, e não é necessário que sejamos forçados a empregar uma parte de nossa atenção para reafirmá-la enquanto nos dedicamos a outros pensamentos, o uso da escrita foi bem inventado para esse propósito. Graças a esse recurso, nada mais confiaremos à memória. E abandonando nossa livre imaginação inteiramente às ideias presentes, traçaremos sobre o papel tudo o que for preciso reter, e isso por meio de signos curtos, a fim de que, após ter examinado cada coisa distintamente, conforme a regra IX, possamos percorrê-las todas com um movimento bastante rápido do pensamento e ter a intuição do maior número possível delas ao mesmo tempo.

Portanto, tudo o que será preciso considerar como um, para a solução de uma dificuldade, nós o designaremos por um signo único, que se pode imaginar como quiser. Para maior facilidade, nos serviremos das letras *a, b, c* etc. para exprimir as grandezas já conhecidas, e de *A, B, C* etc. para as grandezas desconhecidas. Depois, frequentemente, colocaremos diante delas os algarismo 1, 2, 3, 4 etc. para expressar suas qualidades e, de outro lado, a elas acrescentaremos estes mesmos algarismos para exprimir a quantidade de relações que ali se deverá integrar. Assim, se escrevo $2a^3$, será como se dissesse o dobro da grandeza designada pela letra *a*, a qual contém duas relações. Por esse modo, não apenas faremos economia de um grande número de palavras, mas, o que é mais importante, apresentaremos os termos da dificuldade tão puros e despojados que, sem nada esquecer de útil, ali não encontraremos nada de supérfluo e que ocupe inutilmente o espírito quando o pensamento deverá abarcar várias coisas ao mesmo tempo.

Para compreender mais claramente tudo isso, é preciso observar de início que os calculadores têm o hábito de designar cada grandeza por várias unidades ou por um número qualquer, mas que, para nós, na questão que nos ocupa, abstraímos cada grandeza dos próprios números, como há pouco das figuras geométricas ou de qualquer outra coisa. Fazêmo-lo não apenas para evitar o tédio de um cálculo longo e inútil, mas, sobretudo, para que as partes do sujeito, que constituem a natureza da dificuldade, permaneçam sempre distintas e não sejam envolvidas por números inúteis. Assim, por exemplo, se se procura a base de um triângulo retângulo, cujos lados são 9 e 12, o calculador dirá que ela é $\sqrt{225}$ ou 15;

mas nós, em lugar de 9 e 12, poremos *a* e *b*, e encontraremos que a base é $\sqrt{a^2 + b^2}$: assim, as duas partes $a^2$ e $b^2$, que na numeração são confusas, permanecem distintas.

É preciso observar ainda que por quantidade de relações deve-se entender as proporções que se seguem em ordem contínua, proporções que, na álgebra ordinária, procura-se exprimir por várias dimensões e várias figuras, cuja primeira se denomina *raiz*, a segunda *quadrado*, a terceira *cubo*, a quarta *biquadrado* etc. Confesso que esses termos me enganaram por muito tempo, visto que, após a linha e o quadrado, nada mais claro parecia-me ser proposto à imaginação do que o cubo e outras figuras semelhantes; e com seus auxílios eu resolvia um grande número de dificuldades. Mas depois de muita experiência, percebi que por esse modo de conceber as coisas eu nada havia descoberto que não o pudesse fazer mais fácil e distintamente sem ele; e que se deve rejeitar inteiramente tais denominações, por risco de que elas confudam o pensamento, posto que, embora se possa chamar uma grandeza de cubo ou biquadrado, nunca se deve apresentá-la à imaginação de maneira diferente do que por uma linha ou uma superfície, conforme a regra precedente. É preciso notar, pois, antes de tudo, que a raiz, o quadrado, o cubo etc. são apenas grandezas em proporção contínua, que se supõem sempre precedidas desta unidade de empréstimo, sobre a qual já falamos acima: a primeira proporcional vincula-se imediatamente, e por uma só relação, a esta unidade; a segunda, por intermédio da primeira e, por conseguinte, por duas relações; a terceira, por intermédio da primeira e da segunda, e por três relações etc. Doravante, chamaremos de primeira proporcional a grandeza que em álgebra se chama raiz; a segunda proporcional, aquela que se chama quadrado, e assim as outras.

Enfim, deve-se observar que, ainda que abstraiamos aqui em números os termos da dificuldade para examinar-lhe a natureza, acontece com frequência, todavia, que esta dificuldade pode ser resolvida mais simplesmente com as quantidades dadas do que se houvessem sido abstraídas. Isso se produz por causa do duplo uso dos números, assim como já vimos anteriormente: os mesmos números ora explicando a ordem, ora a medida. Na sequência, após ter procurado a dificuldade nos termos gerais que ela havia sido expressa, é preciso reduzi-la aos números dados para ver se, por acaso, eles não nos forneceriam uma solução mais simples. Por exemplo, após ter visto que a base de um triângulo retângulo de lados $a$ e $b$ é $\sqrt{a^2 + b^2}$, é preciso pôr 81 para $a^2$ e, para $b^2$, 144, que, somados, dão 225, cuja raiz ou média proporcional entre a unidade e 225 é 15. Por esse modo, conheceremos que a base 15 é comensurável com os lados 9 e 12, mas não, de uma maneira geral, pelo fato de ser ela a base de um triângulo retângulo, no qual um dos lados está para o outro como 3 para 4. Tudo isso percebemos, nós que buscamos um conhecimento evidente e distinto das coisas, mas não os calculadores, que se sentem satisfeitos, desde que encontrem a soma procurada, sem mesmo perceber como ela depende dos dados, quando é isso, entretanto, a única coisa que verdadeiramente constitui a ciência.

Mas, de modo geral, é necessário observar que não se deve jamais confiar à memória nada que não solicite uma atenção perpétua, se se pode colocá-lo no papel. É de se temer, com efeito, que um esforço inútil de memória subtraia uma parte de nosso espírito no estudo do presente objeto. É preciso fazer um quadro onde escreveremos os termos da questão, tais como serão propostos na primeira vez, depois a maneira pela qual são abstraídos e os sinais com que são representados, a fim de que, quando a solução tiver sido encontrada com os próprios signos, nós a apliquemos facilmente, e sem o socorro da memória, ao sujeito particular de que se tratará: com efeito, nada jamais se abstrai senão de uma coisa menos geral. Assim, escreverei: procura-se a base AC no triângulo retângulo ABC; abstraio a dificuldade para procurar em geral a grandeza da base, segundo a grandeza dos lados; depois, para AB, que é igual a 9, coloco $a$, e para BC, que é igual a 12, coloco $b$, e assim por diante.

Deve-se notar que nos serviremos ainda destas quatro regras na terceira parte deste tratado, mas numa acepção um pouco mais larga, que aqui não foi feita, como diremos a seu tempo. (figura, p. 111 do original)

## REGRA XVII
*A dificuldade proposta deve ser diretamente percorrida fazendo-se abstração de que alguns de seus termos são conhecidos e outros desconhecidos, e tendo-se a intuição, seguindo-se o verdadeiro caminho, da mútua dependência de cada um deles.*

As quatro regras precedentes ensinaram como as dificuldades determinadas e perfeitamente compreendidas devem ser abstraídas de cada sujeito e simplificadas de tal maneira que, em seguida, somente se procure conhecer certas grandezas graças a esta ou àquela relação que as una a grandezas dadas. Nas cinco regras seguintes, exporemos como as dificuldades devem ser tratadas de maneira que, qualquer que seja a quantidade de grandezas desconhecidas em uma só proporção, sejam todas subordinadas umas às outras e que aquilo que a primeira for com relação à unidade, a segunda seja com relação à primeira, a terceira com relação à segunda, a quarta com relação à terceira, e que assim, por consequência, elas façam, qualquer que seja o seu número, uma soma igual a alguma grandeza conhecida. E isso seguindo um método tão certo que podemos afirmar, seguramente, que tais grandezas não podem, por qualquer meio, ser reduzidas a termos mais simples.

Quanto à presente, deve-se notar que, em toda questão a ser resolvida por dedução, há uma via simples e direta que nos permite passar muito facilmente de um termo a outro, enquanto todas as demais são mais difíceis e indiretas. Para compreendê-la é preciso lembrar-se do que foi dito na regra XI, onde expusemos qual é o encadeamento das proposições. Vimos que, se compararmos cada proposição com aquelas que lhe são próximas, perceberemos sem dificuldade como a primeira e a última destas aqui relacionam-se uma com a outra, embora não deduzamos com tanta facilidade as proposições intermediárias dos extremos. Agora, pois, se temos a intuição da dependência recíproca de cada proposição, sem que a ordem seja interrompida em qualquer parte, de modo que de lá possamos inferir como a última depende da primeira, percorreremos diretamente a dificuldade. Ao contrário, se quiséssemos deduzir, daquilo que sabemos, que a primeira e a última proposição estão ligadas entre si de maneira certa e quais são as intermediárias que as unem, seguiríamos um método indireto e inverso. Ora, como nós aqui só nos ocupamos de questões que envolvem incógnitas, nas quais partimos dos extremos conhecidos para chegar ao conhecimento dos intermediários por ordem inversa, todo artifício constituirá em supor-se conhecido o que é desconhecido, de maneira a dar-nos um meio fácil e direto de procura, mesmo nas dificuldades as mais complicadas. E nada impede que isso sempre possa ser feito, já que supusemos saber, no início desta parte, que em uma questão os termos desconhecidos encontram-se de tal maneira dependentes dos conhecidos que são completamente determinados por esses aqui, de sorte que, se refletirmos sobre os termos que primeiro se apresentam, quando reconhecemos esta determinação, e se, embora desconhecidos, os contamos entre os conhecidos, a fim de deduzir gradualmente, e seguindo o verdadeiro caminho, todos aqueles que também são conhecidos como se fossem desconhecidos, fazemos tudo o que esta regra prescreve. Quanto aos exemplos do que acabamos de expor, assim como de várias coisas das quais falaremos em seguida, os reservaremos para a regra XXIV, pois ali serão mais comodamente expostos.

## REGRA XVIII
*Para isso, são requeridas apenas quatro operações – a adição, a subtração, a multiplicação e a divisão –, entre as quais as duas últimas, frequentemente, não devem ser feitas, tanto para em nada complicar inutilmente, quanto porque podem ser efetuadas mais facilmente em seguida.*

A multiplicidade das regras provém, com frequência, da ignorância do mestre e do entendimento de que aquilo que se pode reduzir a um só preceito geral seja menos claro do que quando o dividimos em um grande número de preceitos particulares. Eis por que reduzimos aqui todas as operações, das quais é preciso servir-se para percorrer as questões, quer dizer, para deduzir certas grandezas de outras, a somente quatro tipos. Ver-se-á pela explicação como eles são suficientes.

Com efeito, se nós chegamos a conhecer uma grandeza porque conhecemos as partes das quais se compõe, é pela adição; se descobrimos uma parte porque conhecemos o todo e o excedente do todo sobre essa mesma parte, é pela subtração; e não há outros meios para deduzir uma grandeza qualquer de outras grandezas tomadas absolutamente e que contêm aquela que se procura. Mas se for preciso encontrar uma grandeza partindo de outras completamente diferentes, e que não contenham aquela que se procura, é preciso reduzir de alguma forma esta última grandeza às precedentes: se for diretamente que se deva procurar esta relação, neste caso nos serviremos da multiplicação; se indiretamente, da divisão.

Para expor claramente essas duas operações, é preciso saber que a unidade, da qual já falamos, é aqui a base e o fundamento de todas as relações; que ela ocupa o primeiro degrau na série das grandezas em proporção contínua; que as grandezas dadas, caso a proporção seja direta, encontram-se no segundo degrau, e as grandezas procuradas, no terceiro e no quarto; se a proporção for indireta, a grandeza procurada encontra-se no segundo degrau e nos demais intermediários, e a grandeza dada no último.

Efetivamente, se se diz que a unidade encontra-se dada em $a$, com 5, e em $b$, com 7, a grandeza procurada é $ab$, ou 35, então $a$ e $b$ estão no segundo degrau, e $ab$, que é o produto, no terceiro. Do mesmo modo, se se acrescenta $c$, ou 9, ao que é a unidade $ab$, ou 35, para a grandeza procurada $abc$, ou 315, então $abc$ encontra-se no quarto degrau, sendo o produto de duas multiplicações de $ab$ e de $c$, que estão no segundo degrau, e assim por diante. Também, se a unidade está em $a$, ou 5, $a$ ou 5 em $a^2$, ou 25, e ainda quando a unidade é $a$ ou 5, $a^2$ ou 25 encontra-se em $a^3$ ou 125 etc. Não é de outro modo que se faz a multiplicação, seja quando se multiplica uma grandeza por ela mesma, seja quando se a multiplica por outra completamente diferente.

Por outro lado, se se diz que a unidade se encontra em $a$ ou 5 dado como divisor, e B ou 7 que se procura encontra-se em $ab$ ou 35, dado como dividendo, então a ordem é inversa e indireta. Eis por que B, que se procura, somente é encontrado dividindo-se *ab* dado por *a*, igualmente dado. Assim também, se se diz que a unidade encontra-se em A ou 5 que se procura, o A ou 5 que se procura encontra-se em a² ou 25 dado; ou que a unidade A ou 5 que se procura, A² ou 25 que se procura está em *a³* ou 125 dado. Englobamos todas essas operações sob o nome de divisão, embora se deva notar que esses últimos casos contêm mais dificuldades que os primeiros, pois ali se encontra com mais frequência a grandeza procurada, a qual, por conseguinte, encerra mais relações. O sentido desses exemplos é o mesmo, caso se dissesse que é preciso extrair a raiz quadrada de *a²* ou 25, ou a raiz cúbica de *a³* ou 125, e assim de resto, modo de falar usual entre os calculadores. Ou ainda, para explicá-los com os termos dos geômetras, é a mesma coisa que se dissesse ser necessário encontrar a média proporcional entre a grandeza de empréstimo, que chamamos unidade, e aquela que é designada por *a²*, ou duas médias proporcionais entre a unidade e *a³*.

Por aí se vê facilmente como essas duas operações bastam para encontrar todas as grandezas que devem ser deduzidas de outras, por meio de alguma relação. Tendo isso sido compreendido, resta-nos expor como essas operações devem ser submetidas ao exame da imaginação, e como se deve representá-las aos próprios olhos, a fim de que em seguida expliquemos seu uso ou prática.

Se for preciso fazer uma adição ou uma subtração, concebemos o sujeito sob a forma de uma linha ou sob a forma de uma grandeza extensa, na qual se deve considerar apenas o comprimento, pois se for preciso juntar a linha *a* à linha *b*,

juntamos uma à outra desta maneira *ab*

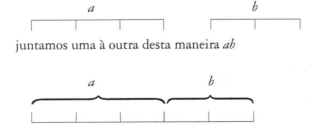

e se obtém $c$.

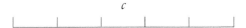

Se, ao contrário, for preciso subtrair a menor da maior, a saber, $b$ de $a$,

nós as aplicamos uma sobre a outra, desta maneira:

e obtém-se assim a parte da maior, que não pode ser coberta pela menor, a saber:

———

Na multiplicação, também concebemos as grandezas dadas sob a forma de linhas; mas imaginamos que elas formam um retângulo, pois se multiplicamos $a$ por $b$,

adaptamos essas linhas uma à outra em ângulo reto, desta maneira:

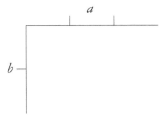

e se tem o retângulo.

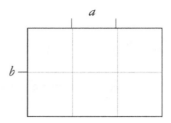

De outro lado, se quisermos multiplicar *ab* por *c*,

deve-se conceber *ab* como linha, a saber *ab*,

de maneira que se tenha para *abc*.

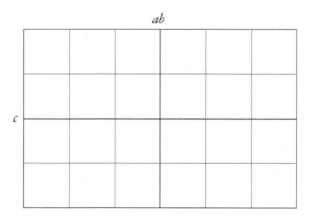

Enfim, na divisão, em que o divisor é dado, imaginamos que a grandeza a ser dividida é um retângulo, em que um lado é o divisor e o outro, o quociente; assim, por exemplo, se for preciso dividir o retângulo *ab* por *a*,

dele se retira a largura *a* e sobra *b* por quociente.

Ou, ao contrário, se se divide o mesmo retângulo por *b*, retira-se a altura *b* e o quociente será *a*:

Quanto às divisões em que o divisor não é dado, mas apenas designado por uma relação, como quando se diz que é preciso extrair a raiz quadrada ou cúbica etc., deve-se então notar que o dividendo e todos os demais termos são sempre concebidos como linhas que existem numa série de proporções contínuas, em que a primeira é a unidade e a última a grandeza a ser dividida. Quanto a saber como se deve encontrar entre esta aqui e a unidade todas as médias proporcionais, diremos em seu tempo; pelo momento, basta ter declarado que tais operações ainda não são aqui executadas, pois devem ser feitas por um movimento indireto e refletido da imaginação. E só trataremos agora das questões a serem percorridas diretamente.

No que concerne às demais operações, elas podem ser facilmente executadas da maneira pela qual dissemos que se deve concebê-las. No entanto, falta expor como os termos devem ser preparados, pois embora sejamos livres para conceber os termos como linhas ou retângulos, ao nos ocuparmos pela primeira vez de um problema, sem jamais atribuir-lhes outras figuras, como dissemos na regra XIV, acontece, no entanto, frequentemente, no curso da operação, de um retângulo, inicialmente produzido pela multiplicação de duas linhas, dever ser em seguida concebido como linha para se fazer outra operação; ou ainda, de o mesmo retângulo ou a linha produzida por uma adição ou uma subtração, dever ser concebido, em seguida, como um outro retângulo acima da linha assinalada e que deve dividi-lo.

Aqui, pois, é importante expor como todo retângulo pode ser transformado em uma linha, ou, inversamente, uma linha ou mesmo um retângulo em outro retângulo, cujo lado seja assinalado. Isso é muito fácil para os geômetras, posto observarem que todas as vezes em que comparamos, como aqui, linhas a um retângulo, nós as concebemos sempre como retângulos em que um dos lados é o comprimento, o qual tomamos por unidade. Assim, tudo se reduz efetivamente a esta proposição: sendo dado um retângulo, construir um outro que lhe seja igual, sobre um lado dado.

Embora isto seja bem conhecido, mesmo pelos principiantes em geometria, quero, no entanto, expô-lo de medo de parecer ter omitido alguma coisa.


## REGRA XIX
*É por este método de raciocínio que se deve procurar {tanto} a mesma quantidade de grandezas, expressas de dois modos diferentes, quanto a que supomos conhecida de termos desconhecidos, para percorrer diretamente a dificuldade, pois assim teremos a mesma quantidade de comparações entre duas coisas iguais.*


## REGRA XX
*Encontradas as equações, deve-se completar as operações que tenhamos deixado de lado, jamais se servindo da multiplicação a cada vez que ocorra a divisão.*

# REGRA XXI
*Se houver várias equações dessa natureza, é preciso reduzi-las todas a uma só, quer dizer, àquela cujos termos ocuparem menos degraus na série das grandezas em proporção contínua, segundo a qual devem ser ordenadas.*

A GEOMETRIA

# LIVRO PRIMEIRO
*Problemas que se podem construir empregando-se apenas círculos e linhas retas*

Todos os problemas de geometria podem ser facilmente reduzidos a tais termos, não sendo necessário depois senão conhecer o comprimento de algumas linhas retas para construí-los.

E como toda a aritmética só é composta de quatro ou cinco operações, que são a soma, a subtração, a multiplicação, a divisão e a extração de raízes, a qual se pode tomar por uma espécie de divisão, não se tem assim outra coisa a fazer em geometria, no tocante às linhas procuradas, preparando-as para ser conhecidas, do que acrescentar-lhes outras ou delas retirar alguma. Ou então, tendo-se uma que denominaria a unidade, para melhor relacioná-la às quantidades, e que pode ordinariamente ser tomada como se queira, e depois mais duas ainda, encontrar uma quarta que esteja para uma dessas duas como a outra está para a unidade, o que é o mesmo que a multiplicação. Como também encontrar uma quarta que esteja para uma destas duas como a unidade está para a outra, o que é o mesmo que a divisão. Por fim, encontrar uma ou duas, ou várias médias proporcionais entre a unidade e qualquer outra linha, o que é o mesmo que tirar a raiz quadrada ou cúbica etc. E não recearia introduzir esses termos de aritmética na geometria, a fim de me tornar mais compreensível.

Seja, por exemplo, AB a unidade, e que se deva multiplicar BD

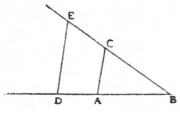

por BC; não tenho senão que unir os pontos A e C, depois traçar DE paralela a CA, e BE é o produto desta multiplicação.

Ou então, se for preciso dividir BE por BD, tendo unido os pontos E e D, traço AC paralela a DE, e BC é o resultado desta divisão.

Ou, se for preciso tirar a raiz quadrada de GH, acrescento-lhe

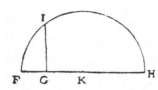

em linha reta FG, que é a unidade, e, dividindo FH em duas partes iguais, no ponto K, do centro K, traço o círculo FIH; depois, alçando do ponto G uma linha reta, até I, em ângulo reto sobre FH, é GI a raiz procurada. Nada digo aqui sobre a raiz cúbica, nem sobre outras, pois delas falarei mais comodamente depois.

Mas frequentemente não temos necessidade de traçar assim estas linhas no papel, bastando designá-las por algumas letras, cada uma por uma só. Como para somar a linha BD a GH, chamo uma de $a$ e a outra de $b$, e escrevo $a + b$; e $a - b$ para subtrair $b$ de $a$; e $a.b$ para multiplicá-las entre si; e $\frac{a}{b}$ para dividir $a$ por $b$; e $a.a$ ou $a^2$ para multiplicar $a$ por si mesmo, e $a^3$ para multiplicar ainda uma vez por $a$ e assim ao infinito; e $\sqrt{a^2 + b^2}$ para tirar a raiz quadrada de $a^2 + b^2$; e $\sqrt{C.a^3-b^3+abb}$, para tirar a raiz cúbica de $a^3 - b^3 + abb$ e assim para outras.

Observe-se que por $a^2$, $b^3$ ou similares, só considero, de ordinário, linhas inteiramente simples, ainda que para me servir dos nomes utilizados em álgebra eu as nomeie quadrados, cubos etc.

Deve-se também reparar que todas as partes de uma mesma linha devem ser expressas ordinariamente por tantas dimensões quanto em uma e outra, quando a unidade não está determinada na questão, como aqui $a^3$ contém tantas quantas $abb$ ou $b^3$, da qual se compõe a linha que denominei $\sqrt{C.a^3-b^3+abb}$; mas não é do mesmo modo quando a unidade está determinada, porque ela pode ser subentendida em todos os lugares onde haja poucas ou muito poucas dimensões. Assim como, se for preciso tirar a raiz cúbica de *aabb-b*, é necessário pensar que a quantidade *aabb* é dividida uma vez pela unidade e que a outra quantidade *b* é multiplicada duas vezes pela mesma unidade.

De resto, a fim de não deixar de lembrar os nomes dessas linhas, sempre se deve fazer-lhes um registro separado, na medida em que sejam postas ou mudadas, escrevendo, por exemplo:

AB = 1,
GH = *a*;
BD = *b* etc.

Assim, querendo resolver qualquer problema, deve-se primeiro considerá-lo como já feito, e dar nomes a todas as linhas que pareçam necessárias para construí-lo, como também para aquelas que são desconhecidas. Depois, sem considerar qualquer diferença entre essas linhas conhecidas e desconhecidas, deve-se percorrer o problema segundo a ordem que mostre, o mais naturalmente possível, de que modo elas dependem mutuamente umas das outras, até que se tenha encontrado um meio para exprimir uma mesma quantidade de duas maneiras, o que se chama uma equação. Pois os termos de uma dessas duas maneiras são iguais àqueles da outra. E deve-se encontrar tantas equações quantas as linhas supostas que eram desconhecidas. Ou então, caso não se encontrem tantas e que, não obstante, nada se omita do que é desejado na questão, isso testemunha que ela não está inteiramente determinada; então, pode-se tomar à vontade as linhas conhecidas por todas as desconhecidas, para as quais não corresponda qualquer equação. Depois disso, se ainda restam muitas, deve-se ordenamente servir-se de cada uma das equações que sobram, considerando-a tanto isoladamente quanto com as outras, para explicar cada uma dessas linhas desconhecidas, e, discernindo-as, fazer de tal modo que não fique senão uma igual a qualquer outra que seja conhecida, ou então cujo quadrado, cubo, quadrado do quadrado ou quarta potência, ou o quadrado do cubo etc., seja igual ao que se produz pela adição ou subtração de duas ou mais outras quantidades, das quais uma seja conhecida e as outras sejam compostas de algumas médias proporcionais entre a unidade e o quadrado, ou cubo, ou quadrado do quadrado etc., multiplicadas por outras conhecidas. O que escrevo desta maneira:

$$z = b,$$
ou $$z^2 = -az + bb,$$
ou $$z^3 = +az^2 + bbz - c^3,$$
ou $$z^4 = az^3 - c^3z + d^4$$
etc.

Quer dizer, $z$, que tomo pela quantidade desconhecida, é igual a $b$; ou o quadrado de $z$ é igual ao quadrado de $b$, menos $a$ multiplicado por $z$; ou o cubo de z é igual a $a$ multiplicado pelo quadrado de $z$, mais o quadrado de $b$, multiplicado por $z$, menos o cubo de $c$; e assim por diante.

E podemos sempre reduzir todas as quantidades desconhecidas a uma só quando o problema pode ser construído por círculos e linhas retas, ou também por seções cônicas, ou mesmo por qualquer outra linha que não seja composta por mais de um ou dois degraus. Mas não me detenho em explicar isso com mais detalhes porque vos retiraria o prazer de aprender por vós mesmo e a utilidade de cultivar vosso espírito exercitando-o, utilidade que é, na minha opinião, a principal que se pode tirar desta ciência. Também não vejo nada de tão difícil que não possa ser encontrado por aqueles que sejam um pouco versados na geometria comum e na álgebra, e que prestarão atenção a tudo o que se encontra neste tratado.

Eis por que me contentarei aqui em vos advertir que, contanto que se distingam essas equações e não se deixe de servir-se de todas as divisões possíveis, ter-se-ão, infalivelmente, os termos mais simples aos quais a questão pode ser reduzida. E que se ela pode ser resolvida pela geometria ordinária, quer dizer, utilizando-se apenas de linhas retas e circulares traçadas sobre uma superfície plana, quando a última equação tiver sido inteiramente discernida, só restará um quadrado desconhecido, igual àquele que se produz pela adição ou subtração de sua raiz, multiplicada por qualquer quantidade conhecida, e de qualquer outra quantidade também conhecida.

Desde então, essa raiz ou linha desconhecida encontra-se facilmente, pois se tenho, por exemplo,

$$z^2 = az + bb,$$

faço o triângulo retângulo NLM, cujo lado LM é igual a $b$, raiz quadrada da quantidade conhecida $bb$, e o outro, LN, é $\frac{1}{2}a$, a metade da outra quantidade conhecida, que estava multiplicada por $z$, que suponho ser a linha desconhecida. Depois, prolongando MN, a base deste triângulo, até O, de modo que NO seja igual a NL, toda OM é $z$, a linha procurada. E isso é expresso desta forma:

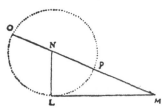

$$z = \frac{1}{2}a + \sqrt{\frac{1}{2}aa + bb}.$$

E que se eu tenho

$$yy = -ay + bb,$$

e que $y$ seja a quantidade a ser encontrada, faço o mesmo triângulo retângulo NLM, e de sua base MN retiro NP, igual a NL, e o resto PM é $y$, a raiz buscada. De modo que tenho

$$y = -\frac{1}{2}a + \sqrt{\frac{1}{4}aa + bb}.$$

E igualmente se tivesse

$$x^4 = -ax^2 + b^2,$$

PM seria $x^2$, e teria

$$x = \sqrt{\frac{1}{2}a + \sqrt{\frac{1}{4}aa + bb}},$$

e assim por diante.

Enfim, se tenho

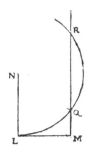

$$z^2 = az - bb, \text{ faço}$$

NL igual a ½ $a$, e LM igual a $b$, como adiante; depois, em lugar de unir os pontos M, N traço MQR paralela a LN, e do centro N, por L, tendo descrito um círculo que o corta nos pontos Q e R, a linha procurada z é MQ, ou ainda MR, pois, neste caso, ela se expressa de duas maneiras, a saber:

$$z = \frac{1}{2}a + \sqrt{\frac{1}{4}aa + bb},$$

e $\quad z = \frac{1}{2}a - \sqrt{\frac{1}{4}aa - bb}.$

E se o círculo que, tendo seu centro no ponto N, passa pelo ponto L, não cortar nem tocar a linha reta MQR, não haverá nenhuma raiz na equação, de modo que se pode assegurar que a construção do problema proposto é impossível.

De resto, essas mesmas raízes podem ser encontradas por uma infinidade de outros meios, e quis apenas incluir essas aqui, como bastante simples que são, a fim de fazer ver que se pode construir todos os problemas da geometria ordinária sem fazer outra coisa a não ser o pouco que está compreendido nas quatro figuras explicadas. O que não creio que os antigos tenham reparado, pois, de outro modo, não teriam tido o trabalho de escrever tantos e grossos livros nos quais basta a ordem de suas proposições para nos fazer ciente de que não possuíram o método verdadeiro de todas encontrar, mas apenas recolheram aquelas que encontraram.

E pode-se vê-lo tão claramente pelo que Pappus pôs no começo de seu sétimo livro, no qual, após deter-se por muito tempo em inventariar tudo o que havia sido escrito em geometria, pelos que o haviam precedido, fala, por fim, de uma questão que ele diz que nem Euclides nem Apolônio nem outro qualquer teriam sabido resolver completamente. Eis suas palavras:[1]

Mas este lugar[2] com três e quatro linhas retas, do qual fala Apolônio em seu livro III que Euclides não o tratou completamente, nem ele ou qualquer outro, não poderia terminá-lo, nem mesmo acrescentar nada ao que

---

1. As citações seguintes foram feitas por Descartes em latim (e não em grego) por terem sido retiradas do livro *Pappi Alexandrini mathematicae collectiones a Federico Commandino Urbinate in latinum conversae et commentariis illustratae*.

2. Pode-se entender o *locus, locum* latino como lugar ou espaço ocupado por um corpo, tal como o define o próprio Descartes: "as palavras lugar e espaço não significam nada que difira verdadeiramente do corpo que dizemos estar em algum lugar" [(*Principes*, II, 13).

Euclides escreveu, ao menos prendendo-se exclusivamente aos Elementos das Cônicas já demonstrados ao tempo de Euclides[3].

E um pouco depois ele explica assim qual é essa questão:

Eis o lugar com três e quatro linhas, a propósito do qual Apolônio atribui grandes elogios por suas adições e no qual teria sabido agradecer ao primeiro que o escreveu. Se, dadas três retas em posição, se conduzem de um mesmo ponto, sobre essas três retas, três outras em ângulos dados, e que se forneça a relação do retângulo compreendido sob duas das conduzidas ao quadrado da terceira, o ponto encontrar-se-á sobre um lugar sólido, dado em posição, quer dizer, sobre uma das três cônicas. Se for sobre quatro retas dadas em posição que se conduzam retas sob os ângulos dados, e que se forneça a relação do retângulo de duas das conduzidas com aquele das duas outras, o ponto encontrar-se-á do mesmo modo sobre uma seção cônica dada em posição. De outro lado, se as retas são apenas em número de duas, se estabalece que o lugar é plano. Mas se houver mais de quatro retas, o lugar do ponto não é mais aquele dos que são conhecidos; ele é daqueles que chamamos simplesmente linhas (sem saber mais sobre sua natureza e propriedades), e não se fez a síntese de qualquer destas linhas, nem se mostrou que ela serviu para tais lugares, nem mesmo para aquela que pareceria a primeira e a mais indicada. Eis como se propõem esses lugares. Se de um ponto se conduzem a cinco retas, dadas em posição outras retas sob ângulos dados, e se ofereça a relação entre o paralelepípedo retângulo compreendido sob três das conduzidas e o paralelepípedo retângulo compreendido sob as duas outras e sob uma dada, o ponto encontrar-se-á sobre uma linha dada em posição. Se as retas dadas são em número de seis, e se ofereça a relação do sólido compreendido sob três das conduzidas com o sólido compreendido sob as três outras, o ponto encontrar-se-á sobre uma linha dada em posição. Se houver mais de seis retas, não se pode mais dizer que se oferece a relação entre algum objeto compreendido sob quatro retas e o mesmo objeto compreendido sob as demais, pois não há nada que esteja compreendido sob mais de três dimensões[4].

---

3. Quem autem dicit – Appolonius – in tertio libro locum ad tres et quatuor lineas ab Euclide perfectum non esse, neque ipse perficere poterat, neque aliquis alius; sed neque paululum quid addere iis, quae Euclides scripsit, per ea tantum conica, quae usque ad Euclidis tempora praemonstrata sunt.

4. At locus ad tres et quatuor lineas, in quo Apollonius magnifice se iactat et ostentat, nulla habita gratia ei qui prius scripserat, est huiusmodi. Si, positione

Aqui vos peço para observar, de passagem, que o escrúpulo que os antigos tinham para usar os termos de aritmética na geometria, o que provinha somente do fato de que não viam muito claramente sua relação, gerava muita obscuridade e embaraços na maneira como se explicavam, pois Pappus prossegue deste modo:

> Atribuimo-nos a liberdade de assim falar, no entanto, pouco tempo antes, sem nada designar que fosse inteligível de seu conteúdo. Era fácil, entretanto, por meio de relações compostas, enunciar e demonstrar em geral as proposições precitadas e aquelas que as seguem, assim deste modo. Se de um ponto se conduzem a linhas retas dadas em posição outras retas, sob ângulos dados, e se fornece a relação composta de uma das conduzidas a uma outra, daquela das conduzidas a um segundo conjunto, daquela das conduzidas de um terceiro conjunto e, enfim, daquela da última a uma dada, se houver sete linhas retas no todo, ou ainda daquela das duas últimas, se houver oito, o ponto encontrar-se-á sobre uma linha dada em posição. De modo semelhante, qualquer que seja o número de retas, par ou ímpar; mas como disse, para nenhum dos lugares que seguem aquele com quatro linhas retas houve uma síntese que permita conhecer a linha[5].

datis tribus rectis lineis, ab uno et eodem puncto ad tres lineas in datis angulis contenti duabus ductis ad quadratum reliquae, punctum contigit positione datum solidum locum, hoc est unam ex tribus conicis sectionibus. Et, si ad quatuor rectas líneas positione datas in datis angulis lineae ducantur, et rectanguli duabus ductis contenti ad contentum duabus reliquis proportio data sit, similiter punctum datam coni sectionem positione continget. Siquidem igitur ad duas tantum, locus planus ostensus est. Quod si ad plures quam quatuor, punctum continget locos non adhuc cógnitos, sed líneas tantum dictas; quales autem sint, vel quam habeant proprietatem, non constat: earum unam, neque primam, et quae manifestissima videtur, composuerunt ostendentes utilem esse. Propositiones autem ipsarum hae sunt: Si ab aliquo puncto, ad positione datas rectas lineas quinque, ducantur rectae lineae in datis angulis, et data fit proportio solidi parallelepipedi rectanguli, quod tribus ductis lineis continetur, ad solidum parallelepipedum rectangulum, quod continetur reliquis duabus et data quapiam linea, punctum positione datam lineam continget. Si autem ad sex, et data sit proportio solidi tribus lineis contenti ad solidum quod tribus reliquis continetur, rursus punctum contiget positione datam lineam. Quod si ad plures quam sex, non adhuc habent dicere an data sit proportio cuiuspiam contenti quatuor lineis ad id quod reliquis continetur, quoniam non est aliquid contentum pluribus quam tribus dimensionibus.

5. Acquiescunt autem his qui paulo ante talia interpretati sunt, neque unum aliquo pacto comprehensibile significantes quod his continetur. Licebit autem per coniuntas proportiones haec et dicere et demonstrare.uniuerse in dictis pro-

A questão pois, que começara a ser resolvida por Euclides e teve prosseguimento com Apolônio, sem ter sido concluída por ninguém, era a seguinte: tendo-se três ou quatro, ou uma maior quantidade de linhas retas dadas por posição, pede-se primeiramente um ponto a partir do qual se possam traçar tantas outras linhas retas, uma sobre cada uma das linhas dadas, que façam com elas ângulos dados, e que o retângulo contido em duas daquelas, que serão assim traçadas de um mesmo ponto, tenha a proporção dada com o quadrado da terceira, se houver somente três; ou então com o retângulo das duas outras, se houver quatro; ou ainda, se houver cinco, que o paralelepípedo composto de três tenha a proporção dada com o paralelepípedo composto das duas que restam e de uma outra linha dada. Ou, se houver seis, que o paralelepípedo composto de três tenha a proporção dada com o paralelepípedo das três outras. Ou, se houver sete, que aquilo que resulta quando se multiplicam quatro, uma pela outra, tenha a razão dada com aquilo que resulta da multiplicação das três outras, e ainda de uma outra linha dada; ou se houver oito, que o produto da multiplicação de quatro tenha a proporção dada com o produto das quatro outras; e assim essa questão pode ser estendida a qualquer número de linhas. Depois, pelo fato de haver sempre uma infinidade de pontos diversos que podem satisfazer o que aqui é pedido, requer-se também conhecer e traçar a linha na qual eles todos devem encontrar-se. E Pappus diz que, quando só há três ou quatro linhas retas dadas, é em vista das três seções cônicas; mas ele não experimenta determiná-la nem descrevê-la, assim como explicar aquelas em que todos os pontos devem encontrar-se, quando a questão é proposta com um grande número de linhas. Acrescenta apenas que os antigos haviam imaginado uma que mostravam ser

portionibus, atque his in hunc modum. Si ab aliquo puncto, ad positione datas rectas lineas, ducantur rectae lineae in datis angulis, et data sit proportio coniuncta ex ea quam habet una ductarum ad una, et altera ad alteram, et alia ad aliam, et reliqua ad datam lineam, si sint septem; si vero octo, et reliqua ad reliquian, punctum contiget positione data lineas. Et similiter, quotcumque sint impares uel pares multitudine, cum haec, ut dix, loco ad quatuor lineas respondeant, nullum igitur posuerunt ita ut linea nota sit.

útil para ela, e que não era, entretanto, a primeira. O que me deu a oportunidade de experimentar se, pelo método de que me sirvo, se pode ir tão longe quanto eles o foram.

Primeiramente, percebi que nessa questão, sendo proposta apenas com três, quatro ou cinco linhas, sempre se pode encontrar os pontos procurados pela geometria simples, quer dizer, servindo-se tão só da régua e do compasso, e não fazendo outra coisa do que já foi dito; exceto quando houver apenas cinco linhas dadas, se forem todas paralelas, caso em que, como também quando a questão é proposta com seis, sete, oito ou nove linhas, pode-se, invariavelmente, encontrar os pontos procurados pela geometria dos sólidos, quer dizer, empregando-se qualquer uma das três seções cônicas; exceto apenas quando há nove linhas dadas, se forem todas paralelas; caso em que, ainda uma vez, e ainda com dez, onze, doze ou treze linhas, pode-se encontrar os pontos procurados por meio de uma linha curva que seja composta de um degrau a mais do que as seções cônicas; exceção feita com treze, se forem todas paralelas, caso em que, assim como com catorze, quinze, dezesseis e dezessete, será preciso empregar uma linha curva composta de um degrau a mais que a precedente, e assim ao infinito.

Depois, também encontrei que, quando só há três ou quatro linhas dadas, os pontos procurados encontram-se todos não apenas em uma das três seções cônicas, mas algumas vezes também na circunferência de um círculo ou em uma linha reta; e que quando há cinco, ou seis, ou sete, ou oito, todos esses pontos se encontram em alguma das linhas que são de um grau mais compostas do que as seções cônicas, e é impossível imaginar alguma que não seja útil para esta questão; mas eles ainda podem, uma vez mais, encontrar-se em uma seção cônica, ou em um círculo, ou em uma linha reta. E se houver nove, ou dez, ou onze, ou doze, tais pontos encontram-se em uma linha que só pode ser de um grau mais composta que as precedentes; mas todas aquelas que são de um grau mais compostas podem servir-lhe, e assim ao infinito.

De resto, a primeira e a mais simples de todas, depois das seções cônicas, é aquela que se pode descrever pela interseção de uma parábola e de uma linha reta, de um modo que logo será explicado. De sorte que penso ter inteiramente satisfeito aquilo que Pappus nos diz ter sido procurado pelos antigos. E me esforçarei de pôr a demonstração em poucas palavras, pois já me enfado de tanto escrever.

Sejam AB, AD, EF, GH etc., várias linhas dadas por posição, e que se deva encontrar um ponto como C, do qual, tendo-se traçado outras linhas retas sobre as dadas, como CB, CD, CF e CH, de maneira que os ângulos CBA, CDA, CFE, CHG etc. sejam dados, e que aquilo que é produzido pela multiplicação de uma parte dessas linhas seja igual ao que é produzido pela multiplicação das outras, ou então que eles tenham alguma outra proporção dada, pois isto não torna a questão mais difícil.

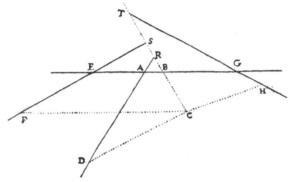

Primeiramente, suponho a coisa como já feita, e para me desembaraçar da confusão de todas essas linhas considero uma das sugeridas e uma daquelas que é preciso encontrar, por exemplo AB e CB, como as principais, e às quais procuro relacionar todas as outras. Que o segmento da linha AB, que está entre os pontos A e B, seja nomeado $x$; e que BC seja nomeado $y$; e que todas as outras linhas dadas sejam prolongadas até que cortem estas duas também prolongadas, se for necessário, e se não lhe forem paralelas; como vedes aqui, elas cortam a linha AB nos pontos A, E, G e BC nos pontos R, S, T. Em seguida, já que todos os ângulos do triângulo ARB estão dados, a proporção que há entre os lados AB e BR também é dada, e a ponho como de $z$ a $b$, de modo que AB, sendo $x$, BR será $\frac{bx}{z}$, e toda a CR será $y + \frac{bx}{z}$, pois o ponto B cai entre C e R; porque se R caísse entre C e B, CR seria $y - \frac{bx}{z}$; e se C caísse entre B e R, CR seria $- y + \frac{bx}{z}$. De modo similar para os três ângulos dados do triângulo DRC e, por consequência também, a proporção que está entre os lados CR e CD, que ponho como de $z$ para $c$, de modo que sendo CR $y + \frac{bx}{z}$, CD será $\frac{cy}{z} + \frac{bcx}{zz}$. Depois disso, considerando que as linhas AB, AD e EF estão dadas por posição, a distância existente entre os pontos A e E também está dada, e se a nomearmos $k$, teremos EB igual a $k + x$; mas seria $k - x$ se o ponto B caísse entre E e A; e $- k + x$ se E caísse entre A e B. E porque os ângulos do triângulo ESB encontram-se todos dados, a proporção de BE a BS também está dada, eu a ponho como de $z$ a $d$, embora BS seja $\frac{dk + dx}{z}$, e a totalidade de CS seja $\frac{zy + dk + dx}{z}$; mas seria $\frac{zy - dk - dx}{z}$ se o ponto S caísse entre B e C; e seria $\frac{- zy + dk + dx}{z}$ se C caísse entre B e S. Além disso, os três ângulos do triângulo FSC estão dados, e em seguida a proporção de CS com relação a CF, que é como de $z$ para com $e$, e a totalidade CF será $\frac{ezy + dek + dex}{zz}$. Da mesma maneira, AG, que chamo de $l$, está dada, e BG é $l - x$, e, por causa do triângulo BGT, a proporção de BG com relação a BT também está dada, que seja como a de $z$ em relação a $f$, e BT será $\frac{fl - fx}{z}$, e CT $= \frac{zy + fl - fx}{z}$.

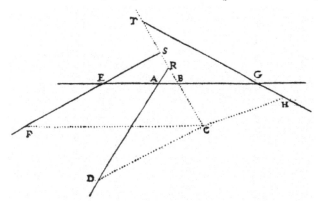

Depois, mais uma vez, a proporção de TC em relação a CH é dada por causa do triângulo TCH, e pondo-a como a de $z$ em relação a $g$, ter-se-á CH $= + \frac{gzy + fgl - fgx}{z}$.

E assim vedes que em um número semelhante que se possa ter de linhas, dadas por posição, todas as linhas traçadas sobre o ponto

C em ângulos dados, acompanhando-se o conteúdo da questão, sempre se pode expressar cada uma por três termos, dos quais um é composto da quantidade desconhecida *y*, multiplicada ou dividida por qualquer outra conhecida; e outra, da quantidade desconhecida *x*, também multiplicada ou dividida por qualquer outra conhecida; e a terceira, de uma quantidade totalmente conhecida. Exceto se forem paralelas, ou então sobre a linha AB, caso em que o termo composto da quantidade *x* será nulo, ou então sobre a linha CB, caso em que o termo composto da quantidade *y* será nulo: sendo isso bastante evidente para que me detenha em explicá-lo. E para os sinais + e –, que se acrescentam a esses termos, podem ser mudados de todas as maneiras imagináveis.

Depois, vedes também que, multiplicando várias destas linhas uma pela outra, as quantidades *x* e *y*, encontradas no produto, não podem ter, para cada uma, tantas dimensões quanto as linhas havidas para a explicação das quais se servem, que assim foram multiplicadas. De sorte que elas nunca terão mais do que duas dimensões, no que não for produzido senão pela multiplicação de duas linhas; nem mais de três no que não for produzido senão pela multiplicação de três, e assim ao infinito.

Além disso, pelo fato de que para determinar o ponto C haja somente uma condição requerida, a saber, que aquilo que é produzido pela multiplicação de uma certa quantidade destas linhas seja igual ou (o que não é em nada mais difícil) tenha a proporção dada pelo que é produzido pela multiplicação das outras; pode-se tomar à vontade uma das duas quantidades desconhecidas *x* ou *y*, e procurar a outra por esta equação, na qual é evidente que, quando a questão não é proposta com mais de cinco linhas, a quantidade *x*, que não serve para a expressão da primeira, não pode ali conter senão duas dimensões. De modo que, tomando uma quantidade conhecida por *y*, não restará que

$$xx = +\text{ ou } - ax + \text{ ou } - bb;$$

e assim se poderá encontrar a quantidade *x* com a régua e o compasso, da maneira logo explicada. Do mesmo modo, tomando, sucessivamente, infinitas e diversas grandezas para a linha *y*, encontrar-se-ão também infinitas para a linha $x$, e assim ter-se-á uma infinidade de pontos diversos, tais como aquele que está marcado C, por meio dos quais será descrita a linha curva pedida.

Pode ocorrer também, sendo a questão proposta com seis ou quantidade maior de linhas, se houver entre as fornecidas que sejam paralelas a BA ou BC, que uma das duas quantidades $x$ ou $y$ só tenha duas dimensões na equação, e assim que se possa encontrar o ponto C com a régua e o compasso. Ao contrário, se todas elas forem paralelas, ainda que a questão seja proposta com apenas cinco linhas, este ponto C não poderá ser encontrado, porque a quantidade $x$, não sendo encontrada em toda a equação, não mais será permitido tomar uma quantidade conhecida por aquela chamada $y$, mas será aquela que se deverá procurar. E como ela terá três dimensões, não poder-se-á encontrá-la a não ser tirando a raiz de uma equação cúbica, o que geralmente não se pode fazer sem que se empregue pelo menos uma seção cônica. E havendo até mesmo nove linhas dadas, desde que não sejam todas paralelas, sempre se pode fazer com que a equação não alcance o quadrado do quadrado; por meio do qual sempre se pode também resolvê-la por seções cônicas, da maneira que explicarei depois. E ainda que existam até treze, pode-se sempre fazer com que ela não se eleve até o quadrado do cubo; após o que, pode-se resolvê-la por meio de uma linha, apenas de um grau mais composta do que as seções cônicas, da maneira como também explicarei depois. E isto é a primeira parte do que tinha aqui para demonstrar. Mas antes que passe à segunda, é necessário que eu diga alguma coisa sobre a natureza em geral das linhas curvas.

# LIVRO SEGUNDO
*Da natureza das linhas curvas*

Os antigos perceberam bem que, entre os problemas de geometria, alguns são planos, outros sólidos e outros lineares. Quer dizer que alguns podem ser construídos traçando-se apenas linhas retas e círculos; enquanto os demais não o podem ser sem que se empregue ao menos alguma seção cônica; nem, enfim, os outros, sem que se empregue alguma linha mais composta. Mas me admiro de que não tenham distinguido, além disso, diversos degraus entre essas linhas mais compostas, e não saberia entender por que os denominaram mecânicos, e não geométricos. Pois dizer que foi pelo fato de ser necessário servir-se de máquina para descrevê-los, seria preciso, pela mesma razão, rejeitar os dos círculos e das linhas retas, visto que não os descrevemos sobre o papel senão com compasso e régua, que também se podem chamar de máquinas. Também não é pelo fato de os instrumentos que servem para traçá-los, sendo mais complexos que a régua e o compasso, não poderem ser mais precisos; pois seria necessário, por tal razão, rejeitá-los como mecânicos, quando a precisão manual é mais desejada do que a da geometria, na qual apenas se busca a justeza do raciocínio, e que pode, sem dúvida, ser tão perfeita no tocante a essas linhas quanto a outras. Também não direi que se deva ao fato de não terem desejado aumentar o número de suas questões; contentando-se que com eles concordaríamos em poder unir dois pontos dados por uma linha reta, e descrever um círculo de um centro dado que passasse por um ponto dado. Pois não tiveram escrúpulos em supor para além disso, ao tratar das seções cônicas, que se pudesse cortar todo o cone dado por um plano dado. E não é necessário nada supor para traçar todas as linhas curvas, que aqui pretendo introduzir, a não ser que duas ou várias linhas possam ser movidas uma pela outra, e que suas interseções indiquem outras mais; o que não me parece em nada mais difícil. É verdade que não reconheceram inteiramente as seções cônicas, em sua geometria, e não quero começar a mudar os nomes aprovados pelo uso. Mas é bastante claro, parece-me, que, tomando-se por geometria o que é preciso e exato, e por mecânico o que não o é, e, considerando-se a geometria como ciência que ensina geralmente a conhecer as medidas de todos os corpos, dela não se devem excluir tanto as linhas mais compostas quanto as mais simples, contanto que se possa imaginá-las descritas por um movimento contínuo, ou por vários que se entressigam, e cujos últimos estejam inteiramente regulados pelos que os precedem. Pois por este meio sempre se pode ter um conhecimento exato de sua medida. Mas talvez o que tenha impedido os antigos geômetras de reconhecerem aquelas mais complexas do que as seções cônicas, é que as primeiras que eles consideraram, por acaso tendo sido a espiral, a quadratriz[6] e semelhantes (que não pertencem verdadeiramente senão às mecânicas, e não estão no número daquelas que penso aqui ser admitidas, pois que as imaginamos descritas por dois movimentos separados, não tendo entre si qualquer relação que se possa exatamente medir), embora tenham depois examinado a concoide, a cissoide e algumas poucas mais; pelo fato, todavia, de não terem observado suficientemente suas propriedades, não procederam da mesma maneira como com as primeiras; ou foi porque, vendo que ainda só conheciam poucas coisas no tocante às seções cônicas, e que lhes faltava muito quanto ao que se pode fazer com a régua e o compasso, que ignoravam, acreditaram não dever

6. Curva proposta por Dinóstrato, à época de Platão, para se aproximar de uma quadratura do círculo.

começar uma matéria mais difícil. Mas porque espero doravante que aqueles que tenham a intenção de servir-se do cálculo geométrico aqui proposto não encontrem muitos motivos de se deter no que se refere a problemas de planos ou sólidos, creio ser apropriado convidá-los a outras pesquisas, nas quais nunca lhe faltarão com o que se exercitar.

Vede as linhas AB, AD, AF e semelhantes, que suponho terem sido descritas com a ajuda do instrumento YZ, composto de vá-

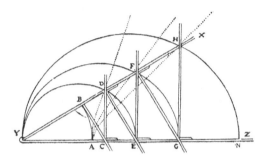

rias réguas de tal forma juntas que aquela indicada como YZ, estando sobre a linha AN, pode abrir e fechar o ângulo XYZ, e que, quando fechado, os pontos B, C, D, E, F, G, H encontram-se todos juntos no ponto A; mas à medida que o abrimos, a régua BC, que está unida, em ângulos retos, com XY no ponto B, empurra em direção a Z a régua CD, que corre sobre YZ, fazendo sempre com ela ângulos retos. E CD empurra DE, que corre da mesma maneira sobre YX, permanecendo paralela a BC; DE empurra EF, EF empurra FG, esta aqui empurra GH, e se pode conceber uma infinidade de outras que se empurram consecutivamente da mesma forma, entre as quais umas sempre fazem os mesmos ângulos com YX e outras com YZ. Ora, enquanto se abre assim o ângulo XYZ, o ponto B descreve a linha AB, que é um círculo; e os demais pontos D, F, H, onde se fazem as interseções das outras réguas, descrevem outras linhas curvas AD, AF, AH, as últimas das quais são, por ordem, mais compostas do que a primeira, e esta aqui mais do que o círculo. Mas não vejo o que possa impedir que não se conceba tão clara e distintamente a descrição desta primeira tanto quanto a do círculo ou, ao menos, das seções cônicas; nem o que possa impedir que se concebam a segunda e a terceira, e todas as demais que se possam descrever, tanto quanto a primeira; nem, por consequência, que as admitamos todas da mesma maneira para servir às especulações de geometria.

Poderia aqui empregar muitos outros meios para traçar e conceber linhas curvas que seriam cada vez mais compostas por degraus, até o infinito. Mas para comprender em conjunto todas aquelas que estão na natureza, e distingui-las, por ordem, em certos gêneros, nada sei de melhor do que dizer que todos os pontos daquelas que se podem denominar geométricas, quer dizer, que chegam a alguma medida precisa e exata, têm, necessariamente, alguma relação com todos os pontos de uma linha reta, a qual pode ser expressa por alguma equação, em todos por uma só. E que quando esta equação vai somente até o retângulo de duas quantidades indeterminadas, ou ainda ao quadrado de uma mesma quantidade, a linha curva é do primeiro e mais simples gênero, no qual estão apenas compreendidos o círculo, a parábola, a hipérbole e a elipse. Mas quando a equação alcança a terceira ou a quarta dimensão das duas ou de uma das duas quantidades indeterminadas (pois são preciso duas para explicar aqui a relação de um ponto com outro), ela é do segundo. E que, quando a equação sobe até à quinta ou sexta dimensões, ela é do terceiro; e assim com as demais, ao infinito.

Como quero saber de que gênero é a linha EC, que imagino estar descrita pela interseção da régua GL e do plano retilíneo CNKL, cujo lado KN prolonga-se indefinidamente em direção a C, e que, sendo movido sobre o plano inferior em linha reta, quer dizer, de tal maneira que seu diâmetro KL sempre se encontra aplicado sobre algum lugar da linha BA, prolongada de um lado e de outro, faz mover circularmente essa régua GL em torno do ponto G, pelo fato de que ela está tão completamente unida a ele que sempre passa pelo ponto L. Escolhi uma linha reta como AB para relacionar a seus diversos pontos todos aqueles da linha curva EC; e nesta linha AB escolhi um ponto como A para por ele começar este cálculo. Digo que escolhi um e outro, porque se é livre para tomá-los tal como se queira; pois, embora haja muitas escolhas para tornar a equação mais curta e cômoda, todavia, de qualquer modo que se as tome, pode-se sempre fazer com que a linha pareça do mesmo gênero, assim como é fácil de se demonstrar. Depois disso, tomando-se como se queira um ponto na curva, como em C, sobre o qual suponho que o instrumento que serve para descrevê-la esteja aplicado, puxo desse ponto C a linha CB, paralela a GA, e, tendo em vista que CB e BA são duas quantidades indeterminadas e desconhecidas, as nomeio a uma $y$, e a outra $x$. Mas, a fim de encontrar a relação de uma com a outra, também considero as quantidades conhecidas que determinam a descrição dessa linha curva: como GA, que chamo de $a$; KL, que chamo de $b$, e NL, paralela a GA, que chamo de $c$. Depois digo: como NL está para LK, ou $c$ para $b$, assim CB, ou $y$, está para BK, que é, por consequência, $\frac{b}{c}y$. E BL é $\frac{b}{c}y - b$, e AL é $x + \frac{b}{c}y - b$. Além do mais, como CB está para LB, ou $y$ está para $\frac{b}{c}y - b$, assim AG, ou $a$, está para LA ou $x + \frac{b}{c}y - b$. De modo que, multiplicando-se a segunda pela terceira, produz-se $\frac{ab}{c}y - ab$ que é igual a $xy + \frac{b}{c}yy - by$, que se obtém multiplicando-se a primeira pela última. Assim, a equação que se devia encontrar é

$$yy = cy - \frac{c}{b}xy + ay - ac,$$

da qual se conhece que a linha EC pertence ao primeiro gênero, como, de fato, não é outra coisa senão uma hipérbole.

Que se, no instrumento que serve para descrevê-la, se faça que em lugar da linha reta CNK esteja aquela hipérbole, ou qualquer outra linha curva do primeiro gênero, que termine o plano CNKL, a interseção desta linha e da régua GL descreverá, em lugar da hipérbole EC, uma outra linha curva, que será do segundo gênero. Como, se CNK é um círculo em que L seja o centro, descrever-se-á a primeira concoide dos antigos; e se for uma parábola cujo diâmetro seja KB, descrever-se-á a linha curva que há pouco disse ser a primeira e a mais simples para a questão de Pappus, quando só haja cinco linhas retas dadas por posição. Mas, se em lugar de uma dessas linhas curvas do primeiro gênero, for uma do segundo que termine o plano CNKL, descrever-se-á, por seu intermédio, uma do terceiro gênero; ou, se for uma do terceiro, descrever-se-á uma do quarto gênero, e assim ao infinito, como é bastante fácil conhecer-se pelo cálculo. E de qualquer maneira que se imagine a descrição de uma linha curva, contanto que esteja entre aquelas que chamo de geométricas, sempre se poderá encontrar uma equação para determinar deste modo todos os pontos.

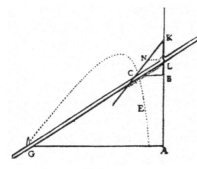

De resto, ponho as linhas curvas que fazem elevar esta equação ao quadrado do quadrado no mesmo gênero daquelas que só a fazem elevar-se até o cubo; e aquelas cuja equação vai ao quadrado do cubo no mesmo gênero das que só vão ao quadrado do quadrado[7]; e assim para as outras. A razão é que existe a regra geral para reduzir ao cubo todas as dificuldades que vão ao quadrado do quadrado, e ao quadrado do quadrado todas aquelas que vão ao quadrado do cubo, de modo que não as devemos considerar mais compostas.

Mas deve-se observar que entre as linhas de cada gênero, ainda que a maioria seja igualmente composta, de maneira que podem servir para determinar os mesmos pontos e construir os mesmos problemas, há, todavia, algumas que são mais simples e não possuem tanta extensão em sua potência. Como, entre as do primeiro gênero, além da elipse, a hipérbole e a parábola, que são igualmente compostas, estando aí incluído o círculo, que é, manifestamente, mais simples. E entre aquelas do segundo gênero há a concoide vulgar, que tem sua origem no círculo, e ainda algumas outras que, embora não possuam tanta extensão como a maioria daquelas do mesmo gênero, não podem, entretanto, ser colocadas no primeiro.

---

7. No original, *sursolide*.

Ora, após ter assim reduzido todas as linhas curvas a certos gêneros, é-me fácil prosseguir na demonstração da resposta que há pouco fiz à questão de Pappus. Pois, primeiramente, tendo feito ver acima que, quando só há três ou quatro linhas retas dadas, a equação, que serve para determinar os pontos procurados, não vai senão até ao quadrado, é evidente que a linha curva, onde se encontram esses pontos, é, necessariamente, alguma daquelas do primeiro gênero, porque esta mesma equação explica a relação que têm todos os pontos das linhas do primeiro gênero com aqueles de uma linha reta. E que, quando não houver mais de oito linhas retas dadas, essa equação só alcança, no máximo, o quadrado do quadrado, e que, por consequência, a linha procurada só pode ser do segundo gênero, ou abaixo. E que, quando não houver mais de doze linhas dadas, a equação só alcança o quadrado do cubo, e que, por conseguinte, a linha procurada só pode ser do terceiro gênero, ou abaixo; e assim com as demais. E porque a posição das linhas retas dadas pode variar de todas as maneiras, fazendo mudar tanto as quantidades conhecidas como os sinais + e − da equação, em todos os aspectos imagináveis, é evidente não haver nenhuma linha curva do primeiro gênero que não seja útil para essa questão quando estiver proposta com quatro linhas retas; nem qualquer uma do segundo gênero que não seja útil quando proposta com oito; nem do terceiro, quando proposta com doze; e assim para as demais. De sorte que não há qualquer linha curva que entre no cálculo e possa ser admitida em geometria que não seja útil para um certo número de linhas.

Mas é preciso aqui, mais particularmente, que eu determine e mostre a maneira de encontrar a linha procurada que sirva em cada caso, quando houver apenas três ou quatro linhas retas dadas; e ver-se-á, pela mesma via, que o primeiro gênero das linhas curvas não contém quaisquer outras senão as três seções cônicas e o círculo.

Retomemos as quatro linhas AB, AD, EF e GH, dadas acima, e que seja necessário achar uma outra linha na qual se encontre uma infinidade de pontos tais como C, do qual, tendo-se tirado as quatro linhas CB, CD, CF e CH, em ângulos dados sobre os dados, CB, multiplicado por CF, produz uma soma igual a CD multiplicado por CH; quer dizer, tendo-se feito

$CB = y$, $\qquad CD = \frac{czy + bcx}{zz}$

$CF = \frac{ezy + dek + dex}{zz}$, & $CH = \frac{gzy + fgl + fgx}{zz}$,

a equação é

$$yy = \frac{\left.\begin{array}{l} -dekzz \\ +cfglz \end{array}\right\} y \quad \left.\begin{array}{l} -dezzx \\ -cfgzx \\ +bzgzx \end{array}\right\} y \quad \left.\begin{array}{l} +bcfglx \\ -bcfgxx \end{array}\right\}}{ezzz - cgzz},$$

ao menos supondo-se $ez$ maior do que $cg$. Pois, se fosse menor, seria preciso mudar todos os sinais + e –. E se a quantidade $y$ fosse nula, ou menor do que zero nesta equação, tendo-se admitido o ponto C no ângulo DAG, seria necessário admiti-lo também nos

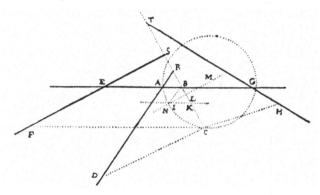

ângulos DAE, ou EAR, ou RAG, mudando os sinais + e – conforme seja exigido para esse efeito. E se, em todas essas quatro posições, o valor de $y$ for nulo, a questão será impossível, no caso proposto. Mas suponhamos também aqui ser possível, e para abreviar os termos, em lugar das quantidades $\frac{cfglz - dekzz}{ez^3 - cgzz}$, escrevermos $2m$, e em lugar de $\frac{dezz + cfgz - bcgz}{ez^3 - cgzz}$, escrevermos $2n/z$: assim teremos

$$yy = 2my - \frac{2n}{z}xy + \frac{bcfglx - bcfgxx}{ez^3 - cgzz},$$

cuja raiz é
$$y = m - \frac{nx}{z} + \sqrt{mm - \frac{2mnx}{z} + \frac{nnxx}{zz} + \frac{bcfglx - bcfgxx}{ez^3 - cgzz}}$$
e, de novo para abreviar,
em lugar de $- \frac{2mn}{z} + \frac{bcfgl}{ez^3 - cgzz}$, escrevemos $o$;
em lugar de $\frac{nn}{zz} - \frac{bcfg}{ez^3 - cgzz}$, escrevemos $- \frac{p}{m}$.
Pois estando dadas todas essas quantidades, nós as podemos nomear como nos agradem; e assim temos
$$y = m - \frac{n}{z}x + \sqrt{mm + ox - \frac{p}{m}xx},$$
que deve ser o comprimento da linha BC, deixando AB ou $x$ indeterminado. E é evidente que, sendo a questão proposta apenas com três ou quatro linhas, sempre se pode ter esses termos; exceto que alguns deles podem ser nulos e que os sinais + e − podem ser diversamente mudados.

Depois disso, faço KI igual e paralela a BA, de modo que ela corte de BC a parte BK, igual a $m$, devido haver aqui $+ m$; e o teria acrescentado traçando essa linha IK do outro lado, se houvesse tido $- m$; e não o teria traçado de modo algum se a quantidade $m$ fosse nula. Depois, traço também IL, de modo que a linha IK esteja para KL como $z$ está para $n$: quer dizer que, sendo IK $x$, KL é $\frac{n}{z}.x$. E, do mesmo modo, também conheço a proporção que há entre KL e IL, que ponho entre $n$ e $a$; se bem que, sendo KL $\frac{n}{z}.x$, IL é $\frac{a}{z}.x$. E faço com que o ponto K esteja entre L e C, pois aqui há $- \frac{n}{z}.x$; enquanto que teria posto L entre K e C, se tivesse tido $+ \frac{n}{z}.x$; e não teria traçado essa linha IL se $\frac{n}{z}.x$ fosse nula.

Ora, feito isso, só me resta esses termos para a linha LC
$$LC = \sqrt{mm - ox - \frac{p}{m}xx},$$
de onde vejo que, se fossem nulos, este ponto C encontrar-se-ia na linha reta IL; e que se fossem tais que se pudesse extrair a raiz, quer dizer, que $mm$ e $= \frac{p}{m}.xx$, estando marcados por um mesmo sinal + [ou −], $oo$ fosse igual a $4pm$, ou ainda que os termos $mm$ e $ox$, ou $ox$ e $\frac{p}{m}.xx$ fossem nulos, este ponto C encontrar-se-ia em uma outra linha reta que não seria mais difícil de encontrar do que IL. Mas quando isso não ocorre, esse ponto C está sempre em

uma das três seções cônicas, ou em um círculo em que um dos diâmetros encontra-se na linha IL, e a linha LC é uma daquelas que se aplicam por ordem a este diâmetro, ou, ao contrário, LC é paralela ao diâmetro ao qual aquela que está na linha IL aplica-se por ordem. A saber, se o termo $\frac{p}{m}.xx$ for nulo, esta seção cônica é uma parábola; se marcado pelo sinal +, é uma hipérbole; e, enfim, se estiver marcado pelo sinal −, é uma elipse. Excetuando-se apenas se a quantidade $aam$ for igual a $pzz$, e que ângulo ILC seja reto; caso em que se tem um círculo no lugar de uma elipse. Que se esta seção é uma parábola, seu lado reto é igual $\frac{oz}{a}$, e seu diâmetro está sempre na linha IL; e para encontrar o ponto N, que é seu vértice, é preciso fazer IN igual a $\frac{amm}{oz}$; e que o ponto I esteja entre L e N, se os termos forem + $mm$ + $ox$, ou ainda que o ponto L esteja entre I e N, se forem + $mm$ − $ox$; ou ainda seria preciso que N estivesse entre I e L, se houvesse − $mm$ + $ox$. Mas jamais haveria aí − $mm$, da maneira como os termos foram aqui colocados. E enfim, o ponto N seria o mesmo que o ponto I se a quantidade $mm$ fosse nula; por meio do que é fácil encontrar esta parábola pelo primeiro problema do primeiro livro de Apolônio.

Que se a linha procurada for um círculo, uma elipse ou uma hipérbole, é necessário, primeiramente, procurar o ponto M, que é o centro, e que está sempre na linha reta IL, onde o encontramos tomando $\frac{aom}{2pz}$ por IM; de modo que, se a quantidade $o$ for nula, este centro estará justamente sobre o ponto I. E se a linha procurada for um círculo ou uma elipse, deve-se tomar o ponto M do mesmo lado do ponto L, relativamente ao ponto I, quando se tiver + $ox$; e quando se tiver − $ox$, dever-se-á tomá-lo do outro

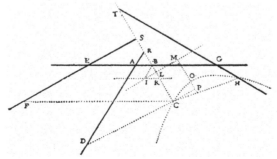

[lado]. Bem ao contrário, na hipérbole, se se tem $-ox$, este centro M deve estar dirigido para L; e caso se tenha $+ox$, ele deve encontrar-se do outro lado. Depois disso, o lado reto da figura deve ser $\sqrt{\frac{oozz}{aa} + \frac{4mpzz}{aa}}$, quando se tiver $+mm$, e a linha procurada for um círculo ou uma elipse; ou ainda, quando se tiver $-mm$, e for uma hipérbole. E deve ser $\sqrt{\frac{oozz}{aa} - \frac{4mpzz}{aa}}$, caso, sendo a linha procurada um círculo ou uma elipse, se tenha $-mm$; ou ainda se, sendo uma hipérbole e a quantidade $oo$ maior do que $4mp$, se tenha $+mm$. Se a quantidade $mm$ for nula, este lado reto será $oz/a$; e se $ox$ for nulo, ele é $\sqrt{\frac{4mpzz}{aa}}$. Depois, para o lado transversal, é preciso encontrar uma linha que esteja para esse lado reto como $aam$ está para $pzz$; a saber, se o lado reto for $\sqrt{\frac{oozz}{aa} + \frac{4mpzz}{aa}}$, o transversal será $\sqrt{\frac{aaoomm}{ppzz} + \frac{4aam^3}{pzz}}$; e em todos esses casos, o diâmetro da seção está sobre a linha IM, e LC é uma daquelas que lhe são aplicadas por ordem. Se bem que, fazendo-se MN igual à metade do lado transversal, e tomando-o do mesmo lado do ponto M, que é o ponto L, tem-se o ponto N pelo vértice deste diâmetro. Na sequência do que, é fácil encontrar-se a seção pelos segundo e terceiro problemas do primeiro livro de Apolônio.

Mas quando, sendo esta seção uma hipérbole, tem-se $+mm$, e a quantidade $oo$ for nula ou menor do que $4pm$, deve-se tirar do centro M a linha MOP, paralela a LC, e CP, paralela a LM; e fazer MO igual a $\sqrt{mm - \frac{oom}{4p}}$; ou então fazê-la igual a $m$, se a quantidade $ox$ for nula; depois, considerar o ponto O como o vértice dessa hipérbole cujo diâmetro é OP, e CP a linha que lhe é aplicada por ordem; e seu lado reto é $\sqrt{\frac{4a^4m^3}{ppz^4} - \frac{a^4oom^3}{p^3z^4}}$; e seu lado transversal é $\sqrt{4mm - \frac{oom}{p}}$. Exceto quando $ox$ for nula, pois então o lado reto é $\frac{2aamm}{pzz}$ e o transversal é $2m$. E assim é fácil encontrá-la pelo terceiro problema do primeiro livro de Apolônio.

E as demonstrações de tudo isso são evidentes. Pois, compondo um espaço de quantidades que assinalei para o lado reto e o transversal, e para o segmento do diâmetro, NL ou OP, seguindo-se o teor do 11º, 12º e 13º teoremas do primeiro livro de Apolônio, encontrar-se-ão todos os mesmos termos com os quais está composto o quadrado da linha CP ou CL, que é aplicada por ordem a este diâmetro. Como, neste exemplo, retirando IM, que é $aom/2pz$, de

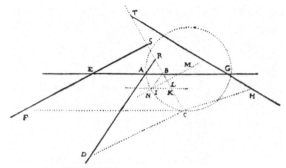

NM, que é $\frac{am}{2pz}\sqrt{oo + 4mp}$, tenho IN; à qual, acrescentando IL, que é $\frac{a}{z}.x$, tenho NL, que é $\frac{a}{z}x - \frac{aom}{2pz} + \frac{am}{2pz}\sqrt{oo + 4mp}$; e sendo isso multiplicado por $\frac{z}{a}\sqrt{oo + 4mp}$, que é o lado reto da figura, chega-se a

$$x\sqrt{oo + 4mp} - \frac{om}{2p}\sqrt{oo + 4mp} + \frac{moo}{2p} + 2mm$$

para o retângulo, do qual se deve tirar um espaço que esteja para o quadrado de NL como o lado reto está para o transversal. E este quadrado de NL é

$$\frac{aa}{zz}xx - \frac{aaom}{pzz}x + \frac{aam}{pzz}x\sqrt{oo + 4mp} + \frac{aaoomm}{2ppzz} + \frac{aam^3}{pzz}$$
$$- \frac{aaomm}{2ppzz}\sqrt{oo + 4mp},$$

que é preciso dividir por $aam$ e multiplicar por $pzz$, dado que esses termos explicam a proporção que há entre o lado transversal e o reto, e chega-se a

$$\frac{p}{m}xx - ox + x\sqrt{oo + 4mp} + \frac{oom}{2p} - \frac{om}{2p} - \sqrt{oo + 4mp} + mm,$$

o que se deve subtrair do retângulo precedente; e encontra-se $mm + ox - \frac{p}{m}xx$ para o quadrado de CL que, por consequência, é uma linha aplicada por ordem, em uma elipse ou círculo, ao segmento do diâmetro NL.

E caso se queira explicar todas as quantidades dadas por meio de números, faz-se, por exemplo, que: EA = 3, AG = 5, AB = BR, BS = $\frac{1}{2}$ BE, GB = BT, CD = $\frac{3}{2}$ CR, CF = 2CS, CH = $\frac{2}{3}$ CT, e que o ângulo ABR seja de sessenta graus, e, enfim, que o retângulo dos dois, CB e CF, seja igual ao retângulo dos dois outros CD e CH. Pois deve-se ter todas essas coisas a fim de que a questão seja inteiramente determinada. E com isso, supondo-se AB = $x$ e CB = $y$, encontra-se, pelo modo acima explicado

$$yy = 2y - xy + 5x - xx, \text{ e } y = 1 - \tfrac{1}{2}x\sqrt{1 + 4x - \tfrac{3}{4}xx}.$$

Embora BK deva ser 1, KL deve ser a metade de KI; e dado que

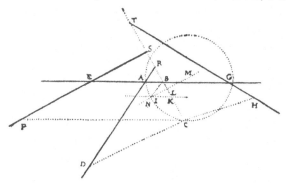

o ângulo IKL ou ABR é de sessenta graus, e KIL, que é a metade de KIB ou IKL, de trinta, IKL é reto. E porque IK ou AB é chamada $x$, KL é $\tfrac{1}{2}x$; e IL é $x.\sqrt{\tfrac{3}{4}}$; e a quantidade que era chamada antes $z$ é 1; aquela que era $a$ é $\sqrt{\tfrac{3}{4}}$; aquela que era $m$ é 1; aquela que era $o$ é 4, e aquela que era $p$ é $\tfrac{3}{4}$. De modo que se tem $\sqrt{\tfrac{16}{3}}$ para IM e $\sqrt{\tfrac{19}{3}}$ para NM; e dado que *aam*, que é $\tfrac{3}{4}$, é aqui igual a *pzz*, e o ângulo ILC é reto, encontra-se que a linha curva NC é um círculo. E facilmente se pode examinar todos os demais casos da mesma maneira.

De resto, devido ao fato de que as equações que só vão até o quadrado estejam todas compreendidas naquilo que acabo de explicar, não apenas o problema dos antigos com três e quatro linhas aqui se encontra inteiramente acabado, mas também tudo o que pertence ao que denominavam a composição dos lugares sólidos e, por consequência, também àquela [composição] dos lugares planos, dado que estão compreendidos nos sólidos. Pois tais lugares não são outra coisa senão que, quando se trata de encontrar-se algum ponto no qual falte uma condição para ser completamente determinado, tão logo se chegue a este exemplo, todos os pontos de uma mesma linha podem ser tomados por aquele que é pedido. E se esta linha for reta ou circular, a chamamos lugar plano. Mas se for uma parábola ou uma hipérbole, ou ainda uma elipse, a chamamos lugar sólido. E tantas e quantas vezes assim for, pode-se chegar a uma equação que contenha duas quantidades desconhecidas, e será semelhante a qualquer uma daquelas que acabo de resolver. Se a linha que assim determina o ponto buscado é de um grau mais composto do que as seções cônicas, pode-se nomeá-la, do mesmo modo, um lugar quadrado do quadrado, e assim as outras. E se faltarem duas condições para a determinação desse ponto, o lugar onde ele se encontra é uma superfície que pode ser, da mesma maneira, plana, esférica ou mais composta. Porém, o mais alto ponto alcançado pelos antigos nessa matéria foi o de chegar à composição dos lugares sólidos. E parece que tudo o que Apolônio escreveu sobre as seções cônicas o fez com o objetivo de procurá-las.

Além do mais, vê-se aqui que o que tomei pelo primeiro gênero das linhas curvas não abrange outras senão o círculo, a parábola, a hipérbole e a elipse, que é tudo o que me dispus a provar.

Que se a questão dos antigos é proposta em cinco linhas paralelas, é evidente que o ponto buscado estará sempre sobre uma linha reta; mas se for proposta em cinco linhas, das quais quatro são paralelas e uma as corta em ângulos retos, e mesmo que todas as linhas traçadas do ponto procurado as encontrem também em ângulos retos, e, enfim, que o paralelepípedo composto de três linhas, traçadas sobre três daquelas que são paralelas, seja igual ao paralelepípedo composto das duas linhas traçadas, uma sobre a quarta daquelas que são paralelas, e a outra sobre aquela que as corta em ângulo reto, e de uma terceira linha dada, o que é, parece, o caso mais simples que se possa imaginar depois do precedente, o ponto procurado estará na linha curva descrita pelo movimento de uma parábola, da maneira abaixo explicada.

Sejam, por exemplo, as linhas dadas AB, IH, ED, GF e GA, e que se pergunte pelo ponto C, de sorte que se traçando CB, CF, CD, CH e CM em ângulos retos sobre as linhas dadas, o paralelepípedo das três CF, CD e CH seja igual àquele dos dois outros CB e CM, e de um terceiro que seja AI. Ponho

CB = $y$,   CM = $x$,   AI ou AE ou GE = $a$,

de modo que o ponto C, encontrando-se entre as linhas AB e DE, eu tenha

CF = $2a - y$, CD = $a - y$ e CH = $y + a$;

e, multiplicando esses três, um pelo outro, eu tenha $y^3 - 2ayy - aay + 2a^3$, igual ao produto dos três outros, que é *axy*. Depois disso, considero a linha curva CEG, que imagino es-
tar descrita pela interseção da parábola
CKN, que movemos de tal modo que
seu diâmetro KL esteja sempre sobre a
linha reta AB, e da régua GL que gira,
no entanto, em torno do ponto G, de tal
maneira que passe sempre no plano desta parábola pelo ponto L. E faço KL = $a$,
e o lado reto principal, quer dizer, aquele que se relaciona com o eixo desta parábola, também igual a $a$, e GA = $2a$; e
CB ou MA = $y$; e CM ou AB = $x$. Depois, por causa dos triângulos semelhantes GMC e CBL, GM, que é $2a - y$,
está para MC, que é $x$, assim como CB,
que é $y$, está para BL, que é, por conse-

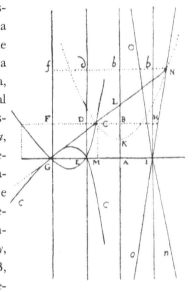

quência, $\frac{xy}{2a-y}$. E como LK está para $a$, BK é $a - \frac{xy}{2a-y}$ ou ainda $\frac{2aa - ay - xy}{2a - y}$. E enfim, dado que este mesmo BK, sendo um segmento do diâmetro da parábola, está para BC, que lhe está apli-
cado por ordem, como esta aqui está para o lado reto que é $a$, o
cálculo mostra que

$$y^3 - 2ayy - aay + 2a^3$$

é igual a *axy* e, por conseguinte, que o ponto C é aquele pedido. E ele
pode ser tomado em algum ponto da linha CEG que se queira escolher, e também em sua adjunta *c*EG*c*, que se descreve da mesma maneira, excetuando-se que o vértice da parábola está voltado para o outro

lado, ou, enfim, em suas contrapostas NI*o*, *n*IO, que estão descritas pela interseção que faz a linha GL no outro lado da parábola KN.

Ora, ainda que as paralelas dadas AB, IH, ED e GF não fossem igualmente distanciadas, e que GA não as cortasse em ângulos retos, nem também as linhas traçadas do ponto C em direção a elas, este ponto C não deixaria de se encontrar sempre em uma linha curva, que seria desta mesma natureza. E ali também pode ser encontrado algumas vezes, embora nenhuma das linhas dadas seja paralela. Mas se, havendo quatro paralelas e uma quinta que as atravesse, e que o paralelepípedo das três linhas traçadas do ponto procurado, uma sobre esta quinta e as duas outras sobre duas daquelas que são paralelas, seja igual àquele das duas traçadas sobre as duas outras paralelas e de uma outra linha dada, este ponto procurado é uma linha curva de outra natureza, a saber, uma tal que, todas as linhas retas aplicadas por ordem a seu diâmetro, sendo iguais àquelas de uma seção cônica, os segmentos deste diâmetro, que estão entre o vértice e estas linhas, têm a mesma proporção a uma certa linha dada que esta linha dada possui para com os segmentos do diâmetro da seção cônica, aos quais as linhas semelhantes são aplicadas por ordem. E não saberia verdadeiramente dizer que esta linha seja menos simples do que a precedente, a qual, no entanto, acreditei dever tomar como a primeira, pois que sua descrição e cálculo são, de algum modo, mais fáceis.

Para as linhas que servem aos outros casos, não me deterei em distingui-las por espécie, pois não me dispus a dizer tudo; e tendo explicado a maneira de encontrar uma infinidade de pontos por onde elas passam, penso ter dado suficientes meios de descrevê-las.

É ainda apropriado observar que há uma grande diferença entre este modo de encontrar vários pontos para traçar uma linha curva e aquele do qual nos servimos para a espiral e semelhantes. Pois, por este último, não encontramos indiferentemente todos os pontos da linha procurada, mas somente aqueles que podem estar determinados por alguma medida mais simples do que aquela que é requerida para compô-la. E assim, falando apropriadamente, não encontramos um destes pontos, quer dizer, nenhum daqueles que lhe são tão inteiramente próprios que só por ela possam ser encontrados. Enquanto não há nenhum ponto nas linhas que servem à questão proposta que não se possa encontrar entre aqueles que se determinam pela maneira antes explicada. E dado que esta maneira de encontrar uma linha curva, achando-se indiferentemente vários desses pontos, só se estende àquelas que também podem ser descritas por um movimento regular e contínuo, não se deve rejeitá-la inteiramente da geometria.

E não se deve igualmente rejeitar aquela em que nos servimos de um fio ou de uma corda vergada para determinar a igualdade ou a diferença de duas ou de várias linhas retas que podem ser traçadas, de cada ponto da curva que se procura, até outros pontos determinados ou sobre outras linhas, em ângulos determinados – assim como fizemos na *Dióptrica* para explicar a elipse e a hipérbole. Pois, ainda que não se pudessem tomar algumas linhas semelhantes a cordas, quer dizer, que se tornam ora retas, ora curvas, dado que a proporção que há entre as retas e as curvas não é conhecida e creio mesmo não o podendo ser pelos homens, nada se poderia dali concluir que fosse exato e seguro; no entanto, tendo em vista que só nos servimos de cordas nessas construções para determinar linhas retas, das quais conhecemos perfeitamente o comprimento, isto não faz com que as rejeitemos.

Ora, apenas por isso se sabe a relação que possuem todos os pontos de uma linha curva com todos aqueles de uma linha reta, da maneira como expliquei, e é fácil encontrar-se também a relação que eles têm com todos os demais pontos e linhas dadas; e, em seguida, conhecer os diâmetros, os eixos, os centros e outras linhas ou pontos com os quais cada linha curva terá alguma relação mais particular ou mais simples do que com outros; e assim, imaginar diversos meios para descrevê-los e escolher os mais fáceis. E pode-se mesmo, apenas por isso, encontrar-se quase tudo o que pode ser determinado no tocante à grandeza do espaço que elas compreendem, sem que seja preciso dar-se mais abertura. E, enfim, no que diz respeito a todas as outras propriedades que se podem atribuir às linhas curvas, elas só dependem da grandeza dos ângulos que fazem com algumas outras linhas. Mas, quando se podem traçar linhas retas que as cortem em ângulos retos, nos pontos em que são encontradas por aquelas com as quais elas formam os ângulos que se quer medir, ou, o que tomo aqui pela mesma coisa, que cortam suas cotangentes, a grandeza de seus ângulos não é mais difícil de encontrar do que se eles estivessem compreendidos entre duas linhas retas. Eis por que acreditaria ter posto aqui tudo o que se requer para os elementos das linhas curvas, quando, em geral, tiver dado a maneira de traçar as linhas retas que caem em ângulos retos, sobre os tais pontos que se quiser escolher. E ouso dizer que é este aqui o problema o mais útil e o mais geral, não apenas o que eu saiba, mas ainda aquele que jamais desejei saber em Geometria.

Seja CE a linha curva, e que seja preciso traçar uma linha reta, pelo ponto C, que faça com ela ângulos retos. Suponho a coisa já feita e que a linha procurada é CP, a qual prolonguei até o ponto P, onde

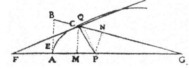

ela encontra a linha reta GA, que suponho ser aquela sobre os pontos da qual correspondem todos os da linha CE; de maneira que, fazendo MA ou CB = $y$, e CM ou BA = $x$, tenho alguma equação que explique a correspondência que há entre $x$ e $y$. Dado que faço PC = $s$, e PA = $v$, ou PM = $v - y$, e, por causa do triângulo retângulo PMC, eu tenho $ss$, que é o quadrado da base, igual a $xx + vv - 2vy + yy$, que são os quadrados dos dois lados: quer dizer, tenho

$$x = \sqrt{ss - vv + 2vy - yy}, \text{ ou ainda } y = v + \sqrt{ss - xx},$$

e, por meio desta equação, retiro, da outra equação que me explica a correspondência que têm todos os pontos da linha curva CE com aqueles da reta GA, uma das duas quantidades indeterminadas $x$ ou $y$: o que é fácil de se fazer, colocando-se sempre $\sqrt{ss - vv + 2vy - yy}$ em lugar de $x$, e o quadrado desta soma em lugar de $xx$, e seu cubo em lugar de $x^3$; e assim com outras, se for $x$ que eu queira tirar. Ou ainda, se for $y$, colocando em seu lugar $v + \sqrt{ss - xx}$, e o quadrado ou o cubo desta soma em lugar de $yy$ ou de $y^3$ etc. De modo que sempre resta, depois disso, uma equação, na qual não existe senão uma só quantidade indeterminada, $x$ ou $y$.

Assim como, se CE for uma elipse, e MA o segmento de seu diâmetro, ao qual CM seja aplicado por ordem, e que tenha $r$ por seu lado reto e $q$ por sua linha oblíqua, tem-se, pelo 13º teorema do primeiro livro de Apolônio:

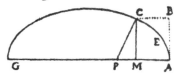

$$xx = ry - \frac{r}{q} \cdot yy,$$

de onde, retirando-se $xx$, resta:

$$ss - vv + 2vy - yy = ry - \frac{r}{q} \cdot yy,$$

ou ainda

$$yy + \frac{qry - 2qvy + qvv - qss}{q - r},$$

igual a nada; pois, neste ponto, é melhor considerar assim em conjunto toda a soma do que fazer uma parte igual à outra.

O mesmo se dá se CE for a linha curva descrita pelo movimento de uma parábola, da maneira acima explicada, e que se tenha posto $b$ para GA, $c$ para KL e $d$ para o lado reto do diâmetro KL na parábola; a equação que explica a relação que há entre $x$ e $y$ é:

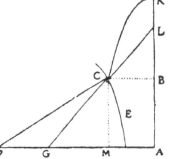

$$y^3 - byy - cdy + bcd + dxy = 0.$$

De onde, tirando-se $x$, tem-se

$$y^3 - byy - cdy + bcd + dy\sqrt{ss - vv + 2vy - yy},$$

e restabelecendo em ordem esses termos por meio da multiplicação, vem

$$y^6 - aby^5 + \left.\begin{matrix} -2cd \\ +bb \\ +dd \end{matrix}\right\} y^4 + \left.\begin{matrix} +4bcd \\ +2ddv \end{matrix}\right\} y^2 + \left.\begin{matrix} -2bbcd \\ +ccdd \\ -ddss \\ +ddvv \end{matrix}\right\} yy - abccddy + bbccdd = 0$$

E assim com outras.

Ainda que os pontos da linha curva não se relacionassem, da maneira como disse, com aqueles de uma linha reta, mas com alguma outra que não se pudesse imaginar, nunca se deixa de poder ter uma tal equação. Assim como, se CE for uma linha que tenha relação com os três pontos F, G e A; que as linhas retas traçadas de cada um destes pontos, como C, até o ponto F, ultrapassem a

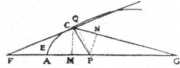

linha FA com uma quantidade que mantenha certa proporção dada com uma outra quantidade, na qual GA ultrapasse as linhas traçadas dos mesmos pontos até G. Façamos GA = $b$, AF = $c$ e, tomando-se como se queira o ponto C na curva, e que a quantidade com a qual CF ultrapassa FA seja proporcional àquela com que GA ultrapassa GC, como $d$ a $e$, de modo que, se esta quantidade, que é indeterminada, se chame $z$, FC é $c + z$ e GC é $b - \frac{e}{d}.z$. Depois, pondo-se MA = $y$, GM é $b - y$ e FM é $c + y$, e, por causa do triângulo retângulo CMG, tirando-se o quadrado de GM do quadrado de GC, tem-se

o quadrado de CM, que é $\frac{ee}{dd}zz - \frac{2be}{d}z + 2by - yy$.

Em seguida, tirando-se o quadrado de FM do quadrado de FC, tem-se ainda o quadrado de CM em outros termos,

a saber, $zz + 2cz - 2cy - yy$;

e esses termos, sendo iguais aos precedentes, tornam conhecido

$y$ ou MA, que é $\frac{ddzz + 2cddz - eezz + 2bdez}{2bdd + 2cdd}$;

e substituindo-se esta soma em lugar de $y$ no quadrado de CM, vê-se que ele se exprime nesses termos:

$\frac{bddzz + ceezz - 2bcddz - abcdez}{bdd + cdd} - yy$.

Depois, supondo-se que a linha reta PC encontre a curva em ângulos retos no ponto C, e fazendo-se PC = $s$, e PA = $v$, como antes, PM é $v - y$; e, por causa do triângulo retângulo PCM, tem-se

$ss - vv + 2vy - yy$ para o quadrado de CM,

e tendo-se novamente, em lugar de $y$, substituída a soma que lhe é igual, vem

$$zz + \frac{2bcddz - 2bcdez - 2cddvz - 2bdevz - bddss + bddvv - cddss + cddvv}{bdd + cee + eev - ddv} = 0$$

para a equação que nós procurávamos.

Ora, após termos achado uma tal equação, ao invés de dela nos servirmos para saber as quantidades $x$ ou $y$ ou $z$, que já estão dadas, pois que o ponto C é dado, devemos empregá-la para encontrar $v$ ou $s$, que determinam o ponto P pedido. E para este efeito, é preciso considerar que, se este ponto P é tal como o desejamos, o círculo do qual será o centro, passando pelo ponto C, ali tocará a linha curva CE, sem cortá-la; mas, se este ponto P estiver um pouco mais próximo ou um pouco mais afastado do que deve do ponto A, o círculo cortará a curva não apenas no ponto C, mas também, necessariamente, em alguma outra parte. Depois, é preciso também considerar que, quando este círculo corta a linha curva CE, a equação pela qual se busca a quantidade $x$ ou $y$, ou qualquer outra parecida, supondo-se PA e PC conhecidas, contém necessariamente duas raízes que são desiguais. Pois, por exemplo, se o círculo corta a curva nos pontos C e E, tendo-se traçado EQ paralela a CM, os nomes das quantidades indeterminadas $x$ e $y$ convirão tão bem às linhas EQ e QA quanto a CM e MA; em seguida, PE é igual a PC, por causa do círculo; se bem

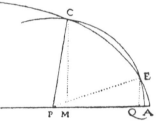

que, buscando as linhas EQ e QA por PE e PA, que se supõem dadas, ter-se-á a mesma equação, caso se procure CM e MA por PC e PA. De onde se segue, evidentemente, que o valor de $x$ ou de $y$, ou de outra quantidade suposta, será duplo nesta equação. Quer dizer que haverá duas raízes desiguais entre si, uma das quais será CM e a outra EQ, no caso de se procurar $x$; ou ainda, uma será MA e a outra QA, se for $y$; e assim com as demais. É verdade que se o ponto E não se encontrar do mesmo lado da curva que o ponto C, só uma das duas raízes será verdadeira, e a outra estará invertida ou será menor do que nada. Mas quanto mais os dois pontos C e E estiverem próximos um do outro, menor diferença haverá entre as duas raízes; e, enfim, elas são inteiramente iguais, se ambos estiverem juntos em um só, quer dizer, se o círculo que passa por C tocar ali a curva CE sem cortá-la.

Além disso, é preciso considerar que, quando há duas raízes iguais em uma equação, ela tem, necessariamente, a mesma forma do que quando se multiplica, por si mesma, a quantidade que se supõe ali desconhecida, menos a quantidade conhecida que lhe é igual; e que depois disso, caso esta última soma não tenha tantas dimensões quanto a precedente, nós a multiplicamos por uma outra soma que tenha tanto quanto lhe falte, a fim de que ali se possa ter equação, separadamente, entre cada um dos termos de uma e de outra. Como exemplo, digo que a primeira equação encontrada acima,

$$\text{a saber } yy + \frac{qry + 2qvy + qvv - qss}{q - r},$$

deve ter a mesma forma que aquela produzida em se fazendo $e$ igual a $y$, e multiplicando $y - e$ por si mesmo; de onde vem

$$yy - 2ey + ee,$$

de sorte que podemos comparar, separadamente, cada um de seus termos e dizer que, dado que o primeiro, que é $yy$, é inteiramente o mesmo em uma e noutra,

o segundo, que é em uma $\frac{qry - 2qvy}{q - r}$,

é igual ao segundo termo da outra, que é $-2ey$.

De onde, buscando-se a quantidade $v$, que é a linha PA, tem-se

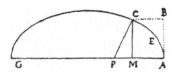

$$v = e - \frac{r}{q}.e + \frac{1}{2}r,$$

ou ainda, em virtude de se ter suposto $e$ igual a $y$, tem-se

$$v = y - \frac{r}{q}.y + \frac{1}{2}r.$$

E assim, poder-se-ia encontrar $s$ pelo terceiro termo:

$$ee = \frac{qvv - qss}{q - r};$$

mas, considerando-se que a quantidade $v$ determina bem o ponto P, que é o único que procuramos, não se tem a necessidade de passar adiante.

Da mesma maneira, a segunda equação acima encontrada, a saber

$$y^6 - 2by^5 + \left.\begin{array}{r}-2cd\\+bb\\+dd\end{array}\right\} y^4 + \left.\begin{array}{r}+4bcd\\+2ddv\end{array}\right\} y^2 + \left.\begin{array}{r}-2bbcd\\+ccdd\\-ddss\\+ddvv\end{array}\right\} yy - 2bccddy + bbccdd,$$

deve ter a mesma forma que a da soma que se produz quando se multiplica $yy - 2ey + ee$ por $y^4 + fy^3 + ggyy + h^3y + k^4$, que é

$$y^6 + \left.\begin{matrix}+f\\-2e\end{matrix}\right\}y^5 \left.\begin{matrix}+gg\\-2ef\\+ee\end{matrix}\right\}y^4 \left.\begin{matrix}+h^3\\-2egg\\+eef\end{matrix}\right\}y^3 \left.\begin{matrix}+k^3\\-2eh^3\\+eegg\end{matrix}\right\}yy \left.\begin{matrix}-2ek^4\\-eeh^3\end{matrix}\right\}y + eek^4.$$

De maneira que, destas duas equações, extraio seis outras que servem para conhecer as seis quantidades $f, g, h, k, v$ e $s$. De onde é bastante fácil entender-se que, de qualquer gênero que possa ser a linha curva proposta, sempre vêm, por esta maneira de proceder, tantas equações quantas as que estamos obrigados a supor para as quantidades desconhecidas. Mas, para separar por ordem essas equações e enfim encontrar a quantidade $v$, que é a única de que temos necessidade, e com a qual encontramos as outras, é necessário, primeiramente, pelo segundo termo, procurar $f$, a primeira das quantidades desconhecidas da última soma; e encontra-se

$$f = 2e - 2b.$$

Em seguida, pelo último, é preciso procurar $k$, a última das quantidades desconhecidas da mesma soma; e encontra-se

$$k^4 = \frac{bbccdd}{ee}.$$

Depois, pelo terceiro termo, deve-se procurar $g$, a segunda quantidade, e tem-se

$$gg = zee - 4be - 2cd + bb + dd.$$

Em seguida, pelo penúltimo, deve-se procurar $h$, a penúltima quantidade, que é

$$h^3 = \frac{2bbccdd}{e^3} - \frac{2bccdd}{ee}.$$

E assim seria preciso continuar, seguindo-se essa mesma ordem, até a última, se mais houvesse nesta soma, pois é algo que se pode sempre fazer da mesma maneira.

Depois, pelo termo que segue nesta mesma ordem, que é aqui o quarto, é preciso procurar a quantidade $v$, e tem-se

$$v = \frac{2e^3}{dd} - \frac{3bee}{dd} + \frac{bbe}{dd} - \frac{2ce}{d} + e + \frac{2bc}{d} + \frac{bcc}{ee} - \frac{bbcc}{e^3},$$

onde, colocando-se $y$ em lugar de $e$, que lhe é igual, tem-se

$$v = \frac{2y^3}{dd} - \frac{3byy}{dd} + \frac{bby}{dd} - \frac{2cy}{d} + y + \frac{2bc}{d} + \frac{bcc}{yy} - \frac{bbcc}{y^3},$$

para a linha AP.

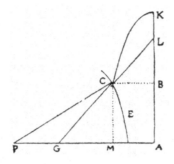

E assim, a terceira equação, que é

$$zz + \frac{2bcddz - 2bcdez - 2cddvz + 2bdevz - bddss + bddvv - cddss + cddvv}{bdd + cee + eev - ddv} = 0$$

tem a mesma forma que $zz - 2fz + ff$, supondo-se $f = z$; embora haja de novo equação entre

$$-2f \text{ ou } 2z \text{ e } + \frac{2bcdd - 2bcde - 2cddv - 2bdev}{bdd + cee + eev - ddv}.$$

De onde se conhece que a quantidade $v$ é

$$\frac{bcdd - bcde + bddz + ceez}{cdd + bde - eez + ddz}.$$

Eis por que, compondo-se a linha AP desta soma igual a $v$, na

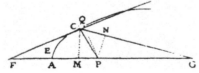

qual todas as quantidades são conhecidas, e traçando-se do ponto P assim encontrado uma linha reta em direção a C, ela corta ali a curva CE em ângulos retos, o que era necessário se fazer. E não vejo nada que, do mesmo modo, impeça se estender este problema a todas as linhas curvas que se submetam a algum cálculo geométrico.

Deve-se mesmo reparar, no que toca à última soma, que a tomamos como quisermos para preencher o número das dimensões da outra soma, quando houver falta, como há pouco fizemos:

$$y^4 + fy^3 + ggyy + h^3y + k^4,$$

que os sinais + e – ali podem ser supostos como quisermos, sem que a linha $v$ ou AP se modifique por isso, como vós podeis facilmente ver por experiência; pois, se fosse preciso que eu me demorasse a demonstrar todos os teoremas aos quais faço menção, seria obrigado a escrever um volume muito mais grosso do que desejo. Mas, de passagem, quero vos advertir que a invenção de imaginar duas equações de mesma forma, para comparar separadamente todos os termos de uma e de outra, e assim fazer nascer várias de uma só, da qual vistes aqui um exemplo, pode servir para uma infinidade de outros problemas e não é uma das menores do método do qual me sirvo.

Não acrescento as construções pelas quais se podem descrever as cotangentes ou as perpendiculares procuradas, em função do cálculo que acabo de explicar, porque é sempre fácil encontrá-las, ainda que, frequentemente, se tenha necessidade de um pouco de habilidade para torná-las curtas e simples.

Como, por exemplo, se DC for a primeira concoide dos antigos, em que A seja o polo, e BH a régua, de modo que todas as linhas retas que se dirigem para A e estejam compreendidas entre a curva CD e a reta BH, como DB e CE, sejam iguais: e que se queira encontrar a linha CG, que a corta no ponto C em ângulos retos, poder-se-ia, ao procurar na linha BH o ponto por onde esta linha CG deve passar, comprometer-se com um cálculo tão ou

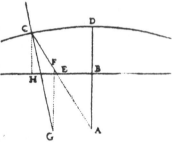

mais longo que qualquer dos precedentes, conforme o método aqui explicado. E, no entanto, a construção que depois deveria ser deduzida é bastante simples. Pois só é preciso tomar CF sobre a linha reta CA e fazê-la igual a CH, que é perpendicular sobre HB; depois, do ponto F, traçar FG paralela a BA e igual a EA, por meio do que, se tem o ponto G, pelo qual deve passar CG, a linha procurada.

De resto, a fim de que vós saibais que a consideração das linhas curvas aqui proposta não é sem uso, e que elas possuem diversas propriedades que em nada devem àquelas das seções cônicas, quero ainda ajuntar aqui a explicação de certas ovais, que vereis ser muito útil para a teoria da catóptrica e da dióptrica. Eis aqui a maneira pela qual as descrevo.

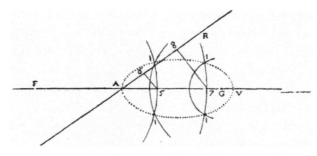

Primeiramente, tendo-se traçado as linhas retas FA e AR, que se entrecortam no ponto A, sem nos importarmos com que ângulos, tomo em uma o ponto F, à vontade, quer dizer, um pouco afastado do ponto A, conforme queira fazer essas ovais maiores ou menores; e deste ponto F, como centro, descrevo um círculo que passa um pouco além do ponto A, como pelo ponto 5. Em seguida, deste ponto 5, traço a linha reta 5-6, que corta a outra no ponto 6, de sorte que A6 seja menor do que A5, segundo a proporção que se queira, a saber, segundo aquela que mede as refrações, caso queiramos dela nos servir para a dióptrica. Depois disso, tomo também o ponto G na linha FA, ao lado onde se encontra o ponto 5, à vontade, quer dizer, fazendo com que as linhas AF e GA tenham entre elas a proporção que se queira. Em seguida, faço RA igual a GA sobre a linha A6 e, do centro G, descrevendo um círculo cujo raio seja igual a R6, faço com que ele corte o outro círculo, de um lado e de outro, no ponto I, que é um daqueles por onde deve passar a primeira das ovais procuradas. Depois, novamente, do centro F, descrevo um círculo que passa um pouco antes ou um pouco depois do ponto 5, como pelo ponto 7; e tendo traçado a linha reta 7-8, paralela a 5-6, do centro G, descrevo um outro círculo cujo raio seja igual à linha R8. E este círculo corta aquele que passa pelo ponto 7, no ponto I, que é ainda um daqueles da mesma oval. E assim se pode encontrar tantas quanto se queira, traçando outras linhas pararelas a 7-8 e outros círculos dos centros F e G.

Para a segunda oval, não há diferença senão que, em lugar de AR, deve-se, do outro lado do ponto A, tomar AS como igual a

AG, e que o raio do círculo descrito a partir do centro G, para cortar aquele descrito pelo centro F, e que passa pelo ponto 5, seja igual à linha S6; ou que seja igual a S8, se for para cortar aquele que passa pelo ponto 7; e assim com as demais. Por meio do que, os círculos se entrecortam nos pontos marcados 2, 2, que são aqueles desta segunda oval A2X.

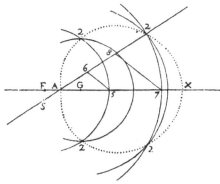

Para a terceira e a quarta, em lugar da linha AG, é preciso tomar AH do outro lado do ponto A, a saber, daquele mesmo onde está o ponto F. E aqui, além do mais, há que se observar que essa linha AH deve ser maior do que AF, a qual pode mesmo ser nula, de modo que o ponto F se encontre onde está o ponto A, para a descrição de todas essas ovais. Depois disso, sendo as linhas AR e AS iguais a AH, para descrever a terceira oval, A3Y, faço um círculo a partir do centro H, cujo raio seja igual a S6, que corta, no ponto 3, aquele do centro F que passa pelo ponto 5. E um outro, cujo raio seja igual a S8, que corta aquele que passa pelo ponto 7, pelo ponto 3 também assinalado; e assim com as demais. Enfim,

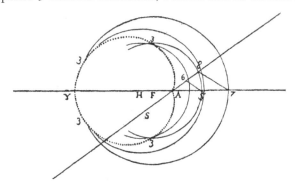

para a última oval, faço círculos do centro H, cujos raios sejam iguais às linhas R6, R8 e semelhantes, que cortem os outros círculos nos pontos marcados 4.

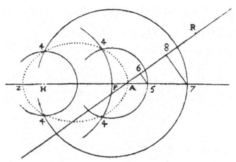

Poder-se-ia ainda encontrar uma infinidade de outros meios para descrever essas mesmas ovais; como, por exemplo, pode-se traçar a primeira, AV, quando se supõem iguais as linhas FA e AG, caso se divida toda a linha FG no ponto L, de sorte que FL esteja para LG como A5 para A6, quer dizer, tendo elas a proporção que mede as refrações. Em seguida, tendo-se dividido AL em duas partes iguais no ponto K, que se faça girar uma régua, como FE, em torno do ponto F, pressionando, com o dedo em C, a corda EC, a qual, estando presa à ponta dessa régua, em direção a E, dobra-se do ponto C em direção a K, e depois novamente de K em direção a C, e de C em direção a G, onde sua outra ponta encontra-se presa. De maneira que

o comprimento desta corda seja composta das linhas GA, mais AL, mais FE e menos AF. E será o movimento do ponto C que descreverá esta oval, imitando-se o que se disse, na *Dióptrica*, sobre a elipse e a hipérbole. Mas não quero me deter mais tempo neste assunto.

Ora, ainda que todas essas ovais pareçam ter quase a mesma natureza, são, entretanto, de quatro gêneros diversos, cada um dos quais contém, sob si, uma infinidade de outros gêneros, os quais, possuindo cada um novamente outras espécies diversas, fazem o gênero das elipses ou o das hipérboles. Pois, conforme seja diferente a proporção existente entre as linhas A5, A6 ou semelhantes, o gênero subalterno destas ovais é diferente. Depois, conforme mude a proporção havida entre as linhas AF e AG ou AH, as ovais de cada gênero subalterno mudam de espécie. E conforme AG ou AH seja maior ou menor, elas serão diversas em grandeza. E se as linhas A5 e A6 forem iguais, em lugar das ovais do primeiro gênero, ou do terceiro, só se descrevem linhas retas; mas, em lugar daquelas do segundo gênero, têm-se todas as hipérboles possíveis, e, em lugar daquelas do último gênero, têm-se todas as elipses.

Além disso, em cada uma dessas ovais se devem considerar duas partes que possuem diversas propriedades, a saber: na primeira, a parte que se dirige para A faz com que os raios que, estando no ar, proveem do ponto F, voltem-se todos em direção ao ponto G, quando encontram a superfície convexa de um vidro cuja superfície seja I A I, e na qual as refrações se fazem de tal modo que, conforme o que foi dito na *Dióptrica*, podem todas ser medidas pela proporção que existe entre as linhas A5 e A6 ou semelhantes, e com a auxílio das quais descreveu-se esta oval.

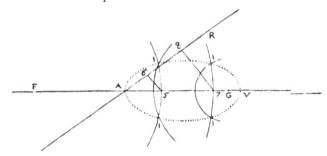

Mas a parte que se dirige para V faz com que os raios procedentes do ponto G se reflitam todos, outra vez, em direção a F, caso encontrem a superfície côncava de um espelho, cuja figura é I V I, o que é motivo de diminuir a força desses raios, segundo a proporção existente entre as linhas A5 e A6. Pois, por aquilo que foi demonstrado na *Dióptrica*, é evidente que, posto isto, os ângulos da reflexão seriam desiguais, assim como aqueles da refração, e poderiam ser medidos da mesma maneira.

Na segunda oval, a parte 2 A 2 serve ainda para as reflexões em que se supõe serem os ângulos desiguais. Pois, estando na superfície de um espelho composto da mesma matéria que o precedente, ela faria de tal modo refletir todos os raios provenientes do ponto G que eles pareceriam, após terem sido refletidos, provir do ponto F. E deve ser observado que, tendo-se feito a linha AG muito maior do que AF, este espelho seria convexo no meio, em direção a A, e côncavo nas extremidades; pois assim é a figura desta linha que, nisso, representa antes um coração do que uma oval.

Mas sua outra parte, 2 X 2, serve para as refrações e faz com que os raios que, estando no ar, tendem para F, se desviem em direção a G, atravessando a superfície de um vidro que a figura possui.

A terceira oval serve toda ela às refrações e faz com que os raios que, estando no ar, tendem para o ponto F, se dirijam para H, no vidro, após terem atravessado a superfície, cuja figura é A 3 Y 3, que é inteiramente convexa, exceto na direção de A, onde é um pouco côncava. De modo que ela possui a figura de um coração, assim como a precedente. E a diferença que há entre as duas partes desta oval consiste em que o ponto F está mais próximo de uma do que está o ponto H, e que está mais afastado da outra do que este mesmo ponto H.

Da mesma maneira, a última oval serve toda às reflexões e faz com que, se os raios provenientes do ponto H encontrassem a superfície côncava de um espelho da mesma matéria das precedentes, e cuja figura fosse A 4 Z 4, eles se refletiriam todos em direção a F.

De modo que se podem chamar os pontos F e G ou H de pontos quentes ou luminosos[8] dessas ovais, a exemplo daqueles das elipses e das hipérboles, que assim foram chamados na *Dióptrica*.

---

8. No original, *poins bruslans* (pontos ardentes e, portanto, luminosos). Lembrando tratar-se da incidência de raios luminosos que se concentram num ponto da superfície polida.

A GEOMETRIA

Omito uma quantidade de outras refrações e reflexões, que são reguladas por essas mesmas ovais, pois, não sendo senão as conversões ou os contrários destas aqui, podem ser delas facilmente deduzidas. Mas não devo omitir a demonstração do que disse e, para esse efeito, tomemos, por exemplo, o ponto C, como se queira, na primeira parte da primeira dessas ovais; depois, tracemos a linha reta CP, que corta a curva no ponto C em ângulos retos; o que é fácil, pelo problema anterior. Pois, tomando-se $b$ por AG, $c$ por AF, $c + z$ por FC, e supondo-se que a proporção havida entre $d$ e $e$ (e

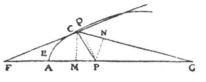

que aqui considerarei sempre como aquela que mede as refrações do vidro proposto), também designe aquela que existe entre as linhas A5 e A6, ou semelhantes, que serviram para descrever essa oval, o que dá $b - \frac{e}{d}.z$ para GC, encontra-se que a linha AP é

$$\frac{bcdd - bcde + bddz + ceez}{cdd + bde - eez + ddz},$$

assim como foi demonstrado acima. Além do mais, do ponto P, tendo-se traçado PQ em ângulos retos sobre a reta FC, e também PN em ângulos retos sobre GC, consideremos que, se PQ está para PN como $d$ está para $e$, quer dizer, como as linhas que medem as refrações do vidro convexo AC, o raio que vem do ponto F para o ponto C deve de tal forma curvar-se, ao entrar neste vidro, que depois vai-se direcionar para G, assim como se evidencia do que foi dito na *Dióptrica*. Finalmente, vejamos pelo cálculo se é verdade que PQ está para PN como $d$ para $e$. Os triângulos retângulos PQF e CMF são semelhantes, de onde se segue que CF está para CM como FP para PQ; e, por conseguinte, que FP, sendo multiplicada por CM e dividida por CF, é igual a PQ. De maneira idêntica, os triângulos retângulos PNG e CMG são semelhantes, de onde se segue que GP, multiplicada por CM e dividida por CG, é igual a PN. Depois, considerando-se que as multiplicações ou as divisões que se fazem de duas quantidades por uma mesma não modificam a proporção que há entre elas, se FP, multiplicada por CM e dividida por CF, está para GP, multiplicada também por CM e dividida por CG, como $d$

está para $e$; dividindo uma e outra dessas duas somas por CM, e depois multiplicando-as ambas por CF e, de novo, por CG, resta: FP multiplicada por CG, que deve estar para GP, multiplicada por CF, como $d$ está para $e$. Ora, pela construção,

$$\text{FP é } c + \frac{bcdd - bcde + bddz + ceez}{cdd + bde - eez + ddz}$$

ou então 
$$\text{FP} = \frac{bcdd + ccdd + bddz + cddz}{bde + cdd + ddz - eez}$$

e 
$$\text{CG é } b - \frac{e}{d} \cdot z.$$

Assim que, multiplicando-se FP por CG, vem:

$$\frac{bbcdd + bccdd + bbddz + bcddz - bcdez - ccdez - bdezz - cdezz}{bde + cdd + ddz - eez}.$$

Depois,

$$\text{GP é } b \; \frac{- bcdd + bcde - bddz - ceez}{bde + cdd + ddz - eez}$$

ou ainda

$$\text{GP} = \frac{bbde + bcde - beez + ceez}{cdd + bde - eez + ddz}$$

e CF é $c + z$.

Assim que, multiplicando-se GP por CF, vem

$$\frac{bbcde + bccde - bceez - cceez + bbdez + bcdez - beezz - ceezz}{bde + cdd + ddz - eez}.$$

E, dada que a primeira destas somas, dividida por $d$, é a mesma que a segunda, dividida por $e$, torna-se manifesto que FP, multiplicada por CG, está para GP, multiplicada por CF; quer dizer que PQ está para PN como $d$ está para $e$. Que é tudo o que se precisava demonstrar.

E saibais que esta mesma demonstração estende-se a tudo o que se disse das demais refrações ou reflexões, propostas nas ovais, sem que seja necessário mudar alguma coisa, a não ser os sinais + e – do cálculo. Eis por que cada um pode facilmente examiná-las por si mesmo, sem que eu precise ali me deter.

Mas é preciso agora que satisfaça o que omiti na *Dióptrica* quando, após ter reparado existir vidros de muitas e diversas figuras que fazem com que os raios, tanto em uns quanto em outros, provenientes de um mesmo ponto do objeto se reúnam todos em um outro ponto, após tê-los atravessado; e que entre esses vidros, os que são muito convexos de um lado e côncavos de outro têm mais poder para iluminar do que aqueles que são convexos de ambos os lados; enquanto, bem ao contrário, esses últimos são os melhores para as lunetas. Contentei-me em explicar aqueles que acreditei serem os melhores para a prática, supondo a dificuldade que os artesãos podem ter para talhá-los. Eis por que, a fim de que nada reste a desejar no tocante à teoria desta ciência, devo ainda explicar a figura dos vidros que, tendo uma de suas superfícies tão convexa ou côncava como se queira, não deixem de fazer com que todos os raios que venham em sua direção, provenientes de um mesmo ponto ou sejam paralelos, se reúnam depois em um mesmo ponto; e aquela dos vidros que se assemelham, sendo igualmente convexos de ambos os lados, ou ainda cuja convexidade de uma de suas superfícies tenha a proporção dada com aquela do outro.

Digamos, no primeiro caso, que, sendo dados os pontos G, Y, C e F, os raios que veem do ponto G, ou ainda que são paralelos a GA, devem reunir-se no ponto F após terem atravessado um vidro tão côncavo que, sendo Y o meio da superfície interior, a extremidade esteja no ponto C, de modo que sejam dadas a corda CMC

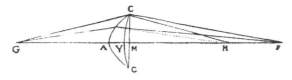

e a flecha YM do arco CYC. A questão vai para um ponto em que, primeiramente, é preciso considerar de qual das ovais explicadas a superfície do vidro YC deve ter a figura, para que todos os raios que estejam no interior tendam para um mesmo ponto, como para H, que ainda não é conhecido, e vão se dirigir para um outro, a saber, F, após terem de lá saído. Pois não existe nenhum efeito, tratando-se da relação dos raios que mudam, por reflexão ou refração, de um ponto para outro, que não possa ser causado por qualquer daquelas ovais. E se vê facilmente que esta aqui pode sê-lo pela parte da terceira oval que há pouco foi indicada 3 A 3, ou por aquela marcada 3 Y 3 ou, enfim, pela parte da segunda que foi assinalada 2 X 2. E, dado que essas três submetem-se ao mesmo cálculo, deve-se tomar, tanto para uma quanto para outra, Y como seu vértice, C por um dos pontos de sua circunferência e F por um de seus pontos quentes; depois disso, só resta procurar o ponto H, que deve ser o outro ponto quente. E o encontramos considerando-se que a diferença que há entre as linhas FY e FC deve ser aquela que há entre as linhas HY e HC, como *d* está para *e*, quer dizer, como a maior das linhas que medem as refrações do vidro proposto está para a menor, assim que se pode ver, de maneira manifesta, a descrição dessas ovais. E considerando que as linhas FY e FC estão dadas, sua diferença também está; e, em seguida, também aquela que existe entre HY e HC, pois que a proporção que há entre essas duas diferenças está dada. E de mais, considerando-se que YM é fornecida, a diferença que há entre MH e HC o é também; e, enfim, porque CM é dada, basta apenas encontrar MH, o lado do triângulo retângulo CMH, do qual se tem o outro lado CM. E tem-se também a diferença entre CH, a base, e MH, o lado

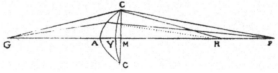

pedido. De onde é fácil encontrá-lo. Pois se tomamos *k* pelo excesso de CH sobre MH, e *n* pelo comprimento da linha CM, ter-se-á $\frac{nm}{2k} - \frac{1}{2}k$ para MH. E após ter assim procurado o ponto H, se ele se encontra mais longe do ponto Y do que do ponto F, a linha CY deve ser a primeira parte da oval do terceiro gênero, há pouco nomeada 3 A 3. Mas se HY for menor que FY, ou ainda ultrapasse HF de um tanto que sua diferença seja maior, na razão de toda a FY, que outra coisa não é senão *e*, a menor das linhas que medem as refrações, comparada com *d*, a maior: isso quer dizer que, fazendo-se HF = *c* e HY = *c* + *h*, *dh* é maior do que 2*ce* + *eh*; e então, CY deve ser a segunda parte da mesma oval do terceiro gênero, antes chamada 3 Y 3. Ou então, *dh* é igual ou menor do que 2*ce* + *eh* e, daí, CY deve ser a segunda parte da oval do segundo gênero, que acima foi chamada 2 X 2. E, enfim, se o ponto H for o mesmo que o ponto F, o que só acontece quando FY e FC são iguais, esta linha YC é um círculo.

Depois disso, é preciso procurar CAC, a outra superfície deste vidro que deve ser uma elipse, em que H é o ponto quente ou luminoso, caso se suponha que os raios que se precipitam sejam paralelos; e daí é fácil encontrá-la. Mas se supusermos que eles venham do ponto G, deve ser a primeira parte de uma oval do primeiro gênero, cujos pontos quentes sejam G e H, e que passe pelo ponto C; de onde se encontra o ponto A como vértice desta oval, considerando-se que GC deve ser maior do que GA de uma quantidade que seja aquela com que HA ultrapasse HC, como $d$ a $e$. Pois, tendo-se tomado $k$ pela diferença existente entre CH e HM, se supusermos $x$ por AM teremos $x - k$ como diferença entre AH e CH; em seguida, se tomarmos $g$ por aquela que há entre GC e GM, que são dadas, teremos $g + x$ por aquela que há entre GC e GA; e considerando-se que esta última, $g + x$ está para a outra, $x - k$, como $d$ está para $e$, tem-se

$$ge + ex = dx - dk,$$

ou ainda $\frac{ge + dk}{d - e}$ para a linha $x$ ou AM, pela qual se determina o ponto A que era procurado.

Digamos agora, para o outro caso, que se deem apenas os pontos G, C e F, com a proporção que há entre as linhas AM e YM, e que seja preciso encontrar a figura do vidro ACY que faça com que todos os raios que procedam do ponto G se reúnam no ponto F.

Aqui se pode novamente servir-se de duas ovais, em que uma, AC, tenha G e H por pontos luminosos, e a outra, CY, tenha F e H como os seus. E para encontrá-los, supondo-se primeiramente conhecido o ponto H, comum a ambas, procuro AM pelos três pontos G, C, H, da seguinte maneira explicada: a saber, tomando-se $k$ pela diferença existente entre CH e HM, e $g$ por aquela que há entre GC e GM. E sendo AC a primeira parte da oval do primeiro gênero,

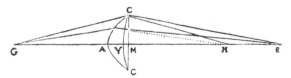

tenho $\frac{ge + dk}{d - e}$ para AM. Depois, procuro também MY para os três pontos F, C, H, de modo que CY seja a primeira parte de uma oval do terceiro gênero. E tomando $y$ por MY e $f$ pela diferença entre CF e FM, tenho $f + y$ para aquela que há entre CF e FY; depois, já tendo $k$ por aquela diferença entre CH e HM, tenho $k + y$ como aquela que existe entre CH e HY, que sei dever estar para $f + y$ como $e$ está para $d$, por causa da oval do terceiro gênero. Daqui encontro que $y$ ou MY é $\frac{fe - dk}{d - e}$; na sequência, combinando as duas quantidades encontradas para AM e MY, acho $\frac{ge + fe}{d - e}$ para toda AY. De onde se segue que, de qualquer lado que o ponto H seja admitido, esta linha AY é sempre composta de uma quantidade que está para aquela com que os dois conjuntos, GC e CF, ultrapassam toda a GF, como $e$ (a menor das linhas que servem para medir as refrações do vidro proposto) está para $d - e$, a diferença entre estas duas linhas, o que é um teorema bastante bom. Ora, tendo assim toda a AY, é preciso cortá-la conforme a proporção que devem conter as partes AM e MY; por esse meio, dado que já se tem o ponto M, encontram-se também os pontos A e Y e, em seguida, o ponto H, pelo problema anterior. Mas, antes, é necessário olhar se a linha AM, assim encontrada, é maior, menor ou igual a $\frac{ge}{d - e}$. Pois se ela for maior, concluímos daí que a curva AC deve ser a primeira parte de uma oval do primeiro gênero, e CY a primeira de uma do terceiro gênero, assim como foram aqui supostas; ao invés, se ela for menor, isso mostra que é CY que deve ser a primeira parte de uma oval do primeiro gênero, e que AC deve ser a primeira parte de uma do terceiro gênero; enfim, se AM for igual a $\frac{ge}{d - e}$, as duas curvas AC e CY devem ser duas hipérboles.

Poder-se-ia estender esses dois problemas a uma infinidade de outros casos, que não me detenho em deduzir, devido ao fato de não terem tido qualquer uso na *Dióptrica*.

Poder-se-ia também passar adiante e dizer, quando uma das superfícies do vidro for dada, contanto que seja inteiramente plana, ou composta de seções cônicas ou de círculos, como se deve fazer sua outra superfície, a fim de que possa transmitir todos os raios de um ponto dado a um outro ponto igualmente dado. Pois não há nada mais difícil do que aquilo que acabo de explicar, ou antes, é algo muito mais fácil, tendo em vista que o caminho já está aberto. Mas prefiro que outros o procurem para que, se ainda tiverem um pouco de dificuldade em encontrá-lo, isso os faça estimar ainda mais a invenção das coisas que aqui se demonstraram.

De resto, em tudo isso, aqui falei apenas das linhas curvas que podem ser descritas sobre uma superfície plana, mas é fácil relacionar o que disse com todas aquelas que se poderiam imaginar formadas pelo movimento regular dos pontos de qualquer corpo, dentro de um espaço com três dimensões. A saber, traçando-se duas perpendiculares de cada um dos pontos da linha curva que se quer considerar, sobre dois planos que se entrecortam em ângulos retos, uma sobre um e outra sobre o outro. Pois as extremidades dessas perpendiculares descrevem duas outras linhas curvas, uma sobre cada um desses planos, dos quais se pode, da maneira acima explicada, determinar todos os pontos e relacioná-los com aqueles da linha reta que é comum a esses dois planos. Por esse meio, aqueles da curva que possui três dimensões são inteiramente determinados. Também, caso se queira traçar uma linha reta que corte esta curva no ponto dado, em ângulos retos, basta apenas traçar duas outras linhas retas nos dois planos, uma em cada um, que cortem em ângulos retos as duas linhas curvas que ali fazem sobre os dois pontos em que caem as perpendiculares procedentes deste ponto dado. Pois tendo erguido dois outros planos, um sobre cada uma dessas linhas retas, que corta em ângulos retos o plano onde ela se encontra, se terá a intercessão desses dois planos para a linha reta procurada. E assim, penso nada ter omitido dos elementos que são necessários para o conhecimento das linhas curvas[9].

---

9. Os editores franceses incluem aqui a seguinte observação: "A alínea precedente é, na *Geometria* de Descartes, o único lugar em que ele aborda realmente um problema concernente a três dimensões. Ora, precisamente a solução que ele indica é errada, sendo singular que nenhum de seus contemporâneos tenha percebido isto. Não apenas em um ponto dado de uma curva não contida em um plano (*courbe gauche*) há uma infinidade de normais (retas perpendiculares à tangente) situadas no mesmo plano; mas ainda a reta construída por Descartes não pode ser uma normal, a não ser em casos muito particulares, como se vê facilmente se, em lugar de uma curva, se considere uma reta no espaço e suas projeções sobre dois planos retangulares".

# LIVRO TERCEIRO
*Da construção dos problemas que são sólidos ou mais do que sólidos*

Ainda que todas as linhas curvas que podem ser descritas por qualquer movimento regular devam estar contidas na Geometria, não convém que seja permitido servir-se indiferentemente da primeira que se encontre para a construção de cada problema. Mas é preciso sempre ter cuidado em escolher a mais simples, por intermédio da qual seja possível resolvê-lo. E ainda, é de se reparar que, pelas mais simples, não se deve apenas entender aquelas que podem mais facilmente ser descritas, ou aquelas que tornam a construção ou a demonstração do problema proposto mais fácil, mas principalmente aquelas que são do gênero mais simples que servem para determinar a quantidade procurada.

Como, por exemplo, não creio haver qualquer maneira mais fácil de encontrar tantas médias proporcionais quantas se queira, nem cuja demonstração seja mais evidente, do que empregar as linhas curvas que se descrevem pelo instrumento de XYZ acima explicado. Pois, querendo encontrar duas médias proporcionais entre YA e YE, basta descrever um círculo cujo diâmetro seja YE; e porque o círculo corta a curva AD, no ponto D, YD é uma das médias proporcionais buscadas. Sua demonstração vê-se a olho pela simples aplicação deste instrumento sobre a linha YD, pois, como YA, ou YB, que lhe é igual, está para YC, assim YC está para YD, e YD para YE.

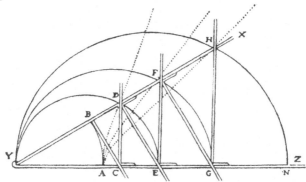

Assim também, para encontrar quatro médias proporcionais entre YA e YG, ou para encontrar outras seis entre YA e YN, basta traçar o círculo YFG que, cortando AF no ponto F, determina a linha reta YF, uma dessas quatro proporcionais; ou YHN, que, cortando AH no ponto H, determina YH, uma das seis; e assim com as demais.

Mas, dado que a linha curva AD é do segundo gênero, e que se podem encontrar duas médias proporcionais pelas seções cônicas, que são do primeiro, e também porque podem ser encontradas quatro ou seis médias proporcionais por linhas que não são de gêneros tão compostos quanto AF e AH, seria um erro empregá-las em geometria. Por outro lado, é também um erro esforçar-se inutilmente em querer construir algum problema por um gênero de linha mais simples do que sua natureza o permite.

Ora, a fim de que eu possa dar aqui algumas regras para evitar um e outro desses dois erros, é necessário que diga algo em geral sobre a natureza das equações; quer dizer, das somas compostas por vários termos, parte conhecidos e parte desconhecidos, em que alguns são iguais a outros, ou, antes, que, considerados em conjunto, são iguais a nada: pois, com frequência, será melhor considerá-las deste modo.

Saibais, portanto, que em cada equação, assim como a quantidade desconhecida possui dimensões, da mesma maneira pode haver diversas raízes, quer dizer, valores desta quantidade; pois, por exemplo, se se supõe $x$ igual a 2, ou ainda $x - 2$ igual a nada e novamente $x = 3$, ou ainda $x - 3 = 0$, multiplicando-se ambas as equações,

$$x - 2 = 0 \text{ e } x - 3 = 0,$$

uma pela outra, ter-se-á

$$xx - 5x + 6 = 0, \quad \text{ou então} \quad xx = 5x - 6,$$

que é uma equação na qual a quantidade $x$ vale 2 e todo o conjunto vale 3. Que se, mais uma vez, se faça $x - 4 = 0$ e se multiplique esta soma por $xx - 5x + 6 = 0$, ter-se-á

$$x^3 - 9xx + 26x - 24 = 0,$$

que é uma outra equação, na qual $x$, possuindo três dimensões, tem também três valores, que são 2, 3 e 4.

Mas acontece comumente de algumas dessas raízes serem falsas, ou menores do que nada; como, admitindo-se que $x$ designe também a desproporção de uma quantidade, que seja 5, tem-se $x + 5 = 0$ que, sendo multiplicada por $x^3 - 9xx + 26x - 24 = 0$, faz

$$x^4 - 4x^3 - 19xx + 106x - 120 = 0,$$

por uma equação em que há quatro raízes, a saber, três verdadeiras, que são 2, 3 e 4, e uma falsa, que é 5.

Disso se vê, evidentemente, que a soma de uma equação contendo diversas raízes pode sempre ser dividida por um binômio composto da quantidade desconhecida, menos o valor de uma das raízes verdadeiras, qualquer que seja; ou mais o valor de uma das falsas, por meio do que se diminuem igualmente suas dimensões.

E, reciprocamente, que se a soma de uma equação não pode ser dividida por um binômio composto da quantidade desconhecida, + ou − alguma outra quantidade, isso testemunha que esta outra quantidade não é o valor de nenhuma de suas raízes. Como esta última,

$$x^4 - 4x^3 - 19xx + 106x - 120 = 0,$$

pode bem ser dividida por $x - 2$, $x - 3$, $x - 4$ e por $x + 5$; mas não por $x +$ ou $-$ alguma outra quantidade. O que mostra que ela não pode conter as quatro raízes 2, 3, 4 e 5.

Daí também se conhece quanto pode haver de raízes verdadeiras e falsas em cada equação. A saber: pode haver tantas verdadeiras quanto as vezes em que os sinais + e − se alternem; e tantas falsas quanto se encontrem dois sinais + ou dois sinais − que se entressigam. Como na última, devido a que, depois de + $x^4$, existe − $4x^3$, que é uma mudança do sinal + em −; e após − *19xx* vem + *106x*, e depois de + *106x* há − *120*, que são ainda duas outras mudanças, sabe-se que existem três raízes verdadeiras e uma falsa, pois que os dois sinais −, o de *4x* e o de *19xx*, se sucedem.

Além do mais, é fácil fazer com que, em uma mesma equação, todas as raízes que eram falsas se tornem verdadeiras e, pelo mesmo recurso, que todas aquelas que eram verdadeiras se tornem falsas: a saber, trocando todos os sinais + ou − que estão na segunda, na quarta e na sexta, ou em outros lugares que se designem pelos números pares, sem mudar aqueles sinais da primeira, da terceira, da quinta e semelhantes, designadas pelos números ímpares. Como se, em lugar de

+ $x^4$ − $4x^3$ − *19xx* + *106x* − *120* = *0*,

se escrevesse

+ $x^4$ + $4x^3$ − *19xx* − *106x* − *120* = *0*,

ter-se-ia uma equação em que existe apenas uma raiz verdadeira, que é 5, e três falsas, que são 2, 3 e 4.

Se, sem conhecer o valor das raízes de uma equação, quisermos aumentá-la ou diminuí-la de alguma quantidade conhecida, basta admitir-se, em lugar do termo desconhecido, um outro que tenha mais ou menos essa mesma quantidade e substituí-lo em todos os lugares pelo primeiro. Assim como, se se quiser aumentar de 3 a raiz desta equação

$x^4$ + $4x^3$ − *19xx* − *106x* − *120* = *0*,

é preciso tomar *y* em lugar de *x*, e pensar que esta quantidade *y* é maior do que *x* em 3, de sorte que *y* − *3* seja igual a *x*; e em lugar de *xx*, deve-se colocar o quadrado de *y* − *3*, que é *yy* − *6y* + *9*; e em lugar de $x^3$, é preciso colocar seu cubo, que é $y^3$ − *9yy* + *27y* − *27*; por fim, em lugar de $x^4$, deve-se colocar o quadrado de seu quadrado, que é $y^4 - 12y^3 + 54yy - 108y + 81$. E assim, escrevendo a soma precedente, substituindo em toda a parte $y$ no lugar de $x$, tem-se[10]

$$\begin{array}{r} y^4 - 12y^3 + 54yy - 108y + 81 \\ + \ 4y^3 - 36yy + 108y - 108 \\ - 19yy + 114y + 171 \\ -106y + 318 \\ - 120 \\ \hline y^4 - 8y^3 + 1yy - 8y \quad * \ = 0, \end{array}$$

ou ainda

$$y^3 - 8yy - 1y + 8 = 0,$$

em que a raiz verdadeira, que era 5, é agora 8, devido ao número três que lhe foi aduzido.

Ao contrário, caso se queira diminuir de três a raiz desta mesma equação, é preciso fazer $y + 3 = x$ e $yy + 6y + 9 = xx$, e assim para outras. De modo que, em lugar de $x^4 + 4x^3 - 19xx - 106x - 120 = 0$, põe-se

$$\begin{array}{r} y^4 + 12y^3 + 54yy + 108y + 81 \\ + \ 4y^3 + 36yy + 108y - 108 \\ - 19yy - 114y - 171 \\ -106y - 318 \\ - 120 \\ \hline y^4 + 16y^3 + 71yy - 4y - 420 = 0, \end{array}$$

E deve-se reparar que, diminuindo-se as raízes verdadeiras de uma equação, diminuem-se também, na mesma quantidade, as falsas, ou, ao contrário, diminuindo-se as verdadeiras, aumentam-se as falsas. E que, se diminuímos, seja umas, seja as outras, de uma mesma quantidade, elas se tornam nulas, e que, se for de uma quantidade que as ultrapasse, de verdadeiras se tornam falsas, ou de falsas, verdadeiras. Como aqui, aumentando-se de 3 a raiz verdadeira, que era 5, diminui-se de 3 cada uma das falsas, de sorte que

---

10. Descartes emprega o sinal "*" para designar o lugar dos termos faltantes.

aquela que era 4 é apenas 1, que aquela que era 3 é nula e que aquela que era 2 torna-se verdadeira e é 1, dado que − 2 + 3 faz + 1. Eis porque, nesta equação

$$y^3 - 8yy - 1y + 8 = 0,$$

existem apenas 3 raízes, entre as quais há duas verdadeiras, 1 e 8, e uma falsa, também 1. E nesta outra

$$y^4 + 16y^3 + 71yy - 4y - 420 = 0,$$

só há uma verdadeira, que é 2, pois que + 5 − 3 faz + 2, e três falsas, que são 5, 6 e 7.

Ora, por esta maneira de mudar o valor das raízes sem conhecê-las, pode-se fazer duas coisas que terão, logo depois, alguma utilidade: a primeira é que se pode sempre retirar o segundo termo da equação que se examina, a saber, diminuindo as raízes verdadeiras da quantidade conhecida deste segundo termo, dividido pelo número das dimensões do primeiro, se um destes termos estiver marcado pelo sinal +, o outro estará marcado pelo sinal −, ou então, aumentando-o na mesma quantidade, se ambos tiverem o sinal + ou −. Assim, para obter o segundo termo da última equação, que é

$$y^4 + 16y^3 + 71yy - 4y - 420 = 0,$$

tendo-se dividido 16 por 4, dadas as 4 dimensões do termo $y^4$, vem novamente 4. Daí porque faço $z - 4 = y$, e escrevo

$$\begin{array}{r} z^4 - 16z^3 + 96zz - 256z + 256 \\ + 16z^3 - 192zz + 768z - 1024 \\ + 71zz - 568z - 1136 \\ - 4z + 16 \\ - 420 \\ \hline z^4 \quad * \quad - 25zz - 60z - 36 = 0, \end{array}$$

na qual a raiz verdadeira, que era 2, é 6, porque aumentada de 4, e as falsas, que eram 5, 6 e 7, são apenas 1, 2 e 3, porque diminuídas, cada uma, de 4.

Da mesma maneira, se se quiser retirar o segundo termo de

$$x^4 - 2ax^3 \left. \begin{array}{c} + 2aa \\ - cc \end{array} \right\} xx - 2a^3x + a^4 = 0,$$

pois que, dividindo-se $2a$ por $4$ tem-se $\frac{1}{2}a$, é preciso fazer-se $z + \frac{1}{2}a = x$ e escrever

$$\begin{array}{rrrr}
z^4 + 2az^3 + \frac{3}{2}aazz + \frac{1}{2}a^3 z + \frac{1}{16}a^4 & & & \\
-2az^3 - 3aazz - \frac{3}{2}a^3 \Big| z - \frac{1}{4}a^4 & & & \\
+2aa\Big|zz + 2a^3 \quad + \frac{1}{2}a^4 & & & \\
-cc \Big| \quad - acc \quad -\frac{1}{4}aacc & & & \\
-2a^3 \Big| \quad - a^4 & & & \\
+ a^4 & & & \\
\hline
z^4 \quad * \quad + \frac{1}{2}aa \Big|_{zz} \quad - a^3 \Big|_{z} \quad + \frac{5}{16}a^4 = 0; \\
\quad\quad - cc \Big| \quad - aac \Big| \quad - \frac{1}{4}aacc
\end{array}$$

e se depois encontramos o valor de $z$, adicionando-lhe $\frac{1}{2}a$, teremos aquele de $x$.

A segunda coisa que aqui terá alguma utilidade é que se pode sempre, aumentando-se o valor das raízes verdadeiras de uma quantidade que seja maior do que qualquer uma das falsas, fazer com que elas se tornem todas verdadeiras, de modo a não haver dois sinais + ou dois sinais − que se sucedam. E, além disso, que a quantidade conhecida do terceiro termo seja maior do que o quadrado da metade daquela do segundo. Pois, ainda que isso se faça quando essas falsas raízes são desconhecidas, é fácil, entretanto, estimar com proximidade sua grandeza e tomar uma quantidade que as ultrapasse na mesma proporção ou mais ainda do que aqui se requer para este resultado. Como, se se tem $x^6 + nx^5 - 6nnx^4 + 36\ n^3x^2 - 216n^4x^2 + 1296n^5x - 7776n^6 = 0$, fazendo-se $y - 6n = x$, encontrar-se-á

| $y^6 - 36n$ | $y^5 + 540nn$ | $y^4 - 4320n^3$ | $y^3 + 19440n^4$ | $yy - 46656n^5$ | $y + 46656n^6$ |
|---|---|---|---|---|---|
| $+\ n$ | $-30nn$ | $+360n^3$ | $-2160n^4$ | $+6480n^5$ | $-7776n^6$ |
|  | $-6nn$ | $+144n^3$ | $-1296n^4$ | $+5184n^5$ | $-7776n^6$ |
|  |  | $+36n^3$ | $-648n^4$ | $+3888n^5$ | $-7776n^6$ |
|  |  |  | $-216n^4$ | $+2592n^5$ | $-7776n^6$ |
|  |  |  |  | $+1296n^5$ | $-7776n^6$ |
|  |  |  |  |  | $-7776n^6$ |

$y^6 - 35ny^5 \quad +504nny^4 \quad -3780n^3y^3 \quad +15120n^4y^2 \quad -27216n^5y \quad * \quad = 0;$

em que é manifesto que 504*nn*, a quantidade conhecida do terceiro termo, é maior do que o quadrado de $\frac{35}{2}$ .*n*, que é a metade daquela do segundo. Para tal efeito, não existe caso para o qual a quantidade com que se aumentam as raízes verdadeiras tenha necessidade de ser maior, na proporção daquelas que são dadas, do que para este aqui.

Mas, dado que o último termo é nulo, caso não se deseje que assim seja, deve-se ainda aumentar, por pouco que seja, o valor das raízes, e não poderia ser tão pouco que não fosse suficiente para este resultado: não mais do que quando se quer acrescer o número das dimensões de alguma equação, e fazer com que todos os lugares destes termos estejam preenchidos. Assim como, se em lugar de

$$x^5 **** - b = 0,$$

se quiser ter uma equação na qual a quantidade desconhecida tenha seis dimensões, e em que nenhum dos termos seja nulo, é preciso, primeiramente, para

$$x^5 **** - b = 0,$$

escrever

$$x^6 **** - bx^* = 0;$$

depois, tendo-se feito $y - a = x$, ter-se-á

$$\begin{matrix} y^6 - 6ay^5 + 15aay^4 - 20a^3y^3 + 15a^4yy - 6a^5y + a^6 \\ - by + ab \end{matrix} = 0;$$

onde se torna manifesto que, por menor que seja a quantidade *a* imaginada, todos os lugares da equação não deixam de ser preenchidos.

Mais do que isso, pode-se, sem se conhecer o valor das raízes verdadeiras de uma equação, multiplicá-las ou dividi-las todas por alguma quantidade conhecida que se queira. O que se faz admitindo-se que a quantidade desconhecida, tendo sido multiplicada ou dividida por aquela que deve multiplicar ou dividir as raízes, seja igual a qualquer outra; depois, multiplicando ou dividindo a quantidade conhecida do segundo termo pela mesma que deve multiplicar ou dividir as raízes; e a quantidade do terceiro termo por seu quadrado; aquela do quarto termo por seu cubo, e assim até o último.

O que pode servir para reduzir, a número inteiros e racionais, as frações e, também com frequência, os números irracionais[11] que se encontram nos termos das equações. Assim, caso se tenha

$$x^3 - \sqrt{3}\, xx + \tfrac{26}{27} x - \tfrac{8}{27\sqrt{3}} = 0,$$

e se queira ter uma outra em seu lugar, cujos termos se exprimam por números racionais, é preciso supor $y = x\sqrt{3}$ e multiplicar por $\sqrt{3}$ a quantidade conhecida do segundo termo, que também é $\sqrt{3}$ ; e por seu quadrado, que é $3$, aquela do terceiro, que é $\tfrac{26}{27}$; e por seu cubo, que é $3\sqrt{3}$, aquela do último, que é $\tfrac{8}{27\sqrt{3}}$. O que faz

$$y^3 - 3yy + \tfrac{26}{9} x - \tfrac{8}{9} = 0.$$

Depois, caso ainda se queira uma outra no lugar daquela ali, cujas quantidades conhecidas só se exprimam por números inteiros, deve-se admitir $z = 3y$ e, multiplicando $3$ por $3$, $\tfrac{26}{9}$ por $9$ e $\tfrac{8}{9}$ por $27$, encontra-se:

$$z^3 - 9zz + 26z - 24 = 0,$$

em que as raízes sendo 2, 3 e 4, concluiu-se que aquelas da outra anterior eram $\tfrac{2}{3}$, $1$ e $\tfrac{4}{3}$, e que as da primeira eram $\tfrac{2}{9}\sqrt{3}$, $\tfrac{1}{3}\sqrt{3}$ e $\tfrac{4}{9}\sqrt{3}$.

Esta operação pode servir para tornar a quantidade conhecida de qualquer um dos termos da equação igual a qualquer outra dada. Como, tendo-se

$$x^3 - bbx + c^3 = 0,$$

se queira ter em seu lugar uma outra equação, na qual a quantidade conhecida do termo que ocupa o terceiro lugar, a saber, aquela que é aqui $bb$, seja $3aa$, é preciso supor $y = x\sqrt{\tfrac{3aa}{bb}}$, e depois escrever

$$y^3 - 3aay + \tfrac{3a^3c^3}{b^3}\sqrt{3} = 0.$$

De resto, tanto as raízes verdadeiras quanto as falsas não são sempre reais, mas por vezes apenas imaginárias. Isso quer dizer que sempre se pode imaginar tantas quantas eu disse em cada equação, mas que não há, algumas vezes, nenhuma quantidade que corresponda àquelas que se imagina. Assim como, embora se possam imaginar três nesta aqui

---

11. No original, *nombres sours*, como são chamados os números irracionais.

$$x^3 - 6xx + 13x - 10 = 0,$$

só existe, no entanto, uma real, que é 2, e para as duas outras, ainda que as aumentemos, diminuamos ou multipliquemos, da maneira que acabo de explicar, não as poderíamos tornar senão imaginárias.

Ora, quando, para encontrar a construção de algum problema, se chega a uma equação na qual a quantidade desconhecida tenha três dimensões, primeiramente, se as quantidades conhecidas que ali estão contêm alguns números fracionados, é preciso reduzi-los a outros, que sejam inteiros, pela multiplicação antes explicada. E se elas contêm números irracionais, tanto quanto seja possível, igualmente por esta mesma multiplicação, quanto por diversos outros meios também fáceis de encontrar. Depois, examinando ordenamente todas as quantidades que podem dividir sem fração o último termo, é preciso ver se alguma delas, unida à quantidade desconhecida pelo sinal + ou –, pode compor um binômio que divida toda a soma. E se assim for, o problema é plano, quer dizer, pode ser construído com a régua e o compasso. Pois, ou a quantidade conhecida deste binômio é a raiz procurada, ou então a equação, sendo dividida por ele, reduz-se a duas dimensões; de maneira que se pode encontrar-lhe depois a raiz, como foi dito no primeiro livro.

Por exemplo, se se tem

$$y^6 - 8y^4 - 124y^2 - 64 = 0,$$

o derradeiro termo, que é 64, pode ser dividido sem fração por 1, 2, 4, 8, 16, 32 e 64. Eis porque é preciso examinar, por ordem, se esta equação não pode ser divisível por qualquer dos binômios: $yy - 1$ ou $yy + 1$; $yy - 2$ ou $yy + 2$; $yy - 4$ etc. E se encontra que pode sê-lo por $yy - 16$, desta maneira:

$$\begin{array}{r} + y^6 - 8y^4 - 124yy - 64 = 0 \\ -1y^6 - 8y^4 + 4yy - 16 \\ \hline 0 - 16y^4 - 128yy \\ \overline{16} \quad \overline{16} \\ \hline + y^4 + 8yy + 4 = 0.^{(12)} \end{array}$$

12. Para se obter este resultado, os dois números 16 da penúltima linha devem ser grafados –16.

Começo pelo último termo e divido − 64 por − 16, o que faz + 4, o qual escrevo no quociente. Depois, multiplico + 4 por + *yy*, o que faz + 4*yy*; eis porque escrevo − 4*yy* na soma que é preciso dividir, pois sempre se deve escrever o sinal + ou − ao contrário daquele que produz a multiplicação. E juntando − 124*yy* com − 4*yy*, tenho − 128*yy*, que novamente divido por − 16, e tenho + 8*yy* para pôr no quociente. E multiplicando-o por *yy*, tenho − 8*y*$^4$ para juntar com o termo que é preciso dividir, que também é − 8 *y*$^4$; e estes dois conjuntos são − 16*y*$^4$, que divido por − 16. O que faz + 1*y*$^4$ para o quociente, e − 1*y*$^6$ para juntar com + 1*y*$^6$, o que faz 0 e mostra que a divisão está finalizada. Mas se houvesse restado alguma quantidade, ou se não se pudesse dividir sem fração qualquer dos termos precedentes, ter-se-ia reconhecido por isso que ela não podia ser feita.

Da mesma maneira, se se tem

$$y^6 \begin{matrix} -aa \\ -2cc \end{matrix} \quad y^4 \begin{matrix} - \\ + \end{matrix} \quad \begin{matrix} a^4 \\ c^4 \\ -aac^4 \end{matrix} yy \begin{matrix} -a^6 \\ -2a^4cc \end{matrix} = 0,$$

pode-se dividir o último termo, sem fração, por *a*, *aa*, *aa* + *cc*, *a*$^3$ + *acc* e semelhantes. Mas há apenas dois que temos necessidade de considerar, a saber, *aa* e *aa* + *cc*, pois os demais, oferecendo mais ou menos dimensões no quociente do que há na quantidade conhecida do penúltimo termo, impediriam a divisão de ser feita. E observais que aqui conto apenas em três as dimensões de *y*$^6$, já que não existem *y*$^5$ nem *y*$^3$ ou *y* em toda a soma. Ora, examinando o binômio *yy* − *aa* − *cc* = 0, verifica-se que a divisão pode ser feita por ele desta forma

$$\begin{array}{r} y^6 \begin{matrix} +aa \\ -2cc \end{matrix} \quad y^4 \begin{matrix} \\ + \end{matrix} \begin{matrix} -a^4 \\ c^4 \end{matrix} \quad yy \begin{matrix} -a^6 \\ -2a^4cc \\ -aac^4 \end{matrix} = 0 \\ \underline{-y^6 \quad -2aa \quad -a^4 \quad -aa-cc} \\ 0 \quad +cc \quad -aacc \\ \underline{-aa-cc \quad -aa-cc} \\ +y^4 \quad \begin{matrix}+2aa \\ -cc\end{matrix} yy \quad \begin{matrix}+a^4 \\ +aacc\end{matrix} = 0, \end{array}$$

o que mostra que a raiz procurada é *aa* + *cc*. E a prova é fácil de ser feita pela multiplicação.

Mas quando não se encontra qualquer binômio que possa dividir toda a soma da equação proposta, é certo que o problema que dele depende é sólido. Depois disso, não é um erro menor procurar construí-lo sem aí empregar somente círculos e linhas retas, como seria empregar seções cônicas naqueles (problemas) que precisam apenas de círculos: pois, enfim, constitui erro tudo o que testemunha alguma ignorância.

Quando se tem uma equação cuja quantidade desconhecida possua quatro dimensões, deve-se, da mesma maneira, após se ter excluído os números irracionais e fracionários, caso existam, ver se se pode encontrar algum binômio que divida toda a soma, compondo-o com uma das quantidades, sem fração, que dividam o último termo. E se um é encontrado, ou a quantidade conhecida deste binômio é a raiz procurada, ou, ao menos, após esta divisão, sobram apenas três dimensões na equação; por conseguinte, é preciso examiná-la novamente, da mesma maneira. Mas quando um tal binômio não é encontrado, é preciso, aumentando ou diminuindo o valor da raiz, excluir o segundo termo da soma, de modo antes explicado; e depois, reduzi-la a uma outra que contenha somente três dimensões. O que se faz desta forma:

em lugar de $\quad + x^4 \quad * \quad . \; ppx \; . \; qx \; . \; r = 0$,

deve-se escrever $+ y^6 \; . \; 2py^4 \; \begin{matrix} + pp \\ . \; 4r \end{matrix} \; yy \; - qq = 0$.

E para os sinais + ou –, que omiti, se ocorreu + *p* na equação precedente, é necessário colocar nesta aqui *cy* + *2p*; ou, se ocorreu – *p*, é preciso colocar – *2p*. Ao contrário, se houve + *r*, deve-se colocar – *4r*, ou, se houve – *r*, deve-se pôr + *4r*. E tendo ocorrido seja + *q*, seja – *q*, é sempre necessário pôr – *qq* + *pp*; ao menos se se admite que $x^4$ e $y^6$ estão indicados pelo sinal +, pois seria inteiramente o inverso se se supõe o sinal –.

Por exemplo, se se tem

$\quad + x^4 * - 4xx - 8x + 35 = 0$,

deve-se escrever em seu lugar

$$y^6 - 8y^4 - 124yy - 64 = 0,$$

pois, como a quantidade que designei $p$ é $-4$, é preciso colocar $-8y^4$ para $2py^4$; e como aquela que denominei $r$ é $35$, é preciso colocar $^{+16}_{-140}yy$, quer dizer, $-124yy$, em lugar de $^{+pp}_{-4r}yy$. Enfim, sendo $q$ igual a $8$, é preciso colocar $-64$ para $-qq$.

Da mesma maneira,

em lugar de $\quad + x^4 \ast - 17xx - 20x - 6 = 0$,

deve-se escrever $+ y^6 - 34y^4 + 313yy - 400 = 0$,

pois 34 é dobro de 17, 313 é o quadrado unido ao quádruplo de 6, e 400 é o quadrado de 20.

Assim também se,

em lugar de $\quad + z^4 \ast \begin{matrix}+\frac{1}{2}aa \\ -cc\end{matrix} zz \begin{matrix}-a^3 \\ -acc\end{matrix} z \begin{matrix}+\frac{5}{16}a^4 \\ -\frac{1}{4}aacc\end{matrix} = 0,$

deve-se escrever

$$y^6 \begin{matrix}+ aa \\ - 2cc\end{matrix} y^4 \begin{matrix}- a^4 \\ + c^4\end{matrix} yy \begin{matrix}- a^6 \\ - 2a^4cc \\ - aac^4\end{matrix} = 0,$$

pois $p$ é $+\frac{1}{2}aa - cc$ e $pp$ é $\frac{1}{4}a^4 - aacc + c^4$ e $4r$ é $-\frac{5}{4}a^4 + aacc$; enfim, $-qq$ é $-a^6 - 2a^4cc - aac^4$.

Após a equação ter sido assim reduzida a três dimensões, deve-se procurar o valor de $yy$ pelo método já explicado. E se ela não puder ser achada, não se tem necessidade de passar além, pois disso se segue, infalivelmente, que o problema é sólido. Mas se a encontramos, podemos dividir, por seu intermédio, a equação precedente em duas outras, em cada uma das quais a quantidade desconhecida terá apenas duas dimensões e as raízes serão as mesmas que as suas. A saber, em lugar de $+ x^4 \ast . pxx . qx . r = 0$, deve-se escrever

$$+ xx - yx + \frac{1}{2}yy . \frac{1}{2}p . \frac{q}{2y} = 0$$
$$e \quad + xx + yx + \frac{1}{2}yy . \frac{1}{2}p . \frac{q}{2y} = 0.$$

E para os sinais + e −, que omiti, se houver $+p$ na equação precedente, é preciso colocar $+\frac{1}{2}p$ em cada uma destas aqui; e $-\frac{1}{2}p$ se na outra houver $-p$. Mas é necessário pôr $+\frac{q}{2y}$ naquela que tiver

$- yx$; e $- \frac{q}{2y}$ na que tiver $+ yx$, quando na primeira ocorrer $+ q$. Ao contrário, se houver $- q$, deve-se colocar $- \frac{q}{2y}$ naquela em que ocorrer $- yx$; e $+ \frac{q}{2y}$ naquela onde há $+ yx$. Na sequência do que, é fácil conhecer todas as raízes da equação proposta e, assim, construir o problema do qual ela contém a solução, empregando somente círculos e linhas retas.

Por exemplo, dado que se fazendo

$$y^6 - 34y^4 + 313yy - 400 = 0$$
para $\quad x^4 \quad * \quad - 17xx - 20x - 6 = 0,$

encontra-se que $yy$ é 16, deve-se, em lugar desta equação

$$+ x^4 \quad * \quad - 17xx - 20x - 6 = 0,$$

escrever estas duas outras:

$$+ xx - 4x - 3 = 0 \text{ e } + xx + 4x + 2 = 0,$$

pois $y$ é 4, $\frac{1}{2}yy$ é 8, $p$ é 17 e $q$ é 20, de modo que

$$+ \tfrac{1}{2}yy - \tfrac{1}{2}p - \tfrac{q}{2y} \quad faz -3$$
e $\quad + \tfrac{1}{2}yy - \tfrac{1}{2}p + \tfrac{q}{2y} \quad faz +2.$

E tirando-se as raízes de ambas as equações, encontram-se todas as mesmas que se as tirássemos daquela em que está $x^4$: a saber, encontra-se uma verdadeira, que é $\sqrt{7} + 2$, e três outras que são falsas

$$\sqrt{7} - 2, \quad 2 + \sqrt{2} \quad \text{e} \quad 2 - \sqrt{2}.$$

Assim, tendo-se

$$x^4 * - 4xx - 8x + 35 = 0,$$

pois que a raiz de

$$y^6 - 8y^4 - 124yy - 64 = 0$$

é, de novo, 16, deve-se escrever

$$xx - 4x + 5 = 0,$$
$$\text{e } xx + 4x + 7 = 0.$$

Pois aqui $\quad + \tfrac{1}{2}yy - \tfrac{1}{2}p - \tfrac{q}{2y}$ faz 5
e $\quad + \tfrac{1}{2}yy - \tfrac{1}{2}p + \tfrac{q}{2y}$ faz 7.

E porque não se encontra qualquer raiz, nem verdadeira nem falsa, nessas duas últimas equações, disso se sabe que as quatro da equação, das quais elas procedem, são imaginárias; e que o problema pelo qual a encontramos é plano de sua natureza, mas não poderia de nenhum modo ser construído, pelo fato de as quantidades dadas não se conjugarem.

Da mesma maneira, tendo-se

$$+ z^4 * \left.\begin{array}{c} + \frac{1}{2}aa \\ - cc \end{array}\right\} zz \left.\begin{array}{c} - a^3 \\ - acc \end{array}\right\} z \begin{array}{c} + \frac{5}{16}a^4 \\ - \frac{1}{4}aacc \end{array} = 0$$

e dado que se encontra $aa + cc$ por $yy$, deve-se escrever

$$zz - \sqrt{aa+cc}\, z + \tfrac{3}{4}aa - \tfrac{1}{2}a\sqrt{aa+cc} = 0$$
e $\quad zz + \sqrt{aa+cc}\, z + \tfrac{3}{4}aa + \tfrac{1}{2}a\sqrt{aa+cc} = 0.$

Pois $y$ é $\sqrt{aa+cc}$, e $+\tfrac{1}{2}yy + \tfrac{1}{2}p$ é $\tfrac{3}{4}aa$, e $\tfrac{q}{2y}$ é $\tfrac{1}{2}a\sqrt{aa+cc}$. De onde se conhece que o valor de $z$ é

$$\tfrac{1}{2}\sqrt{aa+cc} + \sqrt{-\tfrac{1}{2}aa + \tfrac{1}{4}cc + \tfrac{1}{2}a\sqrt{aa+cc}}$$
ou ainda
$$\tfrac{1}{2}\sqrt{aa+cc} - \sqrt{-\tfrac{1}{2}aa + \tfrac{1}{4}cc + \tfrac{1}{2}a\sqrt{aa+cc}}\,.$$

E porque fizemos acima $z + \tfrac{1}{2}a = x$, descobrimos que a quantidade $x$, com cujo conhecimento fizemos todas essas operações, é

$$+\tfrac{1}{2}a + \sqrt{\tfrac{1}{4}aa+\tfrac{1}{4}cc} - \sqrt{+\tfrac{1}{4}cc - \tfrac{1}{2}aa + \tfrac{1}{2}a\sqrt{aa+cc}}.$$

Mas, a fim de que se possa melhor conhecer a utilidade desta regra, é preciso que eu a aplique em algum problema.

Sendo dados o quadrado AD e a linha BN, é preciso prolongar o lado AC até E, de modo que EF, traçada de E para B, seja igual a NB; aprende-se com Pappus que, tendo-se primeiramente prolongado BD até G, de sorte que DG seja igual a DN, e tendo-se descrito um círculo cujo diâmetro seja BG, se se prolonga a linha reta AC, ela encontrará a circunferência deste círculo no ponto E, que se pedia. Mas para

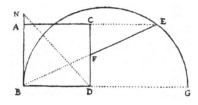

aqueles que não soubessem essa construção, ela seria muito difícil de encontrar, e procurando-a pelo método aqui proposto, eles jamais pensariam em tomar DG pela quantidade desconhecida, mas antes CF ou FD, considerando-se que são elas que conduzem mais facilmente à equação. E então encontrariam uma que não seria fácil de deslindar sem a regra que acabo de expor. Pois, tomando-se $a$ por BD ou CD, $c$ por EF, e $x$ por DF, tem-se CF $= a - x$, e como CF, ou $a - x$, está para FE, ou $c$, como FD, ou $x$, está para BF, que, por consequência, é $\frac{cx}{a-x}$. Em seguida, por causa do triângulo retângulo BDF, cujos lados são $x$ e $a$, seus quadrados, que são $xx + aa$, são iguais àquele da base, que é $\frac{ccxx}{xx - 2ax + aa}$, de modo que, multiplicando-se o todo por $xx - 2ax + aa$, encontra-se que a equação é

$$x^4 - 2ax^3 + 2aaxx - 2a^3x + a^4 = ccxx, \text{ ou também}$$

$$x^4 - 2ax^3 + \genfrac{}{}{0pt}{}{+2aa}{-cc} xx - 2a^3x + a^4 = 0$$

E se conhece, pelas regras precedentes, que a raiz, que é o comprimento da linha DF, é

$$\tfrac{1}{2}a + \sqrt{\tfrac{1}{4}aa + \tfrac{1}{4}cc} \; - \sqrt{+\tfrac{1}{4}cc - \tfrac{1}{2}aa + \tfrac{1}{2}a\sqrt{aa+cc}}\;.$$

Que se tomássemos BF, CE ou BE como a quantidade desconhecida, chegaríamos de novo a uma equação na qual haveria quatro dimensões, mas que seria mais fácil de resolver, e a ela viríamos muito facilmente; ao invés, se tomássemos DG, muito dificilmente se chegaria à equação, mas também ela seria mais simples. O que aqui menciono para vos advertir que, quando o problema proposto não for sólido, se se estiver procurando-o por um caminho e chegar-se a uma equação muito composta, pode-se ordinariamente vir a uma mais simples, investigando-o por um outro.

Poderia ainda acrescentar diversas regras para resolver as equações que vão ao cubo ou ao quadrado do quadrado; mas elas seriam supérfluas, pois, quando os problemas são planos, sempre se pode encontrar a construção por estas aqui.

Poderia também incluir outras para as equações que sobem até ao quadrado do quadrado ou ao quadrado do cubo, ou além; mas prefiro compreendê-las todas em uma e dizer em geral que, quando se procurou reduzi-las à mesma forma que aquelas, com as mesmas dimensões, que vêm da multiplicação de duas outras que possuem menos, e que, tendo-se inventoriado todos os meios pelos quais esta multiplicação é possível, a coisa não pôde suceder por nenhum deles, deve-se assegurar que elas não poderiam ser reduzidas a outras mais simples. De modo que, se a quantidade desconhecida tem três ou quatro dimensões, o problema, pelo qual é procurada, é sólido. E se tiver cinco ou seis, é de um grau mais composto, e assim as demais.

De resto, omiti aqui as demonstrações da maior parte do que disse porque me pareceram tão fáceis que, contanto que vós tenhais o trabalho de examinar metodicamente se errei, elas se apresentarão a vós por si mesmas. E será mais fácil aprendê-las desta maneira do que as lendo.

Ora, quando se está seguro de que o problema proposto é sólido, seja porque a equação pela qual o procuramos sobe ao quadrado do quadrado, seja porque sobe apenas ao cubo, sempre se pode encontrar sua raiz por uma das três seções cônicas, qualquer que seja ela, ou mesmo por qualquer parte de uma delas, tão pequena quanto possa ser, servindo-se apenas, de resto, de linhas retas e de círculos. Mas aqui me contentarei de dar uma regra geral para encontrá-las todas por meio de uma parábola, dado que ela é, de qualquer modo, a mais simples.

Primeiramente, é preciso retirar o segundo termo da equação, se ele já não for nulo, e assim reduzi-la a esta forma:

$$z^3 = *. apz.aaq,$$

se a quantidade desconhecida tiver apenas três dimensões, ou então a esta:

$$z^4 = *.apzz.aaqz.a^3r,$$

se tiver quatro; ou ainda, tomando-se $a$ pela unidade,

a esta:    $z^3 = * . pz.q,$

ou a esta:    $z^4 = * . pzz.qz.r.$

Depois disso, supondo-se que a parábola FAG já esteja descrita, e que seu eixo seja ACDKL, seu lado reto seja $a$ ou $i$, do qual AC seja a metade e, enfim, que o ponto C esteja dentro dessa parábola, sendo-lhe A o vértice, é preciso fazer CD = $\frac{1}{2}p$ e tomá-la do mesmo lado em que está o ponto A, relativamente a C[13], se houver + $p$ na equação;

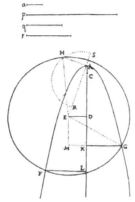

caso haja – $p$, deve-se tomá-la pelo outro lado. E do ponto D, ou ainda, do ponto C, se a quantidade $p$ for nula, deve-se elevar uma linha em ângulos retos até E, de modo que ela seja igual a $\frac{1}{2}q$. Enfim, do centro E é preciso descrever o círculo FG, cujo raio seja AE, se a equação é apenas cúbica, de sorte que a quantidade $r$ seja nula. Mas quando

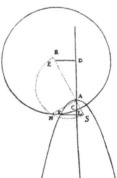

há + $r$, deve-se, nesta linha AE prolongada, tomar de um lado AR igual a $r$, e, do outro, AS igual ao lado reto da parábola, que é 1; e tendo-se descrito um círculo, cujo diâmetro seja RS, deve-se fazer AH perpendicular a AE, de maneira que AH encontre este círculo RHS

---

13. Ler *"que é o ponto C em relação a A"*, conforme nota da edição francesa.

no ponto H, que é aquele pelo qual o outro círculo FHG deve passar. E quando ocorrer − *r*, deve-se, após se ter assim encontrado a linha

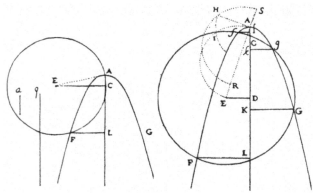

AH, inscrever AI, que lhe seja igual, em um outro círculo, em que AE seja o diâmetro; e então, é pelo ponto I que deve passar FIG, o primeiro círculo procurado. Ora, este círculo FG pode cortar ou tocar a parábola em um, dois, três ou quatro pontos, dos quais, traçando-se perpendiculares sobre o eixo, têm-se todas as raízes da equação, tanto as verdadeiras quanto as falsas. A saber, se a quantidade *q* estiver indicada pelo sinal +, as raízes verdadeiras serão aquelas das perpendiculares que se encontrarão do mesmo lado da parábola com E no centro do círculo, como FL; e as outras, como GK, serão falsas. Ao contrário, se esta quantidade *q* estiver marcada com o sinal −, as verdadeiras serão aquelas do outro lado, e as falsas, ou menores do que nada, estarão do lado onde E, o centro do círculo, se encontra. E, enfim, se o círculo não corta nem toca a parábola em qualquer ponto, isto evidencia não haver qualquer raiz, verdadeira ou falsa, na equação, e que elas são todas imaginárias. De maneira que esta regra é a mais geral e a mais satisfatória que seja possível desejar.

E a demonstração disso é bastante fácil. Pois, se a linha GK, achada por essa construção, chamar-se *z*, AK será *zz*, em virtude da parábola, na qual GK deve ser média proporcional entre AK e o lado reto, que é *1*. Depois, se de AK retiro AC, que é $\frac{1}{2}$, e CD, que é $\frac{1}{2}p$, resta DK ou EM, que é $zz - \frac{1}{2}p - \frac{1}{2}$, cujo quadrado é

$$z^4 - pzz - zz + \frac{1}{4}pp + \frac{1}{2}p + \frac{1}{4};$$

e, dado que DE ou KM é $\frac{1}{2}q$, toda a linha GM é $z + \frac{1}{2}q$, cujo quadrado é

$$zz + qz + \frac{1}{4}qq.$$

E conjugando estes dois quadrados, tem-se

$$z^4 - pzz + qz + \frac{1}{4}qq + \frac{1}{4}pp + \frac{1}{2}p + \frac{1}{4}$$

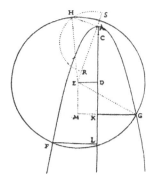

para o quadrado da linha GE, porque ela é a base do triângulo retângulo EMG.

Mas devido ao fato de que esta mesma linha GE é o raio do círculo FG, ela pode ser explicada em outros termos. A saber:

sendo ED $\frac{1}{2}q$ e AD $\frac{1}{2}p + \frac{1}{2}$,

EA é $\sqrt{\frac{1}{4}qq + \frac{1}{4}pp + \frac{1}{2}p + \frac{1}{4}}$,

devido ao ângulo reto ADE. Depois, sendo HA média proporcional entre AS, que é 1, e AR, que é $r$, ela é $\sqrt{r}$; e por causa do ângulo reto EAH, o quadrado de HE ou EG é

$$\frac{1}{4}qq + \frac{1}{4}pp + \frac{1}{2}p + \frac{1}{4} + r,$$

embora haja equação entre esta soma e a precedente; o que é o mesmo que

$$z^4 = * pzz - qz + r:$$

e, por conseguinte, a linha encontrada GK, que foi chamada $z$, é a raiz desta equação, assim como se devia demonstrar. E se vós aplicardes este mesmo cálculo a todos os outros casos desta regra, mudando os sinais + e − conforme a ocasião, encontrareis vosso resultado da mesma maneira, sem ser necessário que aqui me detenha.

Se se quiser, pois, seguindo-se esta regra, encontrar duas médias propocionais entre as linhas $a$ e $q$, todos sabem que, tomando-se $z$ por uma, e como $a$ está para $z$, assim como $z$ está para $\frac{zz}{a}$ e $\frac{zz}{a}$ está para $\frac{z^3}{aa}$, de modo que há equação entre $q$ e $\frac{z^3}{aa}$, quer dizer

$$z^3 = \ast \ast aaq.$$

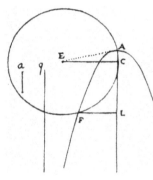

E estando descrita a parábola FAG, com a parte de seu eixo AC, que é $\frac{1}{2}a$, a metade do lado reto, deve-se elevar, do ponto C, a perpendicular CE igual a $\frac{1}{2}q$, e do centro E, por A, descrevendo o círculo AF, encontram-se FL e LA pelas duas médias procuradas.

Assim também, se se quiser dividir o ângulo NOP, ou ainda o arco ou porção do círculo NQTP em três partes iguais, fazendo NO = 1 para o raio do círculo, NP = $q$ para a corda que subtende o arco dado, e NQ = $z$ para a corda que subtende a terça parte deste arco, a equação vem a ser

$$z^3 = \ast 3z - q.$$

Pois, tendo-se traçado as linhas NQ, OQ, OT, e fazendo-se QS paralela a TO, vê-se que NO está para NQ, assim como NQ está para QR e QR para RS. De modo que, sendo NO igual a 1 e NQ igual a $z$, QR é $zz$ e RS é $z^3$. E dado ser necessário apenas RS ou $z^3$,

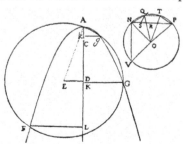

para que a linha NP, que é igual a $q$, não seja o triplo de NQ, que é $z$, tem-se

$$q = 3z - z^3, \text{ ou ainda } z^3 = * \ 3z - q.$$

Depois, tendo-se descrito a parábola FAG, e sendo CA a metade de seu lado reto principal igual a $\frac{1}{2}$, se se toma CD = $\frac{3}{2}$, e a perpendicular DE = $\frac{1}{2}q$, e que do centro E, passando por A, se descreva o círculo FA$g$G, ele corta esta parábola nos três pontos F, $g$ e G, sem contar o ponto A, que é o vértice. O que mostra haver três raízes nesta equação, a saber: as duas GK e $gk$, que são verdadeiras, e a terceira que é falsa, a saber, FL. E destas duas verdadeiras, é $gk$, a menor, que se deve tomar pela linha NQ procurada. Já que a outra, GK, é igual a NV, a corda subtendida da terceira parte do arco NVP que, com o outro arco NPQ, completa o círculo. E a falsa, FL, é igual a estas duas em conjunto, QN e NV, como é fácil de se ver pelo cálculo.

Seria supérfluo deter-me aqui com outros exemplos, pois todos os problemas que são apenas sólidos podem ser reduzidos a tal ponto que não se tem qualquer necessidade desta regra para construí-los, a não ser quando sirva para encontrar duas médias proporcionais, ou então para dividir um ângulo em três partes iguais; assim conhecereis, tendo-se em conta que suas dificuldades podem sempre estar contidas em equações que apenas se elevam ao quadrado do quadrado ou ao cubo; e que todas aquelas que vão ao quadrado do quadrado se reduzem ao quadrado, por meio de algumas outras que sobem até ao cubo. De sorte que não há equações que não possam ser reduzidas a uma destas três formas:

$$z^3 = * - pz + q;$$
$$z^3 = * + pz + q$$
$$z^3 = * + pz - q.$$

Ora, caso se tenha $z^3 = * - pz + q$, a regra, à qual Cardan atribui a invenção a alguém chamado Scipio Ferreus, nos ensina que a raiz é:

$$\sqrt{\text{C.} + \tfrac{1}{2}q + \sqrt{\tfrac{1}{4}qq - \tfrac{1}{27}p^3}} - \sqrt{\text{C.} - \tfrac{1}{2}q + \sqrt{\tfrac{1}{4}qq - \tfrac{1}{27}p^3}};$$

como também, quando há $z^3 = * + pz + q$, e o quadrado da metade do último termo for maior do que o cubo do terço da quantidade conhecida do penúltimo, e uma regra semelhante nos ensina que a raiz é

$$\sqrt{C. + \tfrac{1}{2}q + \sqrt{\tfrac{1}{4}qq - \tfrac{1}{27}p^3}} + \sqrt{C. + \tfrac{1}{2}q - \sqrt{\tfrac{1}{4}qq - \tfrac{1}{27}p^3}}.$$

De onde parece que se podem construir todos os problemas cujas dificuldades se reduzam a uma dessas duas formas, sem necessidade de se ter seções cônicas, a não ser para tirar as raízes cúbicas de algumas quantidades dadas, quer dizer, para encontrar duas médias proporcionais entre essas quantidades e a unidade.

Depois, se se tem $z^3 = * + pz + q$, e que o quadrado da metade do último termo não seja maior do que o cubo do terço da quantidade conhecida do penúltimo, supondo-se o círculo NQPV, cujo raio NO seja $\sqrt{\tfrac{1}{3}p}$, quer dizer, a média proporcional entre o terço da quantidade dada $p$ e a unidade; e supondo-se também a linha NP inscrita neste círculo, com valor de $\tfrac{3q}{p}$, quer dizer, que esteja para a outra quantidade dada, $q$, como a unidade está para o terço de $p$, basta dividir cada um dos dois arcos NQP e NVP em três partes iguais, e se terá NQ, a corda subtendida do terço de um, e NV, a subtendida do terço do outro, as quais, juntas, comporão a raiz procurada.

Enfim, se se tem $z^3 = * pz - q$, supondo-se novamente o círculo NQPV, cujo raio NO seja $\sqrt{\tfrac{1}{3}p}$, e a inscrita NP seja $\tfrac{3q}{p}$, NQ,

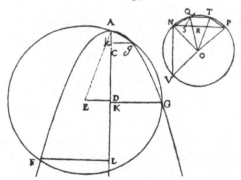

a corda subtendida do terço do arco NQP, será uma das raízes procuradas, e NV, a corda subtendida do terço do outro arco, será a outra. Desde que o quadrado da metade do terceiro termo não seja maior do que o cubo do terço da quantidade conhecida do penúltimo. Pois, se for maior, a linha NP não poderia ser inscrita no círculo, já que seria mais longa que seu diâmetro. O que seria a causa das duas raízes verdadeiras desta equação serem apenas imaginárias, e de não haver raízes reais senão a falsa, a qual, seguindo a regra de Cardan, seria

$$\sqrt{C . \tfrac{1}{2}q + \sqrt{\tfrac{1}{4}qq - \tfrac{1}{27}p^3}} + \sqrt{C . \tfrac{1}{2}q - \sqrt{\tfrac{1}{4}qq - \tfrac{1}{27}p^3}}$$

De resto, deve-se observar que esta maneira de exprimir o valor das raízes pela relação que elas possuem com os lados de certos cubos, dos quais se conhece apenas o conteúdo, não é em nada mais inteligível nem mais simples do que exprimi-las pelas relações que têm com as cordas subtendidas de certos arcos ou porções de círculos, cujo triplo está dado. De sorte que todas aquelas equações cúbicas que não podem ser expressas pelas regras de Cardan, o podem ser tanto ou mais claramente pelo modo aqui proposto.

Pois se se pensa conhecer, por exemplo, a raiz desta equação

$$z^3 = * + pz + q,$$

já que ela é composta de duas linhas, das quais uma é o lado de um cubo, cujo conteúdo é $\tfrac{1}{2}q$ acrescido do lado de um quadrado, cujo conteúdo, novamente, é $\tfrac{1}{4}qq - \tfrac{1}{27}p^3$; e o outro é o lado de um cubo, cujo conteúdo é a diferença que há entre $\tfrac{1}{2}q$ e o lado deste quadrado, cujo conteúdo é $\tfrac{1}{4}qq - \tfrac{1}{27}p^3$, que é tudo o que se aprende pela regra de Cardan, não há dúvida que se conhece tanto ou mais distintamente a raiz desta aqui

$$z^3 = * + pz + q,$$

considerando-a inscrita em um círculo cujo raio é $\sqrt{\tfrac{1}{3}p}$, e sabendo-se que ela é a corda subtendida de um arco cujo triplo tem, para a corda subtendida, $3\tfrac{q}{p}$. Mesmo esses termos são menos embaraçosos do que os outros, e eles encontrarão muito mais circulação caso se queira usar alguma cifra particular para exprimir essas cordas subtendidas, assim como se faz com a cifra $\sqrt{C}$ para expressar o lado dos cubos.

E pode-se também, na sequência disso, exprimir as raízes de todas as equações que sobem até o quadrado do quadrado, pelas regras aqui acima explicadas. De modo que nada mais desejo nesta matéria. Pois, enfim, a natureza destas raízes não permite que sejam expressas em termos mais simples nem que se as determine por alguma construção que seja conjuntamente mais geral e mais fácil.

É verdade que ainda não disse sobre quais razões me baseio para ousar assim assegurar se uma coisa é possível ou não. Mas caso se preste atenção em como, pelo método do qual me sirvo, tudo o que vem à consideração dos geômetras se reduz a um mesmo gênero de problemas, que é o de procurar o valor d as raízes de alguma equação, julgar-se-á bem que não é difícil fazer um inventário de todas as vias pelas quais as podemos encontrar, e que seja suficiente para demonstrar que se escolheu a mais geral e a mais simples. E particularmente no que diz respeito aos problemas sólidos, que disse não poder serem construídos sem que se empregue alguma linha mais composta do que a circular, é algo que se pode achar, tendo em vista que eles se reduzem todos a duas construções: em uma das quais é preciso ter conjuntamente os dois pontos que determinam as médias proporcionais entre duas linhas dadas, e, na outra, os dois pontos que dividem em três partes iguais um arco dado. Pois, visto que a curvatura do círculo depende só de uma relação simples de todas essas partes com um ponto que está no centro, não se pode também dela servir-se a não ser para determinar um só ponto entre dois extremos, como para encontrar uma média proporcional entre duas linhas retas dadas ou dividir em dois um arco dado. Enquanto a curvatura das seções cônicas, dependendo sempre de duas coisas diversas, pode também servir para determinar dois pontos diferentes.

Mas por esta mesma razão, é impossível que qualquer desses problemas que possuem um grau mais composto do que os sólidos, e que pressupõem a invenção de quatro médias proporcionais, ou a divisão de um ângulo em cinco partes iguais, possam ser construídos por qualquer das seções cônicas. Eis por que acreditarei ter feito para isso o melhor que podia, se ofereço uma regra geral para construí-los, neles empregando a linha curva que se descreve pela interseção de uma parábola e de uma linha reta, da maneira antes explicada. Pois ouso assegurar que não há nada mais simples na natureza que possa servir para este mesmo efeito, e vós haveis visto como ela segue, imediatamente, as seções cônicas nesta questão tão procurada pelos antigos, cuja solução ensina ordenadamente todas as linhas curvas que devem ser acolhidas pela geometria.

Vós já sabeis, quando se procuram as quantidades requeridas para a construção desses problemas, como os podemos sempre reduzir a alguma equação que se eleve apenas ao quadrado do cubo ou ao quadrado do quadrado. Em seguida, sabeis também como, em se aumentando o valor das raízes desta equação, podemos sempre fazer com que todas se tornem verdadeiras; e, com isso, que a quantidade conhecida do terceiro termo seja maior do que o quadrado da metade daquele do segundo; e, enfim, como, se ela não subir até o quadrado do quadrado, podemos alçá-la até o quadrado do cubo e fazer com que o lugar de qualquer desses termos não deixe de ser preenchido. Ora, a fim de que todas as dificuldades de que aqui se trata possam ser resolvidas por uma mesma regra, desejo que se façam todas essas coisas e, por esse meio, que as reduzamos sempre a uma equação desta forma:

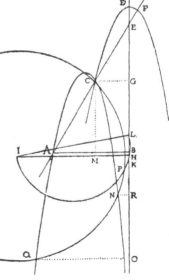

$y^6 - py^5 + qy^4 - ry^3 + syy - ty + v = 0$,

na qual a quantidade chamada $q$ seja maior do que o quadrado da metade daquela que se chama $p$.

Em seguida, tendo-se feito a linha BK indefinidamente longa de ambos os lados e, do ponto B, tendo-se traçado a perpendicular AB, cujo comprimento seja $\frac{1}{2}p$, é preciso, em um plano separado, descrever uma parábola como CDF, cujo lado reto seja $\sqrt{\frac{t}{\sqrt{v}} + q - \frac{1}{4}pp}$, que, para abreviar, nomearei de $n$. Depois disso, deve-se pôr o plano, no qual está essa parábola, sobre aquele em que estão as linhas AB e BK, de modo que seu eixo DE encontre-se justamente abaixo da linha reta BK. E, tendo-se tomado a parte desse eixo que está entre os pontos E e D como igual a $\frac{2\sqrt{v}}{pn}$, é necessário aplicar sobre este ponto E uma régua longa, de tal maneira que, estando também aplicada sobre o ponto A do plano abaixo, ela permaneça sempre junto a esses dois pontos, enquanto se eleva ou se baixa a parábola ao longo da linha BK, sobre a qual seu eixo está aplicado. Por esse meio, a interseção da parábola e da régua, que se dará sobre o ponto C, descreverá a linha curva ACN, que é aquela da qual temos necessidade de nos servir para a construção do problema proposto. Pois, tão logo seja ela descrita, se se toma o ponto L na linha BK, do lado para o qual está virado o vértice da parábola, e que se faça BL igual a DE, quer dizer $\frac{2\sqrt{v}}{pn}$; e, em seguida, do ponto L em direção a B, que se tome, sobre a mesma BK, a linha LH igual a $\frac{t}{2n\sqrt{v}}$, e que do ponto H assim encontrado se trace, em ângulos retos, do lado em que está a curva ACN, a linha HI, cujo comprimento seja $\frac{r}{2nn} + \frac{\sqrt{v}}{nn} + \frac{pt}{4nn\sqrt{v}}$, que, para abreviar, será dita $m/nn$; depois, tendo-se unido os pontos L e I,

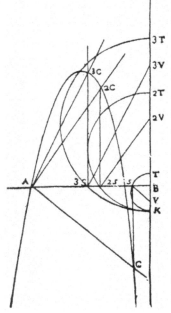

que se descreva o círculo LPI, em que IL seja o diâmetro, e que neste círculo se inscreva a linha LP, cujo comprimento seja $\sqrt{\frac{s+p\sqrt{v}}{nn}}$; por fim, do centro I, pelo ponto P assim encontrado, que se descreva o círculo PCN. Este círculo cortará ou tocará a linha curva ACN em tantos pontos quanto forem as raízes na equação. De modo que as perpendiculares traçadas desses pontos sobre a linha BK, como CG, NR, QO e semelhantes, serão as raízes procuradas, sem que haja qualquer exceção nem qualquer erro na regra. Pois se a quantidade *s* fosse tão grande, na proporção das outras, *p, q, r, t* e *v*, que a linha LP, sendo maior do que o diâmetro do círculo IL ali não pudesse ser inscrita, não haveria nenhuma raiz na equação proposta que não fosse imaginária. Não mais do que se o círculo IP fosse tão pequeno que não cortasse a curva ACN em algum ponto. E ele a pode cortar em seis diferentes lugares, assim podem haver seis raízes diferentes na equação. Mas quando ele a corta em menos lugares, isso indica haver algumas destas raízes que são iguais entre si, ou que são apenas imaginárias.

Caso o modo de traçar a linha ACN pelo movimento de uma parábola vos pareça incômodo, é fácil encontrar vários outros meios para descrevê-la. Assim como: se, tendo-se as mesmas quantidades que antes para AB e BL, e a mesma para BK, que se havia posto para o lado reto principal da parábola, descreve-se o semicírculo KTS, com o centro escolhido à vontade na linha BK, de maneira que ele corte qualquer parte da linha AB, como no ponto S; e que, do ponto T, onde ele termina, se tome, em direção a K, a linha TV, igual a BL; depois, tendo-se traçado a linha SV, que se trace outra pelo ponto A, que lhe seja paralela, como AC; e que se trace uma outra por S que seja paralela a BK, como SC. O ponto C, onde estas duas paralelas se encontram, será um daqueles da linha curva procurada. E pode-se encontrar, do mesmo modo, tantas outras quanto se deseje.

Ora, a demonstração de tudo isso é bastante fácil. Pois, aplicando-se a régua AE com a parábola FD sobre o ponto C, sendo certo que elas podem ser ali aplicadas em conjunto, já que este ponto C está na curva ACN, que está descrita por sua interseção; se chamo CG de $y$, GD será $\frac{yy}{n}$, dado que o lado reto, que é $n$, está para CG assim como CG está para GD. Retirando-se DE, que é $\frac{2\sqrt{v}}{pn}$, de GD, tem-se $\frac{yy}{n} - \frac{2\sqrt{v}}{pn}$ para GE. Depois, porque AB está para BE, assim como CG está para GE, sendo AB igual a $\frac{1}{2}p$, BE é $\frac{py}{2n} - \frac{\sqrt{v}}{ny}$.

E da mesma maneira, supondo-se que o ponto C da curva foi encontrado pela interseção das linhas retas SC, paralela a BK, e AC, paralela a SV; SB, que é igual a CG, é $y$, e sendo BK igual ao lado reto da parábola, a que chamei de $n$, BT é $\frac{yy}{n}$. Pois, como BK está para BS, assim BS está para BT. E TV, sendo a mesma coisa que BL, quer dizer, $\frac{2\sqrt{v}}{pn}$, BV é $\frac{yy}{n} - \frac{2\sqrt{v}}{pn}$. E como SB está para BV, também AB está para BE, que é, por consequência, $\frac{py}{2n} - \frac{\sqrt{v}}{ny}$, como antes. Donde se vê que é uma mesma linha curva que se descreve destas duas maneiras.

Após o que, como BL e DE são iguais, DL e BE também o são, de modo que, juntando-se LH, que é $\frac{t}{2n\sqrt{v}}$, a DL, que é $\frac{py}{2n} - \frac{\sqrt{v}}{ny}$,

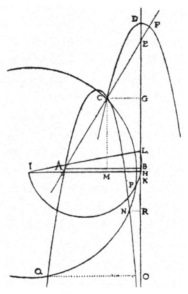

tem-se inteiramente DH, que é

$$\frac{py}{2n} - \frac{\sqrt{v}}{ny} + \frac{t}{2n\sqrt{v}};$$

e retirando-se GD, que é $yy/n$, tem-se GH, que é

$$\frac{py}{2n} - \frac{\sqrt{v}}{ny} + \frac{t}{2n\sqrt{v}} - \frac{yy}{n}.$$

O que escrevo, ordenadamente, desta maneira:

$$GH = \frac{-y^3 + \frac{1}{2}pyy + \frac{ty}{2\sqrt{v}} - \sqrt{v}}{ny}.$$

E o quadrado de GH é

$$\frac{\left. \begin{array}{c} -\frac{t}{\sqrt{v}} \\ +\frac{1}{4}pp \end{array} \right\} y^4 \quad \left. \begin{array}{c} +2\sqrt{v} \\ +\frac{pt}{2\sqrt{v}} \end{array} \right\} y^3 \quad \left. \begin{array}{c} -p\sqrt{v} \\ +\frac{tt}{4v} \end{array} \right\} yy - ty + v}{nnyy}.$$

E em qualquer outro lugar desta linha curva em que se queira imaginar o ponto C, como em direção a N ou em direção a Q, sempre se encontrará que o quadrado da linha reta, que está entre o ponto H e aquele onde cai a perpendicular do ponto C sobre BH, pode ser expresso nestes mesmos termos, e com os mesmos sinais + e –.

Além disso, sendo IH $m/nn$, e LH $\frac{t}{2n\sqrt{v}}$, IL é
$$\sqrt{\frac{mm}{n^4}+\frac{tt}{4nnv}},$$
por causa do ângulo reto IHL; e sendo LP $\sqrt{\frac{s}{nn}+\frac{p\sqrt{v}}{nn}}$, IP ou IC é
$$\sqrt{\frac{mm}{n^4}+\frac{tt}{4nnv}-\frac{s}{nn}-\frac{p\sqrt{v}}{nn}},$$
também por causa do ângulo reto IPL. Depois, tendo-se feito CM perpendicular a IH, IM é a diferença que há entre IH e HM ou CG, quer dizer, entre $m/nn$ e $y$; de sorte que seu quadrado é sempre
$$\frac{mm}{n^4}-\frac{2my}{nn}+yy,$$
o qual, tendo sido retirado do quadrado de IC, resta
$$\frac{tt}{4nnv}-\frac{s}{nn}-\frac{p\sqrt{v}}{nn}+\frac{2my}{nn}-yy$$
para o quadrado de CM, que é igual ao quadrado de GH já encontrado. Ou ainda, fazendo-se com que esta soma seja dividida, como a outra, por $nnyy$, tem-se
$$\frac{-nny^4+2my^3-p\sqrt{v}yy-syy+\frac{tt}{4v}yy}{nnyy}.$$
Depois, restabelecendo
$$\frac{t}{\sqrt{v}}y^4+qy^4-\frac{1}{4}ppy^4, \text{ por } nmy^4$$
e $\quad ry^3+2\sqrt{v}\,y^3+\frac{pt}{2\sqrt{v}}y^3, \text{ por } 2my^3,$

e multiplicando uma e outra soma por $nnyy$, tem-se

$$y^6 - py^5 \left.\begin{array}{l}-\frac{t}{\sqrt{v}}\\+\frac{1}{4}pp\end{array}\right\}y^4 \left.\begin{array}{l}+2\sqrt{v}\\+\frac{pt}{2\sqrt{v}}\end{array}\right\}y^3 \left.\begin{array}{l}-p\sqrt{v}\\+\frac{tt}{4v}\end{array}\right\}yy - ty + v$$

igual a

$$\left.\begin{array}{c}-\frac{t}{\sqrt{v}}\\-q\\+\frac{1}{4}pp\end{array}\right\}y^4+\left.\begin{array}{c}+r\\+2\sqrt{v}\\+\frac{pt}{2\sqrt{v}}\end{array}\right\}y^3-\left.\begin{array}{c}-p\sqrt{v}\\-s\\+\frac{tt}{4v}\end{array}\right\}yy;$$

quer dizer

$$y^6 - py^5 + qy^4 - ry^3 + syy - ty + v = 0.$$

De onde aparece que as linhas CG, NR, QO e semelhantes são as raízes desta equação, que é o que se precisava demonstrar.

Assim, pois, se se quer encontrar quatro médias proporcionais entre as linhas $a$ e $b$, tendo-se posto $x$ para a primeira, a equação é

$$x^5 **** - a^4b = 0,$$
ou então $\quad x^6 **** - a^4b\, x^* = 0.$

E fazendo-se $y - a = x$, vem:

$$y^6 - 6ay^5 + 15aay^4 - 20a^3y^3 + 15a^4yy\left.\begin{array}{c}-6a^5\\-a^4b\end{array}\right\}y\begin{array}{c}+a^6\\+a^5b\end{array} = 0.$$

Eis por que é preciso tomar $3a$ para a linha AB

e $\sqrt{\frac{6a^3+aab}{\sqrt{aa+ab}}+6aa}$ para BK, ou o lado reto da parábola, que chamei $n$;

e $\frac{a}{3n}\sqrt{aa+ab}$ para DE ou BL.

E após ter descrito a linha curva ACN sobre a medida destas três, deve-se fazer

$$LH = \frac{6a^3+aab}{2n\sqrt{aa+ab}},$$

$$HI = \frac{10a^3}{nn} + \frac{aa}{nn}\sqrt{aa+ab} + \frac{18a^4+3a^3b}{2nn\sqrt{aa+ab}}$$

e $\quad LP = \sqrt{\frac{15a^4+6a^3\sqrt{aa+ab}}{nn}}.$

Pois o círculo que, tendo seu centro no ponto I, passará pelo ponto P assim encontrado, cortará a curva nos dois pontos C e N, dos quais, tendo-se traçado as perpendiculares NR e CG, se a menor, NR, for subtraída da maior CG, o resto será $x$, a primeira das quatro médias proporcionais buscadas.

Da mesma maneira, é fácil dividir um ângulo em cinco partes iguais e inscrever uma figura de onze ou treze lados iguais em um círculo, e encontrar uma infinidade de outros exemplos desta regra.

Todavia, deve-se observar que, em vários desses exemplos, pode acontecer de o círculo cortar tão obliquamente a parábola do segundo gênero que o ponto de sua interseção seja difícil de reconhecer, e assim, que esta construção não seja cômoda para a prática. O que será fácil de remediar compondo-se outras regras à imitação desta aqui, como se pode compor de mil maneiras.

Mas minha intenção não é fazer um grosso livro, pois procuro antes compreender muito em poucas palavras, como talvez se julgue o que fiz, caso se considere que, tendo reduzido a uma mesma construção todos os problemas de um mesmo gênero, dei, em conjunto, a maneira de reduzi-los a uma infinidade de outros diversos, e assim a de resolver cada um deles com uma infinidade de meios; depois, além disso, que tendo construído todos aqueles que são planos, cortando com um círculo uma linha reta, e todos aqueles que são sólidos, cortando também com um círculo uma parábola, e, enfim, todos aqueles que são de um degrau mais compostos, cortando igualmente com um círculo uma linha que é apenas de um degrau mais composta do que a parábola; só é preciso seguir a mesma via para construir todos aqueles que são mais compostos, até o infinito. Pois em matéria de progressões matemáticas, quando se têm os dois ou três primeiros termos, não é difícil encontrar os outros. E espero que meus pósteros saibam agradecer-me não apenas pelas coisas que aqui expliquei, mas também por aquelas que voluntariamente omiti, a fim de lhes deixar o prazer de inventá-las.

CORRESPONDÊNCIA
SELECIONADA

A ELISABETH

A Elisabeth

Egmond-de-Hoef, 21 de maio de 1643

Minha Senhora,

O favor com que Vossa Alteza me honrou, fazendo-me receber suas ordens por escrito, é maior do que jamais ousaria esperar e ele alivia melhor as minhas faltas do que aquele que eu almejara com paixão, que era o de recebê-las de viva voz, se me fosse dada a honra de prestar-lhe reverência e oferecer-lhe os meus mui humildes préstimos, quando estive ultimamente em Haia. Pois eu teria maravilhas em demasia para admirar ao mesmo tempo; e, vendo emanar discursos mais do que humanos de um corpo tão semelhante ao que os pintores concedem aos anjos, ficaria extasiado da mesma maneira que me parecem dever ficar os que, vindos da terra, entram de novo no céu. E isso ter-me-ia tornado menos capaz de responder a Vossa Alteza, que sem dúvida já observou em mim este defeito, quando tive anteriormente a honra de lhe falar;

e a clemência de V. A. quis consolá-la, confiando-me os traços de seus pensamentos sobre um papel, onde, relendo-os muitas vezes e acostumando-me a considerá-los, deixam-me verdadeiramente menos deslumbrado, porém com tanto maior admiração, ao observar que não parecem somente engenhosos à primeira vista, mas tanto mais judiciosos e sólidos quanto mais são examinados.

E posso dizer, com verdade, que a questão proposta por Vossa Alteza[1], parece-me ser a que me podem formular com mais razão, em virtude dos escritos que publiquei. Pois, havendo duas coisas na alma humana, das quais depende todo conhecimento que podemos ter de sua natureza, uma das quais é que ela pensa e a outra, que, estando unida ao corpo, pode agir e padecer com ele, quase nada disse da última, e empenhei-me apenas em aclarar bem a primeira, porque o meu principal intuito era provar a distinção que há entre a alma e o corpo; para o que somente esta podia servir e a outra seria nociva. Mas, como Vossa Alteza vê tão claro que não se poderia dissimular-lhe qualquer coisa, esforçar-me-ei aqui por explicar a maneira pela qual concebo a união da alma com o corpo e como tem ela a força de movê-lo.

Primeiramente, considero haver em nós certas noções primitivas, as quais são como originais, sob cujo padrão formamos todos os nossos outros conhecimentos. E não há senão muito poucas dessas noções; pois, após as mais gerais, do ser, do número, da duração etc., que convêm a tudo quanto possamos conceber, possuímos, em relação ao corpo em particular, apenas a noção da extensão, da qual decorrem as da figura e do movimento; e, quanto à alma somente, temos apenas a do pensamento, em que se acham compreendidas as percepções do entendimento e as inclinações da vontade; enfim, quanto à alma e ao corpo em conjunto, temos apenas a de sua união, da qual depende a noção da força de que dispõe a alma para mover o corpo, e o corpo para atuar sobre a alma, causando seus sentimentos e suas paixões.

---

1. Trata-se de saber como o corpo pode ser movido pela alma.

Considero também que toda a ciência dos homens consiste tão somente em bem distinguir essas noções, e não atribuir cada qual senão às coisas a que pertencem. Pois, ao querer explicar alguma dificuldade por uma noção que não lhe pertence, não podemos deixar de nos equivocar; assim como ao querer explicar uma dessas noções por outra; pois, sendo primitivas, cada uma delas só pode ser entendida por si mesma. E já que a prática dos sentidos nos tornou as noções da extensão, das figuras e dos movimentos muito mais familiares do que as outras, a principal causa de nossos erros está em que pretendemos comumente nos servir dessas noções para explicar as coisas a que não pertencem, como quando se quer utilizar a imaginação para conceber a natureza da alma, ou então, quando se quer conceber a maneira pela qual a alma move o corpo, mediante aquela pela qual um corpo é movido por outro corpo.

Por isso, visto que nas *Meditações* que Vossa Alteza se dignou ler, procurei fazer conceber as noções que só pertencem à alma, distinguindo-as das que pertencem só ao corpo, a primeira coisa que devo explicar em seguida é a maneira de conceber as que pertencem à união da alma com o corpo, sem as que pertencem só ao corpo, ou só à alma. A isso me parece que pode servir o que escrevi no fim de minha Resposta às Sextas Objeções; pois não podemos buscar essas noções simples em outra parte exceto em nossa alma que, por sua natureza, as têm todas em si, mas que nem sempre as distingue suficientemente umas das outras, ou não as atribui aos objetos aos quais devemos atribuí-las.

Assim, creio que confundimos até agora a noção da força com que a alma atua no corpo e aquela com que um corpo atua em outro; e que atribuímos ambas não à alma, pois não a conhecíamos ainda, porém às diversas qualidades dos corpos, como à gravidade, ao calor e às outras, que imaginamos serem reais, isto é, possuírem uma existência distinta da do corpo e, por conseguinte, serem substâncias, embora as denominássemos qualidades. E nos servimos, para concebê-las, ora de noções que se encontram em nós para conhecer o corpo, ora das que aí se encontram para conhecer a alma, conforme o que lhes atribuímos fosse material ou imaterial. Por exemplo, supondo que a gravidade é uma qualidade real, da qual não possuímos qualquer outro conhecimento, exceto que tem a força de mover o corpo, no qual se acha, para o centro da terra, não nos é difícil conceber como ela move esse corpo, nem como está unida a ele; e não pensamos que isso se realiza pelo contacto real de uma superfície com outra, pois experimentamos, em nós próprios, que não dispomos de uma noção particular para conceber tal coisa; e creio que usamos mal essa noção, aplicando-a à gravidade, que não é algo realmente diferenciado do corpo, como espero mostrar na Física, mas que nos foi dada para conceber a maneira pela qual a alma move o corpo.

Não testemunharia conhecer assaz o incomparável espírito de Vossa Alteza, se empregasse mais palavras para explicar-me, e seria demasiado presunçoso, se ousasse pensar que minha resposta deve satisfazê-la inteiramente; mas procurarei evitar uma e outra, nada mais acrescentando aqui, exceto que, se sou capaz de escrever ou de dizer algo que lhe possa agradar, terei sempre por mui grande favor tomar a pena, ou ir a Haia, para tal fim, e que nada há no mundo que me seja tão caro como poder obedecer a seus ditames. Mas não consigo achar aqui lugar para a observância do juramento de Hipócrates que ela me impõe, pois que ela nada me comunicou que não mereça ser visto e admirado por todos os homens. Só posso dizer, a este respeito, que, apreciando infinitamente a carta que recebi de Vossa Alteza, usá-la-ei como os avaros usam seus tesouros, os quais escondem quanto mais os estimam, e recusando sua vista ao resto do mundo, aplicam seu soberano contentamento em contemplá-los. Assim estarei à vontade para desfrutar sozinho do bem de vê-la; e minha maior ambição é poder dizer-me, e ser verdadeiramente etc.

Descartes

A Elisabeth

Egmond-de-Hoef, 28 de junho de 1643.

Minha Senhora,

Sinto-me grandemente obrigado para com Vossa Alteza pelo fato de, após haver suportado que eu me tenha mal explicado em minhas [cartas] precedentes, no tocante à questão que lhe aprouve propor-me, se dignar ainda a ter a paciência de me ouvir sobre o mesmo assunto, e me dar ocasião de advertir as coisas que omitira. Delas, as principais me parecem ser que, depois de haver distinguido três gêneros de ideias ou de noções primitivas que conhecemos cada qual de uma maneira particular e não pela comparação de uma com a outra, a saber, a noção que temos da alma, a do corpo e a da união que há entre a alma e o corpo, devia explicar a diferença existente entre essas três espécies de noções e entre as operações da alma pelas quais nós as obtemos, e dizer os meios de tornar cada uma delas familiar e fácil para nós; em seguida, tendo dito por que eu me servira da comparação da gravidade, mostrar que, embora se queira conceber a alma como material (o que é propriamente conceber sua união com o corpo), não se deixa de conhecer, depois, que é separável deste. O que é, como o julgo, toda a matéria que Vossa Alteza aqui me prescreveu.

Primeiramente, portanto, noto grande diferença entre essas três espécies de noções, pelo fato de só concebermos a alma através do entendimento puro; o corpo, isto é, a extensão, as figuras e os movimentos também podem ser conhecidos só pelo entendimento, porém será melhor ainda pelo entendimento com a ajuda da imaginação; e enfim, as coisas que pertencem à união da alma e do corpo não são conhecidas senão obscuramente pelo entendimento só, ou mesmo pelo entendimento com a ajuda da imaginação; mas são conhecidas mui claramente pelos sentidos. Daí resulta que aqueles que jamais filosofam, e que se servem apenas de seus sentidos, nunca duvidam de que a alma move o corpo, e de que o corpo não atua sobre a alma; mas consideram ambos como uma única coisa, isto é, concebem sua união; pois conceber a união que há entre duas coisas é concebê-las como uma só. E os pensamentos metafísicos, que exercitam o entendimento puro, servem para nos tornar familiar a noção da alma; e o estudo das Matemáticas, que exercita principalmente a imaginação na consideração das figuras e dos movimentos, nos acostuma a formar noções do corpo bem distintas; e enfim, usando somente da vida e das conversações comuns, e abstendo-se de meditar e estudar as coisas que exercitam a imaginação, é que se aprende a conceber a união da alma e do corpo.

Tenho quase medo de que Vossa Alteza vá pensar que não falo aqui seriamente; mas isso seria contrário ao respeito que lhe devo e que não deixarei jamais de lhe render. E posso dizer, com verdade, que a principal regra que sempre observei em meus estudos, aquela que julgo ter mais me servido para adquirir algum conhecimento, foi que nunca empreguei senão mui poucas horas, por dia, nos pensamentos que ocupam a imaginação, e mui poucas horas, por ano, nos que ocupam o entendimento só, e que dediquei todo o resto de meu tempo ao relaxamento dos sentidos e ao repouso do espírito; conto mesmo, entre os exercícios da imaginação, todas as conversações sérias e tudo aquilo a que se precisa dar atenção. É o que me levou a retirar-me para o campo; pois, ainda que na cidade mais ocupada do mundo eu pudesse dispor de tantas horas para mim, quanto eu emprego agora no estudo, não poderia entretanto empregá-las tão utilmente, uma vez que meu espírito estaria fatigado pela tensão requerida pela azáfama da vida. É isso que tomo a liberdade de escrever aqui a Vossa Alteza, para testemunhar-lhe que admiro verdadeiramente que, dentre as ocupações e os cuidados que nunca faltam às pessoas que são ao mesmo tempo de elevado espírito e de elevado nascimento, ela pudesse aplicar-se às meditações exigidas para conhecer bem a distinção existente entre a alma e o corpo.

Mas julguei que foram essas meditações, mais do que os pensamentos que requerem menos atenção, que a levaram a encontrar obscuridade na noção que temos da união deles, não me parecendo que o espírito humano seja capaz de conceber bem distintamente, e, ao mesmo tempo, a distinção entre o corpo e a alma, e a sua união; isto porque é necessário, para tanto, concebê-los como uma única coisa, e conjuntamente concebê-los como duas, o que se contraria. E para tal efeito (supondo que Vossa Alteza mantivesse ainda as razões que provam a distinção da alma e do corpo fortemente presentes em seu espírito, e não querendo de modo algum suplicar-lhe para se desfazer delas, a fim de se representar a noção da união que cada qual experimenta sempre em si mesmo sem filosofar; a saber, que é uma só pessoa, que tem em conjunto um corpo e um pensamento, os quais são de tal natureza que este pensamento pode mover o corpo e sentir os acidentes que lhe sobrevêm), servi-me anteriormente da comparação da gravidade e de outras qualidades que imaginamos comumente estarem unidas a alguns corpos, assim como o pensamento está unido ao nosso; e não me preocupei em que essa comparação claudicasse pelo fato de não serem reais essas qualidades, assim como é costume imaginá-las, porque acreditei que Vossa Alteza já se achasse inteiramente persuadida de que a alma é uma substância distinta do corpo.

Mas, visto que Vossa Alteza nota que é mais fácil atribuir matéria e extensão à alma, do que atribuir-lhe capacidade de mover um corpo e de ser movida por ele, sem possuir matéria, suplico-lhe que queira livremente atribuir esta matéria e esta extensão à alma; pois isto não é mais do que concebê-la unida ao corpo. E depois de haver bem concebido tal coisa e tê-la experimentado em si própria, ser-lhe-á fácil considerar que a matéria que Vossa Alteza terá atribuído a esse pensamento não é o pensamento mesmo; e que a extensão dessa matéria é de natureza diferente da extensão desse pensamento, pelo fato de ser a primeira determinada em certo lugar, do qual exclui qualquer outra extensão de corpo, o que não faz a segunda. E assim Vossa Alteza não deixará de voltar facilmente ao conhecimento da distinção entre a alma e o corpo, não obstante tenha concebido a sua união.

Enfim, como creio ser necessário compreender bem, uma vez na vida, os princípios da Metafísica, porque são eles que nos fornecem o conhecimento de Deus e de nossa alma, creio também que seria muito prejudicial ocupar amiúde o entendimento para meditar neles, porque ele não poderia aplicar-se tão bem às funções da imaginação e dos sentidos; mas que o melhor é contentar-se em reter na memória e na crença as conclusões que foram alguma vez tiradas, e depois empregar o tempo restante para o estudo, nos pensamentos em que o entendimento atua com a imaginação e os sentidos.

A extrema devoção que dedico ao serviço de Vossa Alteza me faz esperar que minha franqueza não lhe será desagradável, e ter-me-ia empenhado aqui num discurso mais longo, onde tentaria esclarecer dessa vez todas as dificuldades da questão proposta; mas uma deplorável nova que acabo de receber de Utrecht, onde o Magistrado me intimou, para verificar o que escrevi de um de seus ministros, conquanto seja um homem que me caluniou mui indignamente, e o que escrevi sobre ele, para minha justa defesa, não seja senão demasiado notório a todo mundo, compele-me a terminar aqui, para ir consultar os meios de me livrar, o mais cedo que eu possa, dessas chicanices. Sou etc.

Minha Senhora,
  de Vossa Alteza o mui humilde e mui obediente servidor,

Descartes

A Elisabeth

Egmond, 18 de maio de 1645

Madame,

Fiquei extremamente surpreso ao saber, pelas cartas do senhor Pollot, que Vossa Alteza esteve doente durante um longo tempo e recriminei minha solidão, pois ela é a causa de não o ter sabido mais cedo. É verdade que, embora esteja completamente retirado do mundo e não tome conhecimento de nada que nele se passe, o zelo que tenho pelo serviço de Vossa Alteza não me permitiria estar tão longo tempo sem saber do estado de sua saúde, quando deveria ir a La Haye propositadamente para me informar, salvo que o senhor Pollot, tendo-me escrito bastante às pressas há cerca de dois meses, me havia prometido escrever novamente de modo ordinário; e como ele não deixa jamais de me informar como se sente Vossa Alteza, supus, enquanto não recebi suas cartas, que vós estáveis no mesmo estado. Mas soube pelas últimas cartas que, durante três ou quatro semanas, Vossa Alteza teve uma febre demorada, acompanhada de tosse seca e que após se ter desembaraçado dela por cinco ou seis dias, o mal retornou; todavia, ao mesmo tempo em que me enviava sua carta (a qual esteve por cerca de quinze dias a caminho), Vossa Alteza começava novamente a se sentir melhor. Nisso observo os sinais de um mal bastante considerável que, apesar disso, me parece que Vossa Alteza pode certamente remediar, podendo me abster de escrever-lhe meu ponto de vista. Pois embora não seja médico, a honra que Vossa Alteza me fez no verão passado ao querer saber minha opinião, no tocante a uma outra indisposição que tinha naquele tempo, me faz esperar que minha liberdade não lhe será desagradável.

A causa mais comum de uma febre demorada é a tristeza; e a tenacidade da fortuna em perseguir vossa casa[2] vos dá, continua-

---

2. O pai de Elisabeth, rei da Boêmia, havia perdido o trono em 1620 e, desde então, a família vivia no exílio.

mente, motivos de contrariedade, que são tão públicos e tão ruidosos, que não há necessidade de se usar muitas conjecturas nem de se estar demasiadamente ocupado para julgar que é nisso que consiste a principal causa de vossa indisposição. E é de se recear que vós não possais estar inteiramente livre disso a não ser que, pela força de vossa virtude, tornardes vossa alma contente, apesar das desgraças da fortuna. Bem sei que seria imprudente querer convencer alguém, a quem a fortuna dá todos os dias novos motivos de desprazer, a ser alegre; e não sou um daqueles filósofos cruéis que querem que sua sabedoria seja insensível. Sei também que Vossa Alteza não é tão afetada por aquilo que diz respeito às suas coisas particulares quanto pelo que se relaciona aos interesses da casa e das pessoas a ela ligadas; o que considero uma das virtudes mais amáveis de todas. Mas parece-me que a diferença que existe entre as maiores almas e aquelas que são baixas e vulgares consiste, principalmente, em que as almas vulgares se deixam levar por suas paixões e são felizes ou infelizes apenas segundo as coisas que lhes sobrevenham sejam agradáveis ou desagradáveis; ao passo que as outras possuem reflexões tão fortes e poderosas que, embora também tenham paixões, e até mesmo mais violentas do que as das comuns, sua razão sempre permanece senhora, não obstante, fazendo com que as próprias aflições lhe sirvam e contribuam para a perfeita felicidade das quais gozam desde esta vida. Pois, de um lado, considerando-se como imortais e capazes de receber grandes contentamentos; e de outro, considerando que estão ligadas a corpos mortais e frágeis, sujeitos a muitas enfermidades, e que não podem deixar de perecer em poucos anos, fazem bem tudo o que está a seu alcance para tornar a fortuna favorável nesta vida, e, no entanto, a estimam tão pouco, tendo em vista a eternidade, que consideram os acontecimentos, por assim dizer, como nós fazemos com as comédias. E as histórias tristes e lamentáveis que vemos representar em um teatro nos dão com frequência tanta recreação quanto as alegres, embora tirem lágrimas de nossos olhos; assim estas mais altas almas de que falo têm satisfação, em si mesmas, de todas as coisas que lhes acontecem, mesmo as mais deploráveis e insuportáveis. Assim, sentindo dor em seus corpos, se exercitam em suportá-la pacientemente e esta prova que fazem de sua força lhes é agradável; vendo seus amigos em alguma grande aflição, se compadecem de seu mal e fazem todo o possível para livrá-los dele, e nem mesmo temem expor-se à morte por tal motivo, se houver necessidade. Entretanto, o testemunho que lhes dá sua consciência, de que assim elas se desencarregam de seu dever e fazem uma ação louvável e virtuosa, as torna mais felizes que toda a tristeza que lhes aflige a compaixão. E enfim, como as maiores prosperidades da fortuna não as embriagam jamais, e não as tornam mais insolentes, assim também as maiores adversidades não lhes podem abater nem entristecê-las quando o corpo, às quais estão unidas, adoece.

Temeria que este estilo fosse ridículo se dele me servisse para escrever a outrem; mas porque considero Vossa Alteza como tendo a alma mais nobre e a mais altaneira que conheço, creio que ela deva ser também a mais feliz, e que o será verdadeiramente contanto que lhe agrade olhar o que está abaixo dela e comparar o valor dos bens que possui, e que não lhe poderiam jamais ser retirados, com aqueles que a fortuna a despojou e com as desgraças com as quais ela a persegue na pessoa de seus próximos. Pois então ela verá a grande razão que tem de estar contente de seus próprios bens. O zelo extremo que tenho por ela é a causa pela qual me deixei levar por este discurso e pela qual suplico muito humildemente escusar-me, como provindo de uma pessoa que é etc.

Descartes

## A Elisabeth

Egmond, 4 de agosto de 1645.

Minha Senhora,

Quando escolhi o livro de Sêneca, *De vita beata,* para propô-lo a Vossa Alteza como assunto que lhe poderia ser agradável, só tive em vista a reputação do autor e a dignidade da matéria, sem pensar na maneira como ele a trata, a qual, havendo-a depois considerado, não achei bastante exata para que merecesse ser seguida. Mas, a fim de que Vossa Alteza possa julgar mais facilmente, procurarei explicar aqui de que modo me parece que esta matéria deveria ser tratada por um filósofo como ele, que, não estando iluminado pela fé, só possuía a razão natural como guia.

Ele diz muito bem, no começo, que *vivere omnes beate volunt, sed ad pervidendum quid sit quod beatam vitam efficiat, caligant* (todos querem viver felizes, mas veem nebulosamente o que alimenta e faz a felicidade). Mas é preciso saber o que é *vivere beate;* diria em francês *vivre heureusement* (viver feliz), não fosse a diferença que há entre *heur* (boa sorte) e *béatitude,* que consiste no fato de a *heur* depender apenas das coisas que se acham fora de nós, donde resulta que são considerados mais felizes do que sábios aqueles aos quais sobreveio algum bem que não procuraram, ao passo que a beatitude consiste, parece-me, no perfeito contentamento de espírito e numa satisfação interior, que os que são mais favorecidos pela fortuna não possuem ordinariamente, e que os sábios adquirem sem ela. Assim *vivere beate*, viver em beatitude, não é outra coisa senão ter o espírito perfeitamente contente e satisfeito.

Considerando, depois disso, o que é *quod beatam vitam efficiat,* isto é, quais são as coisas que nos podem dar esse soberano contentamento, observo existirem duas espécies, a saber: as que dependem de nós, como a virtude e a sabedoria, e as que não dependem de modo algum, como as honras, as riquezas e a saúde. Pois é certo que um homem bem nascido, que não está doente, que não carece de nada e que, além disso, é tão sábio e tão virtuoso quanto outro que é pobre, malsão e contrafeito, pode gozar de um contentamento mais perfeito do que ele. Todavia, como um vaso pequeno pode ficar tão cheio como outro maior, ainda que contenha menos líquido, assim, tomando o contentamento de cada qual pela plenitude e pela realização de seus desejos regrados segundo a razão, não duvido que os mais pobres e os mais desgraçados pela fortuna ou pela natureza possam estar inteiramente contentes e satisfeitos, assim como os outros, embora não desfrutem de tantos bens. E não é senão desta espécie de contentamento que se trata aqui, pois a outra não está de nenhum modo em nosso poder e sua busca seria supérflua.

Ora, parece-me que cada um pode ficar contente consigo mesmo, sem nada esperar de outras partes, contanto que observe apenas três coisas, às quais se relacionam as três regras da Moral, que estabeleci no *Discurso do Método*.

A primeira é que nos esforcemos sempre por servir-nos, da melhor maneira possível, de nosso espírito, para conhecer o que devemos ou não fazer em todas as circunstâncias da vida.

A segunda, que mantenhamos a firme e constante resolução de executar tudo quanto a razão nos aconselhar, sem que nossas paixões ou nossos apetites nos desviem; e é a firmeza desta resolução que creio que deva ser tomada pela virtude, embora eu não saiba de alguém mais que a tenha alguma vez explicado assim; mas dividiram-na em muitas espécies, a que foram dados diversos nomes, por causa dos diversos objetos aos quais se estendem.

A terceira, que consideremos, enquanto nos conduzimos assim, o quanto pudermos, segundo a razão, que todos os bens que não possuímos encontram-se também inteiramente fora de nosso poder tanto uns como outros, e que, por este meio, nos acostumemos a não desejá-los; pois nada há como o desejo, o pesar ou o arrependimento, que nos possam impedir de estar contentes: mas se fizermos sempre tudo o que nos dita a nossa razão, nunca teremos qualquer motivo de nos arrependermos, ainda que os acontecimentos nos levassem a ver, em seguida, que nos havíamos enganado, porque isso não se deu por culpa nossa. E o que faz com que não desejemos ter, por exemplo, mais braços ou mais línguas do que temos, mas que desejemos realmente ter mais saúde ou mais riquezas, é apenas porque imaginamos que tais coisas poderiam ser adquiridas por nossa conduta, ou então, que são devidas à nossa natureza, e que esta não é a mesma das outras: opinião de que podemos nos desfazer, considerando que, como seguimos sempre o conselho de nossa razão, nada omitimos do que estava em nosso poder, e que as moléstias e os infortúnios não são menos naturais no homem do que a prosperidade e a saúde.

De resto, nem todas as espécies de desejos são incompatíveis com a beatitude; a não ser os que são acompanhados de impaciência e tristeza. Não é também necessário que nossa razão jamais se engane; basta que nossa consciência nos testemunhe que nunca carecemos de resolução e virtude, para executar todas as coisas que julgamos as melhores, e assim a virtude só é suficiente para nos deixar contentes nesta vida.

Mas, não obstante, dado que, quando ela não é iluminada pelo entendimento, pode ser falsa, isto é, a vontade e a resolução de praticar o bem podem levar-nos a coisas más, quando as cremos boas, o contentamento que delas resulta não é sólido; e dado que comumente esta virtude se opõe aos prazeres, aos apetites e às paixões, ela é muito difícil de pôr em prática, ao passo que o reto uso da razão, proporcionando um verdadeiro conhecimento do bem, impede que a virtude seja falsa e, mesmo, acordando-a com os prazeres lícitos, torna o seu uso tão fácil, e fazendo-nos conhecer a condição de nossa natureza, limita de tal modo nossos desejos, que cumpre confessar que a maior felicidade do homem depende deste reto uso da razão e, por conseguinte, que o estudo que serve para adquiri-lo é a mais útil ocupação que se possa ter, como é sem dúvida a mais agradável e a mais doce.

Em consequência disso, parece-me que Sêneca deveria ter-nos ensinado todas as principais verdades, cujo conhecimento é requerido para facilitar a prática da virtude, e regrar nossos desejos e nossas paixões, e assim desfrutar da beatitude natural; o que teria tornado o seu livro o melhor e o mais útil de quantos um filósofo pagão soubera escrever. Todavia essa é apenas a minha opinião, que submeto ao julgamento de Vossa Alteza; e se ela me fizer tanto favor que me advirta no que estou falhando, dever-lhe-ia mui grande obrigação e testemunharia, corrigindo-me, que sou,

Minha Senhora,
de Vossa Alteza o mui humilde e mui obediente servidor,

Descartes

## A Elisabeth

Egmond, 18 de agosto de 1645.

Minha Senhora,

Embora eu não saiba se minhas últimas [cartas] foram entregues a Vossa Alteza, e nada possa escrever, no tocante ao tema que tomei para ter a honra de entretê-la, que não deva pensar que saiba melhor do que eu, não deixo todavia de continuar na crença de que minhas cartas não serão para Vossa Alteza mais importunas do que os livros que se acham em sua biblioteca; pois, na medida em que não contêm quaisquer novidades que tenha o interesse de conhecer prontamente, nada a convidará a lê-las nas horas em que tiver quaisquer negócios, e eu consideraria o tempo que despendi em escrevê-las como bem empregado, se Vossa Alteza lhes der apenas o tempo que tiver desejo de perder.

Disse anteriormente o que me parecia que Sêneca devia ter tratado em seu livro; examinarei agora o que ele trata. Não notei aí, em geral, senão três coisas: a primeira é que se esforça por explicar o que é o soberano bem, e que dá a seu respeito diversas definições; a segunda, que disputa contra a opinião de Epicuro; e a terceira, que responde aos que objetam aos filósofos, que eles não vivem segundo as regras que prescrevem. Mas, a fim de ver mais particularmente de que maneira ele trata dessas coisas, deter-me-ei um pouco em cada capítulo.

No primeiro, repreende os que seguem o costume e o exemplo mais do que a razão. *Nunquam de vita judicatur,* diz ele, *semper creditur* (a respeito da vida, nunca se julga, sempre se crê). No entanto, aprova realmente que tomemos conselhos daqueles que cremos serem os mais sábios; mas quer que usemos também do próprio juízo, para examinar-lhes as opiniões. E nisso sou fortemente de seu parecer; pois, embora muitos não sejam capazes de encontrar por si mesmos o caminho reto, há uns poucos todavia que não o podem reconhecer suficientemente, quando ele lhes é claramente mostrado por algum outro; e, seja como for, há motivo para estarmos satisfeitos em nossa consciência, e para assegurar-nos que as opiniões que temos com respeito à Moral são as melhores que se possam ter, quando, em vez de nos deixarmos conduzir cegamente pelo exemplo, tomamos o cuidado de procurar o conselho dos mais hábeis, e quando empregamos todas as forças de nosso espírito em examinar o que se devia seguir. Mas, enquanto Sêneca se aplica aqui a ornar sua elocução, não é sempre assaz exato na expressão de seu pensamento; como, ao dizer: *Sanabimur, si modo separemur a coetu* (ficaremos sãos, se nos separarmos da multidão), parece ensinar que basta ser extravagante para ser sábio, o que todavia não é de sua intenção.

No segundo capítulo, não sabe senão repetir, em outros termos, o que disse no primeiro; e acrescenta somente que aquilo que se estima comumente ser o bem não o é.

Depois no terceiro, após haver usado ainda muitas palavras supérfluas, diz enfim a sua opinião sobre o soberano bem, a saber: que *rerum naturae assentitur* (concordar com a natureza das coisas) e que *ad illius legem exemplumque formari sapientia est* (e conformar-se com a lei e com seu exemplo, eis a sabedoria) e que *beata vita est conveniens naturae suae* (a vida feliz está de acordo com sua natureza). Todas essas explicações me parecem muito obscuras; pois não resta dúvida que, pela natureza, não pretende entender nossas inclinações naturais, visto que elas nos levam comumente a seguir a voluptuosidade, contra a qual discute; mas a sequência de seu discurso faz julgar que por *rerum naturam* entende a ordem estabelecida por Deus em todas as coisas existentes no mundo, e que, considerando essa ordem como infalível e independente de nossa vontade, diz que: *rerum naturae assentiri et ad illius legem exemplumque formari, sapientia est*, isto é, que é sabedoria aquiescer à ordem das coisas e fazer aquilo para o qual acreditamos ter nascido; ou então, para falar como cristão, que é sabedoria submeter-se à vontade de Deus e segui-la em todas as nossas ações; e que *beata vita est conveniens naturae suae*, isto é, que a beatitude consiste em seguir assim a ordem do mundo, e tomar de boa parte todas as coisas que nos acontecem. O que não explica quase nada, e não se vê bem a conexão disso com o que acrescenta logo em seguida, que esta beatitude não pode sobrevir *nisi sana mens est* (se o espírito não é são) etc., a não ser que entenda também que *secundum naturam vivere* é viver segundo a verdadeira razão.

No quarto e quinto capítulos, dá outras definições do soberano bem, das quais todas têm alguma relação com o sentido da primeira, mas nenhuma o explica suficientemente; e elas fazem parecer, por sua diversidade, que Sêneca não compreendeu claramente o que queria dizer; pois, na medida em que se concebe melhor uma coisa, fica-se mais determinado a expressá-la apenas de uma só maneira. A que me parece melhor achada está no 5º capítulo, onde diz que *beatus est qui nec cupit nec times beneficio ratio nis* (é feliz quem não deseja e não teme, graças à razão), e que *beata vita est in recto certoque judicio stabilita* (a vida feliz firma-se sobre um julgamento reto e seguro). Mas enquanto não nos ensinar as razões pelas quais nada devemos temer nem desejar, tudo isso nos ajudará muito pouco.

Começa, nesses mesmos capítulos, a discutir contra os que colocam a beatitude na voluptuosidade, e continua nos seguintes. Eis por que, antes de examiná-los, expressarei aqui meu sentimento sobre esta questão.

Noto, primeiramente, que há diferença entre a beatitude, o soberano bem e o fim último ou o alvo a que devem tender nossas ações: pois a beatitude não é o soberano bem; mas o pressupõe, e ela é o contentamento ou a satisfação de espírito que vem do fato de o possuirmos. Mas, pelo fim de nossas ações, pode-se entender um e outro; pois o soberano bem é sem dúvida a coisa que devemos propor-nos como escopo em todas as nossas ações, e o contentamento de espírito que daí resulta, sendo o atrativo que nos incita a procurá-lo, é também a bom título chamado nosso fim.

Noto, ademais, que Epicuro tomou a palavra voluptuosidade numa acepção diferente da que tomaram aqueles que disputaram contra ele. Pois todos os seus adversários restringiram a significação do termo aos prazeres dos sentidos; e ele, ao contrário, a estendeu a todos os contentamentos do espírito, como se pode facilmente julgar pelo que Sêneca e alguns outros escreveram a seu respeito.

Ora, houve três opiniões principais, entre os filósofos pagãos, sobre o soberano bem e o fim de nossas ações, a saber: a de Epicuro, que disse que era a voluptuosidade; a de Zenon, que pretendeu que fosse a virtude; e a de Aristóteles, que a compôs de todas as perfeições, quer do corpo, quer do espírito. Essas três opiniões podem, parece-me, ser acolhidas como verdadeiras e acordadas entre si, desde que sejam favoravelmente interpretadas.

Pois, tendo Aristóteles considerado o soberano bem de toda a natureza humana em geral, isto é, o que pode possuir o mais completo de todos os homens, teve razão de compô-lo de todas as perfeições de que é capaz a natureza humana; mas isto de nada serve para o nosso uso.

Zenon, ao contrário, considerou aquele que cada homem em seu particular pode possuir; eis por que lhe assistiu boníssima razão ao dizer que consiste apenas na virtude, porque não há, entre os bens que podemos ter, outro exceto ela, que dependa inteiramente de nosso livre-arbítrio. Mas representou esta virtude tão severa e tão inimiga da voluptuosidade, tornando todos os vícios iguais, que só houve, parece-me, melancólicos, ou espíritos inteiramente separados do corpo, que pudessem ser seus sectários.

Enfim, Epicuro não cometeu erro ao considerar em que consiste a beatitude, e qual o motivo, ou o fim a que tendem nossas ações, ao dizer que é a voluptuosidade em geral, isto é, o contentamento do espírito; pois ainda que o exclusivo conhecimento de nosso dever nos pudesse obrigar a praticar boas ações, isto não nos faria, entretanto, gozar de qualquer beatitude, se daí não nos adviesse nenhum prazer. Mas como se atribui amiúde o nome de voluptuosidade a falsos prazeres, que são acompanhados ou seguidos de inquietude, aborrecimentos e arrependimentos, muitos acreditaram que esta opinião de Epicuro ensinava o vício; e, com efeito, ela não ensina virtude. Mas como, quando existe em alguma parte um prêmio para atirar ao alvo, suscita-se o desejo de atirar àqueles a quem se mostra este prêmio, sem que por isso possam ganhá-lo, se não veem o alvo, e os que o veem não são por isso induzidos a atirar, se não sabem que há um prêmio a ganhar, assim a virtude, que é o alvo, não se faz desejar muito, quando a vemos totalmente só; e o contentamento, que é o prêmio, não pode ser adquirido, a não ser que a sigamos.

Eis por que julgo poder concluir aqui que a beatitude não consiste senão no contentamento do espírito, isto é, no contentamento em geral; pois, embora haja contentamentos que dependem do corpo, e outros que dele não dependem de modo algum, não há todavia qualquer outro, exceto no espírito: mas, para haver um contentamento que seja sólido, é preciso seguir a virtude, isto é, ter uma vontade firme e constante de executar tudo o que julgarmos ser o melhor e empregar toda a força de nosso entendimento em bem julgar. Reservo para outra vez o considerar o que Sêneca escreveu a este respeito; pois minha carta já está demasiado longa, e só me resta o espaço necessário para escrever que sou,

Minha Senhora,
de Vossa Alteza o mui humilde e mui obediente servidor,

Descartes

A Elisabeth

Egmond, 1º de setembro de 1645.

Minha Senhora,

Como reinasse ultimamente incerteza se Vossa Alteza estava em Haia ou em Rhenen, enderecei minha carta por Leiden, e a que me fez a honra de escrever só me foi entregue depois que o mensageiro, que a levara a Alckmar, daí partiu. O que me impediu de poder testemunhar mais cedo quão orgulhoso me sinto do fato de o julgamento que fiz do livro que Vossa Alteza se deu ao trabalho de ler não ser diferente do seu, e de minha maneira de raciocinar lhe parecer bastante natural. Convenço-me de que se V. A. tivesse o lazer de pensar, tanto quanto eu o fiz, nas coisas de que ele trata, nada poderia escrever que já não houvesse melhor observado do que eu; mas como a idade, o nascimento e as ocupações de V. A. não o puderam permitir, talvez o que escrevo possa servir para poupar-lhe um pouco o tempo, e minhas falhas mesmas forneçam-lhe ocasião de notar a verdade. Como quando falei de uma beatitude que depende inteiramente de nosso livre-arbítrio e que todos os homens podem adquirir sem nenhuma assistência de alhures, e V. A. observou muito bem que há moléstias que, tirando o poder de raciocinar, tiram também o de gozar de uma satisfação de espírito racional; e isto me informa que aquilo que disse em geral de todos os homens só deve ser entendido quanto aos que possuem o livre uso de sua razão e com isso sabem o caminho que é preciso trilhar para chegar a esta beatitude. Pois não há quem não deseje tornar-se feliz; muitos porém não conhecem o meio; e amiúde a indisposição que há no corpo impede que a vontade seja livre. Como acontece também quando dormimos; pois o maior filósofo do mundo não poderia impedir-se de ter maus sonhos, quando seu temperamento a tanto o dispõe. Todavia, a experiência mostra que, se se concebeu muitas vezes um pensamento, quando se teve o espírito em liberdade, este reaparece em seguida, qualquer que seja a indisposição que sinta o corpo; assim, posso dizer que meus sonhos jamais me representam algo de incômodo, e sem dúvida tira-se grande vantagem do fato de haver-se, desde há muito, acostumado a não nutrir pensamentos tristes. Mas não podemos responder absolutamente por nós mesmos, a não ser enquanto nos pertencemos, e significa menos perder a vida do que perder o uso da razão; pois, mesmo sem os ensinamentos da fé, só a Filosofia natural leva nossa alma a esperar um estado mais feliz, após a morte, do que aquele em que se encontra presentemente; não há coisa que ela lhe faça temer como mais deplorável do que estar ligada a um corpo que lhe rouba inteiramente a liberdade.

Quanto às outras indisposições, que não perturbam totalmente o senso, mas alteram apenas os humores, e fazem com que a gente se sinta extraordinariamente inclinada à tristeza, à cólera, ou a alguma outra paixão, dão sem dúvida pena, mas podem ser sobrepujadas, e até proporcionam à alma motivo de uma satisfação tanto maior quanto foram mais difíceis de vencer. E creio também o mesmo de todos os impedimentos exteriores, como do brilho de um grande nascimento, dos galanteios da corte, das adversidades da fortuna, e também de suas grandes prosperidades, as quais ordinariamente obstam que se possa desempenhar o papel de filósofo mais do que o fazem as desgraças. Pois, quando temos tudo quanto desejamos, esquecemos de pensar em nós, e quando, em seguida, a sorte muda, vemo-nos tanto mais surpresos, quanto mais nos fiávamos nela. Enfim, pode-se dizer em geral que não há coisa capaz de nos subtrair inteiramente o meio de nos tornarmos felizes, desde que ela não perturbe nossa razão; e que nem sempre as que parecem mais aborrecidas são as que mais prejudicam.

Mas, a fim de saber exatamente o quanto cada coisa pode contribuir para o nosso contentamento, cumpre considerar quais são as causas que o produzem, e isso constitui também um dos principais conhecimentos que podem servir para facilitar o uso da virtude; pois todas as ações de nossa alma que nos conseguem alguma perfeição são virtuosas, e todo o nosso contentamento consiste apenas no nosso testemunho interior de possuirmos alguma perfeição. Assim, jamais poderíamos praticar qualquer virtude (isto é, fazer o que nossa razão nos persuade que devemos fazer), se daí não recebessemos satisfação e prazer. Mas há duas espécies de prazer: uns que pertencem ao espírito só e outros que pertencem ao homem, isto é, ao espírito enquanto unido ao corpo; e esses últimos, apresentando-se confusamente à imaginação, parecem muitas vezes maiores do que são, principalmente antes de os possuirmos, o que é fonte de todos os males e de todos os erros da vida. Pois, segundo a regra da razão, cada prazer dever-se-ia medir pela grandeza da perfeição que o produz, e é assim que medimos aqueles cujas causas nos são claramente conhecidas. Mas amiúde a paixão nos faz julgar certas coisas melhores e mais desejáveis do que o são; pois, quando nos demos muito trabalho em adquiri--las, e perdemos, entretanto, a ocasião de possuir outros bens mais verdadeiros, o gozo nos faz conhecer seus defeitos, e daí provêm os desdéns, os pesares e os arrependimentos. Eis por que o verdadeiro ofício da razão é examinar o justo valor de todos os bens cuja aquisição pareça depender de alguma maneira de nossa conduta, a fim de que nunca deixemos de envidar todos os nossos cuidados no esforço de obter aqueles que são, com efeito, os mais desejáveis; no que, se a fortuna se opõe a nossos desígnios e impede seu bom êxito, teremos ao menos a satisfação de nada haver perdido por nossa falta, e não deixaremos de desfrutar de toda a beatitude natural cuja aquisição haja estado ao nosso alcance.

Assim, por exemplo, a cólera pode às vezes excitar em nós desejos de vingança tão violentos que nos levará a imaginar maior prazer em castigar nosso inimigo do que em conservar nossa honra ou nossa vida, induzindo-nos a expor imprudentemente uma e outra para esse motivo. Ao passo que, se a razão examina qual o bem ou a perfeição em que se baseia este prazer que tiramos da vingança, não encontrará nenhum outro (ao menos quando tal vingança não serve para impedir que nos ofendam de novo), exceto que isso nos faz imaginar que dispomos de alguma sorte de superioridade e alguma vantagem sobre aquele de quem nos desafrontamos. O que constitui amiúde apenas vã imaginação, que não merece ser estimada em comparação com a honra ou a vida, nem sequer em comparação com a satisfação que teríamos de ver-nos senhores de nossa cólera, abstendo-nos de nos vingar.

E algo semelhante acontece em todas as outras paixões; pois não há uma única que não nos represente o bem ao qual ela tende com mais brilho do que merece, e que não nos leve a imaginar prazeres bem maiores antes que os possuamos, os quais não encontramos em seguida, quando os temos. O que faz comumente reprovar a voluptuosidade, porque nos servimos desta palavra apenas para significar prazeres que nos enganam muitas vezes por sua aparência, e nos fazem negligenciar outros muito mais sólidos, mas cuja expectativa não toca tanto, como são comumente os do espírito apenas. Digo comumente, pois nem todos os do espírito são louváveis, porque podem ser fundados em alguma falsa opinião, como o prazer que se sente em maldizer, que se funda apenas em que alguém pensa dever ser tanto mais estimado quanto menos o forem os outros; e eles podem também enganar-nos por sua aparência, quando alguma forte paixão os acompanha, como ocorre no que dá a ambição.

Mas a principal diferença existente entre os prazeres do corpo e os do espírito, consiste em que, sendo o corpo sujeito a mudança perpétua e dependendo mesmo sua conservação e seu bem-estar desta mudança, todos os prazeres que lhe concernem quase não duram; pois procedem apenas da aquisição de algo que é útil ao corpo, no momento em que os recebe; e tão logo cessa de lhe ser útil, eles também cessam, ao passo que os da alma podem ser imortais como ela, contanto que tenham um fundamento tão sólido que nem o conhecimento da verdade ou qualquer falsa persuasão os destruam.

De resto, o verdadeiro uso de nossa razão para a conduta da vida consiste apenas em examinar e considerar sem paixão o valor de todas as perfeições, tanto do corpo como do espírito, que podem ser adquiridas por nossa conduta, a fim de que, sendo de ordinário obrigados a nos privar de algumas, escolhamos sempre as melhores. E como as do corpo são as menores, pode-se dizer em geral que, sem elas, há meio de nos tornarmos felizes. Todavia, não sou de modo algum de opinião que devamos desprezá-las inteiramente, ou mesmo que devamos isentar-nos de ter paixões; basta que as assujeitemos à razão e, uma vez assim domesticadas, algumas são tanto mais úteis quanto mais pendem para o excesso. E jamais terei outra mais excessiva do que aquela que me leva ao respeito e à veneração que vos devo, e me faz ser,

Minha Senhora,
de Vossa Alteza o mui humilde e mui obediente servidor,

Descartes

## A Elisabeth

Egmond, 15 de setembro de 1645

Madame

Vossa Alteza percebeu com tal exatidão todas as causas que impediram Sêneca de nos expor claramente sua opinião no tocante ao soberano bem, e vós vos haveis dado ao trabalho de ler seu livro com tanto cuidado, que recearia tornar-me importuno se continuasse a examinar, por ordem, todos os capítulos; e isso me fez ser diferente ao responder à dificuldade que vos agradou propor-me quanto aos meios de se fortalecer o entendimento para se discernir o que há de melhor em todas as ações da vida. Eis por que, sem me deter em seguir Sêneca, me esforçarei apenas em explicar minha opinião relativa a essa matéria.

Não pode haver, parece-me, senão duas coisas que se requeiram para que estejamos sempre preparados para bem julgar: uma é o conhecimento da verdade e, a outra, o hábito que faz com que nos lembremos e consintamos este conhecimento todas as vezes que a ocasião o requisitar. Mas porque só Deus sabe perfeitamente todas as coisas, é necessário nos contentarmos em saber aquelas que mais servem ao nosso uso.

Entre as quais, a primeira e principal é que há um Deus de quem todas as coisas dependem, cujas perfeições são infinitas, cujo poder é imenso, cujos decretos são infalíveis: pois, em boa parte, isso nos ensina a receber todas as coisas que nos acontecem como nos tendo sido expressamente enviadas por Deus. E porque o verdadeiro objeto do amor é a perfeição, quando elevamos nosso espírito para considerá-lo tal como é, encontramo-nos naturalmente tão enclinados a amá-lo que retiramos mesmo alegria de nossas aflições, pensando que Sua vontade se executa naquilo que recebemos.

A segunda coisa que é preciso conhecer é a natureza de nossa alma, uma vez que ela subsiste sem o corpo, é muito mais nobre do que ele e capaz de uma infinidade de contentamentos que não se encontram nesta vida: pois isso nos impede de temer a morte e destaca inteiramente nossa afeição das coisas do mundo que somente com desprezo olhamos o que está sob o poder da fortuna.

O que também pode muito servir para que se julgue dignamente as obras de Deus e que se tenha essa vasta ideia da extensão do universo, que tentei fazer conceber no terceiro livro de meus *Princípios*; pois caso se imagine que além dos céus não haja senão espaços imaginários, e que todos esses céus são feitos só para o serviço da Terra, e a Terra para o homem, isso faz com que nos inclinemos a pensar que essa Terra seja a nossa principal morada e esta vida a nossa melhor; e que, em lugar de conhecer as perfeições que verdadeiramente estão em nós, atribuamos às outras criaturas imperfeições que não possuem para nos elevarmos acima delas; e passando para uma presunção impertinente, quer-se pertencer ao conselho de Deus e com ele assumir o encargo de conduzir o mundo, o que causa uma infinidade de vãs inquietações e contrariedades.

Depois que se tenha assim reconhecido a bondade de Deus, a imortalidade de nossas almas e a grandeza do universo, existe ainda uma verdade cujo conhecimento me parece bastante útil: aquele que, embora cada um de nós seja uma pessoa separada das outras, e que, por conseguinte, os interesses sejam, sob alguma forma, distintos daqueles do resto do mundo, deve-se entretanto pensar que não poderíamos subsistir a sós e que somos, com efeito, uma das partes do universo e, mais particularmente ainda, uma das partes desta Terra, uma das partes do Estado, da sociedade, da família, à qual estamos ligados pela casa, por promessas e pelo nascimento. E é preciso sempre preferir os interesses do todo, do qual somos parte, àqueles de sua pessoa em particular; para estes, entretanto, com medida e discrição, pois não temos o direito de nos expormos a um grande mal, para conseguir apenas um pequeno bem para seus pais ou seu país. E se um homem vale mais, sozinho, do que todo o resto da cidade, não teria razão de se querer perder para salvá-la. Mas se relacionássemos tudo a nós mesmos, não temeríamos prejudicar muito os outros homens, quando se acreditasse obter alguma pequena comodidade, e não teríamos nenhuma verdadeira amizade ou fidelidade e nem, geralmente, qualquer virtude; ao contrário, considerando-se como parte do público, adquire-se prazer em fazer o bem a todos e também não se teme expor-se a vida a serviço de outrem, quando a ocasião se apresenta, e até mesmo se desejaria perder sua alma, se pudesse, para salvar os demais. De maneira que esta consideração é a fonte e a origem de todas as mais heroicas ações que os homens fazem; pois, para aqueles que se expõem à morte por vaidade, esperando ser louvados, ou por estupidez, já que não percebem o perigo, creio estarem mais para a piedade do que para a estima. Mas quando alguém a ela se expõe, porque acredita que é seu dever, ou então quando sofre algum outro mal, a fim de que retorne o bem aos outros, ainda que talvez não considere refletidamente que faz isso porque deve mais ao público, do qual é parte, do que a si mesmo em sua particularidade, ele o faz, todavia, em virtude daquela consideração que está confusamente em seu pensamento. E se é naturalmente levado a tê-la quando se ama a Deus como é preciso. Pois então, abandonando-se de todo à sua vontade, nos despojamos de nossos próprios interesses e não temos outra paixão que a de fazer o que cremos lhe ser agradável; como resultado, experimentamos satisfações de espírito e contentamentos que valem incomparavelmente mais do que todas as pequenas alegrias passageiras que dependem dos sentidos.

Além dessas verdades, que dizem respeito geralmente a todas as nossas ações, é preciso também saber outras que se relacionam mais particularmente a cada uma delas. Entre as principais, parecem-me ser aquelas que mencionei em minha última carta, a saber: que todas as nossas paixões nos representam os bens, à procura dos quais elas nos incitam, muito maiores do que verdadeiramente o são; e que os prazeres do corpo não são nunca tão duráveis quanto os da alma, nem tão grandes, quando os possuímos, quanto parecem quando os esperamos. Algo que devemos observar cuidadosamente a fim de, quando nos sentirmos comovidos por uma paixão, suspendermos nosso julgamento até que ela esteja apaziguada; e não nos deixarmos facilmente enganar pela falsa aparência dos bens deste mundo.

Ao que não posso acrescentar outra coisa a não ser que é necessário sempre examinar, em suas particularidades, todos os costumes dos lugares em que vivemos para saber até onde devem ser seguidos. E embora não possamos ter demonstrações certas de tudo, devemos, entretanto, tomar partido e abraçar as opiniões que nos pareçam as mais verossímeis no tocante a todas as coisas que estejam em uso, a fim de que jamais sejamos irresolutos quando for o caso de agir. Pois só a irresolução causa os pesares e os arrependimentos.

De resto, disse acima que, além do conhecimento da verdade, requer-se também o hábito, para que se esteja sempre disposto a bem julgar. Pois visto não podermos estar continuamente atentos à mesma coisa, por mais claras e evidentes que tenham sido as razões que antes nos persuadiram de alguma verdade, podemos depois ser afastados dessa crença por falsas aparências, a não ser que, por uma meditação longa e frequente, nós a tenhamos tão completamente impressa em nosso espírito que ela se tenha convertido em hábito. Neste sentido, tem-se razão, na Escola, de dizer-se que todas as virtudes são hábitos, pois, efetivamente, não se falha por não se ter em teoria o conhecimento do que se deve fazer, mas somente por não tê-lo na prática, quer dizer, pela falta de um firme hábito de nele crer. E pelo fato de que, enquanto examino aqui essas verdades, lhes aumento o hábito em mim, agradeço particularmente a Vossa Alteza por me permitir com elas entretê-la, e não há nada em que estime melhor o meu lazer empregado do que naquilo pelo qual posso testemunhar que sou,

Madame,
de Vossa Alteza o mais humilde e mui obediente servidor,

Descartes

## A Elisabeth

Egmond, 6 de outubro de 1645

Madame,

Propus-me algumas vezes uma dúvida: saber se é melhor ser alegre e contente, ao imaginar serem os bens que se possui maiores e mais estimáveis do que o são, e ainda ignorar ou deixar de considerar os que faltam, do que ter mais consideração e saber para conhecer o justo valor de uns e de outros, e tornar-se mais triste. Se eu pensasse que o soberano bem fosse a alegria, não duvidaria que se devesse esforçar, a qualquer preço que fosse, para se tornar alegre, e aprovaria a brutalidade daqueles que afogam seus desprazeres no vinho ou os atordoam com fumo. Mas distingo entre o soberano bem, que consiste no exercício da virtude, ou, o que é o mesmo, na posse de todos os bens cuja aquisição depende de nosso livre-arbítrio, e a satisfação do espírito que se segue a essa aquisição. Eis por que, vendo que é uma maior perfeição conhecer a verdade, mesmo que ela nos seja inconveniente, do que ignorá-la, confesso que é melhor ser menos alegre e ter mais conhecimento. Não é sempre também, quando se tem a maior alegria, que se tem o espírito mais satisfeito; ao contrário, as grandes alegrias são ordinariamente mornas e sérias, e só as medíocres e passageiras estão acompanhadas pelo riso. Assim, não aprovo que procuremos nos enganar, alimentando-nos de falsas imaginações, pois todo o prazer que daí advém só pode tocar a superfície da alma, a qual, no entanto, sente amargura interior ao perceber que são falsas. E embora pudesse acontecer que ela fosse continuamente distraída por coisas exteriores, sem que se apercebesse, não se gozaria da beatitude em questão, pois ela depende de nossa conduta, e isso não proviria senão do acaso.

Mas quando se pode ter diversas considerações igualmente verdadeiras, algumas das quais nos levam ao contentamento, e outras, ao contrário, no-lo impedem, parece-me que a prudência quer que nos detenhamos principalmente naquelas que nos dão satisfação; da mesma maneira, pelo fato de que quase todas as coisas do mundo são tais que as podemos olhar por algum lado que as faça parecer boas, e, de outro, por onde constatamos os defeitos, creio que, devendo-se usar de habilidade em alguma coisa, seja principalmente aquela de saber olhar pelo viés que no-las fazem parecer vantajosas, desde que isso não nos engane.

Assim, quando Vossa Alteza observa as causa pelas quais ela pode ter tido mais lazer para cultivar sua razão do que muitas outras de sua idade, e se lhe agrada também considerar o quanto ela aproveitou mais do que as outras, asseguro-me de que terá com o que se alegrar. E não vejo por que prefere comparar-se a elas, o que lhe dá ocasião de se lamentar, do que com aquilo que lhe poderia dar satisfação. Pois a constituição de nossa natureza é tal que nosso espírito tem necessidade de muito relaxe a fim de que possa empregar utilmente alguns momentos na procura da verdade, e que ele se entorpeceria, ao invés de se aperfeiçoar, caso se aplicasse demais ao estudo; não devemos medir o tempo que pudemos empregar em instruir-nos pela quantidade de horas que tivemos, mas antes, parece-me, pelo exemplo do que vemos comumente acontecer aos outros, como sendo um sinal da aptidão ordinária do espírito humano.

Parece-me também não haver motivo para se arrepender quando se faz o que se julgou o melhor na época em que se decidiu pela execução, ainda que depois, pensando com mais tempo a respeito, julgue-se ter errado. Mas se deveria antes arrepender-se caso se tenha feito algo contra a consciência, ainda que se reconheça depois ter-se feito melhor do que o pensado, pois não temos de responder senão aos nossos pensamentos; e a natureza do homem não é a de tudo saber, nem a de julgar sempre tão bem de imediato, mas quando se tem muito tempo para deliberar.

De resto, embora a vaidade, que faz com que tenhamos melhor opinião de si do que se deveria, seja um vício que só pertença às almas fracas e baixas, não quer dizer que os mais fortes e generosos se devam menosprezar; mas é preciso fazer-se justiça a si mesmo, reconhecendo suas perfeições, tanto quanto seus defeitos; e se o decoro impede que os tornemos públicos, não por isso impede que os sintamos.

Enfim, ainda que não se tenha uma ciência infinita, para conhecer perfeitamente todos os bens que se deve escolher nas várias ocasiões da vida, deve-se, em minha opinião, contentar-se em ter um mínimo das coisas mais necessárias, como aquelas que enumerei em minha última carta.

Na qual já declarei minha opinião no tocante à dificuldade que Vossa Alteza propõe: saber se aqueles que relacionam tudo a si mesmos têm mais razão do que aqueles que se atormentam muito com os outros. Pois se pensássemos apenas em nós, só poderíamos desfrutar dos bens que nos fossem particulares; enquanto, se nos consideramos como partes de algum outro corpo, também participamos dos bens que lhe são comuns, sem por isso estarmos privados daqueles que nos são próprios. E o mesmo não se dá com os males, pois, segundo a filosofia, o mal não é nada de real, mas apenas uma privação; e quando nos entristecemos por causa de algum mal acontecido a nossos amigos, não participamos por isso da carência de que consiste esse mal; e alguma tristeza ou sofrimento que tenhamos na ocasião não poderia ser tão grande quanto é a satisfação interior que sempre acompanha as boas ações, e principalmente aquelas que procedem de uma pura afeição por outrem, sem relação consigo mesmo, quer dizer, da virtude cristã que se chama caridade. Pode-se assim, mesmo chorando e muito sofrendo, ter mais prazer do que quando se ri e se descansa.

E é fácil provar que o prazer da alma, que consiste na beatitude, não é inseparável da alegria e da satisfação do corpo, tanto pelo exemplo das tragédias, que mais nos agradam quanto mais nos excitam a tristeza, como por aquele dos exercícios do corpo, como a caça, o jogo da péla e outros semelhantes, que não deixam de ser agradáveis, embora cansativos; e com frequência vê-se mesmo que são a fadiga e o esforço que lhe aumentam o prazer. E a causa do contentamento que a alma recebe dos exercícios está em que eles a fazem constatar a força, a habilidade ou qualquer outra perfeição do corpo, ao qual está ligada. Mas o contentamento que ela tem de chorar, vendo representar alguma ação piedosa e funesta no teatro, vem principalmente do fato de que assim lhe parece agir virtuosamente, tendo compaixão dos aflitos; e geralmente agrada-lhe sentir-se movida por paixões, de qualquer natureza que seja, desde que delas se conserve senhora.

Mas é preciso examinar mais particularmente essas paixões, a fim de podê-las definir. O que aqui me será mais fácil do que se escrevesse a outrem, pois Vossa Alteza, tendo-se dado ao trabalho de ler o tratado que esbocei no passado, no tocante à natureza dos animais, já sabeis como concebo a formação das diversas impressões em seus cérebros: algumas por objetos exteriores que movem os sentidos, outras por disposições interiores do corpo, ou pelos vestígios de impressões precedentes que permaneceram na memória, ou pela agitação dos espíritos que vêm do coração, ou também, no homem, pela ação da alma, que tem alguma força para mudar as impressões que estão no cérebro, assim como, reciprocamente, essas impressões têm a força de excitar na alma pensamentos que não dependem de sua vontade. Por conseguinte, pode-se geralmente denominar paixões a todos os pensamentos que são assim excitados na alma sem o concurso de sua vontade e, por consequência, sem nenhuma ação que dela provenha, mas unicamente pelas impressões que estão no cérebro, pois tudo o que não é ação é paixão. Ordinariamente, no entanto, restringe-se esse nome aos pensamentos que são causados por alguma agitação particular dos espíritos. Pois as que chegam dos objetos exteriores, ou ainda das disposições interiores do corpo, como a percepção das cores, dos sons, dos odores, a fome, a sede, a dor e semelhantes, denominam-se sensações. Aquelas que apenas dependem do que as impressões anteriores deixaram na memória e da agitação ordinária do espírito são devaneios, venham em sonho ou quando em vigília, pois a alma, em nada se determinando a si mesma, segue apaticamente as impressões que se encontram no cérebro. Mas quando usa de sua vontade para determinar-se em algum pensamento, que não é apenas inteligível, mas imaginável, este pensamento faz uma nova impressão no cérebro, e isso não é na alma uma paixão, mas uma ação, a que se nomeia, propriamente, imaginação. Enfim, quando o curso ordinário dos espíritos é tal que excite comumente pensamentos tristes ou alegres, ou outros semelhantes, não os atribuímos às paixões, mas ao natural ou ao humor daquele em que elas se excitam, e isso faz com que digamos que este homem é de um natural triste, aquele outro de um natural alegre etc. Assim, não restam senão os pensamentos que vêm de alguma particular agitação dos espíritos, e dos quais sentimos os efeitos como na própria alma, os que sejam propriamente denominados paixões.

É verdade que deles quase nunca temos senão alguns que não dependam de várias causas que acabo de distinguir, mas damos-lhes a denominação daquela que é a principal, ou à qual se considere como principal. O que faz com que muitos confundam o sentimento da dor com a paixão da tristeza, e a sensação da cócega com a paixão da alegria, a qual também nomeiam volúpia ou prazer; e os da sede ou da fome com os desejos de beber e comer, que são paixões: pois, ordinariamente, as causas que fazem a dor também agitam os espíritos, de maneira semelhante à que se requer para excitar a tristeza, e aquelas que fazem sentir alguma cócega os agitam da maneira que se requer para excitar a alegria, e assim os outros.

Algumas vezes também se confundem as inclinações ou hábitos que predispõem a alguma paixão com a própria paixão, o que é, entretanto, fácil de distinguir. Pois quando se diz numa cidade, por exemplo, que os inimigos vêm assediá-la, o primeiro juízo que os habitantes fazem do mal que lhes pode acontecer é uma ação de suas almas, não uma paixão. E ainda que este juízo se encontre, de modo semelhante, em muitos, eles não são, todavia, igualmente movidos, mas alguns mais e outros menos, conforme tenham mais ou menos inclinação para o medo. E antes que suas almas recebam a emoção, no que somente consiste a paixão, é preciso que ela faça esse juízo, ou ainda, sem julgar, que elas ao menos concebam o perigo e com ele imprimam a imagem no cérebro (o que se faz por uma outra ação, denominada imaginar) e que, do mesmo modo, ela determine aos espíritos, que pelos nervos vão do cérebro aos músculos, entrar naqueles que servem para fechar novamente as aberturas do coração, o que retarda a circulação do sangue; como resultado, todo o corpo torna-se lívido, frio e trêmulo, e os novos espíritos, que vêm do coração em direção ao cérebro, agitam-se de tal maneira que não podem ajudar a formar ali outras imagens senão aquelas que excitam na alma a paixão do medo: todas as coisas se encadeiam tão proximamente umas das outras que parece ser uma só operação. E assim, em todas as demais paixões acontece alguma agitação particular nos espíritos que vêm do coração.

Eis o que pensava escrever a Vossa Alteza há oito dias, e meu propósito era o de ali acrescentar uma explicação particular de todas as paixões; mas tendo encontrado dificuldade em inventariá-las, fui constrangido a deixar partir a correspondência sem minha carta. Havendo recebido no entanto aquela que Vossa Alteza me fez a honra de escrever, tenho uma nova oportunidade de responder, o que me obriga a adiar para uma outra vez este exame das paixões, para dizer aqui que todas as razões que provam a existência de Deus, e que Ele é a causa primeira e imutável de todos os efeitos que não dependam do livre-arbítrio dos homens, provam também, do mesmo modo, que Ele é a causa de todas as ações que Dele dependem. Pois não se poderia demonstrar que Ele existe senão O considerando como um ente soberanamente perfeito; e Ele não seria soberanamente perfeito se pudesse ocorrer qualquer coisa no mundo que não viesse inteiramente Dele. É verdade que somente a fé nos ensina o que é a graça, pela qual Deus nos eleva a uma beatitude sobrenatural; mas apenas a filosofia já é suficiente para conhecer que o menor pensamento não poderia entrar no espírito do homem se Deus não quisesse ou tenha querido que ele entrasse, desde toda a eternidade. E a distinção da Escola entre as causas universais e particulares não tem aqui lugar, pois o que faz, por exemplo, com que o sol, causa universal de todas as flores, não seja nem por isso a causa pela qual as tulipas se diferenciam das rosas, é que sua produção depende também de algumas outras causas particulares que não lhe estão subordinadas. Mas Deus é inteiramente a causa universal de tudo, do mesmo modo que é a causa total; e assim, nada pode acontecer sem a Sua vontade.

É verdade também que o conhecimento da imortalidade da alma e das felicidades de que será capaz, encontrando-se fora desta vida, poderia dar motivo àqueles que se entediam com ele de evitá-lo, se estivessem seguros de que depois gozariam de todas aquelas felicidades. Mas nenhuma razão os faz seguros e só há a falsa filosofia de Hegesias[3], cujo livro foi proibido por Ptolomeu, porque muitos se mataram após tê-lo lido, que procura persuadir que esta vida é má. A verdadeira ensina, muito ao contrário, que, mesmo entre os mais tristes acidentes e as mais insistentes dores, pode-se sempre ter alegria, desde que se saiba usar da razão.

No que diz respeito à extensão do universo, não vejo como se é induzido a separar a providência particular da ideia que temos de Deus; pois muito diferentes de Deus são os poderes finitos, os quais, podendo ser consumidos, nos dá motivo para julgar, ao vê-los utilizados para vários grandes efeitos, não ser verossímil que se estendam até os menores. Mas uma vez que consideremos as obras de Deus maiores, melhor reparamos na infinidade de Seu poder. E quanto mais esta infinidade nos é conhecida, mais nos asseguramos de que ela se estende até as mais particulares ações dos homens.

Também não creio que, por esta providência particular de Deus, que Vossa Alteza disse ser o fundamento da teologia, vós entendeis alguma modificação que ocorra em seus decretos nos momentos das ações que dependem de nosso livre-arbítrio. Pois a teologia não admite esta mudança; e quando nos obriga a pedir a Deus, não é com a intenção de ensinar-lhe do que temos necessidade, nem a de procurar obter a mudança da ordem estabelecida desde a eternidade por sua providência: uma e outra seriam censu-

---

3. Hegesias de Magnésia, retórico e historiador grego, ativo por volta de 300 a.C., conhecido não apenas por seu estilo "asiático", ou, segundo Dioniso de Halicarnasso, efeminado e ignóbil, mas, sobretudo, como o "orador da morte", já que pregava o suicídio como salvação para todos os males da vida.

ráveis. Mas é apenas com o intuito de obter o que Ele quis, desde a eternidade, que obtivéssemos com nossas preces. E creio que todos os teólogos estejam de acordo com isso, mesmo os Arminianos[4], que parecem ser os que mais se diferem no livre-arbítrio.

Confesso ser difícil medir exatamente até onde a razão ordena que nos interessemos pelo que é público, mas também não é uma coisa em que seja necessária muita exatidão: basta satisfazer sua consciência e pode-se com isso oferecer-se muito de sua inclinação. Pois Deus estabaleceu tão completamente a ordem das coisas e uniu os homens em uma tão estreita sociedade que, embora cada um relacione tudo a si mesmo, e não tenha nenhuma caridade pelos outros, Ele não deixaria de se consagrar ordinariamente a eles em tudo o que estivesse sob seu poder, desde que usasse de prudência, principalmente se vivesse em um século no qual os costumes não estivessem corrompidos. E, além disso, como é algo mais elevado e mais glorioso fazer o bem aos outros homens do que obtê-lo apenas para si, também são as grandes almas as que têm para Ele as maiores inclinações, e fazem menos caso dos bens que possuem. Só as fracas e baixas estimam-se mais do que devem e são como pequenos vasos que apenas três gotas podem encher. Sei que Vossa Alteza não pertence a essa maioria, e já que não se pode incitar essas almas baixas a se esforçarem por outrem, a não ser fazendo-as ver que tirarão alguma vantagem para si mesmas, é preciso, para o interesse de Vossa Alteza, mostrar-lhe que ela não poderia ser amplamente útil àqueles a quem afeiçoa caso se negligenciasse a si mesma, e pedir-lhe que cuide de sua saúde. É o que faz,

Madame,
de Vossa Alteza, o muito humilde e obediente servidor,

Descartes.

---

4. Adeptos do teólogo holandês Jacob Harmensz (Arminius), cujas interpretações doutrinárias foram consideradas heréticas por um sínodo das igrejas reformadas do país, realizado em 1618. Entre aquelas, sustentava-se a existência absoluta do livre-arbítrio.

A Elisabeth,

Egmond, setembro de 1646

Madame,

Li o livro de que Vossa Alteza me pediu a opinião, e ali encontro vários preceitos que me parecem bastante bons, como, entre outros, os dos capítulos 19 e 20: *que um príncipe deve sempre evitar o ódio e o desprezo de seus súditos, e que o amor do povo vale mais do que as fortalezas*. Mas há também vários outros que não poderia aprovar. E acredito que aquilo em que o autor mais falhou é que não fez suficiente distinção entre os príncipes que conquistaram um Estado por meios justos e aqueles que o usurparam por vias ilegítimas, dando a todos as mesmas recomendações que são apropriadas apenas a estes últimos. Pois, assim como na construção de uma casa, cujas fundações fossem muito ruins e não pudessem sustentar paredes altas e espessas, é-se obrigado fazê-las baixas e frágeis, assim também aqueles que começaram a se estabelecer por crimes são ordinariamente obrigados a continuar a cometê-los, não podendo se conservar se quisessem ser virtuosos.

Foi com relação a tais príncipes que pôde dizer no capítulo 3: *que não poderiam deixar de ser odiados por muitos; e que tiram com frequência mais proveito em fazer muito mal do que pouco, já que as mais ligeiras ofensas são suficientes para lhes dar vontade de vingá-las, e que as maiores lhes retiram o poder*. Depois, no capítulo 15: que se quisessem ser pessoas de bem, seria impossível que não se arruinassem entre o grande número de perversos que encontramos em todos os lugares. E no capítulo 19: *que se pode ser odiado por boas ações, tanto quanto pelas más*.

Sobre tais fundamentos ele apoia recomendações muito tirânicas, como a de querer *que se arruine todo um país com o intuito de se manter seu senhor; que se exerçam grandes crueldades, desde que seja prontamente e de uma só vez; que procure parecer homem de bem, embora não o sendo verdadeiramente; que só se mantenha a palavra pelo tempo que lhe for útil; que se dissimule e se traia, e, enfim, que para reinar se despoje de toda humanidade e se converta no mais selvagem dos animais.*

Mas é uma matéria muito ruim para com ela se fazerem livros que ofereçam tais preceitos, os quais, no final das contas, não poderiam assegurar aqueles a quem são dados; pois, como ele próprio confessa, *eles não podem se resguardar do primeiro que queira negligenciar sua vida para vingar-se*. Ao invés disso, para instruir um bom príncipe, ainda que recentemente entrado no Estado, parece-me que se lhe deva propor máximas totalmente contrárias, e supor que os meios dos quais se serviu para se estabelecer foram justos; efetivamente, creio que o sejam quase todos quando os príncipes que os praticam assim os estimam, pois a justiça entre os soberanos possui outros limites que entre os particulares, e parece-me que nestas ocasiões Deus dá o direito àqueles a quem dá a força. Porém, as mais justas ações tornam-se injustas quando aqueles que as cometem assim as julgam.

Deve-se também distinguir entre os súditos, os amigos ou aliados, e os inimigos. Pois, com relação a estes últimos, tem-se quase a permissão de tudo fazer, desde que se tire alguma vantagem para si ou para os súditos; e não desaprovo nesta ocasião que se acople a raposa com o leão, e se junte o artifício com a força. Além disso, entendo sob o nome de inimigos todos aqueles que não sejam amigos ou aliados, pois se tem o direito de fazer-lhes a guerra quando nela há proveitos e, começando a se tornar suspeitos ou perigosos, tem-se motivo para desafiá-los. Mas eximo um tipo de impostura que é tão diretamente contrária à sociedade que acredito não se poder jamais lançar-se mão, embora o nosso autor a aprove em diversos lugares e seja muito praticada: a de fingir ser amigo daqueles a quem se quer perder, tendo em vista melhor surpreendê-los. A amizade é coisa por demais santa para se abusar de sua natureza; e aquele que teria podido fingir amar alguém para traí-lo merece que aqueles a quem queira depois amar verdadeiramente não lhe deem crédito e o odeiem.

Quanto aos aliados, um príncipe lhes deve manter exatamente sua palavra, mesmo quando isso lhe for prejudicial. Pois não lhe poderia ser tanto quanto é útil a reputação de não deixar de fazer o que prometeu, e não pode adquirir essa reputação senão em tais ocasiões em que ele mesmo tenha alguma perda; mas naquelas em que se arruinaria totalmente, o direito das gentes[5] o dispensa de tal promessa. Deve também usar de muita circunspecção antes de prometer, a fim de que sempre possa manter sua promessa. E embora seja bom ter amizade com a maior parte de seus vizinhos, creio, no entanto, que o melhor seja não manter alianças estreitas com os menos poderosos. Pois qualquer fidelidade que se proponha ter, não se deve esperar a mesma dos outros, mas ter em conta que se será enganado todas as vezes em que encontrarem alguma vantagem; e aqueles que são mais poderosos podem encontrá-la quando quiserem, mas não os que são menos (poderosos).

No que diz respeito aos súditos, há dois gêneros, a saber, os grandes e o povo. Entendo sob o nome de grandes todos aqueles que podem formar partidos contra o príncipe e da fidelidade dos quais deve assegurar-se; ou, se não a possui, os políticos estão de acordo em que deve empregar todos os cuidados para submetê-los e, quando inclinados a tumultuar o Estado, deve considerá-los como inimigos. Mas quanto aos demais súditos, deve sobretudo evitar seu ódio e seu desprezo, no que creio que sempre pode fazer, contanto que observe exatamente a justiça a seu modo (quer dizer, consoante as leis às quais estão acostumados), sem ser por demais rigoroso nas punições nem indulgente demais nas graças, e não os remeta sempre aos seus ministros, mas sim, deixando somente a cargo destes aqui as condenações mais odiosas, dê testemunho ele próprio do cuidado com tudo o mais. E também que conserve de tal forma sua dignidade que não abandone em nada as honras e deferências que o povo crê lhe serem devidas, mas não exija outras mais, e não traga a público senão suas ações mais sérias ou aquelas que possam ser por todas aprovadas, reservando seus prazeres ao âmbito particular, sem ser em detrimento de sua pessoa. Enfim, que seja imutável e inflexível não nos primeiros propósitos

---

5 Expressão para designar o direito internacional ou dos Estados.

que tenha formado em si mesmo, porque, não tendo olhos em todos os lugares, é necessário que peça conselhos e escute as razões de outros antes de se resolver; mas que seja inflexível no que diz respeito às coisas pelas quais se tenha decidido, mesmo que lhe sejam prejudiciais, pois, embaraçosamente, elas lhe podem ser, tanto quanto a reputação de superficial e leviano.

Assim, desaprovo a máxima do capítulo 15: *que sendo o mundo bastante corrompido, é impossível não se arruinar caso se queira sempre ser um homem de bem; e que um príncipe, para se conservar, deve aprender a ser malévolo quando a ocasião o requereira;* a não ser, talvez, que, por um homem de bem, ele entenda um homem supersticioso e simples que não ousa combater no dia do Sabá, e cuja consciência não possa estar em repouso se não mudar a religião de seu povo. Mas pensando que um homem de bem é aquele que faz o que lhe dita a verdadeira razão, é certo que é sempre melhor procurar sê-lo.

Também não creio no que está no capítulo 19: *que se pode ser odiado tanto por razões boas quanto pelas más*, e sim que a inveja é uma espécie de ódio; mas este não é o sentido do autor. E os príncipes não estão acostumados a ser invejados pelo comum dos súditos. Eles o são pelos grandes ou pelos vizinhos, para os quais as mesmas virtudes que lhes causam a inveja lhes causam igualmente o medo. Eis porque nunca se deve abster de agir bem, a fim de evitar esta sorte de inveja; e não há outra que lhes possa prejudicar (aos príncipes) senão a que vem da injustiça ou da arrogância que o povo julgue que possuam. Vê-se que mesmo aqueles que foram condenados à morte não têm o hábito de odiar seus juízes quando sabem o ter merecido; e se sofre também com paciência os males que não se mereceu, quando se acredita que, de alguma forma, foi o príncipe constrangido a fazê-los e com desagrado. Pois considera-se justo que tenha preferido a utilidade pública à dos particulares. Há dificuldades quando se é obrigado a satisfazer dois partidos que julgam diferentemente o que é justo, como quando os imperadores romanos tinham de satisfazer os cidadãos e os soldados, caso em que é razoável conceder alguma coisa a uns e outros; e não se deve fazer vir de repente à razão aqueles que não estão habituados a escutá-la, e sim procurar, pouco a pouco, seja por escritos públicos, seja por predicadores, seja por outros meios, fazer-lhes conceber. Pois o povo suporta tudo o que se lhe pode convencer de ser justo, e se ofende com o que imagina ser injusto. E a arrogância dos príncipes, quer dizer, a usurpação de alguma autoridade, de alguns direitos ou de algumas honrarias, que acredita não serem devidas, só lhe é odiosa porque a considera uma espécie de injustiça.

De resto, também não estou de acordo com o autor com o que diz no prefácio: que como é preciso estar na planície para melhor se ver a figura das montanhas, quando se quer traçá-las a lápis, também se deve ser de condição privada para bem se conhecer o ofício de um príncipe. Isso porque o lápis só representa as coisas que se veem de longe; mas os principais motivos das ações dos príncipes são frequentemente de circunstâncias tão particulares que, a não ser que sejamos príncipes, nós mesmos, ou que tenhamos por bastante tempo participado de seus segredos, não os poderíamos imaginar.

Eis porque mereceria ser ridicularizado se nessa matéria presumisse ensinar alguma coisa a Vossa Alteza; também não é a minha vontade, mas apenas que minhas cartas lhe deem algum motivo de divertimento diferente daqueles que imagino que o assunto tenha em sua viagem, a qual lhe desejo ser perfeitamente favorável. Como sem dúvida será se Vossa Alteza resolver praticar essas máximas que ensinam que a felicidade de cada um depende si mesmo e que é preciso manter-se totalmente fora do império da fortuna, pois, embora não se percam as ocasiões de obter as vantagens que ela oferece, não se pensa, todavia, ser infeliz quando ela no-las recusa. E porque em todos os assuntos do mundo há uma quantidade de razões contra e a favor, nos detenhamos sobretudo em considerar aquelas que servem para aprovar as coisas que vemos acontecer. Tudo o que estimo de mais inevitável são as enfermidades do corpo, das quais peço a Deus que Ele vos preserve. Sou, com toda a devoção que se possa ter,

Descartes.

# A CRISTINA DA SUÉCIA

A Cristina da Suécia

Egmond, 20 de novembro de 1647

Madame

Soube pelo Senhor Chanut que agradaria a Vossa Majestade eu ter a honra de expor a opinião que possuo no tocante ao Soberano Bem, considerado no sentido em que os antigos filósofos dele falaram; e considero esta ordem um tão grande favor, que o desejo de obedecer me desvia de todo outro pensamento e faz com que, sem deixar de desculpar-me de minha insuficiência, colocar aqui, em poucas palavras, tudo o que poderia saber sobre tal matéria.

Pode-se considerar a bondade de cada coisa em si mesma, sem relacioná-la a outrem, sentido pelo qual se torna evidente que é Deus o soberano bem, pois é incomparavelmente mais perfeito que as criaturas; mas podemos também relacioná-la a nós, no sentido em que não vejo nada que devamos mais estimar senão aquilo que nos pertence de alguma maneira, e que é de tal modo que para nós é uma perfeição tê-la. Assim, os antigos filósofos, que, não tendo sido esclarecidos pela luz da Fé, nada sabiam da beatitude sobrenatural, só consideravam os bens que nós podemos possuir nesta vida; e era entre estes aqui que procuravam qual deles era o soberano, quer dizer, o principal e maior.

Mas a fim de que possa determiná-lo, considero que só devamos estimar bens, em nossa opinião, aqueles que possuímos ou que temos o poder de adquirir. E isto posto, parece-me que o soberano bem de todos os homens juntos é um acúmulo ou reunião de todos os bens, tanto os da alma quanto os do corpo e da fortuna, que podem estar em alguns homens; mas que aquele de cada um em particular é bem outra coisa, e consiste em uma firme vontade de bem fazer e no contentamento que isso produz. A razão é que não observo nenhum outro bem que me pareça tão grande, nem que esteja inteiramente sob o poder de alguém. Pois, para os bens do corpo e da fortuna, eles não dependem absolutamente de nós; e os da alma relacionam-se ambos a dois condutores que são: um, o de conhecer, outro, de querer o que é bom; mas frequentemente o conhecimento encontra-se para além de nossas forças; eis por que não resta senão a nossa vontade, da qual podemos dispor integralmente. E não vejo como seja possível melhor utilizá-la quando sempre se tem uma firme e constante resolução de fazer exatamente todas as coisas que se julgariam ser as melhores e empregar todas as forças do espírito para bem conhecê-las. E é somente nisso que consistem todas as virtudes; é somente isso que, propriamente falando, merece o elogio e a glória; enfim, é disso apenas que resulta sempre o maior e mais sólido contentamento da vida. Assim, estimo que nisso consista o Soberano bem.

E por este meio, penso harmonizar as duas mais contrárias e célebres opiniões dos antigos, a saber, aquela de Zenão, que o pôs na virtude ou na honra, e aquela de Epicuro, que o pôs no contentamento e para o qual deu o nome de volúpia. Pois, como todos os vícios vêm da incerteza e da fraqueza que se seguem à ignorância, o que faz nascer os arrependimentos, assim a virtude consiste apenas na resolução e no vigor que nos damos em fazer as coisas que se acredita serem boas, desde que este vigor não venha de uma atitude opiniática, mas do que se sabe após ter igualmente examinado e adquirido moralmente o poder. E embora o que então se faça possa ser mau, assegura-se ao menos ter feito seu dever; enquanto, se se executa alguma ação de virtude e, no entanto, se pensa fazer o mal, ou ainda se negligencie saber no que consiste, não se age como homem virtuoso. No que diz respeito à honra e ao louvor, atribuímos-lhes frequentemente aos outros bens da fortuna, mas, por estar seguro de que Vossa Majestade faz mais uso de sua virtude do que de sua coroa, não temeria aqui dizer que não me parece haver outra virtude que se tenha a justa razão de louvar. Todos os outros bens merecem apenas ser estimados, e não honrados ou louvados, pressupondo-se que são adquiridos ou obtidos de Deus pelo bom uso do livre-arbítrio.

Resta-me aqui ainda provar que é do bom uso do livre-arbítrio que vem o maior e mais sólido contentamento da vida; o que me não me parece difícil, pois, considerando com cuidado no que consiste a volúpia ou o prazer, e, geralmente, todas as espécies de contentamento que se possa ter, noto, em primeiro lugar, não haver um só que não esteja inteiramente na alma, embora muitos dependam do corpo, da mesma maneira que é também a alma que vê, ainda que pelo intermédio dos olhos. Em seguida, noto que o que possa dar contentamento à alma é a opinião que ela tem de possuir algum bem, e que frequentemente esta opinião é nela uma representação bastante confusa, e que mesmo a sua união com o corpo é a causa de que represente ordinariamente certos bens incomparavelmente maiores do que são; mas que se ela conhecesse distintamente seu justo valor, seu contentamento seria sempre proporcional à grandeza do bem do qual procederia. Observo também que a grandeza de um bem, em nossa opinião, não deve ser apenas medido pelo valor da coisa em que consiste, mas principalmente pela maneira com que se relaciona a nós; e que, além do mais, o livre-arbítrio é por si a coisa mais nobre que possa estar em nós, visto que ele nos torna, de algum modo, semelhantes a Deus e nos desobriga de ser-lhe sujeitos; e que, por consequência, seu bom uso é o maior de todos os bens, sendo também aquele que mais propriamente é nosso e que mais nos importa; de onde se segue que somente dele nossos maiores contentamentos podem proceder. Também se vê, por exemplo, que o repouso do espírito e a satisfação interior que sentem em si mesmos aqueles que sabem que jamais falham em fazer o melhor, tanto para conhecer o bem quanto para adquiri-lo, é um prazer sem comparação, mais doce, mais durável e mais sólido do que todos os que vêm de outra parte.

Omito ainda aqui muitas outras coisas porque, imaginando a quantidade de assuntos que se encontram na condução de um grande Reino, do qual Vossa Majestade se ocupa, não ouso pedir-lhe mais longa audiência. Mas envio ao Senhor Chanut alguns escritos, nos quais expus meus sentimentos mais longamente no tocante à mesma matéria, a fim de que, se agradar a Vossa Majestade vê-los, obrigo-me a apresentá-los, e que isso ajude a testemunhar com quanto zelo e devoção eu sou,

Madame,
de Vossa Majestade, o mais humilde e mui obediente servidor.

Descartes

# A CHANUT

A Chanut

Egmond, 15 de junho de 1646

Senhor,

Fiquei contente em saber, pelas cartas que vós me haveis feito a honra de escrever, que a Suécia não é tão distante daqui que não se pudesse ter notícias em poucas semanas, e, assim, que eu poderia ter algumas vezes a felicidade de vos falar por escrito e de vos participar os frutos do estudo para o qual vos vejo preparado. Pois, já que vos agrada dar-se ao trabalho de rever os meus *Princípios* e de examiná-los, estou certo de que vós ali observareis várias obscuridades e erros, que muito me importam saber, e dos quais não posso esperar ser advertido por nenhum outro que por vós. Temo somente que vós logo vos cansareis desta leitura, pois o que escrevi só conduz longinquamente à moral, que haveis escolhido como principal tema de estudo.

Não é que não seja inteiramente de vossa opinião quando julgais que o meio mais seguro para saber como devemos viver é o de conhecer antes o que somos, qual o mundo em que vivemos e quem é o Criador deste mundo, ou o Mestre da casa em que habitamos. Mas além de não pretender e [nem] prometer, de modo algum, que tudo o que escrevi seja verdadeiro, há um imenso intervalo entre a noção geral do céu e da Terra, que procurei mostrar em meus *Princípios*, e o conhecimento particular da natureza do homem, da qual ainda não tratei. Todavia, a fim de que não pareça que vos queira afastar de vosso propósito, eu diria, confidencialmente, que uma noção tal como a da física, que procurei adquirir, serviu-me grandemente para estabelecer os fundamentos corretos da moral. E que me satisfiz mais facilmente sobre este ponto do que sobre vários outros relativos à medicina, nos quais empreguei muito mais tempo. De modo que, em lugar de encontrar os meios de conservar a vida, encontrei um outro, muito mais agradável e seguro, que é o de não temer a morte, sem ser, no entanto, sombrio, como ordinariamente o são os que retiraram toda a sua sabedoria de outros, apoiada em fundamentos que só dependem da prudência e da autoridade dos homens.

Além disso, vos diria que, enquanto deixo crescer as plantas de meu jardim, com as quais conto fazer experiências para continuar minha *Física*, detenho-me também algumas vezes em pensar nas questões particulares da moral. Assim, tracei neste inverno um pequeno Tratado da Natureza das Paixões da Alma, sem ter, entretanto, a intenção de publicá-lo, e estaria agora inclinado a escrever alguma outra coisa se o desgosto que tenho de ver quão poucas pessoas existem no mundo que se consentem ler meus escritos não me fizesse ser negligente. Não o seria jamais no tocante aos vossos serviços, pois sou, de coração e com afeição etc.

A Chanut

Egmond, 1º de fevereiro de 1647

Senhor,

A amável carta que acabo de receber de vossa parte não me permite repousar enquanto não lhe houver dado resposta; e, embora proponhais nela questões que outros mais eruditos do que eu teriam muito trabalho para examinar em pouco tempo, todavia, porque sei que, mesmo se eu empregasse muito tempo nisso não poderia resolvê-las inteiramente, prefiro pôr prontamente sobre o papel aquilo que o zelo, que me incita, me ditará, do que pensar com mais vagar, e não escrever em seguida nada melhor.

Quereis saber minha opinião no tocante a três coisas: 1. *O que é o amor*. 2. *Se só a luz natural nos ensina a amar a Deus*. 3. *Qual dos dois desregramentos e maus usos é pior, do amor ou do ódio?*

Para responder ao primeiro ponto, distingo entre o amor, que é puramente intelectual ou racional, e o que é uma paixão. O primeiro consiste, parece-me, apenas em que, quando nossa alma percebe algum bem, seja presente, seja ausente, que julga lhe ser conveniente, ela se lhe junta voluntariamente, isto é, considera-se a si própria, com este bem, qual um todo, de que ele é uma parte e ela a outra. Em seguimento do quê, se ele está presente, isto é, se ela o possui; ou é por ele possuída, ou enfim caso se lhe una não somente por sua vontade, mas também realmente e de fato, na maneira que lhe convém estar unida, o movimento de sua vontade, que acompanha o conhecimento que ela tem de ser-lhe um bem, é sua alegria; e se está ausente, o movimento de sua vontade que acompanha o conhecimento que ela tem de ser dele privado, é sua tristeza; mas aquele que acompanha o conhecimento que ela tem de que seria bom adquiri-lo é seu desejo. E todos estes movimentos da vontade nos quais consistem o amor, a alegria e a tristeza, e o desejo, na medida em que são pensamentos racionais, e não paixões, poder-se-iam achar em nossa alma, ainda que esta não tivesse corpo algum. Pois, por exemplo, se ela percebesse que há na natureza muitas coisas a conhecer, que são muito belas, sua vontade dirigir-se-ia infalivelmente a amar o conhecimento destas coisas, isto é, a considerá-lo como lhe pertencendo. E se notasse, ademais, possuir este conhecimento, isso dar-lhe-ia alegria; se considerasse que não o possuía, isso dar-lhe-ia tristeza; se pensasse que lhe seria bom adquiri-lo, isso dar-lhe-ia desejo. E nada haveria em todos esses movimentos de sua vontade que lhe fosse obscuro, nem do que ela não dispusesse de um mui perfeito conhecimento, desde que refletisse sobre os seus pensamentos.

Mas, enquanto nossa alma está unida ao corpo, este amor racional é ordinariamente acompanhado do outro, que se pode chamar sensual ou sensitivo, e que, como disse sumariamente de todas as paixões, apetites e sentimentos, na página 461 de meus *Príncipes* em francês, não é mais do que um pensamento confuso provocado na alma por algum movimento dos nervos, pensamento que a dispõe a este outro pensamento mais claro no qual consiste o amor racional. Pois, como na sede, o sentimento que se tem da secura da garganta, é um pensamento confuso que dispõe ao desejo de beber, mas não é este desejo mesmo; assim, no amor sente-se não sei que calor em torno do coração, e uma grande abundância de sangue no pulmão, que nos faz abrir até os braços como para abraçar algo, e isto torna a alma inclinada a juntar a si voluntariamente o objeto que se apresenta. Mas o pensamento pelo qual a alma sente este calor é diferente daquele que a une ao referido objeto; e acontece mesmo às vezes que tal sentimento de amor se acha em nós, sem que nossa vontade se aplique a amar algo, porque não encontramos objeto que julguemos digno disso. Pode acontecer também, ao contrário, que conheçamos um bem que merece muito e que nos juntemos a ele voluntariamente, sem alimentar, por isso, qualquer paixão, porque o corpo não está a isso disposto.

Mas, de ordinário, esses dois amores se acham juntos: pois há tal ligação entre um e outro que, quando a alma julga que um objeto é digno dela, isto dispõe incontinenti o coração aos movimentos que excitam a paixão de amor e, quando o coração se acha assim disposto por outras causas, isto leva a alma a imaginar qualidades amáveis em objetos, em que ela veria só defeitos em outros tempos. E não é maravilha que certos movimentos do coração estejam assim naturalmente unidos a certos pensamentos, com os quais não têm qualquer semelhança; pois, pelo fato de nossa alma ser de tal natureza que pôde estar unida a um corpo, possui também a propriedade de que cada um de seus pensamentos pode associar-se de tal modo a alguns movimentos ou outras disposições deste corpo, que, quando as mesmas disposições nele se encontram outra vez, induzem a alma ao mesmo pensamento; e, reciprocamente, quando o mesmo pensamento retorna, a alma prepara o corpo para receber a mesma disposição. Assim, ao aprendermos uma língua, juntamos as letras ou a pronúncia de certas palavras, que são coisas materiais, às suas significações, que são pensamentos; de sorte que, ao ouvirmos novamente as mesmas palavras, concebemos as mesmas coisas; e, ao concebermos as mesmas coisas, recordamo-nos das mesmas palavras.

Mas as primeiras disposições do corpo que acompanharam assim os nossos pensamentos, ao ingressarmos no mundo, juntaram-se sem dúvida mais estreitamente com eles do que os que os acompanham mais tarde. E para examinar a origem do calor que se sente em torno do coração, e a das outras disposições do corpo que acompanham o amor, considero que, desde o primeiro momento em que nossa alma se uniu ao corpo, é verossímil que tenha sentido alegria e logo depois amor, seguido talvez do ódio e da tristeza; e que as mesmas disposições do corpo, que então causaram nela estas paixões, tenham acompanhado depois naturalmente seus pensamentos. Julgo que sua primeira paixão foi a alegria, porque não é crível que a alma fosse posta no corpo, a não ser quando ele estivesse bem disposto, e quando está assim bem disposto, isto nos dá naturalmente alegria. Digo também que o amor veio após, porque, escoando-se incessantemente a matéria de nosso corpo, como a água de um rio, e sendo necessário que venha outra em seu lugar, é pouco verossímil que o corpo estivesse assim bem disposto, se não houvesse também perto dele alguma matéria muito própria a servir-lhe de alimento, e que a alma, unindo-se voluntariamente a esta nova matéria, tivesse amor por ela; assim como, mais tarde, se aconteceu faltar este alimento, a alma teve daí a tristeza. E se veio outro em seu lugar, que não fosse próprio para nutrir o corpo, teve ódio por ele.

Eis as quatro paixões que creio haverem estado em nós como primeiras, e as únicas que possuímos antes de nosso nascimento; e creio também que eram então apenas sentimentos ou pensamentos muito confusos; porque a alma se achava de tal forma presa à matéria, que não podia ainda aplicar-se a outra coisa salvo a receber dela as diversas impressões; e embora, alguns anos depois, começasse a obter outras alegrias e outros amores, além dos que dependem apenas da boa constituição e conveniente nutrição do corpo, todavia, o que houve de intelectual em suas alegrias ou amores, veio sempre acompanhado dos primeiros sentimentos que teve deles, e mesmo também dos movimentos ou funções naturais que estavam então no corpo; de modo que, na medida em que o amor era causado, antes do nascimento, somente por um alimento conveniente que, entrando abundantemente no fígado, no coração e no pulmão, excitava neles mais calor que de costume, resulta daí que agora este calor acompanha sempre o amor, embora provenha de outras causas muito diferentes. E se eu não temesse estender-me demasiado, poderia mostrar, por miúdo, que todas as outras disposições do corpo, que se encontraram no começo de nossa vida com estas quatro paixões, ainda as acompanham. Mas direi apenas que se trata de sentimentos confusos de nossa infância, que, permanecendo unidos aos pensamentos racionais pelos quais amamos àquilo que julgamos digno, são a causa de que a natureza do amor nos seja difícil de conhecer. Acrescento a isso que muitas outras paixões, como a alegria, a tristeza, o desejo, o temor, a esperança etc., se mesclam diversamente ao amor, impedindo que se reconheça no que ele consiste propriamente. O que é principalmente notável no tocante ao desejo; pois é tomado tão comumente pelo amor, que isso leva a distinguir duas espécies de amores: uma que se chama amor de benevolência, no qual este desejo não aparece tanto, e a outra que se chama amor de concupiscência, o qual não é senão um desejo muito violento, baseado num amor amiúde fraco.

Mas seria preciso escrever um alentado volume para tratar de todas as coisas que pertencem a esta paixão; e, embora sua índole seja a de fazer com que nos comuniquemos o mais possível, de modo que me incita a tentar aqui dizer-vos mais coisas do que sei, quero, no entanto, conter-me, no temor de que a longura desta carta vos enfade. Assim, passo à vossa segunda questão, a saber: *se só a luz natural nos ensina a amar a Deus, e se se pode amá-lo pela força desta luz*. Vejo que há duas fortes razões para duvidar disso; a primeira é que os atributos de Deus que consideramos mais comumente acham-se elevados tão acima de nós, que não concebemos de maneira alguma que nos possam ser convenientes, o que é causa de não nos unirmos a eles voluntariamente; a segunda é que em Deus nada há que seja imaginável, o que faz com que, mesmo se tivéssemos por Ele algum amor intelectual, não pareça possível dedicar-Lhe qualquer amor sensitivo, porque deveria passar pela imaginação para vir do entendimento ao sentido. Eis por que não me espanto se alguns filósofos se persuadem de que só há a religião cristã que, ensinando-nos o mistério da Encarnação, pelo qual Deus se abaixou até tornar-se semelhante a nós, nos torna capazes de amá-Lo; e que aqueles que, sem o conhecimento deste mistério, parecem nutrir paixão por alguma divindade, não a nutrem, por isso, pelo verdadeiro Deus, mas somente por alguns ídolos que chamam com seu nome; do mesmo modo que Ixíon, no dizer dos poetas, abraçava uma nuvem em vez da Rainha dos Deuses. Todavia, não alimento a menor dúvida de que possamos amar verdadeiramente Deus pela exclusiva força de nossa natureza. Não asseguro de forma alguma que tal amor seja meritório sem a graça e deixo o desenredar disso aos teólogos; mas ouso dizer que, com respeito a esta vida, é a mais arrebatadora e a mais útil paixão que possamos ter; e, mesmo, que ela pode ser a mais forte, embora haja necessidade, para tanto, de meditação mui atenta, porque somos continuamente distraídos pela presença de outros objetos.

Ora, o caminho que julgo devermos seguir, para chegar ao amor a Deus, é o de considerá-Lo um espírito, ou uma coisa pensante, donde, como a natureza de nossa alma possui alguma semelhança com a Sua, acabamos persuadindo-nos de que é uma emanação de sua soberana inteligência *et divinae quasi particula aurae* (quase uma parcela do sopro divino – Horácio, *Sátiras*, II). Do mesmo modo, como nosso conhecimento parece poder aumentar gradativamente até o infinito, e como, sendo o de Deus infinito, está Ele no alvo a que visa o nosso, se não considerarmos nada mais, podemos chegar à extravagância de desejarmos ser deuses e assim, por um erro mui grande, amar somente a divindade em vez de amar a Deus. Mas se, além disso, advertirmos a infinidade de seu poder, pela qual Ele criou tantas coisas, de que somos apenas a menor parte; a extensão de sua providência, que o faz ver com um só pensamento tudo o que foi, é, será e poderia ser; a infalibilidade de seus decretos, que, embora não perturbem nosso livre-arbítrio, não podem de forma alguma ser mudados; e enfim, de um lado, a nossa pequeneza e, de outro, a grandeza de todas as coisas criadas, reparando de que modo elas dependem de Deus e considerando-as de maneira que tenham relação com sua onipotência, sem encerrá-las numa esfera, como procedem os que pretendem que o mundo seja finito: a meditação de todas essas coisas enche um homem que as entende bem de uma alegria tão extrema, que, longe de ser injurioso e ingrato com Deus a ponto de desejar ocupar-lhe o lugar, pensa já ter vivido o bastante por haver Deus lhe feito a graça de levá-lo a tais conhecimentos; e unindo-se-lhe total e voluntariamente ama-O tão perfeitamente que nada mais deseja no mundo, exceto que seja feita a vontade de Deus. E isso é causa para ele não mais temer a morte, nem as dores, nem as desgraças porquanto sabe que nada pode acontecer-lhe, salvo o que Deus houver decretado; e ele ama de tal forma este divino decreto, estima-o tão justo e tão necessário, sabe que deve depender tão inteiramente dele, que, mesmo na expectativa da morte ou de algum outro mal, se pudesse, por impossível que seja, mudá-lo, não teria vontade de fazê-lo. Mas, se não recusa os males ou as aflições, porque lhe vêm da providência divina, recusa ainda menos todos os bens ou prazeres lícitos de que pode gozar nesta vida, porque também vêm Dele; e, recebendo-os com júbilo, sem ter qualquer receio pelos males, seu amor o torna perfeitamente feliz.

É certo ser necessário que a alma se aparte muito do comércio dos sentidos, para se representar as verdades que nela provocam este amor; daí resulta que não parece que ela possa comunicá-lo à faculdade imaginativa para torná-lo uma paixão. Mas, apesar disso, não duvido de que ela lha comunique. Pois, embora nada possamos imaginar do que existe em Deus, o qual é o objeto de nosso amor, podemos imaginar o nosso amor mesmo, que consiste em querermos unir-nos a algum objeto, isto é, à vista de Deus, considerar-nos pequeníssima parte de toda a imensidade das coisas que Ele criou; porque, conforme sejam objetos diversos, podemos unir-nos a eles, ou juntá-los a nós de diversas maneiras; e a simples ideia desta união basta para excitar o calor em torno do coração e causar violentíssima paixão.

É verdade também que o uso de nossa língua e a civilidade dos cumprimentos não permitem que digamos, aos que pertencem a uma condição muito acima da nossa, que os amamos, mas somente que os respeitamos, honramos, estimamos, e que empregamos zelo e devoção no serviço deles; e a razão disso parece-me ser que a amizade de homens para homem torna de certa maneira iguais aqueles em quem ela é recíproca; e, assim, que, enquanto nos esforçamos por nos fazer amar por algum grande, se lhe disséssemos que o amamos, poderia pensar que o tratamos de igual, e que lhe fazemos mal. Mas, como os filósofos não costumam dar diversos nomes às coisas convenientes a uma mesma definição, e como não sei de outra definição de amor, exceto que é uma paixão que nos leva a juntar-nos voluntariamente a algum objeto, sem distinguir se este objeto é igual a nós, ou maior, ou menor do que nós, parece-me que, para falar a linguagem deles, devo dizer que se pode amar a Deus.

E se eu vos perguntasse, em sã consciência, se não amais de modo algum a esta grande Rainha, junto à qual estais presentemente, em vão poderíeis afirmar que lhe devotais respeito, veneração e admiração, e eu não deixaria de julgar que lhe dedicais também mui ardente afeição. Pois o vosso estilo corre tão bem, quando falais dela, que, embora eu creia em tudo o que dizeis a respeito, porque sei que sois muito sincero e o ouvi também dizer de outros, não acredito entretanto que pudésseis descrevê-la como o fazeis, se não tivésseis muito zelo, nem que pudésseis estar junto de tão grande luz sem dela receber calor.

E muito menos é verdade que o nosso amor pelos objetos que se acham acima de nós seja menor do que o que temos pelos outros; creio que, por sua natureza, é mais perfeito, e que leva a abraçar com mais ardor os interesses daquilo que se ama. Pois pertence à natureza do amor fazer com que nos consideremos com o objeto amado como um todo de que somos apenas uma parte, e que transfiramos de tal modo os cuidados que habitualmente temos por nós mesmos à conservação deste todo, que dele não retemos para nós em particular senão uma parte tão grande ou tão pequena quanto cremos ser uma parte grande ou pequena do todo ao qual demos o afeto: de sorte que, se nos unimos voluntariamente a um objeto que estimamos menor do que nós, por exemplo, se amamos uma flor, um pássaro, um edifício, ou coisa semelhante, a mais alta perfeição a que possa atingir este amor, segundo seu verdadeiro uso, não pode levar-nos a pôr nossa vida em qualquer risco para a conservação destas coisas, porque elas não são as partes mais nobres do todo que compõem conosco, assim como nossas unhas e nossos cabelos quanto ao nosso corpo; e seria uma extravagância pôr o corpo todo em risco para a conservação dos cabelos. Mas quando dois homens amam-se mutuamente, a caridade quer que cada um deles estime seu amigo mais do que a si próprio; eis por que sua amizade não será de modo algum perfeita, se não estiverem prontos a dizer, um em favor do outro: *Me me adsum qui feci, in me convertite ferrum* (fui eu quem o fez, voltai contra mim o ferro – Virgílio, Eneida) etc. Da mesma maneira, quando um particular se une voluntariamente a seu príncipe, ou a seu país, se o seu amor é perfeito, ele deve estimar-se apenas como parte muito pequena do todo que compõe com eles, e assim não temer ir de encontro a uma morte certa a seu serviço, mais do que se teme tirar um pouco de sangue do braço para fazer que o resto do corpo se porte melhor. E vemos todos os dias exemplos deste amor, mesmo em pessoas de baixa condição, que dão as vidas de bom grado para o bem do seu país, ou para a defesa de um grande pelo qual se afeiçoam. Em consequência disso, é evidente que nosso amor para com Deus deve ser incomparavelmente o maior e o mais perfeito de todos.

Não receio que esses pensamentos metafísicos deem demasiado labor a vosso espírito; pois sei que ele é muito capaz em tudo; mas confesso que cansam o meu, e que a presença dos objetos sensíveis não permite que eu me detenha aí por muito tempo. Eis por que passo à terceira questão, a saber: *qual dos dois desregramentos é pior, o do amor, ou o do ódio?* Mas acho-me mais impedido a respondê-la do que as duas outras, porque haveis explicado muito menos a vossa intenção, e porque esta dificuldade pode entender-se em diversos sentidos, que me parecem dever ser examinados separadamente. Pode-se dizer que uma paixão é pior do que outra, porque ela nos torna menos virtuosos; ou porque ela repugna mais ao nosso contentamento; ou enfim porque nos arrasta a excessos maiores e nos dispõe a infligir maior mal aos outros homens.

Quanto ao primeiro ponto, acho-o duvidoso. Pois, considerando as definições dessas duas paixões, julgo que o amor que temos por um objeto que não o merece nos pode tornar piores do que o ódio que temos por outro que deveríamos amar; porque há mais perigo em estar unido a uma coisa que é má, e de ser como que transformado nela, do que em estar separado voluntariamente de uma coisa que é boa. Mas, quando tomo em conta as inclinações ou hábitos que nascem dessas paixões, mudo de parecer: pois, vendo que o amor, por mais desregrado que seja, tem sempre o bem por objeto, não me parece que possa corromper tanto nossos costumes, como o ódio que se propõe apenas o mal. E vemos, por experiência, que a gente de mais bem torna-se pouco a pouco maliciosa, quando se vê obrigada a odiar alguém; pois, ainda que seu ódio seja justo, representam-se tão amiudadamente os males que recebem de seus inimigos, e também os que desejam a eles, que isto os acostuma pouco a pouco à malícia. Ao contrário, os que se entregam a amar, mesmo que seu amor seja desregrado e frívolo, não deixam de se tornar amiudadamente gente mais honesta e mais virtuosa, do que se ocupassem o espírito com outros pensamentos.

Quanto ao segundo ponto, não encontro nele qualquer dificuldade: pois o ódio é sempre acompanhado de tristeza e pesar; e qualquer que seja o prazer que algumas pessoas sintam em fazer mal aos outros, creio que a voluptuosidade delas é semelhante à dos demônios, que, segundo a nossa religião, não deixam de estar danados, embora imaginem continuamente vingar-se de Deus, atormentando os homens nos infernos. Ao contrário, o amor; por mais desregrado que seja, proporciona prazer e, embora os poetas dele se queixem muitas vezes em seus versos, creio não obstante que os homens se absteriam naturalmente de amar, se não encontrassem nele mais doçura do que amargura; e que todas as aflições, cuja causa se atribui ao amor, provêm apenas das outras paixões que o acompanham, a saber, desejos temerários e esperanças mal fundadas.

Mas se se pergunta qual dessas duas paixões nos arrasta a maiores excessos, e nos torna capazes de infligir maior mal ao resto dos homens, parece-me que devo dizer que é o amor; posto que possui naturalmente mais força e mais vigor do que o ódio; e que amiúde a afeição que se tem por um objeto de pouca importância causa incomparavelmente maiores males do que poderia fazê-lo o ódio a outro de mais valor. Provo que o ódio tem menos vigor do que o amor, pela origem de um e de outro. Pois, se é verdade que os nossos primeiros sentimentos de amor vieram do fato de nosso coração receber abundância da nutrição que lhe era conveniente, e, ao contrário, que nossos primeiros sentimentos de ódio foram causados por um alimento nocivo que vinha ao coração, e que agora os mesmos movimentos acompanham ainda as mesmas paixões, assim como foi há pouco dito, é evidente que, quando amamos, o mais puro sangue de nossas veias corre abundantemente para o coração, o que envia uma porção de espíritos animais ao cérebro, e assim nos dá mais força, mais vigor e mais coragem; ao passo que, se alimentamos ódio, a amargura do fel e a agrura do baço, misturando-se com o nosso sangue, é causa de que ele não aflua tanto, nem tais espíritos venham ao cérebro, e assim que se permaneça mais fraco, mais frio e mais tímido. E a experiência confirma meu dizer; pois os Hércules, os Rolandos e, em geral, os que apresentam mais coragem amam mais ardentemente do que os outros; e, ao contrário, os que são fracos e covardes são mais inclinados ao ódio. A cólera pode na realidade tornar os homens ousados, mas ela toma seu vigor do amor que se tem por si próprio, o qual lhe serve sempre de fundamento, e não do ódio que se limita apenas a acompanhá-lo. O desespero também leva a efetuar grandes esforços de coragem, e o medo leva a exercer grandes crueldades; mas há diferença entre essas paixões e o ódio.

Resta-me ainda provar que o amor que se tem por um objeto de pouca importância pode causar maior mal, sendo desregrado, do que o ódio a outro de maior valor. E a razão que dou para isso é que o mal que vem do ódio se estende somente ao objeto odiado, ao passo que o amor desregrado nada poupa, salvo o seu objeto, o qual tem, de ordinário, tão somente pouca extensão, em comparação com todas as outras coisas cuja perda e ruína está pronto a provocar, a fim de que isso sirva de ceva à extravagância de seu furor. Dir-se-á talvez que o ódio é a causa mais próxima dos males que se atribuem ao amor, porque, se amamos alguma coisa, odiamos, pelo mesmo meio, tudo o que lhe é contrário. Mas o amor é sempre mais culpado do que o ódio dos males que se produzem dessa maneira, tanto mais que é a primeira causa deles, e que o amor a um só objeto pode assim engendrar o ódio a muitos outros. Depois, além disso, os maiores males do amor não são os que ele comete dessa maneira por intermédio do ódio; os principais e os mais perigosos são os que ele produz, ou deixa produzir, para o exclusivo prazer do objeto amado, ou para o seu próprio. Lembro-me de uma tirada de Théophile, que pode ser aqui apresentada como exemplo; ele faz com que uma pessoa perdida de amor diga:

Dieux, que le beau Pâris eut une belle proie!
Que cet amant fit bien,
Alors qu'il alluma l'embrasement de Troie,
Pour amortir le sien![6]

O que demonstra que mesmo os maiores e mais funestos desastres podem constituir às vezes a ceva a um amor mal regrado, e servir a torná-lo mais agradável, quanto mais aumentam-lhe o preço. Não sei se meus pensamentos concordam nisso com os vossos; mas asseguro-vos realmente que concordam em que, como me prometestes muita benevolência, assim sou com forte paixão etc.

---

6. Deuses, que bela presa fez o belo Páris! Como esse amante procedeu bem, quando ateou o incêncio de Troia, para amortecer o seu. *Stances pour Mademoiselle de M..*

A Chanut

La Haye, 6 de junho de 1647

Senhor,

Como passava por aqui para ir à França, soube que o senhor Brasset me havia enviado vossas cartas para Egmont, e embora minha viagem fosse bastante pressurosa, eu me propunha alcançá-las; mas tendo sido recebidas em meu alojamento três horas após ter partido, me foram incontinenti reenviadas. Eu as li com avidez. E ali encontrei grandes provas de vossa amizade e de vossa fineza. Tive medo, lendo as primeiras páginas, nas quais vós me fazíeis saber que o senhor du Rier havia falado à rainha de uma de minhas cartas, e que ela pedia para vê-la. Depois, tranquilizei-me, estando no lugar de onde escreveis, que ela ouviu a leitura com alguma satisfação; e tenho dúvida se fui tocado de mais admiração pelo que ela entendeu das coisas que os mais doutos estimam muito obscuras, ou de alegria, pelo fato de não lhas desagradarem. Mas minha admiração dobrou quando vi a força e o peso das objeções que Sua Majestade ponderou no tocante à grandeza que atribuí ao universo. E desejaria que vossa carta me houvesse encontrado em minha residência ordinária, já que, podendo ali melhor recolher meu espírito do que num quarto de hotel, ter-me-ia desembaraçado um pouco melhor de uma questão tão difícil e judiciosamente proposta. Não pretendo, entretanto, que isto me sirva de desculpa, e desde que me seja permitido pensar que é a vós que escrevo, a fim de que a veneração e o respeito não tornem minha imaginação muito confusa, esforçar-me-ei aqui de incluir tudo o que possa dizer no tocante a esta matéria.

Em primeiro lugar, lembro-me de que o Cardeal de Cusa e muitos outros doutores supuseram o mundo infinito, sem que jamais tenham sido corrigidos pela Igreja a esse respeito; ao contrário, crê-se que é honrar a Deus ao fazer conceber suas obras imensamente grandes. E minha opinião é menos difícil de ser aceita do que a deles; pois não digo que o mundo seja *infinito*, mas apenas *indefinido*. No que há uma diferença bastante notável, já que, para dizer que uma coisa seja infinita, deve-se ter uma razão que a faça ser assim conhecida, o que não se pode ter senão de Deus; mas para dizer que ela é indefinida, basta não ter motivo pelo qual se possa provar que ela possua limites. Assim, parece-me que não se pode provar e nem mesmo conceber que haja limites na matéria com a qual o mundo está composto. Pois examinando-se a natureza desta matéria, acho que ela não consiste de outra coisa senão no que tem de extensão em comprimento, em largura e profundidade, de modo que tudo o que possui essas três dimensões é parte desta matéria; e não pode aí haver qualquer espaço inteiramente vazio, quer dizer, que não contenha alguma matéria, pois não saberíamos conceber um tal espaço que não tivesse essas três dimensões e, por conseguinte, matéria. Ora, supondo-se o mundo finito, imaginam-se além de seus limites alguns espaços que tenham suas três dimensões, e assim não são puramente imaginários, como os Filósofos os nomeiam, mas que contenham em si matéria, a qual, não podendo estar algures, e sim no mundo, faz ver que o mundo estende-se para além dos limites que se quis a ele atribuir. Não tendo pois nenhuma razão para provar, e mesmo não podendo conceber que o mundo tenha limites, eu o designei *indefinido*. Mas não posso por isso negar que talvez haja alguns outros que sejam conhecidos de Deus, embora me sejam incompreensíveis; eis por que não digo que ele seja *infinito*.

Quando sua extensão é considerada desta maneira, e se a comparamos com sua duração, parece-me que ela dá apenas ensejo de pensar que não há tempo imaginável antes da criação do mundo, o qual não teria Deus podido criar se houvesse querido; e que não se é suscetível por isso de concluir que Ele verdadeiramente o criou antes de um tempo indefinido, pois a existência atual ou verdadeira que o mundo teve após cinco ou seis mil anos não está necessariamente ligada à existência possível ou imaginária que ele pôde ter antes. Assim, a existência atual dos espaços que se concebem em torno de um globo (quer dizer, de um mundo suposto como *finito*) está ligada à existência atual deste mesmo globo. Além disso, se da extensão indefinida do mundo se pudesse inferir a eternidade de sua duração, relativamente ao tempo passado, poder-se-ia ainda melhor inferir da eternidade da duração que ele deve ter no futuro. Pois a fé nos ensina que, embora a terra e os céus pereçam, quer dizer, mudem de aspecto, ainda assim o mundo, quer dizer, a matéria do qual está composto, jamais perecerá, já que ela parece prometer uma vida eterna a nossos corpos, após a ressurreição, e, por conseguinte, também ao mundo em que eles estarão. Mas desta duração infinita que o mundo deve ter no futuro não se infere que ele tenha sido antes de toda a eternidade, pois todos os momentos de sua duração são independentes uns dos outros.

Quanto às prerrogativas que a Religião atribuiu ao homem, e que parecem difíceis de se acreditar, supondo-se indefinida a extensão do Universo, elas merecem algumas explicações. Porque, embora possamos dizer que todas as coisas criadas sejam feitas para nós, já que delas podemos fazer uso, não sei entretanto se somos obrigados a acreditar que o homem seja o fim da criação. Mas é dito que *omnia propter* (Deum) *facta sunt*, que só Deus é a causa final, tanto quanto a causa eficiente do Universo; e para as criaturas, posto que elas servem reciprocamente umas às outras, cada uma pode atribuir-se esse proveito de que todas as que lhe servem são feitas para ela. É verdade que os seis dias da Criação são tão inteiramente descritos no *Gênesis* que parece ser o homem sua principal matéria; mas pode-se dizer que esta história do *Gênesis*, tendo sido escrita pelo homem, são principalmente as coisas que lhe dizem respeito que o Santo Espírito quis especificar, e de outras ele não falou senão quando se referiam ao homem. E visto que os Predicadores, cuidando de nos incitar o amor a Deus, têm o costume de nos representar os diversos usos que tiramos das outras criaturas, e dizem que Deus as fez para nós, e não nos fazem considerar as outras finalidades para as quais também se pode dizer que Ele as fez, dado que isso não serve ao seu assunto, somos fortemente inclinados a acreditar que Ele não as fez a não ser para nós. Mas os Predicadores vão além: pois dizem que cada homem em particular é devedor de Jesus Cristo, de todo o sangue que espalhou na Cruz, mesmo que tenha morrido por um só. No que bem dizem a verdade; mas como isso não impede que Ele tenha redimido com este mesmo sangue uma grande quantidade de homens, também não vejo porque o mistério da Encarnação e todos os demais benefícios que Deus fez ao homem impeçam que possa haver uma infinidade de outros muito grandes para uma infinidade de outras criaturas. E embora não infira disso que haja criaturas inteligentes nas estrelas ou alhures, também não vejo qualquer razão pela qual se possa provar não haver. Mas deixo sempre indecisas as questões dessa natureza, ao invés de nada negar ou assegurar. Parece-me não restar aqui outra dificuldade senão a que, após ter acreditado por muito tempo que o homem possui grandes vantagens sobre as outras criaturas, parece que se perdem todas quando se vem a mudar de opinião. Mas distingo entre aqueles de nossos bens, que podem vir a ser menores, daqueles que outros possuem semelhantes, e aqueles que a mudança pode tornar menores. Assim, um homem que só possuísse mil pistolas[7] seria muito rico se não houvesse outras pessoas no mundo que tivessem tanto; o mesmo homem seria muito pobre se não houvesse ninguém que não tivesse muito mais. E assim, todas as qualidades louváveis fornecem tanto mais glória àqueles que as possuem quanto se encontrem em menos pessoas. Eis por que se tem o costume de invejar a glória e as riquezas de outrem. Mas a virtude, a ciência, a saúde e, geralmente, todos os outros bens, sendo considerados em si mesmos, sem estarem atribuídos à glória, não são de forma alguma menores em nós quando se encontram também em muitos outros. Eis por que não temos nenhum motivo de nos irritarmos se estão em muitos. Ora, os bens que podem estar em todas as crituras inteligentes de um mundo indefinido são desta relação numérica: eles não tornam menores os que possuímos. Ao contrário, quando amamos a Deus e por Ele nos unimos com vontade a todas as coisas que Ele criou, tanto mais as concebemos maiores, mais nobres, mais

---

7. Moeda francesa no valor de dez libras ou moeda espanhola de ouro, esta aqui com o mesmo peso do luis francês.

perfeitas, tanto mais nos estimamos também, pois somos partes de um todo mais bem realizado; e temos mais motivo de louvar a Deus por causa da imensidão de suas obras. Quando a Escritura Santa fala em vários locais da multidão inumerável dos anjos, Ela confirma inteiramente esta opinião: pois nós julgamos que os menores anjos sejam incomparavelmente mais perfeitos do que os homens. E os astrônomos, que medindo a grandeza das estrelas as encontram muito maiores do que a Terra, também a confirmam; pois se da extensão indefinida do mundo se infere que deve haver habitantes além da Terra, também isso se pode inferir da extensão que os astrônomos lhe atribuem. Já que não há ninguém que não julgue, por comparação, ser a Terra menor do que todo o céu, um grão de areia comparada a uma montanha.

Passo agora a vossa pergunta no tocante às causas que nos incitam frequentemente a amar uma pessoa e não outra, antes que dela conheçamos o mérito: e observo duas, que estão uma no espírito, outra no corpo. Quanto àquela que só se encontra no espírito, ela pressupõe tantas coisas relativas à natureza de nossas almas que não ousaria dispor-me a deduzi-las em uma carta. Falarei somente daquela do corpo. Ela consiste na disposição das partes de nosso cérebro, seja que esta disposição tenha sido nele posta pelos objetivos dos sentidos, seja por qualquer outra causa. Pois os objetos que tocam nossos sentidos movem, por intermédio dos nervos, algumas partes de nosso cérebro, e aí formam como que certos vincos, que se desfazem quando o objeto cessa de agir. Mas a parte onde eles foram formados permanece depois disposta a ser dobrada mais uma vez, da mesma maneira, por um outro objeto que se pareça, em alguma coisa, com o precedente, ainda que não se lhe assemelhe inteiramente. Por exemplo, quando era criança, gostava de uma menina de minha idade que era um pouco estrábica. Por esse intermédio, a impressão que se fazia em meu cérebro pela vista, quando olhava seus olhos desviados, unia-se completamente àquela que também se formava para mover em mim a paixão de amor que, muito tempo depois, vendo pessoas estrábicas, me sentia mais inclinado a gostar delas que de outras, apenas porque elas tinham esse defeito. E não sabia, entretanto, que tinha sido por isso. Ao contrário, após ter feito uma reflexão, e reconhecido que era um defeito, não fiquei mais sensibilizado. Assim, quando somos levados a amar alguém, sem que saibamos a causa, podemos crer que isso provém de que há nele alguma coisa de parecido com outro objeto que tenhamos antes gostado, embora não saibamos o quê. Ainda que seja comumente mais uma perfeição do que um defeito o que nos atrai assim ao amor, todavia, por ser algumas vezes talvez um defeito, como no exemplo que trouxe, um homem avisado não se deve deixar levar inteiramente por esta paixão, antes de ter considerado o mérito da pessoa pela qual se sinta enternecido. Mas pelo fato de não podermos amar igualmente todos aqueles em quem reparamos méritos iguais, creio que somos obrigados apenas a estimá-los igualmente; e que o principal bem da vida, sendo o de ter amizade por alguns, temos razão de preferir aqueles a quem nossas inclinações secretas nos unem, posto que também neles percebemos um mérito. Além do que, quando essas inclinações secretas têm sua origem no espírito, e não no corpo, creio que elas devem ser sempre seguidas. E a marca principal que as faz serem reconhecidas é que aquelas que vêm do espírito são recíprocas, o que não acontece frequentemente às outras. Mas as provas que possuo de vossa afeição asseguram-me tão fortemente que a inclinação que tenho por vós é recíproca, que seria necessário que fosse inteiramente ingrato e que faltasse com todas as regras que acredito dever serem observadas em amizade, se não fosse com muito zelo.

A Chanut

Egmond, 31 de março de 1649

Senhor,

Eu vos darei desta vez, caso vos agrade, o trabalho de ler duas de minhas cartas. Pois, julgando que talvez vós desejeis fazer ver uma delas à Rainha da Suécia, reservei para esta aqui o que pensava não ter necessidade de que ela visse, a saber, que tenho mais dificuldade em decidir-me por esta viagem do que eu mesmo teria imaginado. Não é que não tenha um grande desejo de prestar serviços a essa Princesa. Creio tanto em vossas palavras, e vós ma haveis representado com hábitos e com um espírito que admiro e estimo tão fortemente que, ainda que não estivesse na alta condição em que se encontra, e não tivesse senão um nascimento comum, se somente ousasse esperar que minha viagem lhe fosse útil, quereria empreender uma mais longa e difícil do que esta à Suécia para ter a honra de oferecer-lhe tudo o que possa contribuir para satisfazer seu desejo. Mas a experiência ensinou-me que, mesmo entre as pessoas de muito bom espírito, pouquíssimas têm facilidade para penetrar em meus pensamentos, de modo que não tenho motivo para esperá-lo de uma Rainha, que possui uma infinidade de outras ocupações. A experiência também me ensinou que, embora minhas opiniões inicialmente surpreendam, por serem bastante diferentes das vulgares, são, todavia, após se tê-las compreendido, tão simples e tão conformes o senso comum que se deixa inteiramente de admirá-las e, pelo mesmo modo, de apreciá-las, pois a natureza dos homens é tal que eles só estimam coisas que os deixam admirados e que não conhecem inteiramente. Assim, ainda que a saúde seja o maior de todos aqueles bens que concernem ao corpo, é, todavia, aquele ao qual dedicamos menos reflexão e que menos percebemos. O conhecimento da verdade é como a saúde da alma: quando se a possui, nela não mais se pensa. E embora eu não deseje nada tanto quanto comunicar aberta e gratuitamente a cada um o pouco que penso saber, não encontro quase ninguém que se consinta aprender. Mas vejo que aqueles que se vangloriam de ter segredos, por exemplo, em química ou em astrologia judiciária[8], nunca deixam, por mais ignorantes ou impertinentes que possam ser, de encontrar curiosos que comprem suas imposturas.

De resto, parece-me que a fortuna tem ciúmes do que jamais lhe quis esperar, e que procurei conduzir minha vida de tal maneira que ela não pudesse ter nenhum poder sobre mim; pois ela nunca deixa de me desagradar, tão logo possa ter uma oportunidade. Eu o senti em todas as três viagens que fiz à França, após ter-me retirado desse país, mas particularmente na última, que me tinha sido reclamada por parte do rei. E para convidar-me a fazê-la, enviaram-me cartas em pergaminho, bem seladas, contendo elogios maiores do que os merercia, e a graça de uma pensão bastante honesta. Além disso, por cartas particulares daqueles que me enviavam as do Rei, prometiam-me muito mais do que aquilo, tão logo tivesse chegado. Mas quando lá estava, os tumultos sobrevieram inopinadamente e pude ver alguns efeitos sobre o que me haviam prometido; fizeram pagar por um de meus próximos as expedições das cartas enviadas e eu devia devolver-lhe o dinheiro, de modo que não tinha ido a Paris senão para comprar um pergaminho, o mais caro e mais inútil que jamais tive em mãos. Mas pouco me preocupo com isso; não o teria atribuído senão à aborrecida conjuntura dos assuntos públicos, e não deixaria de ficar satisfeito ao ver que minha viagem pudesse servir de alguma coisa para aqueles que me haviam chamado. Mas o que mais me desgostou foi que nenhum deles demonstrou querer conhecer outra coisa de mim além de meu rosto. De modo que tenho motivo para crer que eles somente me queriam em França como um elefante ou pantera, devido à raridade e não para ali ser útil em alguma coisa.

Não imagino nada de semelhante no lugar em que vós estais; mas os insucessos de todas as viagens que fiz após vinte anos fazem-me recear que só me resta encontrar no caminho ladrões que

---

8. Descartes refere-se aqui à crença popular de que os astros poderiam, por determinar o destino das pessoas, também administrar uma justiça celeste.

me despojem ou um naufrágio que me retire a vida. Todavia, isso não me deterá se vós julgais que esta incomparável Rainha continue no desejo de examinar minhas opiniões e que para tal possa ter tempo livre; ficarei contente por ser tão favorecido de ser-lhe útil. Mas se assim não for, e ela tenha tido apenas alguma curiosidade que agora lhe tenha passado, vos suplico e vos conjuro de proceder de maneira que, sem lhe desagradar, possa ser dispensado desta viagem; e serei toda a minha vida etc.

# A MERSENNE

A Mersenne

Leiden, março de 1637

Acho que vós tendes má opinião sobre mim e me julgais bem pouco firme e pouco resoluto em minhas ações, ao pensar que devo deliberar sobre aquilo que vós me ordenais mudar em meu projeto e unir meu primeiro discurso à minha física, como se a devesse entregar ao livreiro desde hoje revista. E não soube impedir-me de rir lendo o trecho onde vós dizeis que obrigo o mundo a me matar, a fim de que se possam ver mais cedo os meus escritos. Ao que outra coisa não tenho a responder senão que eles já se encontram em posição e estado com o qual aqueles que me teriam matado jamais os poderiam ter; e que se não morrer muito comodamente e bem satisfeito com os homens que vivem, eles não serão vistos seguramente que depois de cem anos de minha morte.

Tenho muita obrigação para com vós pelas objeções que me escreveis, e vos suplico de continuar a mandar-me todas aquelas que vós entenderdes, e isso da maneira a mais desvantajosa que para mim se possa. Será o maior prazer que vós me podeis fazer, pois não tenho o costume de me compadecer enquanto pensam minhas feridas, e aqueles que farão o favor de instruir-me, ensinando-me alguma coisa, sempre me encontrarão bastante dócil. Mas não compreendi bem o que vós me objetais no tocante ao título, já que não coloco *Tratado do Método*, mas *Discurso do Método*, o que é o mesmo que *Prefácio ou Advertência a Respeito do Método*, para mostrar que não tenho o propósito de ensiná-lo, mas apenas de sobre ele falar. Pois, como se pode ver do que digo, ele consiste mais em prática do que em teoria, e nomeio os tratados seguintes de *Ensaios deste Método*, pois pretendo que as coisas que contenham não possam ser encontradas sem ele e que se possa por eles conhecer o que vale o método. Assim como inseri algo de metafísica, de física e de medicina no primeiro discurso para mostrar que ele se estende a todas as sortes de matérias.

Quanto à vossa segunda objeção, a saber: que não expliquei suficientemente de onde conheço que a alma é uma substância distinta do corpo, e cuja natureza é apenas pensar, sendo a única coisa que torna obscura a demonstração relativa à existência de Deus, confesso que o que me escreveis é muito verdadeiro, e que isso torna minha demonstração no que toca à existência de Deus difícil de entender. Mas não poderia melhor tratar desta matéria senão explicando amplamente a falsidade ou a incerteza que se encontram em todos os juízos que dependem dos sentidos ou da imaginação, a fim de mostrar em seguida quais são aqueles que só dependem do entendimento puro, e quanto são evidentes e certos. Algo que omiti de propósito e por consideração, e sobretudo porque escrevo em língua vulgar, de medo que os espíritos fracos venham, em primeiro lugar, a abraçar avidamente as dúvidas e os escrúpulos que me foram necessários propor, e não possam depois compreender, do mesmo modo, as razões pelas quais esforcei-me por suprimi-las, e assim, que os tenha comprometido com um mau passo, sem, talvez, poder daí retirá-los. Mas aproximadamente há oito anos que escrevo em latim um começo de *Metafísica*, na qual isso é bastante deduzido ao longo (do texto), e caso se faça uma versão latina deste livro, como se prepara, poderei ali fazer colocar. No entanto, persuado-me de que os que tiverem cautela com as minhas razões relativas à existência de Deus, as acharão tanto mais demonstrativas quanto mais se derem ao trabalho de procurar-lhe os defeitos; e as pretendo mais claras em si mesmas do que as demonstrações dos geômetras. De maneira que elas só me parecem obscuras em relação àqueles que não sabem *abducere mentem a sensibus* (separar o espírito dos sentidos), seguindo o que escrevi à página 38.

Tenho-vos uma infinidade de agradecimentos pelo trabalho que ofereceis para a impressão de meus escritos; mas se for preciso alguma despesa não teria nenhuma intenção que outros que não eu a suportassem, e não me esquivarei de vos enviar tudo o que for necessário. É verdade que não acredito haver grande necessidade; ao menos, existiram livreiros que me ofereceram um presente para lhes colocar em mãos o que farei, e isso desde bem antes que saísse de Paris e que tivesse começado a escrever. Por isso, julgo que ainda haverá muitos loucos para os imprimir às suas expensas, e que se encontrarão leitores bastante para comprar-lhes exemplares e dependerem de suas loucuras. Pois o que quer que faça, não me esconderei como de um crime, mas apenas para evitar o barulho e conservar a mesma liberdade que tive até aqui. De sorte que não temerei tanto se alguns souberem o meu nome; mas por agora estou tranquilo de que nada se fala, para que o mundo nada espere, e que o que farei não seja menor do que se teria esperado.

Zombo juntamente com vós das imaginações destes químicos sobre os quais me escreveis, e creio que semelhantes quimeras não merecem ocupar um só momento os pensares de um homem honesto. Sou etc.,

A Mersenne

Leiden, 30 de julho de 1640

Meu Reverendo Padre

Começarei minha resposta pela carta do senhor M. Meyssonier, pois é a mais antiga em data que vós me enviastes. Sendo seu grande servidor, eis tudo o que posso restituir a seus cumprimentos. Quanto aos discursos que faz do sal aéreo[9] e da diferença posta entre os espíritos vitais e os animais, comparando-os ao fogo elementar e ao mercúrio aéreo, são coisas que sobrepujam minha capacidade, quer dizer, aqui entre nós, que me parecem nada significar de inteligível e serem boas apenas para se fazer admirar pelos ignorantes.

Quanto às manchas do nascimento[10], visto que elas não se imprimem sobre a criança quando a mãe come do fruto que ela deseja, é bem verossímil que elas também possam, algumas vezes, ser curadas quando a criança come daquele fruto, pois que a mesma disposição que estava no cérebro da mãe e causava seu desejo, também se encontra no seu, e que ela corresponde ao lugar que está assinalado, da mesma maneira que a mãe, tendo estimulado o mesmo lugar ao tempo de seu desejo, para ali impeliu o efeito de sua imaginação. Pois, geralmente, cada membro da criança corresponde a um de sua mãe, como se pode provar por razão mecânica; e muitas experiências o testemunham, entre as quais li uma bastante notável em Forestus[11], a de uma senhora que, tendo quebrado o braço quando estava grávida, deu à luz um filho que tinha o braço quebrado como ela, e, aplicando a esse braço os mesmos remédios que ao da mãe, os curou a ambos separadamente.

9. Sal no sentido de composto químico que a Renascença distinguia entre alcalino, ácido e neutro.
10. No original, *marques d'envie*. Trata-se de manchas cutâneas, os nevos, que se acreditava provir de desejos (*envies*) da mãe durante a gestação.
11. Pieter van Foreest (1521-1597), famoso médico holandês, autor de *Observationum et curationum medicinalium,* em vários volumes, publicados em Leiden entre o fim do século XVI e o início do século seguinte.

Quanto aos animais brutos, estamos tão acostumados a nos persuadir que eles sentem como nós que é difícil nos desfazermos de tal opinião. Mas se estivéssemos também acostumados a ver autômatos que imitassem perfeitamente todas aquelas de nossas ações que pudessem imitar, e não tomá-los a não ser por autômatos, não duvidaríamos de forma alguma que todos os animais sem razão também fossem autômatos, pois acharíamos que eles diferem de nós em todas as mesmas coisas, como escrevi na página 56 do *Método*. E desenvolvi muito particularmente em meu *Mundo* como os órgãos que são exigidos de um autômato, para imitar todas aquelas de nossas ações que temos em comum com os animais, encontram-se nos corpos dos animais.

Venho ao outro pacote de correspondência onde estava a tese dos jesuítas, com a carta do médico de Sens, a qual achei dever vos reenviar, já que ela parece ser apenas uma parte de um discurso mais longo. Creio que o senhor de Martigny vos fará ver o que escrevi ao Reitor dos Jesuítas por ocasião dessas teses, pois vós não me havíeis nomeado o autor, e eu estava contente por ignorá-lo e ter mais oportunidade de me dirigir ao Corpo.

As histórias da seda que cresce na testa de uma menina e de um espinho que floresce sobre o corpo de um espanhol bem merecem que sejam pesquisadas em particular. E quanto à seda, não posso crer que seja a seda verdadeira a que cresce, mas uma excrescência de carne, saindo pelo buraco da cicatriz deixada pela substância, ou talvez uma pelagem que saia deste buraco, o que se pode facilmente julgar a olho. Mas por que vós dizeis que não se poderia explicar este fenômeno a não ser colocando o princípio de vida dos animais no calor, parece-me, ao contrário, que se pode melhor explicá-lo de outra maneira. Pois o calor, sendo um princípio comum aos animais, às plantas e a outros corpos, não é uma maravilha que sirva para fazer viver um homem e uma planta; enquanto, se fosse preciso algum princípio de vida nas plantas, que não fosse da mesma espécie que aquele que está nos animais, tais princípios não poderiam ser compatíveis entre si.

No que se refere à carta deste douto médico de Sens, ela não contém qualquer razão para combater o que escrevi sobre a glândula denominada *conarium* (pineal), exceto que ele diz que ela pode ser alterada como todo o cérebro. O que não impede que ela possa ser a sede da alma, pois é certo que a alma deve estar ligada a alguma parte do corpo; e não há outra que não esteja tanto ou mais sujeita à alteração do que esta glândula, a qual, embora muito pequena e mole, está, no entanto, por causa de sua situação, bem guarnecida no lugar em que se encontra, não podendo estar sujeita a quase nenhuma doença, não mais do que o humor vítreo ou cristalino do olho. E acontece com bem mais frequência que pessoas se tornem perturbadas espiritualmente, sem que se saiba a causa, podendo-se então atribuí-la a alguma enfermidade desta glândula, do que à vista faltar, por alguma doença, o humor cristalino. Além do que, todas as alterações que acontecem ao espírito quando se dorme após ter-se bebido etc. podem ser atribuídas a algumas alterações que ocorrem nessa glândula.

Quanto ao que ele diz, que a alma bem pode servir-se de partes duplas, estou de acordo, e que ela se serve também de espíritos, os quais não podem todos residir nessa glândula; pois não imagino que a alma esteja tão totalmente nela compreendida que não estenda alhures suas ações. Mas uma coisa é servir-se e outra estar imediatamente ligada ou unida; e nossa alma, não sendo dupla, mas una e indivisível, parece-me que a parte do corpo à qual está mais imediatamente unida deve também ser una e não dividida em duas semelhantes; e não encontro outra em todo o cérebro a não ser essa glândula. Pois para o *cerebellum* (cerebelo), ele é apenas um em *superfície et nomine tenus* (em aparência e nome); e é certo que mesmo seu *processus vermiformis* (prolongamento vermiforme), que parece no máximo ser um corpo, está dividido em duas metades e que a medula espinhal das costas está composta de quatro partes, das quais duas provêm de duas metades do cérebro, e as duas outras de duas metades do *cerebellum*; e o *septum lucidum* (membrana cerebral), que separa os dois ventrículos anteriores, também é duplo.

Para o espírito fixo que ele quer introduzir, eis uma coisa que não me parece mais inteligível do que se falasse de uma luz tenebrosa ou de um licor duro. E me admiro que pessoas de bom espírito, buscando algo de provável, prefiram imaginações confusas e impossíveis a pensamentos mais inteligíveis e, senão verdadeiros, ao menos possíveis e prováveis. Mas é o uso das opiniões da Escola que enfeitiça seus olhos.

Não encontro nada em sua carta a respeito dos círculos da água, sobre os quais vós me escreveis; mas é certo que esses círculos se fazem mais fácil e sensivelmente na superfície da água do que em seu interior. Pois na superfície eles se formam porque a pedra, entrando na água, faz com que essa aqui se eleve um pouco ao seu redor; em seguida, pelo fato de ser ela mais pesada do que o ar que a toca, ela redescende, parte no buraco que a pedra fez, e parte inteiramente à sua volta. Ora, esta aqui, empurrando a outra água que está um pouco mais longe, a faz elevar-se em um círculo maior, e a água deste círculo, rebaixando-se, provoca outro maior; assim, em sequência, esse círculo desenvolve-se sucessivamente. Além disso, a água que retorna imediatamente ao buraco que a pedra fez, ali se ergue novamente um pouco mais do que o nível da água; depois, redescendendo, começa um segundo círculo, e assim se formam os vários que se entresseguem. O que não acontece no fundo da água nem em meio ao ar; mas outros círculos se fazem, principalmente no ar, causados pela condensação e a rarefação, e são os círculos que causam o som. Pois quando um corpo ganha velocidade na água ou no ar, a parte do ar que ele ocupa não lhe pode ser cedida tão prontamente antes que ela se condense um pouco e logo após se dilate para recompor o seu natural, por meio do que ela pressiona um pouco todo o ar que a envolve e se condensa em forma de esfera ou esferoide, a qual, dilatando-se logo após, pressiona outra um pouco além, e assim por diante. E um corpo não tem necessidade de mover-se muito longe, mas apenas de mover-se com bastante velocidade, quanto menos ar houver, para causar tais círculos. Donde é fácil entender por que o som não faz mover sensivelmente a chama de uma candeia e por que vários movimentos de grandes corpos que não pressionam o ar nem são muito rápidos não provocam som. E diversos sons ou círculos podem estar juntos quando um mesmo corpo é capaz, ao mesmo tempo, de vários movimentos, embora não sejam distintos, como a experiência o mostra.

Ainda não mandei imprimir minhas cinco ou seis folhas de metafísica, ainda que há muito estejam prontas. E o que me impediu foi que não desejo que elas caiam em mãos de falsos teólogos nem, a partir de agora, nas de Jesuítas (com os quais prevejo entrar em guerra); primeiramente, as faço ver e ser aprovadas por diversos doutores e, se possível, pelo corpo da Sorbonne. E porque tive o intento de fazer neste verão uma viagem à França, me propunha a ser eu mesmo o portador, e não as quis imprimir senão quando estivesse a ponto de partir, com medo de que o livreiro me roubasse algum exemplar e o vendesse sem meu conhecimento, *ut fit* (como de hábito se faz). Mas o verão já está tão adiantado que tenho receio de não poder mais fazer esta viagem e, neste caso, vos enviarei dez ou doze exemplares, ou mais, se vós julgais haver necessidade; pois farei imprimir justamente o que for preciso para isso e vos pedirei para ser o distribuidor e o protetor, depositando-os nas mãos dos teólogos que vós considerais os mais capazes, os menos preocupados com os erros da Escola, os menos interessados em conservá-los e, enfim, as demais pessoas de bem, para as quais a verdade e a glória de Deus têm mais força do que a cobiça e a inveja.

Venho ao [vosso] terceiro pacote onde se encontrava a carta para o senhor Schuerman, a quem enderecei. Ele mora próximo ao cemitério do Dom, em Utrecht, e o senhor Bannius mora na rua Saint-Jean, em frente à *commanderie*[12], em Harlem.

Estou deveras escandalizado pela *Velitation*[13] do padre Bourdin, pois ele não objeta uma só palavra do que escrevi, mas me faz dizer bobagens nas quais jamais pensei, a fim de, posteriormente,

---

12. Espécie de benefício ou prebenda militar outorgada por serviços já prestados ou por condição de idade.
13. Do latim *velitatio*, disputa; aqui no sentido de refutação

refutá-las, o que é usar de má-fé de uma maneira vergonhosa para um laico e, muito mais, para um religioso. Peço-vos comunicar-me se foi ele quem vos deu este escrito para enviá-lo a mim, ou então como vós o tivestes, e se não é o prefácio inverídico que o objetor[14] usou no começo da discussão. Com efeito, este modo de me refutar em sua escola é bom para me denegrir ante seus discípulos, enquanto eles o creiam. Mas se não morrer em pouco tempo, asseguro-vos que terei o cuidado de publicar a verdade sobre seu mau procedimento; e, provisoriamente, sentir-me-ei satisfeito de que ele seja informado de todos aqueles aos quais vos agradar mostrar minha resposta.

---

14. No original, *repondant*, aquele que, defendendo uma tese, responsabilizava-se pela refutação das objeções. Opunha-se ao *argumentant*.

A Mersenne

Endegeest, 21 de abril de 1641

Meu Reverendo Padre

Estive por duas ou três viagens sem vos escrever, em parte por ter pouca coisa a vos mandar, e em parte também porque a estada no campo tornou-me um pouco mais negligente do que era antes. Mas não deixei de investigar a questão do senhor dos Argues, pois o modo como vós a haveis proposto era tal que não teria sido honesto excusar-me dela. Mas como há oito dias não a havia ainda terminado, quando tomei conhecimento por vossa carta que o senhor de Roberval a havia encontrado, pareceu-me que não devia mais esperar, pois o cálculo é bastante longo e difícil e, com efeito, nela não pensei depois.

Confio inteiramente em vós naquilo que concerne à aprovação e impressão de minha *Metafísica*, pois sei que vós tendes mais cuidado do que eu mesmo poderia ter e podeis julgar o que é conveniente, estando nos lugares certos, o que não posso fazer daqui.

Admiro as objeções de vossos doutores, a saber: que, segundo minha filosofia, não temos certeza que o padre possua a hóstia no altar e a água para batizar etc. Pois quem já disse, mesmo entre os filósofos da Escola, ter havido outra certeza que a moral em tais coisas? E embora os teólogos digam que se trata de fé crer que o corpo de Jesus Cristo está na Eucaristia, não dizem, entretanto, ser uma questão de fé acreditar que ele esteja nesta hóstia em particular, senão enquanto se supõe, *ex fide humana, quod sacerdos habuerit voluntatem consecrandi, et quod verba pronunciarit, et sit rite ordinatus, et talia quae nullo modo sunt de fide* (pela fé humana, que o sacerdote teve a vontade de consagrar, que pronunciou as palavras e que ordenou regularmente, e coisas tais que, de modo algum, são artigos de fé).

Quanto àqueles que dizem que Deus engana continuamente os danados, e que também nos pode continuamente enganar, contradizem eles o fundamento da fé e de toda a nossa crença, aquela pela qual *Deus mentiri non potest* (Deus não pode mentir); o que é repetido em tantos lugares por Santo Agostinho, São Tomás e outros, que me surpreendo que algum teólogo o contradiga; devem eles renunciar a toda certeza se não admitem por axioma que *Deus nos fallere non potest* (Deus não nos pode enganar).

Por que escrevi que a indiferença é antes um defeito do que uma perfeição da liberdade em nós, disso não se segue que assim seja em Deus[15]; e embora eu não saiba ser *de fide* (pertinente à fé) acreditar que ele seja indiferente, asseguro que o padre Gibieuf defenderá bem minha causa a esse respeito, pois nada escrevi que não esteja de acordo com o que ele pôs em seu livro *Libertate*.

Em nenhum lugar disse que Deus não concorre imediatamente para todas as coisas, e assegurei expressamente o contrário em minha resposta ao teólogo.

Não acreditei dever estender-me mais do que fiz em minhas respostas a Anglais, dado que suas objeções pareceram-me tão pouco verossímeis que teria sido dar-lhes muito valor respondê-las mais longamente.

Quanto ao doutor que diz que podemos duvidar caso pensemos ou não, tanto quanto de qualquer outra coisa, ele choca com tal força a luz natural que me assegura que ninguém que pense no que diz concordará com sua opinião.

Vós me havíeis antes comunicado que em minha resposta a Anglais pus a palavra *ideam* duas ou três vezes muito próximas uma da outra; mas não me parece supérfluo, dado que elas se referem a ideias diferentes; e como as repetições são rudes em alguns lugares, têm, em outros, também a sua graça.

É num outro sentido que englobo as imaginações na definição de *cogitatio* ou do pensamento; e num outro ainda que delas as excluo, a saber: *Formae sive species corporeae, quae esse debent in cerebro ut quid imaginemur, non sunt cogitationes; sed operatio mentis imaginantis, sive ad istas species se convertentis, est cogitatio* (as formas ou espécies

---

15. A esse respeito, ver a carta seguinte, com data provável de 27 de maio de 1641.

corporais que devem estar no cérebro para que imaginemos não são pensamentos, mas a operação do espírito que imagina, ou seja, que se dirige para essas espécies, é um pensamento).

A carta em que me escreveis as objeções do *conarium*[16] deve ter sido perdida, se é que não haveis esquecido de escrevê-la, pois não a tenho, a não ser aquilo que me escrevestes depois, ou seja, que nervo algum chega à glândula e que ela é muito móvel para ser a sede do senso comum. Mas ambas as coisas estão a meu favor, pois se cada nervo, sendo destinado a algum sentido ou movimento particular, uns aos olhos, outros aos ouvidos, aos braços etc., se algum deles se dirigisse ao *conarium* antes que a outros, poder-se-ia inferir disso que ele não seria a sede do senso comum, ao qual devem todos relacionar-se da mesma maneira. E é impossível que se relacionem todos de outra maneira, a não ser por intermédio dos espíritos, como o fazem no *conarium*. É certo também que a sede do senso comum deve ser bastante móvel para receber todas as impressões que veem dos sentidos; mas deve ser tal que não possa ser movida senão pelos espíritos, que transmitem essas impressões, e somente o *conarium* é desta espécie.

*Anima*, em bom latim, significa *aerem, sive oris halitum* (ar ou sopro da boca), donde creio que foi transferido *ad significandam mentem* (para significar mente ou espírito) e é por isso que digo que *saepe sumitur pro re corporea* (frequentemente tomada por coisa corpórea).

O axioma segundo o qual *quod potest facere maius, potest etiam minus* (o que se pode fazer a mais, pode-se também de menos) entende-se *in eadem ratione operandi, vel in iis quae requirunt eamdem potentiam* (na mesma ordem de operações ou naquelas coisas que requerem a mesma potência). Pois *inter homines* (em meio aos homens), quem duvida que com isso se poderá fazer um bom discurso, quem não saberia com isso fazer uma lanterna?

O matemático de Tübingen é Schickardus, a quem acreditei fazer mais honra designando-o pelo nome de sua cidade, e não pelo

---

16. Refere-se à glândula pineal.

seu, já que é muito rude e pouco conhecido. Mas quanto àqueles que dizem que me apropriei de alguma coisa dele além da simples observação citada, não dizem a verdade; pois vos asseguro não haver uma só palavra de reflexão em seu livreto alemão que aqui eu tenha, de que fiz uso, não mais do que na carta latina que o senhor Gassendi escreveu ao senhor Reneri sobre o mesmo fenômeno; pois julgo que tenha sido ele que vos fez este discurso. Mas ele não tem razão caso se ofenda com meu esforço por escrever a verdade de uma coisa sobre a qual ele anteriormente escrevera quimeras; ou se acreditou que eu devia citá-lo naquele lugar, onde dele nada tinha, a não ser que foi por suas mãos que a observação do fenômeno de Roma, que se encontra no fim de meus *Meteoros*, chegou ao senhor Reneri e, por ele, a mim, pelas mãos de mensageiros, sem que ele tenha contribuído em nada para isso.

Para as objeções que poderão ainda vir contra a minha *Metafísica*, procurarei respondê-las tanto quanto às precedentes, e creio que o melhor será fazê-las imprimir e na mesma ordem em que foram feitas, para conservar a verdade da história, o que agregará mais ao leitor do que o faria um discurso contínuo, no qual diria as mesmas coisas. Creio ter aqui respondido a tudo o que estava em vossas cartas.

A Mersenne

Egmond-de-Hoef, 27 de maio de 1641 (?)

No que diz respeito ao livre-arbítrio, estou inteiramente de acordo com o Reverendo Padre. E para explicar ainda mais claramente minha opinião, desejo, primeiramente, que se repare que a *Indiferença* parece-me significar propriamente esse estado em que a vontade se encontra quando não foi conduzida pelo conhecimento do que é verdadeiro ou do que é bom para seguir um partido e não outro; e foi nesse sentido que a tomei quando disse que o mais baixo grau da liberdade consistia em poder se determinar por coisas para as quais somos inteiramente indiferentes. Mas talvez, pela palavra *indiferença*, existam outros que entendam esta faculdade positiva que temos de nos determinar por um ou outro de dois contrários, quer dizer, por perseguir ou fugir, por afirmar ou negar uma mesma coisa. Sobre isso, tenho a dizer que jamais neguei que essa faculdade se encontrasse na vontade; muito ao contrário, estimo que ela ali se encontra não apenas todas as vezes em que se determina por essas ações fortes, em que não é levada pelo poder de alguma razão mais para um lado do que para outro; mas ainda quando se encontra misturada em todas as outras ações, de sorte que nunca se determine e não a ponha em uso; até mesmo quando uma forte razão nos conduz a uma coisa, ainda que *moralmente* falando, e seja difícil que possamos fazer o contrário, falando entretanto *absolutamente*, nós o podemos; pois somos sempre livres para nos impedir de procurar um bem que nos seja claramente conhecido, ou de admitir uma verdade evidente, desde que pensemos ser um bem testemunhar com isso a liberdade de nosso livre-arbítrio.

Além disso, é preciso reparar que a liberdade pode ser considerada nas ações da vontade, antes que elas sejam exercidas, ou no momento mesmo em que as exercemos.

Ora, é certo que, sendo considerada nas ações da vontade antes que elas sejam exercidas, ela conduz consigo a *indiferença*, tomada no segundo sentido que acabo de explicar, e não no primeiro. Quer dizer que, antes que nossa liberdade se determine, ela é sempre livre ou tem o poder de escolher um ou outro dos contrários, mas não é sempre indiferente; ao contrário, jamais deliberamos senão com a intenção de sairmos desse estado, no qual não sabemos que partido tomar, ou para impedir-nos de nele cair. E embora opondo nosso próprio julgamento às injunções dos outros, temos o costume de dizer que somos mais livres para fazer coisas que não nos foram ordenadas, e nas quais nos é permitido seguir nosso julgamento, do que fazer aquelas que nos são exigidas ou proibidas; todavia, opondo nossos julgamentos ou nossos conhecimentos uns aos outros, não podemos assim dizer que somos mais livres para fazer coisas que não nos parecem nem boas nem más, ou nas quais vemos tanto o bem quanto o mal, do que fazer aquelas nas quais percebemos mais o bem do que o mal. Pois a grandeza da liberdade consiste ou na grande facilidade que temos em nos determinar, ou no uso desta potência positiva[17] que temos de seguir o pior, embora conhecendo o melhor. Ora, ocorre que, se nós abraçamos as coisas que nossa razão nos persuade serem boas, nós nos determinamos então com grande facilidade; se fazemos o contrário, fazemos então um uso maior desta potência positiva; e assim podemos sempre agir com mais liberdade no tocante às coisas nas quais vemos mais o bem que o mal, do que no tocante àquelas que chamamos de *Indiferentes*. E neste sentido, é também verdade dizer que fazemos menos livremente as coisas que nos são ordenadas e às quais, sem isso, jamais nos comportaríamos como nós mesmos, assim como não fazemos aquelas que não nos são exigidas. Ao julgamento que nos faz crer que tais coisas são difíceis, opõe-se aquele que nos diz ser bom fazer o que nos é ordenado; ambos os julgamentos, quanto mais nos movem igualmente, mais nos inculcam esta indiferença, tomada no sentido que por primeiro expliquei, quer dizer, que põe a vontade em um estado de não saber pelo que se determinar.

17. *Positiva* significa, neste contexto, impor-se ao espírito pela força da experiência sensível. Não indica, necessariamente, algo de bom ou de favorável.

Agora, sendo a liberdade considerada nas ações da vontade, no momento mesmo em que se exercem, então ela não contém nenhuma indiferença, em qualquer sentido que se queira tomá-la. Pois o que se faz não pode não ser feito no momento em que se faz. Mas ela consiste apenas na facilidade que se tem de agir, a qual, na medida em que cresce, também aumenta a liberdade. E então, fazer *livremente* uma coisa, fazê-la de *bom grado* ou bem ainda *voluntariamente* são uma coisa só. E foi neste sentido que escrevi que me orientava tanto mais *livremente* em direção a uma coisa quando a ela era levado por mais razões, pois é certo que nossa vontade move-se então mais facilmente e com mais ímpeto.

# AO MARQUÊS DE NEWCASTLE[18]

Ao Marquês de Newcastle

23 de novembro de 1646

Meu Senhor,

Os favores que recebo pelas cartas que a Vossa Excelência agradaram enviar-me, e as marcas que contêm de um espírito que imprime mais brilho ao elevado nascimento do que dele o recebe, obrigam-me a estimá-las muitíssimo; mas parece-me, além disso, que a fortuna quer mostrar que ela os coloca na condição dos maiores bens que posso ter, pois as retém nos caminhos e não permite que as receba a não ser após ter feito todos os esforços para impedi-las de chegar. Assim, tive a honra de receber uma no ano passado que havia levado quatro meses para vir de Paris até aqui; e esta que agora recebo é de 5 de janeiro. Mas porque o Senhor de B. assegura-me que vós já havíeis sido advertido do atraso, não

---

18. Trata-se de William Cavendisch (ou Candisch), também visconde de Mansfield e barão de Bolsovey, mas que na época morava em Paris.

me desculpo por não ter antes respondido. E posto que as coisas sobre as quais vos agradou escrever-me são apenas considerações referentes às ciências, que não dependem das mudanças do tempo nem da fortuna, espero que aquilo que possa agora responder não vos será menos agradável do que se recebido há dez meses.

Eu subscrevo em tudo o juízo que Vossa Excelência faz dos químicos, e creio que só dizem coisas fora do uso comum para fingirem conhecer o que ignoram. Creio também que o que dizem da ressurreição das flores pelo sal não é senão uma imaginação sem fundamento, e que seus extratos possuem outras virtudes do que aquelas das plantas das quais são retirados. O que se experimenta bem claramente é que o vinho, o vinagre e a aguardente, que são três extratos que se podem fazer com as mesmas uvas, têm gostos e virtudes bem diversas. Enfim, conforme minha opinião, o sal, o enxofre e o mercúrio deles não diferem mais entre si do que os quatro elementos dos filósofos, nem mais do que a água do gelo, da espuma e da neve; pois penso que todos os corpos são feitos de uma mesma matéria, e que não há nada que produza a diversidade entre eles senão que as pequenas partes desta matéria que compõem alguns corpos têm outras figuras ou são dispostas de outra maneira do que aquelas que compõem outros. O que espero que Vossa Excelência logo poderá ver bastante explicado ao longo de meus *Princípios de Filosofia*, que se vão imprimir em francês.

Nada sei de particular no que toca à geração das pedras, a não ser que as distingo dos metais, pois que as pequenas partes que compõem estes aqui são notavelmente mais grossas que as das pedras; e os distingo dos ossos, das madeiras e de outras partes dos animais e vegetais já que não crescem como as pedras, mas antes por meio de algum líquido que corre por pequenos canais em todo o corpo, e as pedras somente por adição de algumas partes que a ela se juntam do exterior, ou se introduzem em seus poros. Assim, não me espanto haver fontes onde se engendram calhaus; pois acredito que a água dessas fontes, por onde passa, arrasta consigo partículas de rochas, as quais possuem tais formas que se fixam facilmente entre si quando se encontram, e que a água que as leva, estando menos viva e menos agitada do que estava nas veias dos rochedos, as deixa cair; e é quase o mesmo o que ocorre com aquelas geradas nos corpos dos homens. Não me espanto tampouco pela maneira como se faz o tijolo; pois creio que sua dureza provém de que a ação do fogo, fazendo sair de entre suas partes não só as partes da água, que imagino longas e escorregadias, como também pequenas viscosidades[19] que escorrem nos poros dos outros corpos, sem ali se fixar, e as quais consistem na umidade ou transpiração desses corpos, como disse nos *Meteoros*, mas também todas as demais partes de sua matéria que não sejam duras ou bem firmes e, por esse meio, aquelas que permanecem se juntam mais estreitamente e assim fazem com que o tijolo seja mais duro do que a argila, embora tenha poros maiores, nos quais entram depois outras partes de água ou de ar que, com isso, podem torná-lo mais pesado.

Quanto à natureza da prata viva, ainda não fiz todas as experiências das quais tenho necessidade para conhecê-la bem; no entanto, creio poder assegurar que o que a torna tão fluida é que as pequenas partes das quais é composta são tão unidas e tão escorregadias que não podem de modo algum prender-se umas às outras, e sendo mais grossas do que aquelas da água, não dão passagem entre elas à matéria sutil à qual dei o nome de segundo elemento, mas apenas àquela que é muito sutil, e que denominei primeiro elemento. O que me parece ser suficiente para poder expressar as razões de todas aquelas propriedades que me foram conhecidas até aqui; pois é a ausência desta matéria do segundo elemento que a impede de ser transparente, e que a torna bastante fria; é a atividade do primeiro elemento, com a diferença que há entre suas partes e aquelas do ar ou de outros corpos, que faz com que suas pequenas gotas se revelem mais em forma redonda sobre a mesa do que aquelas da água; e é também a mesma desigualdade a causa de não se manter em nossa mão como a água, o que deu azo de se pensar

---

19. No original, *anguille*. Parece-nos aqui haver uma metonímia de atributo e coisa, dado o caráter ao mesmo tempo pegajoso e escorregadio da enguia.

não ser tão úmida quanto ela; mas ela se liga bem ao chumbo e ao ouro; eis porque, a esse respeito, pode-se dizer que é úmida.

Lamento muito não poder ler o livro do senhor d'Igby, por não entender o inglês; dele interpretei alguma coisa e, por me fazer inteiramente disposto a obedecer à razão, e sabendo que seu espírito é excelente, ousaria esperar, se tivesse a honra de com ele conferenciar, que minhas opiniões estivessem facilmente de acordo com as suas.

No que concerne ao entendimento ou ao pensamento que Montaigne e alguns outros atribuem aos animais, não posso ser de suas opiniões. Não é que me detenha no que se diz, que os homens têm um império absoluto sobre todos os animais; pois confesso que há alguns mais fortes do que nós, e creio também haver os que possuam artimanhas naturais, capazes de enganar os homens mais astutos. Mas considero que não nos imitam ou sobrepassam a não ser naquelas ações que não são conduzidas por nosso pensamento; pois acontece frequentemente que andemos ou comamos sem pensar absolutamente no que fazemos; e é sem usar a nossa razão que rejeitamos as coisas que nos prejudicam e aparamos os golpes que se nos dão, ou que, ainda que quiséssemos expressamente não pôr as mãos adiante da cabeça, quando acontece de cairmos, não poderíamos nos impedir. Creio também que comeríamos, como os animais, sem aprendê-lo, se não tivéssemos qualquer pensamento; e diz-se que aqueles que caminham dormindo passam algumas vezes os rios a nado, onde se afogariam se estivessem despertos. Quanto aos movimentos de nossas paixões, embora sejam acompanhados em nós de pensamentos, pois que temos a faculdade de pensar, é muito evidente, no entanto, que os primeiros não dependem dos segundos, pois se fazem frequentemente apesar de nós e que, por consequência, eles podem estar nos animais, e ser mesmo mais violentos do que nos homens, sem que possa concluir por isso que tenham pensamentos.

Enfim, não há nenhuma de nossas ações exteriores que possa asseverar àqueles que as examinam que nosso corpo não seja somente máquina que se mova por si mesma, mas que possui em si uma alma que tem pensamentos, excetuadas as palavras ou outros signos relativos a assuntos que se apresentem, sem se referir a alguma paixão. Digo as palavras ou outros signos porque os mudos se servem de signos como nós da voz; e que tais signos são apropriados, para excluir o falar dos papagaios e aqueles dos loucos, que não deixam de se relacionar com os assuntos que se apresentam, embora não sigam a razão. E acrescento que tais palavras ou signos não devem se referir a qualquer paixão, para excluir não só os gritos de alegria ou de tristeza, e semelhantes, mas também tudo o que pode ser ensinado artificialmente aos animais. Pois se se ensina a uma pega dizer bom-dia à sua dona, quando a vir chegar, talvez seja só fazendo com que a prolação desta palavra torne-se o movimento de alguma de suas paixões; a saber, será um movimento de esperança de que irá comer, se se acostuma a dar-lhe sempre alguma guloseima quando se a pronuncia. E assim, todas as coisas que se mandam fazer aos cães, aos cavalos e aos macacos são apenas movimentos de seu medo, de sua esperança, de sua alegria, de sorte que possam fazê-los sem nenhum pensamento. Ora, parece-me bastante notável que a palavra, assim definida, só convenha ao homem. Pois, embora Montaigne e Charron tenham dito que há mais diferença entre homem e homem do que entre animal e homem, jamais se encontrou qualquer animal tão perfeito que tenha usado algum signo para fazer entender a outros animais alguma coisa que não fosse suas paixões. E não há homem tão imperfeito que não faça uso dele. De modo que aqueles que são surdos e mudos inventam signos particulares, por meio dos quais exprimem seus pensamentos. O que me parece um argumento muito forte para provar que aquilo que faz com que os animais não falem como nós é que eles não possuem qualquer pensamento, e não que lhes faltem órgãos. E não se pode dizer que falam entre si, mas que nós não os entendemos; pois como os cães e alguns outros animais nos exprimem suas paixões, exprimiriam também seus pensamentos, se os tivessem.

Sei bem que os animais fazem muitas coisas melhor do que nós, mas não me admiro; pois isso serve até mesmo para provar que eles agem naturalmente e por uma energia interna, tal como um relógio, que indica melhor a hora do que o nosso julgamento nos transmite. E sem dúvida que, quando as andorinhas chegam na primavera, agem como relógios. Tudo o que fazem as abelhas é da mesma natureza, e a ordem que mantêm os grous ao voar, e aquela que observam os macacos em luta, se for certo que eles observam alguma, e, enfim, o instinto de sepultar seus mortos não é mais estranho do que aquele dos cães e gatos, que raspam a terra para cobrir seus excrementos, embora não os cubram quase nunca inteiramente, o que mostra que o fazem por instinto e sem pensar. Pode-se unicamente dizer que, embora os animais não façam nenhuma ação que nos assegure que eles pensam, todavia, pelo fato dos órgãos de seus corpos não serem muito diferentes dos nossos, pode-se conjecturar haver algum pensamento junto a tais órgãos, assim como nós experimentamos internamente, ainda que a deles seja bem menos perfeita. Ao que nada tenho a responder, senão que, se eles pensassem como nós, teriam uma alma imortal como nós, o que não é verossímil, já que não há razão para se acreditar que alguns animais a tenham, sem que se creia de todos, pois há muitos deles tão imperfeitos para que se possa acreditar nisso, como o são as ostras, as esponjas etc. Mas receio vos importunar com esses discursos e todo o desejo que possuo é de vos testemunhar que sou

Descartes

# A GIBIEUF

A Gibieuf

19 de janeiro de 1642

Senhor e Reverendo Padre,

Sempre experimentei bastante o quanto vós favoreceis o desejo que tenho de fazer alguns progressos na procura da verdade; e o testemunho que, pelas cartas, dele vós ainda me dais, me obrigam extremamente. Também sou muito agradecido ao Reverendo Padre de la Barde por se ter dado ao esforço de examinar meus pensamentos em metafísica e ter-me feito o favor de defendê-los contra os que me acusavam de colocar tudo em dúvida. Ele compreendeu perfeitamente minha intenção, e se eu tivesse vários protetores, tais como ele e vós, não duvidaria que meu partido logo se tornasse o mais forte; mas ainda que eu possua tão poucos, não deixo de ter muita satisfação pelo fato de que os maiores homens e os melhores espíritos sejam os que mais gostem e favoreçam minhas opiniões. Deixo-me facilmente persuadir de que, se o Reverendo

Padre de Gondran estivesse vivo, teria sido um dos principais; e embora não haja muito tempo que o senhor Arnaut seja doutor, não deixo de estimar mais seu julgamento do que o de uma metade dos mais antigos. Minha esperança não foi a de obter sua aprovação em conjunto; eu soube e predisse muito bem, há muito tempo, que meus pensamentos não seriam do gosto da multidão e que onde a pluralidade das vozes se produzisse eles seriam facilmente condenados. Também não desejei aquela dos particulares, pois ficaria aflito se eles nada fossem para o meu assunto, que pode ser desagradável aos olhos de seus confrades, e também que se tem o hábito de obtê-la tão facilmente em todos os livros que não são mais heréticos do que o meu, que acreditei que a causa pela qual se poderia julgar que eu não a tenho não me seria desvantajosa. Mas isso não me impediu de oferecer minhas *Meditações* a vossa faculdade, a fim de se fazê-las melhor examinadas, e que, se aqueles de um corpo tão célebre não encontrassem justas razões de corrigi-las, isso pode-me assegurar as verdades que contêm.

Quanto ao princípio pelo qual parece-me saber que a ideia que possuo de alguma coisa *non redditur a me inadaequata per abstractionem intellectus* (não é reproduzida em mim desigualmente por abstração do intelecto) não o tiro senão de meu próprio pensamento ou consciência. Pois sendo certo que só posso ter algum conhecimento do que está fora de mim por intermédio das ideias que tive em mim, tomo bastante cuidado ao referir meus pensamentos imediatamente às coisas e de nada lhes atribuir de positivo que não tenha percebido anteriormente em suas ideias; mas creio também que tudo o que se encontra em tais ideias está necessariamente nas coisas. Assim, para saber se minha ideia não é dada incompleta ou *inadaequata*, por alguma abstração de meu espírito, examino apenas se a tirei não de alguma coisa fora de mim que seja mais completa, mas de alguma outra ideia mais ampla ou mais completa que tenha em mim, e este *per abstractionem intellectus* quer dizer: desviando meu pensamento de uma parte do que está incluído nesta ideia mais ampla para aplicá-lo melhor e tornar-me tanto mais atento à outra parte. Assim, quando considero uma figura sem pensar na substância ou na extensão de que ela, faço uma abstração de espírito que posso depois facilmente reconhecer, examinando se não tirei esta ideia que tenho apenas da figura, fora de qualquer outra ideia mais ampla que também tenho em mim, e à qual esteja de tal modo unida que, embora se possa pensar em uma sem ter nenhuma atenção em outra, não se pode, entretanto, negá-la na outra quando se pensa em ambas. Pois vejo claramente que a ideia de figura está assim unida à ideia de extensão e de substância, dado ser impossível que eu conceba uma figura negando que ela tenha uma extensão, e nem uma extensão negando que ela seja extensão de uma substância. Mas a ideia de uma substância extensa e figurada é completa, pois posso concebê-la sozinha, e nela negar todas as outras coisas das quais tenho ideias. Ora, parece-me que é bastante claro que a ideia que tenho de uma substância que pensa é completa desta maneira, e que não tenho nenhuma outra ideia que a preceda em meu espírito e que lhe esteja a tal ponto unida que não as possa bem conceber negando-as uma e outra. Pois se houvesse em mim alguma, deveria, necessariamente, conhecê-la. Dir-se-á talvez que a dificuldade permanece ainda pelo fato de que, embora eu conceba a alma e o corpo como duas substâncias pensadas uma sem a outra, e mesmo negando uma de outra, não estou entretanto seguro que sejam tais como eu as concebo. Mas é preciso voltar à regra precedentemente dada, a saber, que nós não podemos ter nenhum conhecimento das coisas a não ser pelas ideias que nós concebemos; e que, por conseguinte, só devemos julgar seguindo essas ideias, e pensar mesmo que tudo o que repugna a essas ideias é absolutamente impossível e implica contradição. Assim, não temos nenhuma razão para assegurar que haja montanha sem vale, exceto que nós vemos que suas ideias não podem estar completas quando as consideramos uma sem a outra; ainda que possamos, por abstração, ter a ideia de uma montanha, ou de um lugar que vá de baixo para cima, sem considerar que também se pode descê-lo do alto para baixo. Logo, podemos dizer que implica contradição haver átomos ou partes da matéria que tenham extensão e, não obstante, sejam indivisíveis, pois não se pode ter a ideia de uma coisa extensa sem ter dela também a de sua metade, ou de seu terço e nem, por conseguinte, sem que se a conceba divisível por 2 ou por 3. Pois somente assim considero as duas metades de uma parte de matéria, tão pequena quanto possa ser, como duas substâncias completas, *et quarum ideae non redduntur a me inadequatae per abstractionem intellectus* (cujas ideias não se reproduzem em mim desigualmente por abstração do intelecto), concluo certamente que elas são divisíveis. E se me dissessem que, não obstante eu poder assim considerá-las, nem por isso sei se Deus não as uniu ou juntou com um elo tão estreito que elas sejam inteiramente inseparáveis, e logo que eu não tenho razão de negá-lo, responderia que, com qualquer vínculo que Ele tenha podido ligá-las, eu também estou seguro de que Ele pode desuni-las; de modo que, absolutamente falando, tenho razão de denominá-las divisíveis, pois Ele me deu a faculdade de concebê-las como tais. E digo o mesmo da alma e do corpo, e geralmente de todas as coisas das quais temos ideias diversas e completas, a saber, que não implicam nenhuma contradição caso sejam inseparáveis. Mas não nego por isso que não possa haver na alma ou no corpo várias propriedades das quais não tenho nenhuma ideia; nego apenas que haja alguma que contrarie as ideias que deles tenho e, entre elas, aquela de sua distinção. Pois, de outra maneira, Deus seria enganador e nós não teríamos qualquer regra para certificar a verdade.

A razão pela qual creio que a alma sempre pensa é a mesma que me faz crer que a luz sempre ilumina, embora não existam olhos para vê-la; que o calor é sempre quente, ainda que não nos esquentemos; que o corpo ou substância extensa sempre tem extensão; e, geralmente, que aquilo que constitui a natureza de algo nela sempre está enquanto ela existir. De modo que me seria mais cômodo acreditar que a alma deixaria de existir quando deixa de pensar, do que conceber que não tenha pensamento. E aqui não vejo nenhuma dificuldade, exceto que se julga supérfluo acreditar que ela pensa quando não conservamos nenhuma lembrança depois. Mas caso se considere que temos mil pensamentos todas as noites, e que mesmo na vigília temos mil depois de uma hora, dos quais não nos resta nenhum traço na memória, e dos quais não vemos melhor utilidade do que aqueles que tenhamos tido antes de nascer, teremos menos dificuldade em julgar que possa existir uma substância cuja natureza é pensar e, todavia, não pensar.

Não vejo também nenhuma dificuldade em entender que as faculdades de imaginar e de sentir pertencem à alma, pois são espécies de pensamento; e, no entanto, pertencem à alma na medida em que está ligada ao corpo, pois são espécies de pensamentos sem os quais pode-se considerar a alma pura.

Quanto aos animais, observamos neles movimentos semelhantes àqueles que se seguem de nossas imaginações ou sentimentos, mas nem por isso são imaginações ou sentimentos. E, ao contrário, esses mesmos movimentos também podem ser realizados sem imaginação, e temos razões que provam que se fazem assim neles, como espero esclarecer descrevendo em detalhes toda a arquitetura de seus membros e as causas de seus movimentos.

Mas creio que já vos aborreci pela extensão desta carta; e ficarei muito feliz se vós mantiverdes a honra da beneficência e o favor de vossa proteção àquele que é

Descartes

# A HUYGENS

A Huygens

Março de 1638

Senhor,

Vós sois suscetível de achar estranho que vosso Campanella[20] tenha demorado tanto para vos retornar, mas ele já está velho e não pode ir mais depressa. Com efeito, embora não esteja cem léguas[21] distante de La Haye, ele levou entretanto mais de três semanas para vir até aqui, quando, encontrando-me ocupado em responder

---

20. Tomaso Campanella (1568-1639), filósofo sensualista e místico, autor, entre outras obras, de *Filosofia Universal*, da utopia político-econômica *Cidade do Sol* e de uma defesa das teses de Galileu. Perseguido e encarcerado durante muitos anos pelos espanhóis, conseguiu a proteção de Richelieu, transferindo-se para a França já no fim da vida.

21. No original, *cent lieues*, podendo indicar a antiga medida de quatro quilômetros (e, portanto, distante cerca de quatrocentos quilômetros, o que parece bastante improvável), ou uma distância indeterminada, expressando "muito longe". Nesse caso, "embora não esteja muito longe de La Haye".

algumas objeções que me vieram de diversas partes, confesso que sua linguagem, e aquela do alemão que fez seu longo prefácio, impediram-me de ousar conversar com eles, antes que houvesse terminado as cartas que tinha a fazer, com medo de adquirir algo de seu estilo. Quanto à doutrina, há quinze anos que vi o livro *De sensu rerum*[22], do mesmo autor, com alguns outros tratados, e talvez aquele lá estivesse entre eles; mas havia desde então encontrado tão pouca solidez em seus escritos que deles nada havia guardado na memória; e agora não poderia dizer outra coisa senão que aqueles que se extraviam, afetando seguir caminhos extraordinários, parecem-me bem menos desculpáveis do que os que se enganam em companhia, seguindo as pegadas de muitos outros.

Quanto ao meu livro[23], não sei que opinião terão as gentes do mundo; mas para aqueles da Escola, vejo que se calam e que, irritados por não encontrar ali suficientes pontos de disputa sobre os quais exercer seus argumentos, contentam-se em dizer que, se o que ele contém fosse verdadeiro, seria necessário que toda a sua filosofia fosse falsa.

No que se refere ao senhor Fromondus, o pequeno diferendo que há entre ele e mim não mereceria que vós tivésseis conhecimento, e não pode ter havido tão poucos erros na cópia que vós haveis visto, que não fossem suficientes para desfigurar inteiramente o que vós teríeis podido encontrar de menos desagradável. De resto, este debate se passou entre ele e mim como um jogo de xadrez; permanecemos bons amigos após a partida acabada e só tornamos a enviar cumprimentos um ao outro. O doutor Plempius, professor de medicina em Louvain, fez-me também algumas objeções contra o movimento do coração, mas como amigo, a fim de melhor descobrir a verdade, e procuro responder a cada um no mesmo estilo que me escreve. Ele tem um conselheiro de

---

22. Obra de Campanella editada em 1620 – *Da Sensação das Coisas* – versando sobre o princípio do conhecimento, que é, sobretudo e originalmente, sensitivo. Para o autor, "saber é sentir".

23. *Discurso do Método*, mais os três ensaios que lhe seguem: *Geometria*, *Dióptrica* e *Meteoros*.

Toulouse[24] que debateu um pouco contra a minha *Dióptrica* e minha *Geometria*; em seguida, alguns geômetras de Paris quiseram servir-lhe de acompanhantes. Mas muito me engano ou nem ele nem os demais poderiam se desvencilhar deste combate a não ser confessando que tudo o que disseram contra mim é paralogismo. Não ousaria vos enviar nenhum desses escritos, pois, embora me pareça valer a pena que vós os leiais, seria entretanto preciso muito para os copiar, e talvez sejam todos impressos em bem pouco tempo. Com efeito, desejo que muitos me ataquem deste modo e não lamentarei o tempo que empregarei para responder-lhes, até que tenha com o que encher um volume inteiro. Pois me convenço ser um muito bom motivo para fazer ver se as coisas que escrevi podem ser refutadas ou não. Eu teria sobretudo desejado que os reverendos padres jesuítas tivessem querido estar entre os oponentes, e eles me fizeram esperar por cartas de La Flèche, de Louvain e de Isle; mas recebi logo depois uma carta de um deles, de La Flèche, na qual encontro tanta aprovação que de ninguém a poderia desejar; até o ponto em que diz não desejar nada do que eu quis explicar, mas somente do que eu não quis escrever; de onde aproveita a ocasião para me pedir minha *Física* e minha *Metafísica* com grande instância. E porque sei da correspondência e da união que há entre os desta Ordem, o testemunho de um só é suficiente para me fazer esperar que os tenha todos do meu lado; mas para isso, não vejo ainda nenhuma aparência que possa dar de meu *Mundo*[25] ao mundo; e sem o que também não poderia terminar os mecanismos sobre os quais me escreveis, pois disso dependem inteiramente, sobretudo no que concerne à velocidade dos movimentos. E é preciso ter explicado quais são as leis da natureza e como ela age de ordinário, antes que se possa bem ensinar como pode ser aplicada a efeitos aos quais não está acostumada.

---

24. Trata-se de Pierre de Fermat. Posteriormente, conforme se percebe pelas correspondências entre ambos, aqui transcritas, Descartes mudará sua opinião sobre o matemático, de modo mais favorável.

25. Refere-se ao livro *Mundo ou Tratado da Luz*, só publicado em 1644.

Nada tenho a responder no que toca ao desejo do senhor Pollot de ver as folhas que vos pediu, e como é em vós um excesso de cortesia querer deixar-me algum direito sobre algo que vos pertence, nele é um testemunho de que me estima mais do que aquilo que escrevo, do que ter a necessidade de vê-lo. Mas é sem dúvida o julgamento favorável que ele vos viu fazer que lhe terá dado esse desejo.

Agradeço-vos muito afetuosamente pelas notícias e pelo livro que vos agradou dar-me a conhecer[26]. Estou também muito agradecido ao senhor de Saumaise, pois é dele que as notícias me chegam e o estimo a tal ponto que tenho muita felicidade de estar, de algum modo, em suas graças. Quanto ao que o autor daquele livro diz de minha filosofia, que ela segue a de Demócrito, não saberia dizer se ele tem razão ou não; pois não acredito que aquilo que nos trazem deste antigo, que foi plausivelmente um homem de muito bom espírito, seja verdadeiro, nem que tenha tido opiniões tão razoáveis que, enganosamente, se lhe creditam. Mas confesso que participei, de alguma maneira, de seu humor, quando deitei os olhos no livro que vós me enviastes, pois, deparando-me por acaso com o trecho onde diz *Lux est medium proportionale inter substantiam et accidens* (a luz é a média proporcional entre a substância e o acidente), quase me pus a rir e mais não teria lido não fosse a estima que tenho pelo autor e por todos os que como ele trabalham, tanto quanto podem, na pesquisa das coisas naturais e que, tentando novas rotas, se afastam um pouco do grande caminho, o que não conduz a parte alguma, servindo apenas para cansar e desviar aqueles que o seguem. Sou,

Descartes

---

26. Menção ao livro *Sobre a Natureza da Luz*, de Bouillau.

A Huygens

Leiden, julho de 1640

Senhor,

Devo a um favor extremo que, entre tantas diversas ocupações e tantos assuntos importantes que devem passar por vosso espírito, vós ainda vos condescendeis lembrar de uma pessoa tão inútil como sou. E não duvido que as cartas que vós haveis se dado ao trabalho de conseguir para o torneiro tenham sido entregues; mas ele ainda não lhe sentiu os efeitos, a não ser que os senhores desta cidade não deram até agora a ninguém o lugar que ele deseja, e que a fisionomia daqueles a quem falou não lhe tiraram a esperança.

 Surpreendo-me que vos tenham dito que fazia imprimir alguma coisa de metafísica, já que não coloquei nada em mãos do meu livreiro, nem mesmo nada preparei, salvo tão pouco de que valha a pena falar; enfim, não se pode vos ter relatado nada que seja verdadeiro, a não ser o que me lembro de vos ter dito no inverno passado, a saber, que me propunha a esclarecer o que escrevi na quarta parte do *Método*, e de não publicá-lo, mas dele fazer somente imprimir doze ou quinze exemplares para os enviar a doze ou quinze dos principais de nossos teólogos. Pois comparo o que fiz nesta matéria às demonstrações de Apolônio, nas quais nada há que não seja muito claro e muito certo, quando se considera cada ponto em particular; mas pelo fato de serem um pouco longas, e de ali não se poder ver a necessidade da conclusão, caso não nos lembremos exatamente de tudo o que a precede, encontra-se com dificuldade um homem em todo o país que seja capaz de entendê-las. E no entanto, pelo fato destes poucos que as entendem assegurarem que são verdadeiras, não há ninguém que nelas não acredite. Assim, penso ter demonstrado inteiramente a existência de Deus e a imaterilidade da alma humana; mas como isso depende de vários raciocínios que se entresseguem, e que, se esquecemos a menor circunstância, não podemos entender bem a conclusão, caso não encontre pessoas capazes e de grande reputação em metafísica, que se deem ao esforço de examinar com curiosidade minhas razões, e que, dizendo francamente o que delas pensam, deem o primeiro impulso aos outros para julgarem com eles, ou ao menos para terem vergonha de contradizê-los sem razões, prevejo que as demonstrações darão poucos frutos. E parece-me que sou obrigado a ter mais cuidado em dar algum crédito a este tratado, que concerne à glória de Deus, do que àquele que meu humor me permitiria ter se se tratasse de outra matéria.

De resto, creio que vou entrar em guerra com os jesuítas, pois seu matemático de Paris[27] refutou publicamente minha *Dióptrica* em suas teses; a esse respeito, escrevi a seu Superior a fim de convidar todo o seu Corpo para esta querela. Pois embora eu saiba há muito tempo não ser agradável atrair adversários, creio no entanto que, desde que eles se irritam a si mesmos e eu não o posso evitar, vale mais a pena, de uma vez por todas, que os encontre todos juntos do que um após o outro, o que jamais teria fim.

No entanto, meus afazeres domésticos me chamam à França e se eu puder encontrar alojamentos confortáveis, para lá me dirigir em cinco ou seis semanas, proponho-me a fazer a viagem. Mas Vassanaer não deseja que eu parta antes da impressão daquilo que a pertinácia de seu adversário o obrigou a escrever; e embora seja uma droga da qual estou muito cansado, a honra, todavia, não me permite isentar-me de ver o seu término e nem, pelo favor que devo a este país, dissimular a verdade. Vós a encontrareis aqui em seu prefácio, com o qual o farei ainda adiar a impressão por quinze dias ou mais, caso ele tenha necessidade, a fim de esperar vosso julgamento, se vos agradar fazer-me o favor de escrever-me, e ele nos servirá de lei inviolável. Todavia, peço-vos acreditar com toda a segurança que seu adversário soube muito bem que todo o seu livro nada valia, antes mesmo de publicá-lo, como os subterfúgios de sua aposta o demonstraram suficientemente, e que ele teve a experiência de Sócrates ao dizer que nada sabia; mas ele mostra

---

27. Refere-se ao Padre Bourdin.

com isso uma incrível impudência para caluniar e se gabar de saber coisas impossíveis e extravagantes, que é, a meu juízo, a qualidade mais perigosa e a mais prejudicial que um homem de sua condição poderia ter. E penso ser obrigado a vos enviar sobre isso meu julgamento; pois sou etc.

Descartes

## A Huygens

Endegeest, 13 de outubro de 1642

Empreguei o dia de ontem para ler os diálogos *De Mundo*[28] que vós me fizestes o favor de enviar, mas não observei nenhuma passagem na qual pudesse perceber que o autor teve o desejo de me contradizer, pois, naquela em que ele diz que não se poderia fazer lunetas de aproximação mais perfeitas do que as que temos hoje, fala tão favoravelmente de mim que deveria estar de muito mal humor se tal achasse ruim. É verdade que em vários outros lugares ele tem opiniões bastante diferentes das minhas, mas não declara pensar em mim, assim como em quaisquer outros que ali também concordam com o que escrevi, e deixo de muito bom grado a qualquer um a liberdade que desejo para mim, que é poder escrever ingenuamente o que se crê o mais verdadeiro, sem se preocupar se está conforme ou é diferente dos pontos de vista de um outro.

Encontro coisas muito boas em seu terceiro diálogo, mas quanto ao segundo, onde quis imitar Galileu, julgo que tudo o que contém é muito sutil para ser verdadeiro, pois a natureza serve-se apenas de meios que são bem simples. Queria que se fizessem quantidades de livros desse gênero, pois creio que eles poderiam preparar os espíritos para receber outras opiniões além daquelas da Escola, e não creio que possam prejudicar os meus.

De resto, Senhor, sou-vos duplamente agradecido por aquilo que nem a vossa aflição[29] nem a quantidade das ocupações que, como acredito, vos acompanham, vos impediram de pensar em mim e dar-se ao trabalho de enviar-me esse livro, pois sei que tendes muita afeição por vossos próximos e que sua perda não vos deixa de ser extremamente sensível. Sei também que tendes um espírito deveras forte e que não ignorais nenhum dos remédios que possa servir para acalmar vossa dor, mas não poderia abster-me, entretanto, de vos mencionar um que achei poderoso, não apenas

---

28. Obra de Thomas White, contendo três diálogos.
29. Huygens acabara de perder um filho.

para me fazer suportar pacientemente a morte daqueles a quem amava, mas ainda para impedir-me de temer a minha, não obstante pertencer ao número daqueles que, acima de tudo, amam a vida. Consiste ele na consideração da natureza de nossas almas, que penso tão claramente dever durar mais do que o corpo e terem nascido para prazeres e felicidades muito maiores do que aquelas que gozamos neste mundo, que outra coisa não posso conceber dos que morrem senão que passam a uma vida mais doce e tranquila do que a nossa, e que os iremos encontrar algum dia, ainda com a lembrança do passado; pois reconheço em nós uma memória intelectual que é, seguramente, independente do corpo. E embora a religião nos ensine muitas coisas a esse respeito, confesso, entretanto, uma fraqueza em mim, que me parece comum à maioria dos homens, a saber, que, ainda que queiramos crer e mesmo que pensemos acreditar muito firmemente em tudo o que a religião nos ensina, não temos o costume, todavia, de ser tão afetados a não ser por aquilo que nos persuade por razões naturais muito evidentes. Sou,

Senhor,
vosso mui humilde e mui obediente servidor.

Descartes

## A Huygens

Egmond-de-Hoef, 2 de novembro de 1643

Soube pelo senhor Pollot que ele e vós me fizeram o favor e tiveram o cuidado para que eu não fosse surpreendido por mandados de execução[30], pelo que vos sou imensamente grato, e vos suplico muito humildemente continuar com essa atenção, pois dela tenho mais necessidade do que nunca. Meus inimigos não dormem e são mais violentos e artificiosos do que se poderia imaginar; e agora, que ouço falar de detenção, não mais permaneceria aqui em segurança, se não confiasse inteiramente em vossa amizade. Entretanto, a fim de que vós saibais que *mihi etiam vacat in vicinia mortis carmen facere* (perto da morte, estou mais livre para fazer versos) e que essas desavenças passageiras não impedem meus divertimentos ordinários, vos diria que agora estou dedicado à explicação da gravidade; e porque encontro diversas razões pelas quais me parece que os corpos pesados nem sempre devem tender para um mesmo ponto, se vós, sem esforço, puderdes encontrar entre vossos papéis um impresso de Gassendi, relativo à observação de um peso suspenso por um filete, que o padre Mersenne comunicou-me vos ter enviado há três ou quatro meses, vos agradeceria, pois soube desta observação pela metade e queria ver se ela concorda com minhas especulações.

Senhor,
vosso mui humilde e mui obediente servidor.

Descartes

---

30. No original, *lettres d'attache*, cujos significados podem ser, conforme *Littré*: a. documento expedido por pessoa que, temporariamente, exercia poder de julgar ou de executar ordens judiciais; b. cartas do rei, ordenando a execução de bulas papais; c. ordem emitida por um governador de província para fazer cumprir mandatos reais; d. cartas expedidas por autoridades militares, apresentando oficiais que deviam servir sob suas ordens.

# A FERMAT

A Fermat

27 de julho de 1638

Senhor,

Não tive menos alegria ao receber a carta pela qual vós me fazeis o favor de me prometer vossa amizade do que se ela me viesse da parte de uma amante, de quem teria passionalmente desejado as boas graças. E vossos outros escritos que a precederam fazem-me lembrar a Bradamante[31] de nossos poetas, aquela que não queria receber ninguém como servidor que não tivesse sido testado em combate. Mas não pretendo todavia comparar-me a este Roger, que era o único no mundo capaz de resistir-lhe; mas tal como sou, vos asseguro que honro extremamente vosso mérito. E vendo o último procedimento que usais para encontrar as tangentes das linhas curvas, não tenho outra coisa para responder senão que

31. Ou Bradamante, personagem feminina de, entre outros, *Orlando Furioso* de Ariosto.

é muito bom, e que se vós o tivesse explicado desta maneira, no começo, não o teria absolutamente contradito. Não é que não se pudesse propor casos diversos, que obrigariam a investigar mais uma vez outros aspectos para discerni-los, mas não duvido que vós os encontraríeis tão bem quanto este. É verdade que não vejo ainda por que razão vós quereis que vossa primeira regra, para procurar as maiores e as menores, possa ser aplicada à invenção da tangente, considerando a linha que a corta em ângulos retos como a mais curta, antes do que considerar esta tangente como a maior, sob as condições que assim a tornam. Pois enquanto não se diz a causa pela qual ela resulta em um destes modos, e não em outro, de nada serve dizer que isso acontece, senão para fazer inferir dali que, mesmo quando ela assim resulta, é incerta. E, com efeito, é impossível compreender todos os casos que podem ser propostos nos termos de uma só regra, se não se conserva a liberdade de mudar algo quando as ocasiões se apresentam, tal como fiz neste sobre o qual escrevi, quando não me sujeitei aos termos de nenhuma regra; apenas expliquei o fundamento de meu procedimento e dei alguns exemplos a fim de que qualquer um o aplicasse depois, conforme sua intenção, nos diversos casos que se apresentassem. No entanto, afasto-me aqui, sem perceber, do propósito desta carta, o qual não é outro senão o de agradecer-lhe humildemente a oferta de vossa amizade, a qual me esforçarei para merecer, procurando as ocasiões de vos testemunhar que sou entusiasticamente etc.

Descartes

A Fermat

11 de outubro de 1638

Senhor,

Bem sei que minha aprovação não é necessária para vos fazer julgar qual opinião deveis ter de vós mesmo; mas se ela pode contribuir para alguma coisa, e como vós me dais a honra de escrever-me, penso ser obrigado a vos confessar aqui francamente que jamais conheci alguém que me tenha parecido saber tanto quanto vós de geometria. A tangente da linha curva que descreve o movimento de uma roda, que é a última coisa que o reverendo Padre Mersenne se deu ao trabalho de me comunicar, é uma prova bastante segura. Pois, visto que ela parece depender da relação que há entre uma linha reta e uma circular, não é fácil aplicar-lhe as regras que servem às outras; e o senhor Roberval, que a havia proposto, e que é também, sem dúvida, um dos primeiros geômetras de nosso século, confessava não sabê-la e até mesmo desconhecer qualquer meio de resolvê-la. É verdade que, depois, também disse que a havia encontrado, mas isso justamente no dia seguinte, após ter sabido que vós e eu a enviávamos; e um sinal exato de que ele se decepcionava é que dizia a ter encontrado, ao mesmo tempo em que vossa construção era falsa quando a base da curva era maior ou menor do que a circunferência do círculo; o que ele, no entanto, poderia dizer da minha, embora ainda não a tivesse visto, pois ela concorda inteiramente com a vossa. De resto, Senhor, rogo-vos acreditar que se eu, precedentemente, declarei não aprovar inteiramente certas coisas particulares que vinham de vós, isso não impede que a declaração que acabo de fazer não seja verdadeira. Mas como se reparam mais cuidadosamente as imperfeições dos diamantes do que as maiores manchas das pedras comuns, assim acreditei dever olhar mais de perto o que vinha de vossa parte do que se vindo de uma pessoa menos estimada. E não recearei vos dizer que esta mesma razão me consola quando vejo que bons espíritos tomam por objeto de estudo retomar as coisas que tenho escritas, de modo que, ao invés de estar insatisfeito com eles, penso estar obrigado a agradecer-lhes. O que pode servir, me parece, para vos assegurar que é verdadeiramente, e sem ficção, que sou,

    Descartes

PRIMEIRA BIOGRAFIA[1] –
EXCERTOS[2]

1. Escrita por Adrien Baillet (1649-1706), também autor, entre outros livros, de *História da Holanda*, *História das Brigas do Papa Bonifácio VIII com Felipe, o Belo* e de *A Devoção à Virgem e o Culto que lhe é Devido*. A biografia data de 1691 e tem por título *Vida de Descartes*. O texto aqui utilizado foi publicado pelo Centro Nacional de Pesquisa Científica (CNRS) da França.

2. As reticências indicam os cortes feitos na escolha e tradução do texto francês. O objetivo desta seleção da primeira biografia sobre Descartes, publicada logo após sua morte, foi o de colocar à disposição do leitor brasileiro alguns detalhes acerca de sua vida; por esse motivo, certas menções que o autor, Adrien Baillet, faz a datas nem sempre estão completas. Para informações cronológicas mais precisas, ver supra Cronologia e Obras, p. 33.

A vida é um presente bastante considerável da natureza para negligenciarmos saber de quem somos dela devedores, e tenho motivo de esperar que aqueles, para quem a do senhor Descartes não será por completo indiferente, me agradecerão por lhes ter feito conhecer as pessoas que a providência quis empregar em seu ministério para a produção deste filósofo.

Sei que há quase tantos filósofos quanto os santos da Igreja de Deus; e que uns e outros não têm, frequentemente, nada emprestado de suas famílias. Pode-se mesmo dizer que as pessoas do século que recebem algum lustre de seu nascimento têm apenas um mérito bastante medíocre quando são obrigadas a recorrer àquele de seus pais e antepassados para obter alguma vantagem. Confesso que não tomo o senhor Descartes por filósofo ao falar da nobreza de seu sangue e da antiguidade de sua raça [...]. Mas é para fazer ver que a glória que seus ancestrais puderam merecer nos exércitos e nas cortes soberanas não impede receberem uma outra, inteiramente nova, de nosso filósofo, por um efeito de volta que a retroação é capaz de produzir.

O senhor Descartes saiu de uma casa que havia sido considerada, até então, como uma das mais nobres, das mais antigas e das mais sólidas da Touraine. Ela se estendeu mesmo à província de Poitou e fez crescer seus ramos até Berry, Anjou e na Bretanha, por meio de alianças que nelas contratou. Era filho do senhor Joachim Descartes, que teve por pai Pierre Descartes e, por mãe, Claude Ferrand, irmã de Antoine Ferrand, primeiro-tenente particular do Châtelet de Paris, e de Michel Ferrand, pai do decano do parlamento de Paris [...].

Vejamos agora o estado da família do senhor Descartes ao tempo de seu nascimento. Seu pai Joachim, filho único de Pierre, tendo chegado ao fim de seus estudos, não demonstrou querer a profissão das armas, seja porque o fizeram sentir que a nobreza francesa estava cansada, exaurida e semiarruinada pelas guerras civis e estrangeiras, seja porque o exemplo de seu pai o fez perceber que a tranquilidade da vida é o meio mais seguro de conservar seus bens. Mas a aversão que possuía pela ociosidade, juntamente com a obrigação de escolher um gênero de vida que fosse honrado, o fez pensar em participar da magistratura[3]. Voltou sua atenção para o parlamento da Bretanha e assegurou-se de um cargo de conselheiro naquela corte, em 16 de fevereiro de 1586, com a renúncia de Emery Regnault [...]. Pouco tempo depois, por contrato de 15 de janeiro de 1589, esposou Jeanne Brochard, filha do tenente-geral de Poitiers e de Jeanne Sain (ou Seign), que lhe deu três filhos durante os poucos anos que com ele viveu.

[...] O mais velho chamou-se Pierre Descartes, senhor da Bretaillière de Kerleau, de Tremondée e de Kerbourdin. Morreu conselheiro do parlamento da Bretanha, onde foi recebido em 10 de abril de 1618 pelos cuidados de seu pai, enfim estabelecido na província [...].

O segundo dos filhos de Joachim Descartes foi uma menina chamada Jeanne, que se casou com o senhor Rogier, cavaleiro e senhor do Crevis, e que morreu pouquíssimo tempo depois de seu pai.

---

3. No original, *robe*, um dos Estados no antigo regime, ocupado por homens de toga, ou seja, encarregados da administração da justiça.

O terceiro dos filhos de Joachim, e o último que lhe deu Jeanne Brochard, sua primeira mulher, foi René Descartes, nosso filósofo, que se viu obrigado a carregar o atributo de senhor do Perron, apesar da firmeza com a qual sempre recusou toda espécie de títulos [...].

Se houvéssemos demorado mais tempo para recolher exatamente as circunstâncias da vida do Sr. Descartes, teria infalivelmente acontecido com ele o que se divulgou a respeito de Homero, cujo nascimento foi reclamado por sete cidades diferentes, em virtude da incerteza causada pela negligência dada ao se escrever sua vida.

Ter-se-ia visto, na sequência dos tempos, diversas cidades da Touraine, do Poitou e da Bretanha a atribuir-se a glória de ter visto nascer nosso filósofo em suas circunscrições. Já o senhor Borel havia escrito que ele nascera na cidade de Châtelleraut, no Poitou. O senhor Crasso tinha antecipado que foi no castelo do Perron, a que ele chama de Perri, e que localiza mal relativamente aos limites da Bretanha e do Poitou [...]. Mas é seguro que o senhor Descartes outra pátria não teve senão La Haye, na Touraine. É uma pequena cidade situada entre a Touraine e o Poitou, sobre o rio Creuse, a uma distância de, aproximadamente, dez léguas, entre Tours e Poitiers, ao sul daquela e a oriente ou a nordeste desta aqui. Não há região na França que se possa preferir a esta parte meridional da Touraine, seja pela temperatura do ar e a doçura do clima, seja pela excelência da terra e das águas, assim como pelos atrativos que ali produz a mistura das comodidades da vida. No entanto, teremos ocasião de duvidar se essas vantagens puderam ser observadas tão sensivelmente na pessoa do senhor Descartes, tanto no corpo quanto no espírito. Certamente, elas não contribuíram muito para sua saúde, que nunca esteve bastante firme a não ser quando deixou a região para tomar armas e viajar; e se nos referimos ao seu sentimento, não lhe atribuiremos, pelo lado da natureza, o que possa ter recebido de vivacidade e de gentileza de espírito. Embora tenha feito valer em algumas circunstâncias os charmes de seu país natal, por oposição aos do norte, deu a conhecer que não acreditava que os homens, sob tal aspecto, fossem semelhantes às árvores [...].

Era o sétimo ano do reinado de Henrique IV, que não se devia concluir senão no segundo dia de agosto. Este bom príncipe, que acabara de se reconciliar solenemente com a Igreja romana, pela absolvição que o papa lhe dera no domingo de 17 de setembro do ano anterior, podia contar como sendo um dos mais felizes aquele ano do nascimento de Descartes, independentemente do que poderia vir a ser um dia este recém-nascido. Foi em 1596 que ele recebeu as submissões dos duques de Mayenne, de Nemours e de Joyeuse; que recuperou a cidade de Marselha dos espanhóis, por intermédio do duque de Guise; que retomou a cidade de La Fere, na Picardia; e que recebeu o legado cardeal De Medicis, enviado pelo papa para fazer valer, mais do que nunca, a antiga união da Santa Sé com a França, e para levar o rei a fazer as pazes com a Espanha, concluída em Vervins dois anos antes.

O papa Clemente VIII começava o quinto ano de seu pontificado. O Imperador Rodolfo II concluía o vigésimo de seu império, e Felipe II, de Espanha, contava o quadragésimo primeiro de seu reinado depois da abdicação do imperador seu pai. Não havia um ano que Maomé III subira ao trono dos otomanos e levava, na época, suas armas à Hungria, cujo sucesso foi seguido pela tomada de Agria aos alemães. A Polônia e a Suécia estavam então sob a obediência de Sigismundo III. Havia dez anos que ele chegara à primeira coroa por via de eleição e não tinha mais do que três que recebera a segunda por seu direito hereditário. A Dinamarca contava nove anos de paz do reinado de Christian IV, embora se estivesse esperado para coroá-lo naquele mesmo ano por causa de sua idade.

O estado da república das letras não estava nem florescente nem por demais decadente ao tempo do nascimento do sr. Descartes. A gramática e as humanidades eram ainda tratadas com muita honra por Sanctius, na Espanha, por Sylburg, na Alemanha (que morreu naquele ano), e por Passerat, na França. Pode-se juntar Scioppius que, muito jovem, já brilhava entre os gramáticos e humanistas de primeira ordem. A poesia havia recebido um grande choque com a morte de Tasso, ocorrida no ano precedente, e sustentava-se apenas debilmente na Itália na pessoa de Guarini e de alguns jovens poetas que se poliam na França sob os cuidados de Malherbe. A crítica e a filosofia eram dignamente exercidas por Lipse, Jos Scaliger, Casaubon, Nic Le Fevre e pelo padre Sirmond, que então começara a distinguir-se. No que tange à eloquência, pode-se dizer que teve muitas dificuldades para reviver após a morte de Perpignan, de Muret e de Benci, falecido havia dois anos. A filosofia antiga, e particularmente aquela de Aristóteles, encontrava-se então rudemente atacada por François Patricius, que sobreviveu só um ano após o nascimento do Sr. Descartes. E o chanceler Bacon já lançava os fundamentos da nova filosofia. As matemáticas encontravam-se em muito bom estado nas mãos daqueles que então trabalhavam para aperfeiçoá-las. A geometria era felizmente cultivada por Clavius, em Roma, mas ainda melhor em França pelo senhor Viéte; a astronomia, por Tycho-Brahe e seu discípulo Kepler, pelo landgrave de Hesse, Guilherme, e pelos que com ele trabalhavam, e por Galileu que começava a aparecer. A cronologia, por Scaliger. A geografia, por Ortelius e Merula, depois de Mercator, morto havia dois anos; e a mecânica, com suas espécies, por Stevin. Mas não podemos dizer o mesmo da óptica e da música, cuja hora ainda não havia chegado.

O progresso da verdadeira medicina não era tão considerável na época do nascimento do Sr. Descartes quanto aquele das matemáticas. Os que a professavam ou sobre ela escreviam não possuíam ainda as luzes que recebemos depois para se fazer avançar no conhecimento de uma ciência tão necessária. A jurispridência tinha sido florescente durante quase o século inteiro, e particularmente em França. Mas ela parecia um pouco decadente após a morte de Cujas e de Hotman. A teologia, enfim, reinava ainda entre as demais ciências, sob o ministério de um Bellarmin, de um Estius, de [um] Du Perron, e por aqueles das faculdades de Paris e de Louvain. Estava ainda sob a exação de Bèze e de Hunnius entre os protestantes de uma e de outra seita [...].

O senhor Descartes recebeu o batismo no terceiro dia de abril, o quarto de sua vida, e foi mantido com os fundos imobiliários por seu tio materno René Brochard, senhor de Des Fontaines e juiz magistrado em Poitiers e, conjuntamente, por Michel Ferrand, tenente geral em Châtelleraut. Mas teve apenas uma madrinha, que era a senhora Sain, ascendente de sua casa, cujo nome era Jeanne Proust [...]. Ele sempre considerou a graça desta regeneração[4] com um respeito inviolável; e após sua morte encontrou-se o registro de batismo que havia religiosamente conservado e levado consigo até a Suécia como certificado de seu cristianismo [...]. Foi chamado René por seu padrinho e mantido na família, cujo sobrenome, Du Perron, levaria consigo uma pequena senhoria pertencente a um de seus parentes, e situada no Poitou. Para ele não foi um título vão. A terra de Du Perron lhe foi dada com o passar dos tempos, quando de sua repartição, tão logo esteve em condições de possuí-la. Conservou o nome até o fim de sua vida, não obstante a venda que fez dessa terra poucos anos depois de tê-la recebido como própria.

Mas parece que este sobrenome não foi usado senão pelas pessoas da família, onde se tratava de distinguir o primogênito [...]. Retomou o sobrenome Descartes quando deixou a casa de seu pai: e os estrangeiros, entre os quais se encontrava habitualmente, não tardaram em transformá-lo em Cartesius. Esta maneira de modificar os nomes para o latim, seja pela supressão do artigo das línguas vulgares, seja pela terminação prolongada dos modos de pronunciá-la, era bastante comum entre as gentes de letras para evitar que alguém fosse surpreendido [...]. E ele próprio reconheceu, com o passar do tempo, que Cartesius, nos escritos latinos, tem qualquer coisa de mais doce do que Descartes. O que hoje se acha confirmado por seus seguidores, que, mesmo em nossa língua, se chamam mais frequentemente *cartesianos* do que *descartistas* [...].

Joachim Descartes não se ocupava tanto nas funções de seu cargo e dos estabelecimentos de sua nova família na Bretanha que não se permitisse também pensar em seu filho, a quem tinha o costume de chamar *seu filósofo*, dada a curiosidade insaciável com a qual lhe perguntava pelas causas e os efeitos de tudo o que lhe

---

4. Referência ao batismo.

passava pelos sentidos. A fraqueza de sua compleição e a inconstância de sua saúde o obrigaram a deixá-lo por muito tempo em companhia das mulheres [...]. O pai, ao ver seu filho próximo do oitavo ano de sua vida, pensava seriamente nos meios que poderiam ser os mais vantajosos para formar seu espírito e seu coração por meio de uma excelente educação quando ouviu falar do estabelecimento de um novo colégio que se preparava em La Flèche, em favor dos jesuítas.

O rei Henrique IV, tendo restabelecido em França a companhia de seus pais por um édito aprovado pelo parlamento em 2 de janeiro de 1604, não rematou seus beneplácitos com a simples restituição do que haviam perdido com sua retirada. Sua presença fez-lhe despertar o desejo que concebera, após sua conversão, em fundar um colégio no qual a nobreza francesa pudesse ser educada nas boas letras e nas máximas da verdadeira religião.

O Senhor Descartes só esperou enviar para ali seu filho a fim de lhe preservar dos rigores da estação, aos quais receava expô-lo em uma idade tão tenra, e num lugar tão distanciado das doçuras da casa paterna. Passados o inverno e a quaresma, o enviou para começar o semestre da páscoa, recomendando-o particularmente aos cuidados do padre Charlet, parente da família. Este padre, que foi durante muito tempo reitor da casa de La Flèche, antes de passar a outros empregos da companhia, concebeu uma afeição tão tenra pelo jovem Descartes que se quis encarregar de todos os cuidados que dissessem respeito ao seu corpo e espírito, exercendo para ele o papel de pai e de governante durante mais de oito anos em que permaneceu no colégio. O jovem escolar não ficou insensível a tanta bondade e teve-lhe durante toda sua vida um reconhecimento do qual deixou marcas públicas em suas cartas [...].

Como recompensa pela fidelidade e exatidão com que cumpria seus deveres, obteve de seus mestres a liberdade de não se manter preso às leituras e composições que lhes eram comuns. Quis empregar esta liberdade para satisfazer a paixão que sentia crescer-lhe com a idade e com os progressos dos estudos para adquirir o conhecimento claro e seguro de tudo o que fosse útil à vida [...] [e], não contente com o que se ensinava no colégio, percorreu todos os livros que tratavam das ciências que se estimam as mais curiosas e as mais raras [...]. Não havia ainda completado catorze anos quando deu por ganho o que estudara para o fim a que se tinha proposto, o de conhecer tudo aquilo que podia ser útil à vida. Desde aquele tempo, percebeu que os silogismos e a maior parte das outras instruções da lógica da escola serviam menos para aprender as coisas que se quer saber do que para explicar aos outros aquelas que se sabe, ou ainda para falar sem discernimento daquelas que se ignora, que é o efeito que se atribui à arte de Raimundo Lúlio[5]. No entanto, reconhecia na lógica muitos preceitos bons e verdadeiros; mas achava-os misturados a muitos outros que julgava prejudiciais ou supérfluos, e tinha tanta dificuldade em separá-los quanto um estatuário pode ter para sacar uma Diana ou uma Minerva ainda não esboçada de um bloco de mármore. De todo este grande número de preceitos que recebeu de seus mestres na lógica, reteve somente as quatro regras que serviram de fundamento à sua nova filosofia. A primeira, a de nada receber como verdadeiro que não reconhecesse ser com toda evidência. A segunda, a de dividir as coisas no máximo possível para melhor resolvê-las. A terceira, a de conduzir seus pensamentos por ordem, começando pelos objetos mais simples e fáceis de conhecer, e subir, por degraus, até o conhecimento dos mais compostos. A quarta, a de nada omitir na enumeração das coisas cujas partes devia examinar.

A moral que estudou no colégio não lhe foi inteiramente inútil na sequência de sua vida. Talvez seja pelos efeitos deste estudo que se poderia relacionar os desejos que teve, ao tempo de suas irresoluções, de consagrar toda sua vida à ciência de bem viver com Deus e com o próximo, renunciando a todo outro conhecimento. Havia ao menos aprendido nesta moral a considerar os escritos dos antigos pagãos como palácios soberbos e magníficos construídos apenas sobre a areia e a lama. Desde então, havia reparado que esses antigos, em sua moral, erguem muito

---

5. Ramón Llull (1235?-1315), filósofo, teólogo, retórico, educador e poeta catalão.

alto as virtudes e as fazem parecer estimáveis, acima de tudo o que há no mundo; mas não ensinam a conhecê-las o bastante, e aquilo que chamam por tão belo nome não é outra coisa senão uma insensibilidade, um orgulho, um desespero, um parricídio. Mas não sabemos se é à moral escolástica de seus mestres que foi devedor das quatro máximas na qual fez consolidar toda a sua. A primeira destas máximas era a de obedecer às leis e aos costumes de seu país, retendo constantemente a religião na qual Deus o fez nascer. A segunda, a de ser firme e resoluto em suas ações e seguir tão constantemente as opiniões mais duvidosas, quando se houvesse a elas determinado, quanto se elas fossem muito seguras. A terceira, a de se esforçar para vencer a si mesmo, antes do que a fortuna, a mudar seus desejos, antes do que a ordem do mundo, e a se persuadir de que nada está inteiramente em nosso poder, senão nossos pensamentos. A quarta, a de escolher, se pudesse, a melhor das ocupações que fazem um homem agir nesta vida: determinar-se, sem recriminar as demais, a cultivar sua razão e a avançar no conhecimento da verdade, tanto quanto fosse possível.

O senhor Descartes esteve menos satisfeito ainda com a física e a metafísica que lhe ensinaram do que estivera com a lógica e a moral. Ele estava muito longe de acusar seus mestres por isso; ele que se envaidecia de frequentar então *uma das mais célebres escolas da Europa, onde se deviam encontrar homens sábios, se deles houvesse em algum lugar da Terra*, e onde os jesuítas haviam provavelmente reunido o que eles tinham de melhor na companhia para dar ao novo colégio a reputação que alcançou. Ele também não podia recriminar-se, nada desejando além do que contribuía para esse estudo, fosse pela aplicação, pela abertura de espírito ou, enfim, pela inclinação. Pois amava a filosofia com mais paixão do que havia tido pelas humanidades, e apreciava todos os exercícios que se fazia em particular ou em público no colégio, embora se encontrasse, desde aquela época, embaraçado pelas dúvidas e erros que o cercavam em lugar daquele conhecimento claro e seguro de tudo o que é útil à vida, e que o haviam feito esperar de seus estudos.

Quanto mais avançava, mais descobria sua ignorância. Via pela leitura de seus livros e pelas lições de seus mestres que a filosofia havia sido sempre cultivada pelos mais excelentes espíritos que apareceram no mundo; e que, no entanto, não encontrara ainda qualquer coisa sobre a qual não se discutisse e que, por consequência, não fosse duvidosa. A estima que tinha por seus mestres não lhe dava a presunção de esperar encontrar algo melhor do que os outros. Considerando a diversidade das opiniões sustentadas por pessoas doutas sobre idêntica matéria, sem que nela pudesse haver mais do que uma que fosse verdadeira, acostumava-se já a considerar por quase falso o que só fosse verossímil [...]. Foi o que o obrigou, na continuidade do tempo, a abrir um novo caminho e a nele começar a se conduzir a si mesmo [...]. Depois, fizeram-lhe passar aos estudos das matemáticas, aos quais se entregou no último ano de sua estada em La Flèche: e parece que este estudo foi a recompensa daqueles que havia feito até então [...]. O que o atraía particularmente nas matemáticas, e sobretudo na aritmética e na geometria, eram a certeza e a evidência de suas razões. Mas não lhe compreendia então o verdadeiro uso; e com o pensamento de que elas serviam apenas às artes mecânicas, admirava-se de que sobre seus fundamentos, sendo tão firmes e sólidos, nada se houvesse construído de mais relevante. Entre as partes das matemáticas, escolheu a *análise* dos geômetras e a *álgebra* para fazer delas um assunto de sua aplicação particular [...]. Dedicou-se desde o colégio a purificar e a aperfeiçoar a análise dos antigos e a álgebra dos modernos. Até então, esses dois conhecimentos somente haviam se estendido a matérias extremamente abstratas e que pareciam sem uso [...]. Começou desde essa época a descobrir em que essas ciências eram úteis, em que eram defeituosas. Sua intenção não era aprender todas as ciências particulares que trazem o nome comum de matemáticas, mas examinar as diversas relações ou proporções que se encontram em seus objetos [...]. Para melhor considerá-los em particular, acreditou dever supô-los em linhas, pois não achava nada de mais simples nem de mais apropriado para ser representado em sua imaginação e por seus sentidos; é em que consistia todo o uso que pretendia fazer da análise geométrica. Para retê-los, ou compreendê-los em conjunto, julgou que devia explicá-los por cifras as mais curtas e claras possíveis, que é o auxílio que podia esperar da álgebra [...]. Seu trabalho alcançou tão bons resultados que achou na sequência o meio de empregar a análise não apenas na geometria, mas nas matérias mesmo as mais comuns, nas quais se percebe, em todos os lugares, esta maneira de raciocinar com a correção de espírito que o método lhe havia proporcionado, e com a qual soube fazer da álgebra a chave de sua geometria [...].

Tendo finalizado o curso de seus estudos no mês de agosto do ano de 1612, após oito anos e meio, o senhor Descartes deixou o colégio de La Flèche e retornou, coberto pelas bênçãos de seus mestres, à casa de seu pai [...]. Mas se, ao sair do colégio, estava satisfeito com seus professores, não o estava absolutamente consigo próprio. Parecia não ter trazido de seus estudos senão um conhecimento maior de sua ignorância. Todas as vantagens que havia tido aos olhos de todo o mundo, e que se divulgavam como prodígios, reduziam-se, para ele, a dúvidas, embaraços e aflições de espírito. Os louros com que seus mestres o coroaram, para distingui-lo do resto de seus companheiros, só lhe pareceram espinhos [...] [e] vendo, além disso, que seu século era também o mais florescente que qualquer outro dos anteriores, e imaginando que todos os bons espíritos, dos quais este século era bastante fértil, encontravam-se na mesma situação, sem disso se aperceberem talvez como ele, foi tentado a crer que não havia no mundo qualquer ciência como o fizeram esperar.

O resultado de todas essas desagradáveis deliberações foi que renunciou aos livros a partir de 1613, desconfiado inteiramente do estudo das letras. Por essa espécie de abandono, parecia imitar a maioria dos jovens de qualidade que não tem necessidade de estudo para sobreviver ou progredir no mundo [...].

O senhor Descartes passou o inverno do fim de 1612 e do começo do 1613 na cidade de Rennes, a rever sua família, montar a cavalo, praticar armas e outros exercícios convenientes à sua condição [...]. Seu pai [...] parecia destiná-lo ao serviço do rei e do Estado, nos exércitos. Mas sua pouca idade e a fragilidade de sua compleição não lhe permitiam expô-lo tão cedo aos trabalhos da guerra. Acreditou que seria bom fazê-lo ver antes o grande livro do mundo. Foi o que lhe fez enviá-lo a Paris perto da primavera. Mas talvez tenha cometido um erro ao abandoná-lo à sua própria conduta, sem dar-lhe outro governador senão um valete, nem outros inspetores a não ser criados domésticos [...]. Tinha [força] o bastante para se garantir dos grandes excessos e para não cair nas desordens da intemperança; mas não se achava à prova das companhias que o arrastaram aos passeios, ao jogo e a outros divertimentos que passam no mundo por indiferentes, e que fazem a ocupação das pessoas de qualidade e das gentes honestas do século. O que contribuiu para torná-lo mais particularmente apegado ao jogo foi o sucesso que obteve, sobretudo naqueles que dependiam mais da indústria do que da sorte.

Mas o que fez de menos inútil durante todo esse tempo de ociosidade foi o conhecimento que renovou com pessoas que havia visto em La Flèche e a amizade que contraiu com algumas personagens de mérito, que lhe serviram para fazer retornar um pouco deste grande distanciamento que mantinha do estudo e dos livros. O mais importante desses novos amigos foi o célebre senhor Mydorge, que havia sucedido Viéte na reputação de ser o primeiro matemático da França em seu tempo [...]. Foi também por esse tempo que reencontrou, em Paris, Marin Mersenne, mas em um meio bastante diferente daquele em que o havia conhecido em La Flèche [...]. A renovação deste conhecimento foi tanto mais agradável ao padre Mersenne por estar o senhor Descartes mais acessível do que quando o viu criança no colégio. De outro lado, o encontro foi útil e vantajoso ao senhor Descartes pois contribuiu não pouco para afastá-lo dos hábitos que tinha com o jogo e com outros passatempos inúteis, dadas as visitas que se faziam mutuamente. Começavam a aproveitar as satisfações de seus hábitos inocentes e a entresocorrer-se na procura da verdade quando veio, perto do dia de Todos os Santos ou do dia de São Martinho, no ano de 1614, uma ordem da parte de seu provincial para residir em Nevers. Era para ensinar filosofia aos jovens religiosos de sua ordem [...]. Esta separação tocou o senhor Descartes vivamente. Mas em lugar de ter a ideia de voltar a seus divertimentos e ociosidade, ela o fez melhor retornar a si mesmo do que a presença de seu virtuoso amigo, e inspirou-lhe a resolução de retirar-se do grande mundo e renunciar mesmo às companhias ordinárias para retomar o estudo que havia abandonado. Escolheu o lugar de seu refúgio no bairro de Saint-Germain, onde alugou uma casa afastada do barulho, e ali fechou-se com apenas um ou dois domésticos, sem avisar seus amigos ou parentes [...]. Permaneceu o resto daquele ano e os dois seguintes, 1615 e 1616 quase inteiros, sem sair a passeio, sem mesmo ver um amigo, à exceção do senhor Mydorge e de algum outro matemático. E assim, de volta ao gosto pelo estudo, aprofundou-se naquele das matemáticas, às quais queria dar todo o tempo livre que acabara de adquirir, e cultivou particularmente a geometria e a análise dos antigos, que já investigava desde o colégio.

O reino encontrava-se então dividido por partidos formados entre os príncipes e alguns senhores, de um lado, e aqueles que possuíam a administração dos negócios, de outro; e o repouso público estava perturbado por uma guerra civil que já se passava pela terceira desta espécie após a morte de Henrique IV [...]. Seu dever, juntamente com sua inclinação, o levavam a querer tomar o partido do rei; mas obrigou-se a tomar algumas medidas para não parecer partidário do marechal D'Ancre, cuja dominação tinha se tornado odiosa para os melhores servidores do rei. O pretexto desta dominação insuportável mantinha os duques de Nevers, de Vendôme, de Mayenne e o marechal De Boüillon afastados da corte e em uma espécie de rebelião contra o Estado. De sorte que não era nem glorioso nem honesto servir em seus exércitos. Ele pensava então em pôr-se nos exércitos do rei, sob o duque de Guise ou sob o conde D'Auvergne, quando o desejo de ver os países estrangeiros inspirou-lhe a intenção de servir entre povos que fossem aliados do rei. No que se propunha o exemplo de vários jovens da nobreza francesa, que iam então aprender o ofício da guerra sob o príncipe Maurício de Nassau, na Holanda [...]. Partiu para os Países-Baixos por volta do começo do mês de maio, e foi diretamente ao Brabante holandês incluir-se nas tropas do príncipe Nassau, na qualidade de voluntário [...]. A armada estava espalhada nos lugares fronteiriços e, particularmente, no território e na cidade de Breda [...]. O príncipe Maurício, então com a idade de cinquenta anos, era reconhecido em toda a Europa como grande capitão. Era prudente, valente e infatigável no trabalho [...]. Determinando-se [Descartes] a portar armas, tomou a resolução de não se encontrar em parte alguma como ator, mas achar-se em todos os lugares como espectador dos papéis que se representavam em todos os tipos de circunstâncias no grande teatro do mundo. Fez-se soldado apenas para estudar mais naturalmente os diversos costumes dos homens e para pôr-se à prova em todos os acidentes da vida. A fim de não ser incomodado por nenhuma força superior, renunciou primeiramente a todo pagamento e se manteve sempre às suas expensas [...].

"Embora o hábito", diz ele, "e o exemplo façam estimar o ofício da guerra como o mais nobre de todos, para mim, que o considero filosoficamente, não o estimo senão naquilo que vale, e tenho mesmo dificuldade em dar-lhe um lugar entre as profissões honradas, vendo que a ociosidade e a libertinagem são os dois principais motivos que consigo carrega a maioria dos homens[...]."

[Na Holanda] Descartes achava-se devedor do conhecimento e da amizade do senhor Beeckman. Este homem, versado em filosofia e nas matemáticas, era reitor ou principal do colégio da cidade de Dort e, aproveitando a vizinhança de Breda, que está somente a cinco léguas, encontrava-se muito frequentemente na corte do príncipe Maurício, e ali vinha para ver, particularmente, o senhor Aleaume, seu matemático, e outros engenheiros. Beeckman encontrava-se na cidade de Breda quando um desconhecido fez fixar publicamente um problema de matemática para propô-lo aos sábios e pedir-lhes a solução [...]. Vendo a afluência dos passantes que se detinham em frente ao cartaz, Descartes pediu ao primeiro que estava ao seu lado para dizer-lhe em latim ou francês a substância do que ele continha. O homem a quem o acaso o fez dirigir-se quis dar-lhe tal satisfação em latim, mas com a condição de que se obrigasse, por sua vez, a dar-lhe a solução do problema que julgava, ele próprio, muito difícil [...]. O senhor Descartes soube por seu bilhete que ele se chamava Beeckman, e não voltou antes a vê-lo senão quando, pondo-se a examinar o problema com as regras de seu método como pedra de toque, descobriu-lhe a solução com tanta facilidade e prontidão quanto Viéte antes ao resolver, em menos de três horas, o famoso problema que Adrien Romain havia proposto aos matemáticos da Terra [...]. Beeckman pareceu bastante surpreso; mas seu espanto aumentou muito diferentemente quando, tendo aberto uma longa conversação para sondar o espírito e a capacidade do jovem homem, achou-o mais hábil do que a si próprio nas ciências de que fazia seu estudo após muitos anos [...]. O senhor Descartes manteve ainda contatos com outros matemáticos das Províncias Unidas, e sobretudo com Isaac de Middelbourg que lhe propôs diversas questões de matemática e de física durante sua primeira estada na Holanda [...].

As notícias trazidas a Breda sobre os grandes movimentos da Alemanha despertaram a curiosidade que ele tinha de tornar-se espectador de tudo o que se passasse de mais considerável na Europa. Falava-se de um novo imperador, falava-se da revolta dos Estados da Boêmia contra seu rei e de uma guerra acesa entre católicos e protestantes a tal respeito. O senhor Descartes, querendo deixar a Holanda, tomou por pretexto o pouco exercício que lhe produzia a suspensão do estado d'armas que havia entre as tropas do príncipe de Orange e as do marquês de Spínola, e que devia durar ainda dois anos, segundo as convenções da trégua. Sua resolução era a de passar pela Alemanha para servir nos exércitos católicos: mas antes de se determinar por algum engajamento, foi, por sua vontade, assistir à coroação do novo imperador, que se devia fazer na cidade de Frankfurt. O senhor Descartes partiu de Breda no mês de julho do ano de 1619 para dirigir-se a Maastrich e, de lá, para Aix La Chapelle, onde tomou conhecimento do estado dos assuntos da Alemanha [...]. Tratava-se, para a coroa imperial, de Ferdinando, antes denominado arquiduque de Graecz [...]. Ferdinando entrou na posse dos reinos da Boêmia e da Hungria e do arquiducado da Áustria e tomou suas medidas para se fazer eleger rei dos romanos e, depois, imperador da Alemanha [...].

[Descartes] Fez-se presente às cerimônias da coroação, infiltrando-se na cidade por algum hábil artifício ou por algum pretexto que não conhecemos; e teve a curiosidade de observar de perto o que se passou [...] curioso de ver, uma vez na vida, a fim de não ignorar o que se representa de mais pomposo no teatro do universo, pelos primeiros atores deste mundo. Permaneceu ainda alguns dias em Frankfurt e foi espectador de corridas de cavalo e de outras festividades da corte imperial, até que os embaixadores dos eleitores seculares retornassem para junto de seus senhores. Ele deliberava sobre que partido devia tomar quando soube que o duque da Baviera levantava suas tropas. Esta notícia o fez partir com a intenção de ali colocar-se, sem saber, com precisão, contra que inimigo ele preparava suas tropas [...]. Não podia ignorar o barulho que faziam as agitações da Boêmia por toda a Alemanha [...]. Pôs-se, por conseguinte, nas tropas bávaras, como simples voluntário, sem querer ali empregar-se; divulgava-se então, mas de maneira vaga, que elas estavam destinadas contra o bastardo de Mansfeld e outros generais dos revoltosos da Boêmia. Mas o duque da Baviera deu a conhecer, pouco tempo depois, que deviam marchar contra o eleitor palatino Frederico V, que os estados da Boêmia haviam eleito para seu rei quatro dias antes da coroação do imperador Ferdinando II [...]. As coisas estavam neste ponto quando o senhor Descartes tomou o partido entre as tropas do duque da Baviera. Os *correspondentes*, quer dizer, os eleitores, os príncipes e os estados protestantes do império reuniram-se em assembleia no mesmo mês de novembro, em Nuremberg, tanto para formar suas denúncias contra os eleitores, príncipes e estados católicos, quanto para escutar aquelas dos católicos contra si [...]. Durante essas ações de Estado (*referência às embaixadas e tratativas entre ambos os partidos*), o senhor Descartes gozava da tranquilidade que lhe oferecia a indiferença por todos esses assuntos estrangeiros. Foi a este tempo de repouso que poderíamos atribuir a abdicação geral que fez dos preconceitos da Escola e os primeiros projetos que concebeu para uma nova filosofia [...]. Pela maneira como se explicou no começo da segunda parte de seu método, quase não nos resta a liberdade de crer que a coisa se tenha passado em outro inverno senão naquele que se seguiu imediatamente à coroação do imperador Ferdinando II [...]. Com exceção de suas Meditações, o senhor Descartes não teve outra coisa a fazer no resto do ano de 1619 senão visitar o país por onde se fazia passar sua companhia. O desejo de dar-se mais ocupação o conduziu à Boêmia, onde os exércitos imperial e boêmio batiam-se continuamente, tomavam e retomavam suas cidades, e desolavam cada vez mais este país tão plano [...].

Durante esse tempo, o senhor Descartes mantinha-se em quartel de inverno ao longo do Danúbio, onde encontrava poucas pessoas capazes de contatos sociais para uma conversação. Desde que soube embaixadores da França que deviam chegar a Ulm, cidade imperial da Suábia, no Danúbio, se dispôs a precedê-los para dar-se o prazer de rever pessoas de seu país, entre as quais algumas podiam ser de seu conhecimento. A qualidade de voluntário dava-lhe a liberdade de se afastar do exército bávaro segundo sua vontade [...].

O senhor Descartes quis permanecer em Ulm durante alguns meses para estudar mais à vontade o país e os habitantes [...]. Ali praticava hábitos convenientes a um homem íntegro, e buscava particularmente o conhecimento das pessoas que tinham a reputação de serem hábeis na filosofia e nas matemáticas. A principal entre aquelas que visitou foi o senhor Johann Faulhaber, que o recebeu com muita civilidade, dando-lhe ocasião, por sua honradez, de frequentá-lo com assiduidade. Faulhaber, tendo observado em mais de uma conversa que ele não era ignorante nas matemáticas, e que falava com pertinência quando delas se tratava, experimentou um dia perguntar-lhe se tinha ouvido falar da análise dos geômetras. O tom deliberado com o qual o senhor Descartes respondeu-lhe que sim o fez duvidar da coisa. Tomando-o por um jovem presunçoso, em razão de sua resposta precipitada, perguntou-lhe, com a intenção de embaraçá-lo, se ele se acreditava capaz de resolver qualquer problema [...]. Vendo que não hesitava em suas respostas, propôs-lhe outras mais difíceis, que não desconcertavam o interlocutor mais do que aquelas da primeira espécie. Faulhaber começou a mudar de atitude; e depois de dar-lhe satisfações sobre as maneiras inconsideradas com que o tratara, pediu-lhe muito civilmente para entrar consigo no gabinete e conferenciarem mais ponderadamente durante algumas horas. Pôs-lhe entre as mãos o livro alemão que acabara de compor sobre álgebra. O livro continha apenas questões totalmente desacompanhadas de complementos, as mais abstratas, sem explicações [...]. A presteza e a facilidade com as quais o senhor Descartes dava as soluções daquelas que lhe caíam sob os olhos, ao folheá-lo, causou muita admiração a Faulhaber [...].

Pretende-se que foi por este mesmo tempo que o senhor Descartes descobriu, por meio de uma parábola, a arte de construir, de maneira geral, toda sorte de problemas sólidos, reduzidos a uma equação de três ou quatro dimensões. Foi o que explicou longamente depois no terceiro livro de sua geometria.

O senhor Descartes renunciou inteiramente à profissão das armas durante sua estada em Ulm, quando soube que o duque da Baviera, não obstante o tratado feito com os príncipes *correspondentes*, não deixou de fazer marchar suas tropas contra o eleitor palatino na Boêmia. Mas se é verdade que se encontrava na famosa batalha de Praga, como asseguram outros autores, é crível que, em lugar de seguir os embaixadores, teria retornado da cidade de Viena diretamente para o campo do duque da Baviera. Este príncipe já havia reduzido todos os protestantes rebeldes da Áustria à obediência do imperador. Tinha entrado depois na Boêmia e, juntando seu exército ao do conde De Bucquoy, já havia reposto em sua obrigação várias cidades e lugares, quando o senhor Descartes chegou junto a ele. Não era o único dos gentis-homens franceses que teve a curiosidade de ver o fim desta trágica cena, que devia representar o novo rei da Boêmia. [...] Mas o senhor Descartes, que tinha outras miradas e só procurava conhecer o gênero humano em todas as suas catástrofes, contentava-se em querer ser o espectador das outras [...].

O espaço de seis semanas durante o qual o exército imperial estacionou em Praga foi mais do que suficiente para o senhor Descartes investigar e visitar o que havia de pessoas doutas naquela cidade. O tempo que os outros soldados e oficiais empregavam em se enriquecer com os rebeldes abandonados à sua pilhagem foi para ele uma ocasião de maiores lazer e liberdade para dedicar-se a prazeres mais honestos, os quais encontrava nas conversas com os curiosos e sábios do lugar. A memória do famoso Tycho-Brahe ali estava sempre viva e sua reputação se mantivera até então em um estado tão florescente, quanto estava ao tempo de sua morte, pelo cuidado de seus herdeiros e, particularmente, de seu ilustre discípulo Johann Kepler, matemático do imperador. O senhor Descartes não encontrou nada de mais agradável durante essa estadia do que a conversa com aqueles que o informaram das particularidades da vida deste grande astrônomo, que no passado tinha vindo da Dinamarca habitar Praga com toda sua família [...]. É menos certo que o senhor Descartes tenha tido a satisfação de ver as máquinas e os instrumentos de Tycho. O triste destino dessas máquinas quase não nos permite acreditar nisso. Tycho as tinha feito transportar da Dinamarca para Praga, e de Praga ao castelo de Benach. Depois as fez trazer para Praga, para o castelo do imperador [...]. Após a morte de Tycho, o imperador Rodolfo, temendo que fossem vendidas ou que delas fizessem mau uso, quis ter sua propriedade pelo preço de 22 mil escudos de ouro, que pagou aos herdeiros de Tycho [...].

Observamos que, após ter deixado pelo fim de setembro de 1619 a cidade de Frankfurt, onde havia assistido à coroação do imperador, deteve-se nas fronteiras da Baviera no mês de outubro, e que ali começou a campanha para colocar-se no quartel de inverno. Encontrava-se em um lugar tão afastado do comércio[6], e tão pouco frequentado pelas gentes cuja conversação fosse capaz de o distrair, que conseguiu uma solidão tal que seu espírito a podia obter em um estado de vida ambulante. Estando assim assegurado do exterior e, por

---

6. Na época, a palavra comércio possuía um sentido mais largo, abrangendo relações sociais de toda espécie.

felicidade, não tendo, além disso, quaisquer preocupações ou paixões no interior que o pudessem perturbar, permanecia o dia todo encerrado solitariamente em um quarto aquecido, onde tinha toda a comodidade para entreter-se com seus pensamentos [...].

Ele considerava que por termos sido crianças, antes de sermos homens, e por nos termos deixado governar muito tempo por nossos apetites e por nossos mestres, que frequentemente se contradisseram uns aos outros, é quase impossível que nossos julgamentos sejam tão puros ou tão sólidos quanto teriam sido se tivéssemos o uso íntegro de nossa razão desde o nosso nascimento, e se jamais fôssemos conduzidos senão por ela.

Não encontrando obstáculos, a liberdade que dava ao seu gênio o conduzia, insensivelmente, à renovação de todos os antigos sistemas [...]. Ele se persuadiu de que teria em si a temeridade de querer reformar o corpo das ciências, ou a ordem estabelecida nas escolas, mas de que não se poderia censurá-lo justamente por aplicar a prova a si mesmo, sem hostilizar outra pessoa em nada. Assim, resolveu de boa fé desfazer-se de todas as opiniões que até então havia recebido e retirá-las inteiramente de sua crença, a fim de substituí-las, em seguida, por outras que fossem melhor, ou restituí-las, após terem sido verificadas e *ajustadas à altura da razão*.

Previa, no entanto, que um projeto tão ousado e novo não seria feito sem dificuldades [...]. Punha uma grande diferença entre aquilo que começava a destruir em si mesmo e os estabelecimentos públicos deste mundo, que comparava a grandes corpos cujo tombo só pode ser muito rude e que são ainda mais difíceis de reconstruir quando abatidos do que conservados quando sacudidos. Estimava que o uso havia suavizado muitas de suas imperfeições, e que havia insensivelmente corrigido outras, muito melhor do que teria podido fazer a prudência do mais sábio dos políticos ou dos filósofos. Reconhecia mesmo que essas imperfeições são ainda mais suportáveis do que o seria sua mudança, da mesma maneira que os grandes caminhos que circundam entre as montanhas tornam-se tão cômodos, à força de serem explorados e frequentados, que se tornaria ridículo querer subir pelos rochedos ou descer pelos precipícios com o pretexto de se ir mais diretamente. Seu propósito não era desta natureza. Suas vistas não se estendiam então até os interesses do público. Não pretendia reformar outra coisa a não ser seus próprios pensamentos, e não imaginava construir senão sobre fundação que lhe fosse inteiramente sua [...]. Não lhe restava senão o amor pela verdade, cuja investigação devia constituir, doravante, toda a ocupação de sua vida. Foi a única matéria dos tormentos com que então fez sofrer seu espírito [...].

Ele nos faz saber que no dia 10 de novembro de 1619, tendo-se deitado *todo tomado por seu entusiasmo*, e todo ocupado pelo pensamento de *ter encontrado neste dia os fundamentos da ciência admirável*, teve três sonhos consecutivos em uma só noite, e que imaginou não poderem ter vindo senão do alto. Após ter dormido, sua imaginação sentiu-se tocada pela representação de alguns fantasmas que a ele se apresentaram e que o assustaram de tal modo que, crendo andar pelas ruas, era obrigado a revirar-se sobre o lado esquerdo para poder ir ao lugar que queria ir, pois sentia uma enorme fraqueza do lado direito, com o qual não podia sustentar-se. Envergonhado de andar assim, fez um esforço para reerguer-se, mas sentiu um vento impetuoso que, carregando-o numa espécie de turbilhão, o fez girar três ou quatro vezes sobre o pé esquerdo. Não foi ainda o que o estarreceu. A dificuldade que tinha em se arrastar fazia com que acreditasse cair a cada passo, até que, tendo percebido um colégio aberto em seu caminho, entrou para ali encontrar um refúgio e um remédio para o mal. Procurou alcançar a igreja do colégio, onde, por primeiro pensamento, ia fazer sua prece; mas tendo percebido que havia passado por um homem de seu conhecimento, sem o saudar, quis retornar sobre seus passos para fazer-lhe tal ato de civilidade, sendo repelido com violência pelo vento que soprava contra a igreja. Ao mesmo tempo, viu no centro do pátio do colégio uma outra pessoa que o chamava pelo nome, em termos educados e gentis: e lhe disse que se quisesse ir encontrar o senhor N, este teria algo para lhe dar. O senhor Descartes imaginou que fosse um melão que se tivesse trazido de algum país estrangeiro. Mas o que mais o surpreendeu foi ver que aqueles que se reuniam em torno de si para conversar estavam eretos e firmes sobre os pés, enquanto ele permanecia curvado e vacilante sobre o mesmo terreno, e que o vento que presumira revirá-lo diversas vezes havia diminuído bastante. Acordou desta cena imaginada e sentiu no mesmo instante uma dor efetiva, o que lhe fez recear não ter sido a ação de algum mau gênio que o teria querido seduzido [...] voltou a dormir após um intervalo de quase duas horas com pensamentos diversos sobre os bens e os males deste mundo. Cedo lhe veio um novo sonho, no qual acreditou ouvir um barulho agudo, estridente, que tomou por uma trovoada. O medo que teve o acordou na mesma hora e, tendo aberto os olhos, percebeu muitas centelhas de fogo espalhadas pelo quarto. A coisa já lhe tinha acontecido em outros tempos [...] mas nesta última ocasião quis recorrer a razões tomadas à filosofia: e tirou conclusões favoráveis a seu espírito, após ter observado, abrindo e fechando os olhos alternadamente, a qualidade das espécies que lhe estavam representadas. Seu medo assim se dissipou e voltou a dormir com grande calma. Um momento após, teve um terceiro sonho, que nada possuía de terrível como os dois primeiros. Neste último, encontrou um livro sobre sua mesa, sem saber que ali o tinha posto. Abriu-o e, vendo que era um *dicionário*, ficou encantado, com a esperança de que lhe poderia ser bastante útil. No mesmo instante, encontrou um outro livro sob sua mão, que não lhe era menos novo, não sabendo de onde tinha vindo. Achou que era uma coletânea das poesias de diferentes autores, intitulada *Corpus poetarum* [...]. No mesmo instante, percebeu um homem que não conhecia, mas que lhe apresentava uma peça em versos, começando por *É e não*, e que louvava como peça excelente. O senhor Descartes lhe disse que sabia o que era, e que esta peça estava entre os idílios de Ausônio[7], que se encontrava na grande coleção dos poetas ali sobre sua mesa. Quis mostrá-la ele mesmo àquele homem e pôs-se a folhear o livro do qual se vangloriava de conhecer perfeitamente a ordem e a estrutura. Enquanto procurava a página, o homem perguntou-lhe onde havia pego este livro, e o senhor Descartes respondeu-lhe que não podia dizer como o teve,

---

7. Decimus Magnus Ausonius, (310?-394) poeta e político galorromano.

mas que instante atrás havia manipulado um outro que acabava de desaparecer, sem que soubesse quem o havia trazido e quem o havia retomado [...]. O que há de singular a perceber é que, duvidando se o que acabara de ver era sonho ou visão, não apenas decidiu, ainda dormindo, que era um sonho, mas o interpretou antes que o sono o deixasse. Julgou que o dicionário não queria dizer outra coisa do que todas as ciências juntas recolhidas; e que a coleção de poesias intitulada *Corpus poetarum* indicava em particular, e de maneira mais distinta, a filosofia e a sabedoria em conjunto [...] [e] continuando a interpretar seu sonho durante o sono, estimava que a peça em versos sobre a incerteza do gênero de vida que se deve escolher [...] indicava o bom conselho de uma pessoa sábia, ou mesmo da teologia moral. Sobre isso, duvidando se sonhava ou se meditava, acordou sem emoção; e continuou, de olhos abertos, a interpretação de seu sonho sobre a mesma ideia [...]. Pela peça em verso (começando por) *É e não*, que é o sim e o não de Pitágoras, entendia a verdade e a falsidade nos conhecimentos humanos e nas ciências profanas. Vendo que a aplicação de todas as coisas alcançava tão bons resultados como queria, foi bastante ousado para se persuadir de que era o espírito de verdade que tinha querido, por este sonho, abrir-lhe os tesouros de todas as ciências [...]. O último sonho, que nada teve que não fosse bastante suave e bastante agradável, marcava o futuro, segundo ele, e não fora senão para o que lhe devia acontecer no resto de sua vida [...]. O pavor com que foi afligido no segundo sonho indicava, em sua opinião, sua sindérese, quer dizer, os remorsos de sua consciência no tocante aos pecados que ele podia ter cometido no correr de sua vida até então. A trovoada que escutara era o sinal do espírito de verdade que descia sobre si para possuí-lo [...].

O barulho que as agitações da Hungria haviam provocado no campo dos bávaros, no ano anterior, e aquilo que ele {Descartes} soubera pelos próprios húngaros que se encontravam na batalha de Praga, entre as tropas imperiais, nele fizeram nascer o desejo de passar à Hungria e tomar o partido do exército do imperador, que marchava contra os rebeldes. Deixou o serviço do duque da Baviera para ir à Morávia, onde o conde De Bucquoy, incontinente após o restabelecimento de sua saúde, impôs-se o dever de reduzir as cidades que restavam da facção do eleitor palatino. Ele o ia encontrar em Hradisch, cidade da Morávia, que este conde acabara de tomar após um sítio de poucos dias, e que tinha, até então, servido de comunicação entre os rebeldes da Hungria e os da Boêmia, para se auxiliarem mutuamente contra o imperador Ferdinando II. Engajou-se nas tropas daquele general, nas condições de voluntário, por volta do fim de março de 1621 [...].

Portanto, foi imediatamente após a campanha da Hungria que o senhor Descartes cumpriu a resolução que havia tomado, muito tempo atrás, de não mais portar o mosquete [...]. Sua intenção não era a de retornar tão cedo à França, fosse pela guerra, que os huguenotes acabavam de acender, fosse por causa da peste, que afligia particularmente a cidade de Paris após quase um ano, e que findou somente em 1623. Começou, então, a viajar por aquilo que restava a ver dos países do Norte [...].

Poucos foram aqueles, entre os grandes homens no mundo, que não tomaram o partido de viajar, após o gênero humano ter-se espalhado por vários lugares da Terra e se encontrado dividido pela diversidade da língua, da religião, dos hábitos e das maneiras de viver [...]. O bom senso que há em todos os séculos fez-lhe conhecer, como aos demais, que para saber com exatidão não é preciso apegar-se às meditações de seu gabinete nem aos hábitos de seu país natal. Empregou assim o resto de sua juventude em viajar, sobretudo nas províncias onde não havia guerras. Aplicou-se particularmente em ver e examinar as cortes dos príncipes, em frequentar as pessoas de humores e condições diversas. Dedicou-se também muito a coligir diversas experiências, tanto sobre as coisas naturais que produziam os diferentes climas por onde passava, quanto sobre as coisas civis que via entre os povos, inclinações e costumes. Era o que chamava de *o grande livro do mundo*, no qual pretendia procurar a verdadeira ciência, não esperando poder encontrá-la em outro lugar a não ser neste volume publicamente aberto e em si mesmo, conforme estava persuadido de que as sementes que Deus nos pôs não são inteiramente abafadas pela ignorância ou por outros efeitos do pecado.

Seguindo tais princípios, quis que suas viagens lhe servissem para experimentar-se a si mesmo nos encontros que a fortuna lhe propunha e para fazer reflexões úteis à conduta de sua vida sobre todas as coisas que a ele se apressentassem. Pois encorajava seu espírito com a esperança de poder encontrar mais verdade nos raciocínios que fazem os particulares no tocante aos assuntos que lhe dizem respeito do que naqueles que faz um homem de letras, do fundo de seu gabinete, no tocante a especulações que não produzem quase nenhum outro efeito senão a vaidade que delas retira com tanto mais prazer quanto mais ordinariamente estão afastadas do senso comum, após ter aplicado todo o seu espírito e toda a sua indústria em torná-las prováveis.

Deixou a Hungria por volta do fim do mês de julho de 1621 e, retomando as extremidades da alta Alemanha, voltou à Morávia para se dirigir à Silésia. Não sabemos qual a duração de sua estada em Breslau e em outras cidades do país [...]. Em seguida, quis levar sua curiosidade até a Pomerânia e às extremidades da Polônia [...]. Após ter visitado principalmente as costas do mar Báltico, voltou de Stettin em direção a Brandenburgo [...]. passou em seguida pelo ducado de Mecklemburgo e, de lá, ao Holstein, de onde alguns autores acreditam ter ido à Dinamarca [...].

Prestes a partir para seu retorno à Holanda, antes do fim de novembro do mesmo ano, desfez-se de seus cavalos e de uma boa parte da equipagem, não retendo senão um valete consigo [...]. Após uma estada de pouca duração na Frísia ocidental, veio à Holanda onde passou boa parte do inverno. Em Haia, viu três pequenas cortes diferentes, cujo convívio produzia um belo efeito pela diversidade dos interesses daqueles que as abordavam: A dos Estados Gerais, onde se tratavam dos assuntos da república; a do príncipe de Orange, onde se via muito amiúde a nobreza estrangeira; e aquela da infortunada rainha da Boêmia, eleitora palatina, que há pouco nascera, e à qual se dirigiam as damas e as pessoas dadas ao divertimento que iam alegrar as aflições e desgraças da princesa.

Quando o senhor Descartes chegou à Holanda, havia apenas quatro meses que a trégua dos Estados com os espanhóis tinha expirado. A guerra havia sido declarada de uma parte e de outra, e os espanhóis sitiavam então duas cidades (Juliers e Ecluse) [...]. O senhor Descartes permaneceu nas Províncias Unidas esperando os acontecimentos destes dois sítios [...] que só terminaram em fevereiro de 1622, com sucessos bem diferentes. Spínola tomou a cidade e o castelo de Juliers dos holandeses, e Bórgia levantou o cerco [da Fortaleza] de Ecluse depois de ter perdido a maior parte de seu exército pelo frio e a miséria. O senhor Descartes deixou a Holanda por volta do começo de fevereiro. Entrou nos Países Baixos espanhóis, curioso de ver a corte de Bruxelas [...] tendo tomado conhecimento que a cidade de Paris ainda não estava livre do contágio em que se encontrava infectada após dois anos, tomou o caminho por Rouen e passou diretamente a Rennes, em casa do senhor seu pai, por volta de meados de março. Uma ausência de quase nove anos pode fazer supor o prazer que recebeu de seus próximos e aquele que lhes deu, mas particularmente a seu pai, que já estava entre os anciãos da grande câmara e que se viu nomeado reitor do parlamento no ano seguinte. O senhor Descartes tinha então 26 anos completos e seu pai aproveitou a ocasião de sua maioridade para pô-lo em possessão dos bens de sua mãe, dos quais já havia dado dois terços aos mais velhos: um ao senhor De La Bretallière, seu irmão, e outro à senhora Du Crevis, sua irmã. Este bem consistia de três feudos ou domínios explorados em forma de arrendamento a meias, o *perron*, que carregava como nome, a casa grande; além disso, uma casa na cidade de Poitiers e vários ares de terra lavradia no território de Availle. Como todos esses bens estavam situados no Poitou, ficou curioso de conhecê-los, com o intuito de ver o uso que deles poderia fazer. Partiu no mês de maio para se dirigir a esta província e pensou desde então em achar arrematantes de impostos[8] para vender-lhe, a fim de encontrar com o que comprar uma renda hipotecária que lhe pudesse convir. Passou a maior parte do verão tanto em Châtelleraut quanto em Poitiers, e retornou para junto de seu pai [...]. A pouca

---

8. *Traitant*: financista que, por direito real outorgado, podia exercer certos direitos sobre rendas públicas e cobrar impostos.

ocupação que achava na casa paterna fez-lhe nascer o desejo de ir a Paris, por volta do começo da quaresma do ano seguinte, para ali rever seus amigos e para saber das notícias do Estado e das letras. Chegou a esta grande cidade em fins do mês de fevereiro.

O *grand monde* que o senhor Descartes via em Paris não era capaz de preencher os vazios de sua estada nem de mantê-lo perpetuamente ocupado além de si mesmo. Quando voltava para casa, sentia retornar suas antigas inquietações sobre a escolha de um gênero de vida que estivesse em conformidade com sua vocação e que fosse cômodo para a realização de seus propósitos, que havia concebido no tocante à procura da verdade, sob as ordens da providência. O estabelecimento em que via a maior parte de seus amigos, colocados cada um deles em suas posições para os restos de seus dias, de nada servia para fixar suas irresoluções. Há muito tempo que sua própria experiência o havia convencido da pouca utilidade das matemáticas, sobretudo quando cultivadas por si mesmas, sem aplicá-las a outras coisas [...]. Durante seus estudos teve o cuidado de ler com atenção os tratados que pôde encontrar [...] mas de todos os autores que lhe caíram em mãos nem um só o satisfez plenamente. Para dizer a verdade, ele reparava nesses autores muitas coisas no tocante aos números que se achavam corretas após o cálculo que fazia. O mesmo se dava com relação às figuras, e muitas eram-lhe representadas de modo que seus olhos não podiam desconvir. Teria desejado que eles o fizessem ver as razões pelas quais isso era assim, e que lhe tivessem produzido os meios de tirar as consequências [...]. Acreditava que fosse perigoso aplicar-se seriamente a essas demonstrações superficiais que a indústria e a experiência fornecem com menos frequência do que o acaso, e que agem antes sobre os olhos e a imaginação do que sobre o entendimento. Sua máxima era a de que esta aplicação nos desacostuma insensivelmente do uso de nossa razão, e nos expõe à perda da rota que sua luz nos indica.

Percebia alguns traços da verdadeira matemática em Pappus e Diofante que, certamente, não eram seus primeiros inventores. Mas não acreditava que esses homens estivessem isentos do ciúme,

que impede muitas vezes a comunicação das melhores coisas [...].
O senhor Descartes não foi o primeiro a perceber o mau estado em que se encontrava esta ciência dos antigos e os abusos cometidos por aqueles que a recolheram de uma maneira completamente unida e simples. Desde o início de seu século, havia grandes espíritos que se esforçavam por fazê-la reviver sob o nome bárbaro de *álgebra*, e que haviam visto que, para obter sucesso, era preciso livrá-la desta prodigiosa quantidade de números e de figuras inexplicáveis com as quais se tem o costume de sobrecarregá-la.

Os pensamentos que lhe vieram a respeito do assunto fizeram-lhe abandonar o estudo particular da aritmética e da geometria para se dar inteiramente à busca desta ciência geral, mas verdadeira e infalível, que os gregos denominaram judiciosamente *mathesis*, e da qual todas as matemáticas são apenas partes. Após ter considerado solidamente todos os conhecimentos particulares que se qualificam com o nome de matemáticas, reconheceu que, para merecer este nome, era preciso ter por objeto as relações, as proporções e as medidas. Julgou a partir disso que havia uma ciência geral destinada a explicar todas as questões que se podiam fazer no tocante às relações, às proporções e às medidas, considerando-as como desvinculadas de toda matéria; e que esta ciência geral podia, a justo título, trazer o nome de *mathesis* ou de matemática universal [...].

Em meio a essas louváveis ações, havia abraçado o estudo da moral. Ele o havia retomado novamente após seu retorno a Paris, e pode-se dizer que o continuou durante toda sua vida. Mas foi sem ostentação, e mais para regrar sua conduta do que aquela dos outros. O homem que mais parece tê-lo conhecido interiormente nos faz saber que a moral se fazia o objeto de suas meditações mais ordinárias. Mas não demorou muito tempo para retornar às suas observações sobre a natureza, e pode-se duvidar que tenha renunciado seriamente à física, após ter-se despojado dos preconceitos da Escola. As satisfações que suas pesquisas lhe davam a respeito desse tema eram ordinariamente maiores do que os primeiros desprazeres que lhe nasciam da desigualdade do sucesso em seus começos. Bem cedo percebeu que a física não era inútil para a moral e que nada lhe era mais vantajoso para regrar suas ações do que as *démarches* que fazia no discernimento do verdadeiro e do falso. Foi o que reconheceu muito tempo depois em uma carta ao senhor Chanut, que estava inteiramente de acordo com sua opinião, quando julgou que o meio mais seguro para saber como devemos viver é o de conhecer antes quem somos, em que mundo vivemos e quem é o criador deste universo no qual habitamos. Declara-lhe, como homem persuadido do que diz, que o conhecimento que, bem ou mal, havia adquirido da física, servira-lhe para estabelecer os fundamentos certos da moral [...]. de modo que não se podia jactar, depois de todas as suas investigações, de ter encontrado os meios de conservar a vida, mas apenas o de não temer a morte e para ela se preparar sem este desgosto ou inquietação que está comumente naqueles cuja sabedoria foi toda retirada dos ensinamentos de outrem e apoiada em fundamentos que só dependem da prudência e da autoridade dos homens [...].

Os problemas de seu espírito, juntamente com a necessidade de regularizar seus negócios particulares, fizeram-lhe deixar a cidade de Paris nos começos de maio para retornar à Bretanha, junto a seus parentes. Depois de passar alguns dias em Rennes, teve o consentimento do senhor seu pai para vender no Poitou algumas heranças que teve a bondade de lhe conceder a possessão após sua maioridade; e foi-se a Poitiers e depois a Châtelleraut [...]. Empregou nas negociações o mês de junho inteiro e a metade do de julho.

A morte do papa Gregório XV, ocorrida em 8 de julho, e seguida da eleição de Urbano VIII, após um mês de conclave, despertou no espírito do senhor Descartes o desejo que havia tido, na Alemanha, de fazer uma viagem à Itália. A curiosidade que o levara antes a conseguir ver o espetáculo de tudo o que está acompanhado de formas e de cerimônias entre os grandes não estava inteiramente apagada. Mas não pôde satisfazê-la para a eleição e o coroamento do novo papa, dada a diligência com a qual se apressaram todas as coisas em Roma. Assim, não se preocupando mais em ir diretamente a Roma, arrumou seus assuntos seguindo a disposição de passar dois invernos nesta viagem; de modo que sua estada em Roma não devia mais se dar senão no começo do jubileu do ano de 1625.

Partiu no mês de setembro e tomou sua rota em direção à cidade de Basileia e às Suíças, com a resolução de visitar o que não pôde ver da alta Alemanha em suas primeiras viagens. Ter-lhe-ia sido fácil encontrar em Basileia, Zurique e em outras cidades os filósofos e matemáticos capazes de com ele manter uma conversação; mas esteve mais interessado em ver os animais, as águas, as montanhas, a atmosfera e os fenômenos celestes de cada região, e, geralmente, o que estava mais distante da frequentação dos homens, para melhor conhecer a natureza das coisas que parecem as menos conhecidas dos sábios comuns [...]. Continuou suas viagens pelo condado do Tirol, de onde se foi a Veneza, após ter visto a corte do arquiduque Leopoldo, irmão do imperador Ferdinando II, em Insbruck. Ele havia tomado medidas a respeito de seus negócios para chegar a Veneza pelo tempo das rogações[9], e viu, no dia da Ascenção, a famosa cerimônia dos esponsais do doge com o mar Adriático [...]. Estando em Veneza, o senhor Descartes pensou em se dispensar perante Deus da obrigação que se havia imposto na Alemanha, no mês de novembro de 1619, por um voto que havia feito de ir a Lorette, e que, naquele tempo, não tinha podido pagar [...]. Tendo concluído seu voto, obteve tempo livre para ocupar-se com os assuntos que haviam servido de pretexto para sua viagem no tocante à intendência do exército, antes de se dirigir a Roma, onde não queria chegar senão em Todos os Santos. Não havia então notícia mais universalmente espalhada na Itália do que a do jubileu dos 25 anos, do qual se devia fazer a abertura em Roma no começo do ano seguinte [...]. Esta ocasião fez nascer alguns movimentos de devoção no espírito do senhor Descartes que antes não tivera, como motivo de viagem, senão a curiosidade de ver a cidade de Roma e a corte papal [...].

9. Cerimônias católicas feitas durante três dias, antes da Ascenção, nas quais se pediam as bençãos de Deus para os trabalhos agrícolas.

O mais notável dos peregrinos do jubileu foi Ladislau, Príncipe da Polônia, que do sítio de Breda e dos Países Baixos católicos tinha passado à França e, de lá, se dirigido a Roma, a fim de poder assistir à procissão que o papa, acompanhado de todos os cardeais que se achavam na cidade, fez à igreja de São Pedro, na véspera de natal [...].

Encontrou em Roma um resumo de toda a Europa, e este concurso pareceu-lhe tão favorável à paixão que sempre teve em conhecer o gênero humano por si mesmo, em lugar de passar seu tempo a examinar edifícios, antiguidades, manuscritos, quadros, estátuas e outros monumentos da antiga e da nova Roma, que se dedicou, particularmente, a estudar as inclinações, os costumes, as disposições e as características de espírito em meio à multidão e a mistura de tantas nações diferentes.

O senhor Descartes permaneceu em Roma até o começo da primavera, e meditava então em seu regresso à França quando o papa nomeou o cardeal Francesco Barberini, seu sobrinho, para ir ao país na qualidade de núncio [...]. Descartes acreditou que fosse conveniente a um gentil-homem francês ir prestar suas cortesias a um cardeal destinado a ter em seu país uma função tão importante como aquela embaixada. O cardeal o recebeu com as demonstrações de benevolência e as ofertas de serviço que sua honestidade particular lhe faziam propor aos que o abordavam. Mas como era amador das ciências e protetor daqueles que dela faziam sua profissão, não manteve o senhor Descartes isento de seus deveres para com uma ou duas visitas e para cumprimentos superficiais. Agradou-lhe tão bem que quis honrá-lo, particularmente, com sua amizade; e o senhor Descartes, de seu lado, não esqueceu, em seu retorno, de continuar com suas assiduidades para com ele durante o pouco tempo que esteve na França, e de dar-lhe, em todo o resto de sua vida, marcas de seu reconhecimento [...]. A nunciatura embarcou para a França por volta do começo do mês de abril, levando consigo um grande número de sábios [...]. Pelo mesmo tempo, o senhor Descartes saiu de Roma, mas quis retornar por terra para não perder a ocasião de ver uma província bem agradável de conhecer. Passou pela Toscana e [...] a crermos no senhor Borel, não nos seria permitido duvidar que tenha visitado as pessoas do país que possuíam reputação em arte e ciência, e sobretudo o célebre Galileu, a quem menos poderia esquecer. Galileu tinha então cerca de sessenta anos e pode-se dizer que estava no período de sua bela reputação [...]. No entanto, é preciso confessar que jamais teve essa satisfação. Não sabemos que acidente o impediu na ocasião, mas não encontramos réplica ao que ele mesmo escreveu a respeito, mais de treze anos depois, para tirar as ilusões do padre Mersenne: "no que se refere a Galileu, vos diria que jamais o vi, que nunca tive qualquer comunicação com ele e que, por conseguinte, nada poderia ter tirado dele [...]". De Turim atravessou, em meados de maio, o passo de Suse para voltar à França. Mas desviou-se algumas milhas para o lado da Savoia para examinar a altura dos Alpes e ali fazer observações. Foi nesta ocasião que acreditou adivinhar a causa do trovão, e encontrado a razão pela qual ele estrondeia mais raramente no inverno do que no verão. Observou que as neves, estando aquecidas e se tornado mais pesadas pela ação do sol, a menor vibração do ar seria suficiente para fazer subitamente cair grandes quantidades, que no país se chamavam avalanchas ou, antes, *lavanchas*[10], e que, repercutindo nos vales, imitavam bastante bem o ruído do trovão. Desta observação ele conjecturou depois que o trovão poderia ocorrer do fato de que as nuvens, encontrando-se algumas vezes em grande número umas sobre as outras, as mais altas, que estão envolvidas por um ar mais quente, caem repentinamente sobre as mais baixas. A maneira como viu as neves dos Alpes aquecidas pelo sol fê-lo julgar que o calor do ar, que está em volta de uma nuvem superior, pode condensá-la e torná-la pouco a pouco mais pesada, de tal sorte que as mais altas de suas partes, sendo as primeiras a descer, se abatem e arrastam consigo outras em quantidade, que também caem, em conjunto, com bastante ruído sobre o aglomerado inferior [...].

Quando chegou, havia mais de um mês que a nunciatura, que não vira após sua partida de Roma, fizera sua entrada em Paris.

---

10. No original, também em itálico, *lavanches*.

E a cidade estava então ocupada com uma notícia mais recente, a da rendição da cidade de Breda feita pelos holandeses ao marquês De Spinola, em 5 de junho, após um sítio de nove meses. Ele não podia ser inteiramente insensível a esta notícia, lembrando-se da estada de dois anos que havia feito naquela cidade sob as bandeiras do príncipe Maurício, morto há dois meses, e que teve por sucessor o príncipe Frederico Henrique, seu irmão.

O senhor Descartes alojou-se em casa de um amigo de seu pai, e que também lhe era seu, em particular, e que tinha relações de aliança com sua família. Este amigo era Le Vasseur, senhor de Etioles, pai do Le Vasseur que ainda hoje vive e que é conselheiro do parlamento. Tendo formado um modelo de conduta sobre a maneira de viver, que as gentes honestas do mundo têm o costume de se prescrever, abraçou o gênero de vida o mais simples e afastado da singularidade e da afetação que pôde imaginar. Em sua casa, tudo era muito comum em aparência: seu móvel e sua mesa estavam sempre limpos, sem coisas supérfluas. Era servido por um pequeno número de valetes, e caminhava sozinho pelas ruas. Vestia-se em tafetá verde simples, segundo a moda do tempo, só portando o penacho e a espada como marcas de sua qualidade, da qual um gentil-homem não estava livre de se dispensar.

[...] Após ter examinado solidamente todas as coisas com o peso de sua razão, julgou que nada podia fazer de melhor do que continuar na ocupação em que se achava, depois se ter desfeito dos preconceitos de sua educação. Tal ocupação consistia unicamente em empregar toda a sua vida a cultivar a razão e a avançar, o máximo que lhe fosse possível, no conhecimento da verdade, seguindo o método que se havia prescrito [...]. Havia compreendido em boa hora que tudo o que é objeto de fé não o poderia ser da razão, e que seria temeridade pretender sujeitar esta àquela. De modo que olhava os libertinos[11] como pessoas que possuíam falsos princípios e não conheciam a natureza da fé, ao acreditarem que a razão humana está acima de todas as coisas [...]. Trazia consigo

---

11. No sentido de pessoa que não crê, livre-pensador(a).

duas razões que o obrigavam a escolher as mais moderadas entre várias opiniões igualmente recebidas. A primeira é que são sempre as mais cômodas para a vida prática, e verossimilmente as melhores, pois todas as extremidades nas ações morais eram, de ordinário, viciosas. A segunda, que seria desviar-se menos do caminho verdadeiro, em caso de vir a perder-se, e que jamais seria obrigado a passar de um extremo a outro. Parecia em todos os seus encontros de tal forma cioso de sua liberdade que não podia dissimular o distanciamento de todos os compromissos capazes de nos privar de nossa indiferença nas ações. Não que pretendesse condenar as leis que, para remediar a inconstância dos espíritos fracos, ou para restabelecer as seguranças no comércio da vida, permitem que se façam promessas ou contratos que obriguem aqueles que os fizeram, voluntária e legitimamente, a perseverar em suas ações. Mas nada vendo no mundo que permanecesse sempre no mesmo estado, e tendo-se prometido aperfeiçoar cada vez mais seus julgamentos, teria acreditado ofender o bom senso se fosse constrangido a tomar uma coisa por boa quando o deixara de ser, ou parecer tal, sob pretexto que a teria achado boa em outro tempo [...]. Estava fortemente persuadido de que não há nada de que possamos absolutamente dispor, salvo nossos pensamentos e desejos; de sorte que, após ter feito tudo o que podia depender de si, relativamente às coisas exteriores, supunha como absolutamente impossível o que lhe faltava conseguir. Foi o que o fez resolver não mais desejar o que não podia adquirir. Acreditou que o meio de viver contente era o de considerar todos os bens exteriores a nós como igualmente distanciados de nosso poder, e não lamentar os que nos faltam, pensando que nos seriam devidos, quando não são por nossa culpa que deles estamos privados [...]. Cria ser precisamente neste ponto que consistia o segredo dos antigos filósofos que puderam, em outros tempos, subtrair-se ao império da fortuna e, malgrado as dores e a pobreza, disputar a felicidade com os deuses [...]. Sabendo que nossa vontade não se deixa seguir ou fugir de alguma coisa, a não ser que nosso entendimento a represente como boa ou má, acreditava ser-lhe suficiente bem julgar para bem proceder, quer dizer, para adquirir todas as virtudes e todos os bens que elas possam produzir [...].

Embora o senhor Descartes se tenha provido de uma espécie de estabelecimento em Paris, nem por isso sujeitou-se inteiramente a essa residência durante os três anos que ali permaneceu, dando-se a liberdade de empreender, de tempos em tempos, passeios ao campo e mesmo viagens ao interior [...]. No ano seguinte, fez uma viagem à Bretanha e ao Poitou acompanhado do senhor Le Vasseur d'Etioles; não tinha naquelas províncias ocupação mais pressurosa senão a de prestar seus deveres ao senhor seu pai e rever sua família em Rennes e os parentes de sua mãe em Châtelleraut e Poitiers [...]. Tendo regressado a Paris por volta de junho, alojou-se no bairro de Saint Germain, na rua Du Four aux Trois Chappelets. Mas não lhe foi mais tão fácil quanto antes usufruir de seu lazer. Seus antigos amigos, e particularmente o senhor Mydorge e o padre Mersenne, haviam de tal forma compreendido sua reputação que em pouco tempo achou-se estafado com visitas e o lugar de seu refúgio foi transformado em lugar de encontros para conferências [...]. Um dos primeiros e mais perfeitos desses amigos foi o senhor Hardy, conselheiro do Châtelet, que encontrou em casa de Mydorge [...]. O senhor (Claude) Hardy havia unido um grande conhecimento das matemáticas e das línguas orientais a uma probidade insigne [...] e não tinha um ano que fizera imprimir as questões de Euclides com os comentários do filósofo Marino, que alguns acreditaram ser o mesmo Marino discípulo de Proclus. Era a primeira vez que se via aparecer o original grego desse tratado de Euclides e do comentário de Marino [...]. Um outro amigo que o senhor Descartes ganhou na mesma época foi o senhor de Gouliou, De Beaune, conselheiro no presidial de Blois. Era um dos grandes gênios de seu tempo, ao menos no que concernia às matemáticas, e o senhor Descartes deixou, em várias passagens de suas cartas, testemunhos da estima extraordinária por sua capacidade e mérito [...]. O senhor Descartes fez ainda amizade com Monsenhor Jean Baptiste Morin, doutor em medicina e professor real das matemáticas em Paris [...]. Já havia muitos anos que o senhor Morin se pusera na condição de autor, e no ano de 1619 publicara um livro em latim sob o título de *Nova Anatomia do Mundo Sublunar* [...]. A amizade do senhor Morin não foi de resto inútil ao senhor Descartes enquanto permaneceu em Paris. Foi-lhe de uma ajuda muito sensível na combinação dos instrumentos necessários para fazer suas novas experiências, no que secundou a atividade do padre Mersenne, que também trabalhava, e, da mesma maneira, para o serviço do senhor Descartes [...]. O que [também] há de certo é que ele e o senhor De Balzac tinham o comércio da amizade o mais estreito e sincero. O filósofo, que estimava ainda mais o bom coração do senhor De Balzac que seu belo espírito, não deixava de exaltar, nas ocasiões, sua eloquência e erudição; mas, sobretudo, apreciava a delicadeza de seus pensamentos e de suas expressões [...].

O senhor Descartes não esteve muito tempo em Paris sem se ressentir dos incômodos de sua reputação, que lhe atraía muitas visitas. Pouco faltou para que não pusesse no número desses inconvenientes a maioria dos amigos que ela produzia. Quase não havia dia que não lhe fizesse aparecer uma figura nova. No momento apropriado, pensava aliviar-se dessa situação para não cair no abatimento, mas não chegou a se desembaraçar dos mais inúteis e dos mais onerosos senão no tempo de seu refúgio na Holanda [...]. O senhor Des Argues foi um daqueles a quem se fez o dever de conservar toda a vida. Era lionês de nascença e se fazia distinguir por seu mérito pessoal; e para não tornar inútil ao público o conhecimento que tinha das matemáticas, e particularmente da mecânica, empregava seus esforços para aliviar os trabalhos dos artesãos pela sutileza de suas invenções [...]. Mas de todos esses amigos, ninguém entrava antes em sua familiaridade e no conhecimento de seus negócios do que Monsenhor Claude Picot, prior de Rouvre, que chamamos comumente de abade Picot. Ele não se contentava de se declarar publicamente discípulo e admirador do senhor Descartes; quis ser também o tradutor de seus *Princípios* [da Filosofia], o correspondente para as cartas que tinha para receber e mandar, seu anfitrião em Paris nas últimas viagens que fez da Holanda para a França, o agente de seus afazeres domésticos, o receptor de suas rendas da Bretanha e do Poitou.

Estando em Paris, o senhor Descartes imaginava tornar úteis os hábitos que possuía com seus amigos e gentes de letras, quando se recebeu a notícia da morte do chanceler Bacon, chegada a 9 de abril de 1626. Esta notícia tocou sensivelmente aqueles que aspiravam ao restabelecimento da verdadeira filosofia e que sabiam que Bacon trabalhava neste grande projeto depois de muitos anos. Aqueles que haviam esperado que ele chegasse ao fim de uma empresa tão extraordinária lamentaram sua perda mais particularmente do que outros [...]. É verdade que, seis anos antes de sua morte, havia trazido à luz o primeiro volume de sua grande obra de restabelecimento da filosofia sob o título de *Instauratio magna*, da qual o *Novum organum* faz parte. Mas era apenas um ensaio de seus projetos sublimes, capaz apenas de deixar no espírito de seus leitores uma ideia bastante grande do que ele fazia esperar da posteridade [...].

Pudemos observar que o senhor Descartes não via nenhum de seus amigos com mais assiduidade, além do padre Mersenne, que o senhor Mydorge, o único, entre tão grande número, que chamou seu *prudente e fiel amigo* [...]. É o que ele experimentava particularmente a respeito dos vidros que Mydorge lhe fez talhar em Paris durante os anos de 1627 e 1628 [...]. Nada no mundo lhe foi tão útil do que esses vidros para conhecer e explicar, como o fez depois em sua *Dióptrica*, a natureza da luz, da visão e da refração. O senhor Mydorge o fez construir parábolas e hipérboles, ovais e elípticas [...]. O que foi de um auxílio maravilhoso ao senhor Descartes, não apenas para melhor perceber que ele não se havia aprofundado, até então, na natureza da elipse e da hipérbole, de suas propriedades no tocante às refrações, mas também para se confirmar em várias e belas descobertas que já antes havia feito em relação à luz e aos meios de aperfeiçoar a visão.

Tornou-se ele mesmo, em pouco tempo, um grande mestre na arte de talhar os vidros [...]. Aplicou-se particularmente em formar a mão de alguns torneiros que achava os mais expertos e melhor dispostos a este trabalho. No que teve a satisfação de ver o sucesso de suas preocupações antes de sair da França para se retirar para a Holanda [...].

Durante o espaço de nove anos inteiros que o senhor Descartes havia empregado em desenraizar de seu espírito todos os erros que acreditava ali se terem introduzido, havia simulado não tomar qualquer partido sobre as opiniões e as dificuldades que os sábios e os filósofos têm o costume de dividir em suas controvérsias [...]. Mas a bondade de seu coração, que não lhe permitia ser tomado por outro que não era, o levou a fazer todos os esforços para tornar-se digno da reputação que lhe davam. Este desejo fê-lo afastar-se de todos os lugares onde pudesse ter pessoas conhecidas e a se retirar para os confins da Holanda [...]. Em lugar de ir despedir-se [de seus parentes], contentou-se em escrever-lhes já prestes de sua partida, e desculpou-se por não poder lhes abraçar e receber suas recomendações de viva voz, sob o pretexto do pouco tempo que lhe havia deixado a precipitação de seus negócios. Constituiu o padre Mersenne seu correspondente para o intercâmbio literário que devia manter na França [...] entregou o cuidado de seus afazeres domésticos e de suas rendas ao abade Picot, e, tendo dito adeus apenas aos mais particulares de seus amigos, saiu da cidade por volta do começo do Advento de 1628.

O inverno passou e o senhor Descartes tomou a rota da Holanda em maio de 1629. Completara então 33 anos de idade e, tão logo chegou a Amsterdam, recebeu o aviso dos descontentamentos daqueles que murmuravam contra seu retiro e que condenavam sua resolução. Os protestos formados não tinham, para dizer a verdade, outra fonte senão a estima e a amizade das pessoas de seu conhecimento, que se criam abandonadas [...] [e] ele quis dar esclarecimentos de sua conduta para a satisfação daqueles que haviam sido sensíveis a tais tipos de reprimendas. Testemunha em diversos lugares de seus escritos ter tido duas razões principais para deixar a França, cuja permanência não lhe parecera compatível com seus estudos. A primeira vinha pelo lado das pessoas com as quais teria que conviver em sociedade. Ele não poderia se dispensar de responder à sua classe e à maneira de viver estabelecida em seu país para pessoas de sua qualidade. Desses compromissos nascia uma espécie de obrigação de ir à corte, de tempos em tempos, e de se conformar às suas práticas. É o que lhe faria perder a melhor parte de seu tempo [...] [e] não deixava, entretanto, de alegar ainda outra razão que o havia conduzido àquela resolução. Era o calor do clima de seu país, que não achava favorável ao seu temperamento e no que concerne à liberdade de seu espírito [...]. Tinha percebido que o ar de Paris era misturado de uma aparência de veneno muito sutil e perigoso, que o dispunha insensivelmente à vaidade e que não lhe fazia produzir senão quimeras [...]. Fez-lhes entender que não era por capricho que havia preferido a Holanda a outros lugares da Europa e que não a teria escolhido se houvesse achado algum lugar mais apropriado a seus desígnios [...]. Havia considerado que o costume do país não levava as pessoas a se entrevisitarem tão livremente quanto em França e que assim lhe seria mais cômodo dedicar-se ao que chamava *seus divertimentos de estudo*. Estava seguro de viver tão solitário e retirado quanto nos desertos mais longínquos, entre a multidão de um povo bastante ativo e, no entanto, mais preocupado com seus próprios interesses do que curioso com aqueles de outrem, com pessoas tão apegadas geralmente a seus afazeres que não receava que quisessem ingerir-se nos seus [...] [em carta a Balzac, escreve]:

> Que outro lugar no mundo se poderia escolher, no qual todas as comodidades da vida e todas as curiosidades que se podem desejar sejam tão fáceis de encontrar do que neste aqui? Conheceis um outro país que se possa gozar de uma liberdade tão integral; onde se possa dormir com menos inquietação; onde haja sempre milícias prontas para nos proteger, sem nos importunar; onde os envenenamentos, as traições, as calúnias sejam menos conhecidas e onde mais tenham permanecido os restos da inocência de nossos avós?.

Quando o senhor Descartes chegou a Amsterdam, a república ainda se encontrava ocupada com a distribuição das riquezas que as frotas das duas Companhias das Índias, ocidentais e orientais, tinham arrancado há pouco dos espanhóis e portugueses e que disseminaram na Holanda esta prodigiosa abundância que a tornou tão florescente.

De Amsterdam foi morar na Frísia, perto da cidade de Franeker, em 1629; e retornou no mesmo ano a Amsterdam, onde passou o inverno e grande parte do ano seguinte [...]. Não se sabe onde passou o ano de 1632, mas em 1633 foi morar em Deventer, na província de Overiffel. De lá retornou a Amsterdam, onde passou uma parte do ano de 1634, durante a qual fez alguns passeios a Haia e Leiden, mas que foram de pouca duração. Fez em seguida a viagem à Dinamarca com o senhor De Ville-Bressieux e voltou a Amsterdam, de onde se retirou por alguns meses para Dort, após o que foi a Amsterdam e, de lá, passou uma segunda vez em Deventer, em 1635. Retornou em seguida à Frísia ocidental e permaneceu algum tempo em Liewarden, principal cidade da província [...]. Foi morar em seguida na cidade de Utrecht. Aqui foi a primeira vez a habituar-se com Egmond de Binnen ou de Abdye, a mais bela aldeia do norte da Holanda no território da cidade de Alcmaer [...]; em 1639 foi residir em Harderwiky, cidade do Veluve, situada nas margens do Zwiderzee, e de lá passou para uma casa de campo próxima a Utrecht. Retirou-se em seguida para Leiden, por volta do começo do ano de 1640. Seis meses depois foi para Amersfort, cidade da senhoria de Utrecht. O ano seguinte passou ainda em Leiden [...] após o que, retirou-se para Egmond-de-Hoef, que também é próxima de Alcmaer, e ali alugou uma casa após o primeiro de maio (1643) até o mesmo dia do ano de 1644. Retornou em seguida a Leiden e, de lá, fez sua primeira viagem à França, depois do mês de maio e até novembro. Regressando à Holanda, estabeleceu-se em Egmond, de onde não saiu para habitar outro lugar, mas apenas para fazer viagens, tendo a resolução de retornar sempre à cidade [...]. No ano de 1647 fez sua segunda viagem à França por La Haye, Rotterdam e Middelburg, que foram lugares menos de estadia do que de passagem. Durou do mês de maio até a entrada do inverno, quando retornou a Egmond com o abade Picot, que o havia acompanhado à Touraine, ao Poitou e à Bretanha. Depois de sua terceira viagem à França, feita no ano seguinte, e da qual voltou em fins de agosto, saiu de Egmond apenas para ir à Suécia, de onde Deus não lhe permitiu voltar.

Quando começava a ser muito conhecido em um lugar, e se via frequentemente visitado por pessoas que lhe eram inúteis, não demorava em ir-se embora para romper os hábitos e retirar-se para outro lugar onde fosse menos conhecido.

Para retomar sua história do ponto de chegada a Amsterdam, onde a havíamos interrompido, observaremos que se retirou para perto de Franeker, cidade onde se encontravam alguns sábios por causa da universidade ali estabelecida desde 1591; e alojou-se em um pequeno castelo, separado da cidade apenas por um canal. Foi lá que, tendo renovado perante os altares seus antigos protestos[12] de só trabalhar para a glória de Deus e a utilidade do gênero humano, quis começar seus estudos pela meditação da existência de Deus e da imortalidade de nossa alma. Mas, para nada empreender que fosse da alçada da teologia, só queria em seu trabalho pensar em Deus como o autor da natureza, à qual queria consagrar seus talentos. Não era a teologia natural, mas apenas aquela da revelação que ele excluía de seus propósitos. Sobre o assunto, é bom ouvi-lo explicar-se ao padre Mersenne: "Quanto à vossa questão de teologia", diz ele,

embora ela ultrapasse a capacidade de meu espírito, ela não me parece, todavia, fora da minha profissão, pois não toca naquilo que depende da revelação, o que chamo, propriamente, teologia; mas ela é, antes, metafísica, e deve ser examinada pela razão humana. Ora, considero que todos aqueles a quem Deus deu o uso desta razão são obrigados a empregá-la principalmente para conhecê-lo e a se conhecerem a si mesmos. Foi por aí que experimentei começar meus estudos [...]. Mas não deixarei de mencionar em minha física várias questões metafísicas, e particularmente esta aqui: que as verdades matemáticas que vós nomeais eternas foram estabelecidas por Deus e delas dependem inteiramente, assim como todo o resto das criaturas [...]. Não temais, eu vos peço, assegurar e tornar público que Deus estabeleceu as leis da natureza [...]. Ora, não há nenhuma em particular que não

---

12. No sentido de decisão ou declaração de intenções.

possamos compreender se o nosso espírito se dedica a considerá-la; e elas estão todas gravadas em nossa alma e como que nascidas conosco.

Sobre este ensaio podemos julgar o vínculo que o senhor Descartes pretendia fazer entre sua filosofia e a teologia natural. Para a outra teologia, que tem seus fundamentos na inspiração divina, sempre se contentou em recebê-la com um profundo respeito, sem jamais examiná-la [...]. O espaço de nove meses que testemunha ter dado às suas meditações sobre a existência de Deus e de nossas almas nos faz ver que ele quis prosseguir esse estudo após ter deixado sua residência de Franeker, onde não permaneceu mais do que cinco ou seis meses.

[...] por não poder esquecer que o fim de sua filosofia, que outro não era senão a utilidade do gênero humano, resolveu fazer um estudo sério da medicina e aplicar-se particularmente à anatomia e à química. Imaginou que nada era mais capaz de produzir a felicidade temporal deste mundo do que uma feliz união da medicina com as matemáticas. Mas antes de poder contribuir para o alívio dos trabalhos dos homens e da multiplicação das comodidades da vida pela mecânica, julgou ser necessário procurar os meios de preservar o corpo humano de todos os males que podem atrapalhar sua saúde e retirar-lhe a força de trabalho [...]. Foi com tal persuasão que quis começar a execução desses propósitos pelo estudo da anatomia, na qual empregou todo o inverno que passou em Amsterdam. Testemunha ao padre Mersenne que o ardor que tinha por este conhecimento o fazia ir quase todos os dias a um açougueiro para ver-lhe matar os animais, e que de lá fazia levar à sua casa as partes que queria anatomizar mais comodamente [...]. Também ridicularizava as reprovações de alguns maus espíritos invejosos, os quais, pretendendo divertir-se às custas de sua reputação, haviam procurado fazer disso um crime, e o acusavam de *ir às cidades para ver matar porcos* [...]. Não negligenciava, porém, ver o que Vesalius e alguns outros autores experimentados haviam escrito sobre a anatomia. Mas nela se introduzia de uma maneira muito mais segura, ao fazer, por si mesmo, a dissecação de animais de diferentes espécies; e descobriu, por sua própria experimentação, muitas coisas mais particulares do que aquelas que outros autores descreveram em seus livros. Continuou por muitos anos neste exercício, diversificando suas ocupações, no entanto, com outros estudos.

Ele juntou o estudo da química àquele da anatomia desde os fins de 1629, e diz que todos os dias aprendia, a respeito dessa ciência, alguma coisa que não se encontrava nos livros [...].

Depois de muito tempo não se via um ano mais funesto do que aquele de 1632 para um grande número de príncipes, senhores, generais de armadas e de homens célebres que morreram de diferentes maneiras. Mas não conhecemos nenhum que tivesse a menor relação com o senhor Descartes, se deles excetuarmos dois príncipes para cujas filhas a providência destinou hábitos para a filosofia e, sobretudo, para o conhecimento do Soberano bem e daquele da natureza. O primeiro desses príncipes era o rei da Suécia, que foi morto na jornada de Lutzen [...]. Sua filha e herdeira única, Cristina, tinha à época somente seis anos. O outro era o infortunado conde palatino do Reno, rei da Boêmia, pai da ilustre filósofa e princesa Elisabeth. Sua morte seguiu-se de muito perto daquela do rei da Suécia. Estava prestes a retomar a possessão de seus Estados quando foi detido em Mayence pela infecção que lhe acometeu.

O senhor Descartes encontrava-se então em um estado de suspensão de estudos que durou o resto do ano e que o manteve afastado de seus livros e papéis durante quase quatro meses. Para a eles retornar, julgou adequado mudar de residência na primavera do ano seguinte e escolheu a cidade de Deventer no Overissel [...]. Estando ali, recompôs seriamente o estudo e retomou o cuidado de continuar diversas obras que havia interrompido, particularmente sua *Dióptrica* e seu *Tratado do Mundo*. Aplicou-se de novo ao conhecimento das coisas celestes a fim de concluí-las com mais exatidão; e pediu ao padre Mersenne para enviar-lhe o que o padre Scheiner fazia imprimir no tocante aos parélios que ele havia observado em Roma [...]. Após alguns meses de aplicação particular às observações astronômicas, percebeu a necessidade de estudar a fundo a natureza dos cometas, e escreveu ao padre Mersenne para comunicar-lhe que, se ele soubesse de algum autor que houvesse recolhido observações diversas sobre os cometas, que o avisasse.

O termo que o senhor Descartes prescreveu para terminar seu *Tratado do Mundo* era o da Páscoa do ano de 1633; e malgrado a resolução que havia tomado dois ou três anos antes de nada publicar, deixou-se ir pelas instâncias do padre Mersenne e de seus outros amigos de Paris [...]. Pode-se dizer que este tratado, que ele chamava *Seu mundo*, pois era a ideia de um mundo que havia imaginado a respeito daquele em que vivemos, compreendia, abreviadamente, toda a sua física. Teve a intenção de ali englobar tudo o que acreditava saber, antes do que escrever o que dizia respeito à natureza das coisas materiais. Mas como os pintores, que não podem igualmente representar bem em um quadro plano todas as diversas facetas de um corpo sólido, dele escolhem algumas principais, que expõe à luz, deixando outras à sombra [...] da mesma maneira, temendo não poder abranger em seu discurso tudo o que tinha no pensamento, tentou somente ali expor o que concebia da luz. Depois, na ocasião, ajuntou alguma coisa do Sol e das estrelas fixas, pois que ela delas procede; dos céus, porque eles a transmitem; dos planetas, dos cometas e da Terra, porque eles a fazem refletir; e, em particular, de todos os corpos que estão sobre a Terra, pois eles são ou coloridos ou transparentes ou luminosos; e, enfim, do homem, porque é ele o espectador.

Após ter deixado repousar o tratado durante alguns meses, começou a revê-lo para o enviar em seguida ao padre Mersenne e pô-lo entre as mãos dos impressores de Paris, com o privilégio do rei, quando soube do contratempo ocorrido com Galileu. Este célebre matemático tinha, há muito, sacudido o jugo do medo que retém os italianos e outros povos submetidos à inquisição, na restrição e na coação de seus sentimentos. Crendo-se à salvo de todo ataque, sob a proteção do grande duque da Toscana, a qual o seguia por onde fosse, tinha quase sempre desdenhado a precaução de que outros estavam obrigados a usar, e tinha-se aventurado a publicar sua opinião sobre o movimento da Terra em seus escritos com a mesma liberdade com a qual costumava falar dela em suas conversas. Desde o ano de 1613 havia sido denunciado ao Santo Ofício por ter ensinado que o Sol é o centro do mundo e está imóvel, mas que a Terra não o é, e que gira com movimento diário [...].

Em seu coração, o senhor Descartes sofria por Galileu e, interessando-se por sua causa como nenhum matemático católico da França, pediu ao padre Mersenne para comunicar-lhe o que conhecia de seu caso e de seu livro, o qual não encontrara ainda na Holanda. Este padre não deixou de dar-lhe parte de tudo o que sabia a respeito e enviou-lhe um pequeno compêndio do que continha seu livro sobre o sistema do mundo, avisando-o de que havia um eclesiástico seu conhecido em Paris que, não obstante o decreto da inquisição, não deixara de imprimir um tratado explícito para provar o movimento da Terra. O senhor Descartes pareceu surpreso com esta liberdade de um sacerdote, embora bem soubesse que o clero da França não é mais punível pela inquisão do que os leigos do reino, onde este tribunal não é reconhecido.

O estrondo que o assunto Galileu fez em toda a Europa despertou também diversos predicadores luteranos e calvinistas, educados sob a disciplina de Aristóteles e de Ptolomeu. Muitos dentre eles encontravam-se desta vez unidos em sentimentos com os inquisidores romanos. O senhor Descartes acreditou que os filósofos da Igreja católica seguidores de Copérnico poderiam tirar vantagem dessa disposição, e ele parecia desejar, tendo isso em vista, que os ministros protestantes continuassem a declamar e a escrever contra o sistema. "Não estou contrariado", diz ele ao padre Mersenne, "com que os ministros fulminem o movimento da Terra; isso talvez incite nossos predicadores a aprová-la".

O senhor Descartes não se encontrava mal em sua estada de Deventer, onde morava desde o mês de abril de 1633. Sua solidão era ali inteira e bastante tranquila. Não tinha outra conversação neste lugar a não ser a de seu amigo o senhor Reneri, que ali era professor de filosofia. Mas a doçura da vida que levava não se achava mais acompanhada dos auxílios que recebia por meio dos hábitos que antes mantinha com os sábios da França. Percebeu até mesmo a diminuição de seu comércio com o padre Mersenne, fosse porque a cidade de Deventer estivesse um pouco afastada das grandes rotas, fosse porque aos mensageiros do país faltasse exatidão ou fidelidade. Com efeito, a maioria das cartas que havia escrito ao padre entre o fim de novembro e o começo de dezembro se tinham perdido, tanto quanto aquelas que o mesmo padre lhe endereçara no mesmo tempo [...]. Foi o que lhe fez deixar a residência de Deventer para retornar a Amsterdam [...]. A resolução que havia tido de viver tão isolado quanto antes nesta cidade não o impediu de fazer, de tempos em tempos, uma viagem a Haia para ali visitar o embaixador da França, que era então o Barão de Charnassé, e que o honrava particularmente com sua amizade. Ia felicitar este embaixador pelo sucesso com que acabara de dispor um novo tratado entre a França e a Holanda; tratado que foi como garantia e antecipação da guerra que o rei Luís XIII declarou no ano seguinte à Espanha, pelos conselhos do cardeal Richelieu.

O senhor De Ville-Bressieux, que, segundo todas as aparências, havia permanecido em Amsterdam durante a estadia do senhor Descartes em Deventer, veio também recluir-se com ele para continuar seus estudos e experiências junto a um mestre tão devotado. Desde o ano de 1627, no qual se havia ligado ao senhor Descartes, fez progressos notáveis na mecânica e na perspectiva. Tinha um gênio todo especial para aplicar com vantagens as reflexões que o senhor Descartes lhe fazia ter sobre as regras dadas para trabalhar [...] ele havia engenhosamente imaginado o instrumento para corrigir os objetos que pareciam desenhados e pintados, mas invertidos, em um quarto bem fechado, quando a luz os conduz para dentro, por meio de um buraco em cujo fundo há um vidro sobre uma folha de papel oposta, que os recebe todos invertidos [...]. Entre outras invenções particulares que o senhor Ville-Bressieux havia imaginado ao lado do senhor Descartes encontramos: 1. espiral dupla para se descer de uma torre sem perigo; 2. tenazes de madeira para serem fixadas por uma corda fina; 3. torno feito com dois bastões ou pedaços de madeira para subir e descer; 4. ponte rolante para escalar um lugar onde haja um fosso profundo e largo; 5. um barco para atravessar os rios feito com quatro pranchas de madeira que se dobram e se carregam nos braços; 6. mas o senhor Descartes o exortava sobretudo a dar a público o seu *carrinho-cadeira*, considerando esta máquina bastante útil para todos e, particularmente, para soldados feridos [...]. O senhor Descartes fez ver ao senhor De Ville-Bressieux uma infinidade de coisas que passavam longe do alcance dos outros matemáticos, principalmente no que diz respeito ao uso de vidros, de lentes e de espelhos [...] [e] jamais pareceu tão surpreendido do que quando o senhor Descartes fez-lhe passar diante dos olhos, através de seu quarto, uma companhia de soldados em aparência. O artifício consistia apenas de pequenas figuras de soldados que teve o cuidado de esconder; e, por meio de um espelho, fazia engrossar e aumentar aquelas pequenas figuras até a justa medida de um homem ao natural, fazendo-lhes, em aparência, entrar, passar e sair de seu quarto.

A principal das lições que lhe deu e a qual aproveitou mais sensivelmente foi a de considerar a causa pela qual se fazem todas as coisas que nos parecem as mais simples, e os efeitos da natureza os mais claros e os menos compostos. Não sendo *a grande mecânica* outra coisa, segundo ele, *que a ordem que Deus imprimiu sobre a face de sua obra e que nós chamamos natureza*. Estimava que valia mais a pena olhar este grande modelo e dedicar-se a seguir seu exemplo do que as regras e as máximas estabelecidas pelo capricho de vários homens de gabinete [...].

Foi em 1634 e, segundo todas as aparências, após a viagem à Dinamarca, que o senhor Descartes escreveu, à maneira de esboço, um pequeno tratado *Do Homem e do Animal*, que mostrou depois à princesa Elisabeth [...] mas se acreditou obrigado a refazê-lo doze ou treze anos depois, para colocá-lo num estado mais agradavelmente receptível à princesa. Este trabalho, resultado das reflexões que lhe trouxeram seus exercícios de anatomia, os quais continuou com a assiduidade ordinária, não foi um derivativo ao da mecânica.

Os magistrados de Utrecht, excitados pelo exemplo de várias cidades dos Países Baixos e da Alemanha, tinham resolvido transformar o colégio de sua cidade em academia ou universidade. Haviam encontrado os fundos necessários para a manutenção dos edifícios e a subsistência de seus professores, e haviam feito expedir os títulos de ereção desde 16 de março daquele ano de 1634. Aplicaram-se depois em procurar pessoas do mérito mais reconhecido para preencher suas cátedras, e as mais capazes de responder ao desejo que possuíam de tornar a sua universidade a mais florescente dos Países Baixos [...]. Pouco tempo depois do estabelecimento desta universidade, todos se encontraram interessados nos assuntos do senhor Descartes, tendo sido a primeira escola onde ensinou-se publicamente sua nova filosofia, e o primeiro teatro em que seus seguidores e adversários começaram a provar suas forças.

Foi ao inverno de 1635 que o público deve o que o senhor Descartes escreveu sobre a neve: e a observação que fez daquela que se forma com seis pontas, e que se chama *hexágono*, foi uma das causas do Tratado dos Meteoros, que trouxe à luz dezoito meses depois. Ele se havia contentado alguns anos antes de estudar por si mesmo tudo o que concerne à neve, ao granizo e à chuva. Havia examinado o que Kepler escrevera e publicara em 1611, em Frankfurt [...]. Em meio a essas pesquisas, lembrou-se que o senhor Gassendi, estando em Sedan, tinha feito algumas observações sobre a neve de seis ângulos que vira cair naquela cidade em janeiro de 1629 [...]. Após todas essas precauções, pôs-se a compor seu pequeno tratado sobre a neve, a chuva e o granizo, que faz hoje o sexto discurso de seus *Meteoros*. Apegou-se particularmente em explicar como as pequenas partes do gelo que compõem as nuvens se amontoam em diversos flocos; como esses flocos se acumulam e caem às vezes em forma de neve, de granizo ou de chuva. De onde a figura de pirâmide ou de pão de açúcar do granizo, e aquela de roda ou de estrela de seis raios da neve [...].

Após cinco ou seis meses de refúgio e de estudo, passou à Frísia por volta do fim do outono e retirou-se para Liewarden, cidade principal da província, a duas léguas de Franeker, onde havia antes residido. Lá pôs-se a refletir sobre o pedido que o senhor de Zuytlichen lhe havia feito para produzir alguma coisa sobre as mecânicas. O senhor de Zuytlichen, cujo nome era Constantin Huyghens [...] encontrava-se, após alguns anos, entre os mais íntimos amigos do senhor Descartes. Era um gentil-homem holandês originário do Brabante, conselheiro e secretário do Estado-maior do Príncipe de Orange, homem feito igualmente para a corte, para a guerra e o gabinete [...] de uma erudição bastante diversificada nas línguas, nas ciências e nas arte liberais, das quais sabia tanto a prática quanto a especulação [...] e foi para obedecer-lhe que (Descartes) escreveu seu pequeno tratado sobre as mecânicas perto do fim do inverno em que começava o ano de 1636 [...] e tomou à letra a intenção de seu amigo, que não lhe pediu senão *três pequenas folhas* [...].

Havia oito anos completos que vivia retirado na Holanda [...]. Além do que, o número de quarenta anos de vida lhe houvera dado uma maturidade de espírito capaz de pô-lo a coberto de tudo o que se tem costume de alegar contra a precipitação dos jovens, que querem parecer autores antes da idade. Essas considerações o levaram a colocar em ordem aquilo que em seus papéis lhe parecia em estado de divulgar; e desde que chegou da Frísia em Amsterdam, fez saber ao padre Mersenne que realmente iria se fazer autor, e que tinha vindo a esta cidade com a intenção de publicar. Havia muito tempo que os Elzeviers, fosse por delicadeza, fosse por sério zelo, davam-lhe testemunho de que se considerariam bastante honrados de poder ser seus editores [...]. Podia escolher outros livreiros em Amsterdam, em Leiden ou em qualquer outra cidade da Holanda que lhe houvesse agradado, mas, antes de se decidir, quis conversar com o padre Mersenne [...]. Disse ao padre que estava prestes a enviar-lhe seus escritos, se ele julgasse que pudessem ser impressos em Paris mais comodamente do que na Holanda, e se ele poderia cuidar da impressão, segundo as ofertas que lhe havia feito no passado [...]. Mas a apreensão com os inconvenientes que causaria ao padre, juntamente com a consideração da clareza dos tipos e da excelência do papel e de outras comodidades que poderia obter em uma impressão na Holanda, para a qual sua presença não seria inútil, fê-lo escolher Jan Maire, impressor em Leiden.

O livreiro da Holanda, tendo em mãos o privilégio do rei, fez terminar a impressão dos ensaios da filosofia do senhor Descartes algum tempo após ele ter deixado a cidade de Leiden. Os quatro tratados que o compõem saíram da prensa em 8 de junho de 1637, mas sob um outro título que aquele que o autor havia enviado ao padre Mersenne para a edição que se queria fazer em Paris. Exprimiu-se nestes termos: *Discurso do Método para Bem Conduzir Sua Razão e Procurar a Verdade nas Ciências, Mais a Dióptrica, os Meteoros e a Geometria, que São Ensaios Deste Método*. Esse novo título parece marcar as intenções do autor com um pouco mais de simplicidade e de modéstia do que aquele que prometia, nada menos, do que *o projeto de uma ciência universal que possa elevar nossa natureza ao mais alto degrau de sua perfeição*.

Muitos consideraram este *Discurso do Método* como a lógica de sua filosofia; e é difícil não ter os mesmos sentimentos que eles quando se considera que a finalidade de seu método não é outra senão a de formar o julgamento e prescrever ao espírito as regras para conduzir-se. Alguns pretenderam que a verdadeira lógica do senhor Descartes não é outra que sua *Geometria*, pois que a viram como a chave de todas as artes liberais e de todas as ciências [...]. Outros estimaram que a verdadeira lógica é propriamente o tratado que deu a luz três anos depois, sob o título de *Meditações Metafísicas*, porque é principalmente lá que, após ter proposto o despojamento de todo preconceito e de todo conhecimento adquirido pela educação, pelo costume e a autoridade, ele estabelece o pensamento para o grande princípio sobre o qual queria construir sua filosofia. O senhor Gassendi, que é um dos principais autores desta opinião, deu-se ao trabalho de reduzir aquela obra a seus pontos principais e fazer um resumo ao qual intitulou *Logica Cartesii* [...]. Seus adversários encontraram neste *Discurso do Método* menos ordem, menos regularidade, do que no *Organon* de Aristóteles; e acreditaram ser a menos metódica de suas obras. É preciso também confessar que é menos um tratado dogmático de sua filosofia do que uma narração familiar de seus estudos e de suas imaginações, que acreditou dever escrever com um estilo simples e desalinhado para ser mais claro e tornar-se mais inteligível aos espíritos mais medíocres [...]. Ele parecia indiferente a tais defeitos, excetuando-se a obscuridade que reconhecia no artigo em que ensaiara falar da existência de Deus. Eis aqui como se desculpa a um padre jesuíta [...]:

é verdade que fui bastante obscuro no que escrevi sobre a existência de Deus nesse tratado do método. E embora seja a peça mais importante, confesso ser a menos trabalhada de toda a obra. O que, em parte, vem de não me ter resolvido a juntá-la a não ser no final, quando o livreiro me pressionava. Mas a causa principal de sua obscuridade vem de não ter ousado estender-me sobre as razões dos céticos, nem dizer ali todas as coisas que são necessárias para livrar o espírito dos sentidos. Pois não é possível bem conhecer a certeza e a evidência das razões que provam a existência de Deus, segundo minha maneira, do que se lembrando distintamente daquelas que nos fazem reparar na incerteza de todos os nossos conhecimentos que possuímos das coisas materiais.

As razões que teve para escrever em língua vulgar, de preferência ao latim, estavam em conformidade com o bom senso, fazendo profissão de trabalhar principalmente para a glória e a utilidade de sua pátria, e não distinguir as pessoas incultas das demais, com o propósito de servir a todo o mundo. Mas parece que seu motivo principal neste ponto foi o medo de encontrar leitores muito favoravelmente prevenidos pelos antigos, vício que é bastante ordinário naqueles que estudaram as línguas e que, por este meio, submeteram sua razão à autoridade dos antigos que leram [...].

[Após a publicação] só permaneceu em Amsterdam enquanto precisou de tempo para achar um lugar de refúgio, onde pudesse dar-se algum tipo de estabelecimento, sem afastar-se demais das comodidades da vida. Acreditou enfim ter encontrado o que desejava na Holanda do Norte, perto da cidade de Alcamer, no condado de Egmond. Havia então neste condado três povoados de nome Egmond, dos quais ainda restam hoje em dia dois em estado bastante florescente. Aquele que agora parece arruinado quase inteiramente chama-se Egmond-sobre-o-mar, ou Opzee [...] o senhor Descartes nunca ali ficou; a meia légua dali, mas sempre a ocidente de Alcmaer, há um outro Egmond que se chama T'Huis ou Egmond-a-Casa, e bem perto está a vila de Hoef, lugar de recreio pelos belos jardins que ali se cultivam. O senhor Descartes alojou-se algumas vezes neste Egmond, e mesmo na vila de Hoef, considerada parte deste Egmond. Mas sua residência principal, e lugar da mais longa estada que fez na Holanda, é Egmond, nomeada De Abdie por causa de uma célebre abadia de beneditinos, que ali florescia antes das revoluções religiosas nas Províncias Unidas [...]. Encontra-se a sudoeste de Alcmaer, a uma légua e meia desta cidade, e a um quarto de légua de Egmond-de-Hoef.

Tendo o príncipe de Orange concluído favoravelmente para os Estados sua campanha, com a tomada de Breda, retornou a Haia para ali passar o inverno. O senhor Descartes aproveitou esta ocasião de repouso do senhor de Zuytlichen para enviar-lhe o pequeno tratado de mecânica que havia composto por sua solicitação, dois anos antes, quando estava na Frísia [...]. Era um caderno no qual havia despejado, sem muita ordem, o que acreditava mais necessário; e pode-se dizer que o medo de se comprometer com um tratado regular e de justa dimensão lhe havia feito expressamente omitir o que havia de mais belo na mecânica [...] como, entre outras coisas, a consideração da velocidade, as dificuldades da balança e os vários meios que se podem ter para aumentar a força dos movimentos [...]. O senhor Borel, encontrando-se na Holanda após a morte de Descartes, e tendo recuperado uma cópia do escrito imperfeito que o senhor de Zuytlichen e o senhor Pollot possuíam, não encontrou dificuldade em dá-la à impressão, com duas cartas endereçadas à princesa Elisabeth. Esse escrito, que os conhecedores estimam comparável às maiores obras de mecânica, foi impresso em Paris, *in-quarto*, com aquele da música, pelos cuidados do padre Poisson, do Oratório.

A leitura do livro do senhor Descartes começava, entretanto, a produzir seus efeitos, segundo a diferente disposição dos espíritos.

Em tudo o que houvera escrito, pouco se encontrava que não parecesse duvidoso para uns e novo para outros. Os verdadeiros sábios não se assustaram com o que havia de novo, e que só podia tornar o senhor Descartes odioso para aqueles que teimavam em seus preconceitos; mas aproveitaram a oportunidade para fazer-lhe objeções ao que lhes parecia duvidoso, conforme a eles testemunhara, desejando obter maiores esclarecimentos para a verdade [...].

A principal razão que o senhor Descartes havia alegado para se dispensar de investigar o sólido da *roulette*[13] foi que renunciava inteiramente à geometria. Esta notícia não agradou aos geômetras de Paris que eram seus amigos, pois esperavam dele operações cada vez mais extraordinárias sobre a ciência. O senhor Des Argues, sobretudo, não se pôde impedir de testemunhar seu desprazer ao padre Mersenne, que o fez saber ao senhor Descartes como prova da estima que ele tinha por tudo o que viesse de sua parte [...]. Em consideração por tais cuidados, escreveu [Descartes] ao padre Mersenne no mês de setembro de 1638 para lhe fazer saber que só havia resolvido abandonar a geometria abstrata, quer dizer, a busca de questões que servem apenas para exercitar o espírito; e que havia tomado este partido para se dar ao lazer de cultivar uma outra sorte de geometria, a que se propõe explicar os fenômenos da natureza. Que, de resto, o senhor Des Argues logo reconheceria que toda a sua física *não era outra coisa que geometria*, caso se desse ao trabalho de considerar o que ele havia escrito sobre a neve, o granizo, o arco-íris, em seus *Meteoros* [...].

Foi ainda no ano de 1638 que o público ficou devedor das excelentes notas que o senhor De Baune, conselheiro do tribunal de apelações de Blois, fez da geometria do senhor Descartes. O senhor De Baune não via ninguém que lhe adiantasse nas fileiras das matemáticas e encontrava-se lado a lado com os senhores

---

13. Trata-se de uma linha ciclioide descrita, segundo observações do padre Mersenne, por um prego incrustado em uma roda, à proporção que ela gira. Dito de outra maneira, um ponto no interior de uma circunferência. Vários matemáticos da época, a pedido de Mersenne, procuraram descrevê-la e achar fórmulas que lhe fossem aplicáveis, entre eles Roberval, Galileu, Torricelli, Fermat e Descartes, que calculou sua tangente.

Fermat, Mydorge, Hardy e Roberval, e com outros geômetras que passavam por ser os primeiros do século. Foi o que deu uma nova repercussão ao tratado do senhor Descartes e que aumentou maravilhosamente a consideração entre aqueles que ou não podiam compreendê-la, ou não podiam estimá-la por si próprios [...].

# BIBLIOGRAFIA

ADAM, Charles; TANNERY, Paul (orgs.). *Oeuvres de Descartes*. Paris: J. Vrin, 1996, 11 v. (Librairie Philosophique).

ADAM, Charles; MILHAUD, Gérard (orgs.). *Correspondance*. Paris: Alcan/PUF, 1936, 8 v.

BRIDOUX, André (org.). *Descartes, Oeuvres et Lettres*. Paris: Gallimard, 1953. (Coleção Bibliothèque de la Pléiade).

BAILLET, Adrien. *La Vie de M. Descartes*. Paris: Daniel Hortemels, 1691. Republicado pelo Centro Nacional de Pesquisas Científicas (CNRS) da França, 1964-1974.

## Estudos

A bibliografia cartesiana é extremamente rica. Ter-se-á uma ideia precisa disso consultando o artigo de Geneviève Rodis-Lewis, "Cinquante ans d'études cartésiennes", na *Révue Philosophique* (abril-junho de 1951); indicamos aqui apenas alguns títulos representativos de interpretações bastante diversas, sem remontar além de 1920:

ALQUÉ, Ferdinand. *La Découverte métaphysique de l'homme chez Descartes*. Paris: PUF, 1950.

BELAVAL, Yvon. *Leibniz critique de Descartes*. Paris: Gallimard, 1960.

CAHIERS de Royaumont: *Études Philosophiques*, n. 2. Paris: Minuit, 1957. (Descartes.)

FAYE, Emmanuel. *Philosophie e perfection de l'homme: De la Renaissance a Descartes*. Paris: Librairie Philosophique J. Vrin, 1998.

FRÉDÉRIX, Pierre. *Monsieur René Descartes et son temps*. Paris: Gallimard, 1959.

GILSON, Étienne. *Études sur le rôle de la philosophie médievale dans la formation du système cartésien*. Paris: J. Vrin, 1930.

_____. Commentaire du Discours de la Méthode, 1954

GOURIER, Henri Gaston. *Essais sur Descartes*, Paris: J. Vrin, 1937.

GUÉROULT, Martial. *Descartes selon l'ordre des raisons*. Paris: Aubier-Montaigne, 1953, 2 v.

JASPERS, Karl. *Descartes und die Philosophie*. Berlin: De Gruyter, 1937.

KOYRÉ, Alexandre. *Entretiens sur Descartes*. Paris: Gallimard, 1963.

LAPORTE, Jean. *Le Rationalisme de Descartes*. Paris: PUF, 1945.

LINS, Ivan. *Descartes: Época, Vida e Obra*. Rio de Janeiro: Emiel, 1939; reedição Rio de Janeiro: Livraria São José, 1964.

MILHAUD, Gaston. *Descartes savant*. Paris: F. Alcan, 1921.

STEINER, George. *Martin Heidegger*. México: Fondo de Cultura Económica, 2001

VUILLEMIN, Jules. *Mathématiques et métaphysique chez Descartes*. Paris: PUF, 1960.

# COLEÇÃO TEXTOS

1. *Marta, a Árvore e o Relógio*
   Jorge Andrade
2. *Antologia dos Poetas Brasileiros da Fase Colonial*
   Sérgio Buarque de Holanda
3. *A Filha do Capitão e o Jogo das Epígrafes*
   Aleksandr S. Púchkin / Helena S. Nazario
4. *Textos Críticos*
   Augusto Meyer (João Alexandre Barbosa, org.)
5. *O Dibuk*
   Sch. An-ski (J. Guinsburg, org.)
6. *Panorama do Movimento Simbolista Brasileiro* (2 vols.)
   Andrade Muricy
7. *Ensaios*
   Thomas Mann (Anatol Rosenfeld, seleção)
8. *Leone de' Sommi: Um Judeu no Teatro da Renascença Italiana*
   J. Guinsburg (org.)
9. *Caminhos do Decadentismo Francês*
   Fulvia M. L. Moretto (org.)
10. *Urgência e Ruptura*
    Consuelo de Castro
11. *Pirandello: Do Teatro no Teatro*
    J. Guinsburg (org.)
12. *Diderot: Obras I. Filosofia e Política*
    J. Guinsburg (org.)

    *Diderot: Obras II. Estética, Poética e Contos*
    J. Guinsburg (org.)

    *Diderot: Obras III. O Sobrinho de Rameau*
    J. Guinsburg (org.)

    *Diderot: Obras IV. Jacques, O Fatalista, e seu Amo*
    J. Guinsburg (org.)

    *Diderot: Obras V. O Filho Natural*
    J. Guinsburg (org.)

    *Diderot: Obras VI. O Enciclopedista – História da Filosofia I*
    J. Guinsburg (org.)

    *Diderot: Obras VI (2). O Enciclopedista – História da Filosofia II*
    J. Guinsburg (org.)

    *Diderot: Obras VII. A Religiosa*
    J. Guinsburg (org.)

13. *Makunaíma e Jurupari: Cosmogonias Ameríndias*
    Sérgio Medeiros (org.)
14. *Canetti: O Teatro Terrível*
    Elias Canetti
15. *Idéias Teatrais: O Século XIX no Brasil*
    João Roberto Faria
16. *Heiner Müller: O Espanto no Teatro*
    Ingrid D. Koudela (org.)
17. *Büchner: Na Pena e na Cena*
    J. Guinsburg e Ingrid D. Koudela (orgs.)
18. *Teatro Completo*
    Renata Pallottini
19. *A República de Platão*
    J. Guinsburg (org.)
20. *Barbara Heliodora: Escritos sobre Teatro*
    Claudia Braga (org.)
21. *Hegel e o Estado*
    Franz Rosenzweig
22. *Almas Mortas*
    Nikolai Gógol
23. *Machado de Assis: Do Teatro*
    João Roberto Faria (org.)
24. *Descartes: Obras Escolhidas*
    J. Guinsburg, Roberto Romano e Newton Cunha (orgs.)

Este livro foi impresso na cidade de Cotia,
nas oficinas da Meta Brasil,
para a Editora Perspectiva.

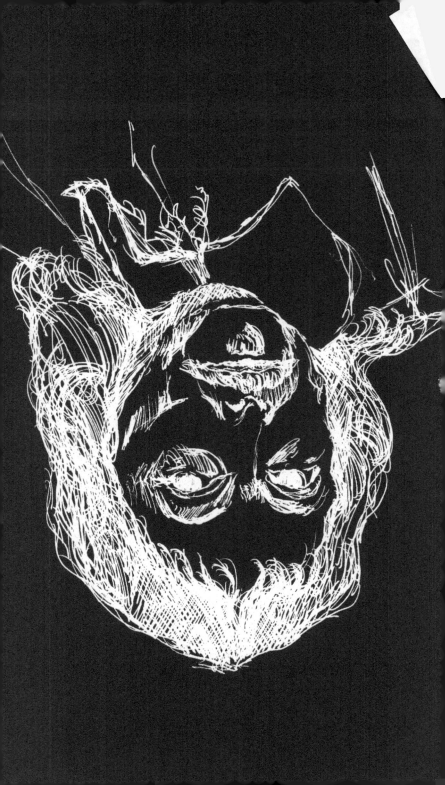